LIZ GREENE · NEPTUN

Liz Greene

NEPTUN

Die Sehnsucht nach Erlösung

Astrodienst Verlag

Aus dem Englischen
von
Hans-Joachim Grimm, Karl Friedrich Hörner,
Franz Isfort und Klaus Köhler

Die Originalausgabe erschien unter dem Titel
The Astrological Neptune and the Quest for Redemption
bei Samuel Weiser Inc., York Beach ME, USA

Titelbild *Shade and Darkness: The Evening of the Deluge*
1843, von Joseph William Mallard Turner
Clore Collection, Tate Gallery, London
Bridgeman Art Library, London.

Satz & Design: K. Köhler
Druck: Spiegel Buch, Ulm

ISBN 3-905255-02-2

Inhalt

The Song of Wandering Aengus

I went out to the hazel wood
Because a fire was in my head,
And cut and peeled a hazel wand,
And hooked a berry to a thread;
And when white moths were on the wing,
And moth-like stars were flickering out,
I dropped the berry in a stream
And caught a little silver trout.

When I had laid it on the floor
I went to blow the fire aflame,
But something rustled on the floor
And someone called me by my name.
It had become a glimmering girl
With apple blossom in her hair
Who called me by my name and ran
And faded through the brightening air.

Though I am old with wandering
Through hollow lands and hilly lands,
I will find out where she has gone,
And kiss her lips and take her hands;
And walk among long dappled grass,
And pluck till time and times are done
The silver apples of the moon,
The golden apples of the sun.

W. B. Yeats[1]

Einführung

Laßt auf diesem steinigen Weg,
Schwester, Mutter,
Geist des Flusses und Geist der See,
laßt mich nicht allein

und erhört mein Flehen.

T. S. Eliot, Aschermittwoch[2]

Erlösungssehnsucht ist ein uralter, eigenartiger und vielgesichtiger Dämon, der in den Herzen selbst der bodenständigsten und prosaischsten Menschen sein Unwesen treibt. Dieser Dämon strebt – zuweilen sehr beredt, dann wieder auf stille Art – nach einer dunkel geahnten Verschmelzung mit einem allwissenden, unerschöpflich liebevollen, nicht in Worte faßbaren Etwas außerhalb seiner selbst, und nur die allgegenwärtige Umarmung dieses Etwas kann uns über die eigene Sterblichkeit und die beängstigende Vereinzelung hinwegtrösten, die es, wenn auch unbewußt, im Leben eines jeden Menschen gibt. Selbst wenn wir dieses Etwas nicht mit einem göttlichen Namen belegen und unsere Demut und Sehnsucht statt dessen auf einen als solchen unerkannten Ersatz dafür richten – etwa auf die Menschheit als Ganzes, die Familie, die Natur, die Kunst, die Liebe oder den Staat –, so ist unser Suchen doch unverkennbar und darf nicht mit anderen, stärker individuellen Gefühlen wie Verlangen, Leidenschaft, Liebe oder Bewunderung verwechselt werden. Charakteristisch für die Erlösungssehnsucht ist erstens, daß sie eine Sehnsucht ist; zweitens, daß sie zwanghaft und absolut ist und oft zu heftigen Konflikten mit individuellen Wertvorstellungen führt; und drittens, daß sie nicht nach Beziehung strebt, sondern nach Selbstauflösung.

Seit unsere Vorfahren in der Steinzeit das magische Pferd, das Mammut und den Bison auf der Höhlenwand ins Leben riefen, haben wir uns immer wieder Bilder von jenem Etwas geschaffen – nicht nur, um übernatürliche Hilfe bei der Jagd zu erhalten, sondern auch, weil wir schon immer des Gefühls bedurften, daß es irgendwo außerhalb unser selbst etwas gibt, das die Vergänglichkeit und Bedeutungslosigkeit des gewöhnlichen Lebens wiederaufhebt. Unter allen Lebewesen schaffen einzig wir Menschen uns Rituale und Kunstwerke, die dazu dienen sollen, unsere Verbindung zu einem göttlichen Ursprung wiederherzustellen, von dem wir abstammen und zu dem wir nach unserem Tod wieder zurückkehren können. Freud war der Meinung, daß dieses ausdauernde Streben nach einer Rückkehr zum Heiligen eine Sublimation des inzestuösen Verlangens nach der Wonne von Gebärmutter und Brust sein könnte; dieses Verlangen käme in Symbolen zum Ausdruck, die zwar die Intensität und Echtheit der unbewußten Sehnsucht bewahren, zugleich aber all die Schuld- und Schamgefühle umgehen, die nur darauf warten, jeden zum seelischen Krüppel zu machen, der das uralte Tabu bricht. Jung dagegen vertrat die Ansicht, daß die Erlösungssehnsucht etwas Angeborenes sei – eine archetypische Prädisposition, ebenso grundlegend und unwiderstehlich wie das Bedürfnis nach Fortpflanzung. Die wesentliche Erkenntnis in *Symbole der Wandlung* – jenem grundlegenden Werk Jungs, das seine Trennung von Freud bereits ankündigte – besteht darin, daß nicht die unbeugsame Moral des inneren Zensors uns zu transzendenten Erlösungsvorstellungen führt; vielmehr ist es das Unbewußte selbst, das seine zwanghafte, dem Untergang geweihte Instinkthaftigkeit mit der ausgleichenden Kraft der eigenen Symbole in etwas anderes verwandeln will. Jung zufolge ist letztlich weder die Gesellschaft noch das Über-Ich verantwortlich für die Umformung der primären Libido in das religiöse Kunstwerk, das edle humanitäre Ideal, die ehrfurchtgebietende Erhabenheit des heiligen Ritus oder jene tiefgründige, grausam-schöne Kunst der Verwandlung des bleiernen in den goldenen Menschen. Anders gesagt ist das, was wir Gott nennen, in Wirklichkeit Natur, und zwar jene chthonische Natur, die Freud mit dem Begriff des *Es* beschreibt. Diese Natur versucht, sich von ihrer eigenen, dem Tod geweihten Trägheit zu befreien, indem sie eine allmähliche Evolution nicht nur ihrer äußeren Form – wie bei Darwin –, sondern auch ihres Bewußtseins und Selbstausdrucks durchläuft. Und das Mittel dieser Verwandlung ist jene sich stets dem Zugriff entziehende Fähigkeit, die wir Phantasie oder Vorstellungsgabe nennen.

Vermutlich haben Jung und Freud beide recht, wenngleich Jung die Motive der Menschen zunächst in einem besseren Licht erscheinen läßt und für spirituell Interessierte attraktiver sein mag. Die Äußerungsformen der Erlösungssehnsucht reichen vom Inzest bis zur Transzendenz und stellen zudem ein tiefes moralisches Dilemma dar – umfassen sie doch neben unseren unzähligen Versuchen, das Ewige zu erfahren und auszudrücken, auch jene eher abschreckenden Aspekte wie Abhängigkeit, Verrücktheit, geistige und körperliche Disintegration, mit denen sich in letzter Zeit weniger die Religion als vielmehr die Medizin auseinanderzusetzen hatte. Wir können einfach nicht mehr im Flüsterton von der Stimme Gottes sprechen, wenn vor unseren Augen eine konkrete Persönlichkeit oder ein individueller Körper unter dem Diktat dieser Stimme zerfällt und nicht einmal mit den einfachsten Erfordernissen des Erdenlebens mehr zurechtkommt. Ab wann ist denn ein Künstler nicht bloß ein verrückter oder tragischer Fall, sondern ein göttlich inspiriertes Genie, dessen Exzesse toleriert werden müssen, weil sein Leid das unsere würdigt? Ab wann ist es durch das Talent gerechtfertigt, sich ein Ohr abzuschneiden wie etwa Van Gogh, oder Vatermord zu begehen wie beispielsweise Richard Dadd, der – zweifellos auch durch seinen Namen dazu bestimmt –

davon überzeugt war, sein Vater sei in Wirklichkeit der Teufel in dessen Gewand? Ab wann ist ein Seher nicht mehr verrückter Spinner, sondern Heiliger? Können etwa die zwischen dem Zeitalter des Glaubens und dem der Wissenschaft verflossenen Jahrhunderte ein Kriterium dafür sein? Was würden wir heute zu den deutlich erotischen Visionen eines Hl. Antonius sagen – der verdächtig nach einem paranoiden Schizophrenen klingt –, oder zu den gleichermaßen erotischen Stigmata des Hl. Franziskus, den man mit der Diagnose auf hysterische Persönlichkeitsveränderung sofort in jede geschlossene psychiatrische Abteilung aufnehmen würde? Einst gab es hunderte von Heiligen, die, wenn auch erst nach ihrem Tod, ohne weiteres von den gewöhnlichen Sterblichen anerkannt wurden – obwohl ihre einzigen Referenzen oft nur unheilbare Jungfräulichkeit, ein unschöner Tod oder der Anspruch auf die angebliche Wundertätigkeit eines Stoffetzens oder Knochensplitters waren. Heutzutage ist der Vatikan etwas vorsichtiger. Das vorherrschende kollektive Wirklichkeitsbild baut nicht mehr auf Wunder, ewiger Jungfräulichkeit begegnet man eher mit Erstaunen und Mitleid als mit Achtung und Ehrfurcht, und ein unschöner Tod kann jedem widerfahren: die Voraussetzungen für eine Heiligsprechung sind etwas strenger geworden.

Was also ist diese schmerzhafte Sehnsucht, die jedes noch so große Opfer rechtfertigt, was ist dieser ewige Ruf aus dem irdischen Jammertal? Ist es wirklich die klare Stimme der Seele, die sich durch die Gefängnismauern der irdischen Existenz hindurch bemerkbar macht? Oder ist es die verzweifelte Abwehrhaltung einer zerbrechlichen Persönlichkeit, die, durch falsche Erziehung verletzt und infolge der eigenen Regressivität hartnäckig infantil geblieben, weder willens noch in der Lage ist, den schwierigen Vorstoß in den Dschungel des gewöhnlichen Lebens und Sterbens zu unternehmen? Wie können wir auf unserer unablässigen Suche nach einem Messias oder Guru, der uns helfen soll, in die Umarmung jenes Unaussprechlichen zu finden, zwischen einem Christus und einem Hitler unterscheiden? Beide sind – auf sehr verschiedene Weise – als Antwort auf die verzweifelte Suche eines Volkes nach Erlösung zu ihrer Größe aufgestiegen. Doch mag eine solche Frage den Unwillen all jener wecken, die davon überzeugt sind, daß sie aufgrund ihrer politischen Einstellung oder ihrer fortgeschrittenen Spiritualität stets von selbst in der Lage sein werden, den Unterschied zu erkennen – nicht nur zwischen einem falschen und einem echten Messias, sondern auch zwischen den liebevollen und den zerstörerischen Seiten der eigenen Persönlichkeit. Ich habe schon viele Astrologen, Heiler und Kirchenleute sagen hören, daß Spiritualität etwas eigenes sei, das über den Bereich der Psychologie hinausgehe – daß man sie nicht mit dem groben Rüstzeug der Psychologie angehen oder schlechtmachen dürfe. Gerade ideologisierende Menschen sind oft von der absoluten Erhabenheit ihrer Motive über jedes Psychologisieren überzeugt, da es ihnen ja angeblich nur um das Allgemeinwohl geht. Dennoch gehört jede menschliche Erfahrung zum Reich der Psyche und ist folglich auch psychologisch – denn Körper, Geist, Herz und Seele eines jeden Menschen sind es, die wahrnehmen und deuten, was immer wir Realität nennen. Alle Erfahrung ist subjektiv, denn stets ist es ein individuelles menschliches Wesen, das diese Erfahrungen macht. Und wenn unsere politischen und spirituellen Überzeugungen so wertvoll sind, daß sie uns keine Ehrlichkeit in bezug auf unsere eigenen, nur allzu menschlichen Motive mehr gestatten, was ist dann noch für ein Unterschied zwischen uns und jener mutwilligen, psychischen und körperlichen Destruktivität von Geliebten, Eltern, Kindern, Partnern, Freunden und ganzen Nationen »im Namen der Erlösung«?

Die Astrologie kennt ein Planetensymbol für die menschlichen Sehnsüchte, und die Sehnsucht nach Erlösung ist ebenso menschlich wie alle anderen. Im astrologischen Sprachgebrauch heißt dieses Symbol Neptun, nach dem römischen Gott über die Tiefen der Wasserwelt. Wie schon bei Uranus und Pluto – die gleichfalls in der Antike unbekannt waren und erst während der letzten zwei Jahrhunderte entdeckt wurden – kann der Astrologe dem Skeptiker nur schwerlich erklären, wie und warum Neptun zu einem mythologischen Namen kam, der so gut zu seinem symbolischen Gehalt paßt. Erlösungssehnsucht ist die Sehnsucht nach völliger Auflösung in den vorgeburtlichen Wassern des Mutterleibes und des Kosmos. Astronomen hatten den Planeten so getauft, noch ehe Astrologen darangingen, seine Äußerungsformen im Horoskop zu untersuchen. Es ist wohl unmöglich, das Phänomen einer derartigen Gleichzeitigkeit innerhalb des kausalen Rahmens einer modernen wissenschaftlichen Denkweise zu erklären. Dazu bedarf es eines anderen Bezugsrahmens – und vielleicht sogar einer anderen Weltanschauung. Meinen Erörterungen Neptuns in den folgenden Kapiteln liegen eigene Forschung und Erfahrung sowohl beruflicher als auch persönlicher Art zugrunde, und außerdem beziehe ich mich auf die Werke anderer, die im Bereich der Astrologie – und auf anderen Gebieten – über diesen Planeten geforscht und damit etwas zu unserem Verständnis beigetragen haben. Hätte man ihn nach einem anderen Gott benannt, der nichts mit Wasser zu tun hat – Pan etwa, oder Vulkan –, so wäre ich zu dem Schluß gekommen, daß diese Namensgebung falsch ist. Wie die Dinge stehen, ist der gegenwärtige Name gut genug, wenn auch nicht völlig richtig: Neptun hätte nach einer Meeresgöttin benannt werden sollen, nicht nach einem Meeresgott. Jener Ursprung allen Lebens, mit dem wir verschmelzen wollen, trägt zwar einen männlichen Namen, doch er zeigt ein weibliches Gesicht.

Die Sehnsucht nach Erlösung ist – um den unter Astrologen beliebtesten Schlüsselbegriff für Neptun zu bemühen – verwirrend. Manchmal gibt sie sich als hehres Streben aus nach dem, was uns alle vereint und umgibt. Dann wieder manifestiert sie sich als ein trauriges und oft auch entstellendes Festhalten an der Urphantasie von den Wassern der Gebärmutter – vor der Geburt, als es noch kein Leid gab, keine Trennung und keine Einsamkeit. Das religiöse Schrifttum ist voll von ausführlichen, bewegenden Beschreibungen des Leids – und die psychoanalytische Literatur ist voll von schwierigen, oft unbeholfenen Beschreibungen von Getrenntheit und Einsamkeit. Beide haben einen wertvollen Beitrag zu unserem Verständnis von Neptun zu leisten, und wir werden in den entsprechenden Kapiteln dieses Buches noch ausführlich auf diese beiden Bereiche eingehen. Im Innersten sind sich diese scheinbar so widersprüchlichen Seiten Neptuns gleich. Der Unterschied liegt in der Art und Weise, in der diese besessene Sehnsucht erfahren wird – und in dem Maß, in dem sie Eingang in die individuelle Realität eines Menschen finden und sein Leben verbessern kann. Viele Astrologen belegen Neptun etwas vorschnell mit dem Attribut des »Spirituellen«. Dabei gibt es einige so grauenerregende Bewohner neptunischer Gewässer, daß sich der Weiße Hai neben ihnen wie eine Portion marinierter Hering ausnimmt; diese werden üblicherweise mit Euphemismen wie »Täuschung« oder »Illusion« abgetan. Andererseits liegt oft eine tiefe Bedeutung in dem verborgen, was gemeinhin Pathologie, Sucht oder Wahnsinn genannt wird. Der einzelne, der unter dem Einfluß jener ganz eigentümlichen, neptunischen Art von Depersonalisierung steht, mag letzten Endes mehr und weiter sehen als der Arzt, der ihn behandelt. Was ist Betrug, was Illusion? Wer täuscht wen, und in bezug worauf? Und wer oder was bietet uns – wie jeder stark neptunisch beeinflußte Mensch fragen könnte – eine so zuverlässige Definition der Wirklichkeit, daß wir mit letzter Gewißheit sagen können, ob jenes Etwas, jener Gegenstand unserer Sehnsucht, nur Opium für das Volk ist, ob es wahrlich und wahrhaftig zu jener großen, transzendenten Einheit gehört, die wir das Leben nennen, oder ob es einfach nur ein anderes Wort für Mutter ist?

Jeder Versuch, Neptun zu verstehen, verlangt von uns, daß wir uns auf verschlungene Wasserwege begeben. Kein Bereich menschlichen Handelns ist frei von der Sehnsucht nach Erlösung, und deshalb müssen wir dazu bereit sein, uns nicht nur mit Individualpsychologie zu beschäftigen, sondern auch mit Mythologie, Politik, Religion, Mode und Kunst. Von einigen Ausnahmen abgesehen,[3] zeigt die astrologische Literatur in der Darstellung Neptuns eine eigenartige Beschränktheit – und das, obwohl das umfangreiche psychoanalytische Schrifttum über Hysterie, Trennungsangst, Idealisierung, projizierte Identifikation, Verschmelzung von Selbst und Objekt, Masochismus und Primärnarzißmus fast ausschließlich neptunische Themen behandelt. In astrologischen Texten wird Neptun selten als nur wohltätig dargestellt; für gewöhnlich werden in diesem Zusammenhang Täuschung, Illusion und Abhängigkeit erwähnt, ebenso wie karmische Schuld und Entsagung. Doch diese Begriffe reichen nicht aus, wenn wir dem Klienten, dem Patienten oder uns selbst echte Einsicht vermitteln wollen. Ein Mensch mit Venus oder Mond in schwierigem Aspekt zu Neptun oder mit Neptun im siebten Haus mag in Liebesangelegenheiten sehr wohl zu Täuschungen, Illusionen, Enttäuschung und Entsagung neigen, doch weshalb? Wenn er sich den emotionalen Gegebenheiten nicht stellen kann, die sich hinter der Neigung verbergen, das Bild des Partners durch Idealisierung zu vernebeln, und wenn diese Person sich nicht mit der schmerzlichen Notwendigkeit innerer Selbständigkeit befassen mag, dann wird kein noch so großes Maß spirituellen Philosophierens ihn davor bewahren, auf die eine oder andere Weise immer wieder ein bestimmtes Verhaltensmuster zu durchlaufen. Die eigenartige und erstaunliche Passivität, die einen solchen Menschen zuweilen erklären läßt, dies müsse wohl »Karma« sein und deshalb müsse jede Hoffnung auf persönliche Erfüllung einem höheren Zweck geopfert werden, darf so nicht akzeptiert, sondern muß statt dessen herausgefordert und hinterfragt werden. Auch andere Menschen werden in die emotionalen Strudel des Neptunischen hineingezogen, und oft genug können Kinder oder Partner es sich eben nicht leisten, ihr eigenes Unglück durch den Glauben daran zu rechtfertigen, daß höher entwickelte Menschen mehr zu leiden hätten als andere.

Das kümmerliche Angebot astrologischer Definitionen ist verständlich, denn unser vielgesichtiger Dämon ist überaus veränderlich. Er wechselt seine Gestalt so schnell, daß es schwerfällt, die Zusammenhänge zwischen den einzelnen Manifestationen zu erkennen. Welcher Art könnte beispielsweise die Beziehung zwischen Hysterie – jener alten Krankheit, die nach Überzeugung der Griechen auf einen wandernden Uterus zurückzuführen ist – und jener rätselhaften Welt okkulter Phänomene sein, die nur wenige Psychiater (mit Ausnahme scheinbarer Exzentriker wie etwa Jung, der die Sonne im Quadrat zu Neptun hatte) einer ernsthaften Untersuchung wert befinden? Welche Beziehung läßt sich herstellen zwischen jenen heiß begehrten »übersinnlichen Kräften«, die dem unerfahrenen Entdekker spiritueller Sphären so eindrucksvoll erscheinen, und der Alkohol- und Drogenabhängigkeit, die so viele Leben zerrüttet und zerstört; zwischen Sucht und dem »ozeanischen Schlüsselerlebnis«, wie es die transpersonale Psychologie beschreibt; zwischen transpersonaler Psychologie und dem Filmstar; oder zwischen dem Filmstar und der Politik militanter linker Gruppen?

Es ist keineswegs unmöglich, klare Konzepte für die Bedeutung Neptuns als archetypischer Drang innerhalb der menschlichen Psyche zu erarbeiten. Es ist auch nicht schwer, Beziehungen zwischen diesem Planeten und den empirischen Beobachtungen individueller und kollektiver Verhaltensmuster, Komplexe, Gefühle und Weltanschauungen herzustellen. Was wirklich schwierig ist, ist die lästige, alte Frage, wann es sich um ein überpersönliches Verlangen handelt, das als solches anerkannt zu werden verdient, und wann um eine infantile Regression, der man einen mitfühlenden Realismus entgegenhalten muß. Und wann ist es beides zugleich? Vielleicht haben wir es hier mit dem eigentlichen Wesen der neptunischen Täuschung zu tun. Angesichts der vielen Gegensätze, die Neptun zu symbolisieren scheint – von den Extremformen psychischen und körperlichen Verfalls bis hin zu jenem Licht innerer Erkenntnis, das unser ganzes Leben verwandeln kann – ist es praktisch unmöglich, kategorisch zu bestimmen, ob sich das eine für das andere ausgibt oder umgekehrt. Ein tiefes, aber unerkanntes Verlangen nach dem Spirituellen kann sich als Sucht oder resignierter Rückzug von der Wirklichkeit verkleiden, ganz wie auch der sogenannte Erleuchtete ein scheinbar erwachsener

Mensch mit dem emotionalen Narzißmus eines Kleinkindes sein mag, der gegen das Leben streikt und sich weigert, sein Traumland zu verlassen. Der stets sich selbst aufopfernde Elternteil, Liebhaber oder Ratgeber kann sich als alles verschlingender Krake entpuppen, ebenso wie das vermeintliche menschliche Treibgut – der Dieb, die Prostituierte, der Süchtige oder der Landstreicher – vielleicht mehr echtes menschliches Mitgefühl aufzubringen vermag als eine ganze Armee von Ärzten, Psychologen, Sozialarbeitern und Politikern, die ihre Liebe zur Menschheit demonstrativ in löblichen Worten und Handlungen dartun. Wie schon die Hexen in *Macbeth* sagen,

> Fein ist faul und faul ist fein.
> Lauernd wolln wir Dunst im Nebel sein.[4]

Die Schwierigkeit mit Neptun liegt nicht darin, daß es keine psychologischen Modelle gäbe, die uns ein etwas reichhaltigeres Vokabular bieten als nur die Begriffe »Täuschung« und »Illusion«; sie liegt vielmehr in der mit der Erlösungssehnsucht einhergehenden moralischen Ungewißheit, die uns manchmal buchstäblich in den Wahnsinn treiben kann. Man mag sich scheinbar gutmütig über die maßlose Gier hinwegtäuschen, mit der sich ein Säugling an die auf immer verschlossene Tür des Mutterschoßes klammert. Man kann aber auch tatsächlich mit einer höheren Wirklichkeit in Verbindung stehen, die alle Getrenntheit bedeutungslos werden läßt, so daß die eigenen Schöpfungen und Taten von der heilsamen Kraft jenes anderen Reiches gesegnet sind – obwohl sich der individuelle Mensch oft der Gabe nicht bewußt ist, die er da besitzt. Jedenfalls kann man sich nie ganz sicher sein – am allerwenigsten seiner selbst. Gerade dann, wenn man restlos von der eigenen Unschuld überzeugt ist, gerät man mit Neptun am leichtesten auf den Holzweg. Gerade wenn der oder die einzelne glaubt, er oder sie sei zweifellos verliebt, wird der Einfluß unbewußter Elternkomplexe am deutlichsten sichtbar. Und gerade wenn man die entwürdigende Erfahrung macht, daß die eigene Persönlichkeit zusammenbricht oder sich auflöst, nähert man sich einem fremdartigen, diffusen Licht: einer magischen Tür zu heiligen Geheimnissen, die – ähnlich wie jene der Melusine – sofort wieder verschwinden, wenn sie in das kalte Licht dessen getaucht werden, was gemeinhin für geistige Gesundheit gilt.

Es gab schon immer ein merkwürdig flexibles Austauschverhältnis zwischen dem sogenannten Wahnsinn und dem sogenannten Einssein mit dem Göttlichen. Für die alten Griechen war der Wahnsinn ein Zustand, in dem man von einem Gott besessen war. Dem mittelalterlichen Christen galt der Wahnsinn als ein Zustand, in dem man von einem Teufel besessen war – was nichts anderes ist als eine etwas einfachere Art, das gleiche zu sagen. In psychiatrischen Begriffen gesprochen ist der australische Eingeborene, der sich auf eine scheinbar ziellose Wanderung in den Busch begibt, vorübergehend geisteskrank; doch in seinem eigenen Sinnzusammenhang hat er sich mit dem Land und mit seinen Vorfahren vereinigt.

Ebenso begibt sich der Schamane in eine ekstatische Trance, die jedoch aus der Perspektive eines rationalen Bewußtseins nichts anderes ist als ein psychotischer Schub. Neptun kann die höchsten und erhabensten menschenmöglichen Manifestationen von Liebe, Gnade und kreativer Schau symbolisieren, sobald die erdenschwere Illusion der Getrenntheit einer Einsicht in die letztendliche Einheit alles Seienden platzmacht. Gleichermaßen kann Neptun aber auch die verzweifeltsten und destruktivsten Impulse verkörpern, zu denen Menschen fähig sind, solange sie sich noch nicht mit ihrer Angst vor der Einsamkeit und dem Tod auseinandergesetzt haben. Welche Entsprechung trifft nun wirklich zu? Wahrscheinlich beide. Das neptunische Reich kann für viele Menschen ein beträchtliches Problem sein, weil es eine Art »heilige Kuh« darstellt, die nicht mit der gleichen Sorgfalt untersucht werden darf wie alle anderen Bereiche menschlicher Erfahrung. Ich riskiere also ein gewisses Maß an Gegnerschaft von meinen Leserinnen und Lesern, wenn ich die Heiligkeit von Opfern und das strahlende Ansehen, das die Selbstlosigkeit genießt, hinterfrage. Ein solches Hinterfragen wird keine Ungeheuer zutagefördern und auch keine unerreichbaren Götter, sondern lediglich menschliche Wesen, die jedoch auch ohne jede weitere Mystifizierung schon geheimnisvoll genug sind. Doch gerade diese grundlegende Menschlichkeit ist in der Welt des Neptunischen so schwer unterzubringen, denn die Menschlichkeit besitzt einen allzu großen Anteil an dem, was die Orphiker das Titanische nannten – die Quintessenz des Saturnischen, das zugleich der ewige Widersacher und die ewige Ergänzung des Neptunischen ist. Leider sind es oft gerade Menschen mit der lebhaftesten Phantasie und Vorstellungskraft, die mit der linken Hand sabotieren, was sie mit der Rechten aufbauen, während sie sich verzweifelt wünschen, ihre Möglichkeiten verwirklichen zu können. Auf diese Weise verstricken sie sich unwiderruflich in materielles Unglück, Krankheit und ein Dasein als emotionales und körperliches Opferlamm. Nie können sie ihren ganzen inneren Reichtum zum Ausdruck bringen, denn auf einer sehr tiefgehenden und anderen scheinbar unzugänglichen Ebene sind sie davon überzeugt, daß ihr Leid sie in den Augen jenes Etwas, nach dem sie streben, reiner und annehmbarer erscheinen läßt. Wenngleich ich – wie alle anderen Menschen auch – zugeben und anerkennen muß, daß zum Leben auch Leiden und Opfer gehören, hege ich doch tiefe Zweifel an der Art und Weise, in der diese Begriffe verwendet und mißbraucht werden, und ich frage mich oft, was sich dahinter verbirgt. Wegen solcher Menschen und auch für sie habe ich versucht, die Welt des Neptunischen genauer zu beschreiben.

Zur Zeit der Niederschrift setzt Neptun seine langwährende Konjunktion mit Uranus fort. Obwohl der Zeitpunkt der exakten Konjunktion schon vorüber ist, werden sich diese beiden Planeten noch für beträchtliche Zeit innerhalb ihrer gegenseitigen Orbes bewegen.[5] In der astrologischen Fachwelt wurde viel hervorragende Forschungsarbeit über die Bedeutung dieser seltenen und überaus bedeutsamen Begegnung zweier äußerer Planeten geleistet, und jeder praktizierende Astrologe ist Klienten begegnet, deren Geburtshoroskope davon stark berührt wurden und die in der Folge umfassende innere und äußere Veränderungen erlebt haben. Auch die Horoskope von Nationen haben uns im Hinblick auf die politischen und wirtschaftlichen Veränderungen während dieser Konjunktion viele Aufschlüsse liefern können – als Beispiel sei nur die deutsche Wiedervereinigung genannt. Wir alle wissen, daß wir in einer Zeit der Krisen und Umbrüche leben. Daher ist es jetzt besonders wichtig, Neptun zu verstehen, denn neptunische Bedürfnisse, Gefühle und Abwehrhaltungen sind gegenwärtig intensiver als sonst und machen einen Teil der alltäglichen Lebenserfahrung jedes Menschen aus. Die Erlösungssehnsucht ist eine fundamentale menschliche Erfahrung. Doch in manchen Gesellschaftsschichten haben die neptunischen Fluten offenbar jegliche Fähigkeit davongeschwemmt, die eigene persönliche Verantwortung und Entscheidungsfreiheit anzuerkennen. Aus dieser Perspektive lassen sich auch viele besonders schwierige gesellschaftliche Probleme verstehen, und ein solches Verständnis kann dem einzelnen helfen, sich der Beweggründe bewußt zu werden, die zu seinen Entscheidungen, Verpflichtungen und Handlungen geführt haben. Deshalb habe ich dem Buch ein Kapitel über den »politischen Neptun« beigefügt, denn die Politik war schon immer ein Bereich menschlicher Unternehmungen, in dem sich die Erlösungssehnsucht – wenn auch unter mancherlei anderem Namen – am stärksten breitgemacht hat.

Leser, die lediglich ein »Kochbuch« zur Deutung Neptuns im Geburtshoroskop suchen, mögen sich des letzten Teils dieses Buches bedienen; dort wird Neptun in den Häusern, im Aspekt zu anderen Planeten sowie in Horoskopvergleichen und Komposithoroskopen beschrieben. Allerdings war das Material in den vorangehenden Kapiteln – wie etwa das über die relevanten Mythen und religiösen Motive, oder dasjenige über die merkwürdige Entdeckungs- und Erforschungsgeschichte des Unbewußten – für mein eigenes Verständnis Neptuns von unschätzbarem Wert. Gleichermaßen aufschlußreich ist das Wirken Neptuns im kollektiven Bewußtsein, wie es in Modetrends, in spirituellen und religiösen Kulten und auch in der Kunst sichtbar wird. Ungeachtet der besonderen Richtung, der man mit der eigenen astrologischen Forschung und Arbeit nachgeht, ist es die Welt der Bilder und Vorstellungen, in der die Bedeutung dieses Planeten am stärksten zum Ausdruck kommt, und ich hoffe, der Leser oder die Leserin werden sich von dieser Einsicht anregen lassen. Deshalb habe ich da begonnen, wo auch die Geschichte Neptuns beginnt: bei den Mythen der Schöpfung aus dem Wasser, des verlorenen und wiedergefundenen Paradieses, bei der Sintflut und dem tausendjährigen Reich Gottes. Ich habe mich zunächst aller Versuche enthalten, diese uralte Bilderwelt allzu genau interpretieren zu wollen, denn besser als jede Definition vermag es die Amplifikation, die Vorstellungskraft anzuregen und dem Verständnis den gefühlsmäßigen Gehalt des Neptunischen näherzubringen. Obwohl ich diese Arbeitsweise auf jedes astrologische Symbol anwende, eignet sie sich doch ganz besonders für Neptun, der sich irgendwelchen Schlüsselbegriffen ebenso entzieht wie Wasser durch ein Sieb schlüpft. So gewappnet können wir beginnen, diesem flüchtigen Neptun nachzugehen – zunächst anhand jener spontanen Produkte menschlicher Vorstellungskraft, in denen das Unbewußte sich selbst darzustellen pflegt.

Teil I

Fons et Origo Neptun in der Mythologie

Und ich sah einen neuen Himmel und eine neue Erde; denn der erste Himmel und die erste Erde sind vergangen, und das Meer ist nicht mehr.

Und ich sah die heilige Stadt, das neue Jerusalem, von Gott aus dem Himmel herabgekommen, bereitet wie eine geschmückte Braut für ihren Mann.

Und ich hörte eine große Stimme von dem Thron her, die sprach: Siehe da, die Hütte Gottes bei den Menschen! Und er wird bei ihnen wohnen, und sie werden sein Volk sein, und er selbst, Gott mit ihnen, wird ihr Gott sein; und Gott wird abwischen alle Tränen von ihren Augen, und der Tod wird nicht mehr sein, noch Leid noch Geschrei noch Schmerz wird mehr sein; denn das Erste ist vergangen.

Und der auf dem Thron saß, sprach: Siehe, ich mache alles neu!

Und er sprach zu mir: Es ist geschehen. Ich bin das A und das O, der Anfang und das Ende. Ich will dem Durstigen geben von der Quelle des lebendigen Wassers umsonst.

Offenbarung, 21:1-6

1.

Schöpfung

Alles Leben kommt aus dem Wasser.

Der Koran

Die Mythologie Neptuns beginnt mit der Mythologie des Wassers. In der astrologischen Symbolik herrscht Neptun über die Fische, das dritte Zeichen des Wasser-Trigons; und der Gott, nach dem der Planet benannt wurde, ist der Herrscher über die Tiefen des Ozeans. Selbst wenn man den Planeten anders genannt hätte – wer unter dem Einfluß wichtiger Neptun-Transite und -Progressionen steht, bei dem wird sich spontan die Sprache des Wassers einstellen. Immer wieder habe ich erlebt, daß auch Menschen ohne astrologische Kenntnisse ihre Gefühle und Wahrnehmungen während solcher kritischer Zeiten bildhaft als »ertrinken, dahintreiben, sich auflösen, aufgeweicht, überflutet, überschwemmt werden, mit dem Strom schwimmen« u.ä. beschreiben. Auch in den Träumen während solcher Kontakte taucht das Reich des Wassers auf: Springfluten, sinkende Schiffe, leckende Rohrleitungen, überschwemmte Toiletten, Platzregen und überflutete Häuser. Oft beschreiben Menschen sehr genau – wenngleich für gewöhnlich unbewußt – den archetypischen Hintergrund ihrer wichtigen Lebenserfahrungen; und Wasser symbolisiert in den Mythen aller Kulturen und Epochen die Ursubstanz, *fons et origo,* den Ursprung aller Schöpfung.

Wassermythen entziehen sich besonders erfolgreich dem Versuch, ihre Bedeutung genau abzugrenzen. Sie sind weitgespannt und schwer faßbar, weisen meist keine menschlichen Gestalten auf und erzählen statt dessen von der Schöpfung des Universums; daher weisen sie in ihrer psychologischen Bedeutung wohl auf Urerfahrungen hin, die uns kaum bewußt sind. Da alle Mythen auf die eine oder andere Weise Bilder sind, die das menschliche Bewußtsein von seinen eigenen Vorgängen malt, sind diese Schöpfungsgeschichten in gewisser Hinsicht Bilder von menschlicher Empfängnis, Schwangerschaft und Geburt, in den Kosmos hinaus projiziert und geschaut als Entstehung der Welt. Auch die Geburt des Menschen ereignet sich in vielfältiger Form, denn sie hat nicht nur mit dem körperlichen Austreten des Kindes aus der Gebärmutter zu tun, sondern auch mit der Geburt einer individuellen Identität aus dem unterscheidungslosen Meer des kollektiven Bewußtseins. Die in alten Mythen der Schöpfung aus dem Wasser beschriebene

Welt vor dem Anbeginn der Zeit ist etwas, woran wir uns nicht in ähnlicher Weise »erinnern« können wie etwa an die emotionalen und sexuellen Konflikte der Pubertät. Das individuelle Gedächtnis braucht ein Ego, um sich an etwas erinnern zu können, und im Reich der neptunischen Gewässer gibt es noch kein »Ich«.

Im Mythos wie auch in Träumen ist Wasser ein Bild für alles Potentielle und Entstehende – die *prima materia*, aus der alle Gestalten entstehen und zu der sie schließlich wieder zurückkehren werden, sei es durch ihren eigenen, unaufhaltsamen Niedergang oder durch eine gottgewollte Katastrophe. Das Wasser existiert zu Anfang jedes kosmischen Zyklus' ebenso, wie es sich zum Ende wieder einstellt; es wird sogar am Ende der Schöpfung noch bestehen und die Ursprünge künftiger Welten in sich tragen, die in seinen Tiefen darauf warten, auszukeimen. Wenn wir diese alte und heilige Bedeutung des Wassers besser verstehen wollen, müssen wir in uns selbst eine Verbindung zu einer archaischen, präverbalen und insgesamt sehr viel sinnlicheren Wahrnehmung des Lebens schaffen. Der erste Eindruck eines Kindes vom Zauber und Geheimnis des Meeres wird uns mehr über das ehrfurchtgebietende Wesen des Wassers vermitteln als jede noch so gelehrte Deutung alter religiöser Riten. Die Art und Weise, in der wir uns am Ende eines anstrengenden Tages in einem heißen Bad entspannen, enthüllt mehr über die heilsamen und aufbauenden Kräfte des Wassers als dem Intellekt jemals zugänglich sein wird – wie angenehm das Wasser über die Haut streicht, wie wohl es den schmerzenden Muskeln tut, das verführerische Gefühl mühelosen Schwebens, das es dem Körper gibt. Die mythische Bilderwelt des Wassers ist mit unseren frühesten körperlichen Empfindungen und angenehmen Gefühlen der Linderung, Beruhigung, Erfrischung, Reinigung und des Geschützt- und Geborgenseins verbunden. Dabei handelt es sich jedoch nicht um bloße sinnliche Phantasien; diese Gefühle gehören auch zu unserer Vergangenheit, selbst wenn wir uns nicht mehr daran erinnern. Unser aller Leben hat in den Wassern der Gebärmutter begonnen, und Milch war unsere erste Nahrung. Aus der Erfahrung des Säuglings können wir auch eine ganze Menge über die chthonischen Meeresungeheuer der Wassermythen lernen – nicht nur die Erfahrung des Durchganges durch den Geburtskanal, sondern auch des unfreiwilligen oder zufälligen Untergehens: das beginnende Ersticken, die blinde Panik, der Schrecken eines bodenlosen Abgrundes wie ein riesiger Schlund, der uns hinunterzieht ins Namenlose. Menschen, die sich davor fürchten, in tiefem Wasser zu schwimmen, können durch die Erkundung der neptunischen Bilderwelt Einsichten in die tieferen Hintergründe ihrer Ängste gewinnen. Der große Erfolg von Filmen, deren zentrales Thema ein in den Tiefen des Meeres lauerndes Wesen ist – von *Der Schrecken vom Amazonas* bis hin zu *Der weiße Hai* –, zeigt deutlich, wie furchtbar und zugleich unwiderstehlich verführerisch diese Vorstellungen selbst auf ein abgebrühtes, modernes Bewußtsein wirken.

In der Sprache des Mythos ist das – gewollte oder ungewollte – Untertauchen im Wasser eine Rückkehr in die Präexistenz. Eine solche Rückkehr ereignet sich im Tod, in den Wallungen der mystischen Erfahrung und in der Dämmerwelt durch Drogen hervorgerufener Trancezustände. Sie kann sich auch immer dann einstellen, wenn primäre Emotionen aufsteigen und das Bewußtsein überfluten, so daß das »Ich« verschwindet. Dies mag zu bestimmten Zeiten und für manche Menschen sehr angenehm und bezaubernd sein, besonders wenn das Leben sonst kalt, abweisend und frustrierend ist; doch wenn man hart dafür gekämpft hat, um als wirkungsvolles Individuum einen Platz in der Welt für sich zu beanspruchen, ist es eine schreckliche Erfahrung, in der sich die eigene Verrücktheit, Hilflosigkeit und die völlige Sinnlosigkeit aller Anstrengungen anzukündigen scheinen. Wenn uns nicht gerade eine besonders ozeanische Erfahrung im Griff hat, können wir uns normalerweise nicht daran erinnern, wie es ist, ohne Form zu sein; zudem treten nach solch einer Erfahrung für gewöhnlich auch gewisse Unschärfen und Gedächtnislücken auf, ganz ähnlich wie nach einem Trinkgelage. Doch wenngleich uns die Erinnerung fehlt, haben wir uns diese wäßrige Präexistenz durch alle Zeiten hindurch immer wieder vorgestellt und auch Darstellungen von ihr gegeben – im Mythos, in der religiösen Symbolik und in der Kunst. Auch die Entstehung des Lebens aus dem Wasser ist ein Wunder – wie kann etwas aus dem Nichs entstehen? –, denn sie ist eine Wiederholung jenes Schöpfungsaktes, mit dem das neue Universum begann – glänzend frisch und bar jeglicher Sünde –, oder eine Wiederholung des Geburtsaktes, bei dem das Neugeborene, mit Blut und Flüssigkeit verschmiert, ans Tageslicht tritt. Wasser und das Leben unter Wasser faszinieren uns heute genauso wie eh und je. Kluge Zahnärzte halten sich in ihren Wartezimmern Aquarien mit tropischen Fischen, denn der hypnotische Rhythmus einer friedlichen Wasserwelt scheint die Angst vor der Betäubung und dem durchdringenden Bohren irgendwie zu besänftigen. Der Springbrunnen ist für uns Heutige etwas genauso Zauberhaftes wie für die Menschen der Antike; geschickte Filmemacher greifen regelmäßig darauf zurück, wenn sich die Liebenden an seinem mondbeschienenen Wasser treffen und sich dem Strom ihrer Gefühle hingeben. Auch das Fischen ist etwas Wunderbares für ein Kind und bleibt es für viele Erwachsene ihr Leben lang. Einen Fisch zu fangen ist wie ein Segen; über die konkrete Welt von Angelschnur, Fliege und Köder hinaus ist es die Gnade des Flusses, des Sees oder des Meeres, das seine Schätze emporbringt und preisgibt. So bewirkt das Untertauchen im Wasser in praktisch allen antiken Initiationsriten, ebenso wie in der christlichen Taufzeremonie, eine Reinigung von der Verderbtheit des Vergangenen und eine Neugeburt; und alle diese Vorgänge ereignen sich an einem geheimen, verborgenen Ort, zu dem wir keinen anderen Zutritt haben als durch die Tore unserer Phantasie.

Die Wasser-Mutter im mesopotamischen Mythos

Seit vorgeschichtlicher Zeit symbolisiert das Wasser den eigentlichen Ursprung des Lebens und der Fruchtbarkeit, sowohl für den Menschen als auch für den Kosmos. Daher kennzeichnet die Gegenwart von Wasser – sei es als Meer, See, Fluß, Strom oder Quelle – die Materialisierung der Urgottheit. Alle geheiligten Orte des Neolithikums und des Bronzezeitalters lagen neben oder über einer Wasserquelle, wobei dieser Quelle größere Bedeutung zukam als sie durch bloße praktische Erwägungen im Hinblick auf Trinken und Waschen hätte erlangen können; sie wurde als Quell des Göttlichen verstanden. Auch in den späteren Kulturen mit ihren komplizierten Götterfamilien und verfeinerten Gottesdienstritualen befand sich der Tempel mit dem Altar meist in unmittelbarer Nähe einer Quelle; deren geheimnisvolles Hervortreten aus der Tiefe wurde als Durchdringung der irdischen Welt durch jene lebenspendende Gottheit verstanden, die über die unsichtbaren und formlosen Reiche über wie unter uns herrscht. Diese sichtbare Manifestation des göttlichen Lebensquells wurde stets als eine sich selbst befruchtende, weibliche Schöpferin oder als eine männlich-weibliche Dyade mit deutlicher Vorrangigkeit ihrer weiblichen Seite personifiziert. In der Sprache des Mythos ist die menschliche Erfahrung der Welt in der Gebärmutter, noch vor dem Bestehen eines individuellen Egos, die einer ozeanischen und absoluten mütterlichen Macht.

Der sumerische Mythos vom Anbeginn der Welt, der etwa auf das dritte vorchristliche Jahrtausend zurückgeht, wurde uns durch die babylonische Zivilisation übermittelt; sie assimilierte die Kultur der Sumerer und erreichte ihren Höhepunkt unter dem energischen König Hammurabi (1792-1750 v.Chr.). Die babylonische Version der Schöpfungsgeschichte ist nirgendwo bekundet; doch wird uns die ganze, 5000 Jahre alte Geschichte im *Enuma Elisch* berichtet, gefunden in der Bibliothek des assyrischen Königs Assurbanipal, der von 668-630 v.Chr. regierte. Dies ist der älteste bekannte Schöpfungsmythos. *Enuma Elisch* bedeutet »als oben ...« (die ersten Worte des Gedichtes) und ist auf sieben Tontafeln niedergelegt, die zusammen etwas mehr als tausend Zeilen ausmachen. So begegnen wir der mythischen Welt Neptuns zum erstenmal im Levante, bei den Sumerern, die die Grundlagen unserer westlichen Kultur geschaffen haben. Und für die Sumerer begann alles mit dem Wasser.

Die Göttin Nammu – deren Name als Ideogramm »A«, gleichbedeutend mit »Meer«, geschrieben wird – wird auf erhaltenen sumerischen Tafeln beschrieben als »die Mutter, die Himmel und Erde gebar«.[1] Anders interpretiert Nicholas Campion das Wort *nammu* oder *namme;* ihm zufolge bedeutet es etwa soviel wie Essenz, Schicksal oder Geschick.[2] Diese beiden Auslegungen ergänzen sich gegenseitig, da der göttliche Ursprung sowohl die Essenz wie auch die Bestimmung alles Lebendigen ist, das aus ihm hervorgeht und wieder zu ihm zurückkehrt. Der sumerische Mythos bietet keinerlei Erklärung für den Ursprung jenes vorzeitlichen Meeres. Es ist einfach da. Wir werden dieser apriorischen Eigenschaft der primären Göttin noch in anderen Schöpfungsgeschichten begegnen; es handelt sich dabei um eine besondere Eigenart in der mythischen Darstellung von der Geburt des Universums. Auch wenn wir weiter und immer noch weiter zurück gehen, kommen wir doch niemals um ein bestimmtes »Etwas« herum, das schon immer da war. Die subjektive Vorstellung von einer immerwährenden Quelle, die alle Grenzen von Raum und Zeit hinter sich läßt und sich auch über das Reich der Logik hinaus erhebt, ist charakteristisch für Neptun. Die Göttin Nammu ist die früheste belegbare Darstellung dieser neptunischen Quelle. Im Sumerischen ist das Wort für Wasser gleichbedeutend mit dem Wort für Sperma, Empfängnis und Hervorbringung. Die große sumerische Meeres-Mutter ist parthenogen; sie ist sowohl das befruchtende Sperma als auch die feuchte, aufnehmende Gebärmutter; sie ist männlich-weiblich, androgyn und unterschiedslos, ein Bild sowohl des kosmischen Urchaos als auch der dunklen, formlosen Welt der Gebärmutter.

Die Babylonier übernahmen den sumerischen Mythos von der Weltentstehung aus dem Meer und arbeiteten ihn weiter aus. Das *Enuma Elisch* erzählt uns, daß im Anfang nichts anderes existierte als Wasser: Apsu, der Ozean von Süßwasser, und Tiamat, der bittere, salzige Ozean. Aus der Vereinigung dieser beiden Gottheiten – eine männliche und eine weibliche, beide jedoch in dem einen uroborischen Bild des Meeres enthalten – entstanden die Götter.

> Als oben der Himmel noch namenlos,
> unten die Erde noch unbenannt war,
> als Apsu der Vorzeitliche, ihr Befruchter,
> Mummu, und Tiamat, die sie alle gebar,
> ihre Wasser noch untereinander vermengten,
> als weder Marsch noch Weideland ringsum zu sehen war,
> als die anderen Götter noch nicht erschaffen waren,
> als sie noch nicht beim Namen genannt,
> ihr Schicksal noch nicht bestimmt war,
> zu dieser Zeit erschufen sie zusammen die Götter.[3]

Als die Nachkommenschaft von Tiamat und Apsu heranwuchs, so berichtet das *Enuma Elisch,* konnten die Eltern den Lärm und das Geschrei schließlich nicht mehr ertragen. Tiamat und Apsu ersannen deshalb einen Plan, um ihre übermütigen Sprößlinge zu beseitigen. Doch die jungen Götter deckten das Vorhaben auf und töteten in Notwehr ihren Vater Apsu. Sodann nahm Tiamat den tödlichen Kampf gegen ihre Kinder auf, deren stärkstes und mutigstes der Feuergott Marduk war. Marduk forderte seine Mutter zum Zweikampf heraus. Er warf ihr sein Netz über, um sie einzufangen, und als sie ihren Mund öffnete, um ihn zu verschlingen, spaltete er ihr Herz mit einem Pfeil. Aus ihrem zerstückelten Körper schuf er das obere Himmelsgewölbe und den unteren Erdenkreis, und damit war die Erschaffung der greifbaren Welt vollbracht.

Wir werden später noch ausführlicher erkunden, was diese kosmologische Bilderwelt aus psychologischer Perspektive im einzelnen enthält und welche Bezüge sich daraus zu dem astrologischen Neptunsymbol ergeben. Doch gewisse grundlegende Dinge lassen sich bereits jetzt aus der alten Geschichte ersehen, wobei das vielleicht wichtigste davon das ambivalente Wesen der primären Lebensquelle ist. Nachdem sie ihre Kinder im Inneren ihres wäßrigen Körpers erzeugt hat, beschließt Tiamat plötzlich, daß sie jetzt genug von ihnen hat. Das Reich der Gebärmutter ist nicht nur ein Ort des Glücks, denn die Schöpferin kann sich – aus Gründen, die sie selbst am besten kennt – daran machen, ihre Schöpfung zu zerstören. In der Gestalt Tiamats ist die inhärente Dualität der prä- und postnatalen Welt des Kleinkindes, teils paradiesischer Verschmelzungszustand und teils Angst vor der völligen Auslöschung, aufs Lebhafteste dargestellt. Sie ist in Dunkelheit gehüllt, ganz wie der Ort unseres eigenen Ursprungs. In diesem Zusammenhang mag es auch wichtig sein, zu betonen, daß sich die Erschaffung der Welt aus den formlosen Tiefen des Meeres im *Enuma Elisch* durch einen Akt gewalthafter Trennung vollzieht, zu dem es keine Alternative gibt. Dies ist ein Bild des Kampfes, der nötig ist, um dem uranfänglichen Unbewußten eine unabhängige Existenz abzuringen; es kann sowohl als die Geschichte des Kampfes auf Leben und Tod verstanden werden, den der Säugling bei der Geburt bestehen muß, als auch als Geschichte des Ringens mit der Gruppenseele von Familie und Kollektiv um eine eigenständige Identität. Tiamat ist keine bedingungslos liebevolle Gebärmutter und Brust. Sie ist ein monströses, kosmisches Meeresungeheuer, das – aus Marduks Perspektive – zerstört und transformiert werden muß. Doch für uns ist Marduk das Abbild eines gewissen Stadiums der menschlichen Entwicklung, von dem aus der glückliche Ort des einstigen Ursprunges jetzt ein eher gefährlicher denn angenehmer Ort zu sein scheint. Doch Tiamat ist auch mehr als nur ein Ungeheuer, das es zu erschlagen gilt, denn sehnsuchtsvolle Anklänge an sie durchziehen alle späteren Mythen. Obwohl uns das *Enuma Elisch* nicht berichtet, ob Marduk den Akt seiner gewaltsamen Trennung betrauert, scheint die Zerstörung der Ureinheit – in menschlichen Begriffen gedacht – unweigerlich zu Gefühlen des Bedauerns und der Sehnsucht nach jener Einheit zu führen, die nun verloren ist; zudem führt sie auch zu einer ständigen Furcht vor Vergeltung.

Der Tod von Tiamat ist nur eine Illusion, denn sie ist ständig gegenwärtig in der Welt, die aus ihrem Körper geschaffen wurde. Der babylonische Mythos macht im *Gilgamesch-Epos*, dessen sumerisches Original aus dem zweiten vorchristlichen Jahrtausend stammt, auf dieses Paradox aufmerksam. Historisch gesehen war Gilgamesch ein König der frühen sumerischen Stadt Uruk. Im psychologischen Verständnis ist er, ebenso wie die meisten mythischen Helden, ein Bild des unabhängigen Ego, tapfer und stark, aber ständig im Konflikt mit den göttlichen Mächten. In der Erzählung zieht er aus, um den Baum der Unsterblichkeit zu finden, der verlorengegangen war, als das uranfängliche Meer zerstört und die Welt geschaffen wurde; denn mit der Niederlage Tiamats geht die Unausweichlichkeit des Todes einher. Ewiges Leben kann es nur geben, solange man innerhalb des Körpers allen Ursprungs lebt. Gilgamesch muß zunächst über den kosmischen Ozean zur Insel der Seligen fahren, wo Utnapischtim, der unsterbliche Held der großen Flut, zusammen mit seiner Frau in ewiger Seligkeit lebt. Das zeitlose Paar wäscht ihn mit Heilwässern und erzählt ihm vom Baum der Unsterblichkeit, der am Meeresgrund wächst. Der Held findet den Baum und kann, obwohl ihm dabei die Hände zerquetscht und abgerissen werden, einen Zweig abbrechen und fliehen. Nach einer weiteren Überquerung des kosmischen Ozeans und der Rückkehr in seine Heimat rastet er für eine Nacht an einem großen Fluß in der Überzeugung, der errungene Preis sei ihm sicher. Doch eine Schlange gleitet aus dem Wasser, stiehlt den Zweig und verzehrt ihn, wobei sie ihre Haut abwirft und unsterblich wird. Gilgamesch aber saß da und weinte bitterlich.[4] So holt sich die Meeres-Mutter Tiamat, als einfache Wasserschlange verkleidet, ihren Segen zurück, und alles, was den Menschen bleibt, ist ihre eigene Sterblichkeit und immerwährende Sehnsucht. Vielleicht erinnern wir uns unter dem Einfluß Neptuns an den im kosmischen Meer verborgenen Baum der Unsterblichkeit und streben unter Schmerzen und Opfern danach, die Verbindung zu jener Einheit wiederherzustellen, die mit der Entstehung individuellen Bewußtseins verlorenging. Doch wenn wir die Geschichte von Gilgamesch als eine gültige psychologische Aussage ansehen wollen, müssen wir auch mit der Gewißheit leben, daß sich unser Besitz der Ewigkeit früher oder später als vorübergehend erweisen und der Baum der Unsterblichkeit erneut verloren sein wird.

Der eng mit der hebräischen Schöpfungsgeschichte der Genesis verwandte kanaanitische Mythos entlehnte einen Großteil seiner Bilderwelt aus den Geschichten der Babylonier und Sumerer; Tiamat heißt dort Aschera, »Herrin des Meeres« und »Mutter der Götter«. In Syrien kannte man sie als Astarte, die »Jungfrau aus dem Meer« und »Herrin der Wasser«; die ursprüngliche Bedeutung ihres Namens ist »Mutterleib« oder »das, was aus dem Mutterleib hervorgeht«.[5] Sie wurde auch Aschtoret, Anat oder Aschtar genannt; in Mesopotamien kannte man sie als Ischtar, und bei den Philistinern und Phöniziern als die Fischgöttin Atargatis. Im Ugaritischen oder Kanaanitischen heißt sie manchmal einfach nur Elat – »Göttin«. Aus ihr gingen alle anderen Götter hervor, und sie wurde oft als eine gütige, mütterliche Gestalt dargestellt, die nicht nur ihrer eigenen Nachkommenschaft die Brust reicht, sondern auch dem einen oder anderen menschlichen Prinzen. Der eher wilde, rohe Aspekt des Uranfänglichen, der ja ein wesentlicher Teil des Seeungeheuers Tiamat ist, wurde von dem lebenspendenden Bild der Aschera abgetrennt und lebte in der dunklen kanaanitischen Gestalt des häßlichen Ungeheuers Lotan (des hebräischen Leviatan) weiter, das in den Tiefen des Meeres haust. Lotan oder Leviatan wird auch die Grausame Schlange genannt und im kabbalistischen Mythos mit Lilith gleichgesetzt, »die die Menschen dazu verführt, sich auf krumme Wege zu begeben«.[6] Lilith ist nicht nur eine Verführerin, sondern sie verschlingt auch kleine Kinder; sie »beschert ihnen einen glücklichen Schlaf und erwürgt sie dann gnadenlos, um sich ihrer unschuldigen Seelen zu bemächtigen«.[7] Die Herabsetzung Tiamats vom kosmischen Urquell zum bösartigen Sukkubus trägt allerdings nicht dazu bei, ihren Schrecken zu mindern.

Im zweiten (Yahwist) der beiden Schöpfungsmythen in der Genesis wird uns berichtet, wie Jahwe– ähnlich wie Marduk – eine gewaltsame Auseinandersetzung mit dem Wasser begann und den vielköpfigen Lotan oder Leviatan erschlug; anschließend schuf er Tag und Nacht, das Firmament, die Himmelskörper und die Abfolge der Jahreszeiten. Dieses Thema wiederholt Jesaja 27:1:

> Zu der Zeit wird der HERR heimsuchen mit seinem harten, großen und starken Schwert den Leviatan, die flüchtige Schlange, und den Leviatan, die gewundene Schlange, und wird den Drachen im Meer töten.

Der Name der babylonischen Meeresmutter, Tiamat, geht etymologisch auf das hebräische Wort *tehom* zurück, die »Tiefe«, von der im ersten Schöpfungsmythos der Genesis die Rede ist:

> Und die Erde war wüst und leer, und es war finster auf der Tiefe; und der Geist Gottes schwebte auf dem Wasser.

Als der feurige Wind Marduks in die dunklen Tiefen der Tiamat wehte, schwebte der Geist Elohims über dem dunklen Antlitz dieser Tiefe. So wie Marduk die obere Hälfte des Mutterkörpers als Dach zwischen den oberen Wassern des Himmels und den unteren der Erde aufrichtete, schuf auch Elohim in der Genesis das Firmament und trennte die oberen Wassern von den unteren. Und wie Marduk die Tiamat überwand, so bezwang auch Gott den Leviatan. In einem kabbalistischen Text aus dem 15. Jahrhundert wird die midraschitische Aussage, Gott habe den weiblichen Leviatan »abgekühlt«, neu interpretiert und so verstanden, daß Lilith von Gott unfruchtbar gemacht wurde, so daß sie keine Nachkommenschaft mehr austragen konnte.[8] Doch in späteren jüdischen Überlieferungen ist der Leviatan nicht nur ein Ungeheuer, sondern auch ein schönes, von Gott geliebtes Wesen.

> Über die Tiere des Meeres herrscht Leviatan. ... Ursprünglich war er ein männliches und weibliches Wesen. ... Doch als sich herausstellte, daß zwei dieser Ungeheuer mit vereinten Kräften die ganze Erde vernichten konnten, tötete Gott das weibliche. So riesig ist Leviatan, daß er, um seinen Durst zu stillen, das ganze Wasser trinkt, das vom Jordan ins Meer fließt. ... Doch Leviatan ist nicht nur groß und stark; er ist überdies wundersam beschaffen. Von seinen Flossen geht ein so strahlendes Licht aus, daß es sogar die Sonne verdunkelt, und seine Augen sind von solchem Glanz, daß das Meer immer wieder plötzlich davon aufleuchtet.

> Da überrascht es nicht, daß dieses wunderbare Wesen der Gespiele Gottes ist, mit dem Er sich vergnügt.[9]

Interessanterweise ist Leviatan in dieser Beschreibung männlich geworden, denn Gott zerstörte oder verwüstete den weiblichen Teil der ursprünglichen uroborischen Einheit. Dies ist eine von mehreren Möglichkeiten, das neptunische Problem zu lösen,und unter den Sterblichen wird sie nicht selten angewendet. Allerdings ist ihre Wirksamkeit außerhalb des Reiches des Mythos recht fragwürdig.

An dieser Stelle ist es angebracht, das neptunische Bild des Fisches einzuführen. Tiamat ist eine Seeschlange, doch sie ist auch Leviatan, ein riesiger Fisch. Wo immer wir auf eine Darstellung des Ungeheuers aus der Tiefe stoßen, sei sie antik oder modern, handelt es sich ohne Ausnahme um eine eigenartige Mischung aus beidem. Lange bevor der Fisch zu einem der vorherrschenden Bildzeichen des Christentums wurde, verband man ihn in den verschiedenen Mythen des Levante mit der Gestalt der großen Meeresgöttin, die den Ursprung des Lebens verkörpert. Die belebende und befruchtende Kraft des Wassers und auch seine silbrigen, göttlichen Kinder können durch einen Fisch repräsentiert werden; den alles verschlingenden Schlund des Ursprungs kann man sich auch als Maul des Fisches vorstellen, der Jonas verschluckte und wieder ausspie. So ist der Fisch zugleich der Phallus der aus sich selbst zeugenden Meeresmutter, ihr gieriger, alles verschlingende Mund und das Gotteskind, das sie austrägt und wieder verschlucken wird. Diese Vorstellung von der Meeresmutter findet ihren stärksten Ausdrck in der phönizischen Göttin Atargatis, die als »Haus der Fische« und mit einem Fischschwanz versehen dargestellt wird. Auch Astarte bzw. Aschera besaß ursprünglich Fischgestalt.[10] Die lebenspende Fischmutter ist das Urmeer, in das der ungeborene Gott als Fischfötus gebettet ist – ein mythisches Bild, in dem sich unsere eigene, unmittelbar vorgeburtliche Körpererfahrung widerspiegelt. Leben und Mythos umschlingen einander im menschlichen Embryo, der seine Entwicklung als fischähnliche Wesenheit beginnt, ausgestattet mit kiemenähnlichen Organen, die ihm das Leben in den Wassern der Gebärmutter ermöglichen. Vor der Geburt verschmelzen Mutter und Kind im Bild des Fisches. Und das aus den Wassern auftauchende Fischkind wird schließlich zu dem Erlöser, dem, wie wir sehen werden, ein besonderes und tragisches Schicksal beschieden ist.

Jene Fische, deren symbolische Darstellung dem Astrologen so vertraut ist, sind unlösbar mit dem uralten Mythos von der Meeresmutter und ihrer göttlichen Nachkommenschaft verbunden. Der südliche, kleinere Fisch des Sternbildes ist der Sohn, dessen Wesen und Geschick wir später noch ausführlich untersuchen werden; der nördliche, große Fisch ist die Muttergöttin, die den Ursprung aller Schöpfung verkörpert.[11] Beide Gestalten sind für den astrologischen Neptun von Bedeutung, der – wie das Tierkreiszeichen Fische – eine innere Dualität aufweist.[12] Tiamat trägt ihre Kinder aus und frißt sie auch auf, denn alles Gestalt Gewordene wird am Schluß wieder ausgelöscht. Das ist die mißliebige Wahrheit, vor die sich Gilgamesch trotz seiner heldenhaften Tat gestellt sah. Das Wasser, aus dem das Leben stammt, wird eines Tages ansteigen und dieses Leben ertränken. In der Beziehung zwischen der Meeresmutter und ihrer Nachkommenschaft stehen Sehnsucht und Schrecken Seite an Seite. Tiamat, Aschera, Aschterot, Aschtar, Ischtar, Astarte, Atargatis, Anat und Leviatan sind allesamt Variationen über das Thema der großen Meeresmutter, Schöpferin des Lebens und schließliche Zerstörerin alles dessen, was sie erschafft.

Die Wasser-Mutter in Ägypten

Ägypten ist so alt wie Sumer, und es bleibt eine Streitfrage der Gelehrten, ob die sumerische Keilschrift den ägyptischen Hieroglyphen voranging oder erst später entstanden ist. Trotz der unvermeidbaren gegenseitigen Befruchtung zwischen Ägypten und dem Zweistromland durch Handel, Eroberungen und Wanderbewegungen bildete sich die ägyptische Kultur als eigene und höchst individuelle Einheit heraus. Diese Kultur war von dem einzigartigen Phänomen eines praktisch regenlosen Landes geprägt, das in seiner Fruchtbarkeit völlig von den Launen des mächtigen und temperamentvollen Nils abhing. Die Vielschichtigkeit der ägyptischen Mythologie hat den Gelehrten bis zurück in die Zeit der Griechen Rätsel aufgegeben, denn jede ägyptische Stadt entwickelte ihre eigenen Namen, Geschichten und Tierzuordnungen für die verschiedenen Götter. Doch die ägyptische Schöpfungsgeschichte ist ein gerader Weg, der natürlich direkt ans Wasser führt.

Um ein Gefühl für den besonderen Geschmack der ägyptischen Kosmologie zu bekommen, müssen wir uns das Wunder des Nils näher ansehen. Mit Ausnahme der sumpfigeren Gegenden des Deltas haben alle anderen Höhenlagen Ägyptens fast keinen Niederschlag – es gibt nur die alljährlichen Überschwemmungen durch den Fluß, der die Ufer befruchtet. Seit der Errichtung des Assuan-Staudammes gibt es diese großen, alljährlichen Überflutungen nicht mehr, bei denen die Krokodile gelegentlich in die aus Lehmziegeln errichteten Häuser wanderten und sich nach einem Mittagessen umsahen. Doch vor langer Zeit war das Land jedes Jahr im Juni almählich ausgedörrt und die Menschen sorgten sich, wann die nächste Überflutung kommen werde. Mitte Juli schwollen die Wasser dann an und bewässerten die niedrig gelegenen Gebiete in der Nähe des Flußbettes. Im Frühherbst erreichte die Flut ihren Höchststand, und wenn der Winter kam, hatte die nachlassende Überschwemmung eine mineralienreiche Schlickablagerung hinterlassen, die den Boden für die nächste Saat düngte. Diese ging im Frühjahr dann kräftig auf und war gerade rechtzeitig erntereif, bevor im Frühsommer wieder die trockene Jahreszeit kam. Dieser Zyklus alljährlicher Überschwemmungen drang tief in das Bewußtsein der alten Ägypter ein und beschreibt auch ihre Kosmologie. Doch hinter der besonderen Eigenart des ägyptischen Mythos verbirgt sich wieder das bekannte archetypische Bild der weiblichen, wäßrigen Urquelle.

> [Der Ägypter] sah, wie sich seine Welt jedes Jahr in eine Wasserwüste auflöste und dann, beim Nachlassen der Flut, zunächst als kleiner Kegel

> oder kleiner Hügel neuen Landes wieder auftauchte. Widersinnigerweise deutete er dieses Wiederauftauchen nicht als Nachlassen der Flut, sondern als Aufsteigen des Landes. ... Innerhalb kürzester Zeit wurde aus dem kahlen Hügel über dem Wasser ein blühendes Pflanzendickicht mit den zugehörigen Insekten und Vögeln. ... Aus den Wassern des Chaos, die den Keim aller Dinge unentwickelt in sich trugen, hatte sich der erste Hügel erhoben, auf dem auch im allerersten Anfang die Schöpfungsgeschichte begonnen hatte.[13]

Die Urflut hieß bei den Ägyptern Nun oder Nenu, und aus Nuns Fluten erhob sich jedes Jahr der Urhügel, der den sich selbst zeugenden Sonnengott Amun-Re oder Amun-Ra verkörperte. Anders als in der babylonische Geschichte von Marduk und Tiamat ist das Auftauchen des Sonnenlichts aus der chthonischen Dunkelheit hier eine friedliche Angelegenheit; es wird nicht gegen die Götter gekämpft, und es gibt auch keine zerstückelte Wasser-Mutter. Es ist ein einfacher Zyklus auf Grundlage des göttlichen Gesetzes, von dem die Existenz der Menschen völlig abhängig ist. Es ist wichtig, diese fatalistische Qualität in der ägyptischen Darstellung der Schöpfung aus einer psychologischen Perspektive zu betrachten, denn offenbar erlebt nicht jeder Mensch und nicht jede Gemeinschaft das Auftauchen des Lebens als einen blutigen Kampf zwischen Marduk und Tiamat. Ob so eine Passivität »gesund« ist, läßt sich nicht ohne weiteres sagen. Die Bilderwelt der ägyptischen Schöpfungsgeschichte strahlt eine eigenartige, vergängliche Schönheit aus. Eine der frühesten Fassungen des Mythos erzählt uns, daß die Welt vor dem Auftreten des ersten Lebens ein endloses, dunkles Meer war. Aus dieser wäßrigen Dunkelheit erhob sich eine große, leuchtende Lotosblüte, die Duft und Licht in die Welt brachte. Der Lotos wurde zum Symbol für die Sonne, die jeden Morgen aus dem Chaos der dunklen Wasser emporstieg, wie sich auch jedes Jahr der Urhügel aus dem Hochwasser erhob; deshalb war der Lotos auch ein Symbol für den Sonnengott.[14] Noch heute sieht der Besucher in der Halle des großen Tempels von Karnak, der dem Amun-Ra geheiligt war, einen ganzen Wald von Säulen sich aus dem Dunkel erheben, jede gekrönt von einer sich öffnenden Lotosblüte, eine in den ewigen Stein gehauene Wiedergabe der wunderbaren Wiederkehr des Sonnengottes aus dem Wasser.

Nun ist der älteste ägyptische Gott und begegnet uns manchmal aufgeteilt in ein Paar namens Nun und Naunet. Wir haben es hier mit einer männlich-weiblichen Dyade zu tun wie bei Tiamat und Apsu. Nun ist eine uroborische Wasserschlange, die ihr Kind, die Erde, umgibt, und am Weltenende alles, was je geboren wurde, wieder in ihre Tiefen aufnimmt. Es gibt eine Hieroglyphe, die in einem einheitlichen, monotheistischen Sinn »Gott« bedeutet und etwa dem Lautwert »ntr« oder »netjer« entspricht. Sie ist sehr alt und geht auf die Zeit der Erfindung der Schrift zurück. Ihre Form taucht auch im Namen Nun auf und läßt uns auf eine einheitliche, unsichtbare Gottheit schließen, die hinter den unzähligen farbenprächtigen Bildern von tierköpfigen Gestalten steht, die wir normalerweise mit dem alten Ägypten assoziieren. Diese ursprüngliche Macht ist das Chaos der Wasser, die aller Schöpfung vorangehen. Nun wird auch mit dem alten Nilgott Hapi, dem »Uranfänglichen«, in Verbindung gebracht oder gleichgesetzt, der als Mann dargestellt wurde, mit langem Haar und den schweren Brüsten einer alten Frau. Die androgyne Form des Hapi verband die männlichen und weiblichen lebenspenden Kräfte und verkörperte den großen Fluß. Die Urwasser wurden auch *methyr* oder »große Flut« genannt und als Kuh dargestellt – die Göttin Hathor, auch als »wäßriger Abrund des Himmels« bekannt. Wie Aschera wurde sie manchmal als Amme des jungen Prinzen dargestellt, der einst Pharao werden würde. Die zum Wasser und zum Vieh gehörige Hathor konnte wie Tiamat Amok laufen und alle Schöpfung dahinschlachten; sie wurde auch Nut, Net, Neith oder Herrin des Westens genannt und hatte ihren Sohn Ra oder Osiris ohne einen Gatten hervorgebracht – ein weiteres Bild der parthenogenetischen Meeresmutter. Nut, deren Name ebenfalls mit dem Laut »ntr«, jener alten Hieroglyphe für Gott in Verbindung gebracht wird, ist das Wasser des Himmels und der Erde, »Mutter der Götter«, Leben und Tod, die Weltenschlange, die mit der alljährlichen Überschwemmung des Nils ihre Nachkommenschaft zeugt, zerstört und wieder hervorbringt. Der Wasserkrug ist die Hieroglyphe für Nut, »die den Regen sammelt und ihn vom Himmel fallen läßt«.[15] So sah der ägyptische Mythos, ähnlich wie seine levantinischen Entsprechungen, den Ursprung allen Lebens als eine wäßrige kosmische Gebärmutter.

Wie schon in den sumerisch-semitischen Mythen, begegnet uns das Bild des Fisches auch bei den Ägyptern. Das ist nicht weiter verwunderlich, denn wo es Wasser gibt, gibt es meist auch Fische; und der Fisch symbolisierte in Ägypten wie im Levante die Wasser-Mutter und ihre göttliche Nachkommenschaft. Nut wurde manchmal in Fischgestalt dargestellt, und im Nildealta nannte man sie Hatmehit, »die vor den Fischen ist«. Doch die wichtigste Fischsymbolik wurde dem Gottkind Osiris beigelegt, den Nut ausgetragen hatte und der schließlich zum großen mythischen Opfer und Erlöser Ägyptens wurde. Seine Geschichte zeigt bemerkenswerte Ähnlichkeiten mit der Lebensgeschichte Christi. Osiris, der in seinem Heiligtum in Abydos als Fisch dargestellt wurde, ist eine etwas verfeinerte Version des primitiven Sonnengottes Amun-Ra, der aus den Tiefen der väterlichen und mütterlichen Nun emporgestiegen war. Das mythische Schicksal dieser Gottheit bietet uns viele Aufschlüsse über die unbequemeren Seiten des zweideutigen Verhältnisses zwischen der Wasser-Mutter und ihrem göttlichen Kind. Osiris wurde von dem dunklen Gott Set, der als große Flußschlange oder als Krokodil dargestellt wurde – einer ägyptischen Spielart des Leviatan, der destruktiven, phallischen Seite der Meeres-Mutter – zerstückelt, und sein Penis wurde von einem Fisch verschlungen. Und obwohl er später wieder zusammengesetzt wurde, war der Penis nicht mehr aufzufinden und mußte durch einen aus Lehm ersetzt werden.

In gewisser Hinsicht zeigt uns diese Geschichte, daß der Phallus des Gottes der einzige sterbliche oder zerstörbare Teil an ihm war, denn er bestand aus Lehm – gerade jenem Material, aus dem der Gott und Künstler Ptah die Menschen auf seiner Töpferscheibe herstellte. Deshalb ist Osiris trotz seiner Göttlichkeit durch seine Sexualität verwundbar. Anders als Marduk oder Jahwe, die eher heldenhafte Züge tragen und die Tiefe bezwingen, konnte Osiris den Kampf mit dem Seeungeheuer nicht ohne ein schreckliches Opfer gewinnen. Seine Entmannung und seine unheilbare Wunde gehören zu den lebendigsten und aufwühlendsten Bildern des ganzen neptunischen Mythenkomplexes. Gerade durch unsere Sexualität sind wir am stärksten verwundbar gegenüber der großen Überschwemmung, trotz der gottähnlichen Bewußtseinskräfte, die wir zu unserem Schutz aufbieten. Diese Tiefe dringt nur allzu oft in Form von geschlechtlichen, nicht spirituellen Gefühlen bei uns ein, und das, obwohl die körperliche Vereinigung, die anfänglich so begehrenswerte Seite neptunischer romantischer Verbindungen, meist als bloße Vorwegnahme jener bedeutsameren, jenseitigen »Vereinigung der Seelen« aufgefaßt wird. Das eigenartig Fatalistische, das man bei den Ägyptern im passiven Akzeptieren der zyklisch wiederkehrenden Flut feststellen kann, findet sich auch im Mythos des Osiris, der von seinem dunklen Gegner besiegt und nie ganz wiederhergestellt wird. Man kann diese Schöpfungsmythen als verschiedene Wahrnehmungsweisen des Lebens auffassen; und der Mensch, der sich unbewußt mit solch einer archetypischen Weltanschauung identifiziert, wird, wie die alten Ägypter, nicht einmal ein vorübergehendes Machtgefühl gegenüber dem regressiven Sog der Wasser-Mutter empfinden und einfach nur seines Schicksals harren. Anders als seine levantinischen Entsprechungen blieb Osiris daher für die Ägypter stets ein bittersüßer, schmerzlicher Gott der Unterwelt und versprach eine Erlösung, die nur im Jenseitigen erreicht werden konnte, nie aber in sterblicher Gestalt.

Die Wasser-Mutter der Kelten

Unsere ersten Hinweise auf die Kelten als ein Volk stammen nicht von ihnen selbst, sondern aus einem Reisebericht über Spanien und Südfrankreich; dieser findet sich in einer Bestandsaufnahme des Küstenverlaufs und wurde im sechsten vorchristlichen Jahrhundert von einem gewissen Rufus Avienus erstellt.[16] Um 500 v.Chr. werden die Kelten oder Keltoi wieder von Hecataeus von Milet erwähnt. Ein halbes Jahrhundert später finden wir einen Hinweis auf sie bei Herodot, im Zusammenhang mit der Donauquelle. Unser Wissen über die Kelten ist verwirrend und stammt aus einer Reihe verschiedener, sowohl griechisch-römischer als auch mundartlicher keltischer Quellen. Obwohl keltische Mythen in vielen Formen erzählt wurden, und epische Heldengeschichten wie der Ulster-Zyklus und das Mabinogion überliefert sind, hinterließen die Kelten nichts, das an eine schriftliche religiöse Chronik der Schöpfung erinnern würde wie etwa das *Enuma Elisch*. Statt dessen müssen wir auf Cäsars *De Bello Gallico*, auf die reiche Überlieferung irischer, schottischer, walisischer und britischer Märchen und Sagen sowie auf die archäologischen Funde zurückgreifen, um einen Blick auf die mythischen Themen dieses schwer faßbaren Volkes zu erhaschen. Aus diesen Quellen geht hervor, daß das Wasser für die Kelten die *fons et origo* war, der Mittelpunkt ihres spirituellen Lebens.

Die Kelten verstanden das Wasser als ein Element aus einer anderen Welt, flüssig, geheimnisvoll und lebenspendend, aber auch unberechenbar und zerstörerisch. Für sie war das Wasser – und besonders Quellwasser – heilkräftig und erneuernd. Diesem Thema sind wir bereits in einer stärker kosmologischen Form bei dem sumerischen Mythos vom Baum der Unsterblichkeit begegnet, der unter den Wassern des kosmischen Urmeeres wuchs. Zur Verkörperung der Heilkräfte des Wassers bevorzugten die Kelten das leichter darstellbare Symbol des Zauberkessels. So besaß zum Beispiel der irische Fruchtbarkeitsgott Dagda einen unerschöpflichen Zauberkessel, der Überfluß, Verjüngung und Inspiration gewährte. Man muß kein Psychoanalytiker sein, um den Zauberkessel als gebärmutterförmig zu erkennen, als Körper der Wasser-Mutter, die alles Leben hervorbringt; und das rituelle Eintauchen in die Wasser des Zauberkessels (man kann sie auch trinken) reinigt, heilt und erneuert. Doch für die Kelten waren Kessel etwas ebenso zweideutiges wie die Wasser-Mutter selbst. Die Kimbern opferten Kriegsgefangene, indem sie ihnen über einem Kessel die Kehle aufschlitzten, und diese Kessel wurden als heilig angesehen; manchmal wurden auch Menschen geopfert, indem man sie in einem Wasserfaß ertränkte. Der neptunische Zauberkessel konnte, wie das Wasser selbst, die Dualität von Leben und Tod verkörpern.

Die Kelten verehrten das Wasser so sehr, daß sie ihre größten Schätze als rituelle Opfergaben in Flüssen und Seen versenkten. In der Themse wurde ein großer Fund an goldenen keltischen Waffen und Bekleidungsgegenständen gemacht; auch in anderen Flüssen – so in der Seine und im Severn, und auch in Seen in Irland und Wales – wurden goldene Halsketten und Münzen gefunden. Der keltische Brauch, Opfergaben in Quellen und Flüsse zu werfen, hielt sich bis weit in die Römerzeit, wie wir am Beispiel der Römerstadt Bath sehen können, die ursprünglich eine keltische Ansiedlung war. Diese Opfergaben wurden dem Geheimnis des Lebens selbst dargebracht, wie es sich in den Gezeiten und in den unerreichbaren Tiefen der Meere, Seen und Flüsse offenbarte. Wir können diese Gaben auch als Versuch verstehen, die zerstörerische Kraft des Wassers zu besänftigen, indem man ihm die wertvollsten Besitztümer opfert. In diesem Brauch erkennen wir die Umrisse eines anderen neptunischen Themas, das wir später noch ausführlicher untersuchen werden: das Opfern jener äußeren Formen, mit denen sich das Ego identifiziert, um sich dem Urquell zu nähern und auch, um seinen unberechenbaren Zorn im Zaum zu halten.

Die keltische Verkörperung des Wassers war die große Schöpfer-Göttin, von den Iren Danu und von den Walisern Don genannt. Sie war die Mutter der Tuatha De Danann, der Rasse der Götter. Ihr dunkles Gesicht hieß Domnu, »der Abgrund« oder »die Meerestiefe«; denn wie im kanaanitischen Mythos von Aschera und Lotan wurden die lebenspendenden und die tödlichen Aspekte des Wassers auch bei den Kelten sorgfältig voneinander getrennt. Danu gab vielen Flüssen ihren Namen, nicht nur in England und Frankreich, sondern auch dem großen Don in Rußland, der die östliche Ukraine entlang bis nach Rostov fließt. Auch Dnjepr und Dnjestr, die beiden Flüsse zum Schwarzen Meer, wurden nach ihr benannt. Doch der wichtigste von allen Flüssen, den sie für sich beansprucht, ist die Donau, in deren Becken jene Kultur entstand, die den Ursprung alles erkennbar Keltischen darstellt. Die Wasser-Göttin tritt auch unter anderen Namen auf, wo immer die Kelten sich niederließen. In Frankreich gibt es direkte Hinweise auf die religiöse Verehrung von Flüssen, so z.B. einen Tempel an der Quelle der Seine, der der Göttin Sequana geweiht war; und der Name der Marne leitet sich von Matrona, »göttliche Mutter«, her. Auch britische Flüssenamen bieten sich an: Dee stammt von Deva, »Göttin« oder »Heilige«, Clyde kommt von Clota, der »göttlichen Wäscherin«. Die Erinnerung an die keltische Göttin Brigantia oder Brigit wird in den Flußnamen Braint in Anglesey und Brent in Middlesex bewahrt. Die irischen Flüsse Boyne und Shannon verkörpern die Göttinnen Boinn und Sinainn. Sie alle sind Manifestationen der großen Danu; und es ist typisch für die Kelten, daß sie, anstatt ein altes, zum Eingedenken der Nachwelt in Stein gehauenes Epos wie das *Enuma Elisch* zu hinterlassen, als Beweis für die Macht der großen Wasser-Göttin die ewigen Flüsse praktisch ganz Europas benannten.[17] Ihr fließendes Wesen, erfahrbar als die ständig sich verändernde Beziehung zur Natur, spiegelte getreulich das Wesen der alten Kelten wider.

> ... In der keltischen Religion äußerte sich ein Gefühl für Zusammenhänge, für die Entsprechungen unter allen Dingen, eine Intuition, mit der die Menschen noch aus der Zeit des Schamanismus verbunden waren. Alles in der Welt war miteinander verbunden, eine Vorstellung, die auch dem buddhistischen Denken zugrundeliegt. Für die Kelten bestand diese Vorstellung in einer Art fortwährenden Verschiebung oder Metamorphose. Helden verwandeln sich von Schweinehirten über Krähen in Seeungeheur und irische Könige. Die Zaubergötter verändern ihre Gestalt, werden nach Belieben unsichtbar und manifestieren sich in verschiedenen Formen. ... Die materielle Gestalt war nie so starr festgelegt und autonom, wie wir sie heute sehen; sie war nie bloß ein »Ding«, von selbst entstanden, sondern sie war stets im Fluß, im Tanz, und erfüllt vom Anderssein des Geistes. Alles konnte zu etwas anderem werden, denn nichts war endgültig oder vollendet – alle Dinge besaßen ein unendliches Potential.[18]

Auch der Fisch hat seinen Platz im keltischen Brauch, sowohl als phallisches Symbol als auch als Inbild der Fruchtbarkeit und der lebenserneuernden Eigenschaften des Wassers. Der Lachs und die Forelle waren den Kelten heilig, und die Fische, die in den Heilquellen lebten, wurden als Schutzgeister und Verkörperungen der Wasser-Mutter angesehen. Doch die Wasser-Mutter als Fisch oder Melusine war nicht immer wohltätig. Die Kelten täuschten sich über ihre gierige Seite ebensowenig wie die Babylonier. Obwohl es einem zunächst schwerfallen mag, in den entzückenden Undinen der keltischen Sagen die monströse Tiamat zu entdecken, sind doch die alles verschlingenden Eigenschaften die gleichen. Der Tod des Menschen war nie weit entfernt vom Geist der Flüsse und Seen, denn unter den Kelten war der Glaube weit verbreitet, daß die Wasser-Gottheiten regelmäßig Menschenopfer, Goldmünzen und Geschmeide brauchten. Von dem schottischen Fluß Spey hieß es, er fordere jedes Jahr ein Leben, wogegen es von zwei anderen Flüssen heißt:

> Der blutrünstige Dee nimmt jedes Jahr drei,
> die gute Don aber verlangt keinen einzigen.[19]

Die walisischen Seen Llyn Gwernan und Llyn Cynwich sind Gegenstand ähnlicher Geschichten von Wasser-Gottheiten, die jährliche Opfer fordern. Wenn ein Jahr vergangen war, konnte man eine Stimme rufen hören: »Die Stunde ist gekommen, der Mensch aber nicht!« Daraufhin würde jemand, unter dem Zwang, dem Ruf der Göttin zu folgen, zum See laufen und sich kopfüber hineinstürzen.

Dem reichen keltischen Volksgut entstammen viele Geschichten über Melusinen und Wassergeister. Die *fideal* war ein weiblicher Seegeist, der am Loch na Fideil in Gairloch sein Unwesen trieb, und ein anderer weiblicher Seegeist namens luideag (»Lumpen«) machte die Ufer des Lochan nan dubh break auf der Insel Skye unsicher. Die *glaistig* war halb Frau, halb Ziege, und es hieß, sie lebe hinter Wasserfällen und an Furten. Alle diese Wesen sind Miniaturen der Wasser-Mutter Danu-Domnu, in denen sich ihr unberechenbares Wesen in einer weniger kosmischen Form äußert. Es lohnt sich, eine dieser typischen Volkssagen in ganzem Umfang zu betrachten. Die folgende Geschichte wurde über Generationen hinweg mündlich bis ins 19. Jahrhundert überliefert und ist typisch für die vielen Sagen von weiblichen Wassergeistern im britischen, irischen und nordischen Brauchtum. Vor allem diese Geschichten vermitteln uns jenen Hauch von ungreifbarem Zauber, Schönheit und finsterer Verführungskraft, von dem die Kelten ihre heiligen Wasser durchdrungen sahen; und vor allem diese Geschichten sind es auch, die uns die Eigenschaften des astrologischen Neptun auf so feinsinnige Weise vor Augen führen. Wir erkennen ihn sogleich, diesmal angetan mit dem Schuppenschwanz einer Meerjungfrau.

Lutey und die Meerjungfrau[20]

Es war einmal vor langer Zeit in Cornwall, in Cury nahe dem Lizard Point, da lebte in einem kleinen Häuschen aus kunstvoll geschichteten Steinen ein Mann namens Lutey. Er war mittleren Alters, ein stiller, sanfter Mensch, und da seine Kinder schon erwachsen und fortgegangen waren, verbrachte er seine freie Zeit damit, zu fischen und das Strandgut zu sammeln, das die See den untergegangen Schiffen entrissen und auf die Felsen von Cornwall geworfen hatte – Fässer mit Rum und Pökelfleisch, Messingbeschläge und Tuchballen. Seine Frau war mürrisch und verdrießlich, er aber war es zufrieden, sein Tage und Jahre so hinzubringen. Doch sein Leben sollte sich bald ändern.

An einem dunstigen Frühlingstag ging Lutey wieder einmal mit seinem Hund bei den Felsen unterhalb seines Hauses spazieren, um zu sehen, ob das Meer neue Schätze angelandet habe. Plötzlich hörte er ein leises Rufen, so schwach, daß es über dem Rauschen und Donnern der Brandung kaum auszumachen war. Er folgte dem Geräusch über einen Haufen Felsbrocken hinweg, der eine kleine Mulde am Strand umgab. Bei Flut kam und ging hier das Wasser mit der Brandung, doch bei Ebbe bildete sich ein vom Meer abgeschnittener Gezeitentümpel. Es war ein veränderlicher, verzauberter Ort, dessen Grenzen sich mit den Gezeiten verschoben, und Lutey wußte, daß an solchen Orten fremde Geister in die Welt der Sterblichen eintreten konnten. Er schaute hinab in den Gezeitentümpel, und aus der Tiefe blickte ihm ein meergrünes Augenpaar entgegen.

Lutey schaute genauer hin. Er sah ein wunderschönes bleiches Gesicht, halb verdeckt von rotgoldenen Locken. Zuerst dachte er, es sei eine junge Frau, aber dann sah er, daß ihr Körper an den Hüften in eine lange, schimmernde, beschuppte Form überging.

»Hilf mir!« flüsterte sie. »Hilf mir zurück in die See. Ich kann dir Macht verleihen, wenn du mir nur zurück ins Meer hilfst.« Lutey bückte sich und hob sie aus dem Wasser. Sie schlang ihre Arme um seinen Hals, und er trug sie hinunter an den Strand. Sie war leicht wie eine Wolke.

»Sag mir deinen größten Wunsch,« sprach die Seejungfrau, »und ich werde ihn dir erfüllen, was immer es sei.«

Lutey schaute erst hinaus aufs Meer, und dann auf den Sand zu seinen Füßen, dann sagte er: »Ich will heilen können. Ich will bösen Zauber bannen können.«

»Schon geschehen!« sagte die Seejungfrau und lächelte. »Hast du noch einen Wunsch?«

Lutey trug sie unterdessen weiter hinaus, bis er im Wasser war und die Brecher zwischen seinen Beinen hindurchschäumten. »Ich will diese Kräfte auch für meine Söhne und alle weiteren Enkel, so daß der Name meiner Familie für alle Zeit in Ehre stehen wird.«

»So sei es«, sagte die Seejungfrau. »Für deine Güte seien dir beide Wünsche gewährt.« Als Pfand zog sie einen Kamm aus Elfenbein aus ihrem langen Haar, den sie ihm in die Hand drückte. Lutey spürte den betörenden Sog der Wellen. Am Strand begann sein Hund zu jaulen. Die Seejungfrau zog seinen Kopf zu sich herab, so daß ihr Mund ganz nah an seinem Ohr war.

»Bleib bei mir«, flüsterte sie. »Es gibt nichts, was dich an Land noch halten könnte.«

Lutey begann zu kämpfen, um seinen Hals aus ihren Armen zu befreien. Seine Füße glitten auf dem Meeresboden aus. Der Hund rannte ins Wasser und zerrte an seinem Hosenbein. Stolpernd ließ er die Seejungfrau los und zog instinktiv sein Taschenmesser. Die Seejungfrau schwamm mit einem mächtigen Schlag ihres Schwanzes außer Reichweite, denn wie viele außerweltliche Wesen fürchtete sie das Eisen.

»Du hast eine törichte Entscheidung getroffen«, sagte sie, »aber du bist gütig, und ich werde mein Versprechen halten. Lebwohl! Wenn neun Jahre vergangen sind, werden wir uns wiedersehen.« Sie gewann das tiefere Wasser, und Lutey sah ihr strömendes, flammengleiches Haar unter den Wellen verschwinden. Er schleppte sich zurück an den Strand und hinauf zu seinem Häuschen, wobei er noch immer den Kamm in der einen und sein Taschenmesser in der anderen Hand hielt.

Seine Frau erwartete ihn an der Haustür. »Wo hast du dich denn herumgetrieben?« fragte sie ihn. »Naß bis auf die Knochen, und den ganzen Nachmittag nichts gefunden als ein Stück Knochen!«

»Das ist ein Kamm«, sagte Lutey.

»Es ist der Kiefer von einem Hai mit einer Reihe Zähne darauf«, erwiderte seine Frau.

Lutey besah sich das Ding in seiner Hand und merkte, daß seine Frau recht hatte. Aber er hob es auf.

Das Versprechen der Seejungfrau erfüllte sich. Lutey bannte die Zauberkraft vieler Hexen, rettete Bauern den Lebensunterhalt, deren Vieh zu sterben drohte, und heilte kranke Kinder, die man schon für tot gehalten hatte. Bald hatte er keine Zeit mehr, um zu fischen oder nach Strandgut zu suchen. Sein Ruf als Heiler verbreitete sich weithin, und in schlechten Zeiten kamen die Armen zu ihm. Wer es sich nicht leisten konnte, ihm Geld zu geben, der brachte bescheidenere Gaben wie etwas Lebertran oder ein gutes Stück Tau. Einer nach dem anderen ließen seine Söhne ihre Schiffe vor Anker liegen und gesellten sich zu ihm. Sie waren auf die gleiche geheimnisvolle Weise heilkundig geworden. Doch über die Jahre zog sich Lutey innerlich mehr und mehr zurück, und oft ging er zu dem Gezeitentümpel hinunter, um dort allein zu sein und aufs Meer hinauszusehen.

Eines Tages, neun Jahre nachdem er der Seejungfrau zum ersten Mal begegnet war, suchte er seine Netze zusammen und ging hinaus zu seinem Boot. Zu seiner Frau sagte er: »Ich gehe fischen.«

Aber es war kein Tag zum Fischen. Wütend schlugen die Wellen im Hafen gegen die Boote, der Himmel war düster und voller dicker Wolken, die unter einem heulenden Wind dahinjagten. Luteys Söhne sahen sich verwundert an, und der jüngste von ihnen folgte dem Vater, um dafür zu sorgen, daß ihm nichts zustoße. Niemand aber konnte Lutey davon abhalten, aufs Meer hinauszufahren. Sein kleines Boot tanzte und schaukelte im Wind, aber er machte keinen Versuch, es zu steuern. Dann erschien plötzlich ein heller Kopf aus dem Wasser. Die Seejungfrau hatte sich nicht verändert, obwohl Lutey inzwischen alt, sein Haar dünn und grau geworden war. Während sein Sohn vom Ufer aus zusah, winkte die Seejungfrau. Lutey stand auf, schwankend in der schweren Dünung.

»Meine Zeit ist gekommen!« rief er zu seinem Sohn hinüber. Dann stürzte er sich ins Wasser und war verschwunden. Der Zauber der Seejungfrau hielt über Generationen hinweg an, und die Luteys von Cury wurden berühmt für ihre Kräfte gegen Krankheit und Zauberei. Doch die Seejungfrau hatte trotz allem ihren Preis gefordert. Und es heißt, daß regelmäßig alle neun Jahre einer von Luteys Nachkommen sein Leben auf dem Meer verlor.

Die Wasser-Mutter der Hindus

Bisher haben wir die Mythen dreier großer Kulturen untersucht, die zur Entwicklung der modernen westlichen Psyche beigetragen haben: die levantinische, die ägyptische und die keltische. Ihnen allen ist das Bild der uroborischen Lebensquelle gemeinsam – sich selbst befruchtend, zweideutig, ein Nachklang der vor- und nachgeburtlichen Erfahrung des Kindes von der Mutter als einer göttlichen Kraft, die sowohl versorgt als auch zerstört. Im hinduistischen Schöpfungsmythos werden wir den gleichen Themen erneut begegnen, diesmal jedoch mit einer philosophischen Subtilität dargestellt, die uns tiefe Einsichten in die inneren Welten Neptuns vermitteln kann. Im Mittelpunkt der hinduistischen Vorstellung vom Kosmos steht das Bild eines rhythmischen Wechsels von Geburt und Wiederkehr: Das Leben kehrt ewig zurück zu dem kosmischen Meer, dem es entsprungen ist, und auch das neugeborene Universum löst sich am Ende wieder auf in den Wassern allen Anbeginns. Der tiefe Fatalismus dieser hinduistischen Anschauungsweise wird oft als etwas Negatives aufgefaßt. Hier gibt es keinen Zauberkessel, keinen Baum der Unsterblichkeit, keine Jüngsten Tag mit einer Ankunft des Herrn, kein Paradies und keine Walhalla, wohin die Seelen der Gerechten zur Ewigkeit aufsteigen könnten. Die letzte Wirklichkeit sind die Wasser der Nicht-Existenz.

Wie wir gesehen haben, zeigt sich in den verschiedenen Schöpfungsmythen der jeweils verschiedene emotionale Hintergrund: gewaltsam, wie bei den Babyloniern, in zweideutiger Weise kooperativ, wie bei den Kelten, oder passiv, wie bei den Ägyptern. Diese Stimmungsunterschiede lassen sich als unterschiedliche menschliche Wahrnehmung einer primären archetypischen Erfahrung auffassen. Individualpsychologisch betrachtet, hängen diese Unterschiede vom Temperament dessen ab, der diese Erfahrung macht, von seinem Alter und seinem persönlichen Entwicklungsstand. Auf der kollektiven Ebene mag das gleiche gelten. Die rauhbeinige babylonische Kultur verstand das Hervortreten ins Leben als kosmischen Kampf, während die Ägypter es als friedlichen und gütigen, aber unweigerlich zyklischen Vorgang betrachteten, auf den sie keinerlei Einfluß hatten. Die Kelten fanden durch Opfer, Sühne und Poesie ihre wechselhafte Beziehung zum Urquell und sahen den Menschen als integralen und aktiven Teil des kosmischen Tanzes. Im Mythos der Hindus finden wir die zunächst schwärzeste und passivste aller Vorstellungen, denn hier ist das menschliche Leben selbst eine Illusion. Psychologisch gesehen, läßt dies auf eine vollkommene Identifikation mit der uroborischen Mutter des vorgeburtlichen Zustandes schließen. Das Gefühl einer unabhängigen Existenz ist zerbrechlich und verlischt schnell, und so ist das Leben nichts als ein Traum und eine Traurigkeit. Solche Gefühle gehören fraglos in das Reich des Neptunischen.

Negativ erscheint diese rhythmische, ozeanische, unmißverständlich weibliche und zutiefst neptunische Vorstellung vom Kosmos nur einem westlichen Geist, der oft nicht über den Hutrand der unmittelbaren Belohnungen und Bestrafungen in seinem individuellen Leben hinausschauen kann. Doch diese Vorstellung ist mit Sicherheit um einiges weniger negativ als die Überzeugung, daß wir, trotz der grundlegenden Ungerechtigkeit des Lebens und trotz der äußerst subjektiven Definition dessen, was Sünde ist, nur einen einzigen Versuch haben, der darüber entscheidet, ob wir für immer in der Hölle schmoren oder uns im Paradies mit den Engeln räkeln dürfen. Mircea Eliade äußert seine Meinung dazu kurz und bündig:

> Ich bin nicht sicher, ob man es eine pessimistische Vorstellung vom Leben nennen kann. Es ist eher eine resignierte Sichtweise, die sich einfach davon herleitet, daß man die stets sich wiederholenden Muster sieht, die das Wasser, der Mond, und der Wandel hinterlassen. Der Mythos von der Sintflut zeigt implizit auch, was das menschliche Leben einem »Geist« wert ist, der anders ist als der des Menschen; vom »Standpunkt« des Wassers gesehen ist das menschliche Leben etwas Vergängliches, das immer wieder verschlungen werden muß, denn es ist das Schicksal alles Form Gewordenen, daß es sich auflösen muß, ehe es wieder erscheinen kann. Wenn die »Formen« sich nicht immer wieder durch die Auflösung im Wasser regenerieren, werden sie zerbröckeln, ihre kreativen Kräfte erschöpfen und schließlich absterben.[21]

Für den Hindu ist das kosmische Meer die Göttliche Mutter, aus der alles Leben hervorgeht. In Südindien wird sie mit hervortretenden Augen dargestellt und heißt »die Fischäugige«. Man nennt sie Maha-Kali (Große Zeit) und Nitya-Kali (Endlose Zeit), und seit der Mitte des dritten vorchristlichen Jahrtausends herrscht sie über die Kulturen des Indus-Tals. Als es weder die Schöpfung gab noch die Sonne, den Mond, die Planeten oder die Erde, als Dunkel über Dunkel lag, da existierte sie allein, die Mutter, die Ungeformte, Maha-Kali. Nach der Vernichtung des Universums, am Ende jedes großen Zyklus', bewahrt sie den Samen ihrer nächsten Schöpfung auf. Nach der Schöpfung liegt ihre wesentliche Macht im Universum selbst. Sie bringt jede manifeste Welt hervor und durchdringt sie dann. Auch die Bindung an die körperliche Existenz geht daher auf sie zurück, doch ebenso verhält es sich mit der befreienden Erleuchtung. Durch ihre *maya* – die von ihr hervorgerufene Illusion oder Verzauberung – verstricken sich die Menschen in das Getriebe von Geburt und Wiedergeburt, gebunden an die leidige Nabelschnur ihrer Begierden; durch ihre Gnade, die in einer durch Leid erlangten Weisheit besteht, gewinnen sie schließlich die Freiheit. Man nennt sie Erlöserin, Befreierin von den Ketten, die einen an die Welt gefesselt halten. An diese große neptunische Wasser-Mutter richtet sich eine Hymne des *Tantrasara*:

> Oh Mutter! Ursache und Mutter der Welt!
> Du bist das eine uranfängliche Wesen,
> Mutter ungezählter Kreatur, Schöpferin der Götter,
> Schöpferin selbst Brahmas, des Schöpfers,
> Vishnus, des Bewahrers, und Shivas, des Zerstörers!
> Oh Mutter, dein Lobpreis reinigt meine Worte.
> Wie des weißen Nachtlotos' einzige Freude der Mond,
> des Taglotos' einzige Freude die Sonne ist,

so erfreust einzig du, liebe Mutter,
die ganze Welt mit deinen Blicken.[22]

Die Idee der Maya – ein Begriff, der, gleich dem Karma, in letzter Zeit in esoterischen Kreisen viel mißbraucht wird – ist nicht nur für den Hinduismus grundlegend, sondern auch für Neptun und die Psyche jener Menschen, die sich stark mit der Weltanschauung dieses Planeten identifizieren. Da das manifeste Universum nicht als wirkliche »Sache« verstanden wird sondern als eine Emanation des kosmischen Urmeeres, ist die materielle Welt eine vergängliche Struktur, in der das eigentliche Wesen der Göttlichen Mutter kreist. Unsere Realität ist daher eine Illusion, ein Trugbild. Wir und das, was wir das Leben nennen, sind ein Traum der Maha-Kali. Diese Idee wirkt zutiefst beunruhigend auf den eher konkreten westlichen Verstand, für den die Träume Illusionen, die physischen Dinge dagegen Wirklichkeit sind. Ein individuelles Leben ist nicht mehr als ein Traum unter vielen anderen, die das kosmische Urmeer träumt; und die Ereignisse des Lebens sind Emanationen ihres Wesens, geradeso, wie wir glauben, daß unsere eigenen Traumbilder vom menschlichen Gehirn hervorgebracht werden. Der Tod des einzelnen ist also nur das Ende eines Traums. Und geradeso, wie ein psychologisch geschulter westlicher Verstand einen Traum auf seine Bedeutung hin durchforscht und die Bilder vergißt, sobald das Wesentliche erkannt ist, gewinnt auch das kosmische Urmeer die Bedeutung aus dem so schnell vergessenen Traum eines menschlichen Lebens.

Der Kontrast zwischen der verführerischen und absoluten Macht der Göttlichen Mutter bei den Hindus und der monströsen, aber relativen Macht der babylonischen Tiamat ist auffallend scharf. Welche Schlüsse können wir daraus in bezug auf die unterschiedliche Wahrnehmung derselben Erfahrung ziehen? Vielleicht liegt der Unterschied in der Festigkeit und Kraft des Ichbewußtseins im Verhältnis zur Urmutter. Marduk, Muttermörder und Erschaffer der Welt, ist feurig und männlich. Er ist ein Bild jenes Kampfgeistes und Äußerungsdranges, der allein es vermag, dem bedrohlichen, regressiven Sog der Gebärmutter eine unabhängige Existenz abzuringen. Auch er verkörpert ein Extrem; denn wenn wir uns mit dieser solaren und martialischen Ego-Kraft identifizieren, erleben wir die Wasser des Urquells und alle zugehörigen Sehnsüchte und Bedürfnisse nur als beängstigend und bedrohlich. Dies ist die eine Seite der Neptun-Erfahrung: Sie verschlingt alles und muß bekämpft werden, um die eigene Wirklichkeit aufrechtzuerhalten. Diese Art der Wahrnehmung findet ihren astrologischen Niederschlag häufig in Quadraten von Neptun zu Sonne oder Mars, besonders wenn diese in Feuer- oder Erdzeichen stehen. Im Gegensatz dazu erlebt der Hindu die Göttliche Mutter als die einzige wahre Freude auf der Welt. Das Selbstgefühl ist so jung und zerbrechlich, daß es nur als Traum erfahren wird; die Identität des einzelnen geht praktisch völlig in den Wassern des Urquells auf. Das eigene Leben und Sterben ist bedeutungslos, denn alle Bedeutung liegt in ihr, der Göttlichen Mutter. Und das ist die andere

Seite der Neptun-Erfahrung: Ein Zustand kosmischer Seligkeit, an dessen transzendenter Größe gemessen persönliche Gefühle, Bedürfnisse und Werte bedeutungslos und sogar verächtlich weden. Diese Art der Wahrnehmung kann sich im Horoskop in Trigonen zwischen Neptun in Konjunktion mit einer Horoskopachse und Sonne oder Mond zeigen, besonders bei Betonung des Wasserelements oder des zwölften Hauses. Wir wissen nie genau, welche dieser beiden Haltungen im Bewußtsein vorherrscht, wenn wir die Stellung und Aspektbeziehungen Neptuns im Horoskop untersuchen; das ganze Horoskop muß berücksichtigt werden, ebenso wie der jeweilige Familienhintergrund und die allgemein anerkannten Werte der Kultur, in die hinein der Betreffende geboren wurde. Doch ganz gleich, welches Extrem vorherrscht, wir dürfen sicher sein, daß auch sein Gegenteil früher oder später einen Weg in das Leben des Betreffenden finden wird.

Für den Hindu ist die Welt nur Maya, was einfach »Stoff« bedeutet. Maya ist auch »Kunst«, nämlich die Kunst, eine Erscheinung hervorzubringen. Allmählich erkennen wir, warum zwischen der »Kunst« der Göttlichen Mutter, aus dem »Stoff« Formen zu erschaffen, und der Fähigkeit des einzelnen Künstlers, aus seiner Vorstellungskraft zu schöpfen, eine so enge Verbindung besteht. Gleichermaßen bestehen Verbindungen zwischen dem Maya-Stoff und dem, was Mesmer das »universale Fluidum« und Jung die »objektive Psyche« nannte. Die Göttliche Mutter ist als Maya ungeformt, sie erzeugt sich selbst und erschafft und vernichtet alle scheinbare Realität – einschließlich des individuellen Egos, das so sehr davon überzeugt ist, daß *es selbst* sich erschaffen habe. Jeder, der schon einmal gesehen hat, wie scheinbar feststehende Umstände sich verändern und sogar Gegenstände sich bewegen, um zur rechten Zeit die richtige Erfahrung bereitzuhalten, wird die magische Eigenart jenes »Stoffs« erkennen, der für den Hindu die einzige Wirklichkeit darstellt. Maya ist die Einteilung oder Erschaffung des Geformten; sie ist zugleich Illusion, Trick, Kunstwerk, Täuschung, Hokuspokus, Zauberei und Hexenwerk. Die Götter selbst sind nur Hervorbringungen Mayas, spontane Schöpfungen eines undifferenzierten göttlichen Fluidums.

So erschafft Maya, die Göttliche Mutter, nicht nur die Götter, sondern auch das Universum, in dem diese wirken. Auch das Bild der »Mutter« ist einer ihrer Tricks, denn Maya ist selbst gestaltlos. Die menschliche Vorstellungskraft nimmt es als »sie« wahr und *ist* doch zugleich sie, vielleicht in der reinsten Form, die unserer Erfahrung zugänglich ist. Der kreative Schaffensprozeß – sei es ein Buch, ein Gemälde, ein Musik- oder Theaterstück oder ein einfallsreiches Rezept – besteht also nicht darin, daß »ich« »meine« Vorstellungskraft benutze, sondern daß sich die Vorstellung vermittels »meines« Lebens äußert, das wieder aus dem gleichen Urstoff besteht. Künstler haben die Vorstellungsgabe schon immer als ein dem göttlichen Urquell entsprungenes Meer gesehen und sind darin eingetaucht – vermutlich der Grund, weshalb sie so oft für verrückt gehalten werden und es oft auch sind. Maya ist die höchste Macht, die das große kosmische Theater hervorbringt und in Bewegung hält. Shakespeare scheint dieses Geheimnis gekannt zu haben, weshalb er wohl sagte, die ganze Welt sei eine Bühne und alle Menschen seien nur Schauspieler. In der hinduistischen Lehre ist Maya auch als Shakti, »kosmische Energie«, bekannt. Interessanterweise ist das Wort *shakti* oder *sakti* auch die Bezeichnung für die weiblichen Geschlechtsorgane. Maya-Shakti wird als die weltbeschützende, weibliche, mütterliche Seite des Höchsten Wesens dargestellt. Doch ihr Charakter ist, wie zu erwarten war, nicht besonders vertrauenswürdig, und daran ändert auch das *Tantrasara* nichts. Nachdem sie erst das Universum geboren hat, erstickt sie ihre Schöpfungen unter dem Blendwerk ihrer vergänglichen Erzeugnisse und verzaubert sie über jedes erträgliche Maß, bis sie zu Tieren werden wie die Männer des Odysseus auf der Insel der Kirke, getrieben von ihrem zwanghaften Verlangen nach Erlösung durch die Objekte, die sie auf die große Göttin projizieren. Ziel des hinduistischen philosophischen Denkens war es immer, die Geheimnisse von Mayas Netzen kennenzulernen, so daß der Mensch durch diese Netze hindurch in eine Realität schlüpfen könne, die jenseits des physischen, emotionalen und intellektuellen Feuerzaubers liegt, der ein echtes Gewahrsein verhindert. Damit ist es eine Philosophie, die nach Freiheit von allen Verhaftungen strebt, denn Maya bindet ihre Geschöpfe durch die zwanghafte Macht der Begierde. Doch der Versuch, ihre Schöpfung lediglich durch Askese oder Unterdrückung zurückzuweisen, ist unzulässig, denn auch dies ist ein Verlangen – das Verlangen, von Begierden frei zu sein oder nicht mehr durch sie verletzt zu werden. Aus der Sicht des Hindus können nur Überdruß und Enttäuschung durch viele Inkarnationen hindurch zusammen mit einer tiefen Einsicht in das zyklische Wesen des Kosmos uns schließlich von Maya befreien.

Wasser ist im Mythos der Hindus die urspüngliche Manifestation Mayas, es ist die lebenserhaltende Essenz der Gottheit, die in Form von Regen, Saft, Samen, Milch und Blut alle ihre Geschöpfe durchströmt. Dies sind magische Flüssigkeiten, ausgestattet mit den zeugenden und regenerativen Mächten der Göttlichen Mutter. Taucht man also im Wasser unter, so taucht man ein in das Geheimnis der Maya, auf der Suche nach dem letzten Geheimnis des Lebens. In ihrer Grenzenlosigkeit und Unvergänglichkeit sind die kosmischen Wasser zugleich Ursprung aller Dinge und auch ihr schauderhaftes Grab.

> Durch ihre Wandlungsfähigkeit bringt die Kraft des großen Abgrundes individuelle Formen mit einem vergänglichen Leben und einem beschränkten Ichbewußtsein hervor oder nimmt unmittelbar individuelle Gestalt an. Eine Weile ernährt und erhält sie diese Formen mit ihrem lebenspendenden Saft. Dann werden sie wieder aufgelöst, unterschiedslos und ohne Gnade, und aufgenommen in die anonyme Energie, der sie entsprungen sind. Das ist das Wesen und Wirken von Maya, dem alles verschlingenden mütterlichen Schoß.[23]

Der Mythos der Hindus postuliert eine endlose Folge von Welten, die erst erschaffen und dann vom Urmeer verschlungen werden, aus dem sie hervorgegangen sind. Die einzelnen Elemente verschmelzen wieder mit dem unterschiedslosen Fluidum, der Mond und die Sterne lösen sich auf. Es gibt nur noch eine grenzenlose Wasserfläche. Diese Zwischenzeit ist die Nacht Brahmas. Das Wasser wird auch als große Schlange verbildlicht, die der Schlangen-Mutter Tiamat gleicht. Die Hindu-Kunst stellt den Gott Vishnu, gleichfalls eine Emanation der Göttlichen Mutter und Bewahrer der Welt, auf den Windungen der ungeheuren Schlange Ananta (»die Endlose«) ruhend dar. Im Inneren des Gottes befindet sich ein neuer Kosmos. Aus seinem Körper bringt er sogleich einen einzelnen Lotos – der Lotos ist ja für die Hindus wie für die Ägypter die göttliche, sonnenhafte Blume des entstehenden Lebens – mit tausend Blütenblättern von schierem Gold hervor. Dann manifestiert Vishnu den Schöpfer-Gott Brahma, der im Zentrum des Goldlotos sitzt; und Brahma wiederum erschafft ein neues Universum.

Die Flüsse Indiens sind überaus mythologieträchtig. Sie werden als weibliche Gottheiten angesehen, als nährende und lebenspendende Mütter. Ihre Darstellungen in der indischen Kunst lassen sich vom Bild der Göttlichen Mutter nicht unterscheiden. Ganga, die Göttin des Ganges, ist eine Mutter, die Wohlstand verleiht und Erlösung gewährleistet. Sie wäscht die Sünden all jener hinweg, deren Asche oder Leiche ihren Wassern übergeben wird, und sorgt für eine glücklichere Wiedergeburt. Der Ganges ist göttliche Gnade in greifbarer Form, er macht die Reisfelder fruchtbar und reinigt die Herzen der Gläubigen, die in seinem fruchtbringenden Strom baden. Viele westliche Besucher sind entsetzt über das Spektakel so vieler armer, schmutziger Menschen, die sich ins Wasser drängen, ohne an die vielen Krankheiten zu denken, die sie dabei weitergeben oder sich zuziehen können. Doch für den Hindu verwandelt die bloße Berührung mit dem Körper der Göttin Ganga den Gläubigen und befreit ihn oder sie von Maya. Die Grundbestandteile des irdischen Wesens werden verwandelt, und das sterbliche Fleisch wird zur Verkörperung der allerhöchsten, ewigen, göttlichen Substanz.

Die Mythen der Hindus vom Wasser sind eine besonders gute Beschreibung der inneren Welt Neptuns, denn die Weltverdrossenheit und die Sehnsucht nach Vergessen eines Menschen mit einem starken Neptun äußern sich hier in den tiefgründigsten philosophischen Begriffen. Es scheint eine starke Affinität zwischen dem neptunischen Menschen und der hinduistischen Weltanschauung zu bestehen, die leicht zu verstehen ist, wenn wir den dominanten Planeten im Horoskop als das Vorzeichen verstehen, unter dem dieser Mensch das Leben erfährt und interpretiert. Da wir alle unter einem eigenen, sehr einseitigen Vorzeichen stehen, sehen wir um uns herum nur das, was wir im Inneren sind; und Neptun kommt angesichts der endlosen und scheinbar sinnlosen Zyklen von Tod und Wiedergeburt in einer schmerzgeplagten Welt zu dem Schluß, daß es nicht auf das Leben selbst ankommt, sondern auf den Ort seiner Entstehung. Die Identifikation mit dem Urquell wertet das individuelle Selbst und das individuelle Leben ab, nichts ist mehr bedeutsam, denn alles ist sowieso nur eine Illusion. Wir könnten diese Sehnsucht nach Auflösung im kosmischen Urmeer auch als Todeswunsch deuten, obwohl sie weniger ein aktiver, aggressiver Impuls zur Selbstzerstörung ist als ein Verlangen nach Vergessen und geheiligter Wiederkehr.

Die griechischen Wasser-Gottheiten

Die griechischen Mythen vom Wesen und der Bedeutung des Wassers stürzen den Leser in eine überreiche Bilderwelt. Unter diesem Überfluß an Wasser-Gottheiten werden wir viele finden, die uns helfen können, die Welt Neptuns zu verstärken und deutlicher hervorzuheben. Die reiche Vielfalt des griechischen Mythos verdeckt jedoch nicht die grundlegenden Einfachheit des wäßrigen Urquells. Die ursprüngliche Macht der Wasser-Mutter im archaischen griechischen Mythos wurde im Lauf der Zeit von einer männlichen Entsprechung verdrängt. Der gleiche Wandel scheint sich auch in bezug af die Herrschaft über die Unterwelt vollzogen zu haben, die zuerst von einer phallischen weiblichen Gottheit beherrscht war und später durch den Phallus allein dargestellt wurde – den männlichen Gott Hades. Doch totz der letztendlichen Verherrlichung des Erdgottes Poseidon als unangefochtener Herrscher der Ozeane ist die früheste griechische Personifizierung des Meeres weiblich und weist Bezüge zu allen früheren Meeres-Müttern auf, sowohl zu persönlichen als auch zu überpersönlichen, sowohl zu beglückenden als auch zu schrecklichen. Wollen wir den astrologischen Neptun verstehen, müssen wir weiter zurück gehen als bloß bis zu dem aggressiven, ungestümen Poseidon, der im Lauf der Zeit zu jenem römischen Neptun wurde, von dem der Planet seinen Namen hat.

Im pelasgischen Schöpfungsmythos, der frühesten griechischen Erzählung vom Ursprung des Universums, die wir kennen,[24] gab es am Anfang nur Eurynome, die Göttin über alle Dinge. Sie erhob sich nackt aus dem Chaos – oder, mit anderen Worten, das Chaos äußerte sich selbst als Göttin, wie die hinduistische Maya –, doch sie fand nichts, worauf sie ihre Füße hätte stützen können. Wie ein merkwürdiger Nachklang der Genesis schied sie das Meer vom Himmel und tanzte allein auf seinen Wellen. In ihrer Einsamkeit schuf sie die Schlange Ophion, vereinigte sich mit ihr und legte, indem sie die Gestalt einer Taube annahm, das kosmische Ei, aus dem alle Schöpfung entstand. Die Göttin Eurynome hatte viele Aspekte, und einer davon war Eurybia, die Herrscherin über das Meer. Sie war auch Thetis (»die Vernichtende«) oder deren Abwandlung, Tethys; sie war Ceto oder Cetus, das Seeungeheuer, das dem hebräischen Leviatan und der babylonischen Tiamat entspricht; und sie war Nereis, die Verkörperung des physischen Wasserelements. Doch wie sie auch heißen mag, inzwischen sollten wir sie erkannt haben.

Bis hierher ist diese Schöpferin praktisch identisch mit allen anderen Gestalten, denen wir bisher begegnet sind. Eurynomes schreckliche, phallische Seite wird nicht nur durch Cetus verkörpert, sondern auch durch die Schlange Ophion, die so sorgfältig von der Göttin selbst getrennt wurde wie Ananta bei den Indern, Domnu bei den Kelten und Lotan im Levante. Doch einige Jahrhunderte später, etwa zu Homers Zeiten, hat sich die vorhersagbare Veränderung bereits vollzogen. Homer nennt den Ursprung des Lebens Okeanos, den Anbeginn aller Dinge. Diese maskuline Gottheit war ein Wasser-Gott, mit unerschöpflichen Zeugungskräften. Sein Fluß strömte zu den äußersten Rändern der Erde und in einem Kreis zurück in sich selbst wie die große, endlose Schlange Ananta. Alle Quellen, Flüsse, Seen und Meere entsprangen beständig seiner mächtigen und ewigen Ejakulation. Als die Weltherrschaft schließlich an den olympischen Zeus fiel, durfte einzig Okeanos seinen alten Titel und Herrschaftsbereich behalten – als Grenze zwischen irdischer Wirklichkeit und dem Jenseits. Doch Okeanos herrschte nicht allein. Er teilte sein Reich mit der Göttin Tethys; und Thetys ist, wie wir gesehen haben, die alte pelasgische Wasser-Mutter Eurynome, die ursprüngliche Schöpferin. In homerischer Zeit mußte die Wasser-Mutter ihre Macht mit ihrem Gemahl teilen, der schließlich alles für sich in Anspruch nahm.

An diesem Punkt beginnen die griechischen Wasser-Gottheiten, sich zu unterteilen und zu vervielfältigen, so daß man ihnen allein schon ein ganzes Buch widmen könnte. Es lohnt sich, auf eine der merkwürdigsten dieser aquatischen Gestalten näher einzugehen, denn sie vermittelt uns ein Verständnis für andere Dimensionen des Neptunischen als die ursprünglichen, auf Leben und Tod bezogenen Eigenschaften der Wasser-Mutter. Es ist Proteus oder Nereus, der Alte Mann aus dem Meer, und er ist männlich; dennoch ist er zweifellos ein Aspekt der Göttin Thetis oder Tethys. Der Name Proteus bedeutet »erster Mensch«, und er verkörpert die prophetische Fähigkeit des Urquells. Proteus ist ein Formenveränderer wie die Göttliche Mutter der Hindus; er ist fließend und nicht greifbar, doch er besitzt die Gabe, die Zukunft vorherzusehen. Da der ganze Kosmos aus dem Schoß der Wasser-Mutter hervorgeht, kennt sie natürlich seinen Entwicklungsplan und sein Ende – schließlich besteht er ja aus ihrem »Stoff«. Diese Idee findet ihren Nachklang in der göttlichen Vorhersehung, dem christlichen Glauben daß Gott weiß, was all seiner Kreatur, ob groß oder klein, zustoßen wird, da er sie ja geschaffen hat.

Daß dem Wasser eine prophetische Kraft innewohne, ist eine sehr alte Vorstellung, die nicht nur bei den Griechen und Indern auftaucht. Die Babylonier nannten das Meer »Heimstatt der Weisheit« und stellten seine prophetischen Gaben anhand der merkwürdigen Gestalt des Oannes dar; dieser war halb Mensch, halb Fisch, und entstieg dem Persischen Golf, um den Menschen die Kultur, die Schrift und die Astrologie zu bringen. Die Art der Prophezeiungen im Zusammenhang mit dem Wasser unterscheiden sich von den Orakelkräften von Gottheiten wie Apoll, und auch von jenen der mythischen Menschen wie Kassandra und Teiresias. Es handelt sich nicht um ein intuitives Voraussehen, sondern eher um ein genaues

Wissen um alles, was mit den eigenen Kindern vor sich geht, da sie nicht wirklich getrennt von einem sind. Damit liegt es näher an dem, was wir »übersinnlich« nennen, weil es auf der Identität von Schöpfer und Schöpfung beruht. In der astrologischen Tradition wird Neptun mit »außersinnlichen Fähigkeiten« in Verbindung gebracht, doch dieser Begriff kann große Verwirrung stiften und gibt uns keine Klarheit darüber, was eigentlich mit diesen Fähigkeiten gemeint ist. Statt mit mehr persönlicher Integrität und Bewußtsein scheinen Neptuns übersinnliche Fähigkeiten eher mit einem manchmal destruktiven Mangel an Ego-Grenzen, mit einem Verwischen sowohl der eigenen Identität als auch der des anderen, und mit einer undeutlichen Unterscheidung zwischen der alltäglichen Welt und der des Unbewußten verbunden zu sein. In diesem Mangel an Abgrenzungen klingt die übersinnliche Verschmolzenheit des Neugeborenen mit seiner Mutter nach. Für eine Mutter ist es keine ungewöhnliche Erfahrung, zu »wissen«, wenn ihr Kind traurig oder in Schwierigkeiten ist; ebenso leicht kann ein Kind die unterdrückten Gefühle seiner Mutter »auffangen« und sie als plötzliche Ängstlichkeit, Jähzorn oder Zurückgezogenheit ausagieren. Zu einer solchen Verschmelzung kommt es auch, wenn ein beliebiger Mensch träumt oder »weiß«, daß es zu einem Unfall oder einer Naturkatastrophe kommen wird – als wären die Grenzen zwischen seiner saturnischen Ego-Haut und den neptunischen Wassern der Kollektivseele verrutscht. In der Gestalt des Proteus werden Neptuns übersinnliche Fähigkeiten in mythischer Form dargestellt.

Nereiden, Tritone, Sirenen, Scylla und Charybdis und all die anderen erotischen, bezaubernden, weisen, heilkräftigen, schrecklichen und grausamen Wasser-Gottheiten, die die Griechen mit solcher Inbrunst und in so großer Zahl beschrieben haben können wir getrost in unserem Kielwasser hinter uns zurücklassen; denn sie alle beschreiben, was uns schon in den Mythen anderer Kulturen begegnet ist. Doch müssen wir uns zum Schluß noch dem Gott Poseidon zuwenden, den die Römer Neptun nannten. Diese Gottheit wurde in ihrer frühesten Form nicht mit Wasser in Verbindung gebracht. A. B. Cook stellt fest, daß »der hellenistische Poseidon ursprünglich nur eine besondere Form des Zeus« war.[25] Poseidon, Kind der Titanen Kronos und Rhea, Bruder (oder Double) des Zeus und, wie Zeus, Gatte der Erd-Mutter Demeter, war ein Fruchtbarkeitsgott, den man mit der Schaf-, Pferde- und Rinderzucht in Verbindung brachte. Als Herrn der Erdbeben stellte man ihn sich als einen riesigen schwarzen Stier vor, der in seiner großen unterirdischen Höhle mit dem Fuß aufstampfte und damit Berge und Paläste zu Fall brachte. Sein Dreizack hatte, bevor er die spätere, harpunenartige Form annahm, nicht nur mit dem Lotosstab zu tun, den Zeus trug, sondern auch mit dessen Blitzen.[26] Auf manchen Darstellungen hält er beides in der Hand. Der vorklassische Poseidon sagt uns in bezug auf den astrologischen Neptun nicht viel. Doch schließlich bekam dieser Gott die Meeres-Göttin Amphitrite zur Gemahlin, und wie so viele andere griechische Götter usurpierte er allmählich die Macht seiner Frau. Nun, da er kein einfacher Fruchtbarkeitsgott mehr war, stieg Poseidon zum unumschränkten Herrscher über das Meer auf, und sein Dreizack wurde, ähnlich wie der Kamm der Seejungfrau, mit den Zähnen der schrecklichen, nunmehr aber ihrer Fänge beraubten Meeres-Mutter assoziiert.[27] Durch die Heirat mit dem Meer scheint Poseidons ursprünglich erdhaftes Wesen auch die Launen und die Unberechenbarkeit seiner älteren Partnerin angenommen zu haben. So entwickelte er sich im klassischen Mythos zu einem ungebändigten, treulosen Gott ohne moralische Eigenschaften, der den anderen Göttern, den Menschen und der Geschichte gegenüber gleichgültig war und sich in seinen eigenen Fluten wiegte.

Bevor Rom zu einer Großmacht wurde, verehrten die italischen Stämme, wie die Kelten, viele örtliche Wasser-Gottheiten, und zu diesen gehörte ursprünglich auch Neptunus; die meisten davon waren jedoch weiblich. Die Nymphe Juturna herrschte noch über Flüsse und Gewässer, während die Nymphe Egeria, der eine Quelle und eine Grotte in Latium unterstellt waren, das Schicksal Neugeborener weissagte. Viele dieser örtlichen Nymphen, die meist mit Quellen in Verbindung gebracht wurden, besaßen die Gabe der Prophetie. Der Gott Tiberinus herrschte über den Tiber, und um ihn davon abzuhalten, über seine Ufer zu treten, warfen die Vestalischen Jungfrauen jedes Jahr vierundzwanzig aus Weide geflochtene Menschengestalten in seine unsicheren Fluten – ein zivilisierter Überrest der früheren Menschenopfer.[28] Schließlich verschmolzen die Römer ihren örtlichen Neptunus mit dem griechischen Poseidon und machten Neptun zum unumschränkten Herrscher des Meeres. Der Dichter Manilius ernannte ihn zum Wächter über das Sternbild der Fische. Römische Künstler stellten ihn gern zusammen mit seiner Gemahlin Amphitrite und einer ganzen Schar von Nereiden, Tritonen, Delphinen, Kraken, aquatischen Putten und Meeresgetier wie Seepferdchen und fischschwänzigen Ziegen in kunstvollen Mosaiken dar. Erwartungsgemäß finden wir solche Mosaike, sobald wir auf die Überreste eines römischen Bades stoßen. Doch trotz dieser Trivialisierung tauchen Neptun und sein wäßriges Gefolge auch auf Sarkophagen und Grabmälern auf. Franz Cumont weist darauf hin, daß diese Bilder mit dem Tod und dem Übergang der Seele von dieser Welt in die nächste assoziiert wurden.[29] In der Blütezeit Roms begann man zwar allmählich, den Ort der letzten Seelenruhe in die himmlischen Gefilde zu verlagern; doch das viel ältere Bild des Meeres als dem Ort, von dem wir herkamen und zu dem wir eines Tages zurückkehren müssen, ist neben der gern gehegten Hoffnung auf die Unsterblichkeit unter den Sternen stets lebendig und gegenwärtig geblieben.

Die mythische Bedeutung des Wassers

Es gibt noch viele andere Mythen, die die Entstehung des Lebens aus dem Wasser beschreiben und ein sehr zweideutiges Bild von der Wasser-Mutter geben. Auch die rauhen Legenden des Nordens bewahren das ewige Thema vom Wasser als einer göttlichen Quelle des Lebens und des Todes und als einem Wächter über die göttlichen Geheimnisse. Die nordische Meeresgöttin Ran, die ihren Blutzoll von den Drachenschiffen forderte, besaß in ihrem Palast am Meeresgrund einen Zauberkessel, der ewiges Leben verlieh. Die Rheintöchter des *Nibelungenlieds* hielten in ihren Wassern jenes Gold bereit, aus dem Wagner eines der größten musikalischen Werke schmiedete, die je geschrieben wurden. Diese Bilderwelt ist allgegenwärtig und zeitlos, und wir haben nur eine kleine Probe davon zu sehen bekommen. Die Mythen von der Schöpfung aus dem Wasser sind ein spontanes Ergebnis menschlicher Vorstellungskraft und beschreiben die archetypische Erfahrung als Quell des Lebens. Sie sind auch mächtige Symbole der subjektiven Muttererfahrung zur Zeit vor und unmittelbar nach der Geburt, solange sich die individuelle Identität noch nicht herausgebildet hat. Das Bild enthält die intensiven und überwältigenden körperlichen Empfindungen von der Gebärmutter, dem Geburtskanal und der Brust. Und es enthält ursprüngliche, primäre Gefühle von überwältigender Sehnsucht und äußerster Furcht, von alles durchdringender Seligkeit und erschrockener Abscheu, die für uns als Erwachsene überraschend sind, wenn sie in der Tagwelt aufbrechen und sich auf Menschen und Situationen projizieren. Es ist kein Wunder, daß es vielen Menschen schwerfällt, mit neptunischen Gefühlen umzugehen, wenn der Planet durch starke Radix-Aspekte oder durch Transite und Progressionen betont ist; denn diese Gefühle sind kosmisch und infantil zugleich. Eine Bilderwelt, die so groß ist wie die Schöpfung des Universums, läßt uns vermuten, daß wir es mit Erfahrungen zu tun haben, die nicht zu einer Zeit gehören, an die wir uns »erinnern« könnten, denn das Gedächtnis ist der Ariadnefaden der kontinuierlichen Ego-Erfahrung, es ist das Gefäß unseres Gefühls eines »Ich«.

Daher sagt uns der astrologische Neptun, anders als der Mond im Horoskop, nichts über die individuelle körperliche und emotionale Erfahrung der persönlichen Mutter, es sei denn, er bewohnt das zehnte Haus oder bildet einen Aspekt zum Mond und stellt damit einen Bezug zu diesem konkreteren Bereich her. Eine Beziehung zwischen zwei Menschen setzt ein schon bestehendes Gefühl der Getrenntheit voraus, wie schwach es auch sein mag. Neptunische Gefühle sind von Natur aus diffus, unentwickelt, unaussprechlich und überpersönlich – wobei ich jedoch »überpersönlich« nicht mit »spirituell« gleichsetzen möchte. Wenn wir den Mond erleben, sind wir schon geboren und haben begonnen, ein gewisses Gefühl individueller körperlicher und emotionaler Unabhängigkeit in bezug auf eine Mutter zu empfinden, die sich zusehends zu jemand anderem verdichtet. Doch Neptun verweist uns zurück auf eine Zeit, da wir noch nicht aus der gestaltlosen Substanz der Präexistenz hervorgetreten sind. So können wir uns, eingedenk der Schöpfungsmythen, allmählich dem astrologischen Neptun nähern, wenn wir davon ausgehen, daß er im Horoskop die Sehnsucht symbolisiert, zur Quelle des Lebens zurückzukehren – in die zeitlose, wäßrige Welt der Gebärmutter, wo die eigene Identität sich wieder auflöst in jenem Anderen, das sie gebar. Die Hausstellung

Neptuns im Geburtshoroskop sagt uns viel darüber, in welchen Lebensbereich wir unsere unbewußten Projektionen dieser uroborischen Quelle hineintragen werden. Unsere Reaktionen auf die verschiedenen Ersatzformen des Neptunischen mögen ein breites Spektrum an Emotionen aufweisen – das schmerzliches Verlangen nach dem Baum der Unsterblichkeit, die angstvolle Flucht vor der bevorstehenden Flut oder einen unwiderstehlichen Drang, zu kämpfen wi Marduk gegen Tiamat kämpfte, um sein Leben zu retten und die Welt zu erschaffen. Oder wir erleben eine Mischung aus alledem. Ein Wirklichkeitsbereich, den andere für relativ unkompliziert halten, ist in den Augen Neptuns voller seltsamer Phantasien, Träume, Sehnsüchte, Ängste und unbekannter Mächte, die auf die allerersten Anfänge des Lebens zurückverweisen. Hier erleben wir eine geheime Identifizierung mit dem Ursprung, deren große Intensität die Einstellung des einzelnen zur Welt und zu anderen Menschen durchdringt und, wenn sie nicht bewußt gemacht wird, Verwirrung, Täuschungen und die eigenartige Passivität eines Kleinkindes mit sich bringt – es sei denn, wir erforschen die heimliche Phantasie und befreien sie vorsichtig von den äußeren Objekten, Ideologien und Menschen, an denen sie sich festgemacht hat. Alle bisher untersuchten mythischen Bilder beschreiben die Sehnsucht, die uns nach dem Verlust der ursprünglichen Einheit bleibt, und die Nöte und das Leid, deren es bedarf, um einen Teil der Heilkraft des Ursprungs zurückzugewinnen. Und auf das Thema der ursprünglichen Trennung folgt unweigerlich das des verlorenen und eines Tages wiederzugewinnenden Paradieses; denn der Lohn, den wir nach dem Tod erwarten, unterscheidet sich nicht von dem Reich, aus dem wir in der Morgendämmerung unseres Lebens emporgestiegen sind.

2.

Auf der Suche nach dem tausendjährigen Reich Gottes

Und Gott der Herr pflanzte einen Garten in Eden gegen Osten hin und setzte den Menschen hinein, den er gemacht hatte. Und Gott der Herr ließ aufwachsen aus der Erde allerlei Bäume, verlockend anzusehen und gut zu essen, und den Baum des Lebens mitten im Garten und den Baum der Erkenntnis des Guten und Bösen.

1. Mose 2.8.

Die Mythologie des Paradieses ist genauso alt und umfassend wie die der Welterschaffung. Aber das Paradies ist eher eine menschliche als eine kosmische Angelegenheit, denn es betrifft mehr das Wesen und das Schicksal von Männern und Frauen als den Beginn der Welt; und es zeigt die neptunische Sehnsucht in einer ergreifenden Vision von der Heimkehr der Seele nach ihrem Exil in der trübseligen Einöde des irdischen Lebens. Während die großen Schöpfungsmythen so gewaltige und abstrakte kosmische Dramen beschreiben, daß man keine persönlich Beziehung zu ihnen herstellen kann, ist die Bilderwelt des Paradieses unserem Herzen näher. Die Schöpfung aus dem Wasser steht für Empfängnis und Geburt. Das Paradies ist die Welt der bereits Geborenen, umgeben von der Glückseligkeit der Mutterbrust. Unser verlorenes Zuhause, zu dem wir nur nach dem Tod oder durch den gewaltsamen Eingriff einer Apokalypse zurückkehren können, drückt auf sehr poetische Weise die neptunische Gefühlslage mit ihrer Trauer um die verlorene Unschuld und ihrer Sehnsucht nach der ewigen Umarmung durch eine liebende Gottheit aus.

Diesseits von Eden

Jede Flußreise im Paradies muß an jenem bilderreichen Ort beginnen, der ganz im Mittelpunkt unseres westlichen Erbes steht – im Garten Eden. Die Landschaft von Eden hat viele emotionale Parallelen zu dem soeben erkundeten wäßrigen Urbereich, enthält aber auch ein in den Schöpfungsberichten nicht vorkommendes und doch für das Verständnis unseres Neptun-Erlebnisses äußerst wichtiges Motiv – den Sündenfall. Die »Erbsünde« von Adam und Eva, zu der es nicht nur in der Genesis, sondern auch in den Paradiesmythen vieler anderer Kulturen kommt, ist der Hauptgrund für die Entfremdung von Gott und die Vertreibung aus der Stätte der Glückseligkeit und des ewigen Lebens. Unsere Sünde steht zwischen uns und unserer Vereinigung mit dem Ursprung allen Lebens, und sie treibt uns durch Leid und Opfer zur Sühne, auf daß uns eines Tages vergeben werde und wir wieder zurückkehren dürfen. Obwohl die Details in den Geschichten der verschiedenen Kulturen variieren, zerreißt gewöhnlich irgendein »Unrecht« das Gefüge des Paradieses und leitet den langen und dornigen Weg der menschlichen Geschichte ein. Während in den Schöpfungsmythen kein Konflikt zwischen Recht und Unrecht zu erkennen ist – beschreiben »Gottesakte« und sogar die brutale Tötung der Tiamat werden recht nüchtern beschrieben –, geht es in den Paradiesmythen eindeutig um Moral. Offenbar können wir uns nur schwer von dem Gedanken lösen, daß es einen Grund geben muß, warum wir hier draußen und nicht dort drinnen sind. Ohne eingehende Prüfung dieses moralischen Streitpunktes können wir Neptuns doppelsinnige Welt nicht begreifen, denn er gehört mit zum Sinn und zur Erscheinungsweise dieses Planeten in der menschlichen Psyche.

Beginnen sollten wir bei den Vorläufern des Gartens Eden. So wie die Geschichte im biblischen Schöpfungsbericht erzählt wird, ist der Garten Eden erwartungsgemäß mit dem sumerisch-babylonischen göttlichen Garten Dilmun vergleichbar, in dem es weder Krankheit noch Tod gab und keine wilden Tiere Jagd aufeinander machten.

> Das Land Dilmun ist rein, das Land Dilmun ist sauber,
> Das Land Dilmun ist sauber, das Land Dilmun strahlt.
> In Dilmun stieß der Rabe keinen Schrei aus,
> Stieß der Geier keinen Geierschrei aus,
> Tötete der Löwe nicht,
> Packte der Wolf nich das Lamm,
> Unbekannt war der kindertötende Hund,
> Unbekannt der das Korn verschlingende Eber ...
> Der Augenkranke sgt nicht »ich bin augenkrank«,
> Der Kopfkranke sagt nicht »ich bin kopfkrank«
> Die alte Frau sagt nicht »ich bin eine alte Frau«,
> Der alte Mann sagt nicht »ich bin ein alter Mann« ...
> Der Sänger stößt kein Gejammer aus,
> In der Stadt stößt er keine Wehklagen aus.[30]

Am Anfang, nach der Welterschaffung, bat der Wassergott Enki seine Mutter Nammu, das Urmeer, um Hilfe bei der Gestaltung eines neuen Geschöpfes mit etwas Lehm, damit es sich um Dilmun, den Aufenthaltsort der Götter, kümmere. Das ging alles so gut, daß Enki weitere Menschen machte, die sich zu vermehren begannen. Eine Zeitlang lebten Götter und Sterbliche im Lande Dilmun glücklich zusammen. Enki schuf auch alle Pflanzen, die der Mensch zum Leben und zu seinem Vergnügen brauchte – Gurken, Äpfel, Weintrauben, Feigen und andere köstliche Dinge. Nach dem Sündenfall, dessen Geschichte bald darauf folgte, lebten in Dilmun nur noch Unsterbliche, wie vor der Erschaffung der menschlichen Wesen. Aber Utnapishtim (den wir als Noah besser kennen) und sein Weib durften nach der großen Sintflut, die geschickt worden war, um alle Sünden der Welt hinwegzuschwemmen, eine Ewigkeit dort bleiben. Die Parallele zwischen Dilmun und dem Garten Eden ist offensichtlich. Interessanterweise jedoch unterscheidet sich die »Erbsünde« des ersten sumerischen Mannes ziemlich von der des Hebräers. Der Mythos von Adapa, den der biblische Schöpfungsbericht Adam nennt, scheint im frühen Levante sehr weit verbreitet gewesen zu sein. Ein Fragment davon fand man sogar in den Amarna-Archiven in Ägypten. Adapa und Adam haben zwar ähnliche Namen, aber damit endet die Ähnlichkeit auch schon.

Obwohl Adapa ein Sterblicher war, wurde er zuweilen als leiblicher Sohn des Wasserkönigs Enki und – wie so viele andere mythische männliche Nachkommen der Wassermutter – als Sinnbild ihrer phallischen Schöpferkraft dargestellt. Enki hatte Adapa als »Modell des Menschen« erschaffen und ihm zwar Weisheit, nicht aber ewiges Leben gegeben. Adapas Aufgabe war es unter anderem, den Göttern Fisch zu besorgen. Als er eines Tages wieder fischte, blies der Südwind und brachte sein Boot zum Kentern. In einem Wutanfall (Enki hatte seinem Geschöpf offenbar auch schlechte Laune mitgegeben) brach Adapa dem Südwind die Flügel, so daß dieser sieben Tage lang nicht wehen konnte. Als der Himmelsgott Anu das bemerkte, schickte er seinen Boten Ilabrat los, um zu erkunden, woran das lag. Ilabrat kam zurück und erzählte Anu, was Adapa angestellt hatte. Da befahl Anu, Adapa zu ihm zu bringen. Der Wassergott Enki gab seinem Sohn Adapa weise Ratschläge für die Begegnung mit Anu. Er müsse Trauerkleidung anlegen, sich das Haar wirr zerraufen und erzählen, das Verschwinden zweier Götter aus der Welt der Menschen habe ihn so bekümmert, daß er aus dem Gleichgewicht geraten sei und blindlings auf den Südwind eingeschlagen habe. Wenn ihm Anu jedoch das Brot und Wasser des Todes anbiete, müsse er ablehnen. Alles kam, wie Enki vorausgesagt hatte: Anu zeigte sich Adapa gegenüber wegen dessen Gottesfurcht nachsichtig, und der Zwischenfall mit dem Südwind wurde hm verziehen. Dann bot er Adapa das Brot und Wasser des Lebens an, um ihn als Menschen unsterblich zu machen. Adapa dachte jedoch an die Weisungen seines Vaters, verstand den Sinn des Angebotes nicht und lehnte ab. Da lachte Anu und fragte Adapa, warum er sich so seltsam benehme. Als Adapa erklärte, daß er den Ratschlag seines Vaters Enki befolge, erwiderte Anu, daß er sich dadurch die Unsterblichkeit verscherzt habe. Und obwohl Adapa später mit vielen Privilegien und Würden ausgestattet auf Erden herrschte, waren Mißgeschick und Ungemach für immer das Los der menschlichen Rasse.[31]

Dies ist eine merkwürdige Geschichte, denn hier besteht die Erbsünde nicht wie bei Adam im Ungehorsam gegenüber dem Willen Gottes, sondern in einem allzu großen und unbedachten Gehorsam, durch den die Menschheit die Gnade des ewigen Lebens verliert. Man sollte darüber nachdenken, was diese seltsame

Umkehrung des biblischen Schöpfungsberichtes wohl bedeuten mag. Sind wir dem Leid und dem Tod »anheimgefallen«, nicht weil Adam nach eigenem Willen gehandelt, sondern weil er das Diktum des göttlichen Vaters blind akzeptiert hat? Wie theologisch provozierend die frühere Geschichte vom Sündenfall auch sein mag, sie wurde schon vor sehr langer Zeit von der für die jüdisch-christliche Kultur typischen Sittenlehre in eine neue Form gebracht. Das Paradies, wie es in der Kollektivseele des Abendlandes festgeschrieben ist, steht für die Urstätte der Glückseligkeit, und verloren haben wir es aufgrund jener höchst zweifelhaften menschlichen Eigenschaft, der Neptun so eifrig aus dem Weg zu gehen sucht – der freien Willensentscheidung des einzelnen.

> Mit dem Auftauchen des Ich ist die Paradiesessituation aufgehoben; die kindliche Situation, in der ein Größeres und Umfassenderes das Leben regelte und in der das Angewiesensein auf dieses Umfassende selbstverständlich war, ist beendet. Diese Paradiesessituation mag sich religiös so darstellen, daß alles von der Gottheit selber gelenkt wurde, oder mag ethisch so formuliert werden, daß alles noch gut und noch kein Böses in der Welt war.[32]

Das Paradies als himmlische Heimstatt für die Seelen der Gerechten nach dem Tode ist ein ebenso altes Motiv wie das Paradies vor dem Sündenfall.[33] Erwartungsgemäß ist es in seiner Form und emotionalen Atmosphäre identisch mit jenem verschwundenen Garten Eden, aus dem eine entrüstete und unversöhnliche Gottheit den ersten Mann und die erste Frau vertrieben hat. Die Stätte unseres Ursprungs, an der wir einst in vollkommener Verschmelzung mit dem Göttlichen gelebt haben, ist identisch mit der Stätte, zu der wir schließlich wieder zurückkehren, sofern wir das ursprüngliche »Unrecht« während unseres Aufenthaltes auf Erden durch richtige Handlungen und Gedanken irgendwie sühnen. Neptuns Sehnsucht ergießt sich wie eine Flut in beide Richtungen: Trauer um das verlorene Zuhause und heftige Sehnsucht nach der Wiedervereinigung, die irgendwo in ferner Zukunft liegt. Vielen Menschen im Westen kommt die religiöse Vorstellung von einem paradiesähnlichen Leben nach dem Tode heutzutage intellektuell absurd vor. Aber die Trauer und die Sehnsucht danach sind nicht verschwunden. Die Hoffnung auf eine Wiedervereinigung in Glückseligkeit wird jetzt an das Unbewußte weitergeleitet und auf einen künftigen Zeitpunkt im Leben projiziert, wenn der »richtige« Partner kommt, der »richtige« Job gefunden wird, oder wenn wie durch einen Zauber alles irgendwie »gutgeht«. Das sind menschliche, weit verbreitete Gefühle, die wir alle von Zeit zu Zeit haben. Sie kennzeichnen die neptunische Sehnsucht und erinnern uns daran, daß jenes Etwas trotz unserer augenblicklichen Sorgen schließlich doch auf unseren Ruf antworten wird. Solche Gefühle können anregen und wieder Hoffnung aufkommen lassen, besonders während eines aufreibenden Saturn- oder Pluto-Transits. Doch wenn man allzu neptunisch ausgerichtet ist, kann die im jetzigen Leben gehegte Vision von einem herrlichen Leben nach dem Tode, in dem alles Leid des Getrenntseins aufhört und der Zustand der ursprünglichen Verschmelzung wiederhergestellt ist, uns unfähig machen, mit den Realitäten der Gegenwart zurechtzukommen.

Unser Wort »Paradies«, mit dem wir den Garten Eden und das Leben nach dem Tode (und auch viele sinnliche oder erotische Erfahrungen während des Lebens) beschreiben, kommt von den persischen Wörtern *pairi* (was »um ... herum« heißt) und *daeza* (womit »eine Mauer« bezeichnet wird). Paradies bedeutet also »ummauerter Bereich«. Dieser dem Mutterschoß gleichende umgrenzte Bereich enthält nach dem Tod genau das, was er vor der Geburt enthielt. In der westlichen Tradition ist das Paradies keine Sammelstätte zerbrechlicher körperloser Schatten der Toten wie die elysischen Gefilde der Griechen. Die frühe Lehre Zarathustras (ca. 1400 vor unserer Zeitrechnung), die auch die späteren eschatologischen Glaubensvorstellungen der Juden im sechsten Jahrhundert vor unserer Zeitrechnung und schließlich auch die christliche Vorstellung vom Leben nach dem Tode beeinflußt hat, sah auch eine körperliche Wiederauferstehung vor, und der ummauerte Garten der Lüste konnte, wie einst bei Adam und Eva, sinnlich und auf anderen Ebenen erlebt werden.[34] Im Paulinischen Christentum ist der wiederauferstandene Körper ein Körper, wenn auch mehr im spirituellen als im materiellen Sinn. Paulus hat nicht genau gesagt, was er mit dieser »Spiritualität« des neuen Körpers meinte. Er läßt jedoch durchblicken, daß dieser Körper nicht die Anatomie oder die Physiologie des irdischen Körpers haben kann, weil Gott den Magen und die darin befindliche Nahrung vernichten werde.[35] Mit anderen Worten, es ist ein Körper ohne die Begierden, die Adam und Eva damals soviele Scherereien bereitet haben. Der Unterschied zwischen dem vorgeburtlichen und dem nachtodlichen Paradies liegt nicht in seiner Bilderwelt oder Stimmung, sondern im Vorhandensein jener problematischen menschlichen Gelüste, die dafür sorgen, daß die vorgeburtliche und die nachtodliche immerwährende Freude durch eine Zeitspanne qualvoller Inkarnation und Sühne unterbrochen wird.

Im ersten Buch Mose 2.15 steht ganz klar, welche Bedingungen im Garten Eden herrschen, um die Fortdauer dieses paradiesischen Urzustandes zu gewährleisten:

> Und Gott der Herr nahm den Menschen und setzte ihn in den Garten Eden, daß er ihn bebaute und bewahrte. Und Gott der Herr gebot dem Menschen und sprach: Du darfst essen von allen Bäumen im Garten, aber von dem Baum der Erkenntnis des Guten und Bösen sollst du nicht essen; denn an dem Tage, da du von ihm issest, mußt du des Todes sterben.

Ohne das Thema an dieser Stelle noch weiter ausführen zu müssen, dürfen wir schließen, daß die paradiesische Glückseligkeit und das Wissen um Gut und Böse (bzw. die Bewußtheit, besonders die sexuelle) einander ausschließen, und daß der Besitz des letzteren das erstere zunichte macht. Wissen schließt Wählenkönnen ein, und das wiederum erfordert die Herausbildung eines getrennten Selbst, das seine Entscheidungen aufgrund individueller Wertvorstellungen treffen kann – das Gegenteil einer Verschmelzung mit dem Willen Gottes, eines Elternteils oder der Gemeinschaft. Das Wissen um Gut und Böse ist letztlich die Voraussetzung für das Getrenntsein vom Ursprung allen Lebens. Wie jedoch in vielen theologischen und psychologischen Texten richtig bemerkt wird, war ja die Frucht von Gott selbst dorthin gesetzt worden und wollte gegessen werden. Sie ist ein Teil des Gartens, ein Teil des Menschseins, und es gibt sie potentiell sogar schon im Fruchtwasser. Für wen wurde sie denn geschaffen, wenn niemand sie essen soll? Und wenn sie dem Menschen schon vorenthalten wird, warum hat Gott dann Adam und Eva mit einer so gefährlichen – oder gesunden – Neugier ausgestattet, daß sie sich schließlich ihrem Erzeuger widersetzten? Und vor allem, woher kam die Schlange? Auch sie war doch von Gott geschaffen und gehörte mit zu seinem Garten. Wenn wir den Gott der Schöpfungsgeschichte nicht zu einem bösartigen Schelm oder Psychopathen abstempeln wollen, sind diese Fragen nicht zu beantworten, obwohl manche Theologen es nach wie vor versuchen. Aber das ist vielleicht der springende Punkt bei der Geschichte mit dem Garten Eden: daß die moralischen Fragen nicht zu beantworten sind. Das Leben ist so eingerichtet, daß wir nicht im Mutterschoß bleiben können, oder wir sterben, wie Marduk gestorben wäre, wenn er sich dem Kampf nicht gestellt hätte. Schließlich müssen wir als unabhängige physische Wesen hervortreten und haben instinktive und emotionale Bedürfnisse, die früher oder später in Widerspruch zum Willen der Mutter geraten und uns die schmerzhafte Erfahrung des Getrenntseins aufzwingen. Psychologisch gesehen hat der Verlust des Gartens Eden, we die Geburt, etwas Unvermeidbares an sich. Und auch die mit unserer Sehnsucht nach Rückkehr einhergehenden Selbstvorwürfe sind archetypisch und unvermeidlich. Alles hängt davon ab, in welchem Ausmaß wir uns dessen bewußt sind, und wie wir es in unserem Leben zum Ausdruck bringen.

Im Hebräischen heißt Eden »Freude« bzw. »Stätte der Freude«. Eden ist ein ummauerter Garten der Lüste mit zwei Bäumen in der Mitte – einem des Wissens und einem des ewigen Lebens. Wie der Baum, den Gilgamesh am Grund des kosmischen Meeres fand. In der Mitte des Gartens Eden entspringen einer nie versiegenden Quelle vier Flüsse, um die Welt in allen vier Himmelsrichtungen zu erquicken. Der Garten Eden ist also eine Wasserquelle wie die göttliche Mutter der Hindus, deren Füsse die Erde versorgen. Seine Landschaft ist ein phantasievolles Bild vom Zustand des Säuglings an der Mutterbrust – vereint mit der Schöpferin, versorgt, mühelos und ohne Schmerzen. Im kabbalistischen *Sohar* finden wir eine eigenartige Anmerkung zu den Wassern des Gartens Eden:

> ... Das J [aus dem Tetragramm JHWH, den vier heiligen Buchstaben des unaussprechlichen Namen Gottes] brachte einen Fluß hervor, der im Garten Eden entsprang und mit der Mutter identisch war. Die Mutter

wurde mit zwei Kindern schwanger, dem W, welches der Sohn war, und dem zweiten H, das die Tochter war, und sie brachte sie zur Welt und stillte sie ...[36]

Dieser esoterische Text stellt unverhohlen eine unmittelbare Beziehung zwischen den Flüssen des Gartens Eden und der göttlichen Wassermutter her; der Sohn und die Tochter, die ersten menschlichen Wesen, waren ihre Kinder; ihre Namen Adam und Eva bedeuten »Erde« und »Leben«. Sie verstießen gegen die Regeln, aßen von der verbotenen Frucht, wurden aus dem Garten vertrieben und als sterbliche Wesen geboren. Und da die Gott-Mutter fürchtete, sie würden vom Baum der Unsterblichkeit ebenso essen wie vom Baum der Erkenntnis, verfluchte sie sie, vertrieb sie und stellte zwei Cherubim mit flammenden Schwertern an das Osttor des Gartens, die alle Wege zum Baum des Lebens bewachten. Wir sind inzwischen zu anspruchsvoll geworden, um es als geschichtliche Darstellung aufzufassen, daß irgendwo östlich von Euphrat und Tigris (oder, der neuesten Theorie zufolge, Madagaskar) ein ummauerter blühender Garten gelegen haben soll, in dem es eine sprechende Schlange gab, die erste Frau aus der Rippe des ersten Mannes gemacht wurde und zwei wundersame Bäume standen, deren Früchte von Gott verboten waren. Aber dieses eindringliche Bild eines verlorenen Paradieses steckt in jedem von uns. Daß es so alt und allgemeingültig ist, verweist auf seinen archetypischen Charakter. Der Garten Eden ist eine grundlegende menschliche Erfahrung – ob man sie nun in Dilmun erblickt wie die Sumerer, in den elysischen Gefilden wie die Griechen, im Land der ewigen Jugend wie die Kelten, in der altnordischen Walhalla, in der legendären mittelalterlichen Gralsburg, in einer Flasche Gin, einem LSD-Trip oder der Umarmung eines geliebten Menschen. Der Garten Eden ist eine der eindringlichsten mythischen Beschreibungen der inneren Welt unseres astrologischen Neptuns, denn der von Neptun verzauberte Mensch kann die Wasser des Paradieses nicht mehr vergessen. Und offenbar kann er auch nicht mehr damit aufhören, immer wieder jene Frucht ausspeien zu wollen, die zu all dem Ärger geführt hat. Das Bemühen um erneuten Einlaß kann zur Hauptlebensbeschäftigung werden, auch wenn es nicht unbedingt als solches erkannt wird – heutzutage haben wir andere Namen für den Garten Eden.

Die Geschichte vom Paradies und vom Sündenfall stammt nicht ursprünglich von den Israeliten und beschränkt sich auch nicht auf die Sumerer, auf Babylon oder Kanaan, von wo die Schöpfungsgeschichte ihre Bilderwelt bezog. Und die verbotene Frucht ist auch nicht immer eine Frucht. Für die Griechen war sie das Feuer. Der auch in anderen indoeuropäischen Mythen vorkommende Diebstahl des heiligen Feuers durch den Titanen Prometheus ist schuld daran, daß die Menschheit mit allem Jammer der Sterblichen geplagt ist. Vor diesem katastrophalen Geschehnis war das Leben leicht und friedvoll, Männer und Frauen lebten im goldenen Zeitalter in völliger Harmonie mit der Erde und den Göttern. Prometheus war eigentlich der Schöpfer der Menschen, denen er die Architektur, Astrologie, Mathematik, Navigation, Medizi und Metallbearbeitung beibrachte. Aber Zeus wurde eifersüchtig auf die wachsenden Talente und schöpferischen Kräfte dieser bemerkenswerten Geschöpfe und beschloß ihre Vernichtung. Auf Prometheus' inständiges Bitten verschonte er sie zwar, verweigerte ihnen aber das Feuer, das sie gottähnlich gemacht hätte. Prometheus wollte diese ungerechte Einschränkung der künftigen Möglichkeiten seiner Geschöpfe nicht hinnehmen. Er stahl einen Funken aus dem glühenden Sonnenwagen und brachte ihn in einem hohlen Fenchelstiel versteckt auf die Erde. Zeus verhängte eine schreckliche Strafe über Prometheus und rächte sich an den Menschen, indem er die unwiderstehliche Pandora mit einem Gefäß zur Erde schickte, das alle Übel enthielt, von denen die Menschheit geplagt ist – Wahnsinn, Leidenschaft, Gewalt, Gier, Verrat, Krankheit und Alter.

Die griechische Version des Sündenfalls unterscheidet sich zwar in ihrer Bildersprache sehr von der biblischen, wirft aber dasselbe moralische Dilemma auf; obwohl die typisch griechische, heroische und tragische Darstellung in einem krassen Gegegnsatz zu dem steht, was Nietzsche die »femininen Affekte« in der Genesis nannte – dreister Ungehorsam, Lügen und Verdrehungen, Verführung, Gier und Lüsternheit. Obwohl Prometheus selbst göttlich ist, ist er als Titan ein Erdgeist wie Kronos-Saturn, den gewöhnlichen Sterblichen überlegen, den Olympiern jedoch unterlegen. Wir können ihn als Dämon, als eine personifizierte Eigenschaft der menschlichen Seele ansehen. In der griechischen Prometheus-Gestalt sah Nietzsche, anders als bei den Charakteren der biblischen Schöpfungsgeschichte, verwegene Respektlosigkeit und eine mutige Leistung, die die eifersüchtigen Götter herausforderte. Doch wie Adam und Eva verweigerte auch der Titan den Gehorsam, er und die Menschheit wurden bestraft, und das paradiesisch schöne goldene Zeitalter, in dem die Männer und Frauen einst Frieden und Überfluß genossen hatten, löste sich auf in die Roheit des eisernen Zeitalters, in dem wir uns – wollen wir Hesiod glauben – heute noch herumquälen.

Der kindhafte Zustand der Unschuld vor dem Sündenfall ist die Voraussezung dafür, nach dem Tod die Glückseligkeit des Paradieses genießen zu können, denn die Sünde von Adam und Eva muß gebüßt werden, wenn die Cherubim uns Zutritt gewähren sollen. Bemerkenswerterweise besteht der Fluch, mit dem Gott Adam und Eva bestraft, aus der Mühsal des Kindergebärens und der Beschwerlichkeit des Broterwerbs, also aus den beiden Grundelementen des Erwachsenseins. Vater oder Mutter zu werden und die materielle Verantwortung für sich selbst zu übernehmen sind tiefgreifende Schritte unserer Trennung von den Eltern und von der körperlichen und emotionalen Abhängigkeit der Kindheit. Das Unterworfensein unter den Willen Gottes an einer Stätte vollkommener, nie endender Freude entspricht dem Zustand des Säuglings an der Mutterbrust. Die Namen Adam (Erde) und Eva (Leben) beschreiben sehr treffend den physischen Körper und seine Lebenskraft. Dies legt uns nahe, daß die Vertreibung aus dem Paradiesgarten ein Bild des körperlichen Geburtsvorgangs ist. Doch sie ist auch ein Bild für seelische Reife und Selbständigkeit, und sie steht für die Loslösung von der unbewußten und gedankenlosen Unschuld der vorpubertären Jahre. Der Zyklus des transitierenden Saturns im Aspekt zu seinem Radixort ist die astrologische Wegbeschreibung dieses Prozesses. Die Reise zur Reife ist keine gerade Linie von A nach B mit einem festgelegten »normalen« Wachstumsvorgang, sondern ein gewundener Pfad, der sich im Kreis herum auf sich selbst zubewegt; dabei hängt es von der Einzigartigkeit jedes Menschen und von seinem einmaligen Schicksal ab, was »normal« bedeutet. Reife beim einzelnen Menschen definieren zu wollen, ist ebenso schwierig wie der Versuch einer Definition von Liebe. Doch wie immer sich Reife äußert, das wesentliche an diesem Vorgang ist die seelische Unausweichlichkeit von Gottes Fluch über Adam und Eva. Vater oder Mutter zu werden – wozu es nicht unbedingt des körperlichen Akts der Zeugung und Geburt eines Kindes bedarf – ist ein Symbol dafür, daß man sich nicht mehr als Sohn oder Tochter fühlt sondern man selbst ist: allein auf der Welt, selbst dafür verantwortlich, dem eigenen Leben Sinn und Zweck zu geben, und in bezug auf die eigenen Werte und Entscheidungen nicht mehr von der Autorität der Eltern oder der Gemeinschaft abhängig. Auch materielle Selbständigkeit ist ein Symbol für die Fähigkeit, sich dem Leben zu stellen und sich ausschließlich auf die eigenen Fähigkeiten zu verlassen. Und genau diese Erfahrungen will die neptunische Sehnsucht vermeiden.

Das Wissen um Gut und Böse und um die schmutzige alte Welt mit ihrer Habsucht, ihren Beschänkungen und Kompromissen ist das schwer erkämpfte Wissen Saturns. Es umfaßt die Bürde gewöhnlicher Verantwortlichkeiten, die Qual der Entscheidungsfindung, die Konflikte in Liebe und Sexualität (die Geilheit seines Tierkreiszeichens sollte nicht außer Acht gelassen werden), die Herausforderungen des Alleinseins und der Selbständigkeit sowie die Frustration darüber, daß wir keine bleibenden Antworten auf die Ungerechtigkeit des irdischen Lebens finden. Im Vergleich dazu ist der Garten Eden von Neptuns Standpunkt aus gesehen die einzig mögliche Wahl, denn das Leben der Sterblichen ist eine Ödnis. Neptuns bittersüße Melancholie zeigt uns – am deutlichsten in der Musik und Dichtkunst –, wie tieftraurig dieses Exil ist. Der Verlust des Gartens Eden und die kalte Schroffheit der saturnischen Inkarnationswelt sind die Hauptthemen des walisischen Schriftstellers Arthur Machen, der mit einer Sonne-Chiron-Konjunktion in Fische und einer genauen Opposition zwischen Saturn in Waage und einer Venus-Neptun-Konjunktion in Widder geboren wurde. Seine zauberhaften, schön gestalteten und äußerst beunruhigenden Geschichten sind leider wenig bekannt. Machens Geschichten drehen sich alle um die gleiche Grundüberzeugung:

> ... Wir weilen zwar sehr weit landeinwärts, aber wir haben Erinnerungen an den großen Abrund, den *pelagus vastissimum Dei,* aus dem wir gekommen sind ... Dem Kelten erscheint das gesamte materielle Universum wie ein riesiges Symbol, und die Kunst ist eine große Zauberformel, die das verlorene Paradies weitgehend wiederherstellen kann.[37]

Ob dies nun wirklich keltische Weltanschauung oder diejenige eines sehr neptunischen Menschen ist, darüber ließe sich streiten. Vielleicht ist es beides. Der keltische Mythos erinnert ja, wie wir gesehen haben, nicht nur mit seinen wäßrigen, weltfernen Themen, sondern auch in seiner Emotionalität und Darstellungsweise an Neptun. Andererseits hingen die Dichter der deutschen Romantik im 18. und 19. Jahrhundert derselben Vision von Leben und Kunst an, und diese kann man schwerlich keltisch nennen.[38]

In der Geschichte »*N*« zeigt Machen, wie er sich Eden und den Sündenfall vorstellt:

> ... Mr. Glanville verweilte oft bei einer nicht allgemein anerkannten Folge des Sündenfalls. »Als sich der Mensch«, pflegte er zu sagen, »der von der Bildersprache der Heiligen Schrift angedeuteten geheimnisvollen Versuchung ergab, verfestigte sich das Universum, das ursprünglich flüssig war und seinem Geist gedient hatte, stürzte auf ihn hernieder und begrub ihn unter seinem Gewicht und seiner Masse.« Ich bat ihn, mir diese bemerkenswerte Auffassung eingehender zu erläutern und erfuhr, daß die jetzt von uns als widerspenstig betrachtete Materie seiner Meinung nach ursprünglich – um seine einzigartige Phraseologie zu benutzen – als Himmlisches Chaos eine weiche und geschmeidige Substanz war, die vom Vorstellungsvermögen eines rechtschaffenen Menschen in jede beliebige Form gebracht werden konnte. »So seltsam das auch scheinen mag«, fügte er hinzu, »vermitteln uns die – in unseren Augen – abenteuerlichen Erfindungen arabischer Erzählungen eine gewisse Vorstellung von den Möglichkeiten des *homo protoplastus.* Eine blühende Stadt wird zu einem See, ein Teppich befördert uns im Nu oder eher zeitlos von einem Ende der Erde zum anderen, und ein Palast erhebt sich durch ein einziges Wort aus dem Nichts. Magie nennen wir das alles, obwohl wir die Möglichkeit solcher Fähigkeiten leugnen; aber diese Magie des Orients ist nur eine verworrene und bruchstückhafte Erinnerung an Fähigkeiten, die der Mensch ursprünglich besaß, und an das *fiat,* das ihm anvertraut war.«[39]

Machens Text beschreibt bemerkenswert genau den verlorenen Garten Eden und dessen Kontrast zur grauen Welt »landeinwärts«. Doch die vielleicht beeindruckendste Schilderung des »Gewichtes« und der »Masse«, die nach dem Sündenfall auf die Menschen herniederkrachen, finden wir in der Dichtkunst von T. S. Eliot, der den Wiedereinlaß in den Garten Eden schließlich in seinem Übertritt zum katholischen Glauben suchte. Sein bedrohlicher Entwurf einer Welt ohne Wasser in dem sehr komplexen Gedicht *The Waste Land* ist eine der großartigsten modernen Darstellungen spiritueller Trostlosigkeit.

> Ein Haufen zerbrochener Bilder,
> wo die Sonne brennt
> und der tote Baum keinen Schutz bietet ...[40]

Im Gegensatz zu dieser freudlosen Landschaft der Inkarniertheit ist das Paradies als Inbild künftigen Gotteslohns unvermeidlich mit Bildern von Wasser verbunden. In Jesaja 41.18-20 bietet der Gott des Alten Testaments dem Volk von Israel die Glückseligkeit des Wassers in Form einer konkreten Verheißung:

> Ich will Wasserbäche auf den Höhen öffnen und Quellen mitten auf den Feldern und will die Wüste zu Wasserstellen machen und das dürre Land zu Wasserquellen. Ich will in der Wüste wachsen lassen Zedern, Akazien, Myrten und Ölbäume; ich will in der Steppe pflanzen miteinander Zypressen, Buchsbaum und Kiefern, damit man zugleich sehe und erkenne und merke und verstehe: des HERRN Hand hat dies getan, und der Heilige Israels hat es geschaffen.

In den Apokryphen schildert das Buch Henoch das Paradies als Stätte der Auserwählten, Gerechten und Heiligen. Es liegt am äußersten Ende des Himmels, und seine vier Flüssen spenden Honig, Milch, Öl und Wein. Dieses Paradies ist nicht nur ein den Israeliten verheißener grünender Landstrich, sondern es ist das Leben nach dem Tode, das Land der Gesegneten. Die messianische Vision von der neuen Welt des tausendjährigen Gottesreichs nach der apokalyptischen Katastrophe ist irdisch und himmlisch zugleich. Die Auserwähltenwerden – ob tot oder lebendig – in einer von Sünden gereinigten Welt auferweckt und verwandelt. Diese Botschaft hören wir auf vielen amerikanischen Fernsehkanälen, obwohl der Zutritt zum Paradies – heute wie im Mittelalter – scheinbar weniger die Reinigung von den Sünden als vielmehr eine angemessenene Menge Geldes verlangt. Die Verheißung des Paradieses, sei es in dieser oder der nächsten Welt, ist eine äußerst wirksame, verführerische und hypnotisierende Botschaft – nicht nur für den einzelnen, sondern auch für eine ganze Gesellschaft. Man braucht sich nur anzusehen, wie sie sich in der Geschichte des Christentums ausgewirkt hat. Die versprochene himmlische Belohnung war Anlaß für das Blutvergießen und den Wahnsinn der Kreuzfahrer und der Inquisition, um nur zwei Episoden zu nennen. Auch in einigen nichtchristlichen religiösen Lehren findet man dieselbe Bereitschaft zur Ausführung entsetzlicher, blutrünstiger Taten in der Absicht, sich die unschuldige Glückseligkeit des himmlischen Mutterschoßes nach dem Tod zu sichern. Die gleiche Bereitschaft findet sich auch in Einzelfällen: wenn Neptun Amok läuft und in dem verzeifelten Versuch, einen anderen Menschen in immerwährender Verschmelzung an sich zu binden, auch größte seelische Grausamkeit und Destruktivität für gerechtfertigt hält.

Der mittelalterliche Garten der Lüste

Die Tradition jüdischer Propheten wie Hesekiel hat nicht nur die frühchristliche Eschatologie, sondern auch die Himmelstheologie des Mittelalters stark beeinflußt. Hier verband man die Rückkehr ins Paradies untrennbar mit apokalyptischer Spiritualität, und betrachtete sie als den Lohn der Gerechten nach der Ankunft des Erlösers, beim Jüngsten Gericht. Einige Auszüge aus der mittelalterlichen Literatur über das Paradies sollen vermitteln, wie man sich das Neue Jerusalem dachte, das trotz der gewaltsamen apokalyptischen Bildersprache noch immer identisch blieb mit dem Garten Eden der biblischen Schöpfungsgeschichte und dem Dilmun der Babylonier. Otfrid von Weissenburg, ein deutscher Mönch und Dichter des neunten Jahrhunderts, versprach seinen Glaubensgenossen vom Lande für die Zeit nach der Apokalypse: » ... Lilien und Rosen blühen immer für euch, duften süß und welken nie ... Ihr Duft hört nie auf, der Seee ewige Glückseligkeit einzuflößen.«[41] Die *Elucidatio*, ein bei den Mönchen dieser Zeit allgemein verbreitetes Handbuch, blies in dasselbe Horn: »Die Strafe für die Sünde, also Kälte, Hitze, Hagel, Sturm, Blitz, Donner und andere Beschwerlichkeiten werden samt und sonders verschwinden«, und die Erde »wird ewiglich mit niemals welkenden, süß duftenden Blumen, Lilien, Rosen und Veilchen geschmückt sein.«[42] Urbane Visionäre wie Savonarola hofften auch auf ein Paradies im Stil der Hirten- und Schäferdichtung, bei dem noch ein paar mit Edelsteinen verzierte Mauern hinzukamen:

> [Die Himmlstore] ... waren von einer sehr hohen Mauer aus Edelsteinen umgeben und schienen das gesamte Universum zu umschließen. ... Wir hoben unseren Blick und sahen ein weites, mit köstlichen Paradiesblumen bedecktes Feld. Kristallklare Ströme flossen überall mit stillem Gemurmel dahin. Viele zahme Tiere wie weiße Schafe, Hermeline, Kaninchen und andere harmlose Kreaturen dieser Art, alle weißer als Schnee, spielten freundlich zwischen den verschiedenen Blumen und auf dem grünen Gras entlang der fließenden Wasser. ... Als wir [zum Heiligen Joseph] sprachen, rückte ich näher an den Thron heran und sah zahllose kleine Kinder in Weiß mit wohlriechenden kleinen bleichen Blumen in der Hand herankommen.[43]

Obwohl man die Stimmung dieser Paradiesschilderung aus dem 15. Jahrhundert leicht als etwas süßlich empfinden mag, tauchen diese Bilder – Blumen, Wasser, zahme Tiere, unschuldige weißgekleidete Kinder – in der religiösen Literatur der letzten zweitausend Jahre immer wieder auf. In der säkularisierten Welt von heute gehören sie nicht mehr zu unserer kollektiven Vision von Unsterblichkeit; stattdessen begegnen wir ihnen in der Fernseh- und Zeitschriftenwerbung und in romantischen Filmen. Ein gerade angekommener Außerirdischer beginge einen durchaus verzeihlichen Fehler, würde er annehmen, man käme ins Paradies, falls man nur das richtige Haarwaschmittel benutzt oder die richtige Tafel Schokolade ißt. Lactantius, ein christlicher Rhetoriker aus dem dritten Jahrhundert, der großen Einfluß auf Kaiser Konstantin hatte, nachdem das Christentum zur Staatsreligion des Römischen Reiches erklärt worden war, bietet uns folgende Darstellung:

> Die Sonne wird siebenmal heller sein als jetzt. Die Erde wird noch fruchtbarer sein und von selbst die reichsten Früchte hervorbringen. Aus den Felsen wird Honig tropfen, in den Bächen wird Wein und in den Flüssen Milch fließen. In dieser Zeit wird die Welt frohlocken. Die gesamte Natur, befreit und erlöst von Bosheit, Gottlosigkeit, Verbrechen und Irrtümern, wird sich freuen. In dieser Zeit werden die wilden Tiere nicht von Blut und die Vögel nicht von Beute leben, sondern friedlich und heiter sein. Löwen und Kälber werden nebeneinander an der Krippe stehen, der Wolf wird das Schaf nicht reißen, der Hund wird nicht jagen, und Falken und Adler werden nicht töten.[44]

Leider erzählen uns diese Schriftsteller nicht, ob sich unsere wiederauferstandenen »spirituellen« Körper im tausendjährigen Reich Gottes auch langweilen können.

Als solches erkennbares sexuelles Verlangen ist im Paradies natürlich unerwünscht. Adams Sünde darf nicht wiederholt werden. Und doch zeigt sich in diesen mittelalterlichen Beschreibungen eine eigentümliche Lüsternheit, die unübersehbar die Erotik des Kleinkindes erkennen läßt. Die *Elucidatio* erklärt, daß die Gesegneten im Paradies wieder nackt sein weren:

> Sie werden zwar nackt sein, sich aber durch besondere Sittsamkeit auszeichnen, und sie werden wegen irgendwelcher Teile ihres Körpers ebensowenig erröten wie jetzt, nur weil sie schöne Augen haben.[45]

Augustinus schließlich gibt eine der besten Darstellungen, die fast die mittelalterliche Entsprechung eines »weichen Pornos« sein könnte:

> [Am Tag des Jüngsten Gerichts] werden beide Geschlechter auferstehen. Denn es gibt dort keine Wollust als Ursache für Scham. Denn bevor sie sündigten, waren sie nackt gewesen, und der Mann und die Frau hatten sich nicht geschämt. So werden alle Makel von jenen Körpern genommen werden, aber ihr natürlicher Zustand bleibt erhalten. Das weibliche Geschlecht ist kein Makel, sondern ein natürlicher Zustand, der dann nichts von Geschlechtsverkehr und Niederkunft wissen wird. Es wird zwar weibliche Geschlechtsteile geben, aber nicht zu dem Gebrauch wie früher, sondern für eine neue Schönheit, und diese wird nicht die Wollust des Beschauers erwecken, weil es keine Wollust geben wird, sondern anregen zur Lobpreisung der Weisheit und Güte Gottes, der erschuf, was es noch nicht gab und von Verderbnis befreite, was er gemacht hatte.[46]

Es braucht nicht erwähnt zu werden, daß ganz offensichtlich eine Beziehung zwischen der unschuldig idyllischen Nacktheit des mittelalterlichen Paradieses und dem Bemühen um ihre Nachahmung in unserer modernen »Freikörperkultur« besteht. Nacktheit inmitten schöner Natur ist natürlich schnell zu haben. Unschuld hingegegn ist gewöhnlich schwerer zu erreichen.

Am schönsten stellt Dantes *Göttliche Komödie* die mittelalterliche Vision vom Paradies dar. Hier ist das Paradies nicht zu trennen von der strahlenden Gestalt der Beatrice als Dantes Vorstellung von einer göttlichen Seele und Führerin durch die neun Kreise des Himmels:

> Lichtfülle sah ich, glänzend wie von Blitzen,
> gestaltet wie ein Fluß, des beide Ufer
> die wunderbarste Pracht des Frühlings malte.
> Es sprühten aus dem Fluß lebend'ge Funken,
> die in die Blumen rings sich niederließen,
> Rubinen gleich, gefaßt in goldne Reifen.
> Dann tauchten sie wie von den Düften trunken,
> sich wieder unter in den Wunderstrom,
> indessen andre sich aus ihm erhoben.[47]

Dantes Paradies liegt auf dem höchsten Gipfel des Fegefeuers, gesehen als eine Reihe von Kreisen, von denen jeder höher und strahlender ist als der vorhergehende und alle zusammen eine große Rose bilden. Als Kontrapunkt zu den Kreisen der Hölle im *Inferno* ist jeder Kreis des Paradieses von einer zunehmend erhabeneren Art menschlicher Wesen bevölkert. Beatrice, Dantes große Liebe, die als junges Mädchen starb, ohne je mit ihm gesprochen zu haben, kann sie alle durchqueren, denn sie ist identisch mit der im Mittelpunkt thronenden Madonna. Nicht Gottvater, sondern die Muttergottes herrscht fürsorglich über Dantes Paradies. Wir stoßen hier auf dieselbe unverstellt feminine *fons et origo* wie in den uralten mythischen Fluten, aus denen einst alles Leben hervorgegangen ist. In seinem Buch *Die Große Mutter* kommentiert Erich Neumann Dante wie folgt:

> ... So ist in Dantes Gesang die heilige weiße Rose, die der Madonna zugehört, die äußerste Lichtblüte, die sich oberhalb des gestirnten Nachthimmels als höchste Geist-Entfaltung des Irdischen offenbart. ... Ebenso ist es als die Herrin mit dem Kind auf dem Schoß im Zentrum des Paradieses, der Evangelisten und der Tugenden thronend, das weibliche Selbst als schöpferisches Zentrum des Mandala.[48]

Das christliche Paradies des Mittelalters ist nicht einfach ein verschwundener Zustand der Glückseligkeit und Unschuld, ein umschlossener Garten der Lüste, zu dem die Menschen ihrer Sündigkeit wegen keinen Zugang haben. Es ist auch das himmlische Königreich, Stätte des ewigen Friedens und der Erlösung nach dem Tod, wo der Körper wieder lichtdurchlässig, unsterblich und vorgeburtlich unverdorben sein wird. Im Paradies des Mittelalters schlafen die Toten in einem Blumengarten. Dieses Bild unterscheidet sich kaum von Vergils Elysium mit seinen »kühlen, von Bächen durchzogenen Wiesen«. Dieses Bild ist nicht nur biblisch, sondern auch heidnisch. Grüne Pflanzen, Blumen, zahme Tiere, wohlriechende Luft und fließendes Wasser begleiten als köstliche Bilder die Verheißung der Wiederauferstehung, und vielleicht liegt es an der nur schlecht verborgenen Erotik dieser Bilder, daß sie nach dem 12. Jahrhundert in der Ikonographie allmählich unbeliebt wurden, jedoch in der Bilderwelt der romantischen Liebe aller darauffolgenden Jahrhunderte wieder auftauchten.

> ... Das Paradies hat aufgehört, frischer Blumengarten zu sein, als »ein« geläutertes Christentum diese materiellen Bildvorstellungen geächtet und sie als abergläubisch hingestellt hat. Sie haben dann Zuflucht gefunden bei den amerikanischen Farbigen: Die davon beeinflußten Filme zeigen den Himmel als grüne Weide oder als weißes Schneefeld.[49]

Die Bedingungen für den Zutritt zu diesem Königreich, das einem Mutterschoß gleicht, wurden im Lauf der Jahrhunderte teils sehr flexibel und teils recht fanatisch ausgelegt. Aber ob sie nun sexuelle Reinheit, Begierdelosigkeit, Nächstenliebe oder eine andere gesellschaftlich anerkannte Tugend vorsahen – sie wiesen alle in dieselbe Richtung: Verzicht auf Wünsche, die ja die individuelle Wirklichkeit behaupten und daher trennend wirken, und Reinigung vom Makel des physischen Körpers als Ursache allen Begehrens. Lactantius weiß über die Bedingungen für den Zutritt ebensogut bescheid wie über die Bilderwelt des Paradieses selbst:

> Die Seelen der Menschen sind ewig und werden durch den Tod nicht ausgelöscht, und die Gerechten kehren geläutert, leidensfrei und gesegnet wieder zurück in den Himmel, woher sie gekommen sind. Wenn nicht, gelangen sie in glückliche Gefilde, wo sie wunderbare Freuden genießen. Die durch üble Begierden befleckten Seelen der Gottlosen jedoch verbleiben irgendwo zwischen Sterblichkeit und Unsterblichkeit und sind durch den schädlichen Einfluß des Fleisches geschwächt. Süchtig nach den Begierden und Lüsten des Fleisches, tragen sie einen unauslöschlichen Schandfleck und irdischen Makel, der sie im Laufe der Zeit völlig durchdringt.[50]

Somit kommt also nur das Kleinkind in den umschlossenen Garten. Wir aber müssen wieder zurück in jenen Zustand des Staunens, der Offenheit und der Unschuld, den wir vor der Herausbildung unserer sexuellen Identität in der Pubertät oder sogar noch vor der Geburt hatten. Man sollte darüber nachdenken, auf welche Weise viele Eltern diese Vorstellung von paradiesischer Unschuld auf ihre Kinder projizieren. Sie übersehen dabei die komplexe Individualität des Kindes und machen es zum Träger des Erlösungspotentials der Familie. Angesichts dieser starken archetypischen Projektion fällt es uns kollektiv außerordentlich schwer, die Tatsache zu akzeptieren, daß ein Kind eifersüchtig, boshaft, wütend oder gehässig sein oder sogar bewußt kriminell werden könnte. Wir nehmen an, Kinder könnten nicht lügen, und stoßen wir auf ein Kind, das sich wie ein böswilliger Erwachsener benimmt, suchen wir gleich nach dem Sündenbock (gewöhnlich ist es ein schlechter Elternteil oder eine schlechte Regierung, die die Gesellschaft nicht richtig lenkt und leitet), anstatt zuzulassen, daß die rauhe Wirklichkeit von Arthur Millers *Hexenjagd* oder William Goldings *Herr der Fliegen* unsere archetypischen Erlösungsträume befleckt. Als 1993 zwei Kinder im Alter von neun und zehn Jahren den dreijährigen James Boulger ermordeten, war die britische Öffentlichkeit schokkiert – nicht nur über die wüste Grausamkeit des Verbrechens, sondern weil die gern gehegte Vorstellung von der kindlichen Unschuld unwiderruflich Schaden genommen hatte.

Für Neptun mag die Bürde eines sündhaften irdischen Lebens unerträglich scheinen, und Entsagung ist der Schlüssel zu dem von dem Engel mit dem flammenden Schwert bewachten Tor. Neptuns Sehnsucht nach der Rückkehr ins Paradies geht unvermeidlich mit einem tiefen Schuldgefühl einher, und diese Schuld hat mit der Erfahrung des physischen Körpers zu tun – ein Thema, das in der gesamten religiösen Literatur über das Paradies immer wieder offen zutage tritt. Kein Wunder also, daß die Wiedervereinigung mit dem Ursprung allen Lebens letzten Endes die freiwillige (wenn auch unbewußte) Zerstörung des Körpers durch Krankheit, Sucht oder sogar Tod bedeuten kann, wenn die archetypische Schuld das Selbstwertgefühl eines Menschen unter sich begräbt.

Jener andere Ort

Wenn das Paradies die Belohnung für die Gerechten ist, wohin kommen dann die Ungerechten? Natürlich werden die strengen Anforderungen an die Wiedervereinigung mit dem Ursprung allen Lebens viele Sterbliche ausschließen, die den Preis nicht bezahlen können oder wollen, sei es, daß dieser Preis in dem christlich-mittelalterlichen Ethos sexueller Reinheit besteht, im griechischen Ethos vom Akzeptieren der Grenzen des eigenen Schicksals oder im nordischen Ethos von Mut und Standfestigkeit in der Schlacht. Letzten Endes hängt der Preis vom Wesen jenes Anderen ab, das beschwichtigt werden muß, und die Vorstellungen vom Ursprung des Lebens zeigen viele verschiedene mythische Gesichter. Doch überall, wo es Geschichten vom Paradies gibt, gibt es auch Geschichten von seinem Gegenteil. Ob nun diese Stätte des Leidens stellvertretend für das Elend des irdischen Lebens oder für einen Ort ewiger Qual nach dem Tod steht – die Mythologie der Hölle ist ebenso allgegenwärtig wie die des Himmels, und für Neptun ist sie auch ebenso relevant. Das eine beschwört unvermeidlich das andere herauf, und beide sind an die zentrale Unterscheidung von Ehrenhaftigkeit und Unehrenhaftigkeit, von Gut und Böse, von Heiligkeit und Sünde gebunden. So lag beispielsweise neben den elysischen Gefilden der Griechen das furchterregende finstere Reich des Tartaros, wo alle ewig leiden mußten, die sich gegen die Götter versündigt hatten. Das nordische Paradies Walhalla, in dem die Helden mit den Göttern zechen durften und alle sinnlichen Begierden gestillt wurden, hatte sein Gegenstück in Niflheim, der Welt der gewöhnlichen, unwürdigen Toten. Hier herrschte bittere Kälte und endlose Nacht. Das Totenreich Helheim wurde von der alles verschlingenden Hel regiert, von der wir unser Wort Hölle ableiten. Nebenbei bemerkt war das englische Wort »hell« im elisabethanischen England auch ein Slang-Ausdruck für die weiblichen Geschlechtsteile. Während also das Paradies die Rückkehr zur ewig liebenden Mutter unserer vorgeburtlichen Phantasien ist, ist Hel die Mutter, die uns immer verleugnet, uns quält, unsere infantilen erotischen Gefühle weckt und uns dem Elend unserer unerfüllten Bedürfnisse überläßt.

Die mythischen Vorstellungen von der Hölle weisen, gleich denen vom Paradies, eine merkwürdige Eintönigkeit auf. Wie die von Lactantius beschriebenen »wunderbaren Freuden« ein seltsam wollüstiger Lohn für die Unbefleckten sind, haben auf der anderen Seite auch die Höllenqualen etwas Wollüstiges. Die grausige Ikonographie des Mittelalters mit ihrer Vielzahl höchst sinnlicher Hinweise auf die Folgen der Verderbtheit winkt uns noch immer aus modernen Horrorfilmen wie Coppolas letzter Version von *Dracula* zu. In der Mythologie der ganzen Welt ist die Hölle voll von Darstellungen der Frustrationen und Leiden des Körpers, der sich dn Qualen seiner Begierden hingegeben hat. Endloser Durst und Hunger, Rösten, Schlagen, Durchbohren, Zerreißen und Frieren, Demütigung und Beschämung, Alleinsein und endlose Finsternis gehören zu den Höllen jeder Kultur. Nehmen wir diese allgegenwärtigen Formen körperlichen Elends als Metapher, erkennen wir sofort die unbewußte Beschreibung der Hölle unserer unbefriedigten instinktiven Bedürfnisse. Die Hölle ist die Sprache des benachteiligten Säuglings und des zu kurz gekommenen Neptun. Wir hungern nach Zuneigung; wir dürsten nach Liebe; wir brennen vor Verlangen; uns durchbohren Seelenqualen bei Trennungen; uns zerreißen widersprüchliche Sehnsüchte; uns wird kalt, wenn wir einsam sind oder von geliebten Menschen zurückgewiesen werden. Die Bilder der Hölle stehen für alle möglichen emotionalen und körperlichen Entbehrungen nicht nur sexueller Art, sondern auch für die elementaren Bedürfnisse nach Nahrung, Wärme, Sicherheit und Zugehörigkeit. Hieronymus Boschs bizarres und ausgesprochen rätselhaftes Triptychon, bekannt als »Der Garten der Lüste«, führt den Betrachter zuerst in eine paradiesähnliche Landschaft, in welcher der erste Mann und die erste Frau Hand in Hand mit Gott lustwandeln; danach zeigt er uns eine köstlich lasterhafte Welt, in der eine der in der Geschichte der Malerei außergewöhnlichsten Darstellungen erotischer Zügellosigkeit die Befriedigung aller körperlichen Begierden schildert; und schließlich führt er uns in eine von gespenstischen Feuern erleuchtete finstere und schreckenerregende Landschaft, in der von Dämonen gepeinigte menschliche Formen zappeln und um sich schlagen. Boschs Gemälde berichten uns mehr über das Innenleben der Hölle als fünfhundert Seiten Lactantius. Die Hölle ist der Ort, an dem wir von einer abweisenden Muttergottheit für immer und ohne Hoffnung auf Erlösung aufgegeben werden. Das Paradies ist der Ort, an dem wir schließlich wieder mit ihr vereint sind – ohne Sünde und in ewigem Frieden, alle Sinne gestillt und befriedigt, schlafen wir in den Armen der Geliebten, getröstet an der unvergänglichen Brust.

In der Gnostik ist das Erdenleben bereits die Hölle. Das ist eine psychologisch differenziertere Beschreibung neptunischer Gefühle als die Hölle in Form einer jenseitigen Welt oder Unterwelt. Ich habe viele Menschen mit einem starken Neptun im Geburtshoroskop getroffen, die »eigentlich gar nicht hier sein wollen«, weil das Leben so schmerzlich ist. Die gnostische und die christliche Hölle schildern die Erfahrung des qualvollen Getrenntseins vom Urspung des Lebens. Der Unterschied ist, daß die Hölle nach Meinung der Gnostiker nur eine Inkarnation lang dauert, in der christlichen Lehre dauert sie dagegen ewig. Die Gnostik als religiöse Bewegung entstand noch vor dem Christentum, hatte ihre Wurzeln in Griechenland und Persien, konkurrierte aber dann mit dem frühen Christentum und beeinflußte es stark. Durch »häretische« Sekten wie die Katharer und die Albigenser beeinflußte sie auch die religiösen Bewegungen des Mittelalters. Sie ist noch immer bei esoterischen Gruppen beliebt, die in dem tausendjährigen Reich Gottes eine Zeit sehen, in der das Grauen und der Sittenverfall der modernen Welt sich in ein neues goldenes Zeitalter der Liebe und Brüderlichkeit verwandeln werden. Die Hölle als Sinnbild der Inkarnation gehört seit jeher zu Neptuns Innenleben.

Die gnostischen Mythen berichten vom Ursprung der Seele in der Welt des Lichts, von ihrem tragischen Fall und ihrer Gefangenschaft als Fremdling auf der Erde, von ihrer Qual im Körper, ihrer Befreiung und schließlich ihrer Rückkehr ins Himmelreich. Obwohl es verschiedene nostische Kulte gab, waren die wesentlichen Themen immer dieselben. Die Seele – das wahre innere Selbst – ist ein Bruchteil einer himmlischen Lichtgestalt. In der orphischen Lehre heißt diese Gestalt Dionysos. Vor langer, langer Zeit wurde er von den dämonischen Kräften der Finsternis bezwungen. Sie rissen ihn in Stücke und teilten diese untereinander auf. Diese Lichtsplitter benutzten die Dämonen dann als »Bindemittel«, um die zeitliche Welt aus dem Chaos der Finsternis zu schaffen, denn sie waren neidisch auf das Königreich des Lichts und wollten ein eigenes Reich, über das sie herrschen konnten. Wenn es den gefangenen Lichtsplittern je gelingen sollte, zu entkommen, würde sich die zeitweilige Welt auflösen und in den ursprünglichen Zustand des Chaos zurückkehren. Daher wachen die Dämonen argwöhnisch über die gestohlenen Lichtfunken, die nun in uns Menschen eingeschlossen sind. Sie tun alles, um uns zu betäuben und zu berauschen, indem sie uns schlafen schicken und uns unser himmlisches Zuhause vergessen lassen. Zuweilen haben sie Erfolg mit ihren Versuchen. Aber manchmal bleibt doch ein gewisses Bewußtsein des eigenen himmlischen Ursprungs wach. Dann weiß der Mensch, daß er in einer fremden Welt gefangengehalten wird und sehnt sich nach Erlösung. Die oberste Gottheit hat – irgendwann in der Vergangenheit oder in der Zukunft – Mitleid mit den gefangenen Lichtfunken und schickt ihren Sohn hinunter auf die Erde, um sie zu erlösen. Und wenn der Erlöser seine Aufgabe erfüllt hat und alle Lichtfunken heimgekehrt sind, wird die Welt untergehen und zu ihrem ursprünglichen Chaos zurückkehren. Die Finsternis aber bleibt sich selbst überlassen.[51]

Was reißt unsere ursprüngliche Einheit in Stücke, wenn nicht die dämonische Macht unserer Begierden? In dieser seltsamen Kosmologie bekommen wir eine bemerkenswert klare Vorstellung von der »Erbsünde«, die uns aus dem Paradies vertrieben hat. Nur ist hier kein menschliches Fehlverhalten verantwortlich für diese Sünde, die nicht von Adam und Eva, sondern von Dämonen begangen wurde. Es ist, als sei das Begehren des einzelnen eine autonome, finstere äußere Macht, die im Widerspruch zum »wahren« Selbst steht, die wie ein böser Schleier wirkt und uns blind macht für unser eigentliches Wesen und unsre Herkunft. Wer sich mit esoterischen Lehren befaßt hat, erkennt unschwer die dualistischen und eigentümlich passiven Gefühle, die sich in dieser so modernen wie alten Weltanschauung äußern. Wer sich mit politischer Philosophie beschäftigt, wird diese Gefühle gleichfalls erkennen, nur eben anders ausgedrückt. Moderne Darstellungen gnostischen Gedankengutes findet man in vielen christlichen und quasi-östlichen mystischen Sekten. Man findet sie auch bei jenen Astrologen, denen zufolge wir die niederen Dimensionen des Geburtshoroskops oder sogar das gesamte Horoskop »transzendieren« müssen, wenn wir wieder heimkehren wollen – als sei, mit Ausnahme von Neptun, das ganze Horoskop von dämonischen Mächten über uns verhängt worden.

Das Leben ist somit eine Hölle, in der wir gefangengehalten werden, ohne es zu wissen, und das ursprüngliche spirituelle mütterliche Zuhause ist unser eigentliches Geburtsrecht. Der gnostische Mythos läßt uns tiefen Einblick in die subjektiven Gefühle des – wenn auch oft unbewußt – stark von Neptun beeinflußten Menschen nehmen. Die nachfolgend zitierte gnostische Hymne bringt diese Gefühle ganz vorzüglich zum Ausdruck:

> Wer hat mich nach Tibil [die irdische Welt] geschleudert?
> Nach Tibil – wer hat mich dahin geschleudert?
> Wer hat die Mauern versiegelt,
> Wer hat mich an den Pranger gestellt,
> dem diese Welt gleicht?
> Wer hat mich mit dieser Kette gefesselt,
> die so unerträglich ist?
> Wer hat mich in diesen Rock gesteckt
> Von so unterschiedlicher Farbe und Gestalt?
>
> Wer hat mich ins Reich der Finsternis geworfen?
>
> Warum habt ihr mich von meinem Zuhause weggerissen,
> mich in dieses Gefängnis gebracht
> Und mich in diesen stinkenden Körper eingekerkert?

Wie weit ist es bis zum Ende dieser Welt der Finsternis?
Der Weg, den wir gehen müssen, ist weit und endet nie.[52]

Nach der Sintflut

Wie es in allen Kulturen Mythen vom Paradies und von der Hölle gibt, so kennen sie alle auch Mythen über die Reinigung der Menschheit von ihren Sünden. Die Vorstellung einer von den Göttern geschickten Sintflut, um die Erde von ihrer Verderbtheit befreien, ist ebenso alt wie die Vorstellung von der Schöpfung aus dem Wasser; es ist eine der verbreitetsten Schilderungen, die wir kennen. Anders als die von mittelalterlichen Theologen beschriebene individuelle Sühne, die einen bewußten Akt der Buße verlangt, ist die Sintflut eine Art weltweite Strafe, die keinerlei Unterschiede macht und nicht vom Schuldbewußtsein eines leidenden Menschen sondern von den Göttern eingeleitet wird; deshalb ist sie auch in mancher Hinsicht attraktiver – schließlich braucht man nur auf sie zu warten. Zwar gibt es archäologische Beweise für größere Erdbeben, Vulkanausbrüche und Flutwellen im Mittelmeeraum des zweiten Jahrtausends vor unserer Zeitrechnung,[53] doch entstanden Mythen über die Sintflut auch in Ländern, in denen solche Naturkatastrophen überhaupt nicht möglich sind.[54] Alle diese Geschichten haben etwas mit dem göttliche Zorn angesichts menschlicher Übertretungen zu tun. Das Thema einer schrecklichen Bestrafung, die eines Tages die verderbte Menschheit ereilen wird, beschäftigt uns noch heute; es äußert sich zuweilen in religiösen Bildern von der Apokalypse und manchmal in jener Art archetypischer Angst, die wir zeigen, wenn wir von der bevorstehenden Zerstörung des Planeten durch einen nuklearen Holocaust oder einen »verirrten« Kometen auf Kollisionskurs mit der Erde hören. Es hat den Anschein, als sei dies das Hauptthema der Sintflutmythologie: Gott, die Götter oder die große ozeanische Mutter scheinen die Sünde des Ungehorsams anfänglich zu tolerieren; schließlich aber kommt es doch zur Vergeltung, und der Schrecken der Zerstörung und die Glückseligkeit der Wiedervereinigung verschmelzen miteinander im Bild der Sintflut.

Die biblische Geschichte von der Sintflut beruht auf der babylonischen, die wiederum von den Sumerern kommt. Den ersten Bericht in einer europäischen Sprache verfaßte Berossus, ein babylonischer Astrologe und Marduk-Priester, auf griechisch. Er gründete eine Schule für Astrologie auf der griechischen Insel Kos und soll der hellenistischen Welt diese Kunst beigebracht haben. Etwa 275 vor unserer Zeitrechnung schrieb er auch eine Geschichte seines Landes unter dem Titel *Babyloniaca*. Sie beginnt mit dem Schöpfungsmythos und schildert die Sintflut. Lange Zeit war Berossus' Bericht der einzige, den man im Westen kannte. Im letzten Jahrhundert wurden aber noch viel ältere Beweise gefunden. Es gibt drei assyrische Fassungen der Geschichte von der Sintflut. Die erste fand man bei Ausgrabungen in Ninive. Sie stammt aus dem siebten Jahrhundert vor unserer Zeitrechnung und gehört zum babylonischen *Gilgamesch-Epos,* das wie das *Enuma Elisch* von König Assurbanipal, einem wackeren Chronisten der Mythen des Altertums, niedergeschrieben wurde. Die zweite entdeckte man bei Ausgrabungen in Kuyunjik. Sie ähnelt der ersten sehr und gehörte auch zu König Assurbanipals Bibliothek. Die dritte, ebenfalls aus der königlichen Bibliothek stammende Fassung weist eine interessante Veränderung auf: Bevor sich die Götter die Endlösung mit der Sintflut ausdenken, strafen sie die Menschheit mit Hungersnöten, der Pest und der Unfruchtbarkeit der Menschen, Tiere und Felder.

Nach den assyrischen Schrifttafeln wurden noch ältere, babylonische Versionen der Schilderung gefunden, die erste davon bei Nippur. Sie stammt aus der ersten babylonischen Dynastie ca. 1844-1505 vor unserer Zeitrechnung. Von ihr ist sehr wenig übriggeblieben, aber sie ist alt genug, um uns zu erzählen, daß der Sintflutmythos aus der Zeit vor den Vulkanausbrüchen von Santorin und Kreta stammt. Die zweite babylonische Fassung wurde bei Sippar entdeckt und stammt aus der Regierungszeit von König Ammi-saduqa von Babylon, ca. 1702-1682 vor unserer Zeitrechnung. Die älteste Version ist sumerisch und wurde bei Nippur gefunden. Sie findet sich wieder in der sumerischen Königsliste ca. 2120-2065 vor unserer Zeitrechnung, welche die sumerische Geschichte in eine Zeit »vor der Sintflut« und »nach der Sintflut« einteilt. Alle diese Berichte stimmen in ihren wesentlichen Teilen überein. Die Geschichte von der Sintflut entstand in unserer Frühzeit und ist ein ebenso alter Bestandteil unseres mythischen Erbes wie die Erschaffung des Lebens aus dem Wasser.

Von der sumerischen Fassung des Mythos ist wenig übriggeblieben. Nur das untere Drittel einer Schrifttafel wurde gefunden. Aber dieses Überbleibsel berichtet uns, daß die Götter die Menschheit wegen ihres Lärms und ihrer Unordnung vernichten wollten. Ungeachtet dieser Entscheidung beschloß der Wassergott Enki als Schöpfer der ersten Menschen, diese in der Person des weisen und frommen Königs Ziusudra zu retten. Letzterem wurde aufgetragen, ein riesiges Boot zu bauen. Die verschiedenen assyrisch-babylonischen Versionen erzählen uns mehr davon. Ziusudra wird dort Xiusthrus, Atrahasis («äußerst weise«) oder Utnapischtim («langes Leben«) genannt.[55] Ea (der babylonische Enki) flüstert dem Utnapischtim durch die Wand seiner Schilfhütte zu, die Unsterblichen hätten, angestachelt durch die Göttin Ischtar – die wir bereits unter anderen Namen kennengelernt haben –, die Vernichtung der Erde durch eine Sintflut beschlossen. Utnapischtim solle ein Schiff bauen und »den Samen aller Lebewesen« dort hineinbringen. Maße und Form des Schiffes wurden vorgegeben. Es sollte ein Würfel werden. Außerdem bekam Utnapischtim ausführliche Anweisungen, was er mit an Bord nehmen sollte.

> Was ich hatte, lud ich darauf;
> Was ich an Silber hatte, lud ich darauf;
> Was ich an Gold hatte, lud ich darauf;
> Was ich an Lebewesen hatte, lud ich darauf;
> Meine Familie und meine Verwandtschaft hieß ich an Bord gehen.

Die Tiere des Feldes, die wilden Tiere des Feldes,
Alle Handwerker hieß ich an Bord gehen.[56]

Dann kam der Sturm. Adad donnerte; Nergal riß die Angeln der Tore heraus, die die Wassermassen des oberen Ozeans zurückgehalten hatten, die Anunnaki erhoben ihre Fackeln und »setzten das Land mit ihrem grellen Licht in Flammen.« Die Götter waren selbst ganz erschrocke und kauerten wie Hunde an der Himmelsmauer. Aber dann gab Ischtar nach, erhob ihre Stimme, beklagte, was sie getan hatte, und die Götter weinten mit ihr. Der Sturm wütete sechs Tage und Nächte. Am siebten Tag legte er sich, Utnapischtim schaute hinaus und sah, daß alles menschliche Leben vergangen war. Der Sintflutmythos der bblischen Schöpfungsgeschichte unterscheidet sich von dieser Schilderung nur in geringfügigen Einzelheiten. Beispielsweise dauert der Sturm vierzig Tage und nicht sieben, und Utnapischtim heißt jetzt Noah. Es gibt noch einen bemerkenswerten Unterschied: Bei den Babyloniern setzt ine weibliche Gottheit die Sintflut in Gang, während der Gott der biblischen Schöpfungsgeschichte ein Mann ist. Obwohl Ischtar in der babylonischen Geschichte und Jahwe in der hebräischen hoch und heilig versprechen, der Menschheit so etwas Schlimmes nie wieder anzutun, wird diese Zusage verständlicherweise mit einigem Mißtrauen betrachtet. Die panische Angst vor der Sintflut lebt noch immer in den Herzen neptunischer Menschen, und in den Träumen von der Apokalypse, dem tausendjährigen Reich Gottes und dem Jüngsten Gericht könnte sie sogar ein erwünschtes Ereignis darstellen.

Die Ägypter hatten auch ihren Mythos von der rächenden Vernichtung der Menschheit. Der Sonnengott Ra schickte als Abgesandte Hathor, eine Göttin mit Kuhgehörn, um alle Lebewesen niederzumachen. Hier geht die Vernichtung wie bei den Babyloniern von der weiblichen Urschöpferin aus. Aber Ra bekam Mitleid und entwarf einen Plan zur Herstellung von siebentausend Krügen mit Gerstenbier, das braunrot eingefärbt wurde, damit es wie Blut aussah. Das wurde neun Zoll hoch auf die Felder geschüttet. Als Hathor in der Morgendämmerung sah, wie die blutige Flut ihr Gesicht in seiner ganzen Schönheit spiegelte, war sie entzückt und begann zu trinken. Sie betrank sich und vergaß ihre Wut auf die Menschheit.[57] Die Griechen hatten natürlich auch ihre Sintflut. Der wütende Zeus schickte sie, um die menschliche Rasse zu vernichten. In einer Version dieses Mythos war Zeus zornig über die gottlosen Taten der Söhne des Lykaon, die ihren Bruder Nyktimus umgebracht und zu Suppe verkocht hatten.[58] Doch die bekannteste Version der griechischen Sintflut hängt mit dem Frevel des Prometheus zusammen, der zur Strafe für den Diebstahl des göttlichen Feuers die zerstörerische Wut des Göttervaters entfachte – offenbar war die Büchse der Pandora noch nicht genug. Der Held der griechischen Sintflut hieß Deukalion, er war der Sohn des Prometheus und wurde – wie Utnapischtim von Ea – von seinem Vater dazu aufgefordert, eine Arche zu bauen. Deukalion füllte sie mit Nahrungsmitteln und kletterte mit seiner Frau Pyrrha an Bord. Dann wehte der Südwind, es regnete, die Flüsse stiegen mit erstaunlicher Geschwindigkeit, rasten tosend zum Meer und spülten alle Städte an der Küste und im Flachland fort. Die ganze Welt wurde überschwemmt, und alle sterblichen Geschöpfe außer Deukalion und Pyrrha waren verloren.[59]

Den vielleicht seltsamsten Sintflutmythos enthält das indische *Mahabharata*. Es ist die Geschichte von Manu, einer Art Hindu-Noah. Als Manu eines Tages im Wald saß, kam ein Fisch aus einem Bach und bat ihn um Schutz gegen einen größeren Fisch, der ihn verschlingen wollte. Manu steckte den Fisch in einen irdenen Krug und kümmerte sich fürsorglich um ihn, bis er sehr groß wurde. Da bat der Fisch darum, in den Ganges gebracht zu werden. Aber als sie den Fluß erreichten, erklärte der Fisch, er sei für den heiligen Fluß zu groß und bat darum, zum Ozean gebracht zu werden. Manu gehorchte und entließ ihn ins Meer, woraufhin der Fisch ihm sagte, daß aufgrund eines Wechsels im großen kosmischen Zyklus die Auflösung des Universums kurz bevorstehe. Manu wurde angewiesen, eine riesige Arche zu bauen und alle Geschlechter mitzunehmen, die die Brahmanen aller Zeiten je gekannt hatten, und der Fisch versprach, als gehörntes Meerestier aus den Wassermassen aufzutauchen, um ihm während der nun folgenden schrecklichen Sintflut Hilfe zu leisten. Manu tat, wie ihm geheißen und stach mit der Arche in See. Da tauchte der Fisch auf, und Manu band ein Seil um seine Hörner. Das Meer überflutete das Land, und überall war nur noch Wasser. Selbst der Himmel und das Firmament lösten sich auf. Manu trieb viele Jahre lang auf dem Wasser, und als ein neues Universum erschaffen worden war, zog ihn der Fisch zum höchsten Gipfel des Himavat. Dort gab er sich als Brahma zu erkennen, segnete Manu und schenkte ihm die Fähigkeit zur Erschaffung einer neuen Menschheit.[60]

Es gibt noch andere Mythen von der Sintflut, wie es auch noch andere Schöpfungsmythen gibt. Die bisher angeführten schildern eindringlich, was die verderbte Menschheit erwartet, wenn die Götter zornig werden. Womit haben wir es angesichts dieser furchterregenden Bilder himmlischer Strafe also zu tun? Die Mythologie von der Sintflut beinhaltet stets die Sünde und die panische Angst vor der Vernichtung durch eine wütende Vater- oder Muttergottheit. Das Wort »Sünde« kommt von dem lateinischen Wort *sons,* das heißt »schuldig«, im Englischen »guilty«. Und das Wort »guilt« wiederum geht zurück auf das angelsächsische Wort »gieldan«, und das bedeutet »vergelten« bzw. eine Schuld begleichen. Sünde und Vergeltung haben mit einer Schuld gegenüber dem Schöpfer zu tun, mit der Lebensschuld selbst, die Gehorsam und Opfer als Buße fordert. Ich brauche hier nicht näher auf die psychologischen Auswirkungen dieser Schuld einzugehen, die sich ergeben, wenn die archetypische Vorstellung vom göttlichen Schöpfer mit der persönlichen Erfahrung der Mutter vermengt wird, die uns zur Welt gebracht hat. Jede Äußerung unabhängiger Individualität könnte eine schreckliche Strafe nach sich ziehen. Ich habe diese tiefe, aber unerklärliche Furcht bei vielen Menschen mit einem starken Neptun angetroffen. Es ist die Angst, daß irgendwie alles schrecklich schiefgehen wird, daß die Sintflut kommen und man selbst vernichtet werden wird, wenn man sein Glück und seine Erfüllung im Leben auf »unzulässige« oder »ungehorsame« Weise zu suchen wagt. Sündhaft wie wir sind, haben wir ganz zu Anfang unverzeihlicherweise unsere Lebensschuld geleugnet, wurden aus unserer paradiesischen Urheimat vertrieben und leben nun ständig in der Gefahr, noch tiefer in der Verderbtheit zu versinken, so daß schließlich eine Strafe verhängt wird, die unsere anrüchige Lebensform gänzlich auslöscht und den Weg freimacht für einen neuen Kosmos, einen neuen Garten Eden und eine neue Menschheit.

Es gibt immer einen Überlebenden, der weniger gesündigt hat als die anderen, und immer läßt ein Vatergott den Auserwählten ein Schiff bauen. Ob wir nun diesen lebensrettenden Eingriff einer männlichen Gottheit als Bild der schützenden Rolle des Vaters in der Kindheit oder als Bild des schützenden Geistes schlechthin deuten – immer gehört er mit zum Mythos der Sintflut.[61] Er gehört mit zu Neptun und steht für die Erlöserrolle des kleinen, männlichen Fisches, der abseits unserer Identifizierung mit der ozeanischen Quelle steht und uns in unserer emotionalen Ursintflut vor der Vernichtung retten kann. Wir bekommen allmählich einen Sinn dafür, wie wir uns Neptun zu nähern haben, wenn wir uns diesen geheimnisvollen, inneren, spirituellen Beschützer genauer ansehen, der wie Enki oder Ea aus dem Urmeer stammt. Denn die Arche ist eine Art Ego-Behälter, ein versiegeltes Gefäß aus Holz und Pech. Sie ist der alchemistische Destillierkolben des Körper-Egos, mühsam durch gewöhnliche menschliche Anstrengung hergestellt, zerbrechlich und erdnah, aber zäh genug, um dem wütenden Drängen der Urfluten zu widerstehen. Und wie wir alles Neptunische in uns tragen – den Ursprung allen Lebens, den schützenden Vatergott, den auserwählten Überlebenden und die große emotionale Überschwemmung durch die Sintflut –, so ist auch die Arche in uns als Bild unserer Fähigkeit, auf den Wassermassen dahinzutreiben und doch im Trockenen zu sein, auf uns selbst gestellt und aufgehoben, bis die Sintflut schließlich nachlassen muß und uns in einer gereinigten Welt zurückläßt. Die Arche ist weder ein Bild der Unterdrückung (denn sie gleitet über die Wellen dahin und versucht nicht, sie einzudämmen) noch für den Untergng (denn sie bleibt sicher übe den Wassermassen). Sie ist eine Paradoxie, und wir werden später noch einiges mehr von ihr hören.

Es überrascht nicht, daß es trotz der großen Angst vor der mythische Drohung einer Sintflut auch eine große Sehnsucht nach ihr gibt. Vielleicht ist eine Sintflut doch das Beste – vielleicht haben wir sie ja verdient. Zumindest das Schuldgefühl, das Leid, die Einsamkeit und das Getrenntsein vom Ursprung allen Lebens würden dann aufhören. Das ist Todesangst und Todeswunsch zugleich, und diese besondere neptunische Spielart einer zwiespältigen Einstellung zum Tod hat etwas mit dem Gefühl von Sünde und fleischlicher Verderbtheit zu tun, das durch die Getrennntheit entsteht. Weil Adam und Eva einmal gesündigt haben, ist die Menschheit mit diesem Makel behaftet, und folglich wird es ständig weiter bergab gehen, wenn wir dem nicht durch tätige individuelle Aufopferung und Sühne, durch die Ankunft eines Erlösers oder durch eine große kollektive Reinigung entgehen, die endgültig alle und alles beseitigt. Mit dem Thema des Erlösers werden wir uns im nächsten Kapitel befassen, mit dem Thema der individuellen Sühne in einem weiteren; doch jetzt wollen wir untersuchen, wie die Angst vor der Sintflut zur Hoffnung auf die Apokalypse wird, die wir begrüßen, weil sie trotz der Gewalttätigkeit ihrer Bilderwelt zumindest für die Treuen im Glauben eine Rückkehr zu jenem ummauerten Garten der Lüste verheißt, in dem das Wasser des ewigen Lebens fließt.

Die Apokalypse

Das Christentum kannte schon immer eine »Endzeit«, ein »Ende aller Tage«. Die christliche Idee vom tausendjährigen Reich Gottes bezieht sich auf die Glaubensvorstellung, daß Christus nach seiner Wiederkehr ein messianisches Königreich auf Erden, einen zweiten Garten Eden errichtet und dort tausend Jahre herrscht, bis zum Tag des Jüngsten Gerichts. Die Bewohner des messianischen Königreiches werden die leidenden Gläubigen sein, und die Wiederkehr Christi wird eine Apokalypse. Dieser weitverbreitete Glaube an eine bevorstehende Vernichtung und Verwandlung der Welt, der augenblicklich so populär wird wie er es im ersten Jahrhundert vor unserer Zeitrechnung war, wurzelt in den alten Büchern der jüdischen Propheten (Jesus war ja schließlich auch ein Jude). In diesen Büchern findet sich, wie wir bereits gesehen haben, das Bild eines neuen Palästina, das nicht weniger sein wird als ein neuer Garten Eden, ein auf Erden wiedererlangtes Paradies. Aber bevor die Gläubigen dieses neue Jerusalem zurückbekommen, muß es einen Tag des Zorns geben, an dem sich die Sonne, der Mond und die Sterne verfinstern, die Himmel aufgerollt, die Erde erschüttert und die Wassermassen entfesselt werden. Die Sintflut kommt wieder, obwohl Jahwe es anders versprochen hat. Und inmitten dieses Weltunterganges werden die Ungläubigen gerichtet und vernichtet werden.

Im Mittelpunkt des apokalyptischen Denkens steht die Vorstellung, daß die Welt von einer bösen, tyrannischen Macht mit grenzenloser Zerstörungsgewalt beherrscht wird, die eher dämonisch als menschlich ist, obwohl menschliche Wesen ihre Vollstrecker sind. Das erinnert an die bereits an anderer Stelle gestreiften Themen der Gnostik, denn der Gedanke der Apokalypse hat etwas sehr Gnostisches an sich. Die Tyrannei der bösen Macht wird immer schlimmer, die Leiden ihrer Opfer immer unerträglicher, bis plötzlich die Stunde schlägt, da die leidenden Gläubigen sich erheben und ihre Unterdrücker vernichten. Dann übernimmt der Auserwählte die Herrschaft über die Erde, und dies wird der Höhepunkt aller Geschichtsschreibung sein. Das mag auf den ersten Blick noch weit von einer Sintflut entfernt sein. Aber der Held der Sintflut bei den Alten ist ja, ob er nun Ziusudra, Utnapischtim, Noah, Deukalion oder Manu heißt, im Grunde nicht mehr und nicht weniger als Gottes Auserwählter. Er ist der Sündenfreie, der sich Gottes Willen unterwirft und daher bewußt seine Schuld bezahlt. Und er wird aus der Flutkatastrophe gerettet, während die anderen sterben. Die bevorstehende Sintflut ist einfach eine Wiederholung der einstigen Sintflut, außer daß diesmal mehr Auserwählte in der Arche sitzen werden. In gewissen christlich-fundamentalistischen Kreisen beziffert man sie auf genau 144000. Diejenigen, die sich unbewußt allzu wörtlich mit dem mythischen Helden der Sintflut identifizieren, könnten leicht glauben, sie seien ohne Schuld, und alle anderen seien verderbt und müßten bestraft werden. Hier erkennen wir allmählich die Umrisse der zweideutigen Psychologie des Märtyrertums, das für die innere Welt Neptuns von so grundlegender Bedeutung ist: letzten Endes wird die Weltherrschaft angestrebt, es hat seltsame und verworrene Wurzeln und man kann sich nur schwer davon lösen, weil es absolute Macht verheißt (und zuweilen auch verleiht).

Norman Cohn umreißt in seinem Buch *The Pursuit of the Millenium*[62] sehr klar, was die Sekten eint, die das tausendjährige Reich Gottes predigen. Erstens sind sie Gemeinschaften: die Gläubigen sollen die Rettung als Gruppe erleben. Zweitens stellen sie sich die Erlösung als konkretes Ereignis in diesem Leben vor: sie soll auf Erden und nicht im Himmel geschehen – das Verlangen nach dem Garten Eden oder, wenn man es unsentimental psychologisch ausdrücken will, das von Freud Primärnarzißmus genannte Verlangen nach jener verlorenen Verschmelzung mit der allmächtigen Mutter muß gestillt werden, solange der Körper es noch genießen kann. Drittens glauben die Sekten, daß die Rettung unmittelbar bevorsteht. Viertens muß die Rettung vollständig sein: sie bringt das Leben auf Erden in einen Zustand der Vollkommenheit und stellt das Paradies wieder her. Und fünftens muß die Rettung auf wundersame Weise erfolgen: sie wird von Männern und Frauen vollbracht, aber nur weil Gott hilft, es so wil und den richtigen Zeitpunkt dafür bestimmt.

Für diejenigen, die sich mit der Vision vom tausendjährigen Reich Gottes identifizieren, sind solche Vorstellungen lebendig, wirklichkeitsnah und unbestreitbar. Für diejenigen, die sich damit nicht identifizieren, sind sie bestenfalls harmlos und seltsam, schlimmstenfalls jedoch pathologisch und destruktiv. Mir geht es hier nicht darum, ob die Lehre vom tausendjährigen Reich Gottes wahr oder falsch ist, denn sie gehört in den Bereich der Theologie und nicht der Psychologie. Sie gehört auch nicht in die Astrologie, obwohl die Astrologie jahrhundertelang von den Anhängern des Glaubens an das tausendjährige Reich Gottes und ein bevorstehendes Jüngstes Gericht zur Unterstützung dieses Glaubens benutzt wurde.[63] Aber die Apokalypse kann auch eine ausgesprochen persönliche, wenn auch unbewußte Phantasie sein, die tief im Herzen eines von Neptun beherrschten Menschen sitzt. Die Sehnsucht nach dem tausendjährigen Reich Gottes wäre in diesem Zusammenhang Ausdruck eines starken Gefühls der Ohnmacht und Hilflosigkeit angesichts tyrannischer Kräfte »von außen«, kompensiert mit jenen Phantasien von göttlicher Rache, die mit einer derartigen Passivität unvermeidlich einhergehen.

Das ist, wie Melanie Klein scharfsinnig festgestellt hat, die »paranoid-schizoide« Welt des Säuglings. Mögen auch die sündlosen leidenden Gläubigen, das schreckliche Qualen verursachende dämonische Böse und der eingreifende und Rettung bringende Vater- oder Muttergott eigentlich alle im Menschen selbst liegen – Neptun ist nicht gerade berühmt dafür, klar über solche komplexen inneren Themen nachdenken zu können. Häufiger werden sie im gewöhnlichen Leben ausagiert, denn Märtyrer verstehen es, bei anderen beachtliche Grausamkeit zu provozieren. Einer der Gründe dafür mag sein, daß die in die Rolle der tyrannischen Mächte Gedrängten verständlicherweise wütend auf die unbewußte Aggressivität reagieren, die sie beim ewigen Opfer spüren. Doch das Erlebnis der Ohnmacht und des Gefangenseins im Körper und in der materiellen Welt sind sehr reale Leidensursachen für Menschen, die sich wie die Gnostiker an ihre göttliche Herkunft erinnern. In diesen trüben Wassern erhaschen wir wieder einmal einen Blick auf den vielköpfigen neptunischen Dämon, dessen Taktiken zuweilen viel schmutziger sein können, als sie scheinen, dessen Vision jedoch die Wahrnehmung einer Wirklichkeit jenseits der Grenzen von Tibil aufzeigen kann.

Wir im Westen haben als größte Vision vom tausendjährigen Reich Gottes die *Offenbarung des Johannes.*

> ... Und ich sah ein Tier aus dem Meer steigen, das hatte zehn Hörner. Und ihm ward gegeben, zu streiten wider die Heiligen und sie zu überwinden; und ihm ward gegeben Macht über alle Geschlechter und Völker und Sprachen und Nationen ... Und ich sah den Himmel aufgetan; und siehe, ein weißes Pferd, und der darauf saß, hieß: Treu und wahrhaftig, und richtet und streitet mit Gerechtigkeit ... Und ihm folgte nach das Heer im Himmel auf weißen Pferden, angetan mit weißer, reiner Leinwand ... Und das Tier ward gegriffen und mit ihm der falsche Prophet, der die Zeichen tat vor ihm, durch welche er verführte, die das Malzeichen des Tieres nahmen und die das Bild des Tieres anbeteten. Lebendig wurden diese beiden in den feurigen Pfuhl geworfen, der mit Schwefel brannte ... Und ich sah die Seelen derer, die enthauptet sind um des Zeugnisses von Jesus und um des Wortes Gottes willen, und die nicht angebetet hatten das Tier ... diese wurden lebendig und regierten mit Christus tausend Jahre.

Gewisse Einzelheiten aus diesem Text sind uns ja bekannt, beispielsweise das Tier, das aus dem Meer steigt und die tyrannische böse Macht personifiziert, welche die Gläubigen quält. Inzwischen sollten wir es erkannt haben. Obwohl die in dieser Vision dargestellten inneren Themen im Gesamtzusammenhang mit der Psychologie des einzelnen in Kapitel 5 noch eingehender behandelt werden, sollte hier noch einmal gesagt werden, daß der Kampf der Apokalypse letzten Endes eine Schlacht gegen die Leiden des irdischen Leben ist. Durch das Schicksal der Geburt aus der glückseligen Urheimat vertrieben, in das Gefängnis des Fleisches geworfen, durch die Qual des Getrenntseins und den zwanghaften Hunger der Instinkte gepeinigt, sucht der Mensch nach Rettung durch Auflösung oder Zerstörung der Ursache dieser schrecklichen Qual – des Körpers, des »Tieres aus dem Meer«. Das Mutterungeheuer Tiamat ist nicht nur ein Bild unserer Herkunft, es zeigt uns auch als Instinktwesen. Die verschlingende Mutter aus der Phantasie des Säuglings und des Archetyps lebt und gedeiht in unserem begehrenden Fleisch und in unseren hungrigen Herzen. Der neue Garten Eden, der sich nach der Apokalypse auf Erden manifestiert, ist eine Zurückversetzung in die ursprüngliche Einheit. Nur enthält diese Vision den großen Widerspruch, daß das zu vernichtende chthonische Tier aus dem Meer und die Ströme des Paradieses als Belohnung für die Gläubigen ein und dasselbe sind. Beide sind göttlich, und beide sind Mutter. Hier haben wir einen inneren Zwiespalt, bei dem Gut und Böse, Sünde und Erlösung identisch sind, während der Mensch in seiner Verwirrung um sich schlägt und zu trennen versucht, was schon immer eine Einheit bildete: der großen und den kleinen Fisch, Schöpfer und Geschöpfe, Gott und Sterbliche, Geist und Körper. Für Neptun braucht das apokalyptische Ende der körperlichen Qual kein physischer Tod zu sein, auch Krankheit, Sucht oder Wahnsinn sind ein ausgezeichneter Ersatz. Aus diesem Meer der Verwirrung ertönt der ewige Ruf nach einem Heiland, der die Qual und Einsamkeit vertreiben kann. Und so stellt sich schließlich Neptuns letzte Frage: Wann kommt mein Erlöser?

3.

Die Ankunft des Erlösers

Denn ich habe es von dem Herrn empfangen, was ich euch gegeben habe: Der Herr Jesus in der Nacht, da er verraten ward, nahm er das Brot, dankte und brach's und sprach: Nehmet, esset, das ist mein Leib, der für euch gegeben wird; solches tut zu meinem Gedächtnis. Desselbigengleichen auch den Kelch nach dem Mahl und sprach: Dieser Kelch ist das neue Testament in meinem Blut; solches tut, sooft ihr's trinket, zu meinem Gedächtnis. Denn sooft ihr von diesem Brot esset und von diesem Kelch trinket, verkündigt ihr des Herrn Tod, bis daß er kommt.

1. Korinther 11.23

Erlösung verlangt das Mitwirken eines Erlösers. Ihem Wesen nach beinhaltet Erlösungssehnsucht, daß man meint, von etwas erlöst werden zu müssen, das in einem selbst liegt – von Sünden oder Fehlern, die gesühnt, geläutert oder umgewandelt werden müssen. Selbst wenn die Sünde nach außen projiziert wird und als etwas Böses und Unterdrückerisches auftritt, gehört sie letzten Endes zu einem selbst, ob man sich das nun eingesteht oder nicht . Da diese Sünde als Teil des Menschseins empfunden wird – ob als sinnliche Gelüste des Körpers, begehrliche oder destruktive Gefühle, Ungehorsam gegenüber den Geboten Gottes oder eines Elternteils, oder als etwas so Allumfassendes wie der Sündenfall erfahren –, scheinen Fürsprache und Vergebung die einzige Hoffnung auf Erlösung zu bieten. Diese Fürsprache und Vergebung muß jemand gewähren, der makelloser, heiliger oder weiser ist als man selbst. Die Erlösung kann schließlich nur von einem Abgesandten jener Gottheit kommen, die man erzürnt hat. Dies ist die natürliche, unvermeidliche und archetypische Folge des Gefühls eigener Sündigkeit, auch wenn man sich dessen nicht bewußt ist. In Neptuns Welt verbindet sich Sünde mit dem Vergehen, sich abgesondert zu haben, was zum Verlust des Gartens Eden führt. Meist werden die Instinkte und die vom Körper bewohnte, gewöhnliche Welt für dieses Übel verantwortlich gemacht. Wie bei den gnostischen Kulten erfährt der Neptun-Mensch die Materie als Herrschaftsbereich der Dämonen der Finsternis. Daher stellt man sich den Erlöser meist als jemanden vor, der sich – um es einmal psychologisch auszudrücken – nicht von Affekten leiten läßt. Er oder sie ist reiner, freundlicher und nachsichtiger, asexuell oder zumindest nicht von sexuellen Bedürfnissen beherrscht, frei von Ärger und Aggressivität, liebt bedingungslos und ist im Namen der von ihm umsorgten verlorenen Seelen stets zu Opfern bereit. Das sind die Eigenschaften der idealisierten guten Mutter, wie der Säugling sie sieht, auch wenn der Erlöser im Mythos gewöhnlich – wenn auch nicht ganz und gar – männlich ist.

Wieder ist die Etymologie interessant. Das englische Wort für Erlöser, *redeemer*, kommt von dem lateinischen Wort *redemptio*, von dem auch das englische »ransom« (Lösegeld) stammt. Es handelt sich also buchstäblich um einen »Loskauf«. Unsere Sünde ist eine unbeglichene Schuld, weil die apriorische Verpflichtung unserem Schöpfer gegenüber ignoriert oder verletzt wurde. Zur Strafe werden wir in das Gefängnis des materiellen Lebens gesperrt. Der Erlöser wird uns aus der Hölle unserer Isoliertheit loskaufen und das Lösegeld für uns zahlen. Dieser Erlösungswunsch fußt auf der Hoffnung, daß ein anderer die Energie, die Mittel und die Leidensfähigkeit aufbringt, damit wir uns wieder rein und geliebt fühlen. Zwar könnten die aus dem Paradies verstoßenen Menschen, die mit der Bürde ringen, aus unverständlichen Gründen in Ungnade gefallen zu sein, auch in sich selbst die Kraft finden, sich zu vergeben und sich zu lieben, um den Erlösungsakt zu vollziehen, doch scheinen wir für diese Möglichkeit blind zu sein. In der langen und wechselvollen Geschichte der Religionen wie auch im sozialen, politischen, emotionalen und sexuellen Bereich haben wir immer wieder hartnäckig und mit großem Aufwand unsere Erlösung in anderen Menschen oder bei etwas anderem als uns selbst gesucht.

Selbst wenn wir glauben, einen Erlöser gefunden zu haben, sind wir noch in Schwierigkeiten. Solange wir jemanden außerhalb von uns brauchen, der wertvoller ist als wir, werden wir den so Idealisierten früher oder später hassen, einfach weil er oder sie uns das Gefühl gibt, daß wir nichts wert sind. Da können wir uns nur noch selbst hassen. Der Logik der Idealisierung entrinnen wir nicht, und immer hat sie unbewußte Wut im Gefolge. So zerhacken,kreuzigen, erniedrigen und demütigen wir in grausamer Weise unsere Erlöser, denn unsere eigene Vorstellung von ihrer makellosen Güte gibt uns das Gefühl, selbst gemein und böse zu sein. Oder wir tun uns dasselbe an, indem wir unsere Kehle dem Opfermesser eines zum Tyrannen gewordenen Erlösers darbieten. Und wie steht es mit den Sterblichen, die keinen Erlöser suchen, sondern sich selbst mit dem Archetyp identifizieren und einen zu rettenden Sünder finden müssen? Am Ende zeigt sich, daß alles Spiegelungen sind. Jene wackeren heiligen Seelen, die sich freudig kreuzigen lassen, um die Reulosen zu retten, verärgern gewöhnlich jedermann. Sie gehören ebenso zu Neptuns Wasserreich, fühlen sich insgeheim nicht weniger sündig, und ihre Bestrafung besteht darin, daß sie durch ihre eigenen Anhänger leiden. Neptuns Drama ist immer ein Spiel zwischen dem großen und dem kleinen Fisch. In diesem Wasserreich schwimmen wir blind herum, suchen uns gewöhnlich die eine Rolle für uns selbst aus und finden jemanden, der die andere spielt. Aber die Rollen sind allemal austauschbar.

Die Suche nach dem Erlöser kennt jeder, und besonders vertraut ist sie jenen, deren Geburtsbild von Neptun beherrscht wird. Ich will nicht abstreiten, daß wir einem Etwas verpflichtet sind, das größer ist als das Ego; ich bezeifle auch nicht, daß es in Krisenzeiten notwendig sein kann, etwas loszulassen oder zu opfern, um uns an diese Bindung zu erinnern und sie zu erneuern. Das ist die tiefere Bedeutung von Neptuns Transiten und Progressionen im Horoskop. Doch wir verwechseln gern das äußere Objekt mit der inneren Wirklichkeit und nehmen oft nicht nur unsere Erlösung, sondern auch unsere Opfer allzu wörtlich. Daß der Heiland so oft auf mythische Weise mit dem Fisch, dem Wasser, mit Eigenschaften Neptuns oder des Tierkreiszeichens Fische assoziiert wird, sollte uns nicht überraschen, wenn wir an die uralten und universalen Bilder in den bisherigen Kapiteln denken. Die schwach erinnerte Glückseligkeit der Quelle, der wir entstammen – ob wir sie nun Gott, Mutter oder das kollektive Unbewußte nennen – ist so uralt und tief verinnerlicht, daß der gesuchte Erlöser wie wir selbst aus dem Wasserreich kommen muß. Er oder sie ist ein Mensch wie wir und daher dem Leid der Inkarnation unterworfen. Aber irgendwie ist diese magische Gestalt auch mehr als nur ein Mensch. Ihr fehlt das zwanghafte Instinktive alles Sterblichen, und daher steht sie der ersehnten Vater- oder Muttergottheit näher, ist von ihr gesandt oder sogar ihr Kind. Dieser Erlöser, sei er ein Gottmensch wie Jesus oder Orpheus, der sein Fleisch zur Erlösung der Menschheit opfert, oder eine liebende Frau, die zur Befreiung der verdammten Seele ihres Geliebten ihr Leben opfert wie Senta im *Fliegenden Holländer,* kann seiner Aufgabe nur durch einen Akt liebender Selbstaufopferung gerecht werden. Der Erlöser muß selbst ein Opfer sein, um die verlorenen Seelen retten zu können.

Die vorchristlichen Kinder Gottes

Wie sieht dieser göttliche Abgesandte im Mythos aus, und welche Eigenschaften verkörpert er? In der Kultur des Abendlandes beginnen wir natürlich mit der Jesusgestalt. Aber wir müssen weiter zurückschauen, denn der Erlöser als inkarnierter Nachkomme einer Gottheit ist viel älter als uns die christliche Botschaft vermuten läßt. Eine der frühesten Gestalten des leidenden Erlösers finden wir, wie wir schon gesehen haben, im Mythos der Ägypter. Es ist der Gott Osiris, der von seinem Bruder (oder seiner Mutter) entmannt wird, und der nun ohne Phallus über die Unterwelt herrscht und die Seelen der Toten führt. Dem kastrierten oder ehelosen Erlöser werden wir wir in unterschiedlicher Form auch bei den anderen noch zu untersuchenden Gestalten begegnen. Nichts anderes als diese körperliche Makellosigkeit, die wir hier in symbolischer Form vor uns haben, kann aus Neptuns Sicht das verschlossenen Tor zum Paradies wieder öffnen. Die katholische Kirche ist so liberal, in der Geschichte von Osiris, der so viel älter ist als Jesus, einen Vorläufer ihrer Lehre zu sehen, was zwar überheblich, aber immer noch besser ist, als den Seelenerlöser der alten Ägypter gänzlich zu ignorieren.

Im Leiden des Osiris, des Sohnes und Doppelgängers des Sonnengottes, erkennen wir deutliche Verbindungen zur Kreuzigung und zu der paradoxen Identität und Dualität von Gott und Christus. Durch eine gründlichere Betrachtung dieses Mythos und seiner Darstellungsformen in der ägyptischen Kultur verstehen wir die besondere Rolle des Pharao als eines weltlichen Äquivalents zur Christusgestalt (und auch die des Papstes als *pontifex maximus* oder »großer Brückenbauer«) in der westlichen Kultur. Erlösung ist nicht möglich ohne irgendeine Art der Inkarnation, denn sonst wäre Gottes Bereitschaft zum Leiden für seine (oder ihre) Geschöpfe nicht zu beweisen. Ohne gemeinsames Leidenserlebnis gibt es kein Gefühl der Einheit mit dem Göttlichen. Für die Ägypter war der Pharao die sterbliche Inkarnation des Erlösers Osiris; er war Gott und Mensch zugleich. Während Gott in der jenseitigen Welt herrschte, regierte der Pharao in dieser Welt und trug um seines Volkes willen deren Bürde. Dies mag einem Menschen des 20. Jahrhunderts als eine archaische und primitive Vorstellung erscheinen, doch vielleicht vergessen wir dabei, daß Neptuns Weltsicht in der Tat archaisch und primitiv ist und in die dämmerige Vorgeschichte wie auch in die dämmerige Vorzeit der Welt des Säuglings gehört – und wir alle haben einen Neptun im Horoskop. In unserem ziemlich makabren journalistischen Fasziniertsein von den persönlichen Problemen und Wechselfällen im Leben des modernen Königtums haben wir vergessen, was die Heiligkeit der Königswürde historisch eigentlich bedeutete. Deshalb finden wir diese ausgesprochen menschlichen und alltäglichen Personen so faszinierend und zeigen die unschöne Neigung, uns über ihr Leid zu freuen und vielleicht noch dazu beizutragen, obwohl wir sie gleichzeitig idealisieren.

Das Königsamt symbolisiert in erster Linie die Einheit von Erlösergott und König. Der König galt schon immer als göttliches Gefäß und nicht so sehr als Herrscher im politischen Sinne. In vorgeschichtlicher Zeit konkretisierte man diese mythische Interpretation des Königsamtes, indem man den Herrscher in regelmäßigen Abständen rituell opferte, um sich die Gnade der Götter, die Fruchtbarkeit des Bodens sowie das Überleben und Wohlergehen des Volkes zu sichern.[64] Die unwiderstehliche Faszination, die das Königtum immer noch auf die heutige Welt ausübt, zeigt – trotz des lauten Geschreis, es sei überholt und verschwende zuviele Steuergelder – die Wirksamkeit dieses Symbols als Erlöser der Nation. Der König ist sterblich wie wir alle, aber doch in geheimnisvoller Weise auch ein Sprachrohr der Götter, und er wird die Schuld des sündigen Volkes einlösen. Von diesem Archetyp lebte auch Hitler; durch ihn lenkte er die Kollektivseele des deutschen Volkes, das den alten Siegfriedmythos auf ihn projiziert hatte. So ist der König Priester und geweihtes Opfer, Messias und »Gesalbter« zugleich.

Bei den Ägyptern galt der Pharao als Sohn des Gottes Osiris, der zwar identisch mit seinem göttlichen Vater, aber auch ein Mensch war und daher menschlichem Geborenwerden und Sterben unterlag. Mit seinem sprituellen Ursprung war er durch eine dritte Wesenheit verbunden, die die Ägypter Ka-mutef, »Stier seiner Mutter«, nannten – die ägyptische Version des heiligen Geistes. Diese dritte Wesenheit betrachtete man als eine Art unsichtbare Lebenskraft, als zeugenden Geist, der Gott und den König beeinflußte und der die Mutter des Pharao schwängerte wie der heilige Geist später Maria geschwängert hat, damit Christus geboren werden konnte. Die Ägypter kannten keine unbefleckte Empfängnis, obwohl dieses Motiv auch außerhalb der christlichen Lehre vorkommt. Frommen Christen ist das historische Ereignis wichtig – Jesu Geburt als Ankunft des Gottessohnes in der Welt, um die Menschheit zu erlösen. Doch Gottes Versprechen wird durch das wundersame Einwirken des heiligen Geistes in den Tauf- und Messezeremonien ständig erneuert. Für den frommen Ägypter erfolgte die Erneuerung, wenn durch den zyklischen Wiedervollzug der göttlichen Inkarnation ein neuer Pharao auf den Thron kam.

Dieser magische Vorgang, bei dem ein Sterblicher zum Gefäß oder Träger von etwas Unsterblichem wird, gehört zum Ablauf ypisch neptunischer Projektionen. Ein gewöhnlicher Mensch – ein Filmstar, Guru, politischer Führer, Popmusiker, Model oder Liebhaber – ist irgendwie mit göttlichem *mana* als Träger der Erlösungsverheißung erfüllt. Die sexuelle und spirituelle Verschmelzung mit diesem Gefäß ist daher gleichbedeutend mit einer Verschmelzung mit Gott. Die neptunische Idealisierung ist eigentlich das Erlebnis einer *participation mystique* mit dem Erlöser-Archetyp. Dieser Vorgang ist von seinem Wesen her unbewußt; was uns bleibt, ist das Gefühl des Herausgehobenseins, zu dem es schon durch die bloße Nähe zum Auserwählten kommt. Ich habe 1966 einmal ein Konzert der Beatles im Shea Stadium in New York besucht, bei dem 40.000 Menschen kreischten, in Ohnmacht fielen, spontane Orgasmen bekamen (oder sich zumindest so anhörten) und ohne Zweifel ihre Idole auf echt dionysische Weise in Stücke gerissen hätten, wenn man sie nahe genug herangelassen hätte. Daß eine derartige Massenreaktion in unserer sogenannten rationalen modernen Welt so intensiv sein kann, ist schwer zu begreifen – wie es uns ja auch heute noch sehr schwerfällt, uns Hitlers entsetzliche psychologische Wirkung bei den Nürnberger Aufmärschen einzugestehen. Wenn wir uns den Mythos des im Fleische inkarnierten Erlösers genauer ansehen, können wir dennoch viel über diese Wirkung und auch über Neptun selbst erfahren.

Es ist sinnlos, wie manche Religionsgeschichtler darüber zu streiten, inwieweit babylonische und ägyptische Erlösergötter oder griechische Gestalten wie Orpheus und Dionysos die christliche Lehre beeinflußt haben. Dieser Einfluß ist offensichtlich. Wie wir aus den Ähnlichkeiten zwischen Dilmun und Eden, Uptnapischtim und Noah, Marduks Kampf gegen Tiamat und Jahwes Kampf gegen Leviathan sehen können, hat Babylon den Judaismus während der babylonischen Gefangenschaft stark beeinflußt; ebenso stark wurde er durch hellenistisches Denken beeinflußt, als das Königreich Judäa nach dem Tode Alexanders des Großen eine Zeitlang von der griechischen Dynastie der Ptolemäer beherrscht und dann von den Römern regiert wurde, die ihr hellenistisches Erbe in alle ihre Provinzen trugen. Außerdem haben die Themen der ägyptischen Religion nicht nur die Juden während ihres Aufenthaltes in Ägypten beeinflußt, sie gingen während der Herrschaftszeit der Ptolemäer auch in den hellenistischen Synkretismus ein, so daß die Mythen und Lehren von Osiris, Orpheus und Dionysos in den ersten Jahrhunderten unserer Zeitrechnung Eingang in die immer umfassendere christliche Mythologie fanden. Wir sollten auch Purusha nicht vergessen, den »ersten Menschen« der indischen Philosophie, dessen Körper geopfert wurde, um die Welt zu erschaffen, ebensowenig wie die Gestalt des Gayomart bei den Persern, ein weiterer »erster Mensch« und Sohn des Lichtgottes, der der Finsternis der Welt zum Opfer fiel und durch menschliches Leiden daraus befreit werden mußte. Diese Gestalten haben das hellenistische Denken und später auch das frühe Christentum beeinflußt. Doch der göttliche leidende Erlöser, der sich freiwillig oder unfreiwillig opfert, um die Welt zu erschaffen oder sie vom Übel zu erlösen, ist eine uralte archetypische Gestalt, die für ein tiefes und immerwährendes Bedürfnis der menschlichen Seele steht. Angesichts dessen ist es müßig, die verblüffenden Ähnlichkeiten zwischen Osiris, Attis, Dionysos, Orpheus, Mithras und Christus ausschließlich der »kulturellen Überlieferung« zuzuschreiben. Ebenso müßig ist es, von irgendwelchen »Vorgängern« zu sprechen – als ob von allen Erlösern nur ein einziger anspruchsberechtigt und alle anderen nur intuitive mythische Dilettanten gewesen seien.

In den zwei Jahrhunderten vor und nach der Zeit, die viele Menschen als den Beginn des christlichen Zeitalters und viele Astrologen als den Beginn des Fischezeitalters ansehen, scheint es einen regelrechten Run auf Erlöser gegeben zu haben. Das überrascht nicht, da die Bilderwelt und die Gefühlslage des Tierkreizeichens, durch den sich der Frühlingspunkt bewegt, am deutlichsten in den neuen religiösen Werten zu erkennen ist, die zu jener Zeit aufkamen – und immerhin ist Neptun der Herrscher über das Zeichen der Fische. Obwohl Gestalten wie der ägyptische Osiris, der syrische Ichthys, die babylonischen Götter Tammuz und Oannes, und der phrygische Attis viel weiter in die Vorgeschichte zurückreichen, erfuhren die Vorstellungen von ihnen und die Formen ihrer Verehrung zu dieser Zeit gewisse Verändeungen. Überall kamen Erlöserkulte auf und verbreiteten sich mit einer mystischen Intensität, wie sie die antike Welt nie zuvor gekannt hatte. Die jüdischen Prophezeiungen vom Ende der Tage und von der bevorstehenden Ankunft eines Messias-Königs waren nur ein Aspekt dieses Phänomens. Den neuen Erlöserkulten, darunter auch dem frühen Christentum, ging es ganz besonders um Perfektionismus, visionäre Erfahrungen, sexuelle Abstinenz und Märtyrertum – alles leicht erkennbare Eigenschaften des Neptunischen.

Um das vierte Jahrhundert unserer Zeitrechnung herum, als das überreife Römische Reich unter dem unaufhörlichen Druck von Barbareneinfällen allmählich zusammenbrach und das Byzantinische Reich gerade mit der Entfaltung seiner langen und glorreichen tausendjährigen Blüte begann, bewarben sich drei dieser

Erlöser darum, zur offiziellen Religion des Römischen Reiches zu werden: Mithras, Orpheus und Jesus. Die ersten zwei dieser Erlöserdreifaltigkeit hatten viel ältere Wurzeln. Doch etwa um das zweite Jahrhundert vor unserer Zeitrechnung veränderten sie ihre früheren Eigenschaften grundlegend und wurden eschatologisch. Ihre Kulte verbreiteten sich im ganzen Römischen Reich und wurden Bestandteil jenes Lehrgebäudes, das wir heute allgemein als Gnostik kennen. Mit anderen Worten, bei diesen Kulten war die verheißene Erlösung von der Verderbtheit der Welt von einer inneren mystischen Erfahrung des »Wissens« abhängig. Beide Kulte sahen im Kosmos den Austragungsort einer großen Schlacht zwischen Finsternis und Licht; der menschliche Körper war aus Finsternis gemacht, während der menschliche Geist aus einem Lichtfunken bestand. Obwohl einige gnostische Sekten wie die Manichäer Jesus als ihren Erlöser betrachteten und daher gnostische oder »ketzerische« Christen waren, verschmolz der Mithras-Kult nie mit seinem schließlich doch erfolgreicheren Rivalen. Mehr als ein Historiker hat inzwischen bemerkt,

> ... Wäre das Christentum bei seinem Aufkommen durch eine todbringende Krankheit gestoppt worden, wäre die Welt mithraisch geworden.[65]

Die Wahl des Chrisentums als Religion des Römischen Reiches war eine politische Frage und eine Sache der Inspiration. Diokletians Nachfolger, Kaiser Konstantin, wußte als cleverer Herrscher ganz genau, wie notwendig ein religiöser Zusammenhalt im Reich war, und sah sich gedrängt, die Religion mit den mächtigsten und politisch einflußreichsten Anhängern zu wählen. Im Jahre 312 wählte er Christus, und nur Menschen mit viel Phantasie und Neigung zum Ketzertum können erfolgreich darüber spekulieren, wie unser 20. Jahrhundert aussähe, wenn es zu Renans »todbringender Krankheit« gekommen wäre. Frommere Menschen könnten annehmen, daß es natürlich gar keine Wahl gab und Konstantin von Gott geleitet wurde. Die berühmte Geschichte, daß er am Abend der Schlacht das »Zeichen des Kreuzes« am Himmel gesehen habe, und sein Traum danach, in dem ihm eine später als Christus identifizierte Lichtgestalt befohlen habe, das »himmlische Emblem Gottes« auf die Schilde seiner Soldaten malen zu lassen, ist die christliche Version seiner Bekehrung. Konstantin selbst hat die Symbole nicht gleich als christliche erkannt. Er hatte einfach nur angenommen, Gott stehe auf seiner Seite, wie immer er heiße. Hinsichtlich der Bedeutung seiner am Himmel gesehenenen seltsamen Glyphe (die tatsächlich ein Kreuz mit einer Schleife an der Spitze war und allerhand Deutungen offenließ) wurde er später von einflußreichen Christen beraten, und so wurde die westliche Welt christlich.

> Interessant ist weniger die Tatsache, daß es die Vision gab, sondern wie man sie verstand: Die christliche Interpretation wurde dem Kaiser in den Kopf gesetzt, und wenn der spanische Bischof Ossius bereits zu seinem Gefolge gehörte, müssen wir den Einfluß des Mannes einkalku-

> lieren, der später bei vielen Begegnungen des Kaisers mit der Kirche den Ton angab.[66]

Vielleicht war der Kaiser göttlich inspiriert, vielleicht war er auch politisch motiviert, was auf dasselbe herauskommen könnte oder auch nicht. Doch die außerordentlich einflußreichen orphischen und mithraischen Kulte wie auch der seltsame Attiskult mit seinen Eunuchenpriestern und ihren unverkennbar neptunischen Themen können uns helfen, die archetypische Vorstellung vom leidenden Erlöser klarer zu sehen.

Die Mithras-Mysterien

Der Mithras-Kult könnte als das Freimaurertum der römischen Welt bezeichnet werden. Niemand weiß genau, wann und wo er entstand. Den Gott Mithras erwähnen die indischen *Veden,* und zur Lehre des persischen Zoroaster gehört er ebenfalls. Sein Name bedeutet »Freund«. Er scheint bis ins neunte Jahrhundert vor unserer Zeitrechnung zurückzugehen.[67] Aber der im Römischen Reich so sehr erstarkte Mithras-Kut unterschied sich deutlich von der Luft- und Sonnengottheit der *Veden,* die wie ihr persisches Gegenstück ursprünglich Eiden und Vereinbarungen Geltung verschaffen sollte und die Macht der Wahrheit symbolisierte. Als der Kult zu Beginn des christlichen Zeitalters in den Westen kam, war Mithras ein echter Erlöser im bisherigen Sinne – teils Mensch, tils Gott, ein Sohn des Lichtgottes, der sich zur Rettung der Welt den Leiden der Inkarnation unterwarf. Der Kult griff um sich, besonders unter Soldaten und Kaufleuten, und Überreste von Mithräen, jenen unterirdischen Höhlen, in denen die Gottesdienste abgehalten wurden, und die jeder kennt, der sich mit der römischen Geschichte Britanniens beschäftigt hat, wurden im Norden bis an den Hadrianswall gefunden. Die Mithras-Anhänger waren an keine Treuepflicht gebunden, sondern durften sich, wie heutzutage die Freimaurer, zu beliebigen anderen religiösen Wegen bekennen. Gebunden waren sie jedoch an ein strenges Schweigegelübde, das sie mit heiliger Furcht eingehalten zu haben scheinen, so daß viele Riten und Lehren des Mithras-Kult noch heute unverständlich sind.

Die Parallelen zwischen Mithras und Jesus liegen auf der Hand, und es überrascht nicht, daß die frühen Christen vor diesem Kult erschraken und ihn ablehnten. Als Sohn des obersten Lichtgottes schaute Mithras vom Himmel herab und sah die Menschheit durch die Mächte der Finsternis leiden. In liebevollem Mitgefühl, und dem Willen seines göttlichen Vaters gehorchend, inkarnierte er auf Erden und wurde von einer Jungfrau als Menschenkind zur Wintersonnenwende (am 23. Dezember) geboren. Nur ein paar Schäfer waren dabei. So personifiziert Mithras wie Christus das Licht des Himmels, das in demütigster Gestalt am dunkelsten Tag des Jahres in die Finsternis der Welt tritt. Interessanterweise inkarnieren Mithras und Jesus im Zeichen des Steinbocks, den der Herr der Welt, Saturn, beherrscht, und werden an das Kreuz der Materie gebunden, um ihr Schicksal zu erfüllen.[68] Wie Jesus hatte auch Mithras als Mensch viele Prüfungen und Leiden zu erdulden und hielt mit seinen Jüngern ein letztes Abendmahl ab, bevor er in den Himmel zurückkehrte. Am Ende der Welt, das mit apokalyptischer Heftigkeit kommen wird, kommt er dann zurück, um die wiederauferstandene Menschheit zu richten und die Auserwählten durch einen Feuerfluß zu gesegneter Unsterblichkeit zu geleiten. Sogar die Ikonographien des Mithras-Kults und des Christentums weisen merkwürdige Parallelen auf. Mithras wurde oft als göttliches Kind dargestellt, das die Erdkugel in der Hand hält, so wie das Christkind auf mittelalterlichen Ikonen den Reichsapfel mit einem Kreuz darüber hält.

Aber während im Mittelpunkt der Christusgeschichte die Kreuzigung steht, ist es im Mithras-Kult die Tauroktomie, d.h. die Tötung des kosmischen Stiers, der ersten Schöpfung des Lichtgottes. Der Gott befahl seinem Sohn, den Stier zu opfern, um die Zeugung von Menschen zu ermöglichen. Um den Willen seines Vaters zu erfüllen, brach Mithras mit seinem treuen Jagdhund auf, fand den Stier, riß dessen Kopf zurück, packte seine Nüstern mit der Linken und rammte ihm mit der Rechten einen Dolch in die Kehle. Aus dem Blut des toten Stiers entstanden Getreide und anderes Leben, darunter auch die menschliche Rasse. Der Herr der Finsternis schickte unverzüglich seine Diener, deren Anführer Skorpion und Schlange waren, um das lebenspendende Blut aufzulecken.[69] Aber ohne Erfolg, denn es breitete sich über die ganze Erde aus. Später versuchte der Gott der Finsternis ständig, die Menschheit zu vernichten, indem er unter anderem aucheinmal eine große Sintflut über die ganze Erde brachte. Aber Mithras vermittelt als Freund der Menschheit unbesiegbar zwischen Himmel und Erde und steht den Gläubigen in ihrem Kampf gegen die Gehässigkeit des Bösen bei. Er ist nicht nur ein starker Gefährte in ihren menschlichen Widrigkeiten, sondern gewährleistet als Gegner der Höllenkräfte auch das Wohlergehen seiner Anhänger im künftigen Leben und auf Erden.

> Wenn nach dem Tode der Geist der Verwesung sich des Leichnams bemächtigt, so kämpfen die Geister der Finsternis und die Boten des Himmels um den Besitz der Seele, die ihrem fleischlichen Gefängnis entronnen ist. Sie wird vor ein Gericht gestellt, bei dem Mithras den Vorsitz führt, und wenn ihre Verdienste, auf die Waage des Gottes gelegt, ihre Sünden übertreffen, so verteidigt er sie gegen die Diener Ahrimans, die sie in den Abgrund der Hölle zu schleppen versuchen, und führt sie den himmlischen Räumen zu, wo Jupiter-Ormuzd in ewiger Klarheit thront.[70]

Die Darstellung der Stiertötung gehört zu den bekanntesten unter den aus dem Mithras-Kult erhaltenen Statuen und Gemälden. Anfangs möchte man meinen, hier ende die Ähnlichkeit zwischen Mithras und Christus, denn Mithras wird weder gekreuzigt noch entmannt, sondern lediglich inkarniert – das schmerzliche Schicksal erleidet der Stier. Doch in seinem Bild erkennen wir noch Elemente jener ausgeprägten Askese, die alle Erlösergestalten dieser Zeit prägte. Der Stier gehört zu den ältesten Symbolen für sexuelle Potenz und Fruchtbarkeit, und in seiner Tötung wird die Opferung oder Sublimierung körperlicher Gelüste dargestellt. Mithras ist somit doch gar nicht so weit von Osiris entfernt, der seinen Phallus opfern mußte, denn der Stier ist im Grunde die phallische Dimension des Mithras. Wieder einmal stoßen wir beim neptunischen Erlöser auf den Kastrationsgedanken.

Mithras und der Stier sind zwei Aspekte derselben Gestalt. Der Stier ist der Phallus des Gottes und wird geopfert, damit der Geist erlöst werden kann. Bis zum Beginn des Fischezeitalters hat es immer wieder Opfergötter gegeben, so wie es auch Opferkönige als deren Verkörperungen gab.[71] Aber die Hauptfunktion dieser Gottheiten bestand nie darin, Menschen in der Hoffnung auf Erlösung und Unsterblichkeit zu Asketen werden zu lassen, sondern eher darin, für die Fülle des Lebens und die Fruchtbarkeit des Bodens zu sorgen. Obwohl er kastriert war, hat selbst Osiris nie von den Menschen verlangt, ihrem sexuellen Vergnügen um der Seele willen abzuschwören. In der Christusgestalt ist die Abneigung gegen das Fleischliche überdeutlich. In der Mithrasgestalt zeigt sie sich in der Opferung des Stiers sowie darin, daß der Kult besonderen Wert auf Treue, Ehrlichkeit, Brüderlichkeit zwischen Männern und die Zügelung körperlicher Gelüste legt. Cumont meint dazu:

> Unter allen orientalischen Kulten bildet keiner ein so festgeschlossenes System wie dieser; keiner hatte solchen sittlichen Schwung und konnte die Geister und die Herzen so gefangen nehmen.[72]

Wir sehen später noch, daß sich der Orpheus-Kult, ebenso wie der Mithras-Kult und das Christentum, auch von der einfachen Verehrung eines Opfergottes oder Gottessohnes unterschied, bei der göttlicher Schutz für den Staat oder die Fruchtbarkeit des Bodens erfleht wurde. Die neptunischen Erlösergötter boten etwas Neues: Einen Weg zur Erlösung aus der Verderbtheit des Körpers, eine Reinigung von der Sünde und dem Tand der materiellen Welt und eine Wiedervereinigung mit dem spirituellen Ursprung allen Lebens in einem glückseligen Jenseits am Ende aller Tage.

Diese Rolle des spirituellen Erlösers ist bei unseren neptunischen Erlösergöttern historisch neu und bedeutsam. Zu Beginn des Fischezeitalters kam ein seltsamer und hoffnungsloser Bruch zwischen Körperlichem und Geistigem auf – was aber offenbar Teil der neptunischen Weltanschauung ist. Der neptunische Dualismus erfährt das Leben auf ähnliche Weise wie einst die Anhänger des Mithras – ganz so, wie auch die beiden durch eine unzerbrechliche Kette auf ewig aneinander gebundenen Fische für den Heißhunger des Körpers und die Erlösungssehnsüchte des Geistes stehen. Die irdische Welt ist verderbt und sterblich, während die Welt des Geistes unzerstörbar ist und die einzige Erlösung vom Leiden bietet. Und etwas, das gewöhnlich als Wunschnatur interpretiert wird, muß geopfert werden. Ob diese

Weltsicht »pathologisch« ist oder nicht, darüber ließe sich streiten. In der Definition des Pathologischen zeigt sich nur wieder die Definition des Normalen, das ja stets vom jeweiligen Bezugsrahmen abhängt. Der Dualismus ist eine archetypische Weltanschauung, wenn auch nicht die einzige, und er beherrschte die im zeichen der Fische begonnene historische Epoche ebenso, wie er unbewußt die Psyche des Neptun-Menschen beherrscht. Seine »Krankhaftigkeit« zeigt sich eher in seinen destruktiven Erscheinungsformen im Leben bestimmter Menschen und nicht so sehr in seinem Wesen. Sie ist eine quälend paradoxe Vision, denn die als Belohnung für Leiden und Opfer verheißene himmlische Erlösung durch den göttlichen Ursprung ist identisch mit der sinnlichen Glückseligkeit in den Armen der weltlichen, körperlichen Mutter als Inbild des fleischlichen Übels. Es ist eine psychologische Binsenweisheit, daß jemand, der sich allzu sehr mit der einen Hälfte eines Gegensatzpaares identifiziert, unbewußt von der anderen Hälfte in Besitz genommen wird. Das zeigt sich am deutlichsten in der neptunischen Flucht aus der Sinnlichkeit, die zu einer unverkennbar von eben dieser Sinnlichkeit geprägten Erlösungsvorstellung führt. Bei der Gestalt des Mithras sehen wir, daß er wie sein Erlöserbruder ein Vertreter des kleinen Fisches ist, durch die Nabelschnur körperlicher Geburt mit dem großen Mutterfisch des Begehrens zusammengespannt; in ihm vernichtet er, was er insgeheim selbst zur Hälfte ist.

Orpheus der Fischer

Die Mithras-Lehre war teilweise eschatologisch, d.h. sie bereitete ihre Anhänger auf ein spirituelles Dasein nach dem Tode vor. Das Christentum ist gleichfalls eschatologisch, besonders jene Sekten, die eine bevorstehende Apokalypse erwarten, und die Orphik war es auch, denn die Orpheus-Anhänger lehrten, daß der Körper das Grab der Seele ist, das irdische Leben eine Prüfung, und daß die Glückseligkeit des nachtodlichen Lebens nur durch die von dem Gottesmenschen Orpheus geoffenbarten Lehren und Rituale zu empfangen sei. Im frühen griechischen Mythos war Orpheus ein thrakischer Barde – ursprünglich ein Priester (und vielleicht der Sohn) des Apoll –, dessen Musik eine ungewöhnlich starke Wirkung ausübte. Im Lauf der Entwicklung seiner Gestalt soll er den ekstatischen Kult des Vegetationsgottes Dionysos nach vernünftigeren, eher apollinischen Grundsätzen reformiert haben. Dionysos ist eine sehr alte Gottheit und personifizierte ursprünglich die rauhe Natur als Sinnbild für Geburt, Wachstum, Verfall und Wiedergeburt des Lebensprinzips. Allmählich entwickelte er sich zu einer Art Erlösergott (obwohl er Erlösung in dieser und nicht in der nächsten Welt bot), und wie Osiris litt auch er, denn die Titanen zerrissen ihn, und Heras Eifersucht trieb ihn nach seiner Wiedergeburt in den Wahnsinn. Er bot den Menschen göttliche Ekstase durch sinnliche Hingabe an seine wilden Mysterien.[73] Dionysos steht in einer wichtigen mythischen Beziehung zu Neptun, denn er schildert vieles von der chaotischen Ekstase des Amoklaufes dieses Planeten. Schließlich war ihm auch der Wein heilig. Der alte Orpheus hätte da nicht viel einzuwenden gehabt, er war ein ekstatischer Sänger. Dagegen war dem in hellenistischen und römischen Zeiten aufgekommenen »neuen« Orpheus die unverhohlene Fleischlichkeit und Wildheit der alten dionysischen Mysterien ein Greuel. Orpheus gründete nach Joscelyn Godwins Worten »einen asketischen und spekulativen Dionysianismus, der zwar auch Befreiung von den irdischen Verhältnissen wollte, dies aber bewußter, kontrollierter und intellektueller anstrebte.«[74] Orpheus reinigte also die Dionysosvorstellung, machte aus den lüsternen Feiern des Gottes des Weins und der Ekastase eine großartige metaphysische Lehre von Sünde und Erlösung und erlegte seinen Anhängern eine ideale Ethik der Reinheit und Opferbereitschaft auf.

Wir wissen nicht, ob es Orpheus wirklich gab. Im alten Rom soll er tatsächlich existiert haben und ein Halbgott oder ein göttlich inspirierter Lehrmeister und Avatar wie Pythagoras oder Jesus gewesen sein. Aber aufgrund seiner mythischen Abstammung war er doch wohl eher ein Archetyp als ein Mensch. Natürlich schließt das eine das andere nicht unbedingt aus. Er kann zugleich Archetyp und historische Persönlichkeit gewesen sein. Die als schwer verständlich geltende Lehre der Orphik umfaßt eine komplizierte Weltentstehungslehre sowie eine Reihe von Anforderungen an ein »richtiges« Leben und ist viel jünger als der Mythos von dem Barden mit der lieblichen Stimme. Obwohl die Orphik als Kult im sechsten Jahrhundert vor unserer Zeitrechnung in Süditalien und Griechenland aufgekommen zu sein scheint, hatte sie vor der Spätzeit des hellenistischen und römischen Zeitalters keine große Bedeutung, weil sie nicht den kollektiven religiösen Werten der Griechen entsprach. Sie blieb eine Art »Randkult«, der zwar Philosophen wie Plato stark beeinflußte, jedoch allzu mystisch war, um in den offiziellen Pantheons der griechischen Stadtstaaten heimisch zu werden. Doch als Rom seine Herrschaft auf Griechenland und die hellenistischen Königreiche ausgedehnt hatte, war aus dem Sänger Orpheus der »Menschenfischer« Orpheus geworden. Er bekam mehr Format und wurde ein echter leidender Erlöser, halb Mensch und halb Gott, praktisch ein Doppelgänger von Christus. Aufgrund seiner Predigten entstand ein ganzes, eindeutig monotheistisches Lehrgebäude, und seine hymnisch gewordenen Lieder offenbarten die Geheimnisse vom Ursprung des Universums, vom Wesen Gottes, und wie die Seele aus ihrem körperlichen Geängnis ausbrechen und sich für immer in Glückseligkeit mit dem Göttlichen vereinen kann. Neptunisch ist an Orpheus

> ... der Hinweis, daß das Hier und das Jenseits einander nicht unwiderruflich gegenüberstehen, daß sie eine Welt bilden und daß jemand mit übermenschlicher visionärer Kraft (ausgedrückt in prophetischem, quasigöttlichem Gesang) oder Liebesfähigkeit das größere Ganze erkennen, vom Diesseits ins Jenseits und wieder zurück gehen und andere »erlösen« kann, indem er auch ihnen diese Kraft und damit ein »neues Leben« gibt.[75]

So wie Christus ans Kreuz geschlagen, der Mithras-Stier getötet und sein Blut über die Erde vergossen wurde, rissen Thrakiens wilde Frauen den Orpheus in Stücke. Der kleine Fisch wurde am Ende seines transzendenten, aber unglückseligen Zyklus vom großen verschlungen. Rilke nennt ihn in *Sonette an Orpheus* einen »verlorenen Gott«, eine »unendliche Spur«.[76] Er ist das Stichwort oder der goldene Faden, der zu einem anzustrebenden und noch zu entdeckenden größeren Mysterium führt. Orpheus steht Christus hier viel näher als Mithras, denn er war es, der entmannt wurde, nicht das Ersatzsymbol eines kosmischen Stiers. Wir sollten einen Blick in die orphische Weltenstehungslehre werfen, denn auch wenn sie Kennern des klassischen griechischen Mythos seltsam vorkommen mag, können wir doch aus ihr noch mehr darüber erfahren, was Orphik – und Neptun – eigentlich mit »Erlösung« meint.

Die Weltentstehungslehre der Orphik ist bizarr und ganz anders als die Schöpfungsgeschichten von Homer und Hesiod. Nach Meinung Cumonts und anderer ist die Orphik wegen ihres Dualismus »ungriechisch« und sogar »asiatisch«. Da sie jedoch zuerst in Süditalien aufgekommen zu sein scheint, ist es unrichtig, um nicht zu sagen überheblich, alle dualistischen Einflüsse dem unergründlichen Osten in die Schuhe zu schieben, ganz als hätten diese Einflüsse nichts mit der psychologischen Entwicklung im Westen zu tun und seien von »draußen eingeschleppt« worden. Neptun gibt es in westlichen Horoskopen ebenso wie in östlichen. Am Anfang des orphischen Kosmos existierte nur die Zeit – ein Nichts bzw. eine intelligenzbegabte kosmische Leere. Die Orphiker stellten sie als eine Gestalt mit Löwenkopf, Adlerflügeln und einem Schlangenleib dar, die sich um einen menschlichen Körper wand, dem die Tierkreiszeichen eingeprägt waren oder der von ihnen umgeben war. Die Zeit, auch Aion genannt, schuf das silberne Ei des Universums, aus dem Phanes, der Erstgeborene, auch Dionysos genannt, hervortrat. Phanes war eine uroborische, männlich-weibliche Gottheit des Lichtes und der Güte, und sein Name bedeutet »Licht bringen« bzw. »leuchten.«

So weit, so gut. Die Vorstellung vom erstgeborenen, androgynen Gott des Lichtes, der einer Leere oder einem wäßrigen Abgrund entstammt und das Universum erschafft, kennen wir bereits. Auf diese Weise stiegen schon der ägyptische Sonnengott Ra aus der Urflut und der Brahma der Hindus aus den kosmischen Wassern der Maya. Die Orphik wiederholte Uraltes. Phanes schuf erst eine Tochter, Nyx oder Nacht, der er Vater und Mutter war. Mit ihr zeugte er dann Gaia, Uranos und Kronos, die bekannten Titanen des griechischen Mythos. Kronos wiederum zeugte Zeus, der somit eigentlich das Enkelkind von Phanes-Dionysos war. Aber Zeus konnte die Weltherrschaft erst antreten, nachdem er den Urgott Phanes, seinen Großvater, verschlungen hatte. Für die Anhänger der orphischen Lehre war Zeus zwar der größte Gott des Zeitalters, doch war er nicht ihr Lieblingsgott. Es war Dionysos, und von hier ab wird die orphische Weltentstehungslehre ziemlich verworren, denn dieser bevorzugte Dionysos galt – anders als Phanes-Dionysos –

als ein Sohn des Zeus. Da jedoch Zeus bereits seinen Großvater Phanes-Dionysos verschlungen hatte, war der neue Dionysos somit Sohn und Großvater des Königs der Götter und wurde als Sohn des Zeus wiedergeboren, wobei er seinen alten Anspruch beibehielt, der erstgeborene Gott des Lichtes zu sein.

In der orphischen Lehre war Göttlichkeit nicht etwas, das an sich und ausschließlich zur Person eines Gottes gehörte und nur durch den Zeugungsakt übertragen werden konnte. Sie war ein göttlicher Funke, eine göttliche Substanz, die man essen und verdauen konnte. Daß eine Gottheit eßbar ist, und göttliche Substanz auf diesem Wege an sterbliche Wesen weitergegeben werden kann, ist nicht nur für die Orphik, sondern auch für Neptun wichtig. Bei unserer Untersuchung zum Wesen des neptunischen Erlösers müssen wir den Symbolismus der Abendmahlsfeier beachten, bei der das Fleisch Gottes von seinen Anhängern gegessen wird. Das gibt es nicht nur im Christentum, sondern auch im Mithras-Kult und in der Orphik. Wir müssen auch den archetypischen Wunsch beachten, diejenigen zu entmannen und zu verschlingen, die den Funken der Gottheit in sich zu tragen scheinen. Die Vorstellung, daß der Erlöser – oder Personen, auf die der Erlöser projiziert wird – im übertragenen Sinne zerrissen und aufgegessen werden, gehört zu den beunruhigenderen Kennzeichen der neptunischen Sehnsucht. Sie ist archaisch und infantil, denn auf diese Weise nimmt auch der Säugling die Göttlichkeit seiner Mutter durch die Brust auf. Neptuns Idealisierungen sind seltsam gefräßig, und ich habe oft gehört, wie die Adressaten dieser Idealisierungen das Gefühl beschreiben, »bei lebendigem Leibe verspeist« zu werden. Wir sagen ja auch, daß wir etwas körperlich besonders Reizvolles – ein kleines Kind oder ein kuschliges Haustier – »zum Fressen gern« haben. Dies ist der große Fisch, bereit, den von ihm selbst geschaffenen Erlöser zu verschlingen.

Wie der griechische wurde auch der orphische Dionysos von den Titanen entmannt. Aber der »ungriechische« Charakter der Orphik (»ungriechisch« ist eigentlich ein akademisches Synonym des neunzehnten Jahrhunderts für unzivilisierte Gemütsbewegungen) ist deutlich erkennbar, denn die Titanen verzehrten ihre Beute, nachdem sie sie in Stücke gerissen hatten. Zeus rächte die Vernichtung seines Sohnes, indem er die Titanen mit einem Blitz zerschmetterte. Aus ihrer Asche ging die menschliche Rasse hervor, titanisch und schrecklich – kurz gesagt irdisch, und daher eher zum Reich der Finsternis als zum Reich des Lichtes gehörig. Da jedoch die Titanen das Fleisch des göttlichen Dionysos gegessen hatten, enthält die aus den verkohlten Überresten der Titanen hervorgegangene menschliche Rasse eine Gottesessenz, Bruchstücke jenes kosmischen Lichtfunkens von Phanes-Dionysos. Die Vorstellung, daß die Menschheit eine Dualität darstellt, die aus einer dunklen, irdischen, und einer lichten, spirituellen Seite besteht, war für die Orphiker etwas Grundlegendes. Der Körper (das Titanische) ist böse, der Geist (das Dyonysische) dagegen gut. Das Verbrechen der Titanen ist die orphische Erbsünde – die Parallele zum jüdisch-christlichen Sündenfall des Adams. Diese Glaubensvorstellung zeigt die Abwertung des irdischen Lebens bei den Orphikern, denn nach ihrer Überzeugung müssen sich menschliche Wesen selbst erlösen, indem sie das Titanische in sich ablehnen und sich nur mit dem Dionysischen identifizieren. Mit anderen Worten, Erlösung besteht darin, daß sich die Seele an ihren eigentlichen Ursprung erinnert und ihm treu bleibt, und sie erfordert eine völlige Leugnung der irdischen Schale, in der die Seele nur durch ihre körperliche Geburt gefangen ist.

Der Körper ist somit das Gefängnis der Seele, die sich wieder mit ihrem göttlichen Ursprung vereinigen will. Um diese Wiedervereinigung ging es in den Riten und Ritualen der Orphik. Die Orphiker glaubten an eine apokalyptische Vergeltung des Himmels gegen das Böse und übten strenge Askese, um den irdischen Körper zu transzendieren. Übermäßige sinnliche Vergnügungen waren eine Sünde gegen die Welt des Lichts und zogen schreckliche Rache nach sich. Der Glaube an die göttliche Bestrafung des titanischen Anteils im Menschen führte unausweichlich zu der orphischen Vorstellung, daß die Hölle als Ort der Leiden all diejenigen erwartet, die ihr dionysisches Wesen verleugnen. Für gewisse orphische Sekten war das Leben an sich schon die Hölle. Für andere dagegen war die Hölle nachtodlich und sogar noch schrecklicher als die Inkarnation. Die orphische Hölle unterscheidet sich stark vom griechischen Tartaros, wo nur diejenigen litten, die überheblich ihre Grenzen als Sterbliche in Frage gestellt hatten. In der Orphik war die große Sünde nicht die *hybris,* sondern die Weigerung, erlöst zu werden. Ausgesprochen titanisch konnten Männer und Frauen unbeirrt weiter ihr »wahres« Wesen verleugnen und sich der Befriedigung des Körpers und seiner Gelüste hingeben; wenn dann zum Schluß die Rache des Himmels kam, würden diese reulosen Seelen in bewährter millenarischer Weise für immer verdammt werden.

> Durch ihren Glauben an eine ausgleichende Gerechtigkeit, Reinigung und Sühne hatten die Orphiker eine ganz besondere Vorstellung vom Jenseits. Für die Unreinen und die Übeltäter schufen sie ein Jenseits aus Schmutz und Qual – wir könnten es Hölle nennen. Sie waren die griechischen »Entdecker« der Hölle.[77]

Orpheus entwickelte sich vom freundlichen Barden zum großen »Seelenfischer« und ist somit unverkennbar ein Zwillingsbruder von Christus, ein in menschlichem Fleisch inkarnierter Gottessohn, dessen Lehren den einzig möglichen Weg zur Erlösung bieten. Bei Orpheus finden wir auch die Asexualität bzw. Kastration des neptunischen Erlösers in einer anderen und romantischeren Form wieder. Er hatte eine Liebe (Eurydike) gehabt und sie wieder verloren, und verbrachte nun den Rest seiner Tage mit Wehklagen. Trauer um die idealisierte verlorene Liebe, mit der alle potentiellen neuen verglichen und als mangelhaft empfunden werden, ist ein charakteristisches Neptun-Muster, ebenso wie die Flucht vor dem Weiblichen, da der »neue« Orpheus, wie Mithras und Jesus, keine Frauen mehr anfassen wollte. Ovid stellt ihn in seinen *Metamorphosen* als Homosexuellen dar. Orpheus der Fischer zeigt uns mit seiner Beziehung zu Musik und Dichtkunst ein weiteres Merkmal des Neptunischen. Unter dem Einfluß der Lehre des Pythagoras sah die Orphik in den Gesängen des Barden ein Bild der Sphärenmusik, und in seiner siebensaitigen Leier sah man den Schlüssel zur kosmischen Harmonie. In späteren Jahrhunderten wurde Orpheus zum wichtigsten Symbol für schöpferische Vorstellungskraft und Kunst als eine schon auf Erden zugängliche Form des Paradieses. In diesem Zusammenhang wurde er von Malern wie Gustave Moreau und Dichtern wie Rilke thematisiert.[78] Der metaphysische Pessimismus der Orphik ist voll von neptunischer Lustlosigkeit, und neptunisch ist auch die Geschichte vom tragischen Tod des Dichters. Da er mit der Menschheit leidet, ist er näher und zugänglicher als die ehrfurchtgebietende, aber unnahbare Gestalt des göttlichen Schöpfers. Wir können an seinen Liedern wie auch an seinem Kummer teilhaben. Der leidende Erlöser ist immer einer von uns.

Die Entmannung des Orpheus kennzeichnet, wie die Kreuzigung Christi, das Ende der sterblichen Seite des Erlösers. Der göttliche Anteil ist nun frei und lebt ewig – ein Vorzeichen des künftigen Schicksals der Gläubigen. Durch sein körperliches Leiden kann der Erlöser das Leid allen sterblichen Lebens mitempfinden. Er kennt die Sünde, denn er wurde als sündiges Fleisch geboren. So kann er sich mit den Sünden der Menschheit identifizieren und sie auf sich nehmen. Das Wort »Mitleid« bedeutet ja »mit anderen leiden«. Mitleid ist nicht möglich, wenn jemand nie von der Sünde gekostet hat. Wenn der Erlöser nicht so heimgesucht wurde wie wir, glauben wir nicht an die von ihm gebotene Erlösung. Denn wie kann er etwas von uns wissen, wenn er nicht auch durch titanische Zwänge beschmutzt und zerrissen wurde? Wenn wir Mitleid mit ihm haben können, fühlen wir uns ihm verwandt und sind nicht mehr nur blinde und dumme Kinder, die von jemandem geführt werden müssen, der klüger und mächtiger ist. Wenn wir die persönliche Art und Weise untersuchen, in der der neptunische Erlöser erfahren wird, können wir besser verstehen, warum wir uns für diese Rolle immer Verletzte oder Leidende und niemals »Normale« aussuchen. Mitleid und Verehrung als wichtigste Dimensionen der neptunischen Sehnsucht gehen ineinander über.[79]

Attis und der Kastrationsgedanke

Attis war nie so beliebt wie Mithras und Orpheus, und das hatte einen recht einleuchtenden Grund: Seine Priester waren Eunuchen, die sich selbst kastriert hatten. Zu Beginn des römischen Reiches wurde oft versucht, die blutigen Seiten der brutalen Riten dieses Kultes zu unterdrücken. Doch die Vorstellung von einem verstümmelten Gott übte weiterhin eine eigenartige Faszination auf eine bestimmte Gruppe von Gläubigen aus. Der Kult war schon zu Beginn des christlichen Zeitalters sehr alt. Seine ursprüngliche, nicht nur dem schönen jungen Schäfer, sondern auch seiner göttlichen Mutter Kybele gewidmete Form entstand bereits

7000 Jahre vor unserer Zeitrechnung und war typisch für die chthonischen Religionen mit ihrer Verehrung der Großen Mutter und ihres kurzlebigen Gemahls als Symbole für die Fruchtbarkeit und den Zyklus der Jahreszeiten. Wie bei Tammuz und Adonis in Kleinasien standen Attis' Tod und Wiedergeburt für den Tod und die alljährliche Erneuerung der Natur. Doch der Attis-Kult veränderte sich wie der Mithras- und der Orpheus-Kult zu Beginn des Fischezeitalters, und aus dem jugendlichen Vegetationsgott wurde ein spiritueller Erlöser. Seine Selbstkastration – eine der unangenehmsten Vorstellungen im alten Mythos – ist ein eindringliches Symbol für Neptuns Ablehnung der Sexualität, die auch von gewöhnlichen, modernen – auch areligiösen – Menschen auf ganz verschiedene und sehr subtile Weise gezeigt wird. Attis war der Sohn der großen Göttin Kybele, »Mutter der Völker und der Götter«. Als er erwachsen wurde, entzündete sich Kybeles Leidenschaft für die Schönheit ihres Kindes, sie machte ihn zu ihrem Liebhaber und rang ihm ein feierliches Treuegelübde ab. Eine Zeitlang ging alles gut bei dem inzestuösen Paar. Aber eines Tages traf Attis eine charmante Nymphe, verliebte sich in sie und brach sein Gelübde, weil er erfahren hatte, wie schön es mit einer Gleichaltrigen war. In einem heftigen Eifersuchtsanfall machte Kybele den jungen Mann wahnsinnig vor Schuldgefühlen, und in seiner Verwirrung tat dieser Buße für seinen Verrat, indem er sich seine Genitalien abschnitt, so daß er die Sünde der Untreue nie wieder begehen konnte. Als er an seinen Wunden verstarb, trauerte Kybele und verwandelte seinen Leichnam in eine Pinie, die das Symbol für seinen unvergänglichen Geist wurde.

Die späteren Attis-Mysterien verschmolzen mit gewissen orphischen Kulten, und die Gestalt der Kybele wurde von einer zwar verehrten, aber etwas zweischneidigen Quelle von Leben und Fruchtbarkeit zur Vorstellung von schrecklichen Körpergelüsten degradiert, die den Funken des spirituellen Lichtes packen und in der finsteren Welt der Materie begraben. Im beginnenden Fischezeitalter verstand man Attis' Wahnsinn und Aufopferung nicht als Erneuerung seines Gelübdes gebenüber der Göttin, sondern als Endlösung für das Problem des sexuellen Zwanges. Die Kastration und den Tod des Gottes empfand man nicht als Tragödie, sondern als Erlösung; und obwohl etwa ab dem zweiten Jahrhundert die Ehelosigkeit als symbolische Kastration empfand und die Priester sich nicht mehr am Tag des Blutes in ekstatische Raserei und Selbstverstümmelung hineintanzten, wurde die Symbolik des ursprünglichen Ritus in all ihrer Brutalität beibehalten. Zuweilen schlachtete man, wie bei der Stiertötung im Mithras-Kult, um die Kastration symbolisch darzustellen. Der Gläubige stand unter einer Plattform, auf der das Tier getötet wurde, auf daß das von oben auf ihn herabfließende Blut ein Ersatz für sein eigenes Opfer sein und ihn reinwaschen möge.[80]

Die ersten Christen fanden diese Riten natürlich abstoßend, und zwar nicht nur aus den offensichtlichen Gründen, sondern auch deshalb, weil ihnen Attis – wie Mithras – zeitlich ein wenig zu nahe stand. Der Tag des Blutes und die anderen damit verbundenen Feierlichkeiten für den Gott fanden jedes Jahr in der Woche des ersten Vollmonds der Frühlingstagundnachtgleiche statt, zur gleichen Zeit wie das christliche Osterfest. In dem neuen christlichen Reich wurde der Kult daher schonungslos unterdrückt, obwohl seine Riten als Symbole für dieselben Themen wie in der christlichen Lehre verstanden wurden. Attis störte das frühe Christentum auch deshalb, weil er angeblich von Kybele in Parthenogenese geboren wurde, also ohne einen sterblichen Vater. Von allen Erlösergöttern des Fischezeitalters ist er dem Geist des Westens am fremdesten. Doch Selbstkastraktion ist ein wichtiges neptunisches Motiv, und sie erfolgt auf psychologischer Ebene oft bei Menschen, die sich der schmerzlichen Trennung von ihrer Mutter nicht hinreichend stellen können oder wollen, um die trennende Emotion der Leidenschaft zu erfahren. Leidenschaft erfordert, daß jemand etwas aus sich gemacht hat, um einen anderen zu begehren, und da müssen Zurückweisung und Leiden riskiert werden. Das Wort Leidenschaft enthält ja den Begriff des Leidens. Leidenschaft ist daher eine Form der Hölle. Neptuns erotisches Verlangen ist merkwürdig passiv – Verschmelzung ist leidenschaftslos. Wer vor dem Dilemma eines stark betonten Neptuns in Verbindung mit den starken Leidenschaften astrologischer Signifikatoren wie Widder, Skorpion oder einem starken Pluto oder Mars steht, sieht die einzige Lösung dieses Konfliktes vielleicht in symbolischer Selbstkastration, sexueller Impotenz, schwächender Krankheit, Sucht oder allgemeiner Passivität und Selbstaufopferung.

Die christlichen Symbole

Viele der wichtigsten Themen und Vorstellungen der christlichen Geschichte sind typisch neptunisch und gelten auch für andere Erlösergestalten. Es geht nicht darum, ob Jesus der »echte« Messias war oder nicht. Psychologisch gesehen sind alle Erlösergötter »echt«. Wie jede andere Religion zeigt das Christentum viele Variationen und Mischformen, die die wesentlichen Züge der ganzen Geschichte jeweils anders betonen und deuten. Wir müssen unser Augenmerk auf die Symbole richten, denn unbewußt verbinden wir die mit heidnischen und christlichen Motiven verzierte archetypische Gestalt des leidenden Erlösers mit jenen Menschen, Einrichtungen und Ideologien, auf die wir unsere neptunische Sehnsucht projizieren. Wenn wir den Erlöser nicht als realen jetzigen oder früheren Messias, sondern als ein Bild auffassen, das jeder menschlichen Psyche innewohnt, so werden Christi Geburt, Leben, Kreuzigung und Wiederauferstehung wie auch das christliche Ritual als Geschichte einer inneren Reise überaus bedeutsam.

Projektionen auf den leidenden Erlöser sind gewöhnlich sehr beunruhigend und oft schmerzlich, besonders im Bereich der romantischen Phantasie. Es kann sich als sehr verletzend und enttäuschend herausstellen, wenn man sich in jemanden verliebt, den man insgeheim als Orpheus, Attis, Mithras oder Christus wahrnimmt, und versucht, eine Beziehung aus Fleisch und Blut zu diesem Menschen herzustellen, während man ihn unwissentlich in das Brot und den Wein des letzten Abendmahls verwandelt. Es wird sich auch zeigen, daß die sexuelle Seite einer solchen Beziehung und auch der alltägliche Umgang große Probleme mit sich bringen können. Doch vieles von der neptunischen Verwirrung im persönlichen Leben geht auch darauf zurück, daß wir den archetypischen Erlöser mit Menschen und Situationen des täglichen Lebens gleichsetzen. Da die christlichen Symbole auch in der modernen Kultur eine wichtige Rolle spielen, können sie uns bemerkenswerte Einblicke in das Wesen der ersehnten Erlösung und in die Mittel zu ihrer Erlangung gewähren.

Jungfräuliche Geburt

Die jungfräuliche Geburt, die Jesus mit Mithras und Attis teilt, kann als letzte in einer langen Reihe parthenogenetischer Schöpfungen der ozeanischen Mutter verstanden werden. Da nur die ozeanische Mutter existiert, bringt sie alles als Jungfrau hervor. Psychologisch gesehen hat die Phantasiewelt des Neugeborenen noch keinen Platz für einen irdischen Vater, da die völlige Verschmelzung zwischen Mutter und Kind jede andere Beziehung ausschließt. In den Tagen und Wochen nach der Geburt gibt es keine andere Realität als die Mutter; sie ist die ganze Welt, sie allein spendet und venichtet Leben. Man kann einem zwei Wochen alten Baby nicht erklären, daß Papas Sperma eigentlich auch mit zur Gleichung gehört. Zu Anfang erleben wir ausschließlich den Körper der Mutter, und viele Kinder hegen die Phantasievorstellung, daß der Vater jemand anders, ein geheimnisvoller Fremder ist, und nicht der Vater genannte Mann im Hause. Dieser »jemand anders« geht auf Archetypisches zurück, denn im Mythos ist er stets ein Gott, oder Gott schlechthin. Die Helden des griechischen Mythos werden immer göttlich und menschlich gezeugt, und der göttliche Elternteil ist gewöhnlich der Vater.[81] Bis das Kind alt genug ist, um zu verstehen, stammt es von niemand anders ab als von »derjenigen, der man gehorchen muß«, wie Rider Haggard dies nennt. Der Vater ist so abstrakt und transzendent, daß er die Urbindung des Säuglings zur Mutter nicht bedroht. Wenn heutzutage viele Väter bei der Geburt ihrer Kinder dabeisein wollen, mag das zwar für die Väter und auch für Mann und Frau im emotionalen Bereich sehr hilfreich sein; ob jedoch das Neugeborene in diesem Dabeisein die Gegenwart eines weiteren Menschen zu erkennen vermag, sei noch dahingestellt.

Die jungfräuliche Geburt steht für eine vom Makel des Fleischlichen und daher von der Erbsünde freie Inkarnation. Maria, selbst auf wundersame Weise empfangen, ist makellos und daher das einzig geeignete Gefäß für den vom Himmel herabsteigenden Gottesmenschen, der die Menschheit von der Erbsünde »loskaufen« will.

> Bemerkenswert sind die ungewöhnlichen Vorsichtsmaßnahmen, mit welchen die Gestaltung der Maria umgeben wird: conceptio immaculata [unbefleckte Empfängnis], Ausmerzung der macula peccati [Makel der

> (persönlichen) Sünde], immerwährende Virginität. Damit wird die Gottesmutter offenkundig gegen die Streiche Satans gesichert ... Maria muß unbedingt vor dessen korrumpierenden Einflüssen geschützt werden. Die unvermeidliche Folge dieser eingreifenden Schutzmaßnahmen ist allerdings ein Umstand, den man bei der dogmatischen Bewertung der Inkarnation ungenügend in Rechnung gesetzt hat: die Befreiung von der Erbsünde enthebt die Jungfrau auch der allgemeinen Menschheit, deren gemeinsames Merkmal die Erbsünde und daher die Erlösungsbedürftigkeit ist ... Maria wird durch die Anwendung besonderer Schutzmaßnahmen sozusagen zum Status einer Göttin erhoben und büßt damit ihre volle Menschlichkeit ein: sie wird ihr Kind nicht wie alle anderen Mütter in der Sünde empfangen, und daher wird es auch nie ein Mensch, sondern ein Gott sein.[82]

In dieser Hinsicht ist der Erlöser als einziger unter den Sterblichen frei von Adams Fluch; und da Christus sexuell abstinent lebt (was nirgends in den Evangelien ausdrücklich festgestellt wird, von der kirchlichen Lehre aber stets als Tatsache hingestellt wurde), eignet er sich zur Bezahlung der Schuld für die fleischliche Verderbtheit der gewöhnlichen Sterblichen.

> Er ist der Weinstock, und die ihm anhangen, die Ranken. Sein Leib ist das Brot, das man ißt, und sein Blut der Wein, den man trinkt; er ist auch das corpus mysticum, welches von der Gemeinde gebildet wird. Als menschliche Erscheinung ist er Heros und sündenloser Gottmensch, also vollständiger und vollkommener als der natürliche Mensch. Er überragt und umfaßt diesen, der sich zu ihm verhält wie ein Kind zum Erwachsenen, oder wie ein Tier (Schaf) zum Menschen.[83]

So sind wir psychologisch wie Kinder, getrieben und zerrissen von Bedürfnissen und Instinkten, uns wie toll gebärdend, um nicht mehr von der Mutter abhängig zu sein, zugleich aber voller Sehnsucht nach Rückkehr zu glückseliger Selbstvergessenheit, und suchen den Segen und Beistand dessen, der die körperlichen Zwänge geopfert hat und daher frei ist. Aber muß dieses Opfer unbedingt in Unterdrückung oder Absonderung bestehen? Das sind doch Formen der Selbstkastration. Könnte da nicht subtiler vorgegangen werden? Das englische Wort für Opfer heißt »sacrifice« und kommt vom lateinischen *sacer* («heilig«) und *facere* («machen«), bedeutet also wörtlich »heilig machen«. Was als unrein und zwanghaft begonnen hat, muß heilig und freiwillig werden, eine über Befriedigung oder Pflichterfüllung hinausgehende Bedeutung bekommen und sich als Ausdruck von etwas Höherem oder Tieferem offenbaren. Das ist etwas ganz anderes als etwas aufzugeben. Nicht eine Sache muß aufgegeben werden, sondern die eigene Identifikation damit.

Anders gesagt, wir wollen in Abwandlung der Frage Parzifals beim Anblick des Grals wissen, wozu dient er? Wenn der Körper – der Stier bei Mithras, die Geschlechtsteile des Attis und das sterbliche Fleisch von Orpheus und Christus – nur dem narzißtischen Selbstbefriedigungsbedürfnis eines Säuglings dient, ist er nicht »heilig«. Er steckt noch in der Erbsünde, ist noch von der erneuerten Verbindung mit dem göttlichen Ursprung allen Lebens ausgeschlossen und vermag dem gewöhnlichen Leben keinerlei Wert oder Bedeutung zu vermitteln. Dann existieren wir nur, um zu essen, zu schlafen, Unzucht zu treiben und zu sterben, und so wird das Leben tatsächlich ein Tibil, weil uns nach jedem Saufgelage die Verzweiflung erwartet. Wenn der Körper und seine Freuden aber eine wahre Heimstatt für Herz und Seele sein können, steigt der göttliche Erlöser wahrhaftig zur Erde herab und lebt inmitten der Menschen. Das Alltagsleben ist dann nicht mehr alltäglich, denn jeder Augenblick ist wichtig, und den Ausschlag über unsere Entscheidungen gibt eher die Qualität als die Quantität. Doch das Fleisch kann diese wahre Heimstatt nicht mehr sein, wenn es erst überflüssig geworden ist, weil man es ablehnt wie Attis seinen ärgerlichen Penis. So gesehen ist Neptuns Ablehnung der Instinkte ein Betrug – kein wirkliches Opfer, sondern nur ein Fluchtversuch. Was bleibt, ist eine Selbstamputation, die zu einer Opferhaltung und unablässigem Groll führt – und ist es numöglich, im Leben oder in sich selbst einen Wert zu sehen.

Der Heilige Geist

Der Heilige Geist gehört zu den kompliziertesten Ideen der christlichen Lehre. Christus selbst ist der Heilige Geist. Den menschlichen Jesus zeugte der göttliche Christus, der ihn später auch ganz erfüllte, und nach dem Tode des menschlichen Jesus bleibt der Christus oder der Heilige Geist als Tröster und Erlöser. Als unsichtbarer »Hauch« oder *pneuma* läßt er uns die Vereinigung von Gott und Mensch erleben. Die endlosen theologischen Auseinandersetzungen um das Wesen des Heiligen Geistes führten im Laufe der Jahrhunderte zu entsetzlichen Wunden am Körper der Christenheit, nicht zuletzt zur Trennung zwischen westlichem Katholizismus und östlicher orthodoxer Kirche. Wir verstehen die Sache besser, wenn wir uns jetzt nicht um diese Auseinandersetzungen kümmern, sondern uns statt dessen den Heiligen Geist im frühen Christentum ansehen. In der Jugendzeit jedes religiösen Lehrgebäudes werden seine noch mit dem inneren Feuer individueller Offenbarung erfüllten Symbole erfrischender dargeboten. Die gnostischen Christen interpretierten den Heiligen Geist als spirituelle Mutter. Für sie war er ein weibliches Wesen. Das äußert sich in der Idee der Sophia, dem griechischen Wort für »Weisheit«.

> In der gnostischen Deutung des Heiligen Geistes als Mutter liegt insofern ein wahrer Kern, als Maria das Werkzeug der Gottesgeburt war und damit als Mensch in das trinitarische Drama verflochten wurde. Die Gestalt der Gottesmutter kann daher als *Symbol* der essentiellen Anteilnahme der Menschheit an der Trinität gelten ... Werden aber Gedanken, insbesondere Urteile und Erkenntnisse durch unbewußte Tätigkeit dem Bewußtsein übermittelt, so wird hierzu oft merklich der Archetypus

einer gewissen weiblichen Gestalt, nämlich der *Anima,* der Mutter-Geliebten, verwendet. Es erscheint dann, als ob die Inspiration von der Mutter oder der Geliebten, der »femme inspiratrice«, her erfolge. Daher hätte der Heilige Geist Neigung, sein Neutrum gegen ein Femininum umzutauschen. (Übrigens ist das hebräische Wort für Geist »ruach« überwiegend femininum). Heiliger Geist und Logos verschwimmen im gnostischen Begriff der Sophia (Weisheit), wie in der »Sapientia« der mittelalterlichen Naturphilosophie, und von ihr heißt es »In gremio matris sedet sapientia patris« (Im Schoße der Mutter ruht die Weisheit des Vaters).[84]

Womit haben wir es hier zu tun? Der unsichtbare weibliche »Hauch« als Emanation des mit männlicher Zeugungsfähigkeit ausgestatteten Göttlichen, den die Menschen jedoch als Tröster und Vereiniger erleben können, ist eine ausgesprochen neptunische Idee. Sie hat viel gemein mit der Maya der Hindus, die den Kosmos hervorbringt und dann, im Menschen inkarniert, »zurückgelassen« wird. Der christliche Erlöser kann erlösen, weil ihn dieser »Hauch« erfüllt; er wurde mit ihm geboren, weil der »Hauch« und nicht ein Mann seine Mutter befruchtet hatte; und aktiviert wird dieser »Hauch« durch den Taufritus beim Eintauchen in Wasser. Christus gibt ihn an seine Jünger weiter, und die wiederum geben ihn an ihre Gemeinde weiter. Er ist das reinste Mittel zur spirituellen Heilung, kann von einem Menschen zum anderen weitergegeben und von Gläubigen weitergeleitet werden, die »in meinem Namen« versammelt sind; es folgt jedoch nur dem eigenen Gesetz und kann dem Ungläubigen unerwartet Gnade gewähren, wogegen es sich dem glühendsten Verehrer zuweilen ganz widersinnig entzieht.

Der von Jung als »Inspiration« bezeichnete neptunische »Hauch« ist sofort für alle erkennbar, die offen für ihn sind. Das kann im religiösen Ritus geschehen, wo er erwartet wird, wo die Gruppe oder die Gemeinde zuweilen von einem unerklärlichen Gefühl des Einsseins miteinander erfüllt ist und den Eindruck hat, daß noch etwas Bedeutenderes und Geheimnisvolleres da ist. Er kann aber auch bei Musikern und ihren Zuhörern escheinen, und genauso im Theater, wenn ein gewisser Zauber über Darsteller und Publikum kommt. Nach Ansicht der Griechen war seine Beschwörung der eigentliche Zweck des Theaters als heiliger Ritus. Er kann bei einer Therapiestunde oder sogar bei einer astrologischen Beratung völlig unerwartet auftauchen, auch wenn das mit Worten Gesagte alles andere als »religiös« ist; er berührt Liebende in geheimnisvoller Weise; er zeigt sich in Krankenhäusern und psychiatrischen Anstalten, wo Qual und Verzweiflung herrschen. Und es ist nicht ungewöhnlich, daß er im Schaffensprozeß erscheint, wenn die Phantasie allmählich seltsam und numinös wird und man eine Verbindung mit dem eigentlichen Schöpfer des Werkes eingeht. Daß der als weiße Taube dargestellte Heilige Geist der christlichen Lehre auch mit ganz anderen Erlebnissen in Verbindung gebracht werden kann, ist vielleicht ein ketzerischer Standpunkt. Aber er ist dasselbe durch Sehnsucht und Wahrnehmungsweise heraufbeschworene Erlebnis, das die Astrologen Neptun nennen. Er ist der alles miteinander verbindende »Stoff« der Maya, der die Schöpfung durchdringt und plötzlich, wie einer Laune folgend, durch den dichten Schleier der Sinne hindurch zugänglich wird. Anders formuliert ist er das psychologische Erlebnis der Verschmelzung mit etwas »anderem«, das über die Ego-Grenzen des Menschen hinausgeht und uns einen Blick auf den Garten Eden erhaschen läßt. Ich würde ihn nicht unbedingt Heiliger Geist nennen, was jedoch nicht bedeuten soll, daß Heiliger Geist eine ungenaue Definition wäre. Aber man könnte ihn auch Musik des Orpheus, *Ka-mutef* oder kosmisches Meer nennen.

Die Messe

Die Messe ist unter anderem ein Ritus oder ein Ritual zur Beschwörung und Erneuerung der heilenden Wirkung und des Erlebnisses der Vereinigung mit dem Heiligen Geist. Die an der Messe Beteiligten werden durch den Verzehr des geheiligten Weines und der Hostien, die für sie in diesem Augenblick Christi Fleisch und Blut nicht nur symbolisieren, sondern es buchstäblich *werden,* mit dem wichtigsten Mysterium des Erlösers in Verbindung gebracht. Hier wiederholt sich auf seltsame Weise etwas aus der orphischen Weltentstehungslehre, wo die irdischen Titanen das Fleisch des lichtgeborenen Dionysos verzehren und dadurch sich selbst und die aus ihrer Asche entstehende menschliche Rasse mit dem göttlichen Funken erfüllen. Die grundlegende Bedeutung der Eßbarkeit des Gottes und der Übertragung des *numen* (oder der Göttlichkeit) durch diesen Akt wird klarer, wenn wir uns das Ritual der Messe ansehen. Die Darbietung fleischlicher Nahrung während des Ritus ist sehr alt und weit verbreitet, obwohl das geschlachtete Tier (und in früheren, noch finstereren Zeiten der geschlachtete Mann oder die geschlachtete Frau) ursprünglich als Nahrung für die Götter bestimmt war, und man glaubte, der Rauch des brennenden Opfers bringe die Nahrung in ihr himmlisches Reich hinauf. Später dann galt der Rauch selbst als spiritualisierte Form des Nahrungsangebots, und aus dieser Idee entstand die Benutzung von Weihrauch, der ja noch heute ein grundlegender Bestandteil des christlichen Rituals ist. Die Erlöserkulte des frühen Fischezeitalters hatten alle eine Form von Messe oder zeremoniellem Mahl, bei dem symbolisch das Fleisch und das Blut des Erlösers verzehrt und getrunken wurden. So konnten die Eingeweihten am Erlebnis der Vereinigung mit ihm und dem Ursprung allen Lebens teilnehmen. Den ältesten Bericht über das Sakrament der christlichen Messe enthält der am Anfang dieses Kapitels zitierte 1. Korintherbrief 11.23.

Selbstverständlich schreibe ich ganz anders über die Messe, als ein gläubiger Christ sie erlebt. Das Neptunische entzieht sich immer der Beschreibung, weil es flüchtig und ausgesprochen subjektiv ist. Das gilt eigentlich auch für unsere Gefühle beim Anhören eines uns besonders bewegenden Musikstücks oder während eines Theaterstücks, das uns sehr stark anspricht. All die Klänge, Handlungen, Gegenstände und Bilder, in denen sich die Übertragung des geheimnisvollen *pneuma* verkörpert, sind ihrem Wesen nach vorübergehend. Das Verschmolzensein besteht nur solange, wie die Musik spielt und das Theaterstück gezeigt wird. Danach verschwindet es, doch es hat uns irgendwie verändert. Durch die Messe als wichtigstes christliches Ritual soll der Gläubige den göttlichen Erlöser erleben, soll er bereit werden zu notwendiger Läuterung und Sühne, um wieder eine Verbindung zu Christus als einem ewig Lebenden und nicht einer historischen Realität herzustellen. Nicht zufällig sprechen wir ja von der Mutter Kirche, und obwohl es ungenau und unrichtig wäre, in der emotionalen Wirkung der Kirche lediglich einen Ersatz für die eigene Mutter zu sehen, ergießen sich doch viele Ströme in das Wasserreich des Neptunischen.

Jung hat ausführlich über die psychologische Bedeutung der Messe geschrieben,[85] und viele seiner Gedanken sind in diesem Zusammenhang bedenkenswert. Seiner Ansicht nach vermischen sich beim Meßopfer zwei verschiedene Vorstellungen: *deipnon,* das griechische Wort für »Mahlzeit«, und *thysia,* das »opfern«, »schlachten«, aber auch »auflodern« oder »aufbrausen« heißt. Die letztgenannte Wortbedeutung bezieht sich auf das Opferfeuer, das die Opfergabe an die Götter verzehrt; die zuerst genannte betrifft das Mahl der Opferteilnehmer, bei dem der Gott als gegenwärtig gedacht ist. *Deipnon* ist auch ein »gesegnetes« Mahl, bei dem »Geweihtes« genossen wird. Wir müssen uns den Begriff »geweiht« etwas näher ansehen, denn in der Weihe wird ja der Wein zum Blut und das Brot zum Fleisch des Erlösers. Das englische Wort für »weihen« heißt »consecrate« und stammt aus der selben Wurzel wie »sacrifice« (Opfer); es bedeutet »heilig machen mit« bzw. »gemeinsam heilig machen«. Wie machen wir denn so ausgesprochen weltliche Dinge wie Brot und Wein heilig? Die Antwort lautet: gemeinsam. Durch kollektive *participation mystique* werden ja nicht nur im religiösen Ritus Dinge verwandelt. In einer prosaischeren Situation machen wir eine liebgewonnene Valentinskarte, die uns ein verloren geglaubter Geliebter vor Jahren geschickt hat, zu etwas Heiligem, weil sie für uns die Liebe eines entschwundenen Menschen verkörpert und uns wieder mit ihm vereint. Wir machen sorgsam gehütete Dinge aus unseer Kindheit wie den in einem Schrank verwahrten Teddybär oder eine Babyhaarlocke zu etwas Heiligem, weil sie ein verlorengegangenes Gefühl von Unschuld verkörpern und uns wieder mit einer – wirklichen oder nur in unserer Vorstellung bestehenden – liebenden Familie verbinden. Weihe beruht darauf, daß etwas Alltägliches zum Gefäß für etwas Verlorenes, Vergangenes, Transzendentes und Unsichtbares wird, dem unser Herz den Erlöserstatus verleiht.

Im höheren Sinne sind alle religiösen Relikte geweiht. Obwohl die Vorstellung, der Schädel eines schon vor langer Zeit gestorbenen Märtyrers könne Lähmungen beseitigen oder unfruchtbare Frauen wieder schwanger werden lassen, dem modernen Intellekt vielleicht lächerlich erscheint, macht der Glaube eines

Menschen an die in diesem Gegenstand symbolisierte heilige Persönlichkeit und die Identifikation mit ihr den Schädel zu mehr als nur einem Stück Knochen. Er hat *mana,* das Verwandlungsmittel der Götter, und symbolisiert für den Gläubigen nicht nur den erlösenden Geist des Heilands, sondern *wird* auch wirklich dazu. Bei einer unmittelbaren und völligen Vereinigung zwischen Gläubigem, Erlöser und Objektkönnen tatsächlich Wunder geschehen. Ob diese auf die »Wahrheit« der Lehre oder die seelischen Selbstheilungskräfte des Gläubigen zurückgehen, ist eine nicht zu beantwortende Frage. Ausschlaggebend ist vielleicht, daß man daran glaubt. Weihe ist in der Tat etwas Geheimnisvolles und liegt, wie die Schönheit, mehr im Auge des Betrachters. Jede Religion beruft sich auf wundersame Heilungen vermögeihrer heiligen Reliquien und der Namen ihrer Götter, und jede Religion liefert stichhaltige Beweise dafür, daß solche Heilungen wirklich stattgefunden haben. Weihrauch mag duften, wie er will, zum Himmel scheint er allemal aufzusteigen.

Weihe beinhaltet also die Umwandlung weltlicher Materie in die Essenz des Erlösers. Die vergilbte Valentinskarte verwandelt sich in den abwesenden Geliebten; der staubige Teddybär wird zur Liebe und Wärme der entschwundenen Kindheit; der Schädel in der Glasvitrine der verfallenen Kirche wird zum Glauben, zum Mut und zur Heilkraft des toten Heiligen. Wir sind in Neptuns Reich und haben etwas auf den Gegenstand projiziert, das seinerseits wieder Veränderungen in uns bewirkt. Aber welche? Brot wird zu Fleisch, Wein zu Blut. Dazu ist im Augenblick des Substanzwandels ein Wunder nötig. Das Brot und der Wein sind etwas ausgesprochen Alltägliches, der Priester ist lediglich ein Mann oder – moderner – eine Frau, und die Mitglieder derGemeinde sind auch nur Menschen mit ihrer täglichen Sündenlast. Aber das Ritual der Messe nimmt diese Alltagswirklichkeit hinweg und wandelt sie Schritt für Schritt um. In diesem Augenblick ist Christus für den Gläubigen durch den Heiligen Geist in Zeit und Raum anwesend, wird von ihm gegessen, und verbreitet durch den Verstand, den Körper und das Herz des Gläubigen das Wunder der Erlösung. Die Messe schafft eine mystische Einheit und erfüllt den Priester, die Gemeinde, das Brot, den Wein und den Weihrauch mit der lebendigen Gegenwart Christi. Auf diese Weise erzählt das Ritual in verdichteter Form Christi Leben und Leiden. Die dargebotene Gabe ist der leidende Erlöser, ebenso sind es der Priester und die Gemeinde, die sich selbst darbieten; sie alle sind magisch miteinander vereint. Ein frommer Christ besteht vielleicht darauf, daß tatsächlich das Brot und der Wein, die beim Abendmahl verwandelt werden, das Wunder bewirken. Es könnte aber auch eine geheimnisvolle Kraft in der Psyche des einzelnen sein, die in diese Dinge einströmen und sie auf diese Weise wirkungsvoll machen kann. Der Gegenstand wird zum magischen Talisman, während der eigentliche Zauberer der Gläubige ist.

> Aber seine Gegenwart ist nicht ein Wiedererscheinen, und darum ist sinngemäß die Consecratio keine Wiederholung eines historisch-einma-

> ligen Aktes, sondern vielmehr das Sichtbarwerden einer in Ewigkeit bestehenden Tatsache, eine Zerreißung des Vorhanges von zeitlicher und räumlicher Bedingtheit, welcher den menschlichen Geist von der Schau des Ewigen trennt. Dieses Geschehen ist notwendigerweise ein Mysterium, indem es jenseits menschlicher Erfassungs- und Darstellungskraft liegt.[86]

Wenn eine derartig geheimnisvolle Umwandlung eher vom Menschen als vom Objekt und der Lehre ausgeht, können wir unseren Forschungsbereich ausweiten. Wir suchen die Erlösung nicht nur durch Brot und Wein bei der Messe, durch heilige Reliquien und wohlgehütete Kunstprodukte unserer eigenen dahingeschwundenen Paradiesgärten; wir könnten statt dessen auch finstere neptunische Substanzen wie Heroin oder Alkohol wählen. In diesem Zusammenhang verstehen wir allmählich Neptuns Beziehung zu Sühtigen. Sucht ist etwas Kompliziertes, und wer schon einmal therapeutisch mit Heroinsüchtigen oder Alkoholikern zu arbeiten versucht hat, wird wissen, daß, während die rechte Hand des Süchtigen verzweifelt nach der Freiheit greift, die linke insgeheim an die im Gift versteckte wundersame Erlösung gekettet ist. Durch diese neptunische Welt dringt keine Logik, denn die eindeutig zerstörerische Substanz ist für den Süchtigen das Fleisch und Blut des Erlösers. Sie kann ihn aus dem Gefängnis der Inkarnation erlösen und die verriegelten Tore des verloren geglaubten Paradieses öffnen. Für jemanden, der die Erlösung in einem geweihten Objekt sucht, könnte auch Sex eine neptunischen Droge werden. Dabei geht es jedoch weniger um Sinnesfreuden und die Beziehung zu einem Partner, sondern eher um die Auslöschung von Einsamkeit und Angst. Partner von Menschen, die in diesem Dilemma befangen sind, haben mir gegenüber von dem untröstlichen Gefühl erzählt, daß ihr Liebhaber, der Ehegatte oder die ihre Ehefrau während des Geschlechtsaktes irgendwie »nicht bei der Sache« sind; denn bei dieser Art von Sex geht es nicht darum, mit einem bestimmten Menschen Verkehr zu haben. Es ist eine Art Masturbation, wie Uroboros in sich selbst zurückgekrümmt, die den Sehnsüchtigen rückwärts zieht in die unbewußte Selbstvergessenheit des Mutterschoßes.

Sucht wird gewöhnlich mit Stoffen wie Heroin oder Alkohol assoziiert. Wir denken dabei selten an einen Menschen, der auf neptunische Art »süchtig« nach sexuellem Vergnügen, spirituellen Wegen oder körperlichen Übungen ist. Wir wissen, daß Essen süchtig machen kann. Das weite Feld der »Eßstörungen« bezeugt dies. Ich gehe nicht davon aus, daß jeder, der zwanghaft ißt, der an Bulimie oder Anorexie leidet, wirklich auf Sprituelles aus ist. Eher wird mit den Sahnestückchen eine archetypische »gute« Mutter gegessen, deren Milch nicht vergiftet ist, während die »schlechte« Mutter, die in ihrer Herzlosigkeit das Tor zum Paradies verschlossen und verriegelt hat, von den Gefräßigen wieder gebrochen und von den Magersüchtigen verleugnet wird. Doch wenn Neptun im Geburtshoroskop, durch Transite oder Progressionen stark betont ist, müssen wir genau hinsehen, was wirklich gespielt wird. Sucht hat wie das Meßritual mit der Umwandlung gewöhnlicher Sustanzen in das magische Fleisch des Erlösers zu tun.

Die Taufe

Bis zum dritten Jahrhundert unserer Zeitrechnung wurde die Messe allgemein mit Wasser zelebriert. Das sollte uns nicht überraschen, denn der Erlöser kommt aus den Wassern des ewigen Ursprungs allen Lebens, wo Gott und Mutter verbunden sind, und sein Blut ist schließlich nicht rot und voll marsischer Leidenschaften wie unseres, sondern aus Neptuns durchscheinendem Götterblut gemacht. Das Abendmahl mit Wasser wird in Johannes 7.37-39 angekündigt:

> Wen da dürstet, der komme zu mir und trinke! Wer an mich glaubt, wie die Schrift sagt, von des Leibe werden Ströme lebendigen Wassers fließen.

Dasselbe Motiv finden wir in Johannes 4.14:

> Wer aber von dem Wasser trinken wird, das ich ihm gebe, den wird ewiglich nicht dürsten, sondern das Wasser, das ich ihm geben werde, das wird in ihm ein Brunnen des Wassers werden, das in das ewige Leben quillt.

Die Gleichsetzung von Wasser mit der verwandlungsfähigen Substanz des Erlösers finden wir im Alten und im Neuen Testament. Wir finden sie auch später im Erlösungssymbolismus der Alchemie. Bei diesen Vorstellungen ist das Wasser nicht mehr die gewalttätige Sintflut, die die Gottlosen vernichtet, sondern eine lebenspendende Flüssigkeit, die spirituelle Unsterblichkeit vermittelt. Das Weihwasser wird mit Christus gleichgesetzt. Wie der vorchristliche Mythos uns deutlich gezeigt hat, wird es auch mit dem heidnischen Erlöser gleichgesetzt, der den Wassern der göttlichen ozeanischen Mutter entstammt. Wasser ist auch der Heilige Geist, flüssig und unsichtbar, und Wasser finden wir im Taufbecken, wo das Innere des Mannes oder der Frau erneuert und vom Bösen gereinigt wird, so wie der gläubige Hindu durch die Wasser der Mutter Ganges gereinigt und geistig erhoben wird. Die Taufzeremonie wird nicht, wie die Messe, regelmäßig vollzogen. Sie ist dem Neugeborenen vorbehalten, führt ihn in die Gemeinde ein und reinigt den Körper von der Fleischessünde der Eltern; und sie ist dem Neubekehrten vorbehalten, der wie ein Kind in ein neues Leben tritt. Das Wasser der Taufe ist, wie das Brot und der Wein der Messe, verwandelte Substanz, denn es ist geweiht. Es ist nicht mehr das gechlorte Zeug aus dem Wasserhahn, sondern der flüssige Körper des Erlösers.

Die Verbindungen zwischen der christlichen Taufzeremonie und den Reinigungsriten und -mythen anderer Kulturen liegen auf der Hand. Das Wasser als die Substanz des Urschöpfers ist auch das Blut des Erlösers; so vertreibt das Wasser das Böse und stellt die ursprüngliche Unschuld des vorgeburtlichen Zustandes wieder her. Das Brauchtum bewahrt noch den Gedanken von der Wirksamkeit des Wassers gegen das Böse in der alten Glaubensvorstellung, daß Hexen nicht übers Wasser kommen. Diese archetypische Glaubensvorstellung erkennen wir auch im ständig wiederholten Handwaschritual der zwanghaften Persönlichkeit – als würde die Erlösungskraft des Wassers die Psyche irgendwie von der Last ihrer (meist sexuellen) Schuld reinigen. Ich kenne viele Psychotherapeuten und Heiler, die das einfache Ritual praktizieren, sich nach besonders schwierigen Behandlungen von Klienten bzw. Patienten die Hände zu waschen. Wir sind wieder in Eliots Ödland, wo der Wassermangel eine fehlende Verbindung zum Ursprung des Lebens bedeutet, wo Einsamkeit, Verderbtheit und Tod in die Wüstenei einziehen, und wo Donner und reinigender Regen wie eine Taufe sind, die mit Hilfe der Körpersubstanz des Erlösers – die identisch mit dem Wasser der Urquelle ist – die Erneuerung bringt.

Die Kreuzigung

Wir müssen uns nun das wichtigste Symbol der christlichen Geschichte ansehen. Es vermittelt uns eines der beeindruckendsten Bilder des Opfers in der religiösen Tradition des Abendlandes. Die Kreuzigung ist, wie die meisten Vorstellungen des Christentums, ein sehr altes, mythisches Motiv. In der germanischen Überlieferung hing der Gott Wotan neun Tage und neun Nächte leidend am Weltenbaum Yggdrasil, um dann seine eigene Wiederauferstehung zu vollziehen. Das Kreuz ist wie der Baum eines der ältesten Symbole der Großen Mutter und der Inkarnation in ihre fleischliche Welt. Der Baum des Lebens, den Gilgamesch am Grunde des kosmischen Meeres fand, und der Baum der Erkenntnis im Garten Eden gehören beide zu ihr. So sollte es uns nicht verwundern, daß der Erlöser, Mensch und Gott zugleich, seine größte Qual erleidet, in dem er sich freiwillig an den Mutterbaum der Materie nageln läßt, an dem wir anderen unfreiwillig aufgehängt sind. Im siebten Jahrhundert stellte man Christus als den Hängenden Gott dar, der wie Wotan am Baum des Lebens festgemacht war. Dieses Bild ist uns in der Tarotkarte des Gehängten überliefert. Für Neptun ist Inkarnation Getrenntheit, und Sterblichkeit ist höchstes Leid. Das Akzeptieren der Kreuzigung aber ist die Sühne für die Erbsünde und der Preis für den Wiedereinlaß ins Paradies. Kreuzigung steht für Neptuns Gefangenschaft in der Welt Saturns, dessen astrologisches Zeichen der Halbmond (die Seele) mit einem Kreuz darüber ist. Wird jedoch die Strafe geduldig verbüßt und die Tat voll eingestanden, so ist sie auch das Tor zur Rückkehr.

Die Kreuzigung Christi ist eine Analogie zur Entmannung von Orpheus und Dionysos, zur Tötung des Mithras-Stiers und zur Selbstkastration des Attis. Sie steht für Inkarnation und Buße. Die Welt der Materie als Reich Saturns hat die Eigenschaft der »Vierheit«, und das Kreuz stellt dies am reinsten dar. Alles an einer Vierheit Festgemachte deutet auf Verkörperung hin, denn die konkrete Wirklichkeit wird durch die vier Elemente und die vier Himmelsrichtungen dargestellt.[87] Die eigentliche »Geburt« des göttlichen Erlösers ist nicht sein körperliches Hervorkommen aus dem jungfräulichen Mutterschoß, sondern das freiwillige Leiden seines sterblichen Fleisches. In der christlichen Lehre ist die Kreuzigung ein im voraus bekanntes und akzeptiertes Ereignis. Der Mensch Jesus nimmt sein Schicksal um der gefangengehaltenen Menschheit willen an, und man präsentiert uns ein Opfer aus Mitgefühl und die gemeinsam mit uns gemachte Erfahrung des menschlichen Schicksals, um die Kinder von Adam und Eva von ihren Sünden zu erlösen. Aufgrund dieses zentralen Symbols können wir die seltsame Passivität gut verstehen, mit der neptunische Menschen so oft ihr Unglück ertragen und sogar noch Gefallen daran finden. Das verblüfft den einzelnen gewöhnlich ebenso wie den Astrologen oder den Psychotherapeuten, der ihm zu helfen versucht. Manchmal hat es den Anschein, als könnten alle Erkenntnisse und positiven Anregungen der Welt der neptunischen Sucht nach Schmerz nicht abhelfen. Doch die bereitwillige Annahme des Leidens durch den Erlöser im Namen seines in die Irre gegangenen Volkes sagt uns einiges über die unbewußten Vorgänge, die auf der persönlichen Ebene wirksam sind. Ob das »Ausagieren« des Mythos von der Selbstaufopferung des Erlösers wirklich eine Lösung für die von neptunischen Menschen so tief empfundene Qual des Getrenntseins ist, muß später noch ausführlicher diskutiert werden. Aber persönliches Märtyrertum ist eine unbewußte Identifizierung mit dem Erlöser und soll ihn zugleich heraufbeschwören, selbst wenn man im bewußten Leben noch so unreligiös ist.

Natürlich liegt der christlichen Erlösungsvision das Thema des freiwilligen Leids und des Verzichts auf irdisches Glück zugrunde. Die Nachkommen on Adam und Eva dürfen nur dann wieder ins Paradies zurück, wenn sie das Elend des Lebens voll annehmen. In der Geschichte des Christentums hat diese Glaubensvorstellung von der Notwendigkeit freiwilligen Leidens zuweilen recht groteske Formen angenommen, z.B. die Geißelungsrituale der Flagellanten im Mittelalter oder Origenes' berühmte Selbstentmannung (mit der er weniger Christus als Attis nachgeahmt zu haben scheint). In ihrer schlimmeren Form wuchs sie sich zu der Überzeugung aus, die Körper anderer Menschen müßten – freiwillig oder unfreiwillig – ebenfalls leiden, um gerettet zu werden. So veranlaßte die Kirche die Folterungen der spanischen Inquisition und die rituelle Verbrennung von Hexen und Ketzern. In dem Geist, mit dem die gnostisch orientierten Katharer, die sich vielleicht zu Recht für die einzig »wahren« Christen und einzig wirklichen Erben des vorpaulinischen frühen Glaubens gehalten haben, singend in die Flammen von Montségur gegangen sind, liegt aber auch eine ehrfurchtgebietende Würde und Gelassenheit. Es gab und gibt viele Beispiele von Menschen, die schreckliche körperliche Qualen und den Tod mit dem gelassenen Mut des freiwilligen Opfers auf sich genommen haben. Gewöhnlich ist Neptun zweideutig und zeigt in den trüben Wassern des Märtyrertums ein schreckliches und ein glückseliges Gesicht.

Neptuns Ethos ist vielleicht nicht christlich im Sinne der Lehre, aber sicherlich opferbetont; und das Transzendieren des Getrenntseins durch freiwilliges Leiden ist allen geläufig, die sich mit der Weltanschauung dieses Planeten identifiziere.

Zuweilen äußert sich Neptuns selbstauferlegte Kreuzigung im Verzicht auf persönliches Glück. Man findet es »gut,« sich todunglücklich zu fühlen und zu kurz gekommen zu sein und meint, die Frustration und die Qual, die man durch den Verzicht auf persönliche Befriedigung erleidet, würden irgendwie zur Erlösung in dieser oder der nächsten Welt führen. Das sichtbare Bild der Kreuzigung ist höchst suggestiv: Man ist an Händen und Füßen festgenagelt – ein Zeichen der Lähmung, denn man kann nirgends hingehen und nichts tun. Nach Freuds Meinung sind Verletzungen oder Amputationen von Händen und Füßen in Träumen ein eindeutiges Symbol der Kastration, da unsere Hände und Füße Werkzeuge unserer Macht im Leben sind. Auch die Kreuzigung könnte als Bild der Frustration angesehen werden: Die Gelüste des Körpers werden vereitelt, und dadurch wird der Geist befreit. Wir sagen, daß wir »ein Kreuz zu tragen« haben, etwas Unabänderliches, unser Los oder unser Schicksal, und daß wir irgendwie besser werden, wenn wir es willig auf uns nehmen.

> Die Opferhandlung besteht zunächst im Geben einer Sache, die mir gehört. Alles, was mir gehört, trägt den Stempel des »Meinseins«, nämlich einer subtilen Identität mit meinem Ich ... Es handelt sich um eine irrationale, unbewußte Idenität, welche davon herrührt, daß alles, was mit uns in Berührung steht, nicht nur es selbst, sondern auch zugleich ein Symbol ist ... Es entsteht eine psychische Identität, die gegebenenfalls groteske Formen annehmen kann. Was »mein« ist, darf ein anderer nicht berühren, geschweige denn gebrauchen. Man ist beleidigt, wenn er »meinen« Sachen nicht die genügende Hochachtung entgegenbringt ... Was ich also von dem Meinen gebe, ist an sich schon ein Symbol, das heißt ein Mehrdeutiges, aber wegen der Unbewußtheit seines Symbolcharakters hängt es an meinem Ich, weil es ein Teil meiner Persönlichkeit ist. Daher ist mit jeder Gabe, laut oder leise, ein persönlicher Anspruch verknüpft. Ob man es will oder nicht, es ist stets ein »do ut des«. Die Gabe bedeutet darum eine persönliche Absicht, denn an sich ist das bloße Geben keineswegs ein Opfer. Zu einem solchen wird es erst, wenn die mit dem Geben verbundene Absicht des »do ut des« geopfert, das heißt aufgegeben wird. Das Gegebene soll, wenn es den Anspruch darauf erhebt, ein Opfer zu sein, auch so weggegeben sein, wie wenn es vernichtet worden wäre.[88]

Jungs Anmerkungen zum Wesen des Opfers sind im Zusammenhang mit Neptuns Verhaltensweisen äußerst interessant. Für Jung war das Opfer der Kreuzigung ein »wahres« Opfer. Ist das Opfer jedoch freiwilliges Märtyrertum in der Hoffnung auf Erlösung, so verkehrt es sich in sein Gegenteil, denn dann wird mit einer Gabe ein persönlicher Anspruch verknüpft, und das ist kein Opfer, sondern ein Geschäft – ein Versuch, mit Gott oder dem Leben Tauschhandel zu treiben. Das Erkennen dieses Unterschiedes ist einer der wichtigsten Faktoren, um konstruktiv mit einem schwierigen Neptun im Geburtshoroskop arbeiten zu können.

Neptuns Drang zur Verschmelzung erfordert das Aufgeben der unabhängigen Identität. Der Körper ist die erste große Äußerung einer unabhängigen Existenz, denn die Geburt beendet unwiderruflich unsere Zeit im Garten Eden. Unsere Haut grenzt uns ab und schafft eine Barriere gegen die Mutter, und die Erfahrung, diesen Körper zu bewohnen, trennt uns schließlich von ihr. Ich habe viele Menschen mit Venus-Neptun- und Mond-Neptun-Kontakten im Geburtshoroskop gesehen, die dieses Gefühl geäußert haben und sich darüber beklagten, daß der Körper während des Liebesaktes »im Wege sei« und ein völliges Verschmelzen mit dem anderen verhindere. Nach Meinung vieler Menschen kommt man durch Sex am dichtesten anden Zustand der ursprünglichen Verschmelzung heran. Aber die physische Realität des Körpers behält trotz der Penetration ihre trennende Funktion bei. Nur im Mutterleib machen wir die Erfahrung von zwei Herzen, die gemeinsam schlagen. Die Wünsche des Körpers trennen uns ebenfalls, denn durch sie werden Subjekt und Objekt festgelegt – jemand, der will, und jemand, der gewollt wird. Wenn sie ungenügend oder überhaupt nicht befriedigt werden, bereiten uns körperliche Gelüste die unerträglichen Erfahrungen des Abgelehntwerdens, der Enttäuschung, der Frustration und der Einsamkeit. Neptunische Erlösung liegt in der Rückkehr zur Einheit, und diese verlangt die Aufgabe eines getrennten Selbsts; der Körper aber scheint als großer archetypischer Übeltäter seine Selbständigkeit nicht aufgeben zu wollen. Persönliche Wünsche jeglicher Art können auch zu Übeltätern werden, denn wenn wir etwas bekommen, verlieren andere etwas, werden neidisch oder ärgern sich. Daher geben wir vor, nichts mehr zu wollen. Doch das ist alles nur ein Tauschhandel, denn immer hat man im Hinterkopf, ob es sich »lohnt«, immer hat man ein Ziel im Auge – den Garten Eden am Ende des steinigen Weges. Jung meint weiter, daß die gewöhnliche Gabe, für die man nichts zurückbekommt, als Verlust und nicht als Weg zur Erlösung empfunden wird. Ein Opfer sollte ebenfalls als Verlust empfunden werden, denn die Ansprüche des Egos sind in dieser Geste nicht maßgeblich entscheidend. Als Christus am Kreuz rief »Warum hast du mich verlassen?«, fand ein wahres Opfer statt. Wenn wir in der Hoffnung auf den Himmel opfern, brauchten wir uns diese Mühe erst gar nicht zu machen, denn wir setzen dabei ja immer noch auf eine letztlich zu erwartende Belohnung. Man könnte sogar bis zu der Annahme gehen, daß wahres Opfern erst dort beginnt, wo man seine Ansprüche auf das verlorene Paradies aufgibt. Paradoxerweise ist dabei die Hoffnung auf die Erlösung das, was es aufzugeben gilt.

»Wahres« Opfern beinhaltet somit, daß wir uns ohne Hoffnung auf Erlösung durch den Opferungsakt oder durch den Empfänger des Opfers darbringen. Neptuns tiefere Bedeutung liegt meiner Meinung nach darin, daß wir nicht unser Glück oder die Dinge im Leben aufgeben, die uns Freude machen, sondern den Tauschhandel, den wir insgeheim in der Hoffnung vornehmen, daß ein anderer uns erlöst. Deshalb zeigen Neptuns Transite so oft Zeiten an, in denen wir glauben, geben zu können wie nie zuvor, dafür allerdings keinerlei Belohnung bekommen. Gewöhnlich erfolgt der Tauschhandel ausgesprochen unbewußt, und erst ein Neptuntransit rückt den Vorgang schließlich ins Bewußtsein. Was nach Neptuns Sintflut bleibt, ist man selbst. Ein nacktes Selbst, verletzbar und ohne Maske, doch paradoxerweise klüger und stärker, weil der eigene Wille zur Manipulation erkannt wurde. Das Leben bittet uns gewöhnlich um diese subtile Form des Opfers, wenn Neptun im Horoskop angesprochen wird. Wenn wir nicht erkennen, was in uns vor sich geht, könnte auch ein echtes Opfer nötig sein. Doch es ist höchst verdächtig, sich um solche äußerlichen Opfer zu bemühen. Wie der Hinduismus schon immer wußte, ist der Wunsch nach Nichtanhaften an sich schon ein Wunsch, und die Ekstase der Selbstaufopferung ist lediglich eine andere Form von Sucht. Wo immer ich Neptuns Bewegung über verschiedene Planeten in den Horoskopen astrologischer und therapeutischer Klienten beobachten konnte, wurde dieser Vorgang sichtbar: Opferung liebgewonnener Erlösungsphantasien durch den Verlust eines Menschen, eines Gegenstandes oder einer Situation, auf die die Vorstellung vom Erlöser projiziert worden war. Es gibt immer wieder Gelegenheiten zu entdekken, wo wir solch einen Tauschhandel betrieben haben, und dann können wir auch das Wesen der Liebe besser verstehen: sie bedeutet auch Respekt, im Gegensatz zum Drang nach der Urverschmelzung, der sich gern über die Grenzen anderer hinwegsetzt. Der Verlauf eines Transits garantiert jedoch nicht, daß wir solch eine Gelegenheit auch ergreifen. Häufiger lastet man einen durch Neptuns schwierige Transite verursachten Verlust der Herzlosigkeit eines anderen Menschen an, und dementsprechend macht man sich auf die Suche nach einem neuen Erlöser.

Die Eignung zum Erlösertum

Es gibt viele Arten von Erlösern, von denen sich nicht alle ihrer Rolle bewußt sind. Manche geben anderen echte Hoffnung und Heilung, andere erweisen sich eher als Tiamatmutter in der Mönchskutte. Aber angesichts der Identifizierung zwischen dem Erlöser und denen, die er zu retten sucht, wäre zu erwarten, daß der Avatar, der den Weg des Opfers lehrt – ebenso wie die nach Erlösung suchenden Leidenden – sehr stark von Neptun beeinflußt ist. Wir sollten uns daher Neptuns Funktion in den Horoskopen von drei Menschen des 20. Jahrhunderts ansehen, die entweder infolge einer bewußten Entscheidung oder aufgrund der Liebe und Entschlossenheit ihrer Anhänger die Rolle des Erlösers gespielt haben. Die nachfolgenden Beispiele sollen nicht das Leben und die Beweggründe der Betreffenden deuten. Doch fällt bei diesen Horoskopen die Bedeutung von Neptun im harten Aspekt zur Sonne ist besonders auf – vor allem im Hinblick auf die hauptsächlich

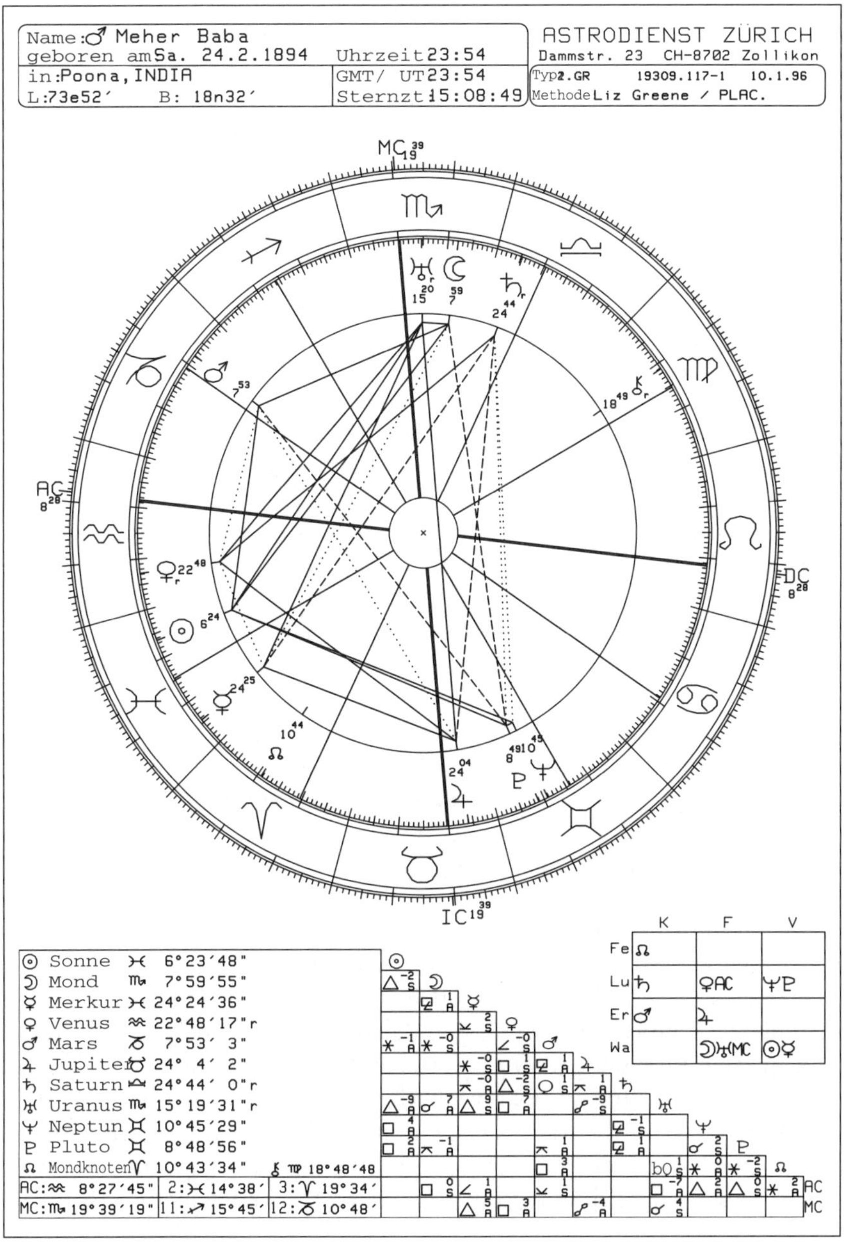

1. Meher Baba, geboren am 25. Februar 1894, 23:54:00 GMT, in Poona, Indien). Häuser Placidus. Quelle: *Fowler's Compendium of Nativities.*

durch Neptun symbolisierte Weltanschauung und Erlösungsvorstellung der Betreffenden.

Meher Baba als einer der größten spirituellen Lehrer dieses Jahrhunderts ist ein charakteristisches Beispiel dafür. Hier steht die Sonne in Fische im ersten Haus im Quadrat zu Neptun im vierten. Meher Babas Vater war tiefreligiös und bei der Geburt seines Sohnes schon Mitte fünfzig. Seine Frau war erst sechzehn. Es braucht hier nicht näher darauf eingegangen zu werden, was diese Tatsache psychologisch bedeutet, aber es überrascht nicht, daß Meher Baba schon in der Kindheit die Abgeschiedenheit und Meditation liebte. 1913, als der transitierende Saturn auf dem Radix-Neptun stationär war und das Sonne-Neptun-Quadrat auslöste, kam er unter den Einfluß einer berühmten moslemischen Heiligen. Durch ihren Unterricht bekam er das Gefühl eines höheren Schicksals, und er versetzte sich für ein Jahr in einen tranceähnlichen Zustand. Nachdem er diesen Zustand wieder verlassen hatte, studierte er bei einem bedeutenden Hindulehrer. Er gründete viele Schulen und verbreitete östliche Lehren im Westen und westliche im Osten. Von 1936 bis 1949 arbeitete er mit den »Heiligen« Indiens und erlitt viele Entbehrungen. Von 1925 bis an sein Lebensende wahrte er ein Schweigegelübde und verständigte sich bis zu seinem Tod am 30. Januar 1969 nur durch Zeichen.

Billy Graham, der amerikanische Evangelist, hat einen ganz anderen Charakter. Er ist auffällig marsisch, von Natur aus hitzig, hat die Sonne in Skorpion im achten Haus, eine Mars-Mond-Konjunktion in Schütze im neunten Haus, noch in Konjunktion mit dem MC, und einen Widderaszendenten. Diese recht intensive Demonstration von Energie und Heftigkeit paßt zu einem Mann, der sein ganzes Leben damit verbracht hat, im Namen seiner besonderen Gottesanschauung leidenschaftlich zu missionieren. Seine Vision von Erlösung ist mehr die einer heroischen Schlacht gegen die Kräfte des Bösen als ein sanftes Sichloslösen von der irdischen Welt. Der millenarische Geist ist hier sehr stark wirksam. Die Sonne steht wieder einmal im Quadrat zu Neptun, diesmal im fünften Haus in Löwe. Vielleicht denkt man nicht gleich daran, Billy Graham mit dem sanften, in sich gekehrten indischen Mystiker Meher Baba zu vergleichen. Das erinnert uns daran, daß die archetypischen Grundlagen der religiösen Haltung bei Hindus und amerikanischen Protestanten sehr unterschiedlich sind; und eine Sonne in Skorpion im Quadrat zu Neptun in Löwe im fünften Haus läßt ein spirituelles Feuerwerk erwarten, wie es bei der wäßrigen und mehr in sich gekehrten Sonne in Fische im Quadrat zu Neptun in Zwillinge im vierten Haus nie vorkommen würde. Doch die Suche nach Erlösung ist in den Lehren beider Männer im Grunde dieselbe.

Das dritte Horoskop, das Astrologiekundigen mittlerweile recht geläufig ist, betrifft C. G. Jung.[89] Obwohl Jung in vieler Hinsicht durchaus ein Mensch von dieser Welt war und wohl kaum wie ein Asket gelebt hat, widmete er seine außerordentliche Energie und seine Fähigkeiten zu einem großen Teil dem Verständnis

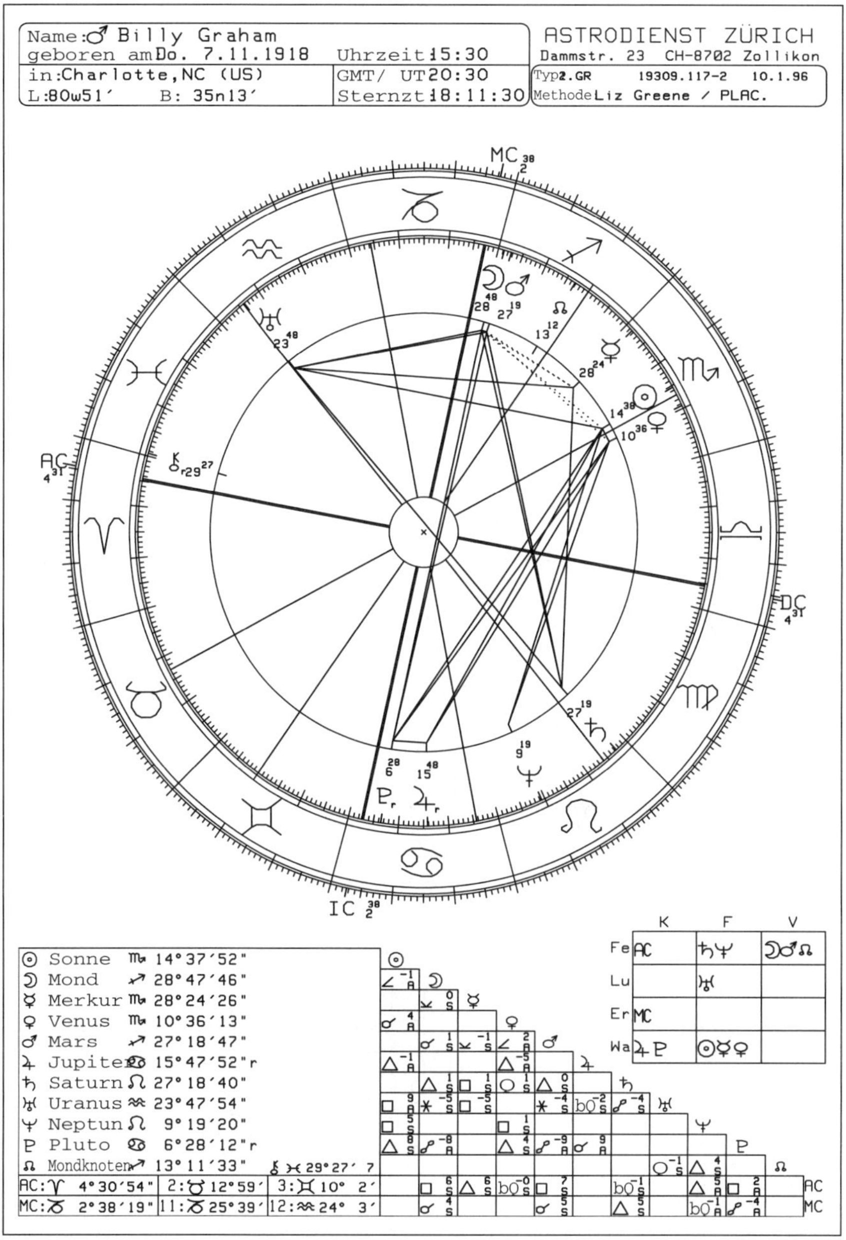

2. Billy Graham, geboren am 7. November 1918, 20:30:00 GMT, Charlotte, NC. Häuser Placidus. Quelle: Hans-Hinrich Taeger, *Internationales Horoskope-Lexikon*.

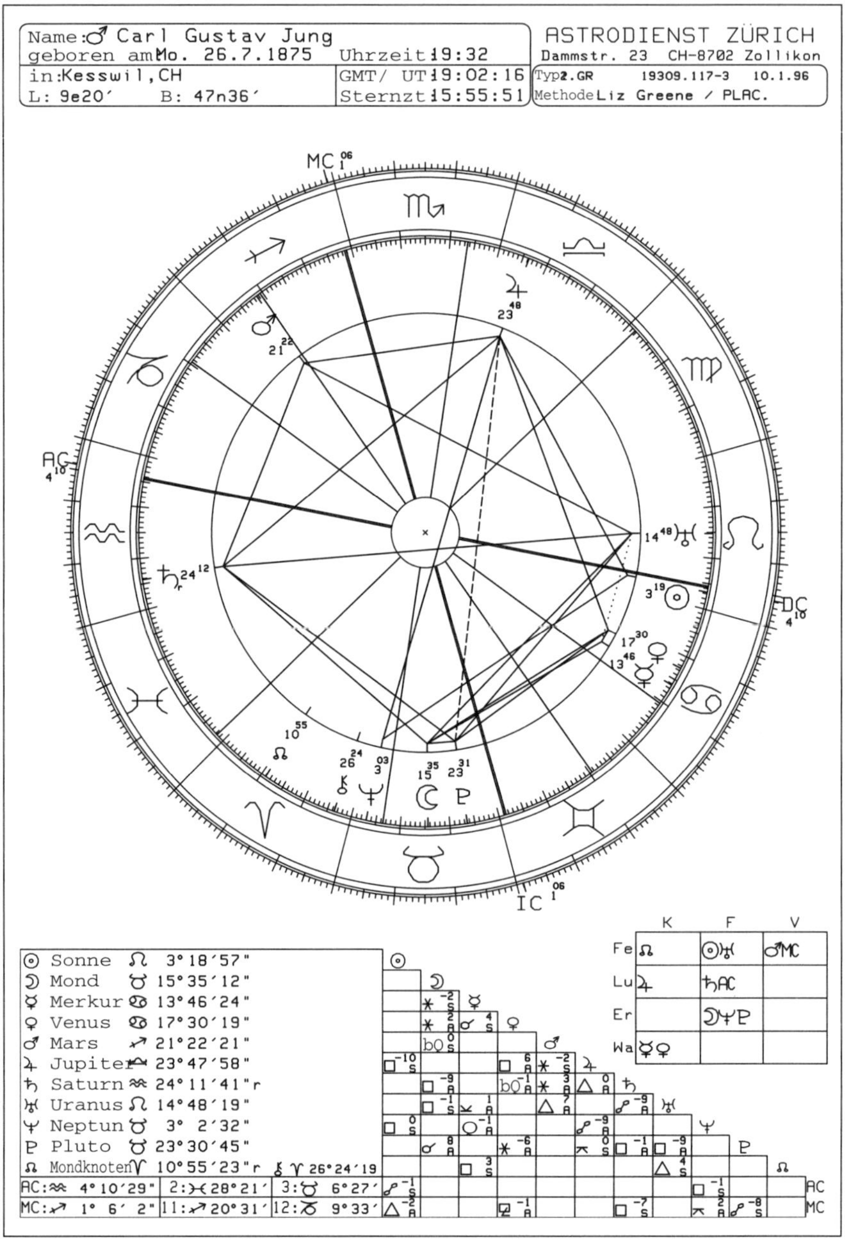

3. C. G. Jung, geboren am 26. Juli 1875, 19:02:00 GMT, Kesswil, Schweiz. Placidus Häuser. Quelle: S. Fußnote 89.

des religiösen Verlangens der menschlichen Psyche. Ob er in einem eindeutigen Sinn »gelitten« hat, ist noch die Frage, da er körperlich gesund und materiell abgesichert war. Aber er litt an einer entsetzlichen Isoliertheit. Obwohl er ein anerkannter Psychiater war und als Wissenschaftler empirisch vorging, ließ sich der Mystiker Jung bei seiner Arbeit von einer Weltsicht leiten, die im Grunde genauso neptunisch war wie die der beiden oben angeführten eindeutig religiösen Lehrer. Daß er sich viel mit Erlösung befaßte, zeigt sich darin, daß er den Sinn des Lebens in der Individuation sah, in der Vereinigung von Ego und Selbst, dem alchemistischen *hieros gamos* oder der heiligen Hochzeit. Wieder einmal steht die Sonne – hier in Löwe im siebten Haus – im Quadrat zu Neptun, der sich diesmal im dritten Haus in Stier befindet. Das Konzept des kollektiven Unbewußten ist eng verwandt, wenn nicht sogar identisch mit der alten orphischen Vision eines geeinten, lebendigen Kosmos. Diogenes Laertes' Zitat aus der orphischen Literatur »Es läuft darauf hinaus, daß alles aus dem Einen kommt und in dem Einen gelöst wird«[90] paßt sehr gut zu der psychologische Philosophie Jungs. In seiner Arbeit über Alchemie untersuchte er tiefschürfend die Idee der Ursubstanz, die den Orpheus-Anhängern so lieb war und als *prima materia* der alchemistischen Werke des Mittelalters und der Renaissance wieder aufkam. Guthrie formulierte es so:

> Dieser Grundgedanke [der Orphik], daß alles zuerst in einer konfusen Masse existierte, und daß der Schöpfungsvorgang in Trennung und Teilung bestand, mit der logischen Folge, daß das Ende unseres Zeitalters eine Rückkehr zum ursprünglichen Chaos sein wird, ist in unterschiedlicher mythologischer Färbung in vielen Religionen und religiösen Philosophien wiederholt worden.[91]

Für Jung bestand das Ende des Individuationsprozesses nicht in einer Rückkehr zum ursprünglichen Chaos, sondern in einer neuen Integration der Psyche, die das Selbst und nicht das Ego in den Mittelpunkt stellt und die Folgen jener »Trennung und Teilung« heilt, die so vielen menschlichen Übeln zugrundeliegenden. Da Jungs Horoskop auch erdbetont ist, ist dies eine neptunische Vision mit einer guten Grundlage, die leichter in das Leben unserer Zeit integriert werden kann. Dennoch ist sie neptunisch. Freuds Psychologie kennt keine Erlösung, sondern nur die Möglichkeit, die eigenen widersprüchlichen Zwänge durch eine ehrliche Auseinandersetzung mit sich selbst zu akzeptieren und zu lernen, mit ihnen zu leben. Freund hat nie versprochen, daß uns die Psychoanalyse aus unserem Tibil befreien wird. In Jungs analytischer Psychologie ist die Erlösung, wenngleich keine garantierte Belohnung, so doch eine Möglichkeit in diesem Leben. Allerdings liegt der Erlöser seiner Kosmoslogie in uns selbst.

Teil II

Hysteria Conjunctionis
Neptun in der Psychologie

O Lust für den, der im Bergwald
in rasendem Laufe stürzt hin auf den Grund,
gehüllt ins heil'ge Hischkalbfell,
dürstend nach Blut des getöteten Böckleins,
nach rohem Genusse ...

Euoi! Milch überströmt dann der Erde Grund,
Wein strömt, der Bienen Nektar strömt.
Wie beim Weihrauch sich ein Dampf hebt,
steckt sich Bakcheus auf den Rohrstab
eines Kienspans helle Glut,
schwingt im Lauf ihn, im Tanz ...

Und zugleich mit dem Euoischrei'n braust sein Zuruf:
»Oh, auf ihr Bakchen, auf ihr Bakchen,
des goldfließenden Tmolos Stolz,
Preist Dionysos im Chorgesang
bei dumpfdröhnenden Pauken Ton!
Bakchisch jauchzend, mit Euoi umjubelt den Gott nun
in phrygischen Rufen und Freudengetöne,
wenn Flötenspiel, schönklingendes, das Fromme,
die frommen, die frohen Weisen anstimmt, passend,
um ins Gebirge zu schweifen!« Fröhlich dann
wie wohl das Füllen zur Seite der Mutter, der weidenden,
hebt ihr schnellfüßiges Bein in Sprüngen die Bakche.

Euripides, Die Bakchen[1]

4.

Die Entdeckung des Unbewußten.

> ... diese große Überredungskunst und Überzeugungskraft [ist] auf Rechnung der Hysterie zu setzen, denn bei der Hysterie ist immer soviel Gefühl und natürliche Schauspielergabe dabei, daß Hysterische, auch wenn sie noch so sehr lügen und übertreiben, doch immer wieder Gläubige finden. Selbst Ärzte sind schon oft hysterischen Vorspiegelungen zum Opfer gefallen.
>
> *C. G. Jung*[2]

Neptun-Themen waren schon immer ein inspirierender Stoff für Dichter, Schriftsteller, Maler, Musiker und Dramatiker, sowie für die großen mythischen Dichtungen der Welt. Am anschaulichsten finden sich neptunische Motive in den Heilbehandlungen durch alle Jahrhunderte. Denn ein Bedürfnis nach Erlösung, das mit einem Ekel vor der Fleischlichkeit einhergeht, manifestiert sich unvermeidlich in ganz charakteristischen körperlichen und geistigen Krankheiten sowie den entsprechenden Behandlungsformen. Dabei ist die psychologische Terminologie etwas relativ Neues. Sie entstand im Verlauf einer bestimmten Folge von Ereignissen im 18. Jahrhundert, als mit dem Werk Franz Anton Mesmers, des »Begründers« der modernen Tiefenpsychologie, das, was wir nun das Unbewußte nennen, »entdeckt« wurde. Natürlich kannte man es schon lange zuvor, wenn auch unter anderen Bezeichnungen. Dies wußte auch Mesmer, der ein Anhänger der Astrologie und der paracelsischen Alchemie war. Er behauptete jedoch, in der dämmernden Aufklärung eine völlig neue »Wissenschaft« geoffenbart zu haben. Die heilenden Kräfte der neptunischen Welt und auch ihre Krankheiten haben schon immer einen wichtigen Platz in Medizin und Religion der Primitiven eingenommen. Um Neptun in diesen Wassern aufzuspüren, die nicht nur von ozeanischen Müttern und Erlöser-Söhnen bewohnt werden, sondern in denen auch ganz bestimmte Formen menschlichen Leidens auftreten, müssen wir durch zwei eng benachbarte Türen gehen, die selbst der Medizin und Psychologie des 20. Jahrhunderts ein Mysterium geblieben sind: Hypnose und Hysterie.

Was wir heute unter Hypnose verstehen, wurde bei der Behandlung der Hysterie entdeckt. Hypnose spielte unter anderen Bezeichnungen schon immer eine wichtige Rolle bei der Heilung, seit Menschen sich in Stammesgemeinschaften ansiedelten. Hexen-Doktoren, Medizin-Männer und -Frauen, Schamanen und

Priester haben sich von jeher zunutze gemacht, was zweifellos hypnotische Techniken sind, auch wenn sie sie kaum als solche erkannt haben dürften; hypnotische Phänomene wurden meist dem Eingreifen der Götter zugeschrieben. Wir können sie heute bei Ritualen afrikanischer, polynesischer und amerikanischer Indianervölker beobachten. Der Hindu-Fakir auf seinem Nagelbrett wie auch der südpazifische Feuertänzer, der ohne Beeinträchtigung durch die Flammen geht, nutzt Hypnose als Anästhetikum ebenso wie wohl schon die frühchristlichen Märtyrer. Im antiken Ägypten gab es »Schlaftempel«. Ein dreitausend Jahre alter Papyrus beschreibt ein Verfahren, das ein moderner Hypnotist als eine durchaus geläufige Methode anerkennen würde, jemanden in Trance zu versetzen. In den Asklepiostempeln von Epidauros, Pergamon und Kos wurden die Kranken in einen hypnotischen Schlaf versetzt, und durch die Kraft der Suggestion erblickten sie in Visionen die Götter. Die Pythia des Apollo prophezeite in einer ekstatischen Trance, wie sie nicht nur vielen modernen spiritistischen Medien vertraut ist, sondern auch dem Somnambulen in tiefer Hypnose und den Hysterikern im Verlauf eines halluzinatorischen Zusammenbruchs.

Primitive Heilungszeremonien und Initiationsriten setzen die großen Stammesmythen wieder in Szene, und die machtvollen hypnotischen Werkzeuge farbenprächtiger und mit Symbolen versehener Gewänder, Gesang, Musik und Tanz zielen darauf ab, die Teilnehmer zu einer psychischen Gesamtheit zu verschmelzen. Heilige Schreine wie in Lourdes sind ein Nachhall dieses Zaubers. Die beeindruckende Schönheit des Ortes, der Quelle und der Grotte, die Erhabenheit des Rituals, der Pomp der Prozessionen, das ständige Murmeln der Gebete am Tage wie in der Nacht und die hochgespannten Erwartungen der Besucher schaffen eine *participation mystique* wie bei den Stammeszeremonien. In all diesen Heilungsritualen manifestiert sich Neptun in einer psychischen Verschmelzung von Heiler, Patient, Gemeinschaft und Gott. Wir haben bereits gesehen, daß dies die essentielle Dynamik der eucharistischen Feste heidnischer Erlöser-Götter wie auch die der Massen ist. Wir befinden uns in Neptuns Reich, denn Ritual und Rapport sind die machtvollsten der Menschheit bekannten hypnotischen Techniken. Sie zerbrechen die Barrieren individuellen Selbstbewußtseins, setzten die Flut frei und öffnen die Tore zum Garten Eden.

Die Bezeichnung Hypnose (von *hypnos*, dem griechischen Gott des Schlafs) wurde von dem schottischen Arzt James Braid in den 1840er Jahren geprägt, zeitgleich mit der Entdeckung des Planeten Neptun. Braids Werk, das so wichtig für die weitere Entwicklung der psychoanalytischen Theorie war, beruht auf den vielfach geschmähten Experimenten des Wiener Arztes Franz Anton Mesmer. Die Geschichte der Entdeckung dieses Zugangs zum Unbewußten, der so weitreichende Konsequenzen für Psychologie, Psychiatrie, Medizin und Spiritualität in späteren Jahrhunderten haben sollte, ist faszinierend; denn Mesmer war selbst Erlöser und Opfer zugleich. Sein Konzept eines »universellen Fluidums« ist durch und durch neptunisch – ebenso wie seine Patienten, und ebenso wie der Verlauf seines Lebens.

Ein kurzer Blick auf Mesmers Geburtsbild zeigt einen nicht gerade starken Neptun: er steht weder an einer Hauptachse, noch aspektiert er die Sonne wie in den Horoskopen von Meher Baba, Billy Graham und C. G. Jung. Er befindet sich in seinem eigenen Haus, dem zwölften, hat aber außer einem Sextil zu Venus keine wichtigeren Aspekte zu einem persönlichen Planeten – abgesehen von einem Halbquadrat zu Merkur und Saturn. Doch geht er eine starke Verbindung mit den beiden anderen äußeren Planeten ein, ein Trigon zu Pluto und eine Opposition zu Uranus.[3] Während also seine Generation stark von kollektiven Idealen und Bestrebungen erfüllt war, worauf diese machtvolle Konstellation der äußeren Planeten symbolisch verweist,[4] läßt sie doch vermuten, daß Mesmer selbst vom Temperament her eher pragmatisch war (Sonne in Zwillinge im Trigon zu einer Mond-Mars-Konjunktion in Wassermann) und zu Selbstüberschätzung neigte (Sonne Opposition Jupiter in Schütze im fünften Haus). Wir werden sehen, wie die Entwicklung seines Konzeptes eines universellen Fluidums und der Verlauf seiner wechselhaften Karriere, die ihn in der Geschichte der Psychologie verewigen sollte, sich unter machtvollen Transiten Neptuns vollzieht.

Der Magier aus Wien

Die medizinische Theorie und Praxis zur Zeit von Mesmers Geburt im Jahre 1734 war ausgesprochen barbarisch. Obwohl die Bezeichnung Hysterie im antiken Griechenland geprägt wurde und seither allen Ärzten bekannt war, waren doch die konventionellen Behandlungsmethoden für all jene, deren Leiden sich in diesem seltsamen Zwischenreich zwischen Körper und Psyche abspielten, völlig heruntergekommen, seit in den ersten Jahrhunderten der christlichen Zeitrechnung die letzte heidnische Heilstätte geschlossen worden war. Als der damals 32-Jährige erstmals 1766 in der lebendigsten Hauptstadt Europas als ausgebildeter Arzt auftrat, besaß er viele Interessen, die über seinen Beruf hinausgingen. Auf seinen Reisen hatte er ein beachtliches Wissen in antiker Theorie und der Theorie der Renaissance über Astrologie, Alchemie, magnetisches Heilen und den Zusammenhang zwischen Körper und Geist erworben. Er kam nach Wien, als Neptun vom Löwen in die Jungfrau wechselnd gerade das Quadrat zu seiner Geburtssonne im elften Haus erreichte. Gleichzeitig zog der transitierende Saturn über die Geburtssonne, näherte sich der Halbsumme von Sonne und Neptun, und erreichte schließlich die Position seines Geburts-Neptuns. Mesmer war von einem Gefühl einer kosmischen Sendung erfüllt und angerührt vom *pneuma* mysteriöser Bereiche.

Mesmer entdeckte, daß er seine Patienten mit Hilfe von »Strichen« in eine Art Trancezustand versetzen konnte – mit streichenden Bewegungen entlang des Gesichts und des Körpers der kranken Person. Zuerst vollführte er seine Striche mit Magneten, doch später, als seine Theorien ausgereifter waren, wurde er mutiger und

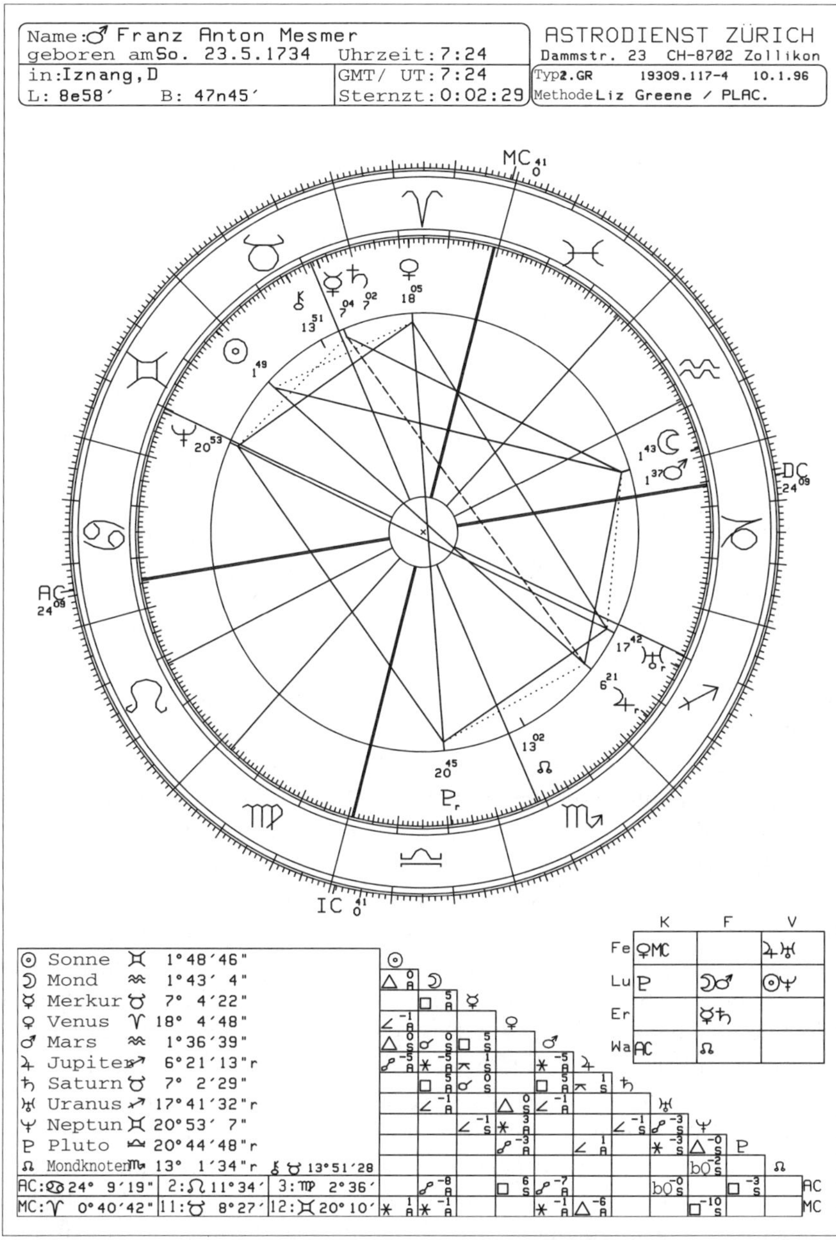

4. Franz Anton Mesmer, geboren am 23. Mai 1734, 7:24:00 GMT, Iznang am Bodensee. Häuser Placidus. Quelle: Hans-Hinrich Taeger, *Internationales Horoskope-Lexikon*

arbeitete wie die modernen Hypnotisten mit den Händen. In diesem Zustand konnte der Patient – meist eine Frau, nicht selten auch ein Mann – in eine »Krisis« geführt werden, die mit Konvulsionen und heftigen Gefühlsausbrüchen einherging und danach eine Linderung der Symptome brachte. Mit der Zeit kam eine beachtliche Reihe von Heilungen zusammen – Heilungen von Menschen, die von der Schulmedizin vielfach schon für unheilbar erklärt worden waren. Er bemerkte auch, daß Trance, Krise und Heilung von einer eigenartigen emotionalen Identifikation zwischen ihm und seinem Patienten abhingen. Er nannte diese Identifikation »Rapport«, in modernen psychoanalytischen Kreisen wurde sie als Übertragung und Gegenübertragung bekannt. Jung nannte sie *participation mystique* – das Mysterium seelischer Vereinigung. Möglicherweise weist das Quadrat des transitierenden Neptun zu Mesmers Geburtssonne auf eine zunehmende Identifikation mit dem Archetyp des Heilers und Erlösers hin, auf eine erhöhte Empfänglichkeit für diese Art der psychischen Vereinigung. Wohl deshalb besaß er Zugang zu den unbewußten emotionalen Konflikten seiner Patienten. Neptun-Transite, insbesondere zu Sonne oder Saturn, sind häufig vom Auftreten »parapsychologischer« Phänomene begleitet, weil das Ego dann durchlässiger ist und die geheimsten Wünsche näher an der Bewußtseinsschwelle liegen.

Die scheinbar wunderbaren Heilungen unheilbarer Patienten verbreiteten Mesmers Ruhm in ganz Europa, machten ihn jedoch bei seinen Kollegen nicht gerade beliebt. Aufgrund seiner guten Menschenkenntnis und seines gesunden Menschenverstandes war ihm bewußt, daß er blindlings mit äußerst geheimnisvollen Energien hantierte. Als Mensch und als ein Arzt, der sich nach öffentlicher Anerkennung sehnte, brauchte er eine respektable Theorie, die den strikten intellektuellen Standards seiner Zeit entsprach. So formulierte er schließlich eine Lehre, die ihren Ursprung nur in Neptuns Reich haben kann: Das ganze Universum sei einer Flüssigkeit vergleichbar, von einem alles verbindenden Äther durchflossen, und jeder physische Körper beeinflusse jeden anderen durch Fluktuationen des Strömungsverlaufs in diesem unsichtbaren Medium. Auf dieser Grundlage, so glaubte er, beruhe auch die Astrologie, denn wenn man den antiken Quellen folge, würden die Energien der Planeten durch dieses Fluidum übertragen. Auch der menschliche Körper enthalte dieses Fluidum und werde davon beeinflußt. Krankheit sei der Ausdruck oder das Resultat einer Störung im Fluß dieser mysteriösen Substanz. Manche Menschen besäßen eine besondere Begabung; sie seien mit einer besonders großen oder besonders kraftvollen Menge dieses universellen Fluidums ausgestattet. Eine solche Person (mit seiner Sonne-Jupiter-Opposition hielt sich auch Mesmer dafür) könne die magnetischen Pole in einem anderen Körper beeinflussen und wieder ins Gleichgewicht bringen, einfach durch Übertragung dieser unsichtbaren Substanz vermittels Körperkontaktes, mit Strichen der Hände oder durch unbelebte Objekte wie ein Wasserbassin, das zuvor durch die Berührung des Heilers »magnetisiert« (oder geweiht) werden mußte.

Auch wenn ein beachtliches Stück psychologischer, wenn nicht gar physiologischer Wahrheit in Mesmers Lehre steckt, beeindruckte dies die medizinische Fakultät der Universität Wien wenig. Mesmer geriet zudem wegen einer Frau in Schwierigkeiten und mußte die Stadt verlassen. Diese kritische Episode seines Lebens ereignete sich, als Neptun in die Jungfrau weiterzog und ein Quadrat zu seinem Geburtsneptun bildete. Die fragliche Frau war achtzehn Jahre alt und hübsch; und als ob das Leben nur ein Abbild der Kunst sei, wurde sie Maria Theresa Paradis genannt. Maria war funktionell blind. Sie hatte ihre Sehfähigkeit im Alter von drei Jahren verloren, doch hatte man nie eine organische Beeinträchtigung der Augen feststellen können. Sie besaß eine beachtliche musikalische Begabung, und ihre öffentlichen Auftritte als »blinde Pianistin« hatten ihrem Vater eine Pension eingebracht, die ihr von der Kaiserin Maria Theresia in Anerkennung ihrer Begabung ausgesetzt worden war. Leider kennen wir ihr Horoskop nicht. Wahrscheinlich war sie, wohl mehr noch als Mesmer, eine echte Neptunierin, nicht nur aufgrund ihrer biographischen Daten (und seines Venus-Neptun-Sextils im Radix), sondern auch hinsichtlich der Tatsache, daß der Mythos vom Opfer und Erlöser unter machtvollen Neptun-Transiten durch Handlungen anderer Menschen, die den Planeten in gewisser Weise personifizieren, in unserem Leben Wirklichkeit wird. Mesmer wußte, daß eher emotionale als körperliche Probleme hinter Marias Verfassung steckten, denn ihre Augen waren organisch gesund. Als ihre Eltern sie als letzte Hoffnung zu ihm brachten, willigte er ein, eine Behandlung zu versuchen. Maria litt unter tiefen Depressionen und Anfällen von Wahnvorstellungen. Jahrelang hatte man sie, um ihre Sehkraft wiederherzustellen, mit grausamen, aber untauglichen Kuren traktiert, und so war sie ängstlich, nervös und neigte zu heftigen Panikanfällen. Hundert Jahre später, zu Charcots Zeit, hätte man eine Frau mit diesen Symptomen als Hysterikerin diagnostiziert und ihre emotionalen Konflikte untersucht. Doch im Wien des 18. Jahrhunderts erfuhr sie kein solches Verständnis von seiten der Schulmedizin. Mesmer nahm sie als stationäre Patientin in sein Haus auf, versetzte sie täglich in Trance und behandelte sie mit den Strichen, die, wie er glaubte, sein eigenes gesundes universelles Fluidum auf das gestörte System Marias übertrügen. Er führte Maria durch mehrere »Krisen«, und allmählich unterschied sie wieder Licht und Dunkelheit und konnte, wenn auch verschwommen, das Gesicht ihres Erlösers in Umrissen wahrnehmen.

Doch wie so oft bei der Hysterie folgt auf das Verschwinden des ursprünglichen Symptoms ein neues. Maria litt an Schwindelanfällen. Zugleich kamen die zugrundeliegenden Konflikte bei Maria und auch bei ihrer Familie an die Oberfläche. Als ihre Sehkraft sich weiter verbesserte, störte sich Marias Vater immer mehr an der Vorstellung, daß seine Tochter im Hause Mesmers lebte und seiner Berührung und damit der Macht eines Mannes unterworfen war. Außerdem litt ihr Klavierspiel, denn ihre wiedergefundene Sehfähigkeit verunsicherte und verwirrte sie. Ohne Klavierspiel keine Rente. Marias Eltern beschlossen, sie aus Mesmers

Obhut zurückzuholen, ohne ihre wirklichen Beweggründe offenzulegen. Tragischerweise geschehen solche Entscheidungen auch in heutigen psychiatrischen Stationen. Der »identifizierte« Patient beginnt sich zu erholen, die unbewußt von der Krankheit betroffenen Familienmitglieder schließen sich zusammen und holen ihn oder sie aus der Behandlung heraus, um längst überfällige Konfrontationen zu vermeiden, wie sie solche Behandlungen zweifellos mit sich bringen.

Als die Eltern Paradis zu Mesmer kamen, um Maria nach Hause zu holen, klammerte sie sich jammernd an ihren Arzt und wollte nicht mitkommen. Frau Paradis bekam einen Wutanfall, stampfte auf, schrie, verlangte die Rückkehr ihrer Tochter und beschuldigte Mesmer des sexuellen Mißbrauchs. Herr Paradis stürzte mit gezücktem Degen auf ihn ein. Maria, verängstigt und in ihren Sympathien hin- und hergerissen, regredierte in einen konvulsivischen Anfall. Ihre Mutter packte sie und stieß sie gegen die Wand. Mesmer konnte die Eltern aus dem Haus werfen, doch sie wandten sich an die Behörden, und Maria wurde gezwungen, ins elterliche Heim zurückzukehren. Es überrascht nicht, daß sie wieder blind wurde. Bei einer solchen Familie fragt man sich, wer der eigentliche Hysteriker ist. Ein starker und schwierig gestellter Neptun im Geburtsbild, wie es in Marias Fall wahrscheinlich ist, weist nicht nur auf die Möglichkeit solcher Probleme bei der Person selbst hin, sondern kann auch bedeuten, daß die Person Träger der Hysterie einer ganzen Familie oder einer größeren sozialen Gruppe sein könnte. Doch eine solche Vorstellung war im Wien des 18. Jahrhunderts nicht denkbar. Neptun war noch nicht entdeckt, und es gab auch keine Familientherapie. Mesmer mußte den Preis für die Identifikation mit dem Archetyp bezahlen. Man strich ihn aus dem medizinischen Register und vertrieb ihn aus Wien. Er ging nach Paris, wo er auf eine größere Aufnahmebereitschaft für seine Ideen hoffte. Zu dieser Zeit lief der transitierende Uranus durch die Zwillinge, erreichte die Position seines Geburts-Neptuns und die Opposition zu seiner eigenen Geburtsstellung. Mesmer verließ Wien bitter enttäuscht und mit der düsteren Aura eines Märtyrers.

Unglücklicherweise folgte Mesmers Karriere in Paris einem ähnlichen Muster: er war bei seinen Patienten beliebt und wurde von den medizinischen Organisationen verleumdet. Der Uranus-Transit über seinen Geburts-Neptun und dessen Opposition zu seiner eigenen Geburtsstellung illustrierten den inneren Konflikt zwischen mystischer Vision und wissenschaftlicher Rationalität. Diese Opposition scheint auch in einem Konflikt eine Rolle gespielt zu haben, den Mesmer äußerlich erfuhr. Sein Ruhm war enorm und seine Behandlungen gut dokumentiert und unanfechtbar, doch die Schulmedizin ignorierte ihn völlig. So wurde er immer extravaganter und anmaßender, sozusagen ein mißverstandenes Genie. Das ist bei solchen Konstellationen im Geburtsbild (insbesondere das Mond-Mars-Quadrat zu Merkur-Saturn in Verbindung mit der Sonne-Jupiter-Opposition) keine ungewöhnliche Reaktion, denn jemand mit einer Intensität und Unflexibilität, wie sie diese Planetenbilder beschreiben, tendiert zu heftiger Abwehr gegen jeden Versuch, seine Gedanken- oder Handlungsfreiheit einzuschränken, insbesondere von seiten der Behörden. Die Stellung von Saturn im zehnten Haus im Quadrat zu Mars im siebten verstärkt noch die heftige Ablehnung seitens der Mächtigen, die dieser Mensch erfährt. Doch die Menschen in Paris um 1778 liebten ihre Exzentriker. Es war schließlich das Zeitalter der Aufklärung, und es sollte nur noch drei Jahre dauern, bis man Uranus entdeckte. Newton und Voltaire waren die Götter der Elite. Die Erfindung des Heißluftballons und des Blitzableiters stützten den inbrünstigen Glauben, der menschliche Geist könne Herr der verborgenen Kräfte der Natur werden. Revolutionäre Strömungen waren weit verbreitet, ebenso okkulte; Paris war voll von Wahrsagern, Nekromanten, Alchemisten und Magiern. Diese okkulte Subkultur hieß Mesmer herzlich willkommen. Doch er, hin- und hergerissen zwischen Mystizismus und Wissenschaft, strafte sie mit Mißachtung, hielt sich für einen Wissenschaftler und trachtete auch weiterhin danach, seiner Theorie eines universellen Fluidums Anerkennung zu verschaffen.

Schließlich konnte Mesmer zwei Vertreter der königlichen medizinischen Gesellschaft zu einem Besuch in seiner Klinik bewegen. Diese konservativen Herren wurden Zeugen der bizarrsten Szenerien, die sie jemals gesehen hatten. Ein großes, verschwenderisch ausgestattetes Konsultationszimmer war überfüllt mit Menschen aus allen Schichten – Aristokraten mit kunstvoll geflochtenen und gepuderten Perücken, Seite an Seite mit schäbig gekleideten armen Leuten. In der Mitte des Raumes stand ein *Baquet*, ein großes, mit magnetisiertem Wasser gefülltes Faß, aus dem metallene Stäbe ragten. Ringsherum standen Dutzende von Frauen, manche waren einer Ohnmacht nahe oder in den verschiedensten Konvulsionszuständen, manche weinten oder kreischten, andere starrten in einer Art Trance vor sich hin. Einige wurden von Assistenten in gepolsterte »Krisen«-Zimmer getragen. Währenddessen erklang die Musik eines kleinen Kammerorchesters, und über all diesen neptunischen Bacchanalien präsidierte Mesmer, gekleidet in eine purpurfarbene Seidenrobe mit goldbesetzten Borten, wobei er gelegentlich auf seiner Glasharmonika mit in die Musik einstimmte. Das war zuviel für die Herren von der medizinischen Gesellschaft. Und was das Schlimmste war, den Patienten half es.

Als der transitierende Neptun den Nadir des Geburtsbildes erreichte und ein Trigon zur Geburts-Sonne bildete, wurde Mesmer aus Paris vertrieben. Zuvor hatte er eine Schule gegründet, die Societé de l´Harmonie, welche die Wissenschaft (oder Kunst) des Mesmerismus an Praktiker vermittelte. Auch wenn seine eigene Karriere steil abwärts ging, beeinträchtigt von der zunehmenden Ächtung und Zurückweisung durch seine eigenen Anhänger, brachte doch seine Schule weitere Ableger hervor, und Theorie und Praxis des Mesmerismus verbreiteten sich in allen europäischen Hauptstädten. Mesmer verstarb 1815 unbekannt in einer deutschen Kleinstadt am Bodensee. Neptun im Transit stand in Schütze in Opposition zu seiner Geburtsstellung und in Konjunktion mit seinem Geburts-

Uranus, während Pluto inmitten der Fische ein doppeltes T-Kreuz zu der Neptun-Uranus-Opposition seines Geburtshoroskops bildete. Doch zum Zeitpunkt seines Todes war der Mesmerismus bereits fest dort etabliert, wo im nächsten Jahrhundert die beiden großen europäischen Zentren für psychiatrische Forschung entstehen sollten: an der Schule von Nancy und an der Salpêtrière in Paris.

In den Augen der Schulmedizin blieb Mesmers Theorie des »Animalischen Magnetismus« weiterhin höchst fragwürdig. Doch einige seiner Schüler führten sein Werk weiter fort, als es ihm je möglich gewesen war, denn sie hatten kein Interesse an einer persönlichen Anerkennung durch die wissenschaftliche Gemeinschaft. Der bedeutendste dieser späteren Forscher war der Marquis Armand Jaques Chastenet de Puységur. Dieser liebenswürdige französische Aristokrat magnetisierte einmal einen Schäferjungen, der im Gegensatz zu den komplizierten Hysterikern aus Paris noch nie etwas von einer Krise gehört hatte, die sich in der Trance ereignen sollte. Dieser Junge namens Victor glitt ganz ruhig in eine somnambulistische Trance, d. h. seine Sinne schienen wach zu sein, überwach sogar, während er selbst in einer tiefen Hypnose war, offen für verbale Suggestionen und nicht in der Lage, sich nach dem Erwachen an seine Aussagen zu erinnern. De Puységur bemerkte, daß die Krise und die Konvulsionen unnötig waren. Sie gehörten zu der großen jupiterhaften Blitz-und-Donner-Show Mesmers, wobei die besonders suggestiblen Patienten ihm entgegenkamen und alle gewünschten Manifestationen lieferten. De Puységur erkannte, daß in Wirklichkeit die suggestible Trance und der Rapport zwischen dem Mesmeristen und seinem Gegenüber für die Heilung verantwortlich waren. Dieser Fall war die erste kritische Beobachtung eines Hypnotisierten. De Puységur hatte dabei sowohl die Hypnose als auch die Rolle der Suggestion entdeckt, auch wenn die Bezeichnungen selbst bis zur Namensgebung durch James Braid noch fast ein halbes Jahrhundert auf sich warten lassen sollten.

Der Animalische Magnetismus geriet nach einer kurzen Periode öffentlicher Popularität gegen Ende des 18. Jahrhunderts immer mehr aus dem Blickfeld, abgesehen von der ruhigen Arbeit, die an den Schulen von Nancy und an der Salpêtrière auch weiterhin geleistet wurde. Doch er zeugte einen seltsamen Ableger. Der Mesmerismus mischte sich mit der spiritistischen Bewegung, die in den 1840er Jahren in Amerika entstanden war (wieder einmal zeitgleich mit der Entdeckung des Planeten Neptun). Im Nu war das ganze Land von einer großen Sehnsucht nach Kontakten mit der Geisterwelt angesteckt. Spiritistische Gruppen, Broschüren, Zeitschriften und Kongresse schossen aus dem Boden. Anfang 1852 überquerte die neptunische Woge den Atlantik, und innerhalb eines Jahres hatte sie ganz Europa überschwemmt. Eine ganz besonders neptunische Angelegenheit waren die Séancen, denn sie erforderten eine *participation mystique* unter den Teilnehmern; zudem waren physische Phänomene wie Tischerücken, laute und ungewöhnliche Geräusche sowie Manifestationen eines Fluidums oder »Ektoplasmas« unerläßlich. Die

Epidemie verebbte langsam, doch viele spiritistische Gruppen blieben weiterhin aktiv und sind es noch heute. Was immer man von dieser neptunischen Welt halten mag, in die kaum ein Schimmer des Lichts der Vernunft gedrungen ist – wir werden sie in Kapitel 7 näher untersuchen –, sie lieferte wertvolles Material für die Erforscher der menschlichen Psyche, die sich in aller Stille daran machten, ein Gebäude des Verständnisses für die Dynamik des Unbewußten zu errichten. Im späten 19. Jahrhundert lieferte Bernheim, ein Arzt aus der Schule von Nancy, eine Weiterentwicklung des Werks von de Puységur über Somnambulismus – im Licht der neueren Forschungen von James Braid über Hypnose. Bernheim lehrte eine Theorie der Suggestion hinsichtlich seiner in Trance versetzten hysterischen Patienten. Zur gleichen Zeit entwickelte Charcot, einer der großen Neuerer der psychiatrischen Forschung, am Hospital der Salpêtrière eine eigene Theorie über den Zusammenhang zwischen Hysterie und Hypnose. Von dieser intensiven Forschung gelangte man auf schwer faßbaren und mysteriösen Wegen durch menschliche Leiden schließlich zu Sigmund Freud und C. G. Jung. Die Tore zum Unbewußten waren aufgestoßen, und das Zeitalter der Tiefenpsychologie und der dynamischen Psychiatrie dämmerte herauf.

Doch was ist Hysterie, und was ist Hypnose? Erstere scheint zunächst leichter erklärbar zu sein, denn in den meisten psychiatrischen Lehrbüchern finden sich scheinbar ganz sinnvolle Definitionen. Doch Hysterie wie Hypnose schlüpfen wie ein Fisch aus den Händen, wenn man sie fangen will; beide entziehen sich letztendlich einer rationalen Erklärung. Wir beginnen mit der Hysterie, die den älteren Stammbaum hat, denn sie ist das neptunische Leiden par excellence. Doch Leiden ist nicht der richtige Ausdruck dafür. Auch wenn man Hysterie normalerweise als eine Krankheit oder »Persönlichkeitsstörung« ansieht, ist sie doch eine Eigenheit der menschlichen Psyche im allgemeinen, und sie findet sich – wie auch Neptun selbst – mehr oder weniger ausgeprägt bei jedermann. Ein Neptun, der Amok läuft, ist etwas ganz Unverwechselbares. Da aber jedes astrologische Symbol ein ganzes Spektrum kreativer und destruktiver Ausdrucksmöglichkeiten darstellt, das demselben archetypischen Kern entstammt, ist kein Planet ausschließlich »gut« oder »böse«. Die sogenannten Übeltäter, Mars und Saturn, schützen das Leben durch Realismus, Stärke und Mut, während die sogenannten Wohltäter, Venus und Jupiter, das Leben durch blinde Naivität, Größenwahn und Verschwendung zerstören können. Jeder Planet zeigt, wenn er andere Horoskopfaktoren dominiert, eine ganz bestimmte eigene Pathologie und auch eigene Fähigkeiten. Ungleich der lähmenden Abwehr und Rigidität des Saturn, der kühlen Fragmentierung und Dissoziation des Uranus oder der paranoiden Destruktivität Plutos drücken die gestörten emotionalen Zustände, die mit Neptuns problematischerer Seite zusammenhängen, mehr oder weniger eine Qualität aus, die man am besten als ekstatisch beschreiben könnte. Das Wort »Ekstase« stammt aus dem Griechischen und bedeutet »außer sich sein«. Die Flut bricht herein, das Meer überschwemmt das Land, das Ego ist durchlässig oder nur zum Teil ausgebildet und zerfällt – willentlich oder unwillkürlich – angesichts des übermächtigen archaischen Verlangens nach Verschmelzung mit dem Urquell.

Neptunische Ekstasen können sich in extremer Emotionalität oder als eine Reihe charakteristischer physischer Symptome zeigen, die von der Schulmedizin nur teilweise als psychosomatisch anerkannt werden. Diese Ekstase mag ein verborgenes Paradies sein, in das sich jemand zurückzieht, wobei er, mit dem verblüffend heiteren Gesichtsausdruck eines satten Kindes, alle anderen draußen warten läßt. Solche Affekte können spontan im Innern entstehen, oder durch Drogen oder Alkohol induziert werden; doch ihr emotionaler Ausdruck ist unmißverständlich. Man steckt nicht länger in den Grenzen einer fest umrissenen Identität, sondern verschwimmt, löst sich auf und zerfließt. Selbst wenn sich dramatische und scheinbar echte emotionale Affekte zeigen, hat man nicht das Gefühl, ein Individuum vor sich zu haben, sondern spürt das Heranfluten von etwas Ursprünglichem, ohne Verbindung zu einer kohärenten Identität. Die neptunische Ekstase ist sowohl die der ozeanischen Mutter als auch die des göttliches Kindes. Sie ist eine Regression in eine pränatale Seligkeit, eine uferlose Erfahrung des Einsseins mit der Gottheit, und gleichzeitig ein Ausbruch primitiven Zorns gegen jegliche drohende Trennung. Der neptunische Grenzverlust ist sowohl invasiv als auch evasiv. Die Auflösung der konturierten Ich-Persönlichkeit führt nicht nur zu einer größeren Verletzlichkeit gegenüber der saturnischen Welt und einem konsequenten Widerstand dagegen, sich der Einsamkeit des blendenden Tageslicht auszusetzen; sie erzeugt auch eine ungeheure Angst, so daß die Person, die im Bann dieses unwiderstehlichen Verlangens steht, versuchen wird, die Grenzen anderer, sogar fremder Menschen niederzureißen, um zu der Einheit zu gelangen, die sie sucht. Deshalb verspüren die anderen eine seltsame Ambivalenz in ihrer Reaktion auf einen Neptun, der Amok läuft, denn man sucht nach einer festen, kohärenten Entität und greift ins Leere. Statt dessen begegnet man einem zerbrechlichen, ungeformten Etwas. Doch die Kraft und der Einfluß dieses ungeformten Etwas sind manchmal sehr verblüffend, denn ein solcher Mensch kann durch den Einsatz subtilster emotionaler Mittel große Macht über andere ausüben. Die Hilflosigkeit eines Kindes geht mit der archetypischen Zaubermacht der Schöpfer-Gottheit einher, mit der Zauberin Maya.

Eines der anschaulichsten Portraits dieser »Kunst« ist der Film *Solaris* des russischen Regisseurs Andrej Tarkowskij. Dieser Film ist nur auf den ersten Blick eine Science-Fiction-Story. Er zeigt einen fremden Planeten, der die Macht besitzt, den Menschen ihre in der unbewußten Psyche verschütteten Sehnsüchte zurückzuspiegeln und diese Wünsche in Form von Halluzinationen zu manifestieren – anfänglich zum Entzücken und schließlich zum Schrecken der Besucher. Diese wandelbare Macht, sich mit der Psyche anderer zu identifizieren und ohne Anstrengung zu dem zu »werden«, was der andere insgeheim wünscht, ist eine der großen künstlerischen und therapeutischen Begabungen des neptunischen Temperaments. Doch wenn im Kern Integrität und Selbstachtung fehlen – und sie werden auf einer grundlegenden Ebene immer dann fehlen, wenn unbewußte Verletzungen aus der Kindheit noch nicht aufgearbeitet sind –, dann wird diese Gabe zu einer großen Gefahr. Die Identifikation mit einem Archetyp bringt immer Macht. Aber diese Macht ist nur geborgt, wird zur Lüge und zerstört schließlich alles Menschliche, wenn sie sich mit dem Bedürfnis vermengt, einen früheren Mangel zu kompensieren. Die Identifikation mit Neptun erzeugt die verführerische Faszination und Wasser-Magie zweier mythischer Charaktere: der ozeanischen Schöpferin und Mutter und des göttlichen Erlöser-Sohns. Eine zutiefst verwundete und unausgereifte Persönlichkeit wird diese Zaubermacht dazu benutzen, auf Kosten anderer kindliche Bedürfnisse auszuleben – wie groß auch immer die Begabung sein mag. Aus diesem Grunde setzt man, wie aus der Psychiatrie bekannt ist, die hysterische Persönlichkeit mit den abscheulichsten Formen der Täuschung, Manipulation und emotionalen Erpressung gleich.

Die griechische Tradition der Hysterie

Der griechische Begriff Hysteria bedeutet »Gebärmutter« oder »Schoß«. *Hysterai* läßt sich wörtlich als »die hintersten, die untersten Teile« übersetzen. Die sozialen Probleme, die durch Störungen dieses mysteriösen Organs verursacht sind, werden in der kurzen hippokratischen Abhandlung *Über die Jungfrauen*[5] beschrieben. Die physischen Symptome der Hysterie – Lähmung oder Zittern der Glieder, funktionelle Blindheit (wie bei Maria Paradis) und Taubheit, Atemnot, Schmerzen in der Brust, ein Kloß im Hals, Schmerzen in Leisten und Beinen, Schwächeanfälle, Hitzewallungen, Verdauungsstörungen, Schaum vor dem Mund und verschiedene sexuelle Störungen – schreibt der Autor dem Menstrualblut zu, das einen falschen Weg genommen und die anderen Körperorgane und auch das Gehirn überflutet hat. Nach anderen hippokratischen Schriften soll die Gebärmutter selbst durch den Körper wandern und Unheil stiften, bis sie an ihren angestammten Platz zurückgebracht werden kann. Trotz ihrer bemerkenswerten Unkenntnis der weiblichen Anatomie entging den griechischen Ärzten nicht, daß mit diesen körperlichen Symptomen eine bestimmte Art labiler oder fließender Emotionalität einherging, die sie von Problemen organischen Ursprungs unterschied. Die Stimmungen schwankten ungewöhnlich leicht und manchmal heftig, was mit unbeherrschtem Lachen, Weinen oder Zornesausbrüchen einherging und hinsichtlich der aktuellen Situation meist unangemessen und bezugslos war. Man glaubte, daß Hysterie häufiger bei Witwen und Jungfrauen als bei verheirateten Frauen aufträte, und die Behandlung bestand normalerweise in der Verschreibung von Heirat und Sexualverkehr – eine pragmatische und vielleicht erniedrigende, aber nichtsdestotrotz oft dramatisch wirksame Kur für das frustierte neptunische Begehren nach Vereinigung. Die Griechen wußten, daß die theatralischeren Manifestationen der Hysterie hauptsächlich erotischen Ursprungs waren, auch wenn sie sich hinter religiöser Inbrunst verbargen.

> Das Haar aufgelöst, den Kopf zurückgeworfen, die Augen rollend, der Körper verkrümmt, gespannt oder gewunden, und dann die plötzlich eintretende Ruhe – all das findet sich in den graphischen Darstellungen der Station Charcots an der Salpêtrière, auf attischen Vasengemälden von den Mänaden und in Beschreibungen zeitgenössischer haitianischer Voodoo-Rituale. Es ist in der Tat wahrscheinlich, daß der Körperausdruck in jedem dieser Fälle eine ähnliche Bedeutung hat: sexuelle Erregung und Ekstase, der Geburtsvorgang, die Sehnsucht nach Befreiung von Einschränkungen und das Streben nach Vereinigung mit machtvollen Phantasiegestalten.[6]

Die Griechen wußten um das Phänomen der Massenhysterie, und *Die Bakchen* von Euripides ist eine der erschreckendsten dramatischen Darstellungen dieses kollektiven Zustands. In der Tat war das Problem der Hysterie für den griechischen Geist eine dionysische Angelegenheit, gleich ob bei einem Individuum oder bei einer Gruppe. Das Loslassen der Mänaden in den dionysischen Ritualen wurde als ein kollektiv sanktionierter, symbolischer und zumeist kreativer Ausdruck der Ekstase begriffen, und nicht als die individuelle Erfahrung eines hysterischen Anfalls. Dionysos, der Gott der unsichtbaren einigenden Lebenskraft hinter der manifesten Realität (die Mesmer das universelle Fluidum nannte), war der Herrscher über diese Ekstase, die nur dann pathologisch war, wenn sie das persönliche Leben durch eine unausgedrückte und unerfüllte Sehnsucht beeinträchtigte. Mit anderen Worten, Hysterie als Krankheit war eher das Resultat von zu wenig als zuviel Dionysos. Wenn man dem Gott nicht gab, was ihm gebührte, nahm er es übel. In den Zuständen ekstatischer göttlicher Besessenheit wurde schrittweise eine Spannung aufgebaut, bis hin zu dem Punkt, an dem der Gott die Macht übernahm und die Person nicht mehr Herr ihrer selbst war; was daraufhin folgte, erinnerte man in der Regel nicht mehr. Wir begegnen dieser charakteristischen Amnesie bei Menschen, die sturzbetrunken sind, jegliche Selbstkontrolle verloren haben, sich ausgeprägt dionysisch verhalten und am nächsten Morgen behaupten, sich an nichts mehr erinnern zu können. Das Verhalten wird von dem Betreffenden geleugnet, genau wie nach einer somnambulistischen Trance. Etwas anderes – der Alkohol, der Gott oder das Unbewußte (oder alle drei) – übernimmt eine Zeitlang die Macht. Das ist eine kleine Sintflut, bei der die Wasser die Erde reinigen und das von den Sünden der Vergangenheit – und von den zusätzlichen, im ekstatischen Zustand begangenen Sünden – befreite Leben wieder neu beginnen kann. Praktisch das gleiche Vergessen geschieht bei einer hysterischen Persönlichkeit nach einer größeren emotionalen Entladung.

Die rasenden Mänaden der *Bakchen* sind anfangs brave Hausfrauen und Mütter unter der Herrschaft des saturnischen König Pentheus; sie sind von diesem Leben, gelinde gesagt, äußerst frustriert. Durch die Ekstase des Gottes nehmen sie Verbindung zu einer universellen androgynen Lebenskraft auf; sie erheben sich, eignen sich männliche Macht und Funktionen an, verlassen ihren Webstuhl und die Kinder, greifen zu den Waffen und kämpfen gegen die Männer. Sie leben ihren Zorn gegen tyrannische Kinder aus, reißen junge Tiere in Stücke und präsentieren den Thyrsosstab – einen gigantischen Phallus. Der äußerst rationale, aber dumme Herrscher Pentheus, in dessen Königreich sie Amok laufen, versucht sie einzufangen und wieder an ihre häuslichen Pflichten zu setzen. Das führt dazu, daß er buchstäblich seinen Kopf verliert. Freud deutete dies als symbolischen Verlust seines Penis und seiner Gesundheit. Hinter den emotionalen Manipulationen der Hysterie steckt ein rachsüchtiger und kastrierender Zorn. Pentheus treibt die Abspaltung bis ins äußerste Extrem, und er bezahlt mit einem schrecklichen Preis. Offenbar betrachteten die Griechen, wie Charcot und andere Forscher nach ihm, die Hysterie als Voraussetzung par excellence für lang andauernde kontinuierliche Unterdrückung – nicht nur des erwachsenen sexuellen Begehrens, sondern auch der grenzenlosen Sehnsucht des Kindes nach Vereinigung mit seinem göttlichen Ursprung.

> *Tiresias*: Eben der Gott, der neue, den du so verhöhnst, Ganz unaussprechlich ist er mir, wie er groß an Macht in Hellas sein wird. ... [Er] erfand der Rebe feuchten Trank, führt' ihn ein bei den Menschen, der die armen Sterblichen befreit vom Leid, wenn sie sich laben an des Weinstocks Saft, Schlaf ihnen schenkt, Vergessen aller Mühn des Tags; kein andres Mittel heilt wie dieses Qual und Not. Man spendet ihn den Göttern, ihn, den Gott als Wein; durch ihn wird Gutes so dem Menschenvolk zuteil. ... Ein Seher ist der Gott. Bakchisch verzückt sein und voll Raserei bringt hohe Seherkunst in sich. Denn wenn der Gott in jemands Leib ganz eingeht, läßt er kund die Zukunft tun die Wahnbefallenen. ... Pentheus, auf, gehorche mir; sag stolz nicht, Herrschgewalt verleih uns Menschen Macht, noch wenn du etwas glaubst, jedoch dein Glaube krankt, halt es für Einsicht! Nimm den Gott im Land hier auf und spende ihm und feire ihn und kränz dein Haupt![7]

Nach Aristoteles gibt es drei Formen des Wahnsinns: Ekstase (oder Erotik), Manie und Melancholie. An erster Stelle erkennen wir den Hysterischen. Interessanterweise assoziiert der griechische Geist, wie sich in Tiresias' Rede an Pentheus im Schauspiel zeigt, diese Form des Wahnsinns mit psychischen Kräften. Der ekstatische Wahnsinnige hat Schauungen und gibt Prophezeiungen wie die Pythia des apollinischen Orakels. Hier befinden wir uns auf vertrautem neptunischem Boden. Der Zustand der Exstase war im griechischen Gedankengut eng verbunden mit der Vorstellungskraft und der Gabe, Visionen zu haben. Die ozeanische Welt der Phantasie und des Traumes überflutet die Schranken der Sinne, und die Grenze zwischen Realität und Illusion zerbricht. Der neptunische Wahnsinn kennt keinen Kompromiß zwischen dem Rationalen und dem Irrationalen. Oder, anders gesagt, er kennt keinen Kompromiß zwischen dem Reich der ozeanischen Mutter und dem kleinen Pfad auf Erden, den wir das individuelle Ego nennen, das zum eigenen Überleben von den Funktionen Saturns abhängig ist. In der Hysterie kippt die poetische Kreativität – die Macht, individuelle menschliche Erfahrung mit der proteanischen Unterwasserwelt universell einigender Bilder und Gefühle zu erfüllen – in gefährliche Verzerrungen der Realität um.

> Wer sich nicht gehen lassen und sich nicht erlauben kann, den Bezug zur Realität auszusetzen, kann das Theater nicht genießen; doch wer sich allzusehr gehen läßt, ist verrückt. ... Womöglich ... ist Dionysos ein Gott der Illusion, und als solcher besonders geeignet als Gott des Theaters.[8]

Das griechische Theater war, wie die dionysischen Feste, eine kollektiv gebilligte neptunische Erfahrung. Während die dionysischen Rituale hauptsächlich für die Nöte unterdrückter, frustrierter und mißachteter Frauen gedacht waren, war das Theater jedermann zugänglich. Das griechische Theater war von Dionysos selbst geheiligt, und die Schauspieler waren seine Diener. Die Masken, die sie trugen, zeigten ihre archetypischen Rollen, denn die dionysische Erfahrung hielt man für universal, nicht für persönlich. Ihr Hauptziel war die *Katharsis*, eine kollektive psychische Vereinigung wie die Messe, die Schauspieler, Zuschauer und Gottheit in einer zutiefst emotional empfundenen Erfahrung des Mitleids mit dem Los der Menschheit und der Ehrfurcht vor den Göttern miteinander verband. Heutzutage benutzen wir das Wort Katharsis, um eine Erleichterung aufgestauter Gefühle zu beschreiben, die der Reinigung und Erneuerung dient. Das ist Mesmers »Krisis«, die Überflutung des Landes durch das Meer. Die griechischen Zuschauer waren nicht so gesittet, wie wir es heute sind; sie jammerten, schrieen, weinten, fluchten und quälten sich mit ihren Schauspielern. Interessanterweise ist das griechische Wort für »Schauspieler« *Hypokrit* – in *Chambers* Wörterbuch des 20. Jahrhunderts definiert als »jemand, der seinen wahren Charakter verbirgt«. Astrologiekundige werden darin eine der schwierigeren Dimensionen des Neptunischen erkennen.

Die Griechen stellten ihren Tragödien Komödien an die Seite, und diese Komödien waren grob, phallisch und obszön. Auch das war eine einigende Erfahrung und gehörte zu Dionysos, der alle von Geist und Sinnen verlassenen Ekstatiker beherrscht. Die Hysterie des Theaters und die Hysterie der dionysischen Rituale war die kultivierte Anerkennung eines gottgegebenen Verlangens, das, unerkannt und unausgelebt, zu einer Erkrankung des Körpers und der Seele führen mußte, in die richtigen Bahnen gelenkt jedoch zu einer heilsamen Erfahrung der Einheit mit der universellen Lebenskraft werden konnte. Heutzutage ist es Mode geworden, sich mit trockenen ideologischen Kommentaren über die politische Einstellung des Intendanten der Oper oder des Theaters auszulassen und religiöse Rituale in schwammige gesellschaftliche Ereignisse zu verwandeln. So ist es nicht überraschend, daß die Hysterie zu einer Krankheit wurde, die in den Bereich der psychiatrischen Stationen gehört.

Hysterie an der Salpêtrière

Die Pionierarbeiten von Charcot und Janet und die frühen Forschungen von Freud und Jung konzentrierten sich hauptsächlich auf die Hysterie. Wie wir schon gesehen haben, hat sich dieser Zweig der psychologischen Erforschung der neptunischen Welt aus den mesmeristischen Theorien der letzten Jahrzehnte des 18. Jahrhunderts entwickelt, im Rahmen eines Trendszur Rationalisierung der Mysterien des Lebens, den wir heute die Aufklärung nennen. Die Schriften dieser Männer vermitteln uns ein prägnantes klinisches Bild der Hysterie. Heutzutage ist der Inhalt dieser Schriften in mancherlei Hinsicht überholt und nur noch von begrenztem Wert, zum Teil auch deswegen, weil Krankheit wie Normalität stets nur ein Ausdruck des kulturellen Kanons der jeweiligen Zeit sind. Aber sie vermitteln uns bemerkenswerte Einsichten in die neptunische Pathologie. Die meisten Patienten der Salpêtrière waren Frauen, die ohne eine ersichtliche organische Ursache an körperlichen Symptomen wie gelähmten Gliedmaßen, Blindheit und unkontrollierbarem Zittern litten oder halluzinatorische Anfälle, emotionale Ausbrüche, Sprachlosigkeit oder andere typisch hysterische Erscheinungen zeigten. Man gab dieser Gruppe psychosomatischer Probleme die Bezeichnung »Konversionshysterie«. Darunter verstand man, daß ein unterdrücktes emotionales Dilemma, das der bewußten Persönlichkeit nicht zugänglich war, in körperliche Symptome »konvertiert« wurde, die den ursprünglichen Konflikt symbolisch ausdrückten. So war es nicht weiter überraschend, als sich herausstellte, daß die meisten dieser unterdrückten Konflikte, wenn man sie mittels Hypnose untersuchte, erotischer Natur waren und mit den elterlichen Gestalten zusammenhingen.

Auch wenn der Arzt Charcot glaubte, die Ursache der Hysterie sei letztendlich die angeborene Konstitution des Patienten, verlor doch der Seelenforscher Charcot niemals aus dem Blick, welche Wirkung der Geist auf den Körper hat. In einer seiner Vorlesungen berichtete er seinen Studenten:

> Wir wollen versuchen, wenigstens teilweise den Mechanismus der Entstehung traumatisch hysterischer Paralysen zu erkennen ... Wir müssen dabei einen scheinbar abwegigen Kurs einschlagen und uns noch einmal einem Thema zuwenden, das schon zuvor unsere Aufmerksamkeit beansprucht hat. Ich spreche von den bemerkenswerten Paralysen, die man *psychische Lähmungen* nennt, *Lähmungen aufgrund von Ideen, Lähmungen aufgrund von Einbildung*. Beachten Sie, daß ich nicht von *eingebildeten Lähmungen* spreche, denn diese motorischen Lähmungen psychischen Ursprungs sind objektiv genausogut vorhanden wie diejeni-

> gen organischen Ursprungs; wie Sie demnächst anhand einer Reihe identischer klinischer Fallbeispiele sehen werden, simulieren die Kranken diese Lähmungen, was ihre Diagnose außerordentlich schwierig macht.[9]

Nichts kann uns einen besseren Eindruck von Neptun vermitteln als »Lähmungen aufgrund von Einbildung«, und auch der Hinduismus lehrt seit über zweitausend Jahren, daß der »grobstoffliche« Körper sich durch den Willen der Psyche verflüssigen und verformen kann. Mit dem obigen Zitat kommt Charcot dem sehr nahe, was später die wichtigste Theorie Freuds über den Ursprung neurotischer Probleme werden sollte: ein dicht besetzter »Komplex« miteinander verbundener Erinnerungen, Vorstellungen und Gefühle, der wegen seiner Unerträglichkeit vom Bewußtsein abgespalten wurde und das emotionale und körperliche Wohlbefinden immer mehr beeinträchtigt.

Charcot fährt fort:

> Es ist bekannt, daß eine Vorstellung unter gewissen Umständen eine Lähmung erzeugen kann, und umgekehrt, daß eine Vorstellung auch eine Lähmung zum Verschwinden bringen kann ... Bei Personen im Zustand des hypnotischen Schlafes ist es möglich, mittels Suggestionen oder Andeutungen eine Vorstellung oder eine kohärente Gruppe assoziierter Vorstellungen zu erzeugen, die *das Individuum beherrschen* und *isoliert bleiben*, und sich in entsprechenden motorischen Phänomenen manifestieren.[10]

Dies ist heutzutage keine so überraschende Vorstellung mehr, denn aufgrund unseres größeren psychologischen Wissens neigen wir zu Mißtrauen, wenn ein Leiden keine erkennbare organische Ursache hat oder jemand immer wieder unter solchen Erkrankungen leidet. Der Begriff »psychosomatisch« ging in die Alltagssprache ein, auch wenn man ihn hauptsächlich benutzt, um damit die Krankheit anderer, nur nicht die eigene, zu charakterisieren. Doch wir müssen uns die Bedeutung dieser Entdeckung in der medizinischen Welt des 19. Jahrhunderts vergegenwärtigen, da die Macht der Psyche über den Körper seit heidnischen Zeiten in Vergessenheit geraten war. Freud betonte die Bedeutung dieser Einsicht in seinem Nachruf auf Charcot:

> An einer Stelle seiner Arbeit ging Charcot noch über das Niveau seiner sonstigen Behandlung der Hysterie hinaus und tat einen Schritt, der ihm für alle Zeiten den Ruhm des ersten Erklärers der Hysterie sichert. Mit dem Studium der hysterischen Lähmungen beschäftigt, die nach Traumen entstehen, kam er auf den Einfall, diese Lähmungen, die er vorher sorgfältig von den organischen differenziert hatte, künstlich zu reproduzieren, und bediente sich hierzu hysterischer Patienten, die er durch Hypnotisieren in den Zustand des Somnambulismus versetzte. Es gelang ihm durch lückenlose Schlußfolge nachzuweisen, daß diese Lähmungen

> Erfolge von Vorstellungen seien, die in Momenten besonderer Disposition das Gehirn des Kranken beherrscht hatten. Damit war zum ersten Male der Mechanismus eines hysterischen Phänomens aufgeklärt, und an dieses unvergleichlich schöne Stück klinischer Forschung knüpfte dann sein eigener Schüler P. Janet, knüpften Breuer u. a. an, um eine Theorie der Neurose zu entwerfen, welche sich mit der Auffassung des Mittelalters deckt, nachdem sie den »Dämon« der priesterlichen Phantasie durch eine psychologische Formel ersetzt hat.[11]

Der Hysteriker ist also ein Mensch mit geteiltem Willen: dem Willen, ein vollwertiges Leben führen zu können, und dem Willen, ein Invalide zu bleiben. Dem unsentimentalem Blick Charcots zeigte sich eine tiefe Abneigung gegenüber jeglichem Vorschlag, die das Leiden verursachenden, unbewußten »Vorstellungen« aufzugeben – als seien Krankheit und Opferrolle für den Patienten weniger schmerzhaft als die Erkenntnis der Wahrheit über seine oder ihre Gefühle und die Herausforderung, ein eigenständiges Leben zu führen. Wir erkennen darin ohne weiteres die Sehnsucht nach Verschmelzung, die so charakteristisch für Neptun ist. Die fischartige Schlüpfrigkeit des Hysterikers – die einen ansonsten offenen und ehrenwerten Menschen zu einem gewohnheitsmäßigen *Hypokriten* machen kann, sobald der unterdrückte Vorstellungskomplex allzu eingehend untersucht wird – ist ein Phänomen, dem jeder Psychotherapeut schon begegnet ist. Das kann auch auf Menschen zutreffen, die nach den üblichen diagnostischen Kriterien in keiner Weise »hysterisch« genannt werden können. Tatsächlich trifft es auf uns alle zu, sobald Neptun sein Recht verlangt. Auch wenn die von Janet, Breuer und Freud formulierten Definitionen der Hysterie in den folgenden Jahrzehnten erweitert wurden, um rein psychologische wie auch psychosomatische Manifestationen miteinzuschließen, bleibt der unbewußte Wunsch, krank zu bleiben, ein besonders typisches Merkmal der Hysterie. Es ist eine nur allzu menschliche und weit verbreitete Manifestation der neptunischen Sehnsucht nach dem Glück der Vereinigung mit dem Urquell – umsorgt, verwöhnt, bedingungslos geliebt und von einem starken und tüchtigen Lebenspender vor den Schrecken der Welt »da draußen« beschützt zu werden.

Ein weiteres auffallendes Merkmal der hypnotischen Experimente Charcots mit der Hysterie war die Intensität der Bindung zwischen Arzt und Patient. Wie wir schon gesehen haben, war Mesmer der erste, der diese Bindung in Worte faßte und sie »Rapport« nannte; er glaubte, ein solcher Zustand der Vereinigung sei notwendig, um eine Heilung zu bewirken. Doch was den Rapport ausmachte und wie er entstand, war anfangs nicht ganz klar. Sicherlich war sich Mesmer der erotischen Charakteristika nur allzu bewußt (er war ja deswegen aus Wien vertrieben worden), und ebenso der Komponente der Abhängigkeit und der Bereitschaft, sich führen zu lassen. Charcot fand heraus, daß die hysterische Persönlichkeit (vielleicht sollten wir sie einfach die unausgereifte Persönlichkeit nennen) unweigerlich dazu neigte, die Bindung weit über die normale Beziehung zwischen Arzt und Patient hinaus zu steigern, bis zu einem Punkt, an dem der Patient gleichsam eine Erweiterung des Willens des Arztes wurde. Pierre Janet schrieb, als er seine eigenen Vorstellungen über Charcots Entdeckungen formulierte:

> Diese Bindung, die sich bei der erforderlichen Behandlung entwickelt, erreicht unverhältnismäßige Ausmaße, wenn Somnambulismus und Suggestion im Spiele sind. Dies bemerkten auch die alten Magnetiseure, wenn sie, ohne es zu wissen, Hysteriker betreuten, und sie beschrieben dieses Phänomen wiederholt. Vielleicht sollten wir es zu Ehren der heroischen Periode des Magnetismus die magnetische Leidenschaft nennen ...[12]

Wenn wir uns den Zustand der völligen Identifikation neptunischer Erfahrungen vergegenwärtigen, können wir sehen, daß die »magnetische Leidenschaft«, von der Janet schreibt, tatsächlich eine Erfahrung psychischer Vereinigung ist, vergleichbar der eines Säuglings mit der Mutter. Der unausgereifte und entgrenzte Patient verschmilzt mit der Persönlichkeit des Arztes; und mit der besonderen Feinfühligkeit Neptuns errät er oder sie intuitiv, was nötig ist, und liefert es auch, bis hin zu dem Punkt, an dem genau die Symptome gezeigt werden, die der Arzt – bewußt oder unbewußt – erwartet. Diese geheimnisvolle Fähigkeit, dem Heiler die passenden Symptome zu liefern, zeigt sich heutzutage mit schöner Regelmäßigkeit in vielen Spielarten der Psychotherapie – ob es sich dabei nun um Hysterie im klinischen Sinne handelt oder nicht. Deswegen produzieren so viele Patienten Freudscher Analytiker Träume voller oraler, analer und phallischer Bilder, die dem Analytiker so viel bedeuten, während der Jungsche Praktiker darüber erstaunt und erfreut sein mag, wie häufig seine Patienten sich an Träume voller alchemistischer Prozesse, Mandalas und Symbole des Selbst erinnern. Wieder einmal betreten wir Neptuns Spiegelsaal.

Der Grund für das Abrücken Freuds vom Hypnotismus als klinischer Methode ist eine häufig erzählte Geschichte. Nachdem eine seiner Patientinnen unter Hypnose eine kathartische Behandlung erhalten hatte, zog sie ihn plötzlich beim Aufwachen in eine Umarmung mit eindeutig erotischer Intensität. Freud erklärte später, daß er in diesem Augenblick »das geheimnisvolle Element, das hinter dem Hypnotismus steckte«, begriff – die »magnetische Leidenschaft« der Mesmeristen, die wir heute in der Sprache der modernen Tiefenpsychologie als erotische Übertragung bezeichnen. Wenn wir unsere klinische Terminologie einmal beiseite lassen, sollte klar geworden sein, daß ein so machtvolles Streben nach psychischer Vereinigung nicht nur im Sprechzimmer des Psychotherapeuten geschieht. Es ereignet sich überall, in jedem Lebensabschnitt, in unterschiedlichem Ausmaß, bei jedem Menschen, gleich welche Geschlechts. Sein Objekt muß nicht notwendigerweise ein Mensch sein, doch die treibende Kraft ist immer die neptunische Sehnsucht, der unbedingte Wunsch, ins Paradies zurückzukehren.

Wir besitzen heute eine Fülle diagnostischer Etiketten, um die verschiedensten psychischen Störungen zu bezeichnen, die beim Menschen auftreten können. In der psychiatrischen Fachsprache wurde Hysterie zu einer verdächtigen Vokabel, die man immer seltener benutzte, insbesondere seit der »Konversionshysteriker« aus dem Paris und Wien des 19. Jahrhunderts mehr oder weniger aus den psychiatrischen Stationen verschwunden ist. Die hysterische Persönlichkeitsstörung des 20. Jahrhunderts weist meist keine körperlichen Symptome auf, auch wenn sie mit extremer Hypochondrie einhergehen mag. Die Zeiten, die Moral und die sexuellen Rollen haben sich geändert, und jetzt haben wir es mit neuen Krankheiten zu tun, die einem veränderten kulturellen Kanon und anderen Erwartungen unserer Ärzte gerecht werden müssen. Vielleicht zeigt auch die hysterische Komponente, die in jedem von uns steckt, nur ihre bemerkenswerte neptunische Elastizität und produziert einfach neue Varianten der Ekstase, die »manisch-depressive Psychose«, »Schizophrenie«, »funktioneller Autismus«, »epileptische Persönlichkeit« oder »Eßstörungen« genannt werden. Es ist gut möglich, daß die Hysterie sogar in solchen Krankheiten äußerst lebendig ist, von denen wir überzeugt sind, daß sie organischen Ursprungs sind, weil sie physiologische Begleiterscheinungen haben und weil einige davon tödlich verlaufen können, z.B. Krankheiten des Herzens, Krebs, Drüsenfieber (Mononukleose), multiple Sklerose, und das allerneueste Leiden – Charcot hätte dies zweifellos nur mit einem verächtlichen Schnauben zu Kenntnis genommen -, die chronische Müdigkeit.

Zu Charcots Zeit faßte man die meisten Geisteskrankheiten (abgesehen von denen, die, wie Hirnschäden oder tertiäre Syphilis, auf direkte organische Ursachen zurückzuführen waren) unter dem weitgefaßten Begriff Hysterie zusammen. Und trotz neuerer Bemühungen, ein »Schizophrenie-Gen« zu isolieren, hatte man damit möglicherweise recht. Das große Mysterium, das Mesmer und seine Nachfolger entdeckt hatten, war die außerordentlich kreative, fließende Qualität der Psyche, die sich nach Belieben von dem dissoziieren kann, was ihr an ihr selbst unerträglich ist, und die ihr Leiden durch den Körper äußern kann, der völlig ihrer Kontrolle unterworfen zu sein scheint. Charcot hypnotisierte nicht nur Hysteriker, er arbeitete auch mit Patienten, die an multipler Sklerose litten (er selbst prägte diesen Begriff). Charcot war in erster Linie Kliniker. Zwar ignorierte er keineswegs die physiologischen Auswirkungen von Symptomen, die mit merklichen körperlichen Veränderungen einhergingen, glaubte aber nichtsdestotrotz, daß sogar organische Leiden wie die multiple Sklerose eine hysterische Komponente haben. Heute würde diese Auffassung viele beleidigen, die an solchen Krankheiten leiden und sie als gänzlich somatisch ansehen. Doch möglicherweise hatte Charcot recht.

Die hypnotische Trance

Eines der interessantesten Merkmale der Hysterie, das schon die frühen Mesmeristen erkannten, auch wenn es ihnen in seiner vollen Bedeutung entging, ist die außergewöhnliche Suggestibilität der hysterischen Persönlichkeit. Eine große Empfänglichkeit für hypnotische Befehle geht mit einem vertrauten Spektrum hysterischer Symptome einher. Diese übersteigerte Empfänglichkeit, die einen intensiven »Rapport« mit dem Hypnotisten widerspiegelt, enthüllt eine wichtige Dimension der entgrenzten Persönlichkeit. Der Zusammenhang zwischen extremer Suggestibilität und Hysterie interessierte Charcot besonders, denn er war zu dem Schluß gelangt, eine ausgeprägte Empfänglichkeit für Hypnose – angezeigt durch die Fähigkeit, in eine tiefe somnambulistische Trance zu gehen – sei identisch mit der Suggestibilität der »Konversionshysterie«. Mit anderen Worten, der Hysteriker hypnotisiert sich unbewußt selbst und erzeugt seine somatische Verfassung, um einen inneren Konflikt zu vermeiden. Die Besonderheiten dieser somatischen Verfassung werden von den Eigenheiten der individuellen Umwelt und der persönlichen Bedürfnisse »suggeriert«. Oder einfacher, die hysterischen Symptome erscheinen merkwürdigerweise immer wie maßgeschneidert für die unbewußten Bedürfnisse des Kranken. Deshalb könnte man nach Charcot die hypnotische Trance als einen pathologischen oder krankhaften Zustand betrachten.

Zu anderen Schlußfolgerungen gelangte Bernheim an der Schule von Nancy bei vergleichbaren Forschungen über die hypnotische Suggestion. Er glaubte, die hypnotische Suggestibilität sei nicht ausschließlich auf die hysterische Persönlichkeit beschränkt, sondern ein universelles psychologisches Phänomen, das mehr oder weniger von jedem hervorgebracht werden könne, wenn es durch Suggestion induziert und kontrolliert werde. Charcot und Bernheim vertraten konträre Standpunkte, und eine Zeitlang führten sie eine heftige Auseinandersetzung über die Definition der Hypnose und ihre Bedeutung. Charcot gab zu, er sei nicht sonderlich interessiert an *le petit hypnotisme* – den kleineren hypnotischen Phänomenen, die auch bei Menschen ohne starke hysterische Disposition hervorgerufen werden konnten. Er beschäftigte sich mit *le grand hypnotisme*, einem ganz offensichtlichen Ausdruck der speziellen Pathologie seiner Patienten. Doch wenn wir die Forschungen dieser beiden bedeutenden Gestalten der psychologischen Frühgeschichte zusammennehmen, können wir sehen, daß beide recht hatten. Hysterie als Ausdruck der ungeformten, plastischen und infantilen Seite des menschlichen Wesens existiert in mehr oder weniger großem Umfang in jedem von uns, und vielleicht ist sie eine natürliche Eigenschaft der unbewußten Psyche. Deshalb ist jeder von uns in gewissem Ausmaß an dem Punkt suggestibel, der im Geburtsbild durch Neptun symbolisiert wird. Doch wenn die Hysterie die Persönlichkeit dominiert, tiefe emotionale Wunden verdeckt und indirekt unterdrückten instinktiven Bedürfnissen dient, die keine gesündere Ausdrucksmöglichkeit finden, dann verstehen wir sie als eine Pathologie samt der damit einhergehenden extremen hypnotischen Suggestibilität.

> Suggestibilität ist zweifellos eine allgemein menschliche Eigenschaft, auch wenn sie nicht bei allen im gleichen Ausmaß vorhanden ist. ... Man hält Frauen generell für suggestibler und empfänglicher für die Hypnose als Männer. Die Literatur weist diese Vorstellung fast einhellig zurück. ... Alle Forschungen zeigen, daß Kinder, wenn sie die notwendigen Instruktionen verstehen und befolgen können, bis zum Alter von vierzehn Jahren zu fast 100 Prozent hypnotisierbar sind.[13]

Der letzte Satz dieses Zitats aus einem nahezu vierzig Jahre alten Text über Hypnose verdient eine eingehendere Betrachtung. Auch wenn neuere Theorien das Phänomen der Hypnose heute mit »social compliance« erklären, sind wir damit einem Verständnis keinen Schritt näher gekommen als zu der Zeit, als das oben erwähnte Buch verfaßt wurde. Diesen Autoren zufolge sind entweder alle Kinder bis zum Alter von vierzehn Jahren Hysteriker, oder sie zeigen natürlich fließende, entgrenzte Qualitäten, die mit dem Beginn der Pubertät abnehmen. In der astrologischen Begrifflichkeit gehen die psychologischen Veränderungen der Pubertät mit der ersten Opposition Saturns zu seiner Radix-Stellung einher. Wir denken dabei an den Zusammenhang zwischen der Pubertät und der Vertreibung des ersten Paares aus dem Garten Eden wegen der Erbsünde fleischlicher Erkenntnis. Man kann sich Pubertät bildhaft als das Essen der verbotenen Frucht vorstellen, denn sie ist eine Art Geburt – das Empfinden einer abgegrenzten sexuellen Identität und ein wachsendes Bewußtsein des eigenen sexuellen Begehrens bilden sich heraus.

In dieser Übergangszeit kommt es zum Konflikt mit dem gleichgeschlechtlichen Elternteil, der nun zum Rivalen wird. Das heranwachsende Kind wird geschlechtsreif und kann nun selbst Vater bzw. Mutter (oder ein Schöpfer-Gott) werden. Infantile Phantasien der Verschmelzung mit der geliebten Eltern-Gottheit, die sich durch Verletzungen während der Kindheit verfestigt haben, können in der Pubertät in weitaus erschreckenderer Form wieder an die Oberfläche gelangen, denn der Körper ist jetzt groß genug und sexuell völlig ausgebildet, um diese Phantasien nun in gänzlich anderer Form auszuleben. Zudem sind die damit einhergehenden körperlichen Veränderungen kompliziert und für viele junge Menschen erschreckend, und für einen sensiblen und phantasievollen Heranwachsenden ist es nicht ungewöhnlich, in dieser Zeit eine intensiv religiöse Phase zu durchleben und vor dem schrecklichen Herannahen der dunklen Impulse seines Körpers in die Umarmung und den Schoß der Gottheit zu flüchten. In dieser Zeit zeigt auch die Mehrzahl der magersüchtigen Kinder – meist Mädchen – die ersten Anzeichen von Zwanghaftigkeit. Wir können dies zum Teil als Flucht in einen präpubertären Zustand begreifen – ohne Menstruation und daher auch ohne die Angst vor der Feindschaft der Mutter. Wie bei der physischen Geburt tritt in der Pubertät das

Verlangen nach Verschmelzung so machtvoll hervor, weil in der äußeren Welt neue Herausforderungen erwachsen; und unausweichlich zeigt sich Neptun und der Wunsch nach Rückkehr zum Urquell. Neptunische Phantasien, die einen Ausweg aus dem schmerzlichen Konflikt bieten, werden häufig durch schwierige Saturn-Transite angeregt, selbst wenn der Radix-Neptun dabei nicht unmittelbar angesprochen wird. Die Verschmelzung mit der mütterlichen Psyche ist ein natürlicher Bestandteil der Kindheit – total in den Wochen unmittelbar nach der Geburt, und über die Jahre allmählich nachlassend, bis es der gerade sexualisierte, heranreifende Körper schließlich unmöglich macht, sich mit einer androgynen Elterngestalt zu identifizieren, die zugleich die göttliche *fons et origo* ist.

Das emotionale Alter der hysterischen Persönlichkeit liegt im allgemeinen noch ein gutes Stück vor dem vierzehnten Lebensjahr. Während Anzeichen von Hysterie im Kleinkindalter und der Kindheit angemessen, ja unumgänglich sind, sind sie im Erwachsenenalter äußerst störend – wie die folgenden Zitate zeigen:

> Die hysterische Persönlichkeit unterscheidet sich von der psychotischen wie auch von der neurotischen. Trotz körperlicher Reife bleibt sie emotional befangen und reagiert unangemessen, zieht sich aber nicht gänzlich aus der Realität zurück. Durch Fehlanpassung davon ausgeschlossen, dem Leben angemessen zu begegnen, sind ihre Symptome eine Entschuldigung, um wenigstens teilweise flüchten zu können. Sie finden die Aufmerksamkeit und Sympathie, nach der man sich sehnt, und bieten ein Alibi, nicht arbeiten zu müssen – man ist zu krank. Solche Symptome bilden einen Schutzschild, und so findet man Gefallen an ihnen. Es kann sich um alles Mögliche handeln, z.B. die Simulation der Symptome mancher Krankheiten, Krampfanfälle, Blindheit, Taubheit, Mutismus, Paralyse, Kontrakturen, körperliche Schmerzen usw. Auch wenn eine vorsätzliche Täuschung vorliegen kann, geschieht sie doch zumeist unbewußt.[14]

In diesem Abschnitt findet man den typischen Mangel an Sympathie gegenüber dem Hysteriker, wie er bei Psychiatern, Analytikern und Beratern nur allzu verbreitet ist – ganz zu schweigen von den Kindern und Angehörigen solcher Menschen. Diese Feindseligkeit zeigt sich ganz offen, und zudem besser formuliert, im nächsten Zitat:

> Es gibt große Unterschiede im hysterischen Verhalten, aber die meisten Leidenden beschweren sich lauthals über ihre Krankheit, verkünden gegenüber Familie und Freunden, wie schlecht es ihnen geht und behaupten, alles dafür zu tun, daß es ihnen wieder besser ginge. Unbewußt zieht der Hysteriker es jedoch vor, krank zu bleiben, wenn es ihm vorteilhaft erscheint. Deswegen widersetzt er sich der Behandlung. Anders als der Psychotiker ist er höchst suggestibel und kann leicht hypnotisiert werden, auch wenn er manchmal Widerstand leistet. Ganz

> gleich, um welche Psychotherapie es sich handelt, der Hysteriker findet Gefallen an seinem Zustand, was eine Behandlung erschwert. Wenn er sich zu erholen scheint, bekommt er einen Rückfall. Verschwindet ein Symptom, so tritt ein anderes auf. Werden seine Symptome durch hypnotische Suggestion beseitigt, was oft leicht gelingt, so leben sie am nächsten Tag wieder auf, oder neue treten an ihre Stelle. Auch wenn er manchmal geheilt werden kann, ist der Hysteriker doch der Schrecken aller Therapeuten.[15]

Während wir mit den Manipulationen und indirekten Forderungen unserer Kinder nach bedingungsloser Liebe und ausschließlicher Aufmerksamkeit relativ gut umgehen können oder zumindest nicht überrascht darüber sind, ist ein solches Verhalten bei einem Erwachsenen weitaus unerfreulicher; vielleicht deshalb, weil sich beim Erwachsenen alles um machtvoll aggressive und erotische Gefühle dreht, während sich eine solch unbewußte Intensität bei einem Kind noch nicht angesammelt hat – auch wenn in bestimmten Fällen Eltern, Lehrer und Angehörige durch das manipulative Verhalten eines Kindes bis zur Weißglut getrieben werden. Doch wir können es zulassen und auch nachempfinden, daß ein Kind ausschließliche Zuwendung und allumfassende Liebe fordert, weil wir wissen, daß das Kind unseren Schutz braucht, und weil wir wissen, daß es eines Tages erwachsen sein wird. Wenn wir jedoch bei einem Erwachsenen, besonders bei einem Partner, mit einer so ungeheuren, grenzenlosen Gier konfrontiert werden, läßt unser Mitgefühl rasch nach. Wir haben das Gefühl, in eine Falle geraten zu sein, und fürchten zu ersticken. Außerdem ist dem manipulativen Leiden des Hysterikers nur schwer ohne Schuldgefühle zu begegnen. Wir sind schließlich mit dem ethischen Grundgedanken erzogen worden, daß wir, wollen wir uns als nette, anständige Menschen erweisen, unseren Nächsten lieben sollten – auch wenn wir diesem Anspruch oft nicht gerecht werden. Darüber hinaus sorgt Neptun dafür, daß jeder von uns das Bedürfnis hat, geliebt und akzeptiert zu werden. Gerade dieses neptunische Verlangen, ganz akzeptiert und geliebt zu werden, setzen die neptunischen Neigungen des Hysterikers so schamlos in Szene.

Hysterisches Verhalten ist zweifellos unerfreulich. Niemand mag es, in seinen Gefühlen ausgenützt, manipuliert und aufgefressen zu werden, besonders wenn der Nehmende dauernd betont, wie intensiv er liebe und wie sehr er sich aufopfere. In einem Drama oder Film löst eine solche Szene unfehlbar Unbehagen beim Publikum aus. Doch der Zorn und manchmal auch die offene Grausamkeit, die das hysterische Verhalten eines Erwachsenen mitunter erzeugen, können auch daher rühren, daß wir alle Neptun verdrängt haben und es nicht mögen, wenn jemand allzu offen den infantilen Wunsch zeigt, in eine frühere Existenz zurückzukehren, die wir so hartnäckig geleugnet haben, um »erwachsen« zu werden. Am tolerantesten gegenüber solchem Verhalten ist in der Regel derjenige, der unbewußt an dem gleichen Problem leidet. All die unterschiedlichen Schachzüge der Hysterie zielen auf einen »sekundären Gewinn« – Liebe, Aufmerksamkeit, Zuwendung, körperliche Liebe, Sympathie und materielle Versorgung, ohne daß der »Leidende« dazu beitragen muß. Es mag so aussehen, als seien dies ganz verständliche menschliche Bedürfnisse. Das Problem ist die Heimlichkeit dabei, die keinen Bruch der psychischen Einheit durch direkte und offene Auseinandersetzung wagt. Zu fordern, was man will, ist die Funktion des Mars im Horoskop; und Mars ist wie Saturn von Natur aus ein polarer Gegensatz zu Neptun, denn er steht für die Durchsetzung individueller Bedürfnisse. Das aber bedeutet das Ende des Verwirrspiels. Die neptunische Neigung, zu wollen, was der andere will, ist ein typisches Mittel, um mit der Persönlichkeit des anderen verschmolzen zu bleiben. Differenzen könnten ja zu Konflikten, Zurückweisung und Einsamkeit führen. Und auch Differenzen allein sind für Neptun schon schlimm genug. Der Neptunier ist nicht deshalb hysterisch, weil seine oder ihre Bedürfnisse so besonders pathologisch wären; es sind archetypische Bedürfnisse, und sie sind ausgesprochen menschlich. Sie nur als infantil anzusehen, ist ein fundamentales Mißverständnis menschlichen Verlangens. Doch auf das Ausmaß kommt es an. Ein Mensch mit einem starken Neptun kann oft nicht das geringste Gefühl von Getrenntheit und Entfremdung ertragen. Die Angst vor Einsamkeit ist unerträglich, denn sie beschwört die leiderfüllte, tödliche Einöde außerhalb des Gartens Eden. Dies kann im äußersten Fall dazu führen, daß jegliches Mittel gerechtfertigt erscheint, um sich die Fürsorge eines anderen Menschen zu erhalten – sogar eine verzehrende Erkrankung, die den eigenen freien Willen ebenso zerstört wie den des anderen.

Man könnte eine tiefe Hypnose als einen hysterischen Zustand ansehen, weil sie eine Vereinigung mit dem Hypnotisten beinhaltet. Das Subjekt gibt seine Autonomie auf und öffnet dem anderen die Grenzen seiner Psyche wie ein Baby der Mutter. Auch wenn manche Hypnotisten behaupten, verbale Suggestion allein reiche als hypnotische Induktion aus – von daher die Myriaden an »Selbsthilfe«-Cassetten, auf der eine Stimme monoton rezitiert, man werde schläfrig und entspanne sich –, so habe ich doch mit einer ganzen Reihe sensitiver Hypnotisten gesprochen, die ganz offen zugaben, daß sie die merkwürdige Empfindung verspürten, gemeinsam mit ihrem Subjekt in die Trance einzutauchen. Diese Empfindung wird sowohl auf körperlicher als auch auf psychischer Ebene verspürt. Der Hypnotist, der Kontakt zu seinen eigenen neptunischen Gefühlen hat, erlebt eine übernatürliche Verschmelzung mit dem anderen und zeigt manchmal sogar die gleichen somatischen Reaktionen wie sein Subjekt. Hypnose ist eine gemeinsame Angelegenheit, sie rekonstruiert den ursprüngliche Zustand der Verschmelzung von Mutter und Kind in den ersten Lebenswochen.

Es ist sinnvoll, bestimmte Aspekte der hypnotischen Phänomene genauer zu untersuchen. Manchmal hat es den Anschein, als würde sich die neptunische Persönlichkeit in einem dauernden Zustand der Halb-Hypnose befinden, erschreckend empfänglich gegenüber fast allem, was sich beiläufig ereignet. Das Konzept der »social compliance« entschuldigt nicht im geringsten unsere kollektive Suggestibilität, die uns schmerzhaft anfällig für die Manipulationsversuche religiöser, kommerzieller und politischer Institutionen macht. Wie wir schon gesehen haben, ist die Fähigkeit, sich hypnotisieren zu lassen, nicht immer ein Vorteil. Im allgemeinen erfordert sie – neben dem mysteriösen Attribut der Suggestibilität – Vertrauen und eine gewisse Sympathie für den individuellen Hypnotisten. Alle Hypnotisten sind sich einig, daß bestimmte Menschen nur äußerst schwer zu hypnotisieren sind. Der Psychotiker, der Trinker und der Drogenabhängige können unüberwindliche Schwierigkeiten aufwerfen, denn die hypnotische Trance erfordert das Überlassen der Selbstkontrolle an den Hypnotisten, und bei den drei genannten Fällen ist gar kein Ego mehr vorhanden, das aufgegeben werden könnte. Im Gegensatz dazu ist das hyperrationale Temperament ebenso schwer zu hypnotisieren, dies jedoch eher aufgrund rigider Abwehr als aufgrund eines Mangels an Suggestibilität. Suggestibilität ist etwas Unbewußtes und kann auch in anderen Lebenssituationen auftreten, wenn man sie am wenigsten erwartet – wie etwa in der Verzauberung des Verliebtseins.

Anhand charakteristischer Reaktionen kann man die Tiefe der hypnotischen Trance einschätzen. Zu einem »hypnoiden« Zustand gehört ein Gefühl der Entspannung und Schläfrigkeit, vielleicht auch ein leichtes Flattern der Augenlider. Eine leichte hypnotische Trance zeigt eine partiale Katalepsie, mit anderen Worten, die Person kann angeleitet werden, ungewöhnliche Härte in verschiedenen Muskelgruppen wie den Augenlidern und den Gliedmaßen zu erfahren, begleitet von einem langsamen, tiefen Atmen und einem Gefühl des sich Lösens oder Fließens. An diesem Punkt beginnt der »Rapport« zwischen dem Hypnotisten und seiner Versuchsperson eine entscheidende Rolle zu spielen. In einer mittleren Trance kann durch den Hypnotisten eine partielle Amnesie und Anästhesie eingeleitet werden; taktile Illusionen wie Jucken, Brennen, ein bestimmter Geschmack oder Geruch können von der Versuchsperson als wirklich vorhanden erlebt werden. In einer tiefen oder somnambulistischen Trance, die, wie Charcot glaubte, mit einer hysterischen Persönlichkeit einhergehe, kann die Person ihre Augen öffnen und, obwohl die Pupillen erweitert sind und starren, überaus genaue sensorische Wahrnehmungsleistungen erbringen. Manchmal kommt es zu hellseherischen und telepathischen Phänomenen. Es kann eine vollständige Amnesie und Anästhesie erreicht werden, und selbst den bizarrsten posthypnotischen Suggestionen wird dann gehorsam Folge geleistet. Und noch erstaunlicher, die Versuchsperson kann instruiert werden, die Kontrolle über unwillkürliche Körperfunktionen wie Herzschlag, Blutdruck und Verdauung zu übernehmen. Es können Blasen auf der Haut erzeugt werden, und scheinbar unbehandelbare körperliche Symptome wie eine lebenslange Psoriasis können gelindert werden – unter der Voraussetzung, daß diese Symptome in erster Linie hysterisch sind. Verlorene Erinnerungen aus allen Lebensabschnitten können aus wäßrigen Tiefen hervorgeholt werden, durch Suggestion können Halluzinationen erzeugt werden, alle spontane Aktivität ist unterbunden und der absoluten Kontrolle des Hypnotisten unterworfen. Wenn ein Bühnen-Hypnotiseur seine Vorstellung gibt, fällt es manchen Beobachtern schwer zu glauben, daß sich solche Dinge tatsächlich ereignen, und es erscheint irgendwie sicherer, anzunehmen, daß die Versuchskaninchen aus dem Publikum vorher angeheuert wurden und sich an Absprachen halten. Doch die hypnotischen Phänomene sind echt, und sie beunruhigen uns nicht zuletzt deshalb, weil wir ihre wahre Natur und Dynamik nicht verstehen. Bernheim an der Schule von Nancy glaubte, daß die Hypnose eine modifizierte Form des Schlafes sei. Doch während das Bewußtsein während des natürlichen Schlafes völlig zum Erliegen kommt, ist es unter Hypnose deutlich vorhanden, wenn auch in sehr eingeschränkter Form. Ähnlich wie bei einem Säugling und der Mutter ist die Welt des Hypnotisierten von der Gegenwart und der Stimme des Hypnotisten erfüllt. Atmung und Herztätigkeit sind unter Hypnose zwar etwas langsamer, gleichen aber im wesentlichen dem Wachzustand; im Schlaf dagegen verändern sie sich sehr stark. Der Patellarsehnen-Reflex (der am Knie auszulösende Ruck) ist unter Hypnose und im Wachzustand identisch, während die Reaktion auf diesen Reiz im Schlaf ausbleibt. Die hypnotische Trance ist also physiologisch kein Schlafzustand.

Pierre Janet postulierte einen Komplex miteinander verknüpfter Vorstellungen und Gefühle, der – in der Regel verbunden mit erotischen Konflikten, die sich um eine Elternfigur drehen – vom Bewußtsein rigoros unterdrückt werde, und der dem »widersprüchlichen Willen« des Hysterikers zugrundeliege. Dies führe zu einem Bruch in der Persönlichkeit; der unbewußte Komplex entwickele ein Eigenleben in direktem Gegensatz zum Willen des Ego. Janet glaubte, daß die Hypnose auf künstliche Weise eine vergleichbare Aufspaltung der Persönlichkeit in bewußte und unbewußte Komponenten hervorriefe, wobei letztere in einer hypnotischen Trance die Führungsrolle übernähmen. Aber die Voraussetzung für eine Aufspaltung durch hypnotische Suggestion ist, daß schon zuvor eine Art Bruch in der Persönlichkeit vorliegt. Wie schon sein Meister Charcot behauptete auch Janet, daß der unterdrückte Komplex, der für die Manifestationen der Hysterie verantwortlich sei, auch hinter der extremen Suggestibilität stecke, wie sie für eine somnambulistische Person charakteristisch ist. Denn da bei allen menschlichen Wesen eine mehr oder weniger große Spaltung zwischen dem Ichbewußtsein und den komplizierten und oft miteinander kollidierenden Bedürfnissen der ganzen Psyche vorliege, besäßen alle Menschen eine gewisse Empfänglichkeit für Suggestion – und Autosuggestion.

Der Rapport, der bei der Hypnose so wichtig ist, ist einer der geheimnisvollsten Aspekte dieses Phänomens. Mesmer glaubte, daß der Rapport durch die Vermischung der universellen Fluida des Arztes und des Patienten verursacht werde. Er definierte unter dem Einfluß eines machtvollen Neptun-Transits den Rapport als eine unsichtbare Substanz, die zwischen zwei Menschen oder auch innerhalb einer größeren Gruppe hin- und herfließe – fast wie der Heilige Geist. Auch wenn die Hypnotisten seit Braid behaupteten, daß die Suggestion und nicht die Übertragung eines mysteriösen »Stoffes« der Auslöser der Hypnose sei, so gibt es doch Dimensionen der hypnotischen Trance, die den Hypnotisten so stark betreffen, als seien Hypnotist und Hypnotisierter zu einer Einheit verschmolzen. Mesmer war extravagant und kompliziert, aber er war nicht der Verrückte, zu dem ihn spätere Psychologengenerationen machen wollten. Das Seltsame am hypnotischen Rapport ist, daß die hypnotisierte Person nur auf die Suggestion jenes Menschen reagiert, der sie hypnotisiert hat, es sei denn, sie erhält direkte Anweisung, ihre Suggestibilität auf eine dritte Person zu richten. Dies ist Ausdruck einer tiefen *participation mystique*. Handelte es sich um eine rein mechanische Reaktion, so würde eine hypnotisierte Person auf die Befehle beliebiger Menschen hören. Außerdem ist sie offenbar außerordentlich darum bemüht, es dem Hypnotisten recht zu machen, und wird Instruktionen selbst dann ausführen, wenn sie lächerlich, peinlich und unangenehm sind. Dieser überwältigende Wunsch, es recht zu machen, zeigt sich auch dann, wenn die Person in ihrem normalen Leben kompliziert und eigenwillig ist. Es besteht auch der starke Drang, in eine Rolle zu schlüpfen, so zu tun als ob – wie ein *Hypokrit* –, und sich mit den Wünschen des Hypnotisten zu identifizieren. Dies geschieht sogar dann, wenn dessen Wünsche unausgesprochen sind, oder, weit seltsamer, wenn der Hypnotist sich ihrer gar nicht bewußt ist. Dieselbe Plastizität zeigt auch der Hysteriker, der meist eine bemerkenswerte Begabung hat, auf mysteriös osmotische Weise alle möglichen privaten, oft auch unbewußten Einsichten über andere zu gewinnen, um sie – manchmal recht brutal – für seine Suche nach Nähe auszunützen. Auch in hysterischen Symptomen zeigt sich diese Schauspielerei, denn der Hysteriker produziert nicht nur jene Symptome, die ein Maximum an »sekundärem Gewinn« erbringen, sondern auch die, die sein Arzt unbewußt benötigt. Symptome kommen und gehen mit der Mode, wie die Länge der Röcke. Wir schwimmen wieder in den Wassern der Verschmelzung von Mutter und Kind, in der ursprünglichsten aller Bindungen, in der sich diese eigentümliche telepathische Spiegelung vollzieht.

Es ist faszinierend, die Verfahren zur Einleitung von Hypnose zu untersuchen. Wir alle kennen die extravaganten Striche des Bühnenhypnotiseurs, der uns wie einst Mesmer in den Tagen des animalischen Magnetismus eine gute Show liefern wird, wenn er mit höchster Theatralik vor dem Gesicht der Versuchsperson seine Hände vor und wieder zurückbewegt. Manchmal werden ausgeklügelte mechanische Paraphernalia benutzt – Blitzlichter, sich drehende Räder oder etwas Leuchtendes und Glitzerndes, das an einer Kette baumelt. Diese Gegenstände sind sehr nützlich bei einer Vorstellung oder bei einer neuen Versuchsperson, einfach deshalb, weil wir alle wissen, daß es sich um die Werkzeuge eines Hypnotisten handelt. Die Objekte selbst sind eine direkte Suggestion, daß jetzt unausweichlich die Hypnose folgen werde. Eine ruhige Stimme allein kann hypnotische Trance auslösen, wenn genügend Einfühlungsvermögen zwischen Versuchsperson und Hypnotist vorliegt. Doch die beruflichen Tricks der Hypnotisten – die Maya-Welt des Künstlichen und der Illusion – sind nicht die einzige Sphäre, auf die wir achten müssen, wenn wir verstehen wollen, wie überaus vielseitig anwendbar die Mechanismen zur Einleitung einer Hypnose sind.

Wie wir schon gesehen haben, sind Rituale eine besonders wirksame Technik, um bei einem Individuum oder einer Gruppe einen hypnotischen Zustand einzuleiten. Das Singen von Gebeten, das ständige Schlagen der Trommeln, die rhythmischen Bewegungen des Tanzes, all dies umgeht die Grenzen des individuellen Ichbewußtseins und öffnet die Sperre zwischen der Welt des Tageslichts und den Wassern des Urmeeres. Auch die Stroboskoplichter und der bis in den Bauch hinein verspürte, durch und durchgehende Beat einer Disco sind ritualistisch und dionysisch. Wenn wir unser Bild von der Hypnose nicht auf eine karikaturähnliche, schläfrige Versuchsperson beschränken, sondern bis zum Zwielicht des *abaissement du niveau mental* erweitern – jenes »Senkens der Bewußtseinsschwelle«, das mit religiösen Riten und politischen Kundgebungen aller Art einhergeht–, so bekommen wir allmählich eine Ahnung davon, was Neptun für die Masse bedeutet. Wir alle sind anfällig für die Welt der archetypischen Symbole, denn solche Symbole öffnen die Risse im Bewußtsein; nur zu bereitwillig geben wir unsere individuelle Autonomie auf, wenn eine entsprechende Konstellation für dieses unbewußte Substrat der Psyche gegeben ist. Innerhalb dieses neptunischen Bereichs sind all unsere ursprünglichen Hungergefühle und das Verlangen nach Erlösung wach, und so gelangen wir leicht vom erhebenden Drama eines religiösen Rituals zur schreckenerregenden Massenhysterie einer politischen oder sozialen Rotte, die Amok läuft – sei es, daß ein schwarzes Ghetto im amerikanischen Süden in Brand gesteckt, die Schaufensterscheibe eines jüdischen Geschäftes in München eingeworfen, ein streikbrechender Arbeitskollege tätlich angegriffen oder ein Fußballstadion demoliert wird und die Fans der gegnerischen Seite Prügel beziehen.

> Der Aufstieg des Dritten Reichs vollzog sich nicht einfach und mehr oder weniger zufällig als ein Ergebnis des giftigen Charismas eines einzelnen Mannes. Ganz im Gegenteil, er war sorgfältig geplant und wurde präzise ausgeführt. Mit erschreckend klarem Selbstbewußtsein und psychologischer Klugheit unternahm es die Nazipartei, den religiösen Impuls der Deutschen zu aktivieren und zu manipulieren. ... Sie appellierte an das Herz, an das Nervensystem, an das Unbewußte, und auch an den Verstand. Dabei arbeitete sie mit den alten Techniken der meisten Religionen – sorgfältig inszenierten Zeremonien, Gesang, rhythmischer Wiederholung, beschwörerischen Reden, Farbe und Licht. Die berüchtigten Aufmärsche in Nürnberg waren keine politischen Kundgebungen, wie wir sie heutzutage im Westen kennen, sondern raffiniert inszenierte theatralische Aufführungen, vergleichbar etwa dem, was einen integralen Bestandteil der griechischen religiösen Feste bilde-

> te. Die Farben der Uniformen und Flaggen, die Anordnung der Beobachter, die nächtliche Stunde, die Scheinwerfer und das Flutlicht, der präzise Ablauf – alles war genauestens vorausberechnet. ... Die Gesichter der Menge zeigen eine gedankenverlorene Schönheit, einen gefesselt leeren Ausdruck, wie man ihn auch auf den Gesichtern bei Versammlungen einer Erweckungsgemeinde findet.[16]

Dies ist das erschreckende Bild einer Massenhypnose, die für die destruktivsten Zwecke mißbraucht wurde. Doch wenn wir uns der bewegenden Liturgie eines religiösen Rituals anvertrauen, geben wir uns in der gleichen Weise mit dem Glauben eines Kindes hin. Unglücklicherweise können wir nicht immer unterscheiden, was heilig ist und was profan. Die Welt der Werbung nutzt hypnotische Techniken und bombardiert den Betrachter mit einer Flut von ausdrucksstarken, höchst symbolischen Bildern, die in jedem von uns den Paradiesknopf drücken, um uns davon zu überzeugen, daß ein bestimmtes Produkt oder ein bestimmter Politiker uns Gesundheit, Schönheit, Liebe und ewiges Glück bescheren wird. Natürlich ist es unmöglich, diese auf uns einstürmende Bilderwelt zu verdrängen, und selbst wenn wir es könnten, hat es doch den Anschein, als ob wir irgendwo in unserem Leben einen Platz bräuchten, an dem sich das dionysische Verlangen äußern kann. Wir sollten die griechische Sage von Pentheus und den Mänaden durchaus ernst nehmen, denn wenn wir das Bedürfnis nach Vereinigung aus unserem Leben ausschließen, erzeugt es Krankheit und Wahnsinn und versetzt uns in eine unerträgliche Einöde. Wir sollten einsehen, daß Hypnose und Hysterie zum Leben gehören, daß wir alle beeinflußbar sind, und daß Rationalität allein die Integrität persönlicher Grenzen nicht garantieren kann. Dies kann uns helfen, einen Platz zu finden, an dem wir Neptun auf kreative Weise äußern und gleichzeitig unsere mühsam errungene Individualität aufrechterhalten können, denn sie allein kann uns vor einer demagogischen Infektion schützen. Hitler selbst sagt uns, wo wir am meisten verwundbar sind:

> Bei einer Massenveranstaltung ... ist das Denken ausgeschaltet. Und da dies die Verfassung ist, die ich brauche, die mir den besten Resonanzraum für meine Reden liefert, fordere ich alle dazu auf, diese Versammlungen zu besuchen, wo sie Teil der Menge werden, ob sie wollen oder nicht, »Intellektuelle« und Bürgerliche genauso wie Arbeiter. Ich vermische die Menschen. Ich spreche zu ihnen nur als zu einer Masse.[17]

Suggestibilität, eine neptunische Eigenschaft, ist ein unumgänglicher und notwendiger Teil des menschlichen Wesens, denn sie spiegelt nicht nur unsere psychischen Brüche und Trennungen wider, sondern auch unsere Offenheit füreinander und unser Verlangen, einem größeren Lebenszusammenhang anzugehören. Doch gleichermaßen ist zu verstehen, daß diese Suggestibilität für uns als Individuen und als Gruppe buchstäblich tödlich sein kann. Die Gegenstücke zur Suggestibilität – Charaktereigenschaften, die sie in eher konstruktiver als in repressiver Weise ausgleichen – sind Selbstbewußtsein, eigene Werte und Selbständigkeit. Suggestibilität beim Erwachsenen kann kreativ sein und zu Herzen gehen. Suggestibilität beim Kind ist notwendig und unumgänglich. Doch Suggestibilität bei einem Kind, das so tut, als sei es erwachsen, läßt nichts Gutes ahnen, denn fast alles kann sich den Anschein eines Erlösers geben.

Astrologisch spiegeln sich die lebenserhaltenden Eigenschaften individueller Identität vor allem in den Funktionen von Sonne, Mars und Saturn. Das sind die »egoistischen« Planeten, die Selbstverwirklichung, Selbstbestätigung und Selbstschutz fordern. Neptun ist von Natur aus unfähig, »Ich« zu sagen, somit also genau das, was Hitler auf seinen Aufmärschen vorzufinden liebte. Eine der stärksten Waffen gegen Autonomie ist die manipulative Macht des Wortes »egoistisch« – ob es eine Mutter gegenüber einem Kind gebraucht, das eigene Gedanken und Gefühle ausdrückt, ob ein Liebender es der Geliebten ins Ohr flüstert, wenn sie eigene Interessen entwickelt, oder ob es von einem politischen Führer gegenüber einem Opponenten eingesetzt wird, der es gewagt hat, die Menschen zu mehr Selbstvertrauen zu ermutigen. Der Vorwurf, egoistisch zu sein, ruft Angst und Schuld im Herzen des verstoßenen Kindes hervor; er klingt noch bis ins Erwachsenenalter nach und bewirkt ein Gefühl der Sünde gegenüber jeglichem Versuch, die Stabilität und den Wert der eigenen Individualität zu vergrößern. Und wie uns der Große Diktator selbst erzählt, ist das genau die Geistesverfassung, die er braucht.

5.

Neptun und die Psychoanalyse

... der Hysterische leide größtenteils an Reminiszenzen.

Sigmund Freud[18]

Gegen Ende des 19. Jahrhunderts hatten sich im Wissensschatz der medizinischen und psychiatrischen Forschung wichtige Zusammenhänge zwischen Zuständen extremer Suggestibilität und der hysterischen Disposition herausgebildet. Es entstand das Bild einer Persönlichkeitsstruktur mit unentwickelten Bereichen der Psyche, die unabhängig vom Bewußtsein existieren. Diese Bereiche enthalten Gefühle und Erinnerungen, die für das bewußte Ich nicht akzeptabel sind. Sie beherrschen das Leben der Person durch unterschiedliche physische und emotionale Symptome, die ein symbolischer Ausdruck dieses Konflikts sind. Wir erkennen darin den Zusammenprall »sündhafter« Zwänge mit einem Bedürfnis nach Sühne, das charakteristisch für Neptun ist – auch wenn in der psychoanalytischen Arbeit der Schwerpunkt eher auf der persönlich pathologischen als auf der teleologisch archetypischen Seite emotionaler Probleme liegt. Diese Theorien über die Hysterie bilden den Grundstein dessen, was später zur klassischen psychoanalytischen Theorie wurde. Der Kern der mythischen Bilder, die wir schon erkundet haben, zeigt uns die innere Landkarte dieses Komplexes und vermittelt uns eine Ahnung von seiner weiteren Bedeutung.

Hinter dieser besonders neptunischen Form des Leidens verbergen sich Gefühle und Phantasien, die in einem infantilen Status verblieben sind. Während der Körper herangewachsen ist und der Intellekt sich entwickelt hat, ist die Emotionalität im Zustand seliger Verschmelzung mit der all-liebenden und schützenden elterlichen Gottheit verblieben. Diese Verschmelzung ist so erotisch wie mystisch. In der Welt des Säuglings ist die Sinnlichkeit ebenso dominant wie die psychische Erfahrung der Einheit, denn auf dieser Entwicklungsstufe sind Körper und Gefühle noch gar nicht unterscheidbar. Aufgrund seiner Umwelt und Veranlagung kann oder will sich nun das heranwachsende Kind nicht der notwendigen Erfahrung einer psychologischen Trennung aussetzen, die eine Brücke zwischen der archetypischen Welt des Paradieses einerseits und der Welt menschlicher Beziehungen und dem Heimischwerden im Körper andererseits bildet. Das Zentrum der individuellen Persönlichkeit, das Ego, integriert sich nicht vollständig, und der archetypische Bereich der Meeresgottheiten überschwemmt in regelmäßigen

Abständen oder auf Dauer das Alltagsleben – manchmal auf äußerst destruktive Weise. Dann öffnen sich die Tore des Paradieses nicht zu einem einheitlichen, bedeutungsvollen Leben; sie bleiben verschlossen, und der Kern der Persönlichkeit bleibt in den Mauern des Paradieses gefangen.

Während die übrige Persönlichkeit heranreift, bleibt dieses geheime innere Paradies mit dem Baum der Unsterblichkeit und den ewig lebenspendenden Wassern bestehen, und beeinflußt viele scheinbar freie Entscheidungen und Handlungen des betreffenden Menschen. Doch weil es sich um eine inzestuöse Einheit handelt, bleibt auch immer ein Gefühl tiefer Schuld. Wird dieser Mensch durch Herausforderungen der Außenwelt bedroht, so zeigt er Angst und Wut in Form von Symptomen, die manipulativ darauf abzielen, sowohl die Bedrohung zu beseitigen als auch die Schuld zu sühnen. Das ist die Dynamik dessen, was die frühen Psychoanalytiker Hysterie nannten, und es ist auch die Dynamik eines Amok laufenden Neptun. Aus astrologischer Perspektive beschreibt ein starker Neptun – in Konjunktion mit den Hauptachsen oder in einem Hauptaspekt zu wichtigen Punkten des Geburtshoroskops wie Sonne oder Mond – die angeborene Neigung, lange im Paradies zu verweilen. Ob dies »gut« oder »schlecht« ist, hängt davon ab, wie gut der einzelne die übrigen Horoskopfaktoren verwirklichen kann. Die Wasser des Paradieses können als ungewöhnlich kreative Begabung befruchtend wirken und eine erhöhte Empfindsamkeit gegenüber menschlichem Leiden hervorbringen. Und nicht jeder Mensch mit einem starken Neptun ist ein Hysteriker – es sei denn, wir erweitern die Definition der Hysterie so, daß sie alle psychologisch manipulativen Bestrebungen umfaßt, die auf Verschmelzung abzielen. Denn diese sind bei jedem Menschen zu finden und liegen sowohl der Kunst und Religion und auch der hysterischen Symptomatologie zugrunde.

Breuer, Freud und die *Studien über Hysterie*

Im Jahre 1888 arbeitete Freud erstmals mit hypnotischer Suggestion, um eine Wiedererinnerung verdrängter Erlebnisse zu erreichen und seinen Patienten emotionale Erleichterung zu verschaffen. Er hatte einige Monate bei Charcot an der Salpêtrière verbracht und die Demonstrationen des Meisters bei der Hypnose von Hysterikern beobachtet. Er war auch in Nancy gewesen, um die Suggestionstechniken zu erlernen, die mit großem Erfolg von Liébeault und Bernheim eingesetzt wurden. Aber noch entzog sich ihm die wirkliche Grundlage der hysterischen Pathologie. Sein Freund Dr. Joseph Breuer, ein Wiener Chefarzt und lange Zeit sein Vorgesetzter, hatte ein an Hysterie leidendes Mädchen mittels eines neuen Verfahrens geheilt (es war nicht wirklich neu, denn Mesmer hatte es bereits ein Jahrhundert zuvor entdeckt). Dieses Verfahren basierte auf der Annahme, daß Hysterie der Ausdruck eines vom Patienten vergessenen psychischen Traumas sei. Die Behandlung bestand nun darin, in der Hypnose das Trauma des Patienten wieder wachzurufen, worauf eine emotionale Katharsis eintrat. Diese Katharsis war identisch mit der »Krise« Mesmers, auch wenn Mesmers Patienten diese eher körperlich ausagierten, anstatt ein unerträglich peinliches und anschließend unterdrücktes Kindheitsereignis verbal zu rekapitulieren. Die Zusammenarbeit zwischen Freud und Breuer, die später getrennte Wege gehen sollten, führte schließlich zur Entwicklung jenes Freudschen Systems von Theorie und Praxis, dem er die Bezeichnung Psychoanalyse gab. Auch wenn Neptuns Bedeutung offenbar nicht das ganze psychoanalytische Theoriegebäude umfaßt, so interessieren wir uns im Zusammenhang mit unserem astrologischen Thema für die fließenden, kreativen, manipulativen und phantasiebetonten Qualitäten, die Freud und später auch Jung dem Unbewußten zuschrieben. In der Mythologie des Wassers sind wir ihnen immer wieder begegnet.

1895 veröffentlichten Freud und Breuer ihre *Studien über Hysterie*. Man sollte dieses Werk in seiner Bedeutung nicht unterschätzen. Es beschreibt erstmals die theoretischen Grundlagen der bewußt-unbewußten Dichotomie der Psyche sowie das Phänomen des Rapports (im klinischen Sprachgebrauch wird er Übertragung genannt, in der Alltagssprache Projektion). Hat ein Astrologe keinen ausschließlich »spirituellen« Zugang zu Neptun, so nähert er sich ihm in der Regel über Jung und sein Konzept des kollektiven ozeanischen Unbewußten. Doch das Frühwerk Freuds ist in dieser Hinsicht vielleicht noch bedeutsamer, denn es vermittelt uns ein Verständnis davon, wie ein Individuum dieses ozeanische Reich in seiner persönlichen Geschichte und in seinem Alltagsleben erfährt. Freud wird normalerweise nicht als ein »spiritueller« Autor angesehen. Nach eigenen Angaben war er Atheist, und darum wird er in astrologischen Kreisen häufig abgelehnt. In politischen Kreisen erfreut er sich größerer Beliebtheit, denn sein Mißtrauen gegenüber der Religion und seine Vorstellung von der Gesellschaft als einem Schlachtfeld antagonistischer Kräfte machten seine Theorien auch für Marxisten attraktiv. Das spirituelle Attribut verleiht man normalerweise Jung, der sich viel eher in das sogenannte New-Age einordnen läßt. Doch auch für Freud war der kreative Genius des *Es* etwas Numinöses. Wie wir schon gesehen haben, ist die erotische Dimension Neptuns ebenso bedeutsam wie die mystische. Anhand der Fallbeispiele gegen Ende dieses Kapitels wird sich herausstellen, daß ein Verständnis sowohl der infantilen wie auch der mythischen Dynamik unerläßlich ist, um zu einer kreativen Lösung der Konflikte typisch neptunischer Erkrankungen zu gelangen.

Freuds Betrachtung der Hysterie beginnt mit der Hypothese, der Hysterische sei aus konstitutionellen (oder wie wir auch sagen könnten, astrologischen) Gründen erotisch frühreifer als andere. Wegen dieser grundlegenden »Emotivität« oder Offenheit für sinnliche und emotionale Stimuli ist die Beziehung zu den Eltern unmittelbarer, tiefergehend und langdauernder als bei anderen Kindern. Mit dem Auftauchen der ersten differenzierten sexuellen Phantasien in der Pubertät gelangen alle Erinnerungen an die Einheit der frühen Kindheit mit großer Intensität wieder an die Oberfläche, seien es nun echte oder auch nur vorgestellte, und dies geht mit entsprechend intensiven körperlichen Empfindungen einher. Wenn mit den unerfüllten Wünschen des Kindes tiefe Demütigungen und Verletzungen verbunden sind, werden sie bestimmend für eine manipulative Aktivität, die später zu »Hysterie« wird. Da alle sinnlichen Impulse und Antworten mit großer Intensität empfunden werden, können sich heftige Scham- und Ekelgefühle mit all jenen Bedürfnissen verbinden, die mit den autonomen Funktionen des Körpers zu tun haben.

So bildet sich ein Komplex heraus: eine Mischung aus primären erotisch-inzestuösen Bedürfnissen, frühen Demütigungen und Enttäuschungen dieser Bedürfnisse, kompensatorischen Einheits-Phantasien, die in der Realität geleugnet, mißbraucht oder abrupt beschnitten wurden, und heftigem Zorn darüber, das Paradies viel zu früh verlassen zu haben und statt dessen der Einsamkeit und Verlassenheit der Außenwelt ausgesetzt zu sein. Weil dieser Komplex so stark mit erotischen und aggressiven Gefühlen und Erinnerungen besetzt ist, ist er für die bewußte Persönlichkeit unannehmbar. Das ist die Erbsünde des Körpers, den der einzelne für jede Zurückweisung durch die Eltern oder später durch andere Menschen verantwortlich macht, und diese Erbsünde wird schamhaft und voller Ekel unterdrückt. Später, in der Pubertät oder auch im Erwachsenenalter, wenn er jemandem begegnet, der Liebesgefühle und erotische Anziehung weckt, entsteht ein heftiger, scheinbar unlösbarer Konflikt, denn nun wird dieser Komplex mit all seiner überwältigenden ursprünglichen Kraft ausgelöst. Begehren kollidiert mit Angst, erotische Bedürfnisse mit Aggression, und das kann zum Ausbruch von Erkrankungen führen oder, wenn keine somatischen Symptome auftreten, zu einem bizarren, unkontrollierten Verhalten, das unbewußt darauf abzielt, die Beziehung zu zerstören, den Partner fortzujagen und sich zum Opfer zu machen.

Zunächst war Freud davon überzeugt, daß ein reales physisches Trauma für die Ablehnung, den Mißbrauch oder die Verzerrung der primären erotischen Bedürfnisse des Hysterischen verantwortlich sei. Er glaubte, daß die später auftretenden hysterischen Symptome symbolisch mit dieser ursprünglichen Verletzung zusammenhingen.

> In anderen Fällen ist der Zusammenhang [zwischen Trauma und Symptom] nicht so einfach; es besteht nur eine sozusagen symbolische Beziehung zwischen der Veranlassung und dem pathologischen Phänomen, wie der Gesunde sie wohl auch im Traume bildet, wenn etwa zu seelischem Schmerze sich eine Neuralgie gesellt oder Erbrechen zu dem Affekte moralischen Ekels. Wir haben Kranke studiert, welche von einer solchen Symbolisierung ausgiebigsten Gebrauch zu machen pflegten.[19]

Auf dieser frühen Stufe ging Freud davon aus, daß der Komplex Erinnerungen an ein tatsächliches Ereignis wie einen sexuellen Mißbrauch durch die Eltern oder eine besonders demütigende Ablehnung beinhaltete.

> Aus unseren Beobachtungen geht nun hervor, daß jene Erinnerungen, welche zu Veranlassungen hysterischer Phänomene geworden sind, sich nun in wunderbarer Frische und mit ihrer vollen Affektbetonung erhalten haben. Wir müssen aber ... erwähnen, daß die Kranken nicht etwa über diese Erinnerungen wie über andere ihres Lebens verfügen. Im Gegenteil, diese Erlebnisse fehlen dem Gedächtnisse der Kranken in ihrem gewöhnlichen psychischen Zustande völlig ... Je mehr wir uns mit diesem Phänomen beschäftigten, desto sicherer wurde unsere Überzeugung, jene Spaltung des Bewußtseins, die bei den klassischen Fällen als *double conscience* so auffällig ist, bestehe in rudimentärer Form bei jeder Hysterie, die Neigung zu dieser Dissoziation und damit zum Auftreten abnormer Bewußtseinszustände, die wir als »hypnoide« zusammenfassen wollen, sei das Grundphänomen dieser Neurose.[20]

Und schließlich wird über die Natur dessen, was vergessen wurde – den Kern des Komplexes – kategorisch festgehalten:

> ... Der sexuelle Faktor ist der weitaus bedeutendste und produktivste, was die pathologischen Ergebnisse angeht.

Der Laie verbindet mit der Freudschen Theorie oft diese Betonung der kindlichen Sexualität als Ausgangspunkt für psychische Störungen des Erwachsenen, und viele Menschen fühlen sich dadurch angegriffen, daß ihre edlen Gefühle und Bestrebungen auf eine derart primitive Gleichsetzung reduziert werden. Eine solche Kritik ist charakteristisch für das neptunische Naturell, das eine Konfrontation mit dem Bereich des Körperlichen und der Bedeutung des Triebhaften vermeiden will. Außerdem wird Freuds Verwendung des Begriffs »sexuell« oft viel zu wörtlich genommen, als Darstellung erwachsenen Lustempfindens. Jung soll gesagt haben, daß auch der Penis nur ein phallisches Symbol und der Geschlechtsverkehr nur eine von vielen Facetten erotischer Erfahrung sei. So habe ich aus ganz bestimmten Gründen anstelle von »sexuell« das Wort »erotisch« verwendet. Wenn es um Neptun geht, haben wir es nicht mit einer körperlichen sexuellen Aktivität zu tun, die astrologisch mit Mars oder Venus zu verbinden wäre. Die Erotik Neptuns ist auch nicht dasselbe wie die Leidenschaft Plutos. Die Erfahrung von Leidenschaft setzt voraus, daß das Bewußtsein sich genügend differenziert hat, um einen anderen Menschen aktiv zu begehren. Die neptunische Sehnsucht jedoch erkennt, wie wir gesehen haben, das Andere im anderen gar nicht. Da gibt es kein »Ich« oder »nicht Ich«, nur eine Einheit, die beides umfaßt. Der Säugling wirbt nicht um die Brust der Mutter, sie hat einfach da zu sein, als eine Erweiterung des Babys. Der Gott Eros (von ihm leiten wir das Wort »erotisch« her) war kein Gott der Unzucht. Er war die Personifikation einer großen, einigenden und verbindenden Kraft des Kosmos. Diese Gottheit steht dem »universellen Fluidum« Mesmers näher als körperlicher Lust und Liebe.

Neptun strebt nicht nach Geschlechtsverkehr, er strebt nach Auflösung. Aber diese Verschmelzung von Selbst und Quelle ist kein rein außerkörperlicher Zustand. Sie ist etwas zutiefst Sinnliches, auch wenn sie eher in der Ausschließlichkeit eines einzigen Wesens als in der Begegnung und Paarung von zwei Menschen liegt. Die typisch erotische Frühreife des Hysterischen, die sich ziemlich prägnant im Geburtsbild äußert, ist eher neptunisch als marsisch, venusisch oder plutonisch, und zeigt sich auf der persönlichen Ebene in der frühen Kindheit als ein überwältigendes Bedürfnis nach Verschmelzung mit der Elterngestalt. Nicht alle Babys haben dieselben Bedürfnisse. Das stark uranisch geprägte Kind zieht sich vor allzu großer emotionaler und körperlicher Intimität zurück, und das stark saturnische Kind entwickelt Routinen und Rituale, die die Sicherheit der elterlichen Präsenz symbolisieren und gleichzeitig persönliche Autonomie gewährleisten. Wird dem neptunischen Bedürfnis nach Einheit in der Kindheit liebevoll begegnet und der Prozeß der psychologischen Trennung von den Eltern eher sanft als abrupt gehandhabt, so ist die hysterische Symptomatologie kein vorherbestimmtes Schicksal. Statt dessen können wir erwarten, daß sich eine ausgeprägte Phantasie und ein Bedürfnis nach enger Freundschaft entwickeln. Diese Qualitäten sind in keiner Weise pathologisch. Sie beschreiben einfach einen gewissen Menschentyp, der einfühlsam, aufgeschlossen und flexibel ist. Die neptunische Erotik und Emotionalität ist anders, aber nicht weniger gültig oder angemessen als jeder andere planetarische Ausdruck. Doch es ist offensichtlich, welche Katastrophen aus dem Aufeinandertreffen eines neptunischen Wesens mit einer strengen und manipulativen oder emotional und sinnlich verarmten Umgebung in der Kindheit entstehen können.

Freud begann schließlich, seine Theorie eines Traumas in Frage zu stellen. Wenn all die Traumata, von denen die Menschen zunächst unter Hypnose und später mittels der Technik der »freien Assoziation« berichteten, ihnen tatsächlich zugestoßen wären, wäre praktisch jeder, den er kannte, in seiner Kindheit sexuellem Mißbrauch ausgesetzt gewesen, und das war offensichtlich absurd, sogar in Wien. Dann untersuchte er die Möglichkeit, ob ein imaginiertes Trauma ebenso stark sein könne wie ein tatsächliches. Es stellte sich nach und nach heraus, daß die »Reminiszenzen«, die er für die Quelle der Hysterie gehalten hatte, eher symbolische Phantasien als tatsächliche Ereignisse waren. Diese Phantasien können sich um ein reales Ereignis kristallisieren, oder sie können eher seelische als körperliche Vorkommnisse reflektieren, wie zum Beispiel eine gänzlich unterschwellige Art von Gewalt in der Familie. Freud erkannte schließlich, daß Phantasien die gleiche Macht wie tatsächliche Ereignisse haben und zudem noch weitaus stärkere Scham- und Ekelgefühle hervorrufen können, denn es gibt niemanden, dem man die Schuld daran zuweisen könnte außer sich selbst. So können sich unbewußte inzestuöse Gefühle von seiten eines Elternteils mit erotischen »wunscherfüllenden« Phantasien des Kindes zu einer »Erinnerung« kombinieren, die so niemals stattgefunden hat.

Die Frage, ob diese frühen sexuellen Traumatisierungen tatsächlich stattgefunden haben, beschäftigt uns noch heute. Da sich die Berichte über Fälle angeblichen Kindesmißbrauchs in der Presse immer mehr häufen, hat unser Ansatz in mancherlei Hinsicht zu einer erschreckenden Polarisierung geführt. Manche Sozialarbeiter, Psychotherapeuten und Psychiater gehen davon aus, daß Mißbrauchsbehauptungen ganz wörtlich zu nehmen seien, selbst dann, wenn Menschen sich vierzig Jahre danach ganz »plötzlich« daran erinnern, mißbraucht worden zu sein, und selbst dann noch, wenn sie in anderen Lebensbereichen zu einem ausgesprochenen großzügigen Umgang mit der Wahrheit neigen. Andere nehmen an, daß, wenn im Erwachsenenleben unerwartet Erinnerungen an Mißbrauch »auftauchen«, es sich unweigerlich um Phantasien handele, die dem tiefen Bedürfnis des Patienten entsprächen, es dem Therapeuten recht zu machen, und die damit vorsätzlich, wenn auch unbewußt, darauf abzielten, ein Elternteil zu verletzen oder zu vernichten, das keine andere Schuld auf sich geladen hat als einen ganz durchschnittlichen Mangel an menschlichen Gefühlen. Die gleiche Polarisierung findet man bei unserer Haltung gegenüber Kindern, die behaupten, mißbraucht worden zu sein. Entweder sind sie schamlose Lügner, oder sie sind zu jung, um lügen zu können, und müssen daher sofort aus der Obhut des beschuldigten Elternteils entfernt werden. Kindesmißbrauch gibt es weitaus häufiger als wir glauben wollen. Doch dabei handelt es sich um eine viel kompliziertere Angelegenheit als einfach einen »bösen« Vater, der im Schoß einer glücklichen, ordentlichen Familie ein schreckliches Verbrechen verübt. Darüber hinaus ist die derzeitige Beschäftigung der Presse mit diesem Thema eine wunderbare Waffe für all jene, die sich – bewußt oder unbewußt – grausam an einem Familienmitglied rächen wollen, das ihnen nicht die Hingabe schenkte, die ihnen ihrer Meinung nach zustand. Mißbrauch in der Kindheit führt nicht unweigerlich und gemeinhin zu einer hysterischen Persönlichkeitsstörung. Viel öfter erzeugt er Mißtrauen, Demütigung und ein furchtbares Gefühl, von dem anderen Elternteil verraten worden sein, der das Kind besser hätte kennen und schützen sollen. Wenn man die Zeitungen genau liest, hat es manchmal den Anschein, als ob wir die Komplexität der neptunischen Seite der menschlichen Natur kollektiv noch immer nicht richtig erkennen würden, trotz der bahnbrechenden Forschungen Freuds vor einem Jahrhundert.

Wir schwimmen hier wahrlich in den Wassern der Maya, denn die ganze Phänomenologie der Hysterie erweist sich immer mehr als hausbacken. Keine physiologische Disposition ist dafür verantwortlich, kein singulär katastrophisches Ereignis hat sie definitiv erzeugt. Der Hysterische ist auch nicht bewußt berechnend in seinem Verhalten, er ist nicht »falsch«. Der Schmerz ist real, auch wenn seine wahre Natur sehr viel subtilerer Art sein mag. Es ist das Drama eines Leidens, das sich gänzlich auf einer inneren Leinwand vollzieht, und auf der tiefsten Ebene ist dieses Drama die Geschichte von Adam und Eva. In jedem Detail folgt die hysterische Persönlichkeit dieser Sage, von der Seligkeit der ursprünglichen Einheit bis zum Auftritt der Schlange, vom Essen der verbotenen Frucht bis zur Vertreibung aus dem Paradies, von der körperlichen Scham bis zum Leiden auf der anderen Seite der Mauer. Ich möchte nicht so weit gehen, jeder Erkrankung, die ein menschliches Wesen peinigen mag, einen hysterischen Ursprung zu unterstellen. Doch ich muß gestehen, daß ich mir viele Gedanken darüber gemacht habe. Die bizarre Welt der hypnotischen Phänomene zeigt uns in wundervoll theatralischer Weise, wie suggestibel der Körper ist, und wie folgsam und präzise er psychische Konflikte ausagiert. Viele unserer Erkrankungen wirken höchst manipulativ, sowohl in ihrem Wesen als auch in ihrem zeitlichen Auftreten; und so, wie man physiologische Faktoren immer in Betracht ziehen muß, sollte man auch immer an unseren Schmerz und unseren Zorn über die Vertreibung aus dem Paradies denken.

Einheit und Trennung

Ein großer Teil des psychoanalytischen Schrifttums nach Freud behandelt die ersten Stufen der Entwicklung individueller Identität. Melanie Klein und D.W. Winnicott befaßten sich besonders intensiv mit diesem Thema, und beide arbeiteten analytisch mit Kindern. Ohne Einblick in die imaginative Welt des Kleinkindes, das seine eigene Realität zu entdecken sucht, können wir Neptun nicht verstehen. Da wir alle einmal Kinder waren, haben wir einen gemeinsamen Ausgangspunkt für unsere Forschungen. Neptunische Dilemmata betreffen immer etwas Unausgereiftes. Folglich müssen wir die Entwicklungsstufen der Kindheit genauer untersuchen, das, was in der Umwelt oder im Kind selbst »falsch läuft« und die empfindliche Balance zwischen dem neptunischen Verlangen und anderen Faktoren der Persönlichkeit zerstört.

Winnicott ist einer der am leichtesten zugänglichen psychoanalytischen Autoren, denn er hielt eine Reihe seiner veröffentlichten Vorträge vor ganz normalen Eltern, und nicht nur vor Kollegen aus dem therapeutischen Bereich. Viele seiner Formulierungen sind äußerst wertvoll für den Astrologen, der oft für die Arbeit mit Klienten nur eine einzige Sitzung hat, Klienten, die nicht mit dem psychoanalytischen Jargon vertraut sind und die sich wohl kaum fünf mal wöchentlich auf eine Freudsche oder Kleinsche Analyse einlassen würden.

> ... wenn man an die Stelle gelangen soll, wo Säuglinge leben – einen seltsamen Ort – wo *noch nichts als Nicht-Ich ausgesondert worden ist*, so daß es *noch kein* ICH gibt. ... Es ist nicht so, daß das Kind sich mit der Mutter identifiziert, sondern vielmehr so, daß es keine Mutter, kein Objekt, das außerhalb des Selbst liegt, kennt, und sogar diese Aussage ist falsch, denn es gibt auch noch kein Selbst. Man könnte sagen, das Selbst des Säuglings ist in diesem Stadium nur potentiell vorhanden.[21]

Wir können diesen »seltsamen Ort« als die Welt Neptuns identifizieren, das Paradies der Verschmelzung von Mutter und Kind. Winnicott schreibt über die erste Phase der Kindheit:

> Für den Säugling gibt es zunächst nur eine Einheit, die die Mutter mit umfaßt. Wenn alles gut verläuft, gelingt es dem Säugling, die Mutter und alle anderen Objekte wahrzunehmen und sie als Nicht-Ich zu erkennen, so daß es nun Ich und Nicht-Ich gibt. ... Diese Stufe eines ersten ICH BIN bei der Selbstfindung des Säuglings kann nur erreicht werden, wenn das Verhalten der Mutterfigur ausreichend gut ist. ... So ist sie für ihn erstmals eine Illusion, die der Säugling zurückweisen können muß, um an ihre Stelle die Einheit des unbequemen ICH BIN zu setzen, was den Verlust der ursprünglichen und sicheren Einheit bedeutet. Das Ich des Säuglings ist dann stark, wenn es die Ich-Unterstützung der Mutter erhält, um stark zu werden, ansonsten ist es schwach.[22]

Mit anderen Worten, nur wenn die Mutter dem Kind ausreichend von den Gegebenheiten des Paradieses vermittelt, kann das Kind willentlich die neptunischen Wasser verlassen und die Freuden und Leiden eines eigenständigen Lebens auf sich nehmen.

Winnicotts Betonung der Stellenwerts der Mutter bei der Bildung der ICH BIN-Einheit berücksichtigt die inhärenten Muster nicht, mit denen ein Astrologe zu tun hat, der ein Geburtshoroskop untersucht. Doch wo immer Neptun steht und wie schwierig auch seine Aspekte sein mögen, der Unterschied zwischen einer neptunischen Persönlichkeit, die mit ihren Eigenheiten zurechtkommt, und einer unausgereiften, hilflos infantilen Persönlichkeit liegt meist in der unterschiedlichen Bindung zwischen Mutter und Kind. Problematische Neptunstellungen scheinen sich häufig in der Umwelt widerzuspiegeln, besonders wenn es sich um mütterliche Signifikatoren wie den Mond oder das zehnte Haus handelt. Schließlich zeigt uns ein Geburtsbild, wie wir die Welt wahrnehmen und wie wir auf sie reagieren. Unsere Wahrnehmungen mögen richtig sein, aber sie sind selektiv, und unsere Reaktionen sind höchst individuell. Und trotz eines schwierigen Neptuns ist die Entwicklung des Ichs ein Prozeß, den jedes neugeborene Kind erleben und in der einen oder anderen Form auch erleiden muß. Die Stellung der Planeten verrät uns nicht, ob eine Persönlichkeit außerhalb des Paradieses überleben wird. Sie zeigt uns nur die ungefähre Richtung an und gibt Auskunft, welche Ressourcen und welche inneren Konflikte beteiligt sind. Eine nicht »ausreichend gute« Mutter kann unfreiwillig die unglückliche Trägerin von Generationen währenden familiären Konflikten sein, und wir können mit vererbten körperlichen wie psychischen Störungen konfrontiert werden, die uns schicksalhaft erscheinen mögen, weil sie schon so lange in das familiäre Geflecht verwoben sind, daß sie schließlich ganz unausweichlich wurden. Doch wenn jemand ernsthaft geschädigt wurde und unter negativem Neptuneinfluß steht, besteht die Hilfe, die er von einem Psychotherapeuten oder Berater benötigt, zumindest anfänglich in der Bereitstellung einer sicheren Umhüllung, die der infantilen und unausgereiften Persönlichkeit im Leben wieder auf die Beine hilft – mit anderen Worten, einer Arche. Wie problematisch Neptun auch in einem Geburtsbild sein mag, das Individuum ist niemals unwiderruflich hilflos und zu einem sogenannten »karmischen« Leidensweg verdammt. Man kann nicht einfach einen neuen, nett aspektierten oder weniger starken Neptun bekommen, und man sollte es sich auch nicht wünschen. Aber man kann an dem Problem einer nicht »ausreichend guten« Mutter arbeiten.

Winnicotts Bezeichnung »ausreichend gute Mutter« hat in therapeutischen Kreisen viel dazu beigetragen, daß die impliziten Standards einer unmöglichen Perfektion, die man den Müttern abverlange, gesenkt wurden. Eine »ausreichend gute« Mutter, was immer auch ihre Versäumnisse sein mögen (und es können beachtliche Versäumnisse sein), vermittelt ihrem Kind genügend emotionale Sicherheit, um sich zu einer vernünftig integrierten Persönlichkeit zu entwickeln – einer neptunischen oder einer anderen. Bei einem Kind, das nicht unter dem Vorzeichen eines starken Neptun geboren wurde, können sich familiäre Probleme in Form von anderen emotionalen Schwierigkeiten zeigen, wie sie von anderen Planeten symbolisiert werden. Bei einem Kind, das eine bestimmte Empfänglichkeit, eine grenzenlose Phantasie und eine intensive Erotik aufweist, wie sie typisch für Neptun sind, wird ein Versäumnis der Mutter, »ausreichende« Unterstützung zu gewähren, im allgemeinen zu dem einen oder anderen typisch neptunischen Problem führen.

> ... der vorherrschende Zug [auf seiten der Mutter] kann ihre Bereitschaft wie auch ihre Fähigkeit sein, Interesse von ihrem eigenen Selbst abzuziehen und es dem Baby zuzuwenden. ... Zwei Arten von Störungen haben Einfluß auf dieses Problem. Auf der einen Seite steht die Mutter, deren Selbst-Interessen zu zwanghaft sind, als daß sie sie beiseite lassen könnte; sie läßt sich also nicht in diese außerordentliche Verfassung fallen, die fast wie eine Krankheit ist, wenn sie auch ein sehr gutes Zeichen von Gesundheit ist. Auf der anderen Seite ist die Mutter, die auf alle Fälle dazu neigt, sich Sorgen zu machen, und das Baby wird nun zu ihrer *krankhaften* Sorge. ... Die krankhaft besorgte Mutter bleibt nicht nur zu lange mit ihrem Kind identifiziert, sondern sie wechselt auch plötzlich von der Besorgnis um das Baby wieder zu ihren früheren Sorgen über ... Das Wiederauftauchen der normalen Mutter aus ihrer ausschließlichen Beschäftigung mit ihrem Kind sorgt für eine Art der Entwöhnung. Die Mutter der ersten Art kann ihr Kind nicht entwöhnen, weil ihr Kind sie nie gehabt hat und weil deshalb die Entwöhnung keine Bedeutung hat; die kranke Mutter der zweiten Art kann nicht entwöhnen, oder sie neigt dazu, ganz plötzlich zu entwöhnen, ohne Rücksicht auf das sich allmählich entwickelnde Bedürfnis des Kindes, entwöhnt zu werden.[23]

Die »zwanghaft selbst-interessierte« Mutter könnte im Geburtsbild eines Kindes durch schwierige Aspekte (auch durch Konjunktion) des Mondes zu Saturn, Uranus oder vielleicht auch Mars gekennzeichnet sein, oder wenn einer dieser Planeten sich an der Himmelsmitte oder im zehnten Haus befindet. Dann erfährt das neptunische Kind seine Mutter als distanziert, zurückgezogen, ehrgeizig, explosiv, reizbar, ungeduldig oder auch chronisch zornig. Das spiegelt manchmal auch die wirkliche Situation wider, zeigt die Kraft, die Entschiedenheit, den Ehrgeiz und den unabhängigen Geist der Mutter, die aber noch nicht den Mut oder die Möglichkeit gefunden hat, diese Seite ihrer Persönlichkeit auszudrücken und gleichzeitig ihre Mutterrolle zu akzeptieren. Aufgrund ihrer Unsicherheit »opfert« die Mutter ihren Drang nach Unabhängigkeit und ihren Ehrgeiz. Ihr Bedürfnis nach Freiheit und Souveränität bleibt unbewußt, und ihre Frustration wird von ihrem Kind als Zurückweisung interpretiert. Manchmal erlebt das Kind die Mutter als erschrekkend widersprüchlich, wenn sie an einem Tag Liebe und Zuneigung, am nächsten Feindseligkeit und Zorn zeigt. Viel seltener lebt die Mutter ihr unabhängiges Wesen auf Kosten der Familie aus, und das Kind hat das Gefühl, nicht beachtet und übersehen zu werden. Wir können niemals sicher sein, in welchem Ausmaß die Mutter daran »schuld« ist. Aber wir können eine grundlegende Unverträglichkeit der Bedürfnisse der Mutter mit dem Naturell und den Bedürfnissen ihres Neptunkindes feststellen. Doch wie jeder Berater in der Lage sein muß, sich in das Leiden eines Klienten einzufühlen, und wie jeder Mensch die Erfahrung von Mitgefühl braucht, so kann es nun nicht darum gehen, auf den Eltern herumzuhacken, sondern es geht um die Entwicklung der Fähigkeit, mit der je eigenen Individualität in all ihrer Komplexität zurechtzukommen. Die pathologische Seite Neptuns wird nicht notwendigerweise ein wichtiges Thema im Leben, es sei denn, das Gefühl emotionaler Verarmung des Kindes ist in der Realität begründet. Aber wenn diese beiden Faktoren zusammenkommen – die verdeckt oder offen abweisende Mutter und die Feinfühligkeit und Abhängigkeit des Kindes –, kann eine heftige Reaktion hervorgerufen werden: die Weigerung, die Wasser des Paradieses zu verlassen.

Die »überbesorgte« Mutter, die die Einheit mit dem Kind nicht aufzugeben vermag, könnte im Geburtsbild des Kindes in schwierigen Konstellationen des Mondes mit Neptun und Pluto erscheinen, oder mit Mond, Neptun oder Pluto an der Himmelsmitte oder im zehnten Haus. Manchmal zeigt sich darin auch eine Mutter, deren eigene Persönlichkeit nicht richtig ausreift ist, und die ihren Lebenssinn durch diese Verschmelzung findet, dadurch, daß sie durch und für ihr Kind lebt. Möglicherweise erlebt das Kind die Mutter als Märtyrerin, depressiv, sich aufopfernd. Es kann auch das Gefühl haben, daß seine Grenzen ständig bedroht sind, weil die Mutter, wenn auch subtil, ein Gefühl der Schuld und emotionalen Verpflichtung beim Kind erzeugt. Jeder Versuch, eine eigenständige Identität herauszubilden, ruft Zurückweisung und Vergeltung hervor. Es sei hier jedoch wiederholt, daß wir uns nie sicher sein können, ob die Mutter wirklich so manipulativ und abhängig ist, wie sie vom Kind wahrgenommen wird. Das Kind erlebt die emotionalen Bedürfnisse der Mutter als absoluten Besitzanspruch. Wenn ein neptunisches Kind sich einem solchen Dilemma gegenübersieht, vermag es die Einsamkeit einer Rebellion nicht zu ertragen; so wächst es heran und versucht, es jedem recht zu machen – aus panischer Angst davor, immer wieder »nein« sagen zu müssen. Manchmal zeigen sich beide Bilder gleichzeitig – die wäßrig unausgereifte und die zurückweisend distanzierte Mutter: Mond mit doppelten T-Quadrat zu Neptun und Uranus, oder zu Neptun und Saturn. Das weist auf eine Mutter, die manchmal überbesorgt ist und manchmal abrupt jegliches Interesse an ihrem Kind verliert. Vielleicht braucht das Neptunkind auch eine längere, sanftere Entwöhnungszeit. Vielleicht erlebt ein Kind mit solch widerstreitenden Aspekten im Geburtsbild die Mutter auch als so widersprüchlich, weil es selbst so emotional widersprüchlich ist. Aber, so Winnicott, eine »ausreichend gute« Mutter »weiß, wie sich ihr Baby fühlt«, und ist in der Lage, einfühlsam genug auf die wechselnden Bedürfnisse des Kindes zu reagieren.

Eine genauere Untersuchung des Stellenwerts der Mutter bei Neptun-Problemen heißt aber nicht, nun die Mutter als allein Schuldige an allen Übeln Neptuns anzuklagen. Für viele Menschen mag es notwendig sein, hinter die schützende Idealisierung ihres Elternhauses zu sehen und realistisch zu untersuchen, welche Probleme durch Taten oder Unterlassungen von den Eltern auf das Kind überkommen sind. Doch jeder Mensch ist letztendlich für seine Heilung und Veränderung selbst verantwortlich, auch wenn er mit einer angeborenen Disposition in ganz bestimmter Weise auf eine zwangsläufig defizitäre Umwelt reagiert,. Jeder von uns hat sich mit psychischen oder somatischen Erbschaften auseinanderzusetzen, mit denen vor uns schon unsere Eltern zu tun hatten, und die für uns zu einer Quelle des Leidens und der Hemmung wurden; und es zeugt von Realismus und Mitgefühl, davon auszugehen, daß es nur sehr wenige wirklich böse Eltern gibt, die ihre Kinder absichtlich zugrunde richten. Die allermeisten sind viel eher so nett und liebevoll wie nur möglich, und sind sich ihrer inneren Konflikte nicht bewußt, deren unfreiwillige Opfer ihre Kinder sind. Dies zeigt Frances Tustin in ihrer Arbeit über Autismus und autistische Barrieren bei gestörten Erwachsenen in überaus prägnanter und hilfreicher Weise. Auch wenn wir am dunkleren Ende des Neptun-Spektrums immer auch die Rolle eines zerstörerischen Familienerbes mit in Betracht ziehen müssen, ist es wichtig, zu bedenken, was sie uns zu sagen hat:

> Ich habe ein großes Mitgefühl mit diesen [depressiven] Müttern ... Eine solche mütterliche Depression ist nicht unbedingt klinisch und auf einen langen Krankenhausaufenthalt zurückzuführen. Sie hängt mit Ereignissen zusammen, die zu den ganz normalen Wechselfälle des Lebens gehören und in einer besonders verletzlichen Zeit auf eine sensible

> Mutter einwirken. Die Familie ist zum Beispiel gerade umgezogen, der Vater mußte oft außer Haus sein, die Mutter lebt in einem fremden Land, es handelt sich um eine Mischehe (rassisch oder religiös), ein emotional wichtiger Verwandter ist gerade gestorben, es gibt Verwandte, die sich einmischen, oder wichtige Jubiläen ereignen sich zum Zeitpunkt der Geburt des Kindes.
>
> Ein Teil der Schwierigkeiten einer solchen Mutter scheint daher zu rühren, daß sie sich nicht genügend vom Vater unterstützt fühlt (das kann auch eine Wiederholung ihrer Gefühle aus ihrer Kindheit sein). So klammert sie sich an ihr Kind, als ob es ein Teil ihres Körpers wäre. Sie macht das, um sich trotz ihrer Depression und ihres Mangels an Selbstvertrauen aufrecht zu halten. Dies kann geschehen, wenn das Kind noch im Mutterleib ist, oder auch nach der Geburt. Sie fürchtet sich vor einem »schwarzen Loch«, vor der Erkenntnis, daß es von ihr getrennt ist...
>
> Dennoch werden viele relativ normale Mütter infolge gewisser beunruhigender Ereignisse depressiv, ohne daß ihre Kinder autistisch werden. Ich bin davon überzeugt, daß es im Kind eine Prädisposition zum Autismus gibt. Daher hat es sich für mich als fruchtbarer erwiesen, sich mit dem Beitrag des Kindes zu seiner Krankheit zu befassen, statt sich auf die Mutter zu konzentrieren. Dem Kind können wir vielleicht helfen, doch die Mutter seiner frühen Kindheit können wir nicht mehr ändern.[24]

Die Neptun-Probleme Hysterie, Sucht, Opferrolle und generelle Hilflosigkeit im Leben widersetzen sich hartnäckig jeder Heilung, wenn man das Individuelle der Person und die Probleme, die aus der frühen Kindheit herrühren, bei der Arbeit mit ihnen nicht berücksichtigt. Das bedeutet nicht zwangsläufig eine ausgewachsene Psychoanalyse – es gibt viele therapeutische Vorgehensweisen. Obwohl die Fachleute verschiedenster Schulen einander in Theorie und allgemeiner Philosophie schärfstens bekämpfen, so kann doch eine große Variationsbreite psychologischer Perspektiven dauernde Hilfe bieten, wenn der Therapeut Integrität, Feinfühligkeit und Mitgefühl besitzt, um die innere Realität seines Klienten zu erkennen und sich einzufühlen. Doch Geist allein bringt noch keine Kur, auch wenn es Neptun so am liebsten wäre; Mephistopheles kann nur durch die Tür wieder verschwinden, durch die er auch hineingelangte. In Neptuns Fall ist das die primäre elterliche Bindung. Normalerweise ist irgendeine Form therapeutischer Allianz (oder wie immer man es nennen mag) vonnöten, damit der Mensch sich den Schrecken der Einsamkeit, der Leere und der Vernichtung aussetzen kann, denen gegenüber die Wasser des Vergessens so verlockend erscheinen. Wie groß die »Schuld« der Eltern auch sein mag, die grundlegenden Fragen von Verschmelzung und Trennung müssen als in der Verantwortlichkeit des einzelnen liegend begriffen werden.

Der mysteriöse Faktor einer entsprechenden Disposition, über die uns ein astrologisches Geburtsbild viele nützliche Hinweise bietet, kann von Anfang an darüber entscheiden, ob jemand zum Opfer der pathologischen Dimension Neptuns wird; der ebenso mysteriöse Faktor individueller Wahlfreiheit kann darüber entscheiden, ob jemand Opfer bleibt.

> Nur wenn es eine solche [ausreichend gute] Mutter hat, beginnt bei dem Kind ein personaler und realer Entwicklungsprozeß. Wenn die Bemutterung nicht gut genug ist, wird der Säugling zu einem Bündel an Reaktionen auf Übergriffe, und das wahre Selbst des Kindes wird nicht ausgebildet ...[25]

Dieses unausgereifte Selbst reicht, da es emotional nicht entwöhnt wurde, bis ins Erwachsenenalter hinein, noch immer voller Sehnsucht nach jener Mutter, die anfänglich nicht da war, voller Sehnsucht nach einem sicheren Ort der Geborgenheit, wo der früheste Keim des Ichs sich entwickeln kann. Eine solche Person, welche Neigungen sie auch den anderen Konstellationen des Geburtsbildes gemäß entwickeln mag, wird diese neptunische Sehnsucht nach dem Paradies nie verlieren. Vorgeburtliche und nachtodliche Existenz sind, wie wir anhand der Mythen vom Paradies gesehen haben, in der menschlichen Phantasie dasselbe. Die Sehnsucht, mit dem »primären Objekt«, der guten, omnipotenten Mutter zu verschmelzen, kann auch als eine Sehnsucht nach dem Tod erlebt werden. Doch Neptuns Todeswunsch ist nicht gewalttätig. Er ist ein langsames, sinnliches Hineingleiten in die Auflösung mittels Psychose, Alkohol und Drogen.

> Zu Beginn des Lebens ist der Säugling absolut allein ... Der Zustand, der dem Alleinsein vorausgeht, ist ein Zustand des Unlebendigseins, und hinter dem Wunsch, tot zu sein, verbirgt sich gewöhnlich der Wunsch, nicht zu leben. Im Augenblick des ersten Erwachens entsteht im menschlichen Individuum zugleich die Vorstellung, daß es einen ruhigen Zustand des Nicht-Lebens gibt, der durch eine extreme Regression in friedvoller Weise wiedererlangt werden kann. Der Tod ist in unserer Vorstellung gleichbedeutend mit diesem Urzustand, der *dem Lebendigwerden vorausgeht* ...[26]

Der Zustand des Nicht-Lebendigseins, den eine neptunische Persönlichkeit so sehr sucht, ist nicht nur die Erfahrung der Verschmelzung mit einem Mutter-Ersatz oder eine ekstatische Transzendierung des Selbst; er ist ein vorkörperlicher Zustand, frei von Konflikten und triebhaften Bedürfnissen. Die zwanghafte Suche nach Spiritualität auf Kosten körperlicher Lebendigkeit gehört in denselben Zusammenhang wie der offensichtlichere Todeswunsch eines Drogen- oder Alkoholabhängigen oder die regredierte Emotionalität des Hysterischen. In all diesen Ausdruckformen werden Einsamkeit und Autonomie des Selbst abgewiesen, da sie der Rückkehr in den Paradiesgarten im Wege stehen. Oder, wie es Winnicott formuliert:

> Dann kommt eine Stufe, auf der das Kind eine Einheit geworden ist, in der Lage ist, ein ICH BIN zu fühlen, ein Innenleben hat, mit dem Ansturm der Triebe umgehen und auch die Belastungen und den Streß aushalten kann, die in der innerpsychischen Realität entstehen. Das Kind ist nun in der Lage, depressiv zu werden. Das ist eine Errungenschaft emotionalen Wachstums.[27]

Es ist seltsam, daß diese »echte« Depression – das Akzeptieren des eigenen Dunkels, des Schmutzigen, des Ambivalenten und des Getrennten – bei einem Menschen, der unter einem neptunischem Zwang steht, niemals aufzutreten scheint. Die neptunische Persönlichkeit hat nur sehr eingeschränkt die Fähigkeit, mit Ängsten umzugehen, und angesichts eines Konflikts kann sie in Panik geraten, ihre Emotionen blindlings ausagieren, und sich zur eigenen Rettung gewohnheitsmäßig auf andere verlassen. Neptuns äußert sich auch mit der Stimme der Person, die erklärt: »Ich kann es nicht ändern!«, wenn sie mit der Herausforderung konfrontiert wird, ihre emotionalen Bedürfnisse zu zügeln. Außer der harten Aufgabe, angesichts von aufwühlenden Konfrontationen bei sich selbst zu bleiben, ist fast jede emotionale Erfahrung zulässig. Man mag hinauf ins Kosmische flüchten, oder hinab in eine körperliche und seelische Desintegration; man mag sich in die Arme eines Elternteils, eines Kindes, eines Ehegatten, eines Gurus oder einer Ideologie werfen, doch immer versucht man dabei, den steinigen saturnischen Boden zu vermeiden und der Realität, so wie sie ist, aus dem Weg zu gehen. Neptun kann einer echten Depression täuschend ähnlich sehen, mit überwältigenden Schuldgefühlen, Selbstbezichtigungen und einer Art tragischer Melancholie, die das Leben als ein Tal der Tränen ansieht; manchmal zeigt sich auch ein erschreckender Hang zu selbsterzeugtem Schmerz. Doch die saturnische Substanz, die den Kern des »Ich« ausmacht, wird selten als die einzig mögliche Arche begriffen, um auf in diesen Wassern obenauf zu bleiben. So lernt diese Person nicht, auf sich selbst zu vertrauen und sich selbst zu respektieren, die Fähigkeit zu entdecken, in sich selbst geborgen zu sein. Aus diesem Grund ist es für andere oft so schwer, Mitgefühl mit neptunischem Leiden zu empfinden. Auch wenn es fraglos real ist, so hat es doch immer etwas von dem flüssigen Vortrag eines Schauspielers und ermangelt der Beständigkeit und Authentizität der echten saturnischen Trauer.

Auf der Suche nach dem Leid

Neptunisches Leid kann selbsterzeugt und auch sehr manipulativ sein. Ob man nun annimmt, daß dem eine tiefe Scham infolge von Inzest-Phantasien zugrundeliegt, oder eine Sehnsucht, sich mittels aus Schmerz geborener Demütigungen auf die Vereinigung mit der Gottheit vorzubereiten, so scheint es doch oft, als sei der Neptunier schamlos in sein eigenes Elend verliebt. Wie Shakespeares Othello kündet:

Du hast nicht halb die Kraft, mir weh zu tun,
Als ich's zu tragen[28]

In der Hoffnung und dem Versuch, bei anderen Mitgefühl zu wecken und Schutz zu suchen, und auch, um einem inneren Zwang nach Selbstbestrafung nachzukommen, kann die hysterische Persönlichkeit den Schmerz unbewußt zu manipulativen Zwecken einsetzen. Wir nennen ein solches Verhalten zumeist masochistisch. Das masochistische Verhalten, sei es nun ausschließlich auf den sexuellen Bereich beschränkt oder ein allgemeines psychologisches Lebensmuster, gehört der Welt des Neptun an. Im Grunde besteht es aus dem schon vertrauten archetypischen Kern aus Schamgefühlen, dem Bedürfnis, durch Leiden zu sühnen, versteckten Aggressionen und einer starken Sehnsucht nach Erlösung. Masochismus kann als etwas Pathologisches angesehen werden. Man kann darin aber auch ein tiefergehendes, wenn auch unbewußtes Bedürfnis sehen, in der eigenen Person menschliches Leiden überhaupt zu erfahren. Beide Sichtweisen sind gleichermaßen bedeutsam, wenn man Neptun verstehen will.

Ein klinisches Interesse am Masochismus gibt es seit den Anfängen der Psychoanalyse. In früheren Geschichtsepochen hielt man Masochismus nicht für pathologisch, weil er so stark in die christliche Ethik eingebunden war.

> Bevor die Wissenschaft den Masochismus als eine Krankheit ansah, betrachtete ihn die Religion als ein Heilverfahren. Die mittelalterliche Kirche hielt das Sakrament der Buße für ein Mittel zur Erlangung das »Seelenheils«. Die Sprache der frühen christlichen Büßer ist eine medizinische Sprache ... Buße ist eine »Arznei« und ein »Heilmittel gegen die Sünde«.[29]

Masochismus ausschließlich als pathologisch zu definieren, ist ein schiefer und allzu einfacher Zugang zu einer höchst komplizierten Angelegenheit. Wenn wir uns mit seiner Komplexität befassen, stört uns vor allem die Verquickung mit der Vorstellung, das Leiden sei ein Mittel, Gott näherzukommen, die sich durch unsere ganze westliche Religionsgeschichte zieht. Doch wenn jemand die Hilfe eines Astrologen oder Psychotherapeuten sucht, weil er oder sie den Teufelskreis selbsterzeugten körperlichen oder emotionalen Leidens nicht durchbrechen kann, dann sprechen wir mit Recht von einer Pathologie, weil diese Person es als eine solche erlebt; und dann beginnen die psychoanalytischen Rahmenbedingungen unmittelbar zu greifen.

Die Bezeichnung »Masochismus« leitet sich von Leopold von Sacher-Masoch her, der im späten 19. Jahrhundert einige autobiographische Romane veröffentlichte, die in Deutschland und Österreich wegen ihrer blumig dargestellten Themen willentlicher Unterwerfung unter Sklaverei, sexueller Erniedrigung, Grausamkeit und körperlichen und seelischen Mißbrauch notorische Berühmtheit erlangten. Auch wenn Krafft-Ebing diesen Ausdruck prägte, um damit ganz bestimmte Formen sexuellen Handelns zu bezeichnen, ist seine Verwendung in den psychoanalytischen Schulen allgemeiner und umfaßt auch das im folgenden beschriebene, »moralischer Masochismus« genannte Verhalten.

> Moralischer Masochismus ... kann vielleicht am besten als ein lebenslanges Muster unbewußt arrangierter Schwierigkeiten oder Fehlschläge in den unterschiedlichsten Funktionsbereichen definiert werden. Das ist der »Verlierer« in unserer Gesellschaft, jemand, der sich unnötig belasten oder sogar scheitern muß ... Die zugrundeliegende sexuelle Befriedigung, die in der Perversion offen zutage tritt, ist für den Beobachter nicht sichtbar, noch wird sie vom Patienten als solche erlebt.[30]

Das ist das charakteristische Thema der neptunischen Opferrolle, durch die psychoanalytische Brille gesehen. Der Zusammenhang mit der Sexualität ist manchmal (jedoch nicht immer) verborgen, offensichtlich aber ist das Bedürfnis nach Bestrafung. Der moralische Masochist versucht hartnäckig, seine ursprünglich inzestuösen Wünsche durch Schmerz, Erniedrigung und Unterwerfung unter Autoritäten oder höhere Mächte zu befriedigen. Ob wir diesen Zwang in uns selbst verspüren oder ob wir ihn bei jemand anderem beobachten, es ist eine unerträgliche Mischung aus freudigem Leiden, Selbstmitleid, willentlicher Hilflosigkeit, Ohnmacht und unterdrücktem Zorn, und es ist sehr schwer, sich damit zu konfrontieren und sich daraus zu befreien.

Freuds Hauptschriften zum Masochismus sind *Drei Abhandlungen zur Sexualtheorie* (1905) und *Das ökonomische Problem des Masochismus* (1924). Seine allerersten Formulierungen sind umständlich und schwer zu lesen. Er postulierte zunächst die Vorstellung von einer Umkehrung des Aggressions- oder sadistischen Triebes, um später das Konzept eines angeborenen Todestriebs zu entwickeln, der, neben dem Lustprinzip, dem Unbewußten innewohnte. Freud glaubte, Masochismus sei Ausdruck einer Fixierung oder Verhaftung auf einer Entwicklungsstufe, auf der Stimulation und erotische Erregung mit Schmerz, Unterwerfung und Erniedrigung verschmolzen waren. Masochismus kann als Lust am Schmerz definiert werden. Freud gelangte schließlich zu der Folgerung, diese Verschmelzung von Lust und Schmerz rühre von fürchterlichen Angst- und Schuldgefühlen her, die durch inzestuöse Wünsche hervorgerufen seien. Deshalb gehe mit jeder lustvollen Erfüllung automatisch ein Bedürfnis nach Selbstbestrafung einher. Es ist eine Art Buße, die unmittelbar mit der Sünde einhergeht, auf diese Weise der Rache der elterlichen Gottheit zuvorkommt und gleichzeitig Anspruch auf die verbotene Frucht erhebt. Dieses unmittelbare Büßen muß sich nicht unbedingt auf den sexuellen Bereich beschränken, wo das Inzesttabu gebrochen wurde. Es kann sich auf alles richten, was zum Objekt des Begehrens werden kann – auf einen Menschen, eine berufliche Karriere, oder auf die innere Erfahrung von Selbstachtung und Selbstvertrauen. Das zwanghafte Büßen des schulderzeugenden Masochismus kann unsere Beziehungen zerstören, materielles Scheitern herbeiführen, Bewerbungsgespräche verderben, kreative Projekte ruinieren, und sich mit allen möglichen Formen autodestruktiven und selbsterniedrigenden Verhaltens verbinden. Es kann uns dazu bringen, uns in jemanden zu verlieben, der uns abweist, mißbraucht und demütigt, oder dessen manipulative Bedürfnisse unser Leben zu einer frustrierenden Hölle machen. Wir können seine Spuren besonders deutlich in dem Lebensbereich sehen, der durch die Hausstellung Neptuns im Geburtshoroskop gekennzeichnet ist.

Spätere psychoanalytische Autoren setzten sich intensiv sich mit den ursprünglichen Spekulationen Freuds auseinander und erweiterten sie. Wilhelm Reich befaßte sich mit den aggressiven Elementen des masochistischen Verhaltens; er glaubte, daß Masochisten ihr selbstgeschaffenes Leiden benutzten, um sich vor den Konsequenzen ihres Zorns zu schützen. Diese Prämisse zeigt sich in dem Widerwillen, den die selbstgewählte Opferrolle bei anderen hervorruft, von denen man doch eigentlich Mitgefühl erwarten dürfte. Die anderen spüren, selbst wenn sie es nicht bewußt erkennen, daß sich hinter der Passivität des Masochisten haßerfüllte Gefühle verbergen. Die Aggressivität, die in masochistischem Verhalten steckt, ist Ausdruck der apokalyptischen Phantasie eines Jüngsten Gerichts, an dem die bösen Tyrannen der Welt gestürzt und bestraft werden und die leidenden Gerechten ihre Erbschaft antreten. Einen künftigen Masochisten sah Reich in einer Person, die in ihrer Kindheit äußerst frustriert und verletzt worden war, und in der sich wegen der Unerreichbarkeit der Eltern, zusammen mit der Passivität und Furcht vor der Getrenntheit, eine starke Abwehr gegen jeglichen Ausdruck von Aggression entwickelt. Reich beschreibt knapp und prägnant die Eigenart des Mars-Neptun-Konflikts, wie er oft auftritt, wenn diese beiden Planeten in dominanter Stellung sind und einander schwierig aspektieren. Dieser innere Konflikt wird noch problematischer, wenn die Bemutterung nicht »ausreichend gut« ist. Wieder einmal haben wir es mit einer Reaktion des inneren Temperaments auf die Umwelt zu tun. Es ist äußerst schwierig, sich mit der passiven Aggression, wie sie in der Opferrolle so offensichtlich ist, auseinanderzusetzen – ganz gleich, ob bei einem astrologischen oder einem psychotherapeutischen Klienten, denn im Moment einer solchen Auseinandersetzung wird diese Person unweigerlich versuchen, Schuldgefühle bei ihrem Quälgeist hervorzurufen. Oft ist dies äußerst erfolgreich, denn es drückt auch beim anderen den Neptun-Knopf.

Karen Horney glaubte, der Masochist habe die »strategische Bedeutung des Leidens« erkannt und setze es wegen seines überaus großen Bedürfnisses nach Zuwendung und Anerkennung als Abwehr gegen die eigenen Gefühle der Schwäche und Bedeutungslosigkeit ein. Unter der Bürde des unerträglichen Gefühls, einer abweisenden oder frustrierenden Welt nicht ins Auge sehen zu können, unterwirft sich der Masochist einer dionysischen Orgie der Qual, die ihm, da er sie selbst erzeugt hat, eine Illusion von Macht und Entscheidungsfreiheit vermittelt. Die Ekstase des Schmerzes oder wiederholten Scheiterns wird so zu einer Abwehr gegen

Gefühle völliger Ohnmacht, denn er scheint sein Leiden unter Kontrolle zu haben. Oft wird das als »Selbstaufopferung« verbrämt. Es mag unglaublich und pervers klingen, aber es ist nichts anderes als Wahnsinn mit neptunischer Methode. Horneys Charakterisierung des Masochismus wird deutlich angesichts der typischen Abwehr, die ein so sich selbst opfernder Mensch gegenüber einem wirklichen Hilfsangebot an den Tag legt. Es ist wichtig, die Angebote des Psychotherapeuten oder auch des Astrologen zu vereiteln, denn das erhält die Illusion, stark genug zu sein, um andere zurückweisen zu können. Die meisten Menschen in den helfenden Berufen haben diesen Widerstand in vorderster Front erlebt. Wenn sie es mit einem solchen Klienten zu tun haben, begreifen analytisch ausgebildete Psychotherapeuten ihr eigenes Gefühl der Hilflosigkeit als Gegenübertragung (der Klient will den Therapeuten die Ohnmacht spüren lassen, die er selbst zu empfinden vermeidet). Doch viele Astrologen, die mit psychologischen Ansätzen nicht vertraut sind, lassen sich darauf ein, um sich dann frustriert und leer zu fühlen; und wenn sich diese Erfahrung öfter wiederholt, kann es zu einem ernsthaften Verlust an Selbstvertrauen kommen. Masochistisches Verhalten ist ein Mittel, sich Omnipotenz anzumaßen und anderen das Gefühl der Schuld und Machtlosigkeit zu geben. Es ist auch ein Mittel, die Dinge durch eine systematische Selbstverletzung in den Griff zu bekommen, die weitaus machtvoller ist als alles, was andere einem jemals antun können.

> Das Wesen des Masochismus ist die enge Verbindung von Schmerz und Lust ... Es ist eine aktive Suche nach physischem oder psychischem Schmerz, Unbehagen oder Demütigung, wobei das Unbehagen zu Befriedigung oder Lust wird; die Suche nach Schmerz oder das Lustempfinden oder beides können unbewußt sein. Und tatsächlich ist sich der Masochist seiner aktiven Beteiligung und seiner Lust nicht bewußt, sondern nur seines Leidens, das er als etwas erlebt, das ihm von außen zugefügt wird, vom Schicksal oder von anderen Menschen, die er voller Zorn für seinen Schmerz verantwortlich macht. Zudem ist häufig die Befriedigung aus der Stimme des Leidenden ganz unmißverständlich herauszuhören oder ein Glitzern in seinen Augen wahrzunehmen, wenn er sich über ein weiteres Scheitern, eine weitere Demütigung oder Niederlage beklagt, die er den Klauen des Sieges entrissen hat.[31]

So etwas ist wirklich pathologisch. Auch wenn wir echtes Mitgefühl mit dem inneren Leiden haben mögen, das sich in solchen Verhaltensmuster zeigt, so ist es doch äußerst schwer, eine Idealisierung dieser lebenszerstörenden Zwänge als »selbstlos« oder »entwickelt« aufrechtzuerhalten. Sie sind zwielichtig, manipulativ und fraglos schmutzig, wenngleich sie auch überaus menschlich sind. Wenn wir hinter den Schleier dieser typisch neptunischen Art und Weise blicken, mit starken, aber unakzeptablen Wünschen und Trieben umzugehen, gelangen wir in das Reich des Kindes. Es steht zu hoffen, daß der astrologische Berater die Person, die sich immer wieder zum Opfer macht, ermutigen kann, die wesentlichen Motive für ein solches Verhalten zu untersuchen, um so zu einem offeneren und kreativeren Zugang zu anderen Menschen und zum Leben zu gelangen. Es ist nicht besonders hilfreich, einem solchen Klienten zu erzählen, seine Opfer seien karmisch notwendig. Ob sie tatsächlich auf eine »subtile« Art und Weise notwendig sind, sei dahingestellt; die Wahrheit läßt sich jedoch nur durch eine ernsthafte Konfrontation herausfinden.

Es ist nichts Romantisches am Masochismus, wenn man ihn aus psychoanalytischer Perspektive betrachtet. Wohl deshalb wollen viele Astrologen diesen Zugang zu Neptun nur widerwillig als eine wichtige Ergänzung zu dem archetypischen, spirituellen oder prognostischen Zusammenhängen sehen. Helen Meyers präzise Deutung des Masochismus, wie sie nun folgt, findet sich in einer astrologischen Schrift über Neptun gewöhnlich nicht. Doch meine analytischen wie auch meine astrologischen Erfahrungen mit neptunischen Menschen haben mich gelehrt, daß es eigentlich so sein sollte.

> Der Schmerz und das Leiden des Masochismus sind der Preis für verbotene, unakzeptable ödipale Wünsche und Aggressionen, um der Gefahr der Vergeltung, der Beschädigung und des Im-Stich-gelassen-werdens zu entgehen. ... Die Aggression wird nach außen gerichtet, denn der Masochist provoziert und verleitet andere zu Zorn und Tätlichkeiten und versucht über seinen Schmerz, mit ihren Schuldgefühlen zu spielen.[32]

Lassen sich aber alle Opfer auf einen so unansehnlichen Kern reduzieren? Mir erscheint das nicht so. Vielleicht hat die psychoanalytische Perspektive mangels eines starken Sonne-Neptun-Aspekts in Freuds Horoskop nichts mit Erlösung zu tun und kann es sich daher leisten, die Menschen so zu sehen wie sie sind. Zugleich kann das psychoanalytische Gebäude wie jede andere psychologische Theorie selbst zu einer Form der Erlösung für neptunische Therapeuten werden, die ihrer Lehre so anhängen, als sei sie eine göttliche Offenbarung. Und konsequenterweise sind die eingeschworenen Freudianer nicht in der Lage, andere Sphären menschlichen Ausdrucksvermögens anzuerkennen, die über bloß Triebhaftes hinausgehen. Doch infantil erotische Gefühle können auch Ausdruck von etwas Tieferem oder Universellerem sein. Ödipale Konflikte mögen Ursache masochistischer Verhaltensmuster sein oder auch nicht. Doch wenn es um Neptun geht, ist es keine schlechte Idee, eine solche Frage zu stellen. Es gibt bedeutungsvollere Dimensionen des neptunischen Masochismus, doch diese sind in der Regel, wenn auch nicht immer, mit der persönlichen Familiengeschichte verwoben. Es wäre absurd, anzunehmen, daß alle spontanen Akte von Großzügigkeit und Selbstlosigkeit immer nur Sublimierungen des verborgenen Wunsches seien, wegen ödipaler Schuld zu leiden. Doch die komplizierten Kindheitsmuster der masochistischen Persönlichkeit vermischen sich oft mit edleren neptunischen Bestrebungen in einer Weise, daß sie nur schwer zu entwirren sind. Der Wunsch, die Leiden der Menschheit zu heilen, kann mit dem Wunsch zusammenhängen, das Leiden der Mutter und auch das der eigenen Kindheit zu heilen.

> Ein gemeinsamer Entstehungsgrund ... für den Sadomasochismus ist die Beziehung zu einer relativ unerreichbaren depressiven Mutter, die manchmal unangemessen verführerisch ist, meist jedoch unzugänglich und gefühllos. ... Solche Mütter weigern sich, die Sorge für das Kind auf sich zu nehmen. Sie wünschen sich statt dessen, daß sie es sind, um die man sich sorgt. Sie beneiden das Kind um seine neue Lebenschance, seine Autonomie, seine Fähigkeiten, seine Stärke, seine Jugend und seine Attraktivität. ... Seine Autonomie wird nicht respektiert, sondern zugunsten der eigenen intensiven Hilfsbedürftigkeit zerstört.[33]

Das neptunische Gespür für das Leiden anderer ist eine psychologische Tatsache, die sowohl in der Kindheit als auch im Erwachsenenalter ganz offensichtlich ist. In der Kindheit kann Leiden nicht objektiv wahrgenommen werden, und selbst für einen scharfsinnigen reifen Erwachsenen kann es schwierig sein, genügend Distanz zu wahren, um es zu verstehen. Ein Baby kann nicht auf seine desillusionierte depressive Mutter schauen und schließen: »Aha, sie wurde selbst schlecht bemuttert und möchte die gleiche Geborgenheit, die ich haben möchte; deshalb möchte sie, daß ich ihre Einsamkeit und ihren Schmerz lindere, anstatt sie den meinen.« In den Augen des Kindes ist die ganze Welt voller Leiden, denn zu Beginn des Lebens ist die Mutter die ganze Welt. Um auch nur einen Anschein von Sicherheit in der eigenen Umwelt zu erreichen, gibt es keinen anderen Weg, als die eigenen emotionalen Bedürfnisse aufzugeben. Denn da ein junger Neptunier unausgesprochene Hinweise so deutlich verspürt wie ein guter Schauspieler das Ansteigen und Verebben der Aufmerksamkeit des Publikums, ist es genau dieses emotional begabte Kind, das am meisten unter einer selbst hilfsbedürftigen Mutter leidet. Die Botschaft ist: »Existiere nicht getrennt von mir, ohne dich habe ich nichts und bin ich nichts, und du bist die einzige Rettung vor dem Elend meiner Einsamkeit«. Welches sensible Kind könnte einer solchen Bitte widerstehen? Ganz sicher nicht die Kinder Neptuns. Die Identifizierung mit der Mutter bedeutet auch eine Identifikation mit ihrem Leiden. Es ist eine der tieferen Ebenen des »moralischen Masochismus«, daß man nicht wagt, glücklich zu sein, denn dies bedeutete, die ursprüngliche Mutter-Kind-Einheit zu verlassen, die auf einer gemeinsamen Opferrolle und Enttäuschung basiert. Etwas im Leben zu erreichen, ist eine Akt der Trennung, und es ist äußerst schwer, sich von etwas zu trennen, das man nie gehabt hat.

Deshalb kann das Neptunkind die beschwerliche Aufgabe übernehmen, die Mutter zu erlösen. Das kann auch zu einem Thema im Leben des Erwachsenen werden, und die Identifikation mit dem Opfer und Erlöser kann einen Menschen dazu bringen, einen geschädigten oder kranken Partner »retten« zu wollen. Man kann sich zu Bereichen der helfenden Berufe hingezogen fühlen, in die man vom

Temperament her nicht paßt, oder den Geist durch Überarbeitung, Frustration und unerträgliche Bürokratie erschöpfen – einfach deshalb, weil man sich verpflichtet fühlt, eine leidende Mutter zu retten, die insgeheim selbst ein Kind ist. Das ist die dunklere Seite des neptunischen Verlangens, andere zu heilen, und es hat oft mit einer Mutter zu tun, die ihren Kindern den Mantel des Erlösers umgehängt hat. Es überrascht nicht, daß es in den helfenden Berufen so viele Neptunier gibt; auch nicht, daß sie oft selbst krank und ausgelaugt sind, viele körperliche und emotionale Probleme haben, sich schlecht abgrenzen können und viel zu wenig Geld und Zeit für sich selbst einfordern. Die Grenze zwischen dem Heiler und seinen hilflosen, abhängigem Patienten ist so fließend wie die Grenze zwischen einem hilflosen, abhängigen Patienten und seiner hilflosen, abhängigen Mutter.

Wir müssen das Gefühl der spirituellen Berufung genauer untersuchen, das oft mit einem solchen Opferleben verbunden ist, denn wo wir das Gebetsbuch finden, finden wir auch einen Kinderwagen. Gleichviel, ob man es in religiöser oder soziologischer Begrifflichkeit formuliert, in einer Person, die sich mit dem Archetyp des Opfers und Erlösers identifiziert, ist eine komplizierte Verbindung von Altruismus und Infantilität am Werk. Es erfordert einen gewissen Mut, um diese tiefergehende Perspektive anzunehmen, denn Selbstaufopferung wird ja gemeinhin als eine äußerst edle Handlungsweise angesehen.

> Es ist eine moralische Spezialität des Masochismus, der Befriedigung in der wirklichen Welt aus dem Wege zu gehen. Daß Verzicht und Verluste in dieser Welt unbedeutend sind, erinnert an die kirchlichen Lehren des Mittelalters. Aller Lohn winkt erst nach dem Tode, im Himmel. Die Kirche hat diese besondere Dynamik des Masochismus institutionalisiert. Wie in allen Morallehren verringert der Gehorsam, wenn er erst einmal integriert ist, nicht nur die Schuld, sondern er vermittelt auch eine narzißtische Befriedigung, die dann zum Selbstzweck wird. ...[34]

Das Problem, mit dem wir es hier zu tun haben, ist die Unterscheidung zwischen einem Mitgefühl, das sich bereitwillig mit dem Leid anderer identifiziert und mit dem Wunsch reagiert, auch auf eigene Kosten zu heilen oder zu trösten, und einem Masochismus, der vorschreibt, daß eine solche Reaktion absolut sein und jegliche persönliche Erfüllung oder Freude ausschließen muß. Hier einen Mittelweg zu finden, ist recht verzwickt und macht es zu einer äußerst individuellen Angelegenheit. Es gibt keine »üblichen« Richtlinien dafür. Doch wenn man die masochistische Dimension der Selbstaufopferung nicht erforscht, kann es hier zu keiner Ausgewogenheit kommen. Und auch die Ketten- und Peitschen-Fraktion des sexuellen Masochismus, die ja gemeinhin nicht als »spirituell« angesehen wird, kann auf einer tieferen Ebene etwas reflektieren, was Lyn Cowan eine »religiöse Haltung gegenüber der Sexualität« nennt: den Versuch, diese irdischste aller Lebensäußerungen mit einem Hauch jener überpersönlichen Welt der göttlichen Wasser zu versehen. Darin kann ein Bemühen zum Ausdruck kommen, die dem Sexualakt inhärente körperliche Aggression und den Narzißmus zu büßen, um ihn zu »heiligen« und näher zu Gott zu bringen.

Die Ekstase des Leidens ist ein verbreitetes Thema im mittelalterlichen Christentum. Eines der schauerlichsten Beispiele dafür sind die Flagellanten. Für sie bedeutete die Buße eine körperliche Bestrafung grotesker Art, und der Schmerz war so exquisit, daß er sich in ein intensiv erotisches Vergnügen verwandelte. Eine exzellente, wenn auch erschreckende Umsetzung dieses Zusammenfallens von Schmerz und Lust bringt der Film *The Devils of Loudon*, der eine unserer besten Darstellungen davon ist, wie stark die Grenze zwischen dem Spirituellen und dem Erotischen, zwischen Selbstaufopferung und Masochismus verschwimmen kann.

> Die Flagellanten sahen ihre Buße als eine kollektive *imitatio Christi*, die einen einmaligen, eschatologischen Wert besaß. Die Allgemeinheit sah in ihnen die Ausführenden eines kollektiven Bußaktes, der die Welt dem tausendjährigen Reich Gottes und der Wiederkunft Christi näherbringen würde.[35]

Die religiöse Ekstase des Leidens ist meist mit einer millenarischen Vision verbunden, denn der Leidende erwartet bewußt oder unbewußt den Tag des Jüngsten Gerichts, an dem die Bösen bestraft werden und die Unschuldigen die Herrschaft über die Welt erhalten. Das Jüngste Gericht mag für viele heutige Opfer Neptuns keinerlei spirituelle Anklänge mehr haben; es kann einfach der Tag sein, an dem der Scheidungsanwalt erreicht, daß dem verlassenen Ehegatten das letzte bißchen Eigentum und Einkommen genommen wird, oder daß die Firma in Konkurs geht, aus der man zuvor entlassen worden war. Diesen Zustand eifriger eschatologischer Erwartung kann man im märtyrerhaften Verhalten vieler neptunischer Menschen beobachten, die andauernd spirituelle Punkte sammeln für einen enfernten, unbestimmten Tag, an dem alle Opfer gezählt und aufgerechnet werden. In diesem Sinne flößt die destruktive Mutter ihrem Kind eine emotionale Schuld ein, die sie jederzeit in Anspruch nehmen kann, sogar posthum. Dieses tief unbewußte, aber äußerst machtvolle Muster kann hinter dem Getriebensein stecken, das für all jene charakteristisch ist, die sich mit Erlöserrollen identifiziert haben. Sie müssen die ganze Welt auf einmal retten, in fürchterlicher Hast, als ob irgendwo im Hintergrund die Mutter warte, die ihre Opfer vergolten haben will und immer ungeduldiger wird.

Doch weil wir sterblich sind und in Körpern wohnen, sind wir von der spirituellen Erfahrung der Einheit ausgeschlossen – von einigen flüchtigen Augenblicken abgesehen. Das Schamgefühl, das wir wegen unserer Gier und Selbstbezogenheit empfinden, ist, aus dieser Perspektive gesehen, völlig angemessen. Das Paradies universeller Liebe ist nicht nur unser primärer narzißtischer Antrieb, es ist auch unser höchstes Ideal und kann uns aus unserem unbedeutenden, selbstbezogenen Leben in ein Reich größter Schönheit und Begeisterung erheben. Das Dilemma liegt in der Kluft zwischen unseren Idealen und unserem normalen Alltagsdasein, und in der Art und Weise, wie wir diese Kluft zu überbrücken suchen. Kunst und Liebe sind zwei der kreativsten Möglichkeiten Neptuns zum Brückenschlag. In beiden Bereichen ist es unmöglich, die Wasser des Paradieses zu schmecken, solange man sich zurückhält. In der Tat ist etwas Geheiligtes daran, das umsonst angeboten wird, ohne ein verstecktes Preisschild. Und gleichermaßen ist auch etwas Unheiliges und Verdorbenes an einem selbstauferlegte Leiden, das darauf abzielt, Punkte im Himmel zu sammeln. Neptun ist zu beidem fähig.

> Die Bewegung vom Märtyrertu zum Masochismus ist auch eine Bewegung von der Schuld zur Scham. ... Schuld beginnt mit dem Gesetz; Scham beginnt mit der Realisierung eines Selbst, das größer ist als ich. Das Vokabular der Schuld arbeitet mit Begriffen wie richtig und falsch, Verbrechen und Strafe, Verschulden und Wiedergutmachen. ... Scham gehört zu einer seelischen Dimension und beinhaltet das Nichtvorhandensein eines Gegengiftes, die Fortdauer des Mangels, die Unmöglichkeit einer Berichtigung ... Diese Empfindungen des Mangels, der Unzulänglichkeit, der Unangemessenheit sind es, die durch keinerlei Aktivität des Ichs korrigiert oder aufgehoben werden können. ... Schuld ist eine moralische und juristische Kategorie; Scham gehört in den Bereich seelisch-religiöser Erfahrung.[36]

Die Scham, die so sehr zur Psychologie Neptuns gehört, bedeutet die Anerkennung der menschlichen Fehlerhaftigkeit und Unzulänglichkeit. Das hat eher mit Demut zu tun als mit Erniedrigung. Demut ermöglicht Mitgefühl und Gemeinschaftssinn. Selbsterniedrigung, das Produkt der dunkleren, infantilen Seite Neptuns, kann sich als Demut maskieren; doch normalerweise endet das damit, daß schließlich jemand anders gedemütigt wird, wie uns die unbewußten sadistischen Phantasien der sanften Neptunier zeigen.

Das »Ichideal«

Im Jahre 1914 stellte Freud erstmals das Konzept eines »Ich-Ideals« vor. Es ist einer der grundlegendsten Aspekte psychoanalytischer Theorie, und außerdem eine ausgezeichnete klinische Definition neptunischer Sehnsucht. In manchen astrologischen Texten wird Neptun mit dem kollektiven Unbewußten gleichgesetzt und so mit umfassenden transpersonalen Kräften ausgestattet. Doch es ist wichtig, sich daran zu erinnern, daß in der astrologischen Symbolik alle Planeten grundlegende psychologische Bedürfnisse repräsentieren. Auch wenn sie universell oder archetypisch sind in dem Sinn, daß jeder sie erlebt, so bezeichnen sie doch im Horoskop eines Menschen eine ganz bestimmte Ausrichtung und Anordnung menschlicher Bedürfnisse. Das gilt für die äußeren Planeten wie für die inneren. Auch wenn Uranus, Neptun und Pluto »transpersonal« sind in dem Sinne, daß sie eine eher kollektive Schicht der menschlichen Psyche reflektieren, die mit

Generationszusammenhängen und sozialen Bewegungen und Werten zu tun hat, so sind sie doch auch im individuellen Horoskop wirksam und tragen zur Komplexität einer individuellen Persönlichkeit bei. Die simple Gleichsetzung Neptuns mit dem kollektiven Unbewußten geht am Wesentlichen vorbei, denn alle Planeten repräsentieren etwas Archetypisches und verkörpern deshalb das kollektive Unbewußte in der einen oder anderen Gestalt. Neptun symbolisiert ein Bedürfnis nach emotionalen und bildhaften Erfahrungen einer besonders ursprünglichen Art, die »nicht von dieser Welt« sind. Dieser Erfahrungsbereich ist sehr spezifisch und drückt sich durch Gefühle der Vergänglichkeit und des Überdrusses an der Welt aus, durch Bilder von Auflösung und Erlösung. Er besteht aus einer Weltsicht, die nicht mehr oder weniger archetypisch ist als die jedes anderen Planeten.

Der Begriff des Ichideals, erstmals beschrieben von Freud und später weiterentwickelt von Janine Chasseguet-Smirgel, kann uns dabei helfen, Neptun als eine bestimmte Dynamik innerhalb des Menschen zu beschreiben – auch wenn diese Dynamik »kollektiv« schon früher, in vielen sozialen und religiösen Bewegungen der Geschichte, wirksam war.

> Der Mensch, der unfähig ist, auf die einmal genossene Befriedigung zu verzichten, will die narzißtische Vollkommenheit seiner Kindheit nicht entbehren und sie in der neuen Form des Ichideals wieder gewinnen. Was er als sein Ideal vor sich hin projiziert, ist der Ersatz für den verlorenen Narzißmus seiner Kindheit, in der er sein eigenes Ideal war. [37]

Der »verlorene Narzißmus« der Kindheit, in dem das Baby sein eigenes Ideal ist, ist eine andere Beschreibung der Verschmelzung zwischen dem Säugling und der Mutter, in der der Säugling die omnipotente lebenspendende Kraft der Mutter als Teil seines eigenen Wesens erlebt. Dies ist der ozeanische Mutterleib des ewigen Lebens von Nammu und Tiamat. Dies ist auch das Paradies, in dem Adam und Eva eins sind mit Gott und an seiner Macht und Unsterblichkeit teilhaben. Die mythischen Bilder dieses ursprünglichen Ortes vermitteln anschaulich, wie verführerisch diese verlorene Vollkommenheit ist. Ein Mensch unter starkem Neptuneinfluß ist jemand, der diesen Zustand primärer Verschmelzung nie aufgegeben hat. Freud glaubte, daß niemand ihn je völlig aufgibt, und die Astrologie bestätigt seine Diagnose; denn wir alle haben Neptun irgendwo im Geburtsbild sitzen. Doch die meisten Menschen schaffen es, mit dem Ichideal so zurechtzukommen, so daß die Kluft zwischen der persönlichen Realität und der verlorenen Allmacht nicht allzu schmerzhaft ist. Dann kann das Streben nach dem Ichideal vom einzelnen in höchst lohnender und kreativer Weise ausgedrückt werden.

> Wenn Geld verdienen (oder es verachten), eine aufwendige Wohnung besitzen (oder ein Bohème-Leben führen), sich hübsch und ungewöhnlich kleiden, schöne Kinder haben, eine Religion praktizieren, sich dem Trunk ergeben, einer Ideologie anhängen, lieben und geliebt werden,

> ein intelligentes Buch schreiben, ein Kunstwerk schaffen etc. verschiedene Versuche darstellen können, um die Kluft zwischen dem Ich und dem Ideal zu verringern, dann ist es nicht weniger wahr, daß der Mensch jenseits der Suche nach diesen Befriedigungen von etwas Tieferem, Absoluterem, von etwas Dauerhafterem geleitet wird, das die diversen *Inhalte* überschreitet, die vielfältigen und momentanen Erscheinungsformen, die er seinem fundamentalen Bedürfnis geben wird, um seine verlorene Vollkommenheit wiederzufinden. Diese Versuche, die in der Tat nur Stationen auf einem Wege sind, der nirgendwo hinführt als zum Tod, treiben ihn dennoch zum Leben.[38]

Die Suche nach der Vereinigung mit dem Ichideal zeigt sich in jeder Lebenssphäre, in der wir uns nach einem unsagbaren, unbeschreiblichen »Etwas« sehnen, das unsere Einsamkeit lindert und uns Unsterblichkeit gewährt. Das kann ein köstliches Gefühl sein, und offenbar bezahlen wir gern das Eintrittsgeld für jeden Film, der diese Saite unseres Herzens anklingen läßt, sogar wenn das mit relativ wenig Geschick geschieht. Neptuns melancholische Romantik läßt uns die *Nocturnes* Chopins lieben, Spielbergs *E. T. – Der Außerirdische*, C. S. Lewis' *Narnia*, oder das verschwundene edwardianische England von Merchant und Ivory. Diese Bilder sind zutiefst bereichernd (wenn auch vielleicht nicht besonders »sozial relevant«) und schaffen Verbindungen zwischen den Menschen. Diese Sehnsucht motiviert uns, etwas Schönes zu schaffen, das uns wieder mit der verlorenen Vollkommenheit verbindet.

Doch wenn die Suche nach dem Ichideal frustrierend und voller Leid ist, so daß der einzelne diese Sehnsucht aus dem Bewußtsein verdrängt, dann wird das Leben nichts weiter als eine Vorstufe zum Tod. Noch schlimmer ist, daß für einen solchen Menschen all jene, die kreativere Wege finden, um ihr Ideal auszudrükken, zum Ziel von Haß und Neid werden. Dies ist die Dynamik einer bestimmten Art intellektueller Haltung zum Leben, die alles nicht Funktionale zermalmen und alle ästhetischen Gefühle auf ein nichts reduzieren will. Doch paradoxerweise zeigt das Geburtsbild unweigerlich diesen dominanten Neptun, auch wenn das Ideal so nachdrücklich abgelehnt wird.[39] Im Kern gibt es da auch keinen Unterschied; Feinde sind sich in der Regel insgeheim in vieler Hinsicht sehr ähnlich. Aber statt sich bewußt mit Neptuns Welt zu identifizieren, kann man auch versuchen, sie zu zerstören, denn die Identifikation ist unbewußt und deshalb zutiefst bedrohlich für das Ich. Ein Mensch mit einem dominanten Neptun kann ein hilfloses Opfer des Lebens werden, verfolgt von einer Welt, die ihm eine unmögliche Zähigkeit und Autarkie abverlangt. Er kann zu einem Spötter werden, einem Skeptiker, einem bösartigen Zerstörer alles Nichtrationalen, einem Verleumder romantischer Phantasien, einem dialektischen Materialisten, der alles auf ein mechanisches Funktionieren reduzieren möchte. Im allgemeinen haben solche Menschen dann aufgrund des paradoxen Eingreifens des »Schicksals« deutlich neptunische Eltern, einen entsprechenden Partner, ein neptunisches Kind oder neptunische Patienten.

Es gibt ein Element in der psychoanalytischen Welt, das sich sehr mit den letzteren identifiziert hat. Der Marxismus hat sich gewisser Bereiche der psychoanlytischen Gemeinschaft bemächtigt und eine bizarre Form religiösen Dogmas erzeugt, das sich als eine »wissenschaftliche« psychologische und soziologische Theorie ausgibt. Vielleicht ist es dieses Element, das so unattraktiv für den Neptunier ist, der sich auf Astrologie und andere Esoterika wirft und das psychoanalytische Rahmenwerk als beleidigend und seelenzerstörend empfindet. Doch aus dem Werk von Autoren wie Janine Chasseguet-Smirgel geht auch hervor, daß das Verstehen und die Bewältigung der infantilen Dimension der Suche nach dem Ichideal nicht unser Bedürfnis abwerten darf, weiterhin in Verbindung mit dem zu bleiben, was vor dem »Ich« war. Es gibt zu viele Geheimnisse um die Frage nach dem Ichideal, um es einfach damit wegerklären zu können, es sei »nur« die persönliche Mutter. So ist das Ideal für unterschiedliche Menschen verschieden, sogar wenn sie Geschwister sind und die gleiche Mutter haben. Dies weist nicht nur auf eine angeborene Persönlichkeitsdisposition hin, sondern auch auf etwas hinter der Persönlichkeit, das näher bei Jungs Konzept des Selbst liegt: ein angeborenes Potential zu individueller Vollständigkeit und eine höchste Vision von der Einheit des Lebens.

> Jedes Leben ist schließlich die Verwirklichung eines Ganzen, das heißt eines Selbst, weshalb man die Verwirklichung auch als Individuation bezeichnen kann. Denn alles Leben ist an individuelle Träger und Verwirklicher gebunden und ist ohne solche schlechthin unvorstellbar. Mit jedem Träger aber ist auch eine individuelle Bestimmtheit und Bestimmung gegeben, und es macht den Sinn lebendiger Existenz aus, daß sie als solche sich verwirkliche.[40]

Ohne diesen Sinn einer individuellen inneren Bestimmtheit gäbe es nicht viel Anlaß, sich überhaupt um irgend etwas zu kümmern. Die Entdeckung eines Sinns im Leben ist eine ehrfurchtgebietende und wunderschöne Angelegenheit, wenn man sie in jemand anderem geschehen sieht, und bei einem selbst ist es eine verwandelnde und lebenserneuernde Erfahrung. Der Sinn individueller Bestimmtheit ist vielleicht der kreativste Ausdruck des psychoanalytischen Ichideals, denn er ist der Grund dafür, daß wir überhaupt nach irgend etwas streben.

> Es ist gleichgültig, was die Welt über die religiöse Erfahrung denkt; derjenige der sie hat, besitzt den Schatz einer Sache, die ihm zu einer Quelle von Leben, Sinn und Schönheit wurde, und die der Welt und der Menschheit einen neuen Glanz gegeben hat. Er hat *Pistis* und Frieden. ... Gibt es tatsächlich irgend eine bessere Wahrheit über letzte Dinge als diejenige, die einem hilft zu leben?[41]

Was Jung die religiöse Funktion der Seele nannte, ist diesem inneren Streben nah verwandt. Freuds Ichideal wurzelt in der Rückwendung zur Verschmelzung mit der Mutter, Jungs religiöse Funktion wurzelt in etwas anderem als dem Ich, nach dem der Mensch strebt, und beides sind verschiedene Anschauungsweisen derselben Sache. Man muß beides im Sinn behalten, auch wenn es oft die Aufgabe des Astrologen wie auch des Psychotherapeuten ist, das Augenmerk auf diese Rückwendung zu lenken, um jenes Andere freizusetzen.

Die Suche nach dem Leid: eine Fallstudie

Das nächste Horoskop ist das einer astrologischen Klientin, die ich Julie nennen möchte. Die Geschichte ihrer nglücklichen Emotionalität und ihres selbstgeschaffenes Leids, das ihr jahrelang als einzig mögliche Lösung erschien, liefert eine lebendige Illustration der dunkleren Seite Neptuns in der menschlichen Psyche. Julies Kampf, sich ihren Schwierigkeiten zu stellen und mit ihnen zurechtzukommen, kann uns viel darüber lehren, wie schwer faßbar Neptunprobleme manchmal sind. Doch auch sie können – wie alle menschlichen Angelegenheiten – integriert und sogar »geheilt« werden, während eines Lebens, das seine Belohnung noch diesseits der Tore zum Paradies findet.

Julie, eine Amerikanerin, die mit Unterbrechungen hauptsächlich in England lebte, hatte einen privilegierten Hintergrund. Als ältestes Kind und einzige Tochter einer Familie mit beträchtlichem Reichtum und hohem sozialem Ansehen schien sie anfänglich ein perfektes Kind in einer perfekten Umgebung zu sein. Ihr Vater war ein sehr erfolgreicher Geschäftsmann, der sich ins Privatleben zurückgezogen hatte, um seinem Hobby, der Zucht von Windhunden für Hunderennen, nachgehen zu können. Auch ihre Mutter stammte aus gutem Hause, hatte zwar keine Universitätsbildung und mußte nie für ihren Lebensunterhalt arbeiten, doch sie war klug und tüchtig und engagierte sich bei den örtlichen Wohltätigkeitsveranstaltungen. Julie wuchs in einer idyllischen Umgebung auf, besuchte nur die besten Schulen und erfüllte alle sozialen und akademischen Erwartungen, die man in sie gesetzt hatte. Als sie mich Anfang 1990 erstmals aufsuchte, beschrieb sie ihre Kindheit als »glücklich«. Ihre Eltern seien »wunderbar«, ihre Mutter »perfekt«, ihr Vater »eine strahlende Erscheinung«, und mit ihren drei Brüdern verstünde sie sich »bestens«. Sie lächelte, wenn sie Fragen beantwortete. Sie war attraktiv, intelligent, liebenswert, gut gekleidet, hatte gute Manieren und sprühte vor Charme. Wenn Klienten ihre Kindheit glücklich nennen, dabei aber im Geburtsbild Konstellationen erscheinen wie das große kardinale Kreuz bei Julie (wo es unter Beteiligung der beiden elterlichen Häuser und des Geburtsmondes auf den beiden Achsen liegt, beherrscht von einem dominanten Neptun in Konjunktion mit einem Eckfeld), mag einem verziehen werden, wenn man mit einer Beurteilung noch wartet. Idealisierung ist eine der tiefreichendsten und stärksten Formen menschlicher Abwehr und charakteristisch für einen verwundeten Neptun. Wenn die Person geheilt werden soll, müssen die Idealisierungen früher oder später in Frage ge-

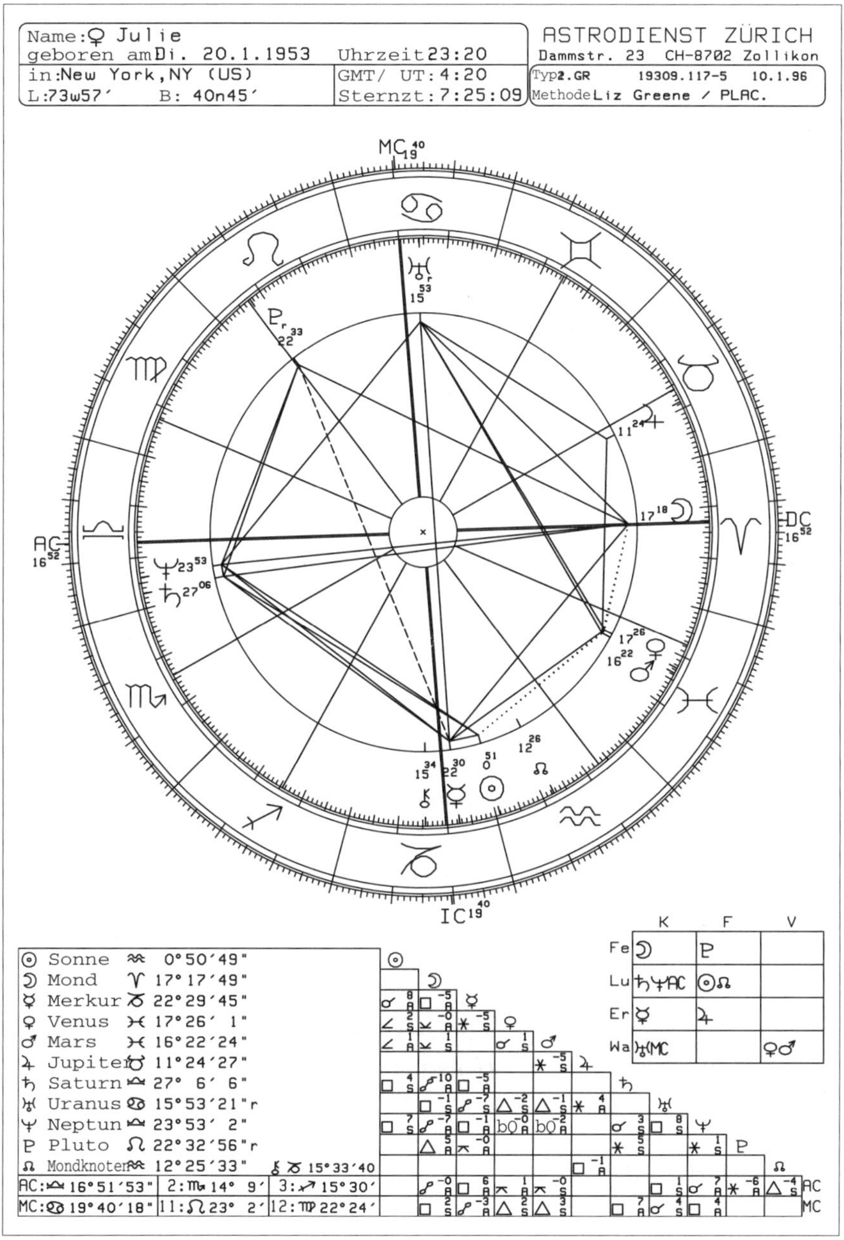

5. Julie. Häuser Placidus. Geburtsdaten vertraulich. S. Anhang

stellt werden. Doch zuvor muß das Selbstbewußtsein stark genug sein, um auch ohne sie leben zu können.

Julie hatte astrologische Beratung gesucht, weil sie sich »über ihre Richtung unklar« war. Aufgrund der großzügigen Unterstützumng durch ihre Familie hätte sie nicht zu arbeiten brauchen, doch sie wollte »irgend etwas tun«. Dann enthüllte sie, daß ihr ganzer Körper – Nacken, Brust, Bauch, Beine und Arme, sorgsam verborgen unter langen Ärmeln – mit einem scheußlichen Ausschlag bedeckt war, der als Psoriasis diagnostiziert worden war.[42] Während sie dies erzählte, lächelte sie noch immer, als ob das Leiden ihres Körpers nichts mit ihr zu tun habe. Sie hatte sich schon vielen alternativen Behandlungen unterzogen, aber nichts schien das Fortschreiten des Ausschlags aufzuhalten, und das war gleichermaßen schmerzhaft und demütigend für sie. Aus Scham aufgrund ihres Körpers hatte sie jegliche körperliche Intimität mit einem anderen Menschen abgewiesen, seit die Psoriasis vor zwei Jahren ausgebrochen war. Sie war Laienanhängerin zahlreicher Gurus und unterschiedlicher spiritueller Disziplinen, und hatte eine vage Vorstellung von einer karmischen Schuld aus einem früheren Leben, die sie abzubüßen habe. Sie hielt Psychotherapie nicht für einen möglichen Weg, um ihre Schwierigkeiten anzugehen. In Anbetracht der heranrückenden Konjunktionstransite von Uranus und Neptun zu ihrem Radix-Chiron und in Opposition zu ihrem Radix-Uranus, die das ganze große Kreuz auslösen würden, und auch angesichts der langsameren Annäherung des progressiven Mars an die Quadratstelle zu Chiron und Uranus sowie an die Konjunktion mit dem Deszendenten und dem Mond erschien es unumgänglich, daß Julie über ihre Abwehr hinausging und sich in den Schmerz und den Zorn hineinbegab, die sie innerlich empfinden mußte. Eine Krise war im Anzug, unter der sie in den nächsten Jahren zerbrechen könnte. Doch sie war nicht bereit, sich helfen zu lassen, außer bei Dingen, die keine Konfrontation mit ihr selbst bedeuteten.

Innerhalb Jahresfrist nahm Julie den Kontakt zu mir wieder auf. Sie hatte einen schlimmen Autounfall gehabt und ihren Oberschenkel gebrochen, der nicht heilen wollte. Die Psoriasis hatte sich verschlimmert. Sie ließ anklingen, daß das irgendwie meine Schuld sei. Ihre Eltern bestanden darauf, daß sie nach Hause käme, damit sie sich um sie kümmern könnten. Sie hatte auch einen Besuch in New York gemacht. Doch obwohl ihre Familie »wunderbar« gewesen sei, räumte sie ein, daß sie sich »klaustrophobisch« gefühlt habe und mit Erleichterung nach England zurückgekehrt sei. Sie hatte sich mit einem Mann verlobt, den sie seit einigen Jahren kannte, und der sie offenbar verehrte. Er hatte »ein wenig« Probleme mit dem Trinken, war aber ansonsten »perfekt«. Da sie sich schon immer nach Heirat und Mutterglück gesehnt hatte (bis zum Ausbruch der Psoriasis), akzeptierte sie seinen Antrag. Sie war ihm erstmals im Herbst 1987 begegnet, als der transitierende Saturn in Schütze im Quadrat zu ihrer Venus-Mars-Konjunktion in Fische stand. Sie war nicht in ihn verliebt, fühlte sich aber von durch seiner offensichtlichen Liebe zu ihr geschmeichelt; und sie fühlte sich »sicher« bei ihm. Sie hatte ihn über den Atlantik mitgenommen, um ihn ihren Eltern vorzustellen, und sie waren mit ihm einverstanden. Das einzige Problem war die Aussicht, auf Dauer in England zu leben, weit entfernt von den Eltern. Ihr Freund war nach England zurückgekehrt, während sie in New York blieb, um zu versuchen, den Konflikt mit ihren Eltern zu lösen.

Zu dieser Zeit, im Winter 1988, wurde der transitierende Pluto in Skorpion stationär, in Opposition zu ihrem Jupiter im siebten Haus. Wie vorauszusehen war, lernte sie einen anderen Mann kennen. Zum ersten Mal in ihrem Leben erlebte sie eine überwältigende sexuelle Anziehung, und die beiden wurden ein Liebespaar. Obwohl sie damals 35 Jahre alt war, war Julies sexuelle Erfahrung auf ihren früheren Verlobten beschränkt – nicht aus irgendwelchen moralischen Gründen, sondern aufgrund eines uneingestandenen Widerwillens. Ihre Vorstellungen von Liebe waren nicht nur idealistisch, sondern völlig mythisch. Sie versprach ihrem Liebhaber, ihre bisherige Beziehung aufzugeben und zu ihm zu ziehen. Als sie nach England kam, merkte sie, daß sie ihr Versprechen nicht halten konnte. Statt dessen kam der erste Ausbruch der Psoriasis. Voller Scham und Elend beendete sie beide Beziehungen und blieb für die nächsten zwei Jahre allein, bis sie die astrologische Beratung aufsuchte. Nur unter beachtlichen Druck hatte sie eingewilligt, ihren alten Freund zu heiraten, der von ihrem Hautausschlag wußte und dem es nichts auszumachen schien.

Julies Widerwillen, über ihr emotionales Dilemma zu sprechen, das sich erst beim zweiten Termin herausgestellt hatte, ist ebenso erhellend wie die Natur des Dilemmas selbst. Sie versuchte zu verheimlichen, daß der Autounfall in der Woche passiert war, in der ihre Verlobung offiziell bekanntgemacht wurde. Zu dieser unglücklichen »Koinzidenz« von Verlobung und Verletzung, die selbst Julie nicht ignorieren konnte, kam es, als Saturn im Transit in Konjunktion mit Merkur und im Quadrat zu Neptun stand, der transitierende Chiron ein Quadrat zu Saturn bildete und der transitierende Neptun sich dem Geburts-Chiron im dritten Haus näherte. Über all diesen Transitstellungen hängt eine Andeutung von Furcht, die Sehnsucht auszubrechen, Selbsttäuschung, und die Aktivierung tiefersitzender Unzulänglichkeitsgefühle. Es ist nicht weiter überraschend, daß es sie sehr erleichterte, sich mitzuteilen. Doch ihr Kommentar, sie sei sich »nicht wirklich sicher über die Heirat«, kam erst, als sie am Ende der Beratung schon in der Tür stand. Angesichts ihrer anhaltenden emotionalen Verwirrung und Unentschlossenheit legte ich ihr eine psychotherapeutische Behandlung nahe. Sie nahm die Telephonnummer eines mir bekannten Analytikers an. Zwei Jahre gingen ins Land, bis ich wieder von ihr hörte, und wie sich herausstellte, hatte sie meine Empfehlung befolgt.

Zu dieser Zeit hatten sich Uranus und Neptun auf ihrem großen Kreuz verankert, der transitierende Pluto erreichte das Quadrat zu seiner Geburtsposition, und der progressive Mars war bei ihrem Deszendenten und ihrem Mond gelangt.

Der transitierende Saturn hatte seinen Übergang über das große Kreuz beendet und erreichte nun die Sonne in Wassermann. Julie erschien zu ihrem dritten Termin mit dunkler Sonnenbrille, die ein schlimmes blaues Auge verbarg. In den vorangegangenen zwei Jahren hatte sie ihren Verlobten geheiratet, war schwanger geworden und hatte eine Fehlgeburt gehabt. Ihr Mann trank immer exzessiver und wurde zunehmend gewaltttiger, so daß sie um ihre Sicherheit fürchtete. Die gebrochene Hüfte war schlecht verheilt, so daß sie hinkte. Die Psoriasis wütete weiterhin. Sie hatte ein Rezept für Anti-Depressiva erhalten und die ganze Flasche geschluckt, war mit ausgepumptem Magen und wunder Kehle in der Klinik erwacht, und ihr Ausschlag war für alle zu sehen. Dann rief sie meinen Kollegen an, denn schließlich war ihr aufgegangen, daß ihr Neptuns Wasser statt der Früchte des Paradieses nur Haie heranführten. Sie mußte sich schließlich doch mit ihrer Opferhaltung auseinandersetzen.

Neptun steht stark in Julies Geburtshoroskop – in Konjunktion mit dem Aszendenten, in Opposition zum Mond, im Quadrat zu Sonne, Merkur, Chiron und Uranus, und er ist Dispositor der Geburtsherrscherin, Venus in Fische im fünften Haus. Julies Wahrnehmung von der Realität und sich selbst ist zutiefst erfüllt von neptunischen Phantasien eines verlorenen Paradieses. Sie ist eine herzliche, idealistische Seele, offen und kultiviert, die große Schwierigkeiten hatte, mit einem verwickelten und emotional komplizierten familiären Hintergrund zurechtzukommen. Der vielleicht prägnanteste Aspekt ihres Geburtsbildes ist die Konjunktion von Saturn und Neptun in Waage, am Aszendenten und im Quadrat zur Sonne; hierin zeigt sich ein tiefer Konflikt zwischen ihrem Bedürfnis, ihre ästhetischen und spirituellen Ideale zu erden, und ihrer Sehnsucht, aus einer scheußlichen und unvollkommenen Welt zu entfliehen. In den Kapiteln 10 und 12 werden die Beziehungen zwischen Saturn und Neptun ausführlich behandelt, denn es ist ein archetypischer Konflikt, den dieses Planetenpaar symbolisiert. Hier möchte ich nur die Schwierigkeit hervorheben, mit der es eine ganze Generation zu tun hat; mit dieser Konjunktion von Saturn und Neptun in Waage im Quadrat zu Uranus in Krebs geht es darum, sich trotz der stets gegenwärtigen Vision des Paradiesgartens mit der Welt zu versöhnen, wie sie ist. Julie ist nicht die erste aus dieser Altersgruppe, der ich begegnet bin, die ihren Konflikt somatisiert hat. In der traditionellen medizinischen Astrologie beherrscht Saturn sowohl die Haut als auch die Knochen. Ihre Psoriasis und ihre schlecht verheilte Beinverletzung deuten auf schwache Grenzen und ein mangelhaftes Gefühl von innerer Struktur und Festigkeit. Ihre Wut darüber, sich in eine Welt hineinbegeben zu müssen, die ihr scheußlicher vorkommt als sie zugibt, kann nur im Wüten des Ausschlags an die Oberfläche kommen. Mars und Venus in Fische mit dem Dispositor Neptun zeigen eine sinnliche und kultivierte emotionale und sexuelle Natur. Entschiedenheit und Selbstsicherheit drückt diese Konjunktion zuallerletzt aus. Julie war immer von dem Gefühl geplagt, nicht geliebt zu werden.

Letztendlich war es für Julie unumgänglich, sich mit dem Problem ihrer »wunderbaren« Eltern auseinanderzusetzen. Da Sonne und Mond hier an der neptunischen Konstellation beteiligt sind, weist dies auf ein elterliches Erbe voll infantiler Idealisierungen hin. Julies Mutter und ihr Vater sind, jeder auf seine Weise, emotionale Kinder mit der Phantasie einer perfekten Ehe, perfekter Elternschaft, perfektem Nachwuchs, und einem gemeinsamen glücklichen Leben in einem Paradies voller Grün, gutmütiger Windhunde und flauschig weicher Spielzeuge. Beide waren durch leicht erworbene materieller Sicherheit gegenüber dem Leben abgepolstert, und beide hatten sich nie mit ihrer eigenen Unfähigkeit dem Leben gegenüber auseinandersetzen müssen. Julie war für sie nie ein wirkliches Kind. Sie war Vaters kleine Prinzessin und Mutters kleines Püppchen, und ihre neptunische Empfänglichkeit für die emotionalen Untertöne ihrer Umgebung machten ihr schon in sehr frühem Alter bewußt, daß perfekt zu sein die einzige Währung war, die akzeptiert wurde. Weil sie hübsch und klug war, konnte sie den Anforderungen offenbar ohne große Mühe gerecht werden, und als Neptunkind war sie auch immer eine gute Schauspielerin. Der Preis der Liebe waren ihre Seele und ihre Gefühle. Julies Wut war umfassend und apokalytisch, auch wenn sie keine Ahnung von irer Stärke hatte.

Der Mond war in sekundärer Progression über die Quadrate zu Uranus und Chiron gezogen, bevor sie geboren wurde; möglicherweise zeigen diese separativen Aspekte tiefe unbewußte Ängste und Widerstände ihrer Mutter, als Julie noch im Mutterleib war. Auch im wirklichen Paradies war die Schlange am Werk. Der progressive Mond bildete ein Quadrat zu Merkur und eine Opposition zu Neptun, als Julie etwa fünf oder sechs Monate alt war, und eine Opposition zu Saturn im Alter von neun Monaten. In diesen frühen Lebensmonaten muß das emotionale Klima voller Streß gewesen sein; wahrscheinlich, doch genau weiß ich das nicht, stritten sich ihre Eltern oder waren unglücklich miteinander. Julie entging nichts davon. Sie ist emotional äußerst zerbrechlich, und die Außenwelt ist voll schrecklicher Bedrohungen und Gefahren. Der Mond steht am Deszendenten und zeigt, daß es Julie immer schwerfiel, ihre aggressiven und leidenschaftlichen Gefühle (Mond in Widder) zu akzeptieren. Sie neigt dazu, sie irgendwohin zu projizieren, und wie ein guter Schauspieler auf die emotionalen Zeichen anderer zu reagieren.

Außer in Neptun als Signifikator für beide Elternteile zeigt sich ihre Wahrnehmung der Mutter auch in Uranus an der Himmelsmitte, auch wenn er auf der Seite des neunten Hauses steht. Julie erlebte ihre Mutter nicht als Sicherheit. Als Kind war sie voller Angstund erwartete jeden Moment eine Katastrophe. Diese chronische Ängstlichkeit blieb bis ins Erwachsenenalter. An der Oberfläche ist das nicht offensichtlich; doch es ist eine der Ursachen für die Hautausschläge, die teilweise auch Ausdruck ihrer dauernden negativen Erwartungen sind. Julies Bild ihres Vaters ist ebenso kompliziert. Er wird idealisiert (Sonne Quadrat Neptun), gleichzeitig aber abgewiesen (Sonne Quadrat Saturn), denn er erscheint ihr distanziert, zurückgezogen und nicht an ihrer wahren Identität interessiert. Die Sonne im vierten Haus zeigt ihre tiefe Verbindung zu dem Vater, nach dem sie sich immer gesehnt hat, den sie aber niemals hatte; Merkur im vierten Haus zeigt ihre Wahrnehmung von ihm als klug, aber allzu kritisch; und Chiron im dritten Haus, bereits in Konjunktion mit dem IC, deutet an, daß ihr Vater ein Mann ist, der insgeheim vom Leben verwundet wurde und deshalb seinerseits fähig ist, großes Leid über andere zu bringen. Sie verehrt ihn, sie braucht ihn, und sie haßt ihn, und ihre späteren Beziehungsstrukturen sind vielfach auf diese konfusen und ambivalenten Gefühle zurückzuführen.

Daß Julie sich immer vor einer intimen Beziehung mit einem Mann gefürchtet hat, zeigt ihr Desinteresse bis zum Zeitpunkt der Pluto-Opposition zu Jupiter. Dieser Transit bringt ein starkes sexuelles Erwachen. Jupiter in Stier im siebten Haus im Sextil zu Venus und Mars deutet an, daß sie ihre Sinnlichkeit eher auf andere projiziert hat, anstatt sie als Teil ihrer eigenen Natur zu erleben. Doch die wirkliche astrologische Signatur ihrer sexuellen Schwierigkeiten ist der starkgestellte Neptun, der dafür sorgte, daß sie als Frau unausgereift blieb. Die harten Aspekte des Mondes zu Uranus, Neptun und Chiron scheinen das zu beschreiben, was Winnicott die »krankhaft besorgte Mutter« nennt, die sich einmal allzusehr um ihr Kind kümmert und sich dann wieder abrupt und für das Kind nicht nachvollziehbar zurückzieht. Julie bekam nie genug Mutter – entweder weil ihre Mutter wirklich beschäftigt und nur gelegentlich verfügbar war, oder weil die labilen emotionalen Rhythmen ihrer Mutter schlecht mit den fluktuierenden Stimmungen Julies zusammenpaßten. Laut Julies Schilderung scheint beides zu stimmen. Unfähig, ein positives und konsistentes emotionales Mutterbild zu internalisieren, blieb Julie infantil und konnte nur so reagieren, wie andere sie haben wollten. Ihre Sexualität war nicht »blockiert«, sondern einfach unentwickelt; im Alter von 35 Jahren waren ihre erotischen Reaktionen auf dem Stand des sechs bis neun Monate alten Kindes jener Zeit, als ihr progressiver Mond die Opposition zu Saturn und Neptun erreicht hatte.

Trotz ihres »Erwachens« während der Pluto-Opposition zu ihrem Jupiter verhinderten Julies Schuld- und Angstgefühle eine weitergehende, emotional und sexuell erfüllende Beziehung. Ihr ursprünglicher Freund erschien »sicher«, was in Wirklichkeit bedeutete, daß sie in einer Ehe mit ihm ein präpubertäres Kind bleiben konnte. Sein Alkoholproblem spiegelt die untergründige Hilflosigkeit und das Chaos beider Elternteile wider. Ihre Ehe war letztendlich eine Flucht vor dem Erwachsensein, ein Versuch, in den Mutterschoß zurückzukehren, aus dem sie durch die sexuelle Reaktion auf ihren amerikanischen Liebhaber vertrieben worden war. Ihr Konflikt manifestierte sich, wie meist bei Symptomen psychosomatischen Ursprungs, in einer Weise, die ihre Gefühle sehr anschaulich beschreibt. Ihre Haut brannte und juckte, und sie mußte sich kratzen und aufreißen, um der Irritation abzuhelfen. Der Ausschlag sollte auch unbewußt gewährleisten, daß sie zumindest für eine Zeitlang all ihre Beziehungen abbrechen mußte und so den Konflikt vermeiden konnte. Doch sie konnte uch die Einsamkeit nicht ertragen, und so etschloß sie sich schließlich zu heiraten – gegen den Widerstand ihrer eigenen Psyche, der sich in dem Autounfall kurz nach ihrer Verlobung ausdrückte. Möglicherweise geschah ihre Fehlgeburt aus rein körperlichen Gründen; doch möglicherweise haben auch extremer Streß und Angst, ganz zu schweigen von ihrer Unentschlossenheit, dazu beigetragen. Daß ihr Mann »selbst« ein Neptunproblem hatte, sollte nicht weiter überraschen, da sie ihre unbewußte Hilflosigkeit und Wut auf ihren Partner projiziert hatte. Seine Gewalttätigkeit verschlimmerte sich wahrscheinlich noch durch das – wenn auch unbewußte – Wissen, daß er bei ihr nie an erster Stelle gestanden hatte.

Transite zu Geburtsplaneten wie die Uranus-Neptun-Konjunktion, die das große Kreuz auslöste, berichten uns, wann ein bestimmtes psychologisches Muster des Geburtshoroskops fällig ist. Im Verlauf unseres Lebens werden die Stellungen des Geburtsbildes viele Male aktiviert, regelmäßig durch kleinere Auslöser wie den transitierenden Mond, und unregelmäßiger durch bedeutendere Auslöser wie Transite der äußeren Planeten. Jedesmal wird derselbe Archetyp ins Leben gerufen, auch wenn die jeweiligen Äußerungsformen variieren und jemandem, der nicht über sich nachdenkt, völlig unzusammenhängend erscheinen mögen. Was wir sind, manifestiert sich in diesen konstanten Auftritten und Abgängen unserer inneren Charaktere auf der Bühne unseres äußeren Lebens. Julies Beziehung zu ihrem Ehemann begann, als der Transit-Saturn im Quadrat zu ihrer Venus-Mars-Konjunktion stand, was vermuten läßt, daß sie zu der Zeit, als sie ihm begegnete, unter beträchtlicher Einsamkeit und Frustration litt. Sie sah in ihm einen möglichen Retter aus Hilflosigkeit und Realitätsferne. Als sie ihrem Liebhaber begegnete, war ein gut aspektierter Jupiter in Stier aktiviert, und zum ersten Mal in ihrem Leben fühlte sie sich glücklich, optimistisch, begehrenswert, selbst voller Begehren und sexuell erfüllt. Als das große Kreuz ausgelöst wurde, kündigte sich eine lange Periode an, in der sie mit dem tiefsten und grundlegendsten Konflikt ihres Lebens konfrontiert wurde. Das große Kreuz war zwar schon oft von schnellaufenden Planeten transitiert worden, aber bislang war kein so starker Transit wie der von Uranus-Neptun aufgetreten.[43] Da diese Konstellation von Neptun am Aszendenten dominiert wird, mußte ihre Krise unweigerlich den archetypischen Mythos des Opfers und Erlösers wachrufen, der schon immer in ihr wirksam war. Sie war die Retterin ihrer Familie und bemühte sich, die perfektionistischen Phantasien ihrer Eltern aufrechtzuerhalten. Sie ließ sich mit einem Mann ein, den sie für ihren Retter hielt, doch wie sich herausstellte, brauchte er selbst einen Retter. Sie hatte viele Gurus und Heiler ausprobiert, die zwar Erlösung versprachen, aber bei ihr versagten. Sie blieb ein Opfer, bis sie versuchte, ihr Leben selbst in die Hand zu nehmen und dabei entdeckte, daß sie es wirklich leben wollte.

Im großen und ganzen hat sich Julies Therapie als hilfreich erwiesen. Sie ist jetzt geschieden, und obwohl sie immer hinken wird, scheint dieses Symbol körperlicher Unvollkommenheit seinen Schrecken verloren zu haben. Ihre Psoriasis kehrt gelegentlich wieder, aber unregelmäßig, und selten mit der alten Stärke. Die inneren Veränderungen, die zu den äußeren geführt haben, sind subtiler, aber gleichermaßen bedeutsam. Julie durchlief eine notwendige Phase von Zorn und Haß auf ihre Familie, die mit dem unausweichlichen neptunischen Selbstmitleid einherging. Doch sie hat gelernt, sich von ihrer Familie zu distanzieren, ohne die Gefühle von Liebe und Bedürftigkeit abzuwerten, die sie ebenfalls für sie empfindet. Sie hat eingesehen, daß ihre Mutter psychologisch jünger ist als sie, und das hat zu einem Mitgefühl mit ihrer Mutter und mit sich selbst geführt. Die Idealisierung ihres Vaters als geheimen Liebhaber und Erlöser und auch ihr verzweifeltes Verlangen, ihm zu gefallen, versteht sie jetzt als eine Zurückweisung ihrer eigenen reifen weiblichen Identität. Sie kann nun sehen, daß ihr Heranreifen zur Frau ihre Mutter als Rivalin gegen sie aufgebracht hätte, während es »sicherer« war, psychologisch präpubertär zu bleiben. Und sie beginnt zu erkennen, daß ihr »moralischer Masochismus« eine Selbstbestrafung für Wünsche und Bedürfnisse ist, die sie als erschreckend und unakzeptabel erfuhr, weil diese Bedürfnisse die Trennung von der Einheitsphantasie ihrer Familie bedeuteten.

Julie wird eine Romantikerin bleiben, die nach einer vollkommenen Einheit in einer vollkommenen Welt sucht, und wahrscheinlich wird sie immer anfällig für Idealisierungen und Enttäuschungen sein. Aber sie hat jetzt ein besseres Verhältnis zu Saturn, sie ist realistisch ohne übertriebene Abwehr, und sie ist selbständig, ohne dabei verkrampft zu sein. Sie besitzt größere Authentizität und benutzt ihren Charme nicht mehr, um Liebe zu gewinnen. Sie wird sich immer nach dem Paradies sehnen, aber in ihrer Sehnsucht findet sich Humor ebenso wie Pathos. Ihre Geburtsherrscherin Venus, ihr Mars im fünften Haus und die starke Anbindung Merkurs an die Saturn-Neptun-Konjunktion zeigen, daß ihre intensive Phantasiewelt in künstlerischer Weise ausgedrückt werden sollte, möglicherweise durch Schreiben, denn Merkur-Neptun ist ein natürlicher Geschichtenerzähler. Julie hat ihr fünftes Haus noch zu entdecken und zu erkennen, daß Schönheit, Freude und kreative Arbeit sinnvolle Wege zur Erlösung sind und das Unmögliche möglich machen. Wie so viele verletzte Menschen, die mit Hilfe anderer Heilung gefunden haben, hat auch sie vage davon gesprochen, »anderen helfen« zu wollen. Trotz – oder vielleicht auch wegen – ihres starken Neptuns würde ihr dies nicht notwendigerweise Erfüllung bringen. Sie verbrachte einen großen Teil ihres Lebens mit dem Bedürfnis, gebraucht zu werden, und erfüllte stets, was andere von ihr wollten. Ihr Neptun braucht die Körperlichkeit, und nicht eine weitere Vergeistigung im Namen der Selbstaufopferung. Ihre Eltern können weder für ihre neptunische Sehnsucht nach einer Rückkehr zu den Wassern des Ursprungs verantwortlich gemacht werden, noch für ihren tiefsitzenden Widerstand gegen alles, was an ihr selbst oder ihrem Leben nicht perfekt ist. Dies sind Eigenschaften ihrer eigenen Seele, mit denen sie durch eigenverantwortliches Handeln zurechtkommen muß. Daß es ihr gelungen ist, dies zu erkennen, scheint mir ein ausgezeichnetes Zeugnis dafür zu sein, daß die neptunische Opferrolle nicht unbedingt ein lebenslanges Schicksal ist.

6.

Der Liebestod

Schwer bin ich krank, zu Tode schwer,
kaum, was man spricht, versteh ich mehr;
ich such den Arzt wie ich ihn mein,
        doch weiß nicht wen,
geschickt, zu heilen meine Pein,
        nicht zu erhöhn.

Ich hab ein Lieb und kenn's doch nicht,
nie kam's, bei Gott, mir zu Gesicht ...

Guilhem de Poitiers, Rätsellied[44]

Gegenwärtig scheint es, als sei die Erlösung keine so brennende Frage mehr, wie sie es noch vor tausend Jahren war. Im Westen begegnet man – von Priestern abgesehen – nur wenigen Menschen, die ihr Leben ganz bewußt der Suche nach einer Einheit mit dem Göttlichen gewidmet haben. Die Zeit der großen Mystiker ist vorbei. Flagellanten und Anachoreten findet man allenfalls in Gestalt von Hysterikern und Schizophrenen auf den Fluren psychiatrischer Kliniken. Wenn wir jemandem begegnen, der anscheinend bei guter Gesundheit ist, mit beiden Beinen auf der Erde steht und sich dennoch intensiv mit Gott auseinandersetzt, so fühlen wir uns etwas unwohl und reagieren mit ausgesuchter Höflichkeit auf diesen »seltsamen Vogel«. Doch seit den 1960er Jahren ist auf beiden Seiten des Atlantiks eine esoterische Subkultur gewachsen, was sich darin zeigt, daß spirituelle Gemeinschaften und Gurus wie Pilze aus dem Boden schießen. Diese Subkultur hat, wie die Mysterienkulte des spätrömischen Reiches, die Astrologie in ihre Weltanschauung integriert, und die Astrologen haben ihrerseits immer mehr Klienten, die in ihrer spirituellen Entwicklung angeleitet werden wollen. Man könnte dies als moderne Entsprechung der mittelalterlichen Heilssuche ansehen. Aber die esoterische Subkultur von heute ist klein und hat selbst zu ihrer Isolation von der Allgemeinheit beigetragen. Oft verweigert sie sich einem kreativen Dialog mit »materialistischeren« Perspektiven, wehrt sich rigide gegen die Rigidität der wissenschaftlichen Weltanschauung und reagiert auf die gewöhnliche Welt manchmal wie ein Neptun-Kind auf einen gefürchteten und verhaßten Saturn-Vater.

Die kollektiven Ziele von heute sind eher prosaischer Natur. Das ist vielleicht nicht einmal schlecht, denn die Lebensqualität unserer Epoche ist zum Teil dank des wachsenden Realismus unserer Bestrebungen weitaus besser als zu der Zeit, als man noch auf das Jüngste Gericht wartete. Obwohl wir dazu neigen, die Vergangenheit zu idealisieren (eine neptunische Neigung, die dem griechische Mythos vom Goldenen Zeitalter verwandt ist), lag die durchschnittliche Lebenserwartung in diesen unschuldigeren Zeiten noch unter dreißig Jahren, und die Schrecken ständiger Kriege, Seuchen, allgemeiner Gewalt und eines chaotische Gemeinschaftslebens machten diese dreißig Jahre zu einer größtenteils unerfreulichen Angelegenheit. Die Rechtssicherheit, Rede- und Pressefreiheit, die wir heutzutage (manchmal bis an die Grenze des Absurden) als selbstverständlich ansehen, gab es damals einfach nicht; und die Möglichkeit, durch eigene Anstrengung von einer Gesellschaftsebene auf die andere zu wechseln, wäre undenkbar gewesen. Eine Frau konnte von Glück sagen, wenn sie eine Geburt überlebte, und das Kind hatte Glück, wenn es die Kindheit überlebte. Wer eine von der Leitlinie kirchlicher Autorität abweichende religiöse Meinung äußerte, lief Gefahr, wegen Häresie oder Hexerei verbrannt zu werden. Vielleicht erscheint die Erlösung heute auch deshalb als eine weniger dringliche Angelegenheit, weil das Leben auf Erden in den Ländern des Westens trotz aller typisch neptunischer Klagen viel weniger mit der Hölle vergleichbar ist als damals.

Doch wenn man die Sehnsucht nach Erlösung nicht in der herkömmlichen religiösen Begrifflichkeit formuliert, besteht sie unvermindert fort. Heutzutage erlebt man sie nämlich eher als einen Zustand, der als Verliebtheit bekannt ist. Obohl jeder von uns diese süße Qual einer nur allzu menschlichen Erfahrung wenigstens zweimal in seinem Leben durchlitten haben sollte, äußern viele der unglücklichen Klienten, mit denen ich gearbeitet habe und die im Nebel eines schwierig gestellten Neptuns umherirren, ihr hilfloses Leid in Form von romantischer Liebe.

> Die romantische Liebe ist das größte Energiesystem in der westlichen Psyche und als solches einzigartig. Sie hat in unserer Kultur die Religion als das Forum ersetzt, auf dem Mann und Frau Sinn, Transzendenz, Ganzheit und Ekstase suchen. ... Denn romantische Liebe ist nicht gleichbedeutend mit »jemanden lieben«. Sie bedeutet eigentlich »Verliebtsein«. Das ist ein sehr spezifisches Phänomen. Wenn wir verliebt sind, glauben wir, daß wir den Sinn des Lebens gefunden haben, so wie er sich durch einen anderen Menschen offenbart. ... Das Leben scheint plötzlich von einer Ganzheit, von einer geradezu übermenschlichen Intensität zu sein, so daß wir uns weit über die Ebene des gewöhnlichen Lebens hinausgehoben fühlen.[45]

Sich zu verlieben kann eine aufregende, bereichernde und transformative Erfahrung sein, die meist auch die Enttäuschung wettmacht, die sich unweigerlich einstellt, wenn man vor der schwierigen Aufgabe steht, eine echte Beziehung zu einem anderen Menschen einzugehen. Doch manche Menschen können im Anschluß an die Phase der Verliebtheit keine erfüllte lebenslange Partnerschaft aufbauen; sie können sich auch nicht zwei oder drei Mal verlieben und daraus neue Einsichten und Erfahrungen gewinnen, bis sie erreichen, wonach sie suchen. Statt dessen zappeln sie am Haken einer anhaltenden Obsession für jemanden, den sie nicht haben können, oder lassen sich durch eine Reihe eigener Fehlentscheidungen immer wieder verletzen und immer mehr verwirren; oder sie werden innerhalb einer stabilen Beziehung immer wieder von heftiger Verliebtheit geplagt, die scheinbar schicksalhaft in ihr Leben einbricht und nichts als Unglück mit sich bringt; oder sie lieben jemanden, der sie schlecht behandelt, immer wieder betrügt, oder mit der Erbarmungslosigkeit eines Kindes nichts weniger als ihre völlige körperliche und seelische Hingabe fordert. Die Opfer solcher Verstrickungen können sich nicht selbst befreien, denn das Netz neptunischer Verzauberung hat sie dauerhaft in die Rolle des Opfers und Erlösers zugleich gebannt. Das ist vor allem bei solchen Menschen der Fall, die phantasiebegabt und sensibel sind und sich verzweifelt ein besseres Leben wünschen. Die romantische Liebe bringt ihnen kein Glück, sobald die Flitterwochen erst einmal vorüber sind. Es ist eine höllische Abhängigkeit, die wie Alkohol und Heroin schließlich jegliche Hoffnung und Selbstachtung zerstört. Solche Situationen als »karmisch« oder »wichtig für die seelische Entwicklung« zu deuten, ist nicht nur sinnlos, sondern destruktiv. Und es ist auch nichts damit gewonnen, dieses Elend »der Kinder wegen« auszuhalten, denn meist erben die Kinder diese Leidensmuster dann und lernen daraus, daß Beziehungen die Hölle sind. Wir wollen untersuchen, warum und auf welche Weise Neptun im Reich der Liebe so bösartig werden kann, und welche Möglichkeiten es gibt, sich aus dem eigenen Martyrium zu befreien, ohne zugleich die romantische Vorstellung zu zerstören, die – wenn auch unabsichtlich – dazu geführt hat.

Das Ethos der höfischen Liebe

Extremsituationen wie oben beschrieben zeigen sich im Horoskop als Opposition oder Quadrat zwischen Venus und Neptun, als schwierig aspektierter Neptun im siebten oder achten Haus, oder als schwierige Neptunaspekte zu Sonne oder Mond, wenn diese im siebten oder achten Haus stehen oder über die Zeichen dieser Häuser herrschen. Besteht auch noch eine Beziehung zwischen Neptun und Mars, so kann dies ein Hinweis auf sexuelle »Abhängigkeit« oder Masochismus sein. Doch offenbar sind solche Aspekte allein nicht genug, um ein permanentes Leiden an der Liebe zu »verursachen«. Viele Fäden sind vonnöten, um ein solches Netz zu weben, und dazu gehört auch eine ganz bestimmte Art von Kindheit. Man sollte sich hierbei auch an den psychiatrischen Begriff der »Überdeterminiertheit« erinnern; dabei geht es um Erkrankungen oder krankhafte Zustände, die nicht nur eine, sondern mehrere Ursachen haben, von denen jede für sich schon Auslöser sein kann, alle zusammen aber den Eindruck eines unentrinnbarem Schicksals hervorrufen. Zu schmerzhaften neptunischen Liebeserfahrungen kann es aber auch kommen, wenn ein anderer Planet (meist Venus oder Mars) in einen wichtigen progressiven Aspekt zum Geburtsneptun tritt, oder wenn der transitierende Neptun einen Hauptaspekt zu einem Geburtsplaneten (meist Venus, Mars oder Mond) bildet. Ist der Aspekt vorüber, schwindet auch das Liebesleid, und die Erfahrung wiederholt sich nicht mehr. Doch ob einmal oder immer wieder, die Dynamik ist dieselbe. Wiederholen sich solche Erfahrungen, so klammert sich der Betreffende an die Vorstellung vom Paradies und kann deshalb nicht aus diesem Muster ausbrechen.

In dem Buch *Traumvorstellung Liebe* verfolgt Robert Johnson das Phänomen unserer westlichen Voreingenommenheit vom Verliebtsein zurück bis ins 12. und 13. Jahrhundert, zum Kult der höfischen Liebe. Er beschreibt die höfische Liebe als das machtvolle Auftreten eines weiblichen Archetytps im kollektiven Bewußtsein, der bis dahin von einer allzu patriarchalisch und rigide gewordenen Kultur geleugnet worden war. Der astrologische Neptun ist »feminin« in seiner Beziehung zu Gefühlen, zur Phantasie und der ozeanischen Welt der Mutter-Kind-Symbiose, und deshalb ist er Symbol eines allgemeinen menschlichen Bedürfnisses. Da die Themen der höfischen Liebe eine Entsprechung neptunischer Themen sind, sollten wir dieses seltsame Kapitel unserer Gesellschaftsgeschichte näher untersuchen, bevor wir darauf eingehen, wie der einzelne das Neptunische in romantischen Begegnungen äußert. Nach ihrer Blütezeit während jener beiden Jahrhunderte kreativer Veränderung ist die höfische Liebe keineswegs verschwunden. Sie lebt und webt weiterhin im Unbewußten. Wie schon die gnostische Vorstellung eines Himmels, der den spirituellen »Funken« aus dem Dunkel der Materie zu sich ruft, ist auch der Traum der höfischen Liebe ein wesentlicher Bestandteil der neptunischen Welt.

Wir wissen nicht genau, wann die höfische Liebe zum Vorbild für Beziehungen wurde. Uns ist sie nur in ihrer höchsten Blüte erhalten, in den Liedern der Troubadoure und in den Liebesromanen von Dichtern wie Chrétien de Troyes. Das zentrale Motiv höfischer Liebe war der Ritter, der selbstlos sein ganzes Leben lang eine unerreichbare Dame als Ideal verehrte. Sie war seine Muse, die Verkörperung von Schönheit, Anmut und Grazie, die ihn dazu bewegte, edel, spirituell und von hohen Absichten getragen zu sein. Die höfische Liebe verlangte – wenn nicht im täglichen Leben, so doch zumindest in der Dichtung – eine unkörperliche Beziehung zwischen den Liebenden. Ein Durchbrechen dieser Grenze der Enthaltsamkeit hätte die Gültigkeit der Bindung zerstört. Der Ritter und seine Dame hätten niemals eine sexuelle Beziehung haben können. Sie hatte in der Regel einen adligen Ehemann, der meist älter war als sie (die Ehe war natürlich arrangiert worden), dem sie ihr Leben lang verpflichtet war und dem sie Kinder gebar. In den Augen ihres Ritters beeinträchtigte ihre Erfahrung von Sexualität und Mutterschaft keineswegs ihre Reinheit; doch damit war sein einziger sexueller Ausweg eine Hure oder eine »gewöhnliche« Frau, um seine Bedürfnisse zu befriedigen und Nachkommen zu zeugen.

Höfische Liebe konnte es *innerhalb* einer Ehe nicht geben, denn dann würde die Frau zu einer gewöhnlichen Sterblichen und wäre nicht mehr Symbol des ewigen Strebens des Mannes. Durch ihre Ehe und ihre gesellschaftliche Stellung, die meist höher war als die des Ritters, war und blieb die Dame außer Reichweite. Er wiederum war und blieb außerhalb ihrer Reichweite, weil er stets gefährliche ritterliche Abenteuer zu bestehen hatte und auch, um ihr Ehegelöbnis zu respektieren. Im Hintergrund dieser phantastischen Vereinigung wachte die Figur des respektierten, aber gefürchteten ehelichen Gebieters, dessen Gegenwart das Ausagieren des Begehrens hemmte und gleichzeitig anregte. Es gibt nichts Reizvolleres als das Verbotene; dies ist der Impuls, der dem ödipalen Komplex seine große und anhaltende Macht verleiht. So hielten sich die höfischen Liebenden in Leidenschaft entflammt und litten unter einem intensiven Begehren, das nicht befriedigt werden durfte. Dieses Leiden sollte ihnen eine höhere Ebene der Liebe erschließen und sie in der Ekstase einer göttlichen Welt vereinigen. Besaß der Ritter nur ein wenig Talent, so würde ihn dies auch zu einigen wunderschönen Gedichten beflügeln.

Aus der Sicht unserer angeblich sexuell freieren Epoche erscheint die höfische Liebe pervers und pathologisch oder bestenfalls einfach lächerlich. Heutzutage findet man kaum mehr jemanden, der sich aufgrund einer bestimmten romantischen und religiösen Philosophie freiwillig für so eine Beziehung entscheidet – obwohl man in der Beziehung eines Mönches zur Heiligen Jungfrau oder in der einer Nonne zu Christus ein ähnliches Muster sehen mag. Doch die zugrundeliegende Dynamik existiert noch immer und bildet einen wichtigen Bestandteil der Freudschen Definition des Ich-Ideals. Wenn moderne Liebesbeziehungen neben dem romantischen auch ein sexuelles Moment haben, so macht sie das nicht unbedingt realer. Das Element der Unerreichbarkeit, das für die mittelalterliche höfische Liebe so wesentlich war, wirkt auf den Neptunier häufig so anziehend wie das Licht auf die Motte. Man erkennt bei der leidenden Person wie in ihrem Horoskop, was für alle – außer für das Opfer selbst – ganz offensichtlich ist: willentlich, wenn auch unbewußt, wird jede Möglichkeit vereitelt, eine echte Beziehung herzustellen, die auch im täglichen Leben funktionieren kann. Das mag auch trotz lautstarker Beteuerungen des Wunsches nach Bindung und Partnerschaft zutreffen.

Etwas im neptunischen Menschen könnte aus Frustration und Opfer Nutzen ziehen, so daß unbewußt eine unerreichbare Geliebte oder ein unerreichbarer Geliebter gewählt wird. Früher eingegangene Verpflichtungen oder die geographische Entfernung können Hinderungsgründe sein, vielleicht verbietet auch ein religiöser oder spiritueller ethischer Kodex eine Vereinigung, oder ein unabänderliches emotionales oder körperliches Problem läßt die Beziehung für immer unerfüllt bleiben. Der sich entziehende Liebende kann auch körperlich anwesend oder sogar der offizielle Gatte sein, doch die Unerreichbarkeit hat viele Gesichter. Sexuelles Desinteresse, Krankheit, Impotenz, Untreue, Alkoholismus, Drogenabhängigkeit, oder ein Beruf, der zum Reisen zwingt, sind nur einige von vielen Möglichkeiten, die dem hingebungsvoll Leidenden zur Verfügung stehen. Wie die Schönheit mag auch die Unerreichbarkeit im Auge des Betrachters liegen: Wenn ich mehr Liebe von dir will, als je ein Mensch geben kann, dann bist du mir unerreichbar, auch wenn du mich wirklich liebst.

Wer sich etwas von der im letzten Kapitel dargestellten psychoanalytische Theorie aneignen konnte, wird hier zweifellos das vertraute Muster des Masochismus wiedererkennen – das Bedürfnis, für eine Verfehlung zu büßen. Auch die ödipale und inzestuöse Natur des Dreiecks der höfischen Liebe ist offensichtlich. Sie erzeugt ihre eigene Schuld und damit die Notwendigkeit einer Bestrafung. Wenn dies allzu unromantisch klingen sollte, können wir auch zum teleologischen Standpunkt wechseln, der gleichermaßen auf Neptun anwendbar ist. Zudem schließen beide Sichtweisen einander nicht aus. Das Verlangen nach dem Unerreichbaren kann, auch wenn es widersinnig erscheint, ein intelligenter psychischer Mechanismus sein, denn es öffnet die Tür ins Reich der kreativen Phantasie und bewirkt zugleich Frustration und Unglück. In der Erschließung der Phantasie zeigen sich die tiefere Bedeutung und der »Sinn« dieser Erfahrung, das Unglück ist der Preis, den wir emotional oder physisch dafür bezahlen. Doch um die kreativere Seite Neptuns zu entdecken, bei der eine unmögliche Liebe den Zugang zu den Reichtümern der Innenwelt eröffnet, muß man erst einmal der Tatsache ins Auge sehen, daß man selbst Anteil an der Unerreichbarkeit des Geliebten hat, und daß die Wurzeln dieses Leidens bis zu jener »Liebschaft« in der frühesten Kindheit zurückreichen.

Die provenzalischen Troubadoure des 12. und 13. Jahrhunderts verewigten das Ethos der höfischen Liebe in ihren Liedern, den sogenannten *canzoni*. Einige dieser *canzoni* sind auch von Frauen verfaßt. Die höfische Liebe war keineswegs eine ausschließlich männliche Angelegenheit – was ja auch für Neptun gilt. Die noble Dame litt genauso wie ihr Ritter, jedenfalls auf dem Papier. Wer von diesem seltsamen neptunischen Traum, der uns so viele Jahrhunderte lang beschäftigt gehalten hat, einen intensiveren Eindruck bekommen möchte, dem sei angeraten, sich nicht nur Übersetzungen der Dichtungen zu beschaffen, sondern auch die melancholische und aufwühlende Musik, wie sie europäische Ensembles für »frühe Musik« wunderbar eingespielt haben. Zwei ausgezeichnete Beispiele dafür sind *Cansos de Trobairitz* von Hesperion (Reflexe) und *I Trouvatori* von I Madirgalisti di Genova (Ars Nova). Es gibt weitaus mehr Troubadourlyrik als Melodien; gegenüber etwa 2500 erhaltenen Liedern sind nur etwa 250 verschiedene Melodien überliefert. Doch die Lieder wollen gesungen werden. Musik und Text, die entweder getrennt komponiert und niedergeschrieben oder vom Fleck weg improvisiert wurden, sind in betörend schöner Weise miteinander verwoben.

Historiker haben viel darüber spekuliert, ob die Troubadourlyrik, die vielfach bestimmte symbolische »Hinweise« enthält, gewisse häretische religiöse Lehren wie die der Katharer übermittelte. Trotz eines Verbots war diese christlich-gnostische Sekte im mittelalterlichen Frankreich weit verbreitet. Sie weist jenen uralten Dualismus auf, dem wir schon in den Erlöserkulten des römischen Reiches begegnet sind. Die seltsamen Regeln für »richtiges Verhalten« (insbesondere in Liebesangelegenheiten), wie man sie in der Lyrik findet, widerspiegeln Rituale des katholischen Gottesdienstes oder parodieren sie gar. Im Europa des 12. und 13. Jahrhunderts lebte ein Denken und Gefühl wieder auf, das Franz Cumont wohl »asiatisch« genannt hätte. Wahrscheinlich gelangte es durch die Kreuzfahrer in den Westen, der auf diese Weise nach vielen Jahrhunderten erstmals wieder mit literarischen, künstlerischen und spirituellen Traditionen der griechisch-byzantinischen und arabisch-hellenistischen Welt in Berührung kam. Von der katharischen Häresie bis zum mystischen Christentum, das seinen höchsten Ausdruck in der »Mariolatrie« (dem Kult der Jungfrau Maria) fand, strömte nun der neptunische Dualismus mit einer machtvollen Vision des Erlösers und einer unverkennbar weiblichen Gottheit ins westliche Europa. Diese historische Entwicklung bestätigt Johnsons Beobachtung, daß sich mit der höfischen Liebe eine wichtige Verschiebung in der kollektiven Psyche zeigte, die der Astrologe als neptunische Überschwemmung bezeichen würde.[46]

> Es ist nun deutlich geworden, daß das 12. und 13. Jahrhundert einen Ausbruch starker Leidenschaften in unserer Kultur sah, die zuvor unterdrückt waren und nun nach Äußerungsmöglichkeiten in Religion, Kunst und Literatur suchten. Die nachgiebige Gestalt der großen Mutter erhob sich von ihrem Platz im Unbewußten, um in die zentralen Bereiche unseres Gemüts einzudringen.[47]

Die *canzone* des Troubadours ist Ausdruck eines immer gleichen emotionalen Dilemmas; die Freude der Liebe mischt sich mit der Sorge und dem Leid einer nicht oder nur halb erwiderten Leidenschaft. Das phantastische und letztlich unpersönliche Wesen dieser Liebe zeigt sich in der Art und Weise, wie die unerreichbare Liebe mit konventionellen und nahezu leeren Phrasen gepriesen wird – als ob alle Dichter versuchten, ein und dieselbe Dame zu beschreiben, die jedoch nie als wirkliche Frau auftritt. Das gleiche gilt auch für die von Frauen verfaßte Lyrik. Der Ritter hat eine seltsam konventionelle Flachheit, als sei er ein Typ (oder Archetyp) und keine wirkliche Person. Die Sehnsucht und das Leiden des Dichters werden in größter Ausführlichkeit dargestellt, doch der Anlaß für all diese Qualen scheint weniger wichtig gewesen zu sein als die Wirkung. Das ist vielleicht der zentrale Punkt des Ganzen. Was den Dichter umtreibt, ist nicht die Realität des Geliebten, sondern es sind die Gefühle, die der Geliebte im Liebenden hervorruft. Der Geliebte ist in Wirklichkeit nur eine Art Spiegel. Was der Liebende sieht, ist keine Person, sondern ein verschwommenes, verführerisches Wesen, eine

Projektion seiner selbst. Brutal gesagt ist die höfische Liebe eine narzißtische Liebe, wie uns einer der Dichter selbst erzählt:

> Ich habe keine Gewalt mehr über mich seit dem Tag, an dem sie mich in ihre Augen schauen ließ, in einen Spiegel, der mich so erfreut. Meine Seufzer töten mich, Spiegel, seit ich mich in dir gesehn; und auch ich bin verloren wie der schöne Narziß, der sich in einer Quelle verlor.[48]

Was man in diesem hypnotischen Zustand romantischer Verzauberung erlebt, ist die Omnipotenz und Macht der früheren Einheit mit der lebenspendenden Mutter. Freud prägte dafür die Bezeichnung Ich-Ideal. Anders gesagt, man sieht in den Augen des Geliebten die Reflexion jenes inneren »Seelenbildes«, das Jung Anima oder Animus nannte – ein Symbol für die kreative Kraft und das Mysterium der unbewußten Psyche. Eleganter als Freud und Jung faßte es Plato vor mehr als zwei Jahrtausenden:

> Ja, auch er liebt jetzt, der Geliebte liebt wieder, noch weiß er nicht was, er ist sich selbst fremd und findet die Worte nicht; ja es ist, als hätten seine Augen sich am anderen entzündet, er kennt nicht die Ursache seines Leidens und sieht selbstvergessen sein eigenes Bild in den Augen des Liebenden wie in einem Spiegel. Wenn der Liebende bei ihm weilt, dann ist der Schmerz weg, sonst aber verlangt der Geliebte nach dem Freunde wie dieser nach ihm, denn auch der Geliebte spiegelt das Bild der Liebe im eigenen Herzen.[49]

Auch wenn beim Verlieben außer dem begehrten Gegenüber noch viele komplexe psychologische Faktoren eine Rolle spielen, so handelt es sich doch nicht um reine »Sublimation«. Wenn wir uns verlieben, sind unweigerlich auch narzißtische Elemente beteiligt, doch das transformative Potential dieser Erfahrung ist gleichermaßen bedeutsam.

> Noch wichtiger ist, daß sich auch die Selbstwahrnehmung des Liebenden zu verändern scheint. Liebe weckt etwas Positives in uns; auf ihrer höchsten Stufe vermittelt sie Güte, Sammlung, Harmonie und gegenseitiges Einvernehmen. Denn da jeder Liebende im anderen die beste Seite seiner selbst sieht, können nun bei beiden zuvor verschüttete oder nicht verwirklichte Werte an die Oberfläche gelangen. Diese Güte ist es, nach der die Liebe strebt. Der Liebende fühlt sich wachsen und ist sich neuer Kräfte und einer in sich selbst neugefundenen Güte bewußt. Er versucht, sein höchstes Selbst zu sein ... Der Geliebte sieht im Liebenden das Gute, dessen sich der Liebende nur dunkel bewußt war. Was uns ermöglicht, uns zu verlieben, ist oftmals ein wunderschönes Bild von uns, das sich in den Augen des Geliebten spiegelt. Dieses Bild ermöglicht es uns, uns selbst und damit auch den anderen zu lieben.[50]

Es gibt wichtige Zusammenhänge zwischen der Heilung, die sich während der Verliebtheit ereignet, und der Heilung durch die Verschmelzung mit der Gestalt eines Lehrers, eines spirituellen oder religiösen Führers, eines Beraters oder Therapeuten. Auch sie können zum Gegenstand der Verliebtheit werden, wobei die erotische Komponente bewußt oder auch unbewußt sein kann. In all diesen Fällen, besonders aber, wenn damit kein Sexualverkehr verbunden ist, kann die Erfahrung einer emotionalen Einheit die Grenzen eines Ich durchbrechen, das eine rigide Abwehr hatte oder zu einer Art »falschem« Selbst deformiert war und seine innere Lebendigkeit unterdrückte. Dann erfüllen die neptunischen Wasser ihre mythische Funktion und lösen, reinigen und erneuern – ebenso wie die Sintflut die Sünder hinwegschwemmte und es der Menschheit erlaubte, wieder von neuem zu beginnen.

Schwierigkeiten erwachsen, wenn man versucht, auf Dauer in diesen Wassern zu verweilen. Das kann geschehen, wenn die Spiegelung im Geliebten die einzige Quelle des Selbstwertgefühls ist. Schwierigkeiten erwachsen auch, wenn diese Erfahrung in der Sexualität ausgelebt wird. Die Beziehung im Alltag wird zwar stabiler und erfüllender, doch die primäre Bindung zerbricht. Aus diesem Grund haftet einem Priester, Guru oder Therapeuten, der seine Schüler oder Patienten körperlich verführt (oder sich von ihnen verführen läßt), ein ganz bestimmtes Odium an. Wir verschwenden keinen Gedanken daran, wen so etwas in anderen Lebenszusammenhängen geschieht. Doch in diesem »geheiligten« Kontext erzeugt es einen ähnlichen Abscheu wie Kindesmißbrauch, und im Grunde ist es das auch. Die Schwierigkeit liegt darin, festzustellen, wer das Kind ist, denn oft sind es beide. Wir erkennen in diesem Akt den symbolischen Bruch des Inzest-Tabus und die verfrühte Zerstörung einer zerbrechlichen, schwer faßbaren, aber potentiell zutiefst heilsamen Erfahrung. Leider sind solche Vorkommnisse unweigerlich Teil der neptunischen Welt und gehören zum Guru oder Berater ebenso wie zum Schüler oder Klienten, denn alle kämpfen sie gegen die Wasser Neptuns an.

Die in der höfischen Liebe enthaltene Selbstspiegelung unterscheidet sich nicht von der Begabung eines talentierten Schauspielers. Es handelt sich um eine proteanische Qualität, die von einem Verwischen der Ich-Grenze lebt und ein starkes Einheitserleben ermöglicht – obwohl diese Einheit, entgegen der allgemeinen Auffasung, keine wirkliche Einheit mit einem Gegenüber ist. Ist man als Individuum allzu genau definiert, so kann man sich nicht in jemandem spiegeln, denn je fester die eigene Persönlichkeit umrissen ist, desto weniger ist man fähig, sich in den diffusen Tiefen einer anderen Seele zu reflektieren. Deshalb können gewisse Bühnen- und Fernseh-«Idole«, süchtig nach Neptuns Elixier, solch intensive Verehrung in ihrem Publikum wecken, während sie als Individuen im Nebel von Depression und Einsamkeit herumstochern und oft in Alkohol- oder Drogenabhängigkeit geraten. Sie haben ihr Leben damit zugebracht, andere zu spiegeln, und haben dabei nie herausgefunden, wer sie selbst wirklich sind. Wenn sie sich verlieben, vollführen viele Menschen dieses althergebrachte neptunische Ritual und verwandeln sich in einen Spiegel des idealisierten Seelenbildes des Geliebten. Das kann auf subtilste Weise geschehen, und meist ist man sich dessen auch nicht bewußt. Doch dieser Prozeß verlangt unvermeidlich, das eigene individuelle Wesen und die eigenen Reaktionen so abzustimmen, daß sie den unausgesprochenen Bedürfnissen und Erlösungsträumen des Geliebten entsprechen. Wasser paßt sich immer der Form des Objekts an, mit dem es in Berührung kommt. Zwei Menschen in solch einem unbewußten Dialog – der in Wirklichkeit eine wechselseitiges Streben nach der Vereinigung mit der Quelle ist – neigen dazu, eine Atmosphäre zu schaffen, die sich magisch und ekstatisch für die Beteiligten anfühlt, bei anderen aber ein Gefühl der Verärgerung und des Ausgeschlossenseins bewirkt, weil es so ausschließlich und in sich selbst verloren ist. Und es ist durchaus nicht so, daß »alle Welt die Liebenden liebt«, denn es läßt sich beobachten, daß, sowie jemand durch die verriegelten Tore des Paradieses schlüpft, beträchtlicher Neid bei denen entsteht, die draußen bleiben. Die Franzosen haben dafür die höfliche Bezeichnung *folie à deux*, denn es handelt sich in der Tat um so etwas wie eine Verrücktheit – wenn wir Verrücktheit als einen Zustand definieren, in dem das bewußte Ich von einem archetypischen Bereich her überflutet wird. Eine Mutter, die völlig in ihr Erleben versunken ist, dem Kind die Brust zu geben, erzeugt die gleiche auschließliche, selbstverlorene Atmospäre; und viele Väter, die ein unbewußtes Bedürfnis nach der Nabelschnur der Verschmelzung in sich tragen, verspüren in solchen Momenten ganz unerwartet heftigste Anwandlungen von Eifersucht, Zorn und Einsamkeit, die sie sich aus Scham nicht eingestehen und die ihre Beziehung zu dem Kind zerstören können.

Nach den »Flitterwochen«, in denen wir, in einen Zauberspiegel blickend, das Gefühl haben, der Geliebte sei das Ideal, das wir uns immer erträumt und gewünscht haben, eine verwandte Seele, von der wir schon viele Inkarnationen lang gewußt und die wir jetzt endlich gefunden haben, verspüren wir allmählich das Bedürfnis nach festem Boden unter den Füßen und beginnen, uns wieder ganz normal zu verhalten. Nun gibt es den »ersten Streit«, die Schlange erhebt ihr Haupt inmitten des Paradieses; wir werden hinausgetrieben in eine echte Beziehung, aus der wir ganz nach Wunsch das Beste oder Schlimmste machen können. Diejenigen jedoch, die stark neptunisch geprägt sind, machen verbissen weiter mit der Bespiegelung, denn sie können es nicht ertragen, das Paradies für eine prosaischere menschliche Liebe aufzugeben. Und da kein Mensch ein reiner Neptunier ist, müssen andere Aspekte der Persönlichkeit, die markanter und fester sind, zu diesem Zweck mehr oder weniger dauerhaft blockiert werden – insbesondere die Funktionen von Sonne, Mars und Saturn. So sagt man nach zehn Jahren vielleicht immer noch: »Ja, Liebling, ich will dich immer glücklich machen«, während man in Wirklichkeit meint: »Nein, verdammt, wer kümmert sich denn um mich?« Doch das »Ich« wird nie ausgesprochen, denn der Spiegel hat stumm zu sein. Das unvermeidliche Ergebnis dieses Prozesses, der sich über Monate und Jahre hinziehen kann, ist ein tiefsitzender, nagender Ärger, der sich auf eine verdeckte und manchmal auch auf eine sehr häßliche Weise äußert, die ihren mythischen Niederschlag in der kastrierenden und verschlingenden Seite der Meeres-Mutter zeigt. Irgendwann muß man das Paradies also doch verlassen. Aber dann scheint so, als sei es die Gefühllosigkeit des anderen, die die ideale Liebe zerstört hat.

Im Thema des Spiegels klingt das Motiv der Mutter-Kind-Verbindung an. Aufgrund der Spiegelfähigkeit der Mutter entdeckt das Kind nach und nach das Gefühl der eigenen Individualität. Wie brauchen einen Spiegel zu Beginn des Lebens, um uns selbst wahrzunehmen; wie sollten wir sonst wissen, wie wir aussehen oder wer wir sind? Wenn die Konturen der Persönlichkeit innerlich gesichert sind (durch die Introjektion des »guten Objekts«, wie es im psychoanalytischen Sprachgebrauch heißt), wird der Spiegel immer weniger benötigt. Wir beginnen zu akzeptieren, daß wir von anderen getrennt sind, und eignen uns andere Möglichkeiten an, uns zu spiegeln – in unseren sich entwickelnden Vorlieben und Werten, in der Arbeit und in kreativen Beschäftigungen, in unseren Freunden, Kollegen und Liebhabern, und in unserer Beziehung zu unserem Innenleben. Doch wenn eine Mutter selbst unmütterlich und unausgereift (oder mit Winnicotts Worten »nicht gut genug«) ist, kann sie ihr Kind nicht spiegeln. Statt dessen wird sie fordern, daß das Kind *für sie* zum Spiegel wird. Eigentlich verliebt sie sich in das Kind (unabhängig vom Geschlecht) und erlebt sich selbst in der Reaktion ihres Kindes als gute, liebevolle und wertvolle Person. Das Neptun-Kind mit seiner natürlichen Begabung dazu wird schnell herausfinden, daß überzeugendes Spiegeln ein ausgezeichnetes Mittel ist, um sich Liebe und Zuwendung zu erkaufen. So bildet sich ein Muster heraus. Der Schauspieler und auch der Psychotherapeut müssen sich der Kunst des Spiegelns bedienen, um bei ihrer Arbeit erfolgreich zu sein. Noch nicht allgemein anerkannt ist, daß dieses Training mit der Geburt beginnt.[51] Wenn wir die Bilder der *canzoni* untersuchen, begegnen wir immer wieder der Gestalt des Narziß, der sich an einem Teich in sein Spieelbild verliebt. Der Brunnen des Narziß, der in vielen dieser Gedichte vorkommt, ist zugleich auch der Brunnen der Liebe; dies kann sowohl wörtlich als auch symbolisch verstanden werden, denn der Brunnen ist auch der Mutterschoß. Die Liebe Neptuns sucht die ursprünglichen Einheit der Kindheit mit all ihrer erotischen Intensität wiederzuerschaffen. Deshalb ist es nötig, den Geliebten nicht allzu klar zu sehen und auch selbst nicht allzu deutlich zu werden.

> Sich dem Bild zu sehr nähern heißt, es zu zerbrechen; sich der Dame zu sehr nähern heißt, eine wirkliche Frau zu entdecken, deren Gefühle die sinnliche Einsamkeit »wahrer Liebe« nur stören könnten.[52]

Neptuns Spiegelsaal

Neptuns Reich ist die Nahtstelle zwischen Mythos und Kindheit. Es ist sinnvoll, das Bild des Spiegels und seinen Ausdruck in der Mythologie der Erlöserkulte des anbrechenden Fischezeitalters genauer zu betrachten. Unweigerlich taucht es auch in frühen gnostischen Texten auf. In der Poesie der höfischen Liebe wirft der in den Augen des Geliebten geschaute Spiegel eine kostbare Seelenessenz auf den Liebenden zurück, die andernfalls verborgen geblieben wäre. Doch in der gnostischen Lehre ist die Spiegelung der narzißtischen Liebe trügerisch, denn sie ist ein Bild des Sündenfalls. Wann immer Neptun im Reich der Liebe erscheint, entsteht eine starke Ambivalenz. Ist es eine echte Seelenvereinigung, die mich ans Licht heben wird, oder ist es eine verführerische Verzauberung, die mich in die Dunkelheit hinabziehen will und Schmerz und Leid mit sich bringt? In einem der gnostischen Schöpfungsmythen war der erste von Gott geschaffene Mensch ein reines Kind des Lichts, bis er sich langweilte und eitel wurde. Er bat Gott um die Macht, selbst herrschen und erschaffen zu können. Gott gewährte ihm die Bitte, und das hatte unerwünschte Folgen.

> Und die sieben Regenten liebten ihn [den Menschen] und ließen ihn jeder eines Wesensanteils von ihnen teilhaftig werden.
> Nachdem er ihr Wesen hatte erlernet und dessen teilhaftig geworden, wollte er weiter schweifend durch ihre Kreise des Himmels brechen.
> Und er sah durch die himmlische Struktur an dem Punkte der Mondensphäre und zeigte der gefallenen Natur das Wunderwerk Gottes.
> Und als die Natur wahrnahm die Schönheit von Gottes Form, da lächelte sie mit unsagbarer Liebe für den Menschen, ihm zeigend die Schönheit im Spiegelbild des Wassers und seinen Schatten auf der Erde.
> Und er, angesichts dieser Form, einer Form gleich der seinen in Erde und Wasser, liebte sie und wollte bei ihr bleiben. So folgte die Tat, und der Mensch schlug seine Heimstatt auf in der Materie ohne Vernunft.
> Und als die Natur ihm ward, hat sie ihren Geliebten mit ihrem Liebesgruß umfangen und sind beide miteinander vermengt worden, dieweil sie einer den anderen immer mehr lieb gewannen.[53]

Hier sieht der menschliche Geist, das göttliche Kind des Lichts, die Spiegelung der eigenen Schönheit in den dunklen Wassern der Natur und gerät durch den Zauber des eigenen Bildes in die Falle der Fleischlichkeit. Diese seltsame gnostische Erzählung zeigt eine Dynamik, wie sie sich zwischen Mutter und Kind und auch zwischen Liebenden ereignen kann. Die Mutter (Natur) hat sich in das göttliche Potential ihres Kindes (Geist) verliebt, das auch der lang erwartete Erlöser ist; das Kind wiederum verliebt sich in das Spiegelbild seiner Göttlichkeit in den Augen der Mutter. So idealisiert zu werden, sei es von einem Elternteil, einem Kind, einem Liebhaber, einem Schüler oder Patienten (oder einer Menschenmenge), kann eine äußerst verführerische Erfahrung sein, denn sie vermittelt das Gefühl, frei von menschlichen Fehlern zu sein. Wir sind erfüllt von der Ekstase göttlicher Allmacht, und vor unseren Augen liegt das Grün des Paradieses. Jeder Mensch braucht gelegentlich ein wenig von dieser neptunischen Liebe, besonders wenn man angegriffen oder verletzt wurde. Doch manche sind süchtig danach und können ohne sie nicht existieren. Doch der Preis dafür übersteigt ihre Vorstellung. Denn es ist der Sündenfall in seiner subtilsten und stärksten Form, der in die Hölle der Einsamkeit und der heimlichen Selbstverleugnung führt. Doch welcher Neptunier mit seiner Hoffnung, die Tore des Paradieses würden sich noch einmal öffnen, könnte dem widerstehen? Eingehüllt in einen Mantel der Idealisierung ist es schwer, die eigene Gewöhnlichkeit zu akzeptieren, denn ein gewöhnlicher Mensch kommt nicht ins Paradies. Da jede Beziehung mit der Zeit das Menschliche hervortreten läßt und die Vollkommenheit der Phantasie ankratzt, kann es immer wieder notwendig werden, sich bei einer frischen, unberührten Quelle eine Portion Bewunderung abzuholen. Dies ist eines der klassischen neptunischen Muster in der Liebe. Es hat nichts mit Launenhaftigkeit oder Kälte zu tun, auch wenn es denen, die von so einem Menschen verletzt werden, so erscheinen mag.

Viele Neptunier verspüren ein viel stärkeres Bedürfnis, idealisiert zu werden, als so geliebt zu werden, wie sie sind. Sie befürchten, erkannt zu werden bedeute letztendlich auch, zurückgewiesen zu werden. Manchmal wird das Vollkommenheitsideal mit körperlicher Schönheit assoziiert, manchmal mit spirituellen Qualitäten, und manchmal mit der Suche nach einem bedingunglos liebenden Herz. Weswegen auch immer das Individuum sich seine normale Menschlichkeit als unzureichend vorstellt, der zwanghafte Versuch, etwas Übermenschliches zu sein, kann jedes Glück untergraben. Erwartungsgemäß ist die Welt des Theaters, des Kinos und der populären Musik voll von solchen Menschen. Der Wunsch, idealisiert zu werden, mag nicht unbedingt eine Grundlage für irgendeine Begabung darstellen, zweifellos aber ist er die Grundlage für jedes zwanghafte Streben nach Berühmtheit. Mit Neptun im Löwen in Konjunktion mit dem Aszendenten, Trigon zu Venus und Opposition zu einer Mond-Jupiter Konjunktion im siebten Haus ist Marilyn Monroe ein ausgezeichnetes Beispiel für diese Dynamik. Auf andere Weise leiden auch die helfenden Berufe darunter. Konventionelle Mediziner sind da keine Ausnahme; man kann als Retter ebenso idealisiert werden wie als schöner Geliebter. Und das Phänomen, daß sich ein Patient in seinen Psychotherapeuten verliebt, ist ebenso häufig wie das einer Frau, die den plastischen Chirurgen liebt, der ihr ihre Jugend zurückgegeben hat, und ebenso häufig wie das des verkrüppelten Soldaten, der sich in die Stationsschwester verliebt, die ihm wieder Gehen hilft. Da wir alle Neptun im Geburtsbild haben, müssen wir alle in jeder wichtigen Liebesbeziehung mehr oder weniger diese Rolle spielen. Wenn wir sie nicht mehr spielen können, haben wir ein Gefühl als fehlte uns etwas.

Das Bedürfnis, sich mit einem archetypischen Bild zu identifizieren, um sich liebenswert fühlen zu können, wird in der psychoanalytischen Terminologie als narzißtische Kränkung bezeichnet. Realitätsgefühl und Selbstwert sind nicht vorhanden, nur die verzweifelte Sehnsucht, zu bewundern und bewundert zu werden, um sich im Spiegel der Augen des Geliebten selbst lieben zu können. Doch die Idealisierung wirft einen langen, dunklen Schatten. Wenn wir uns fehlerhaft, sündhaft, schlecht und wertlos fühlen, nimmt unsere Idealisierung anderer zu, und im gleichen Maße wollen wir idealisiert werden, um uns wertvoll fühlen zu können. Wenn wir uns selbst verachten, steht Neptun mit seinem romantischen Zauber bereit. Zu den tragischsten neptunischen Verzauberungen, die ich beobachtet habe, kam es, wenn beide Beteiligten keine Selbstliebe besaßen. Die Schönheit der romantischen Liebe an sich ist weder pathologisch noch destruktiv; sie ist eines der größten Geschenke im Leben. Doch wenn Selbstachtung und Selbstbild beschädigt sind oder wenn man unausgereift ist und sich vor dem Leben fürchtet, kann eine romantische Liebe nach Neptuns Art zu einem zwanghaften Muster tiefer Selbsterniedrigung führen. Das Erwachen aus zerschlagenen Träume führt zu großem Zorn, zu selbstzerstörerischem Verhalten und Destruktivität anderen gegenüber. Eine relativ starkes Ego kann mit der unumgänglichen eigenen Vermenschlichung und auch der des Geliebten umgehen, denn andere, ebenso wertvolle Erfahrungen treten mit der Zeit an die Stelle der Idealisierung. Und die Anpassungsfähigkeit des Egos an die Erfordernisse des äußeren Lebens gewährleistet, daß der Geliebte von Anfang an ebensosehr als Mensch wie als schönes Bild wahrgenommen wird. So gehört eine gewisse gesunde Idealisierung zu jeder Liebe. Doch für einen neptunischen Menschen ist der andere nicht real, da er sich selbst nicht als real empfindet.

> Einer der häufigsten Faktoren, die eine Liebesbeziehung aus dem Gleichgewicht bringt, ist die Projektion der Selbstentwertung des Liebenden auf den Geliebten. Am einfachsten verständlich wird dieser Mechanismus in Groucho Marx' berühmtem Spruch: »Ich würde in keinen Verein eintreten, der mich als Mitglied aufnimmt.« Auf die Liebe übertragen heißt das, der Liebende besitzt so wenig Selbstachtung, daß er jemanden, der ihn wirklich liebt, als jemanden ansieht, der im Grunde fehlerhaft und, gleich ihm selbst, auf der Suche ist. ... Derselbe Mechaismus ist natürlich auch im romantischen Charme jener Menschen wirksam, die irgendwie unerreichbar und reservier erscheinen und etwas an sich haben, das man die Attraktivität der narzißtischen Distanziertheit nennen könnte.[54]

Da Neptun fließend ist, kann er in der Dynamik der höfischen Liebe sowohl die Rolle des Liebenden als auch die des Geliebten übernehmen. Diese Rollen sind, da wir uns im Spiegelsaal befinden, insgeheim austauschbar. Neptun ist sowohl der große als auch der kleine Fisch, er ist der Erlöser und auch das Gefühlschaos, aus dem wir erlöst werden wollen. Neptun ist sowohl Attis als auch Kybele, er ist Mithras und der Stier, er ist Orpheus und zugleich die wilden Frauen, die ihn in Stücke reißen. Im Drama der höfischen Liebe kann Neptun sogar die Rolle des betrogenen Ehemannes spielen, denn er (oder sein weibliches Äquivalent, die betrogene Ehefrau) ist gleichermaßen wichtig für den Fortgang der Geschichte wie für das leidenschaftliche, aber frustrierte ödipale Paar. So kann man, wenn man es mit einer Horoskopstellung von Neptun im siebten Haus oder Venus in Opposition zu Neptun zu tun hat, kaum wissen, welche Rolle man selbst übernommen hat und welche Rolle die anderen spielen, die ebenfalls am Drama beteiligt sein wollen. Diese Dynamik zeigt sich auch in der Synastrie, wo man die Geschichte der höfischen Liebe oft nicht nur in den Neptunkonstellationen der individuellen Horoskope findet, sondern auch in den Synastrieaspekten Neptuns und anderer Planeten. Außerdem trifft man häufig auf auf progressive Synastrieaspekte mit Neptunbeteiligung, so zum Beispiel, wenn die progressive Sonne des einen Menschen die Konjunktion mit dem Geburtsneptun des anderen erreicht. Oft sieht man auch Neptuntransite, die Planeten in beiden Horoskopen berühren. Wenn man ein Verständnis von der inneren Welt Neptuns hat, kann man zwar die Art der Geschichte vorwegnehmen, nicht aber die Entscheidungen, die letztendlich getroffen werden.

Wenn zum Beispiel meine Geburtsvenus eine Konjunktion mit Ihrem Geburtsneptun bilden würde, könnten Sie in meiner Gegenwart – durch meine Zuneigung für Sie (Venus), oder (wenn wir uns noch nie begegnet sind) durch eine mir angeborene Qualität, die Ihnen gefällt – eine tiefe Sehnsucht nach Verschmelzung mit dem Urquell (Neptun) empfinden. Wenn starke Transite hinzukommen, könnten Sie sich spirituell und erotisch inspiriert fühlen (Neptun). Sie könnten ebensogut auch wütend und erschreckt über die Stärke Ihres Verlangens sein. Sollte sich eine Beziehung entwickeln, werden Sie versuchen, das zu spiegeln (Neptun), von dem Sie glauben, daß ich es begehre und schätze (Venus). Ebensogut könnten Sie befürchten, ihre Autonomie zu verlieren (Neptun), und die Angst vor Selbstverlust könnte zu subtilen Versuchen Ihrerseits führen, mein Selbstwertgefühl (Venus) zu untergraben. Sie könnten auch Phantasien haben, in denen sie mich hilflos und erniedrigt sehen (Neptun projiziert), denn bewußt oder unbewußt fühlen Sie sich selbst so. Neptun spiegelt und und agiert nie direkt, doch trotz aller Idealisierung kann er verletzen und Venus enttäuschen, besonders wegen des Zorns, den die Abhängigkeit bei ihm hervorruft. Wenn die Beziehung scheitert, wird Neptun die Schuld der Venus geben, da sie angeblich trügerisch und manipulativ ist. Und wenn mein Neptun in Opposition zu Ihrer Venus oder Ihrem Mond stünde, fände eine gegenseitige Idealisierung und Desillusionierung statt. Dann hätten wir den schmerzlichen Traum der höfischen Liebe nachgespielt. Wenn unsere beiden Geburtsbilder außerdem eine angeborene Disposition zu neptunischen Begabungen und Problemen aufweisen, wird es für uns beide nicht das erste Mal sein, daß ein solcher Traum erblüht und zerbricht und nach dem Erwachen Zorn, Enttäuschung und Selbstmitleid hinterläßt.

In Jungs Werk wird der »Anima-Typus« (er erwähnt keinen »Animus-Typ«, doch wir können unsere eigenen Schlußfolgerungen ziehen) im Zusammenhang mit dem Spiegelungsvorgang behandelt. Es gibt Frauen, so sagt er, die aus konstitutionellen Gründen und aufgrund ihrer Umgebung nie ein gefestigtes Selbstgefühl erlebt haben. Statt dessen identifizieren sie sich mit dem Archetyp der Anima, der mystischen Gestalt des »ewig Weiblichen«, die auch teilweise das erlöserische Potential des Unbewußten darstellt. So eine Frau erreicht deshalb eine gewisse Macht, weil sie für viele Menschen unwiderstehlich ist. Die Identifikation mit dem Archety erzeugt eine faszinierend verführerische Aura, die scheinbar allen alles bietet; und oft bilden sich Schlangen verzweifelter abgewiesener Verehrer vor ihrer Tür, die alle nach der Erfüllung eines vergeblichen Traumes streben.

> Tritt beim weiblichen Mutterkomplex keine Steigerung des Eros ein, so ergibt sich eine Identität mit der Mutter und eine Lähmung der eigenen weiblichen Unternehmung. Es tritt eine Projektion der eigenen Persönlichkeit auf die Mutter ein. ... Die Tochter führt ein Schattendasein, oft sichtbar von der Muttter ausgesogen, und verlängert dieser das Leben gleichsam durch stndige Blutransfusion. Solche blassen Jungfrauen sind gegen die Ehe nicht gefeit. Im Gegenteil, trotz ihrer Schattenhaftigkeit und inneren Teilnahmslosigkeit, oder vielmehr eben deshalb, stehen sie auf dem Heiratsmarkt in hohem Kurse. Vor allem sind sie dermaßen leer, daß ein Mann schlechterdings alles in ihnen vermuten kann; sodann sind sie dermaßen unbewußt, daß das Unbewußte aus ihnen zahllose Fühler, um nicht zu sagen unsichtbare Polypenarme, ausstreckt und alle männlichen Pojektionen ansaugt, was den Männern über die Maßen gefällt. ... Besonders anziehend wirkt die notorische Hilflosigkeit des Mädchens.[55]

Jung beschreibt hier den psychologischen Hintergrund des neptunischen Rezepts für eine Ehekatastrophe: ein unbewußter Komplex führt dazu, daß eine Frau unfähig ist, sich von ihrer Mutter zu lösen und ein eigenständiges Individuum zu werden. Obwohl Jung dies in der Schweiz einer früheren und sozial viel weniger »aufgeklärten« Zeit schrieb, sind seine Beobachtungen noch nicht überholt. Ich bin vielen Frauen mit dieser Schwierigkeit begegnet, auch wenn sie heutzutage nicht mehr die hilflosen Kreaturen sind, als die Jung sie darstellt. Viele verbergen das Problem vor sich selbst und anderen hinter einer kompetenten, autarken Persona. Doch sie bleiben unausgereift. Sie verbringen ihre Leben damit, ihre persönliche Erfüllung zu opfern, nicht nur der Mutter selbst (die sie bewußt als Rollenmodell oft verachten), sondern auch leidenden Ersatzmüttern: Liebhabern, Ehemännern, Freunden, Kindern und Klienten, die sie zu erlösen suchen und dabei insgeheim hoffen, selbst erlöst zu werden. Dieses Muster ist ganz offenkundig, wenn das übrige Horoskop ein abhängiges Temperament aufweist, und es ist eher versteckt, wenn es sich im Geburtsbild in schwierigen Mond-Neptun-Kombinationen zeigt.

Jung beschreibt weiter, was er die »Übersteigerung des Eros« nennt, die sich entwickelt, wenn eine Frau zu heftig darum ringt, sich aus der mütterlichen Fessel zu befreien. Wenn das Ego eine rigide Abwehr bildet, während das unbewußte Band zur Mutter bestehen bleibt, wird aus ihr nicht nur eine militante Feministin (noch etwas ungewöhnlich zu Jungs Zeit), sondern auch eine von der Frauenbewegung so verachtete »femme fatale«. Diese skrupellose Ehezerstörerin ist auf der Flucht vor einer rein instinkthafen, wesensmäßig unausgereiften und Tiamat-ähnlichen Mutter. Die Mutter wiederum ist die unentwickelte instinktive und emotionale Seite der Tochter, die hungrig und unausgereift bleibt, aber auf die Ehefrau des auserkorenen Mannes projiziert wird.

> Die reaktive Steigerung des Eros bei der Tochter zielt auf den Mann, welcher dem Übergewicht des Mütterlich-Weiblichen entzogen werden soll. Eine solche Frau wird sich überall da instinktiv dazwischen stellen, wo sie durch die Unbewußtheit des Ehepartners provoziert wird. Sie stört die der männlichen Persönlichkeit so gefährliche Bequemlichkeit, die er gerne als Treue ansieht. ... Die Frau unseres Typus richtet den heißen Strahl ihres Begehrens auf einen vom Mütterlichen überschatteten Mann und erregt damit moralischen Konflikt. Ohne diesen aber gibt es keine Bewußtheit der Persönlichkeit.[56]

Anfänglich mag es schwierig sein, zu verstehen, was eine »hilflose« Frau mit der »femme fatale« oder mit einer Frau gemeinsam haben mag, die im Namen einer Ideologie alle kollektiv weiblichen Symbole so heftig abweist. Doch bei einigem Nachdenken wird offenbar, daß der erste und der zweite Typus – über den Körper und die gequälte Psyche eines Mannes, der von beiden begehrt wird – unweigerlich auf eine schicksalshafte Begegnung miteinander zusteuern. Und die Dritte, die meist auch noch hinzutritt, ist eine Tochter aus der Ehe der ersten Frau, die ihr Leben lang die Hilflosigkeit und die Opferrolle bekämpft, die sie nicht nur ihrer Mutter, sondern allen Frauen zuschreibt. Neptun liebt Dreiecksbeziehungen einer ganz besonderen Art. Die Identifikation mit der Urmutter kann bei einer neptunischen Frau einen Mangel an eindeutiger Identität bewirken, der sie dazu treibt, sich selbst immer nur in bezug auf einen anderen zu erfahren, in dem sie sich spiegeln kann. Neptun ist süchtig nach der Rolle der aufopferungsvollen betrogenen Ehefrau oder der Geliebten, die letztlich immer enttäuscht wird (»Ich weiß, er liebt mich, aber er kann sie der Kinder wegen nicht verlassen«). Und Neptun spielt auch gern die Rolle des Opfers einer repressiven patriarchalischen Welt, dessen militanter Zorn die Tatsache überdeckt, daß in Wirklichkeit nicht der Vater in der Außenwelt, sondern die Mutter im Inneren die wahre Unterdrückerin ist.

Neptunische Enttäuschung

Was geschieht aber, wenn das unerreichbare Objekt tatsächlich erlangt wird? Diejenigen mit schwierigen Neptunbeziehungen zu Venus, Mars, Sonne oder Mond kennen wahrscheinlich die Antwort: Enttäuschung. Manchmal drückt sich diese Enttäuschung darin aus, daß man vom Körper des Geliebten »angewidert« ist; Nacht für Nacht aus der Nähe betrachtet, ist er nicht mehr zauberhaft, sondern nur noch menschlich und wird zusehends älter; und der Liebhaber, der einst so entflammt war in Phantasien von erotischen Freuden, die er eines Tages würde genießen können, bemerkt nun mit grausamer Beharrlichkeit den Fleck auf dem Kinn der Geliebten, das überflüssige Haar auf der Oberlippe, den Ansatz eines »Rettungsringes« um den Bauch und den morgendlichen Mundgeruch. Perfektion läßt sich nur in der Welt der Phantasie aufrechterhalten, und wenn die eine Phantasie abstürzt wie einst Ikarus mit seinen geschmolzenen Flügeln, dann muß eine andere sie ersetzen. Die Welt ist voller unglücklicher Frauen mittleren Alters, die wegen eines attraktiven jungen Mädchens verlassen worden sind. Das liegt zum Teil daran, daß ihre Ehemänner mit dem körperlichen Alterungsprozeß ihrer Frauen oder, was weitaus wichtiger ist, mit ihrem eigenen nicht zurechtkommen. Zum Teil liegt es auch daran, daß manche dieser Frauen – wie ihre verschwundenen Ehemänner – süchtig nach dem Traum von der Verschmelzung und deshalb nie zu eigenständigen Individuen geworden sind. Da sie sich nicht für sich selbst interessieren, werden sie auch immer weniger interessant für den Partner. Altern hat mit Sterblichkeit zu tun, und dafür ist im Paradies kein Platz, ebensowenig wie für eine ausgeprägte individuelle Identität. Im Reich der neptunischen Liebe ist eine der Hauptursachen für das Leid beider Partner der unerklärliche und oft bleibende Verlust sexueller Gefühle angesichts der körperlichen Wirklichkeit des Geliebten. Körper, wie schön sie auch sind, stehen einer primären Verschmelzung immer im Weg. Sie lassen die Furcht vor der Inzestphantasie und ihren möglichen schrecklichen Konsequenzen anklingen, und ebenso die Furcht vor dem Tod.

Manchmal zeigt sich die romantische Komplexität Neptuns als Impotenz oder mangelde körperliche Reaktionsfähigkeit; dies kann auftreten, sobald der oder die Geliebte erstmals sexuell zur Verfügung steht. In der Frühphase einer Liebesbeziehung, wenn hohe Erwartungen mit Ängsten kollidieren, ist das recht verbreitet – die Aussicht auf Intimität weckt die Angst vor Zurückweisung. Doch manchmal bleibt es auch ein dauerhaftes Problem. Oder man ist stark erregt von jemandem, den man insgeheim verachtet – von einer Prostituierten oder einem Angehörigen einer »niedrigeren« sozialen oder rassischen Gruppe –, während man gleichzeitig unfähig oder nicht daran interessiert ist, mit dem Partner zu verkehren, an den man sich emotional gebunden hat. Jung führte dieses Dilemma auf eine »Spaltung« der Anima oder des Animus zurück, denn die erotischen Gefühle bewegen sich in eine andere Richtung als die Idealisierungen, und es scheint, als könnten sie niemals in ein und demselben Menschen zusammenkommen. Dies ist ein durchaus übliches Mittel, um die Ängste in Schach zu halten, die mit den inzestuösen Anteilen der neptunischen Attraktivität verbunden sind, und es ist nicht nur für den Partner schlimm, sondern auch für den Menschen, der unter diesem Problem leidet.

Er oder sie kann auch mit großen Schuld- und Schamgefühlen beladen sein und sich schließlich dazu getrieben fühlen, den anderen ungewollt tief zu verletzen.

Die Spaltung zwischen Körper und Geist ist grundlegend für die dualistische Weltanschauung Neptuns. Aus einer eher psychologischen als mythischen Perspektive gesehen, befinden wir uns wieder im Reich des Ich-Ideals. Aber die ursprüngliche Einheit von erotischem und emotionalem Empfinden ist durchtrennt. Dies kann geschehen, wenn die frühe Beziehung zwischen Mutter und Kind sexualisiert wurde, oder anders gesagt, wenn die Mutter sich verführerisch verhält und in ihrem Kind verbotene Gefühle weckt, die in ihrer Stärke und ihren Auswirkungen erschreckend sind. Dies ist nicht das Gleiche wie »Kindesmißbrauch«. Ein solcherart verführerisches Verhalten ist normalerweise völlig unbewußt und geht mit keinerlei aktiven körperlichen Manipulationen einher. Es kann Kindern beiderlei Geschlechts geschehen, denn es handelt sich eher um eine undifferenzierte Erotik als um ein aktives sexuelles Begehren. Es kann entstehen, weil eine Mutter sich in ihrer Ehe unglücklich und frustriert fühlt und die Erfahrung des Stillens, den engen Hautkontakt und die emotionale Intimität mit ihrem Baby höchst erregend findet. Es kann auch entstehen, wenn eine Mutter ihr Kind als einen Erlöser aus ihrem Leiden begreift und instinktiv versucht, ihr Kind durch unbewußte Manipulation seiner emotionalen und erotischen Bedürfnisse an sich zu binden. Es ist ein sehr verbreitetes Phänomen, das mit unserer kollektiven Ignoranz gegenüber den tieferen Schichten unseres Selbst zu tun hat. Doch bei einem Neptun-Kind kann es dauernde Narben hinterlassen, denn es hat ohnehin schon genug an Schuldgefühlen zu tragen. Das Inzest-Tabu ist eine brüchige Grenze, und für ein Kind ist es schon schwer genug, mit erotischen Gefühlen und den damit verbundenen Ängsten zurechtzukommen. Wenn die Mutter selbst dieses Tabu bricht und ihr Kind unbewußt in einen Phantasie-Liebhaber verwandelt, empfindet das Kind im Erwachsenenalter die enge Nachbarschaft von erotischer Erregung und dem Bedürfnis nach Hingabe als unerträgliche Bedrohung.

Manchmal ist die neptunische Desillusionierung nicht spezifisch sexuell, sondern schleicht sich ein wie ein Miasma und erzeugt nach und nach das Gefühl, daß die Beziehung ihren »Zauber« verloren hat. Der oder die Geliebte ist keine anzubetende und stets Aufmerksamkeit verdienende elterliche Gottheit mehr. Immer öfter gibt es Momente, in denen er oder sie andere Interessen hat, schlecht gelaunt ist oder ernste menschliche Schwächen offenbart. Schlimmer noch, es kann sich herausstellen, daß dieser ehemalige Erlöser selbst der Erlösung bedarf. Dann ist er kein Spiegel mehr, und das Versprechen des Paradieses wird zum Betrug. Das Gefühl der Getrenntheit, das sich daraufhin einstellt, kann zu einer unerträgliche Einsamkeit werden, die sich nur lindern läßt, wenn jemand oder etwas gefunden werden kann, aus dem sich das benötigte Maß an Verschmelzung beziehen läßt. Andernfalls entstehen große Wut und Verbitterung.

> Natürlich gibt es im Wesen und Verlauf von Liebes-Idealisierungen ein breites Spektrum. Das eine Extrem sind primitiv unrealistische, das andere differenzierte und realistische Idealisierngen. Je unrealistischer und neurotischer die Idealisierungen sind, desto wahrscheinlicher ist es, daß sie mit der Zeit zerbrechen und dabei viel Wut erzeugen.[57]

Die neptunische Idealisierung – die Projektion des Erlösers auf den Geliebten – ist an sich nicht »neurotisch«. Aber sie ist sicher unrealistisch, denn kein menschliches Wesen kann uns göttliches Heil bringen. Ein anderer Mensch kann zum Auslöser dafür werden, daß wir unser Herz öffnen und uns inspirieren lassen, was uns eine Ahnung von den heilenden Wassern Neptuns vermitteln kann. Das ist die kreativste Seite von Neptun in der Liebe. Doch nicht der andere ist unser Erlöser – der Erlöser liegt in uns selbst. Idealisierungen, die beim Erwachen äußerste Verzweiflung und Finsternis hinterlassen, sind Idealisierungen, die sich zunächst über die Realität hinweggesetzt hatten, weil der Betreffende von Anfang an keinen realen Partner wollte. Dies ist oft das Thema derer, die »zu sehr lieben«, auch wenn man darüber streiten kann, ob die Gefühle, um die es dabei geht, wirklich Liebe sind oder etwas viel Ursprünglicheres. Das Thema des *Liebestodes* – den Wagner in *Tristan und Isolde* so trefflich darstellt, und den Neptun in einer menschlichen Beziehung immer zu finden hofft – in der romantischen Literatur ist ebenfalls nicht »neurotisch«. Aber es ist etwas Primäres. Seine Archaik liegt in seinem archetypischen Wesen, denn diese Art von »Liebe« ist in Wirklichkeit eine Auflösung in den Wassern des Vergessens. Erotische Leidenschaft ist kein Ausdruck davon, sondern der Zugang dazu. Der Preis dafür ist Enttäuschung. Wenn die Enttäuschung groß genug und die Persönlichkeit zu unausgereift ist, um den Schmerz und die Wut auszuhalten, kann der Preis auch der Tod sein. Doch es hat nichts Romantisches, wenn jemand (auf die eine oder andere Art) wegen eines verschwundenen Geliebten Selbstmord begeht oder einen untreuen Partner (auf die eine oder andere Art) zugrunderichtet. So etwas hat nichts mit einem schillernden plutonischen *crime de passion* zu tun. Es ist Ausdruck der apokalyptischen Destruktivität eines verlassenen Neptun.

Trost für die unweigerlich sich einstellende romantisch-neptunische Desillusionierung findet man manchmal im Reich der Imagination. Der kreative Prozeß ist dem Verliebtsein sehr ähnlich, doch um Visionen in die Realität umzusetzen, bedarf es der individuellen Interpretation und irdischer Disziplin. Vielleicht ist es auch der letzte »Sinn« neptunischer Idealisierungen, einen kreativen Ausdruck zu finden, weil sie nicht von außerhalb, sondern aus unserer eigenen Seele kommen. Wir alle tragen die Wünsche unserer Kindheit als überflüssigen Ballast auf unseren Schultern, und wir alle müssen einen Weg finden, trotz dieses Gewichts aufrecht zu gehen. Doch anders als Dante, Novalis, Berlioz oder Donne finden wir vielleicht nicht den Mut, unsere enttäuschten Träume in Musik oder Poesie auszudrücken, weil wir fürchten, in den Augen der kritischen Öffentlichkeit einen Mangel an »Talent« zu offenbaren. Doch wir müssen es versuchen, für uns selbst wie für andere, auch wenn wir unserere kreativen Versuche im Stillen ausführen und die Ergebnisse wegschließen. Neptun aus einer emotionalen Pathologie in Kreativität zu übersetzen, ist keine geringe Kunst und erfordert enorme Anstrengungen. Der Neptun in uns allen kann sich jederzeit darüber beklagen, unsere Beziehungen seien enttäuschend geworden. Solche Klagen klingen berechtigt, wenn sie auftauchen; doch sie unterscheiden sich in Klang und Motivation von der Erkenntnis einer tiefgehenden Unverträglichkeit. Doch die Haltung eines trübsinnigen Märtyrers ist auch keine Lösung, sie ist nur die andere Seite der neptunischen Medaille. Für den Neptunier kann es eine zwar bescheidenere, aber eher erreichbare Form der Erlösung sein, zwischen der eigenen Person, dem Geliebten und der göttlichen Quelle unterscheiden zu lernen.

Neptun in der Liebe: Zwei Fallstudien

Das Liebesleben berühmter Schauspieler hat im allgemeinen viel mit Neptun zu tun. Schauspieler sind oft Neptunier, und der Beruf selbst ist neptunisch: die romantische Idealisierung ist unweigerlich Teil der Anziehungskraft zwischen zwei »Stars«, die es gewohnt sind, praktisch jede Rolle zu spielen, nur nicht sich selbst. Beziehungen zwischen Stars beginnen oft beim Film oder auf der Bühne, wenn beide Schauspieler Liebesrollen spielen. In der Folge kommt es zu starker Konkurrenz und tiefen Enttäuschungen, es werden Höhepunkte der Schönheit und Ekstase erreicht, die uns meist unzugänglich sind, und es öffnen sich dunkle Abgründe von emotionaler und körperlicher Gewalt, Drogenabhängigkeit und Wahnsinn. In den Sorgen und Affären der Berühmten erleben wir stellvertretend die Verzauberung und Größe des ozeanischen Reiches Neptuns. Auch in diesem hektischen Jahrzehnt vor der Jahrtausendwende mit all seinen gesellschaftlichen, politischen und Umweltproblemen, die dringend unserer Aufmerksamkeit bedürften, lassen wir uns noch immer vom Aufstieg und Fall neptunischer Liebe faszinieren.

Die Geschichten von zwei der berühmtesten Prominentenehen dieses Jahrhunderts – Laurence Olivier mit Vivien Leigh, und Richard Burton mit Elizabeth Taylor – erzählen uns viel über Neptun im Reich der romantischen Liebe. Diese Affären haben heute nicht mehr die Schockwirkung, die sie damals hatten, denn sie ereigneten sich zu einer Zeit, als es noch eine weitaus ernstere Angelegenheit war, seinen Ehepartner zu verlassen. Doch sie erzählen eine zeitlose Geschichte. Sie bieten uns nicht die schmutzige Lüsternheit neuerer Prominentenskandale, denn sie sind dem Traum der höfischen Liebe nahe genug, um sich eine romantische Unschuld bewahrt zu haben, der wir heute meist mit einer Fassade kultivierten Zynismus begegnen. Es gibt unheimlich anmutende Entsprechungen zwischen diesen beiden Liebesbeziehungen. Doch das ist nicht weiter überraschend, denn wir haben es mit einer archetypischen Kraft zu tun, die – einmal entfesselt – allen bewußten Bemühungen der Beteiligten zum Trotz ihren Lauf nimmt. Beide Beziehungen dauerten lange – etwas weitaus Konkreteres als der neptunische Traum vom Paradies hielt diese beiden Paare zusammen. Dennoch gab es in beiden beiden Ehen neptunische Muster wie Krankheit, Zusammenbrüche, Alkoholprobleme, heftige Auseinandersetzungen, Untreue, ekstatische Leidenschaften und furchtbare Enttäuschungen. Beide Ehen hatten keinen Nachwuchs, obwohl sie sich verzweifelt ein Kind gewünscht hätten. Beide Beziehungen endeten damit, daß jeweils einer von beiden eine neue Liebe fand. Und bei beiden Paaren erholte sich ein Partner nie mehr von der gescheiterten Ehe und starb einige Jahre danach.

Larry und Viv

Eine ausführliche Lebensgeschichte von Laurence Olivier oder Vivien Leigh ist hier nicht angebracht; der Leser sei auf entsprechende Biographien verwiesen. Aufschlußreicher sind vielleicht die Filme, in denen diese begabten Schauspieler mitwirkten und die zu den besten gehören, die je gedreht wurden. Leigh litt lange Zeit unter manisch-depressiven Zuständen, die sich mit zunehmendem Alter verschlimmerten. Während ihr persönliches Leben dadurch zur Hölle wurde (und ebenso das Oliviers), verhalf es doch manchen ihrer Auftritte zu einer großen magischen Energie. Dazu gehören ihre Rollen als Scarlett O'Hara in *Vom Winde verweht* und als Blanche DuBois in *Endstation Sehnsucht*. Olivier verdanken wir viele wunderbare Bühnen- und Leinwandauftritte, doch besonders eindrucksvoll ist seine erste Filmrolle, der gequälte Heathcliffe in *Stürmische Höhen*. Wenn der astrologische Hintergrund eines Schauspielers zu seiner Rolle paßt, können außergewöhnliche Dinge geschehen. Astrologieinteressierte können dabei viel über Pluto lernen, denn Oliviers Pluto am Aszendenten im Quadrat zu Saturn paßte nahtlos auf jenen Charakter, der von einer Autorin geschaffen wurde, die ihrerseits Pluto in Konjunktion mit Saturn als Herrscher über den Skorpion-Aszendenden und im Trigon dazu in ihrem Geburtsbild hatte.

Olivier und Leigh, beide ehrgeizige junge Schauspieler, beide schon verheiratet und Eltern jeweils eines Kindes, begegneten sich Weihnachten 1935, als Olivier 28 und Leigh 22 Jahre alt war. Sie verliebten sich leidenschaftlich ineinander. Der transitierende Neptun wurde auf 16° Jungfrau stationär, in der Nähe von Oliviers Mond und im Trigon zu seinem Mars im achten Haus. Neptun bildete außerdem ein Quadrat zu seinem Aszendenten. In den folgenden Monaten, als die Affäre sich entwickelte, wanderte Neptun zwischen diesen Positionen hin und her. Solche Transite sind als Ausdruck einer intensiven romantischen Leidenschaft nicht ungewöhnlich, besonders wenn sie »verboten« ist. Auch jene Häuser, die traditionell mit Liebe (fünftes) und Sexualität (achtes) assoziiert werden, sind beteiligt, und die Konjunktion des transitierenden Neptun mit dem Mond weist auf des Auftauchen einer ekstatischen Sehnsucht aus der frühen Kindheit hin. Neptun ist auch im progressiven Horoskop aktiv. Der progressive Aszendent steht auf ein Grad

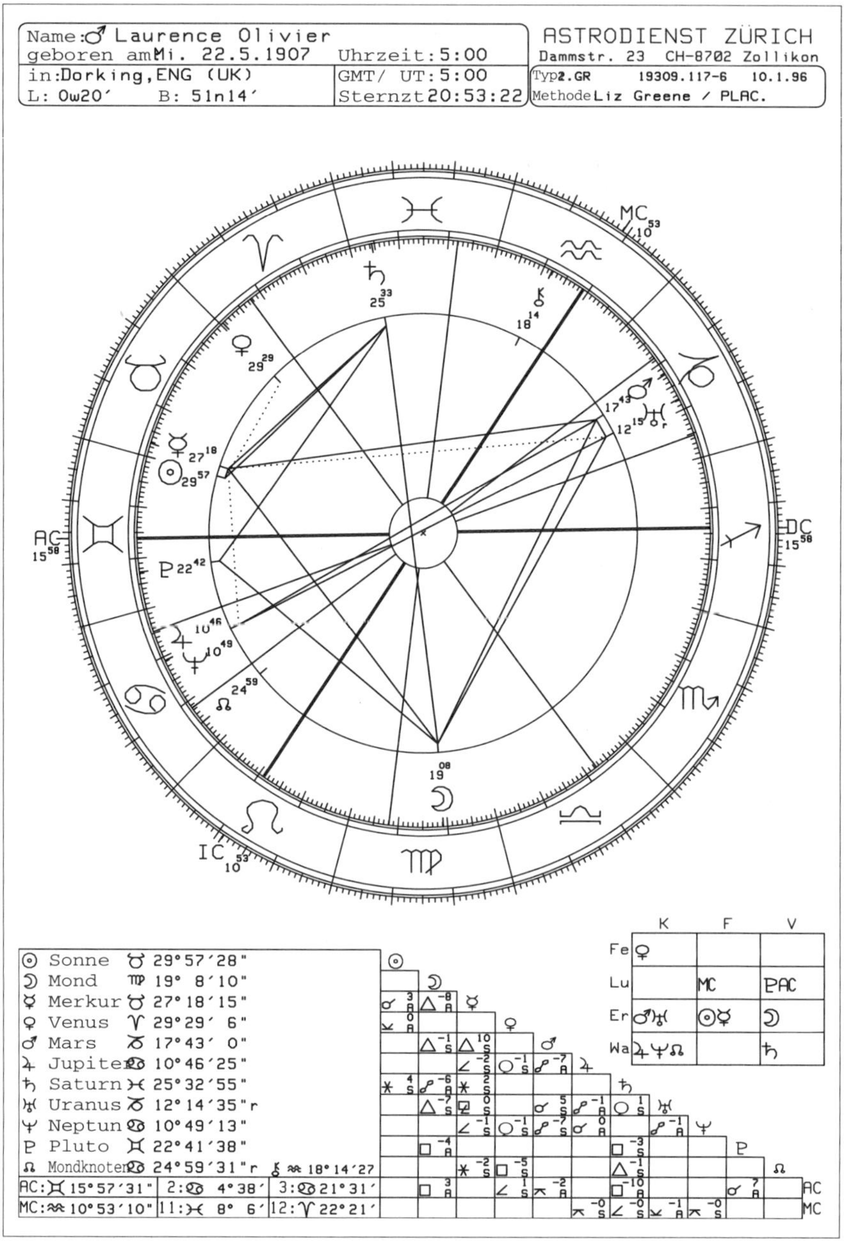

6. Laurence Olivier, geboren am 22. Mai 1907, 5:00 GMT, Dorking, England. Häuser Placidus. Quelle: Hans-Hinrich Taeger, *Internationales Horoskope-Lexikon*.

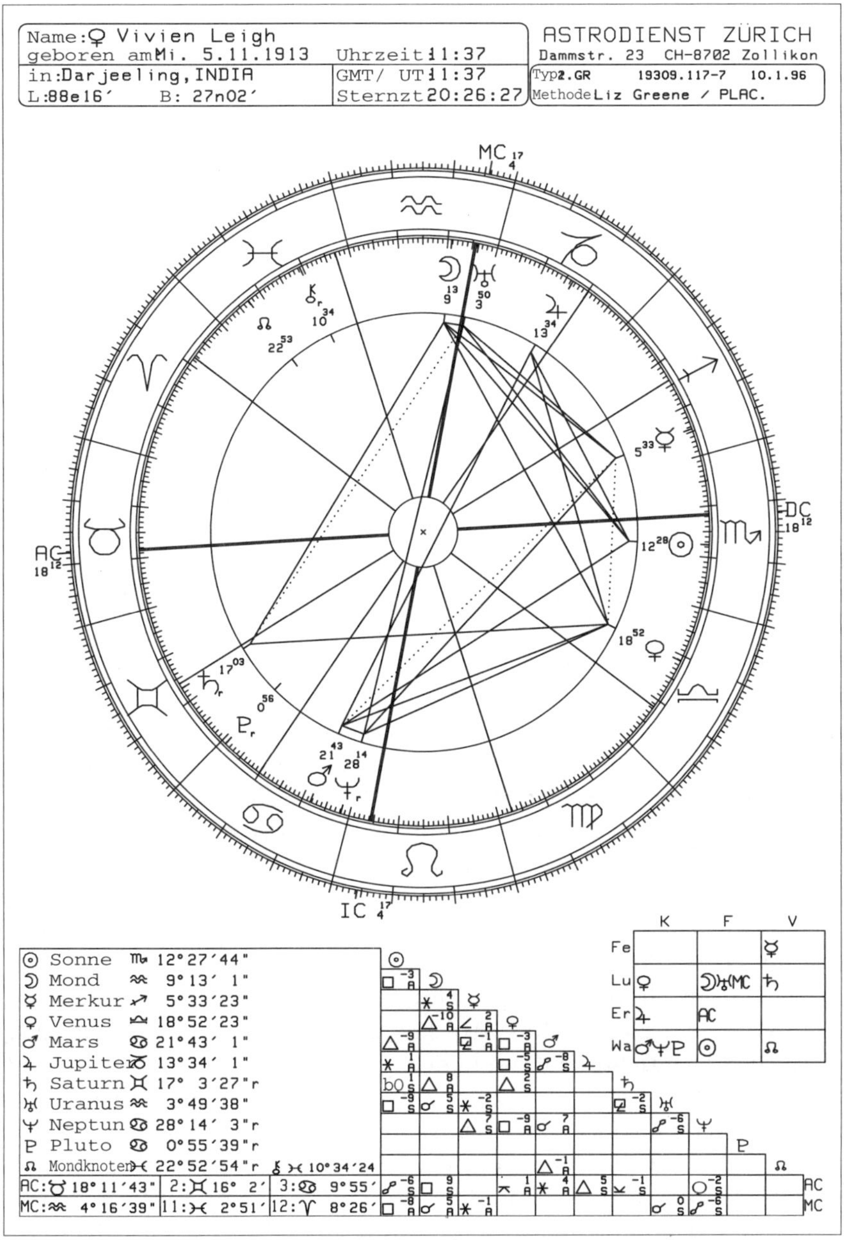

7. Vivien Leigh, geboren am 5. November 1913, 11:37:00 GMT, Darjeeling, Indien. Häuser Placidus. Quelle: Hans-Hinrich Taeger, *Internationales Horoskope-Lexikon.*

genau in Konjunktion mit dem progressiven Neptun, während das progressive MC ein Trigon zum Geburtsneptun bildet. Offenbar war der junge Laurence, ob er es nun bewußt wünschte oder nicht, im Begriff, sich in die Flut zu stürzen.

Lord Oliviers Horoskop ist nicht gerade ausgeprägt neptunisch. Weder wird Neptun von Sonne oder Mond aspektiert, noch ist er an einer Hauptachse zu finden. Mit Pluto am Aszendenten im Quadrat zu Mond könnte es den Anschein haben, als sei Oliviers Charisma dem etwas finsteren sexuellen Magnetismus Plutos zu verdanken, der sich durch den wachen Geist, die körperliche Beweglichkeit und die technische Brillanz eines Zwillings-Aszendenten vermittelt. Doch Oliviers Sonne und Merkur befinden sich im zwölften, dem »natürlichen« Haus Neptuns, und dies legt eine große Empfänglichkeit für die wäßrige Welt der kollektiven Psyche nahe. Er konnte jede beliebige Rolle spielen, da er sich mit allen zu identifizieren vermochte. Außerdem steht der Geburtsneptun in exakter Konjunktion mit Jupiter in Krebs, und Jupiter ist Herrscher des siebten Hauses; diese Konjunktion steht in Opposition zu einer Mars-Uranus-Konjunktion in Steinbock im achten Haus. Wir können deshalb erwarten, in Beziehungen und sexuellen Angelegenheiten den romantischen Idealismus Neptuns und seine Sehnsucht nach Verschmelzung zu finden, mit einem manchmal rücksichtslosen Element von Eigensinn und einer beachtlichen Fähigkeit, sich aus Verwicklungen zu lösen, die die persönliche Autonomie bedrohen. In der Tat war es eine der größten Enttäuschungen für Leigh, als Olivier sich sexuell von ihr zurückzog – angeblich, weil seine Arbeit seine ganze Energie beanspruchte, wahrscheinlich aber auch, weil ihre emotionalen Forderungen seine Mars-Uranus-Konjunktion auslösten und ihn zu einem abrupten Rückzug veranlaßten. Angesichts der erdhaften und selbstgenügsamen Züge in Oliviers Horoskop ließ sich wohl die Mars-Uranus-Konjunktion einfacher ausleben, während er die verletzlichen und mystischen Qualitäten Neptuns auf seine Schauspielerei und seine Frauen projizierte. Doch mit dem Übergang des transitierenden Neptuns über seinen Geburtsmond begegnete er seinen eigenen chaotischen Sehnsüchten in körperlicher Gestalt.

Vivien Leighs Horoskop ist ebenfalls nicht besonders neptunisch. Auch hier bilden weder Sonne noch Mond Aspekte zu Neptun. Neptun befindet sich jedoch an einer Haupachse, in Konjunktion mit dem IC am Ende des dritten Hauses; außerdem steht er in Konjunktion mit Mars, einem der Herrscher ihres siebten Hauses. Neptun bildet zudem ein weites Quadrat zu Venus, der Herrscherin des Horoskops, und ein Trigon zu Merkur im siebten Haus. Schließlich steht er noch in Opposition zu Uranus am MC. Wir könnten erwarten, daß Neptun sich auch bei ihr in den Beziehungen äußern wird. Doch Neptun ist an einer Hauptachse stärker als in einem fallenden Haus, und dieses Horoskop begünstigt Neptun, da es so stark vom Element Wasser geprägt ist. Tatsächlich gibt es eine großes Wasser-Trigon mit Sonne, Pluto und Chiron. Drei Planeten in Krebs, einer in Skorpion und einer in Fische lassen vermuten, daß der Gefühlsbereich zugänglicher ist und offener geäußert werden kann, als es bei Olivier der Fall ist. Außerdem steht nur Jupiter in einem Erdzeichen (auch wenn der Aszendent Stier ist), und so zeigt sich ein Naturell, das Schwierigkeiten damit haben könnte, die eigene Phantasie mit den Grenzen der äußeren Wirklichkeit zu vereinbaren.

Die Geschichte des psychischen Zusammenbruchs von Leigh kann mit vielen verschiedenen Horoskopfaktoren zusammenhängen. Keine einzelne Stellung oder Konstellation ist »Anzeichen« einer manisch-depressiven Erkrankung. Ihre angeborene Betonung der fixen Zeichen zeigt große Stärke, läßt aber auch vermuten, daß ihre Wünsche und Ziele, einmal festgelegt, heftig mit der Realität kollidieren können. Mit der Mars-Neptun-Konjunktion neigt sie zu unverhohlen manipulativem Verhalten, um Widerstände zu zermürben. Die Mond-Uranus-Konjunktion am MC und Neptun am IC zeigen größte Schwierigkeiten mit den Eltern, deren Ehe ihr immer als kurz vor dem Zusammenbruch stehend erschienen sein mag. Die Mond-Uranus-Konjunktion beschreibt auch große Angst und Spannung, die ihre Wurzeln in der Kindheit haben und von denen sie wohl ihr ganzes Leben lang gequält wurde. Die Mars-Neptun-Konjunktion in Krebs im dritten Haus zeigt eine Realitätswahrnehmung, die leicht durch Stimmungen und Phantasien verzerrt werden kann; und die große Abhängigkeit von der Liebe und Zuwendung anderer könnte ihre Entschlußfähigkeit beeinträchtigen. Das Saturn-Chiron-Quadrat beschreibt tief empfundene Gefühle der Unzulänglichkeit (Saturn im zweiten Haus) und Einsamkeit (Chiron im elften Haus). Als sie Olivier begegnete, löste der transitierende Neptun dieses Saturn-Chiron-Quadrat aus und bildete ein genaues Quadrat zu Saturn. Gleichzeitig wanderte der transitierende Pluto über ihrem Geburtsneptun hin und her. Da die Neptunstellung am IC mit Leighs Wahrnehmung ihres Vaters zu tun hat, muß dazu angemerkt werden, daß er ein notorischer Schürzenjäger war. Er war auch Amateurschauspieler, und sie verehrte ihn sehr. Als Olivier in ihr Leben trat, erreichte ihre progressive Venus den Deszendenten – ein traditionelles Vorzeichen für Liebe und Ehe. Doch die Begegnung stand auch unter einem Transit Plutos zu ihrem Geburtsneptun und war so mit der Aktivierung einer tiefen Sehnsucht nach einem idealisierten Vater verbunden, der sich jedoch immer entzog und nie wirklich erreichbar war.

Die Liebesaffäre, die sich zunächst heimlich und später im vollen Licht der Öffentlichkeit abspielte, verlor in den Jahren bis zur Heirat nichts an Intensität. Das ist nicht weiter überraschend, denn Neptun ist in Hochform, wenn eine Liebe voller ängstlicher Erwartung ist. Neptun und Heirat, das wußten schon die Troubadoure ganz genau, ist oft eine katastrophale Mischung. Olivier beschreibt die Beziehung als »reine, brennende, unendlich leidenschaftliche Liebe«.[58] Beide konnten keine schnelle Scheidung erreichen und verließen schließlich Heim, Partner und Kinder, um miteinander zu leben. Während dieser Zeit waren Neptun und Pluto im Transit weiterhin in Konjunktion mit Oliviers Mond und Leighs Neptun. Doch nun gelangte der transitierende Saturn in die Opposition zu Oliviers

Mond und bildete ein Quadrat zu seinem Aszendenten. Trotz seiner Verliebheit bereute er schmerzlich, sein Familienleben zerstört zu haben. Leigh schien überhaupt keine Reue zu empfinden. Der transitierende Saturn lief über ihren Saturn, während der transitierende Neptun weiterhin ein Quadrat zu ihm bildete. Doch diese Aspekte der Sorge und Ungewißheit fanden damals keinen emotionalen Ausdruck. Ihre Stimmungsschwankungen hatten noch nicht das ernste Ausmaß erreicht, das schließlich zu Ruhigstellung, Krankenhausaufenthalt und Elektroschockbehandlung führte. Welche Schuldgefühle und Sorgen sie auch plagten (schließlich war sie katholisch erzogen worden), sie unterdrückte alle Anzeichen davon. In dieser Zeit erreichte sie das Berufsziel, das sie sich am meisten gewünscht hatte – die Rolle der Scarlett O'Hara –, aber sie haßte Hollywood, wo das Paar nun lebte. Dort wurde ihre Affäre nicht stigmatisiert wie später die Liaison zwischen Burton und Taylor. Wenn überhaupt, wurden »Larry und Viv«« als helles und tapferes Licht in einer Zeit wahrgenommen, als die Welt in der Dunkelheit des Krieges versank. Im Dezember 1939 veröffentlichte die amerikanische Zeitschrift *Photoplay* folgende neptunische Beobachtungen:

> Beide haben ein Kind, das sie vielleicht nie mehr wiedersehen dürfen. Sie müssen sich schwerwiegende Dinge anhören, die man über sie sagt, während ein Brite wohl kaum ein Wort darüber verloren hätte. Larry und Vivien machen sich schreckliche Sorgen darüber. Die Leidenschaft und Vitalität, die sie beide berührt, führt auch dazu, sich schreckliche Sorgen über alles zu machen. Doch mehr noch sorgen sie sich einer um den anderen. Sie kümmern sich mehr umeinander als um Geld, Karriere, Freunde, harte Worte oder selbst das Leben.[59]

Olivier und Leigh heirateten schließlich am 31. August 1940. Der transitierende Pluto hatte sich von Leighs Neptun entfernt, verschanzte sich am IC und bildete eine Opposition zu Uranus. Ihre ganze Welt wurde zerstört und mußte wieder aufgebaut werden. Jupiter im Transit wurde in 15 Stier stationär in Opposition zur Sonne, in Konjunktion mit dem Aszendenten und in Opposition zur progressiven Venus, was ihre großen Erwartungen zeigt. Die neue Ehe würde Einschränkungen, Verletzungen und Enttäuschungen mit sich bringen, was sie aber damals noch nicht wissen konnte. Chiron im Transit hatte nun den Platz des transitierenden Pluto Ende Krebs eingenommen und erreichte die Konjunktion mit Neptun, als sie heirateten. Der verborgene Zusammenhang zwischen ihrem Vater und ihrem neuen Ehemann wurde wieder thematisiert. Inzwischen lief der transitierende Neptun zwischen dem Quadrat zu Oliviers Pluto und der Opposition zu seinem Saturn hin und her. Er, der sein ganzes Leben lang immer alles im Griff gehabt hatte, war nun in einer Situation, die er nicht mehr beherrschte. Doch der transitierende Uranus näherte sich der Konjunktion mit seinem Merkur und seiner Sonne. Diese Konjunktion brauchte fast drei Jahre, um exakt zu werden, und sah ihn auf dem Höhepunkt seiner Karriere.

Anfangs war in den Wasser Neptuns keine Spur von Haien zu sehen. Doch Leigh war in ihrer Arbeit unausgeglichen und wurde von den Kritikern oft erbarmungslos verrissen. Ihre emotionale Labilität trat immer deutlicher hervor. So Alexander Walker:

> Vivien machte damals eine Entdeckung, ... die ihrem Ehrgeiz sehr zusetzte und schließlich für den Rest ihres Lebens ihr emotionales Gleichgewicht stören sollte. Sie merkte, daß die Rolle, die sie gerade gespielt hatte, sich mit ihrem Leben und ihrer nächsten Rolle vermischte. Hatte sie sich über einen längeren Zeitraum mit einem Stück beschäftigt, ... fiel es ihr schwer, diese Erfahrung abzuschütteln, sie aus dem Kopf zu verlieren oder die Dialoge aus ihrem Gedächtnis zu löschen. In späteren Jahren ... überlagerten sich die Rollen, die sie gespielt hatte und die sich wie unterschiedliche Identitäten angesammelt hatten; sie waren vergessen, wenn es ihr gut ging, ergriffen aber in Krisenzeiten plötzlich und unkontrollierbar Besitz von ihr.[60]

Sie hatte wiederholt Fehlgeburten. Nach der zweiten, im Juni 1944, erlebte sie ihren ersten größeren psychotischen Zusammenbruch. In dieser Zeit ging der transitierende Pluto, nachdem er seine Opposition zu Uranus abgeschlossen hatte, in Opposition zum Mond und war zum Zeitpunkt des Zusammenbruchs in der Halbsumme Mond-Uranus stationär. Neptun im Transit war stationär im Quadrat zu Pluto, mit dem der transitierende Saturn eine Konjunktion bildete. Diese beeindruckende Reihung von Aspekten zeigt großen Schmerz, Ängste, Verwirrung, schreckliche Unzulänglichkeitsgefühle, wilde Emotionsausbrüche und große Wut. Diese Gefühle betrafen wahrscheinlich nicht nur den Verlust eines Kindes, sondern auch die vorangegangene Trennung von ihrer Tochter und ihrem Ehemann, und ebenso den alten Schmerz, der mit ihrem Vater zusammenhing. Irgendwie hatte sich der Traum von der Erlösung nicht verwirklicht. In den nächsten Jahren kam es immer öfter zu manischen und depressiven Zuständen. Olivier konnte nicht verstehen, was mit ihr vorging; er versuchte, ihr eine Hilfe zu sein, doch er konnte ihr nicht die absolute und bedingungslose Liebe geben, die sie brauchte. 1949 erklärte sie ihm, daß sie ihn nicht mehr liebe, und begann eine Affäre mit dem Schauspieler Peter Finch. Der transitierende Neptun hatte nun ihre Venus erreicht; die Erlösung lockte wieder, diesmal in Gestalt eines anderen Erlösers. Neptun bildete nun auch Quadrate zu Oliviers Opposition zwischen Jupiter-Neptun und Mars-Uranus. Die Romanze, die unter harmonischen Aspekten des transitierenden Neptun begonnen hatte, brach unter den harten zusammen. Das Paar ließ sich nicht scheiden, aber sie verbrachten immer weniger Zeit miteinander. Leighs Affäre mit Finch lief weiter, während sich ihre Zusammenbrüche weiter verschlimmerten. Saturn und Neptun im Transit bildeten nun Quadrate zu Leighs Mars-Neptun-Konjunktion. Olivier machte kein Aufhebens von ihrer Affäre; er war bereit, ihr zu helfen, falls sie ins Krankenhaus mußte. Es ist ein Zeugnis für die Beharrlich des Stiers, inmitten dieses neptunischen Alptraums durchzuhalten, wie er es tat, und dabei noch seine Gesundheit und die hohe Qualität seiner Arbeit aufrechtzuerhalten. Schließlich beantragte er die Scheidung und begegnete zur gleichen Zeit Joan Plowright, die dann seine dritte und letzte Frau wurde. Zur Scheidung kam es im Dezember 1960, als Neptun im Transit auf 11° Skorpion stationär wurde, in Konjunktion mit Leighs Sonne und im Trigon zu Oliviers Jupiter-Neptun-Konjunktion. Für Leigh bedeutete dieser Neptuntransit eine letzte bittere Enttäuschung und den Verlust eines lebenslangen Traumes. Die Verschlechterung ihrer Gesundheit trotz einer neuen Beziehung und auch ihr Tod durch Tuberkulose und zu viele Medikamente nur sechseinhalb Jahre später zeigen, daß das Weiterleben nicht mehr von Bedeutung ist, wenn die Tore des Paradieses einmal dauerhaft verschlossen sind.

Im Horoskopvergleich ist Neptun erwartungsgemäß äußerst aktiv. Leighs Neptun steht genau im Quadrat zu Oliviers Venus. Sie idealisierte seinen Charme und seine Schönheit, und wahrscheinlich reagierte sie auch auf seine Aura der Einsamkeit (Venus im zwölften Haus), die viel von seiner magnetischen Anziehungskraft ausmachte. Wahrscheinlich hatte sie auch das Gefühl, er brauche Erlösung – was mit seiner Venus im zwölften Haus wohl auch stimmte. Ihr Neptun steht in Konjunktion mit seinem aufsteigenden Mondknoten im dritten Haus, was darauf hinweist, daß sie hingerissen war von seiner Begabung, andere verbal zu überzeugen. Oliviers Neptun wiederum steht im Quadrat zu Leighs Venus und im Trigon zu ihrer Sonne. Auch er idealisierte sie, nicht nur ihrer Schönheit wegen, sondern auch wegen ihrer emotionalen Tiefe und Komplexität. An anderer Stelle in diesem Kapitel skizzierte ih einen Dialog, wie er für Venus-Neptun-Verbindungen zwischen zwei Horoskopen typisch sein könnte. Hier sehen wir, wie sich dies im wirklichen Leben auswirkt. Olivier bekam immer mehr das Gefühl, von seiner Frau völlig vereinnahmt zu werden, und angesichts der Manipulationen, die er durch ihre ständigen Zusammenbrüche erfuhr, löste er sich immer mehr von ihr. Sie wiederum fühlte sich von ihm enttäuscht und betrogen, und ihr wachsender Zorn machte sie immer unzugänglicher. Auch wenn die Affäre mit Finch das Ende der Beziehung einleitete, ist es wahrscheinlich, daß sie in gewisser Weise nur als Provokation gedacht war, um seine Leidenschaft wiederzubeleben. Seine Tolerierung der Affäre muß ihr als der Gipfel der Beleidigung erschienen sein. Natürlich gibt es noch viele weitere synastrische Berührungspunkte in dieser wechselseitigen Venus-Neptun-Verbindung. Manche davon, wie Oliviers Mond im Trigon zu Leighs Aszendent und im Sextil zu ihrer Sonne bedeuten laut traditionellerweise Harmonie und Vereinbarkeit. Andere, wie Oliviers Mond im Quadrat zu Leighs Saturn, sind traditionell Anzeichen für Reibungen und emotionale Unzufriedenheit. Doch der machtvolle Venus-Neptun-Austausch im Kontext der Neptun-Transite und -Progressionen zu der Zeit, als sie sich kennenlernten, zeigt alle Themen einer neptunisch-romantischen Liebe – Ekstase und bittere Enttäuschung, Glanz und

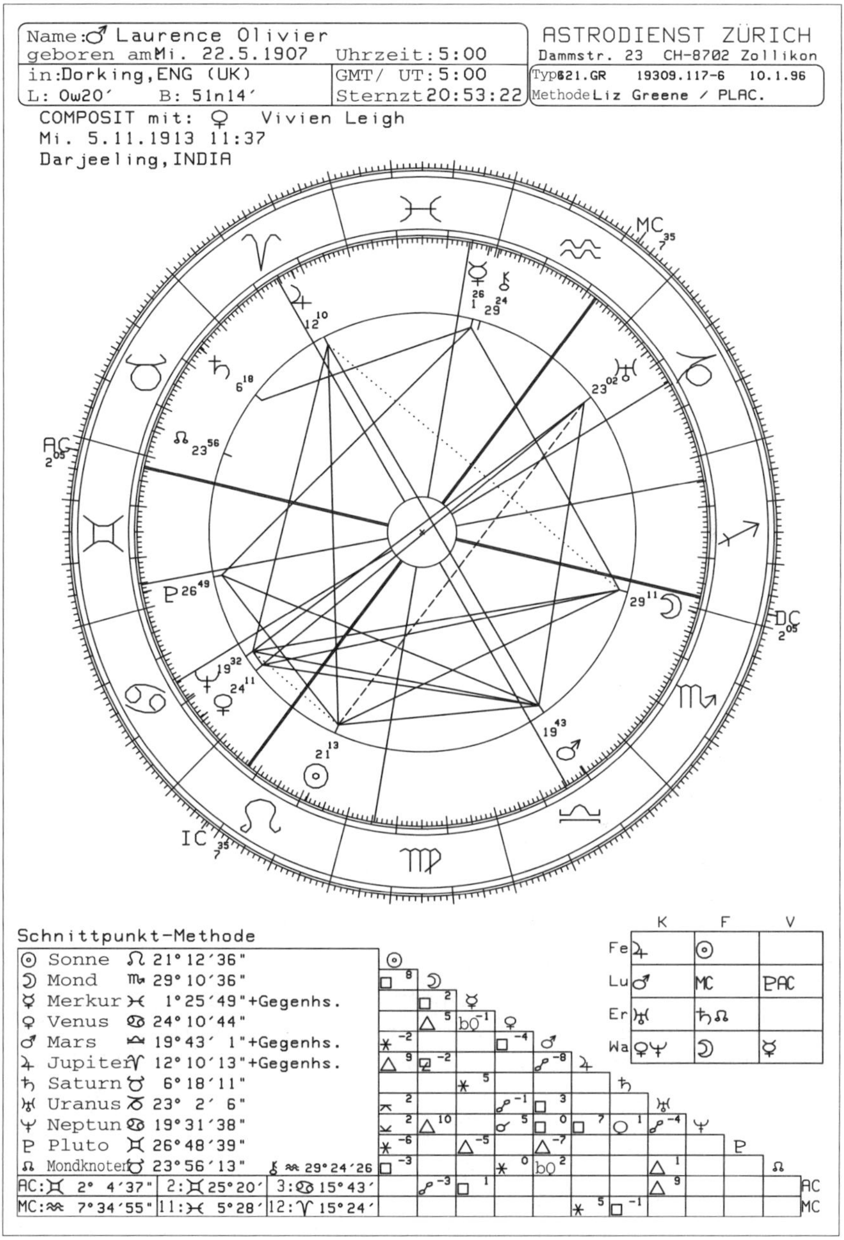

Komposit für Vivien Leigh und Laurence Olivier. Häuser Placidus.

Tragödie, und ihr ganzes Spektrum von tiefster Dunkelheit bis hin zum Höchsten, Unaussprechlichen.

Schließlich sollten wir noch einen kurzen Blick auf das Komposit dieser Beziehung zu werfen, denn es zeigt die Aspektverbindungen von Neptun und Venus wie unter einer Lupe. Diese beiden Planeten stehen im Komposit in Konjunktion und außerdem in Opposition zu Uranus. So zeigen sie nicht nur das charakteristische Muster von romantischer Idealisierung und Enttäuschung, sondern auch einen Konflikt zwischen dieser Sehnsucht nach Verschmelzung und dem machtvollen Impuls, innerhalb der Beziehung um jeden Preis die eigene Autonomie zu wahren. Die Venus-Neptun-Konjunktion im Komposit fällt außerdem auf Leighs Mars. Die mythische Natur der Liaison war nicht nur sexuell sehr anregend für sie, sondern sie war auch destruktiv und verunsicherte sie in ihrer Unabhängigkeit und Entscheidungsfreiheit. Sie neigte ohnehin dazu, die Welt etwas verzerrt wahrzunehmen, und in Gegenwart ihres Gatten war sie kaum mehr in der Lage, die Dinge klar zu sehen. Komposit-Stellungen, die enge Aspekte zu Geburtsplaneten der beteiligten Personen aufweisen, können sehr genaue Auskunft darüber geben, wie sich die Energie einer Beziehung auf die Beteiligten auswirkt. Die Venus-Neptun-Konjunktion des Komposit fällt auf den aufsteigenden Mondknoten Oliviers. Außerdem findet sich im Komposit ein exaktes Quadrat zwischen Mond und Chiron, und diese Konstellation kollidiert mit Oliviers Sonne. Die Heirat förderte seine Karriere, aber ihre emotionalen Verwicklungen verletzten sein Selbstwertgefühl und zehrten an dem Bedürfnis nach Stabilität und einem friedlichen Privatleben, das er als Stier hatte. Außerdem sind auch die Transite des Neptun über das Komposit von Bedeutung. Die Konjunktion des transitierenden Chiron mit der Venus-Neptun-Konjunktion des Komposits zur Zeit der Heirat des Paares beschreibt sowohl die romantische Faszination als auch die wechselseitigen Verletzungen, die diese Menschen miteinander verbanden. Chirontransite sind oft Auslöser, die latente und noch unausgereifte Dinge konkret werden lassen. Ich habe beobachtet, daß Chiron diese Funktion sowohl in individuellen Horoskopen als auch in Kompositen hat; er besitzt eine erdende Qualität, nicht unähnlich der Saturns, wobei sich schmerzliches und zugleich auch hilfreiches Potential herauskristallisiert. Die Qualität des *Liebestodes* der Venus-Neptun-Konjunktion im Komposit konkretisierte sich als Hochzeit, als Chiron sie im Transit erreichte. Als der transitierende Saturn in die Oppositionsstellung dazu gelangte, zerbrach die Ehe, und der *Liebestod* endete mit dem Einbrechen der harten Realität. Zur Zeit des Todes von Leigh lief der transitierende Neptun in ein exaktes Quadrat zu der Sonne des Komposits. Die Ehe endete formal während der Konjunktion des transitierenden Neptun mit der Sonne Leighs, und sie endete auf einer tieferen Ebene, als er ins Quadrat zur Komposit-Sonne lief. Das traurige Ende der Beziehung und ihres Lebens, ja ihrer ganzen Ehe, waren in das tragische Pathos der neptunischen Sehnsucht getaucht, nach Hause zurückzukehren.

Pockengesicht und Pummelchen

Die Geschichte von Richard Burton und Elizabeth Taylor erweckt nicht den gleichen Eindruck einer romantischen Tragödie, zum Teil wohl auch, weil beide keinen so hohen Rang als Schauspieler hatten. Das gemeinsame Leben der Burtons entbehrte oft jeglicher Selbstbeherrschung, was es weiter erschwert, das gleiche Mitgefühl für sie zu empfinden wie für Olivier und Leigh. Zum Teil ist dies der unvergleichlichen Ehekarriere der Taylor zu verdanken, die sie berühmt-berüchtigt machte, ihr aber die Würde nahm, zum Teil vielleicht auch einer Reihe wirklich dummer Filme, in denen die beiden Schauspieler im Lauf ihrer langen Karriere mitwirkten. Dennoch spielt Neptun in dieser Beziehung eine noch größere Rolle. Es ist wohl kaum überraschend, daß sie sich leidenschaftlich ineinander verliebten, als sie in einem Film besonders neptunischer Prägung, der als einer der schlechtesten im Genre der »Sandalen«-Filme gilt, Antonius und Kleopatra spielten. Der Film selbst wurde zweifelsohne unter einem starken Neptun und rückläufigen Merkur begonnen, dann folgten Jahre des Chaos – Krankheiten, Schauspieler verpflichteten sich und sprangen wieder ab, Regisseure und Drehbuchschreiber tauchten auf und verschwanden wieder, Kulissen wurden aufgebaut, abgerissen und erneut aufgebaut –, noch ehe überhaupt irgendetwas gedreht worden war.

Wie Olivier und Leigh waren auch Burton und Taylor verheiratet, als sie sich ineinander verliebten. Burton führte eine solide traditionelle Ehe; Taylor hatte schon eine Reihe von Ehemännern hinter sich. Als sie ihre erste Filmszene drehten, war Neptun auf 13° Skorpion in Konjunktion mit Taylors Mond stationär und löste bei ihr die Mond-Chiron-Opposition mit dem T-Quadrat zu Jupiter aus. Es ist derselbe Neptun-Transit über den Mond, unter dem auch Olivier Vivien Leigh begegnete. Der transitierende Pluto wanderte über Taylors Neptun in Opposition zu ihrer Mars-Sonne-Merkur-Konjunktion hin und her. Chiron im Transit erreichte Mars-Sonne-Merkur und die Opposition zu Neptun. In diesen starken Transiten zu Neptun sind sowohl die Intensität emotionaler Besessenheit als auch die Anzeichen einer zutiefst verletzenden Erfahrung angelegt. Und in der Tat steht Taylors Geburtsbild ganz unter dem Einfluß von Neptun. Die Sonne steht in Konjunktion mit Mars und Merkur in Fische, und alle drei Planeten befinden sich in Opposition zu Neptun. Neptun bildet außerdem ein Quadrat zum Aszendenten. Es gibt in diesem Horoskop keine Verbindung zwischen Venus und Neptun; statt dessen finden wir eine exakte Venus-Uranus-Konjunktion im Widder im vierten Haus. Das ist eher archaisch als romantisch und weist auf eine intensive, aber instabile Vaterbindung in der frühen Kindheit hin. Mit diesem ungelösten Kindheitsproblem und mit Neptun in Opposition zu Sonne, Mars und Merkur, dem Herrscher des siebten Hauses, suchte sie ihre Erlösung in verschiedenen Männern, heiratete, trennte sich wieder von ihnen oder verlor sie. Zutiefst verletzbar, hatte sie an der Last früher emotionaler Verletzungen im Zusammenhang mit ihrer Mutter zu

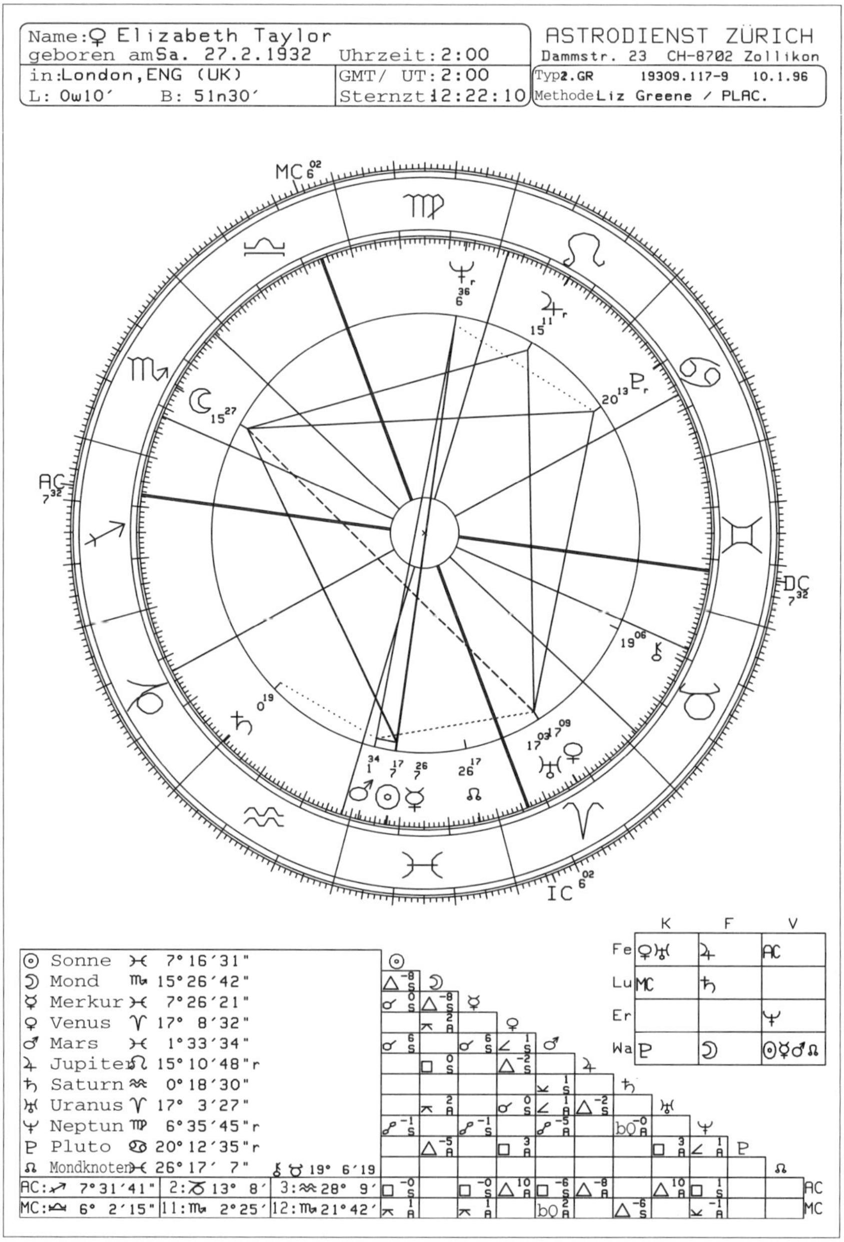

9. Elizabeth Taylor, geboren am 27. Februar 1932, 2:00 GMT, London, England. Häuser Placidus. Quelle: Hans-Hinrich Taeger, *Internationales Horoskope-Lexikon.*

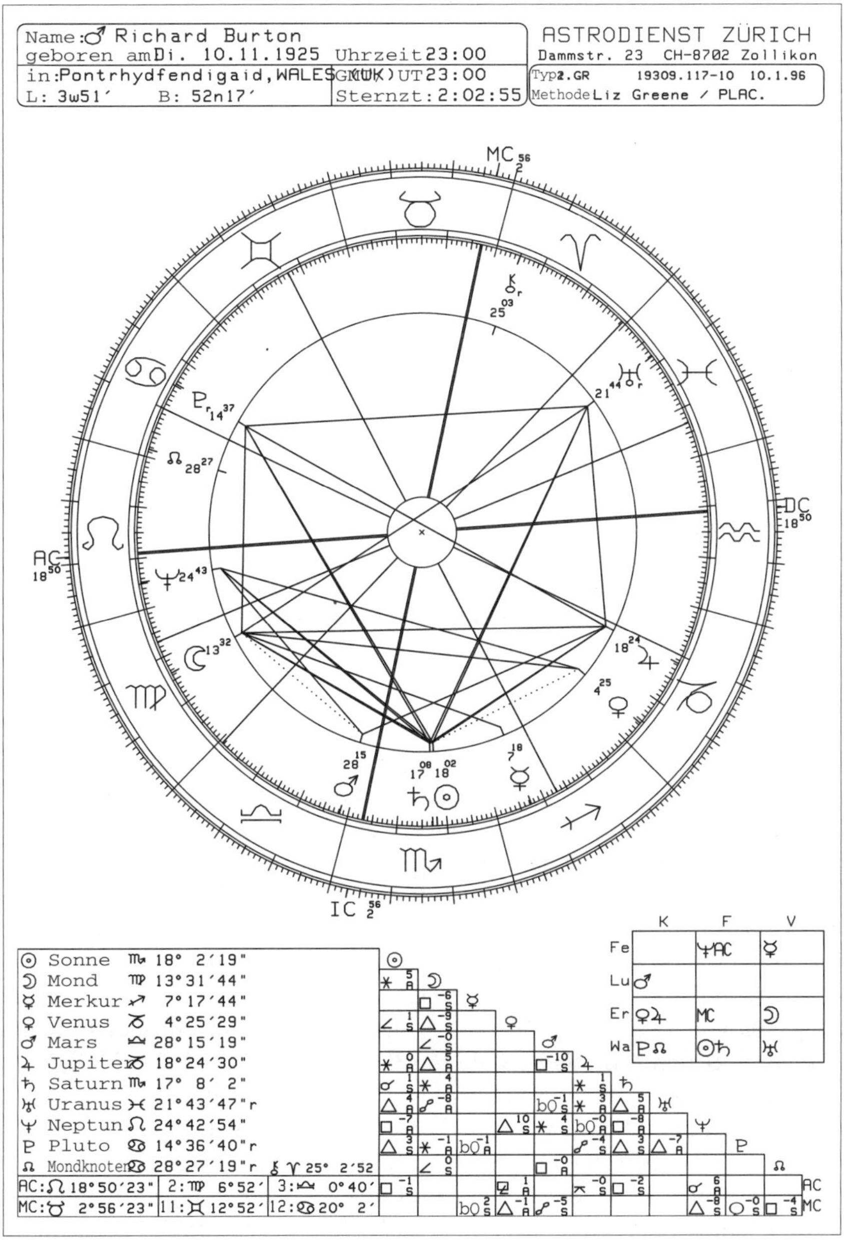

10. Richard Burton, geboren am 10. November 1925, 11:00 GMT, Pontrhydyfen, Wales. Häuser Placidus. Quelle: Hans-Hinrich Taeger, *Internationales Horoskope-Lexikon.*

tragen, wie es sich im T-Kreuz des Mondes andeutet. Sie zeigte die ausgeprägte Neigung des Hysterischen zur Rolle des Opfers und zu chronischen Erkrankungen, und das Trinken (wie auch zwanghaftes Essen) war für sie nicht weniger attraktiv als für Burton. Vielleicht fühlte sie, wie ehedem wohl auch Kleopatra, daß der Erlöser gekommen war, Vater und Mutter zugleich. David Jenkins, Burtons Bruder und Autor einer jüngst erschienenen Biographie, verweist auf die auffallenden Parallelen zwischen Taylor und Burton einerseits und den historischen Charakteren andererseits, die sie darstellten. Er zitiert den Shakespeare-Gelehrten R. H. Case zu Shakespeares *Antonius und Kleopatra*:

> Zugegeben, dieses Stück ist von der besten aller möglichen Welten ebenso weit entfernt wie die beiden Hauptpersonen von der edelsten Ausprägung der menschlichen Natur. Doch auch so wie sie sind, werden sie durch ihre Leidenschaft füreinander zu den höchsten Gipfeln getragen, die sie erreichen können. Es wäre albernes Geschwätz, ihrer Leidenschaft die Bezeichnung »Liebe« abzuerkennen und sie als »bloße Lust« abzuwerten. Zweifellos handelt es nicht um die höchste Form der Liebe, sondern um einen vollkommenen égoïsme à deux, der nichts anderes inspiriert als sich selbst; und doch trägt er ein Element der höchsten Liebe in sich; schließlich handelt es sich nicht um eine tierische, sondern um eine menschliche Leidenschaft – des Geistes ebenso sehr wie des Körpers.[61]

Wie lächerlich die Ehe zwischen Burton und Taylor später auch erschienen sein mag, in ihren Anfängen enthielt sie all die Intensität und Schönheit, von denen hier die Rede ist.

Auch Burton Geburtsbild zeigt eine Vorherrschaft Neptuns. Er steht in Konjunktion mit dem Aszendenten in Löwe, im Quadrat zu einer Sonne-Saturn-Konjunktion in Skorpion, im Sextil zu Mars, und bildet mit Venus und Chiron ein großes Trigon. Nahezu jeder Lebensbereich Burtons war von der Romantik und dem Erlösungswunsch Neptuns durchzogen, und mit seiner hervorgehobenen Stellung am Aszendenten ist seine Interaktion mit der Außenwelt stark davon geprägt, sein eigener Mythos sein zu wollen. Er wollte nichts weniger als alles. Es herrscht allgemeine Übereinstimmung darüber, daß er außergewöhnliches Talent besaß. Doch es schien, als habe der Alkohol Besitz von ihm ergriffen. Ein verzehrendes Unterlegenheitsgefühl, angezeigt durch die Sonne-Saturn-Konjunktion im vierten Haus im Zusammenhang mit seinem Vater und seiner niedrigen Herkunft, scheint ihn ständig gequält zu haben. Neptun am Löwe-Aszendenten lieferte eine Kompensation: Durch Ruhm konnte er eine Art Parzifal werden, ein Retter seines verwundeten Vaters (der ebenfalls ein schwerer Trinker war), seiner Mutter (die sich aufopferte und früh starb) und seiner zahlreichen Geschwister, ein Retter aus Armut und Elend. Anders als Olivier, dessen Pluto am Aszenden mit Quadrat zu Saturn eine ausgeprägte Selbstgenügsamkeit zeigt, versuchte Burton verzweifelt, geliebt zu werden. Als er der Taylor am Drehort begegnete, war der transitierende Neptun in exaktem Sextil zu seinem Mond und im Trigon zu seinem Pluto stationär. Sein progressiver Aszendent hatte inzwischen die genaue Konjunktion mit seinem Geburts-Mond erreicht, und der progressive Mond in Steinbock bildete ein exaktes Trigon zum progressiven Aszendenten und zum Geburts-Mond sowie eine Opposition zum Geburts-Pluto. Der stationäre Transit des Neptun löste all diese wichtigen progessiven Aspekte aus. Die progressive Sonne lief in ein Trigon zu Neptun, das auf die Bogenminute genau wurde, als die beiden sich ineinander verliebten. Wahrscheinlich erlebte Burton eine so tiefe Leidenschaft, emotionale Offenheit, Hingabe und mystische Gewißheit, die er sich bis dahin nie zu fühlen erlaubt hatte. Angesichts solcher Aspekte ist man geneigt, die Frage aufzuwerfen, ob das Wort »Wahlfreiheit« noch eine Bedeutung hat. Der transitierende Saturn war im Jahr zuvor im siebten Haus in Opposition zu seinem Neptun hin und hergelaufen; nun beendete er seine Opposition in Begleitung von Jupiter und Mars im Transit. Romantische Phantasien und ungewöhnliche Träume kollidierten mit der Realität dessen, was er zusammen mit seinem früheren Leben würde aufgeben müssen, um seinem Herzen in die Wasser Neptuns zu folgen. Ein erstes Anzeichen des hohen Preises, den er dafür entrichten mußte, war, daß seine Tochter Jessica, die schon immer an Kommunikationsproblemen (die später als Autismus diagnostiziert wurden) gelitten hatte, sich nun, als er seine Frau verließ, völlig zurückzog und nie wieder ein Wort von sich gab.

Nachdem sie sich von ihren bisherigen Partnern befreit hatten, heirateten Burton und Taylor Anfang 1964. Der transitierende Neptun wurde genau auf Burtons Saturn-Sonne-Konjunktion stationär. Seine instinktive Selbstverteidigung schwand, und seine Phantasien wuchsen – die Erlösung war in Reichweite gekommen. Burtons Sonne-Saturn-Konjunktion auf Taylors Mond zeigt eine viel stärkere Verbindung als nur durch den neptunischen *Liebestod*. Kurz vor seinem Tod, acht Jahre, nachdem Taylor und er das zweite Mal geschieden waren, erzählte er seinem Bruder: »Und wenn ich hundert Jahre alt werde – ich werde diese Frau immer lieben.«[62] Es scheint, als habe Neptun die Beziehung mit einem unmöglichen Idealismus erfüllt und zwei charismatische und verzweifelte Menschen in einen Traum hineingezogen, den sie beide nicht aufrechterhalten konnten. Der Neptuntransit über Burtons Sonne-Saturn-Konjunktion spiegelt auch den Zusammenbruch seines Heims und den tragischen Rückzug seiner Tochter wider, wofür er sich – wohl zu Unrecht – sein Leben lang mit fürchterlichen Gewissensbissen plagte. Zur Zeit der Hochzeit stand der stationäre Neptun noch immer bei Taylors Mond, eine Fortsetzung des exaltierten Gemütszustands, der mit ihrer Begegnung zwei Jahre zuvor begonnen hatte. Uranus war nun in die Waage eingetreten und erreichte ihren Neptun, die Opposition zu ihrer Sonne-Merkur-Konjunktion und das Quadrat zu ihrem Aszendenten. Dies zeigt das Gefühl der Aufhellung und Befreiung von dem sonst durchgängigen Pathos der Sonne-Neptun-Opposition mit ihrem

Sinn für Melancholie, Opferrollen und Verluste. Sowohl Taylor als auch Burton waren entschlossen, die düsteren Prophezeiungen der schockierten Öffentlichkeit zu mißachten, und sie blieben dabei, daß sie in zwanzig Jahren darüber lachen und noch immer eine glückliche Ehe führen würden.

Doch ihre Neptunprobleme sorgten dafür, daß das Publikum, das ihnen nie wirklich verziehen hatte, zuletzt lachte. Der Alkohol erwies sich als ein Fluch für beide, ebenso wie ihre augenscheinliche Unfähigkeit, ihre Rivalitäten und ihre Neigung zu heftigen Szenen in den Griff zu bekommen. Wie Olivier und Leigh sehnten auch sie sich nach einem Kind, um ihre Vereinigung zu besiegeln; aber Taylor durfte aufgrund einer schwierigen Geburt in einer früheren Ehe keine Kinder mehr bekommen. Burton wollte unbedingt einen Sohn (er hatte zwei Töchter von seiner ersten Frau), und empfand dies als eine weiter in einer ganzen Reihe von Enttäuschungen. Taylor wurde zunehmend abhängig von Schlaftabletten und Alkohol; Burton war inzwischen ganz zum Alkoholiker geworden. Im Spätsommer 1973 beschloß das Paar, sich zu trennen. Neptun im Transit war nahe bei Taylors Aszendent und Burtons Merkur stationär und lief in ein Quadrat zu ihrer Sonne-Neptun-Opposition. In den nächsten drei Jahren, während Neptun sich vor und zurück durch das erste Dekanat des Schützen bewegte, schwankten sie noch, trennten sich, heirateten wieder, und ließen sich schließlich 1976 zum zweiten Mal scheiden. Zu dieser Zeit bildete Neptun ein Quadrat zu Burtons Mond, eine Wiederholung des Sextils während ihrer ersten Begegnung, jetzt allerdings in härterer Form. Die größte Enttäuschung war für ihn, daß sie sich schließlich doch trennten. Für sie hatte sich die Trennung wahrscheinlich schon früher vollzogen, als der transitierende Neptun ein Quadrat zu ihrer Sonne-Neptun-Opposition bildete. Obwohl beide vor Burtons Tod im Jahre 1984 wieder andere Partner fanden, ließen ihre Gefühle füreinander nicht nach. Man kann nur Mitleid mit Burtons beiden späteren Frauen haben, denn diese hatten stets der verlorenen Liebe seines großen neptunischen Traumes gewärtig zu sein.

In der Synastrie der beiden Horoskope ist wieder einmal Neptun stark betont. Burtons Neptun steht in einem weiten Trigon zu Taylors Venus-Uranus-Konjunktion. Er idealisierte ihre Schönheit und ihren ausgeprägten Eigensinn, der ihr bei den Schauspielern und Regisseuren, mit denen sie arbeitete, einen schlechten Ruf eingebracht hatte. Taylors Neptun steht in Konjunktion mit Burtons Mond – eine stärkere und weitaus kompliziertere Verbindung. Sie idealisierte seine emotionale Feinfühligkeit und seine Kultiviertheit und wollte unbedingt so sein, wie er sie haben wollte; doch gleichzeitig hinterließ sie bei ihm das Gefühl, betrogen zu sein, in einem Sumpf zu stecken und den Boden unter den Füßen zu verlieren. Ihr Neptun steht außerdem im Quadrat zu seiner Venus, und wie bei Olivier und Leigh sehen wir wieder die starke Idealisierung, die bei diesen wechselseitigen Venus-Neptun-Verbindungen jeder beim anderen auslöst. Doch Taylor und Burton waren eingefleischte Neptunier, von Geburt an gewöhnt an das eigene innere Chaos, und hatten großes Verständnis für die Schwächen des anderen. So konnten sie dafür sorgen, daß der Zauber in ihrer Beziehung länger anhielt. In Wirklichkeit ist er nie völlig verschwunden. Olivier und Leigh waren in mancher Hinsicht von entgegengesetztem Temperament und hatten nur begrenztes Einfühlungsvermögen. Burton und Taylor jedoch, die beide die Sonne in einem Wasserzeichen mit schwierigem Aspekt zu Neptun hatten, waren sich äußerst ähnlich.

Die Venus-Neptun-Aspektierung der Synastrie zeigt sich auch im Komposit von Burton und Taylor als Opposition zwischen Venus und Neptun. Die Komposit-Venus steht in genauer Opposition zu Burtons Neptun, und die Intensität und der manchmal offen hysterische Charakter der Beziehung trugen dazu bei, Burtons Realitätssinn zu schwächen und bewirkten, daß er sich in eine überlebensgroße, magische Welt zurückzog. Außergewöhnliche Juwelen wie der Krupp-Diamant, den er der Taylor in den Anfangsjahren ihrer Ehe geschenkt hatte, zeigen dieses zunehmende Eintauchen in die Phantasie; ein solcher Schmuck wäre in der Ausstaffierung einer *Kleopatra* nicht weiter aufgefallen. Der Komposit-Neptun steht, wie Taylors Geburtsneptun, in Opposition zu ihrer Mars-Sonne-Merkur-Konjunktion und bildet eine nahezu exakte Opposition zu ihrem Geburts-Mars. Dies zeigt, daß die ekstatische Emotionalität und Erotik der Beziehung nicht nur sexuelles Begehren, sondern auch große Wut und Konkurrenzstreben in ihr weckten, und dieser Zorn wurde in vielen heftigen und schlagzeilenträchtigen Szenen ausgelebt. Die Spitznamen, die sie sich gaben – »Pockengesicht« und »Pummelchen« – sind ebenso liebevoll wie boshaft. Besonders prägnant ist die Stellung der Komposit-Venus in Opposition zu Burtons Neptun und im Quadrat zu seiner Sonne-Saturn-Konjunktion. Wie auch immer das Paar seine Probleme zu lösen versuchte, das Scheitern der Beziehung verschärfte Burtons Gefühl eines persönlichen Scheiterns, ließ ihn noch mehr zur Flucht in den Alkohol neigen, die schließlich zu einer Flucht in den Tod wurde. In den acht Jahren, die ihrer letzten Trennung folgten, wurde Burton immer mehr zum Opfer, er litt unter den verschiedensten körperlichen Gebrechen, unterzog sich mehreren schmerzhaften Wirbelsäulenoperationen und zeigte immer mehr den für Alkoholiker typischen körperlichen Verfall. Auch wenn als Todesursache zerebrale Blutungen diagnostiziert wurden, war die wirkliche Ursache eine Überdosis Neptun.

Burton starb am 5. August 1984. Pluto hatte seinen letzten Transit über den Geburts-Mars vollendet, wo er zuvor einen Monat lang stationär gewesen war. Burtons Frustration und seine Niedergeschlagenheit müssen überwältigend gewesen sein. Uranus wurde im Quadrat zu Taylors Sonne und in Konjunktion zu ihrem Aszendenten stationär. Chiron im Transit stand auf ihrem Deszendenten und ebenfalls im Quadrat zu ihrer Sonne. Diese machtvolle Uranus-Chiron-Opposition im Transit überquerte auch Burtons Merkur im vierten Haus. Die Wirkung dieser Konstellation auf Taylors Horoskop zeigt deutlich ihre Trauer, ihre Verlustgefühle und das Ausmaß, in dem sie noch immer an ihn gebunden war, obwohl

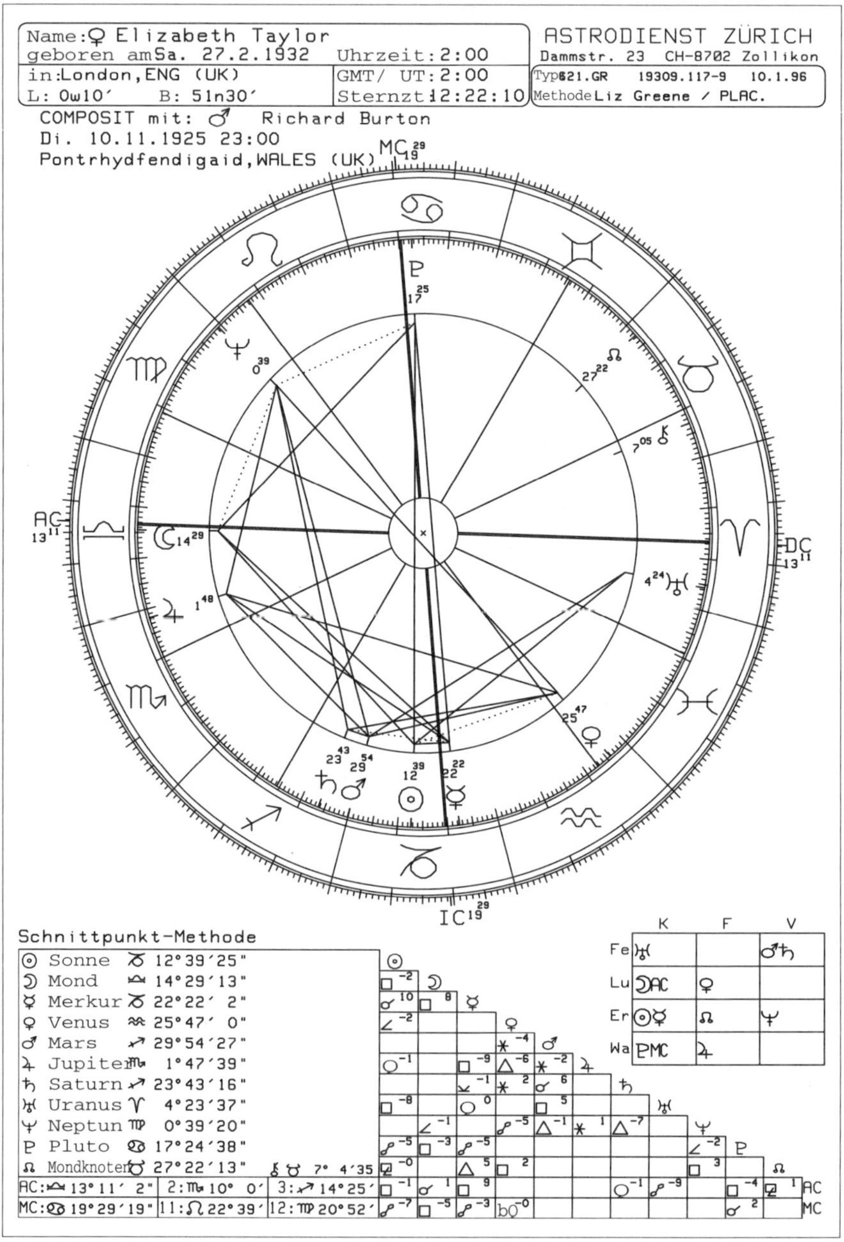

Komposit für Elizabeth Taylor und Richard Burton. Häuser Placidus.

sie schon seit Jahren geschieden waren. Burtons Tod war wie der Vivien Leighs kein offener Selbstmord. Körperliche Erkrankungen wie Tuberkulose und Gehirnblutungen werden in der Regel nicht auf subtilere Ursachen zurückgeführt. Aber Körper und Seele sind nicht so einfach in unterschiedliche Bereiche zu trennen, besonders wenn wir es mit Neptun zu tun haben. Burtons Trinkgewohnheiten wie auch Leighs Medikamentenabhängigkeit konnten letzlich nur zu einem Ergebnis führen. Taylor, die in mancherlei Hinsicht zäher war als diese beiden, hat gut überlebt. Die wirkliche Tragödie liegt in der Verschwendung eines großen Talents. Doch dafür kann man nicht nur diese Ehe verantwortlich machen, denn sie war wesentlicher Bestandteil von Burtons lebenslanger Suche nach einem Zustand ekstatischer Auflösung, der für viele Neptunier die einzig mögliche Antwort auf den Überdruß am sterblichen Dasein ist. Er selbst fand bessere Formulierungen für die dunkleren Seiten Neptuns, als sie je ein Biograph oder Astrologe hätte finden können.

> Das Schreckliche besteht darin, daß der Alkohol so leicht zugänglich ist, so belebend; es ist nett, sich einfach an die Bar zu setzen und zuzuschauen, wie jemand einschenkt. Ich habe mit dem Trinken angefangen, weil ich ohne einen Drink nicht auf die Bühne gehen konnte. Es beruhigte die Nerven – und später machte es sie kaputt.
>
> Sie können es selbstzerstörerisch nennen – in meinem Fall liegt es an den zunehmenden Schmerzen, die daher kommen, daß ich mich dem Grab nähere.
>
> Sie sehen, es ist wirklich nicht meine Schuld: es sind die Täler und die Gruben. Das ist mein Hintergrund und ich bin das Opfer. Ich bin die authentische dunkle Stimme des gequälten Teils meiner Welt. Ich lasse mich zwar gern als hartes walisisches Rauhbein und großen Macho ansehen, der alles selbst bewerkstelligen kann – ja, und der es mit der ganzen Welt aufnehmen kann –, aber das ist in Wirklichkeit gar nicht wahr.
>
> Tatsache ist, daß es eine grundlegende Schwäche in mir gibt, und daß dieses ganze Bild bloß äußerer Schein ist. Ich brauche eine Frau, die mich aus dieser Schwäche herausholt. Und es gab immer eine Frau, die das für mich getan hat – ob es nun Sybil war oder Elizabeth, bis es dann ziemlich unvernünftig wurde, oder Susan, oder jetzt Sally.
>
> Ich brauche diese zarten, zerbrechlichen, schönen und selbstbewußten Frauen, die mich retten.[63]

Teil III

Anima Mundi *Neptun und die Gesellschaft*

Diese Schafe, die sonst so bescheiden und genügsam sind, gebärden sich in England so gefräßig, ja grausam, daß sie nicht einmal vor den Menschen Scheu haben und sie von den Äckern, aus den Häusern und aus den Ortschaften verdrängen.

Thomas Morus, Utopia[1]

7.

Neptun und die Esoterik

Trügerisch sind die Lehren der Praktischen Wahrheit;
ie höchste Wahrheit ist, worüber ich nachsinne.

Milarepa, Die Zwölf Täuschungen

Mystiker ist ein zweideutiger Begriff. Im allgemeinen verwenden ihn jene, die sich als Realisten betrachten, für solche, die blind für die Welt zu sein scheinen, die sie umgibt; doch auch die, die sich für normal halten, gebrauchen ihn für andere, die sich den »ordentlichen« gesellschaftlichen Belangen zu entziehen scheinen. Eine mystische Haltung setzt man oft gleich mit Leichtgläubigkeit, verschwommenem Denken und Unkenntnis angemessener wissenschaftlicher Grundsätze. Allein und ohne Freunde, zieht der Mystiker nicht nur den Argwohn des Wissenschaftlers, des Geschäftsmannes und des Akademikers auf sich, sondern auch den des Klerikers. Obwohl jede formelle Religion, sei sie altüberliefert oder modern, mystische Elemente enthält, wird die Mystik im exoterischen Rahmen dieser religiösen Systeme seit jeher mit Mißtrauen bedacht, wenn nicht gar ausdrücklich verurteilt. Die Mysterienkulte der römischen Welt einschließlich des Urchristentums empfand man als gefährliche Untergrabung nicht nur der konventionellen Religionsgebäude ihrer Zeit, sondern und vor allem auch der Staatsmacht. Obwohl der philosophische Hintergrund solcher Lehren schon immer einen gewissen Teil der gebildeten Intelligenz angesprochen hat, stießen Mysterienkulte mit Erlösungs- oder chiliastischem Anspruch zu allen Zeiten hauptsächlich bei den Armen und Unterdrückten auf Widerhall und Unterstützung: Sie versprechen etwas, das jenseits der erbärmlichen Ungleichheiten der zeitlichen Welt steht, und bieten Trost angesichts der Einsamkeit und der bitteren Folgen persönlicher Tragödien.

Die Polarisierung zwischen mystischem und »orthodoxem« Weg ist unausweichlich, sobald die inspirierte, individuelle Vision eines Lehrers, Messias', Gurus oder Avatars interpretiert, neu interpretiert, passend redigiert und schließlich als Dogma der Struktur einer etablierten religiösen Hierarchie einverleibt wird, die jede neue Vision als »häretisch« bekämpft. Persönliche religiöse Erfahrung aus erster Hand erschien schon immer authentischer als die Angebote einer kollektiven religiösen Körperschaft. Die Lehre einer erprobten religiösen Institution wiederum ist weniger anfällig für Verzerrungen durch die Schimären der persönlichen

Pathologie eines Mystikers. Die archetypische Polarisierung von Esoterischem und Exoterischem setzt sich bis in unsere Zeit fort. Was das Urchristentum für Rom war, sind heute die Kabbalistik für das exoterische Judentum, der Sufismus für den exoterischen Islam und die spirituellen »New Age«-Gemeinschaften für das exoterische Christentum.[2] Solche Spaltungen spiegeln den ewigen Kampf zwischen Neptun und Saturn wider, und sie sind ebenso Teil religiöser Institutionen wie des Individuums. Gewisse Mysterienkulte oder mystische Wege sind sogar bewußt subversiv gemeint und gehen oft Hand in Hand mit einer politischen oder gesellschaftlichen Ideologie, die die apokalyptische Ankunft des Tausendjährigen Reiches vorwegnimmt – oder durch ihre eigene, anarchische Kraft herbeizuführen versucht.

> Die esoterische oder spirituelle Weltanschauung steht in scharfem Kontrast zu der allgemeinen Sicht, die grundsätzlich materialistisch ist. Die esoterische Perspektive hat eine Definition der Wirklichkeit, die jener diametral gegenübersteht, die das Leben der meisten Menschen in unserer postmodernen Welt bestimmt. Vor allem aber steht die esoterische Sicht für eine alternative Ethik, die von vielen als ganz und gar unmoralisch, ja als die Verneinung moralischer Werte empfunden wird.[3]

Das Wort Mystiker geht auf das griechische *mystos* zurück, die Bezeichnung für einen Priester der Mysterien, oder auf *mysterios,* das geheime religiöse Ritual. *Chamber's Twentieth Century Dictionary* definiert Mystik als » ... die Gewohnheit oder Neigung zu religiösem Denken und Empfinden von Personen, die eine direkte Kommunion mit Gott oder dem Göttlichen suchen: Verschwommenes und unrealistisches Denken«. Diese Deutung des mystischen Erlebens ist typisch dafür, wie die rätselhaften Nebenflüsse zu den Gewässern Neptuns wahrgenommen werden. Entweder man überläßt sich voller Vertrauen und mit einer vergnügten Nichtachtung, wenn nicht Verachtung für rationale Erklärungen dem ekstatischen Erleben, oder man bleibt zutiefst skeptisch gegenüber einem Erfahrungsbereich, der so unverkennbar subjektiv und selbst für den abstoßendsten Mißbrauch, für Manipulation und kindliche Selbsttäuschung offen ist. Die Skepsis ist gewiß berechtigt. So fällt es schwer, die gehobene Mystik eines Rajneesh – der von sich behauptete, erleuchtet zu sein – mit seinem Fuhrpark von dreiundneunzig Rolls Royce-Limousinen und einem Anwesen von 260 km² zu vereinbaren, die er bis zum Ende seines Lebens erworben hatte. Doch auch das Vertrauen ist berechtigt, zum Beispiel in Rajneeshs Kraft, wachzurütteln und zu heilen, oder auch in andere Beispiele dessen, was George Feuerstein als »heilige Verrücktheit« bezeichnet. Bernadette von Lourdes soll gesagt haben: Für Menschen, die an Gott glauben, ist keine Erklärung nötig; für jene, die nicht an Gott glauben, ist keine Erklärung möglich. Und was das »verschwommene und unrealistische Denken« betrifft, könnte wohl so mancher gute Mystiker bestätigen, daß der Gott, mit dem er einszuwerden sucht, bei weitem schwieriger zu beschreiben ist, als es sich der Orthodoxe je vorzustellen vermag.

Kein Planet besitzt einen alleinigen Anspruch auf Spiritualität, und jeder hat seinen eigenen Zugang zum Göttlichen. Die Planetengötter der antiken Astrologie wurden als Personifizierungen der Eigenschaften des Einen verstanden, und jeder dieser Planeten, der im Horoskop eines Individuums dominiert, kann eine berechtigte (wenn auch unvollständige) Weltanschauung und eine geeignete Wegweisung zu den von Plato so genannten »ewigen Wirklichkeiten« bieten. James Hillmann definiert Archetypen als »Wahrnehmungsweisen« – eine sehr gute Auffassung davon, wie ein Planet wirkt, wenn er im Geburtshoroskop stark ist. Die Welt wird wahrgenommen und beurteilt durch die Linse des archetypischen Musters, das dem eigenen Denken, Körper und Herzen am nächsten ist. Das merkurische Individuum kann ebenso tief spirituell sein wie jedes andere, aber das helle Licht des Numinosen mag sich im Wunder des menschlichen Denkens, Sprechens, Erfindungsgeistes und seiner Kunstfertigkeit offenbaren. Die saturnische Person mag ebenfalls zutiefst spirituell sein, dabei aber die Sentimentalität meiden, Gott zu personifizieren, und statt dessen die Anwesenheit der Gottheit in den unveränderlichen Gesetzen erkennen, die dem materiellen Universum zugrunde liegen. Daher stellte Gauquelin in seiner statistischen Arbeit einen dominanten Saturn als Merkmal der Horoskope von Wissenschaftlern fest, von denen manche ihre persönliche Form der Religiosität bei der Verfolgung wissenschaftlicher Wahrheit zeigen. Der Plutonier mag das Göttliche in der Tiefe entdecken, im zwingenden Wirken von Leidenschaft und schicksalhaften Begegnungen, oder durch die Weisheit jener Instinkte, die uns unterstützen, wenn wir uns nicht länger selbst zu unterstützen vermögen. Die marsische Persönlichkeit mag das Göttliche in jenen inspirierten Taten voll Mut und Tapferkeit berühren, die ebenso unerwartet wie edel sind; der Jupiter-Typ mag den Zugang zu einem Kosmos voller Bedeutung durch die allmähliche Erkenntnis anstreben, daß jede Lebenserfahrung eine Lektion in »Seelenwachstum« vermittelt. Uranus mag – wie Descartes – die Gottheit in der menschlichen Verstandeskraft und im unstillbaren Fortschrittsgeist des Menschen entdecken. Chiron mag das Antlitz Gottes in der Kraft menschlichen Mitgefühls erahnen, die Verwundungen des Lebens zu heilen. Venus mag eine höhere oder tiefere Wirklichkeit in den Wundern musikalischer oder mathematischer Harmonie und Symmetrie erleben, oder in der greifbaren Schönheit der Natur und der Menschengestalt.

Weil es viele archetypische Wahrnehmungsweisen gibt, gibt und gab es schon immer viele Religionen auf der Welt, denn jede Religion nimmt auch an einer bestimmten archetypischen Perspektive teil, die bei ihren Anhängern Anklang findet, aber Gleichgültigkeit oder sogar Feindseligkeit bei jenen hervorrufen kann, für die eine solche Schau der Gottheit zutiefst unpassend ist. Neptun ist nicht spiritueller als Merkur, Saturn oder Mars, denn er ist nicht der Eine, sondern nur einer unter den anderen Planeten und reflektiert damit eine bestimmte, archetypische Wahrnehmung des Göttlichen. Diese Wahrnehmung ist fraglos mystisch insofern, als sie von einem inneren emotionellen Zustand der Verschmelzung abhängig ist und die Gottheit als eine bedingungslos liebende, mütterliche Quelle erfährt – selbst wenn das rationale Bewußtsein ihr einen männlichen Namen und ein männliches Antlitz zuschreibt. Der Neptunier ist kein Anhänger der Orthodoxie, obwohl er vielleicht dem charismatischen Guru nachfolgen oder selbst ein solcher werden kann, der seine Anhänger mit der Verheißung ewiger Glückseligkeit in dieser Welt oder im Jenseits verzaubert. Doch selbst wenn Neptun in kollektiv akzeptablem Gewand in die Kirche, Moschee, Synagoge oder den Tempel geht, liegt die Motivation dafür nicht in der intellektuellen Ansprache oder der ethischen Macht der traditionellen Doktrin, sondern in dem ekstatischen Erlebnis, »außer sich« zu sein. Dieser Zugang zum religiösen Erleben wurde im 16. Jahrhundert vom heiligen Johannes vom Kreuz (Juan de la Cruz) wunderschön ausgedrückt in dem Gedicht »Gesang über eine erhabene Entzückung und Beschauung«.

Ich wußt' nicht, wo ich hingekommen,
Denn kaum, daß ich mich dort befand,
Hab' hohe Dinge ich vernommen,
Noch eh' ich, wo ich war, erkannt.
Ich sage nicht, was ich empfand,
Ich weilte ohne Wissen und Gedanken
Hoch über alles Wissens Schranken ...

Und so gewaltig ist dies Wissen,
Das heimlich im Nichtwissen liegt,
Wie sehr er sich des Streits beflissen,
Hat noch kein Weiser es besiegt,
Weil sein Verstand sich drein nicht fügt,
Zu wissen ohne Wissen und Gedanken,
Hoch über alles Wissens Schranken.

So hoch sind dieses Wissens Gaben,
Das alles Wissens Preis gewann,
Daß keine Kunst, wie sehr erhaben,
Noch Wissenschaft es je ersann.
Nur wer sich selbst besiegen kann,
Weiß ohne Wissen und Gedanken
Und übersteiget alle Schranken.

Doch, was es sei, will ich verkünden,
Wenn ihr zu hören willig seid:
Es ist ein himmelhoch' Empfinden

Von Gottes eig'ner Wesenheit.
Nur seine Güte uns verleiht,
Zu weilen ohne Wissen und Gedanken
Hoch über alles Wissens Schranken.[4]

Die Gedichte des heiligen Johannes sind durchdrungen von der Andeutung, daß sein Erleben nicht nur höher ist als Wissen, sondern gar für die gewöhnliche Person – wie intelligent oder anständig sie auch sei – nicht zugänglich ist, solange sie nicht »ihre wundersame Quelle anrühren« kann. Solche Andeutung eines Geheimnisses, das des Träger nicht erklären kann oder will, neigt dazu, beträchtliches Mißtrauen und Ablehnung bei jenen auszulösen, die bewußt oder notgedrungen das Gefühl haben müssen, von dem magischen Kreis der privilegierten Initiaten Neptuns ausgeschlossen zu sein. Neptun hat ein bemerkenswertes Talent, bei anderen Wut und sogar Grausamkeit hervorzurufen, während er selbst sich gewöhnlich einer Religion der Liebe verschreibt. Dies liegt auch daran, daß die mystische Vision, wie Feuerstein schreibt, der konventionellen Moralität und gesellschaftlichen Hierarchie ihrer Zeit oft diametral entgegengesetzt ist. Sie neigt auch zur Bildung einer spirituellen Elite in Verbindung mit politischen Egalitarismus – zumindest in den Augen des Establishments, das sie herausfordert, wenn nicht sogar innerhalb der eigenen Reihen. Aber Neptuns Tendenz, im religiösen Bereich Spott oder Verfolgung auf sich zu ziehen – ob auf einen Adepten der Brüder des Freien Geistes im 15. Jahrhundert oder auf einen Sannyasin im 20. Jahrhundert –, mag tiefere Wurzeln haben als die auf der persönlichen, psychologischen Ebene. Die selbst auferlegte religiöse Märtyrerschaft des Esoterikers ist oft eng verbunden mit dem Besitz eines Geheimnisses, von dem andere, spirituell weniger Würdige oder Entwickelte, für immer ausgeschlossen sind; eine solche Haltung verdeckt alle ungezügelten, Phantasien des Kleinkindes von gottgleicher Allmacht.

> Sekten sind eine kollektive, spirituelle Auflehnung gegen die Orthodoxie, ein gemeinsames »Wir kehren der Welt den Rücken zu.« ... Die Welt wird zu einem hoch entwickelten Netz von Bedeutungen und Botschaften, die nur du sehen kannst, und das dich von anderen abhebt, die es nicht so verstehen wie du.[5]

Angesichts der neptunischen Anfälligkeit dafür, sich als Opfer des irdischen Lebens zu fühlen, kann sich der Besitz spiritueller Privilegien als unwiderstehlich attraktiv erweisen und bietet dem Individuum eine befriedigende Kompensation für all seine Pein, Schwäche, Ohnmacht und Hoffnungslosigkeit. Norman Cohn schreibt in seiner Darstellung der mystischen Sekten des Mittelalters:

> Diejenigen, die einem solchen Erlöser anhingen, betrachteten sich als ein heiliges Volk – heilig einfach aufgrund ihrer bedingungslosen Unterwerfung unter den Erlöser und ihrer uneingeschränkten Hingabe an die eschatologische Mission, wie sie von ihm definiert war. Sie waren seine

guten Kinder, und als Lohn hatten sie teil an seiner übernatürlichen Macht.[6]

Die Identifizierung mit der Macht des Führers oder Gurus ist nicht nur ein Merkmal der mystischen Kulte im Mittelalter; sie ist auch in vielen heutigen esoterischen Kulten und Sekten zu finden. Die Beziehung zwischen dieser religiösen Haltung und dem von Freud beschriebenen Primärnarzißmus ist offenkundig. Doch trotz der morastigen emotionellen Atmosphäre, die den Verlust persönlicher Grenzen oft begleitet, besteht eine enorme Kraft, sowohl sich selbst als auch andere zu heilen in der direkten, inneren Kommunion mit Etwas oder Jemand – welchen Namen auch immer wir ihm geben wollen –, die ja ein wesentlicher Bestandteil der mystischen Erfahrung ist. Die Führer, ihre persönlichen Motive und ihre Ethik mögen höchst fragwürdig sein. Doch die Mitglieder der spirituellen Gemeinschaft rufen durch die vereinte Intensität ihrer Hingabe oft außergewöhnliche persönliche Transformationen hervor. Schließlich gibt es auch einen sehr pragmatischen Grund, warum der Mystiker sein Erleben nicht mitteilt: Meistens ist es nicht mitteilbar. Die Geheimnisse der Mysterien sind Geheimnisse nicht nur, weil keiner sie enthüllen will, sondern manchmal auch, weil keiner es kann.

Neptun hat zu den religiösen Bewegungen aller Jahrhunderte seine eigene Würze beigetragen.[7] Dies bedeutet nicht, daß ein bestimmter Kult, eine bestimmte Sekte oder Konfession exklusiv neptunisch sei. Sobald eine Sekte sich organisiert, beginnt sie bereits, sich den strukturierenden Tendenzen Saturns zu beugen; zudem mag ihre Lehre Elemente anderer archetypischer Perspektiven enthalten, etwa den marsischen Kreuzfahrer-Geist, einen uranischen Impuls zur Gesellschaftsreform oder den plutonischer Zwang, die Fundamente älterer, bestehender religiöser Gebäude niederzureißen. Vielmehr war die mystische Sehnsucht schon immer ein (wenn auch manchmal geheimer) Teil jeder kollektiven religiösen Institution, ebenso wie der Mittelpunkt vieler individueller Lebenswege. Die ekstatischen Erlöserkulte in der Spätzeit des Römischen Reiches waren weithin von der neptunischen Sehnsucht nach Verschmelzung mit dem Göttlichen beherrscht. Das Urchristentum war durchdrungen von Neptun, und bildete schließlich den bedeutendsten Weg, auf dem die erlöserischen Aspekte des nahenden Fische-Zeitalters eindringen konnten.[8] Die Struktur der Kirche mit ihrer komplexen Hierarchie, die sich seit der Regierungszeit Kaiser Konstantins entwickelte, ist nicht mehr neptunisch, sondern wurde zu einem saturnisches Bauwerk – besonders zur Zeit der Niederschrift dieses Werkes, da es den Anschein hat, als sei der derzeitige Papst entschlossen, nicht nur in bezug auf Frauen, Sexualität und Geburtenkontrolle, sondern auch gegenüber der Astrologie und Psychoanalyse eine starr saturnische Haltung aufrechtzuerhalten.[9] Die christliche Mystik ist innerhalb der katholischen und protestantischen Kirchen immer noch lebendig und wohlauf; aber sie wird mit äußerster Vorsicht betrachtet, damit sie nicht außer Kontrolle gerät und die so mühsam errichtete Struktur untergraben kann. Eine faszinierende, aufschlußreiche Studie über die Rolle der Mystik – und der Medialität, die mit ihr einhergeht – innerhalb der modernen anglikanischen Kirche bietet eine Reihe von Romanen von Susan Howatch.[10] Diese Bücher sind jedem Leser zu empfehlen, der – wie ich selbst – der Ansicht ist, daß die theologische Diskussion über Mystik ohne eine Berücksichtigung der Psychologie jener Menschen, die die neptunische Dimension der Wirklichkeit erleben, weder die Natur des Erlebnisses noch ihre möglichen Konsequenzen zu vermitteln vermag.

Neptun im Neuen Zeitalter

Lebendig und wohlauf ist der esoterische Neptun auch in vielen modernen spirituellen Bewegungen sowie in Bildern, die zwar uralt sind, aber immer noch die Kraft besitzen, uns zu bewegen. Der Heilige Gral ist eines der machtvollsten, komplexesten und beständigsten unter den Myriaden neptunischer Bilder der Erlösung. Seinen Vorläufern sind wir bereits in dem Zauberkessel der Unsterblichkeit begegnet, der unter den mythischen Wassern der Schöpfung verborgen ist; seine gebärmutterähnliche Form spiegelt getreulich die feminine Natur der Quelle des Lebens wider, in deren Besitz er liegt. Der ursprünglich heidnische Gral wurde schließlich in die Bilderwelt der christlichen Mythologie aufgenommen und als der Kelch verstanden, aus dem Jesus beim letzten Abendmahl trank. Doch die Dimension des mittelalterlichen Christentums, aus der die Gralslegenden entsprangen,[11] war voll neptunischem Dualismus und Sehnsucht und wurde von einer zunehmend saturn-dominierten Kirche schon lange als häretisch angesehen; der blutige Albigenser-Kreuzzug sollte ihre letzten Spuren aus der christlichen Welt tilgen. Der Gral wurde in der Folge mit einer verborgenen und verbotenen esoterischen Tradition assoziiert und ist für einige Mysterienkulte der heutigen Zeit – besonders in Großbritannien und Frankreich – weiterhin das Inbild des spirituellen Heils. Seine symbolische Kraft ist so unzerstörbar, daß er nicht nur ein Motiv für Wagners letzte und größte Oper, *Parsifal,* abgibt, sondern sogar die Gestalt des archäologischen Fundes annehmen kann, den Indiana Jones macht.[12]

Die Ursprünge der Gralslegende sollen laut Aussage gewisser esoterischer Sekten des 20. Jahrhunderts im frühen gnostischen Christentum liegen.[13] Es ist unmöglich – und typisch neptunisch –, eine solche Behauptung zu beweisen oder zu widerlegen. Wir haben ein ansehnliches Wissen über die gnostische Literatur der ersten Jahrhunderte christlicher Zeit, aber keine dieser Quellen erwähnt die Gralslegende. Die wesentlichen Merkmale der Legende wiederum – besonders ihre Betonung moralischer Reinheit, des Leidens und des Transzendierens der physischen Welt – spiegeln viele Grundthemen gnostischer Lehren wider, wenn nicht gar wortgetreu, so doch dem Sinne nach. Ein Charakteristikum dieses und anderer neptunischer, spiritueller Motive ist, daß der Gral aus der Sicht seiner Anhänger einer einzigen geheimnisvollen »Tradition« anzugehören scheint, die über viele Jahrhunderte hinweg im Geheimen weitergegeben wurde als eine spirituelle Quelle, aus der jede nachfolgende Generation die ewigen Wirklichkeiten neu schöpfen und entdecken kann. Das Gefühl der Vertrautheit, des »Nach-Hause-Kommens«, das so oft mit dem neptunischen mystischen Erleben einhergeht, wird gewöhnlich durch die Annahme erklärt, es sei eine absolute Wahrheit, unsichtbar für all jene, die sich vom Materialismus haben blenden lassen, für den geistig Scharfsichtigen jedoch augenblicklich erkennbar. Neptunischer Dualismus und Erlösungsthemen begleiten uns zweifellos schon seit sehr langer Zeit. Statt jedoch irgendein einzelnes seiner Motive als einer lückenlosen mündlichen und schriftlichen Überlieferung zugehörig zu betrachten, wie es manchmal fälschlich geschieht, mag es hilfreicher sein, Neptuns mystische Welt als Archetypus zu verstehen, der durch alle Zeiten hindurch immer wieder zu den Menschen zurückkehrt – ob diese nun eine bestimmte Lehre vertreten oder nicht. Die Universalität neptunischer Motive – die Notwendigkeit von Leid und Opfer, das Teilen von persönlichem Besitz oder der Verzicht darauf, der absolute Gehorsam gegenüber dem Sektenführer oder Guru, die drohende Zerstörung der Welt, die Wiederkehr Christi oder eine ähnliche Ankunft eines spirituellen Avatars oder übernatürlichen Wesens, die Vernichtung der Bösen und die Erlösung der Auserwählten – läßt sich ohne weiteres bei einer breiten Vielfalt heutiger Kulte und Gruppen feststellen, obwohl jede einzelne von diesen Gruppen eine einzigartige, unwiderlegbare, unbebestreitbare, kosmische Vision für sich in Anspruch nimmt, die von ihrem Gründer vermittelt wird. Ein gutes Beispiel ist die Emin-Sekte, gegründet im Jahre 1972, als sich der transitierende Neptun in den ersten Graden des Zeichens Schütze befand. Ihr Gründer, ein Angehöriger der Londoner Arbeiterklasse namens Raymond John Schertenlieb, der sich (nach seinem Sonnenzeichen) Leo (»Löwe«) nennt, wird von seinen Anhängern als Halbgott verehrt. Er brachte eine immense Flut mystischer Texte hervor, die stark vom hinduistischen Weltbild geprägt sind, das er während seiner Dienstzeit als Angehöriger der Royal Air Force in Indien absorbiert hatte. Über seinen Kult schreibt William Shaw:

> Im Mittelpunkt ihres Glaubens steht der Gedanke, daß sie Kontakt mit einer gewaltigen, mächtigen, »unsichtbaren Welt« hergestellt hätten, die den Zivilisationen der Antike noch bekannt gewesen, uns aber nicht mehr zugänglich sei, da wir unser Vertrauen blind auf Wissenschaft, Vernunft und Industrialisierung setzten ... Die Emin strömen eine endzeitliche Liebe zum drohenden Desaster aus.[14]

Behauptungen einer uralten mystischen Tradition bildeten einen wesentlichen Teil einiger spiritueller Bewegungen in der ersten Hälfte des 20. Jahrhunderts, zum Beispiel der Theosophischen Gesellschaft und des Lucis Trust. Beide, sowie die jüngeren Emin und die Internationale Gesellschaft für Krishna-Bewußtsein, wurden gewiß stark von östlichen Lehren beeinflußt; viele Vorstellungen der alten Hindu-Tradition wie Karma, Maya und die Existenz von Meistern oder Adepten, wurden – oft allzu naiv – dem westlich-christlich-esoterischen Denken aufgepfropft. Andere Gruppen behaupten, ihren Ursprung in der keltischen spirituellen Tradition zu haben. Wieder andere, wie die Jesus Army, sind erkennbar christlich, ähneln aber den christlich-mystischen Gemeinschaften des Mittelalters mehr als den modernen katholischen oder protestantischen Kirchen. Doch es gibt noch eigenartigere neptunische Wasserstraßen in unserer Epoche neuer Erlöser-Kulte. Die Aetherius Society, gegründet von George King, behauptet, ihr Guru empfange seine Weisheit direkt von Außerirdischen. Aber welche esoterische Tradition auch bemüht und welche göttliche Quelle für die gechannelten Weisheiten auch behauptet wird: die grundlegenden Themen sind die gleichen.

Im großen und ganzen erfüllt die Mehrzahl esoterischer Gruppen und Praktiken anscheinend eine berechtigte und wichtige Funktion für jene, die sich ihnen widmen. Diese Funktion muß nicht immer ein Gefühl der Verbundenheit mit einer höheren Wirklichkeit sein; sie kann auch das viel fundamentalere Motiv menschlicher Gemeinschaft inmitten unerträglicher Einsamkeit und Hoffnungslosigkeit sein. Ob diese Gemeinschaft real ist oder illusorisch, ist eines der großen Rätsel Neptuns. Wer eher skeptisch denkt, mag einwenden, daß der Kult ein armseliger und oft gefährlicher Ersatz für das »normale« Familiengefühl ist. Doch wie viele Familien sind frei von Täuschung, Ausbeutung und der Illusion liebevoller Bande, unter der sich ein überaus destruktiver Alltag verbirgt? Es ist leicht, sich auf das geschädigte Individuum zu konzentrieren, das wegen offensichtlicher psychologischer Probleme Hilfe braucht und zu fragwürdigen Glaubensüberzeugungen und Verhaltensweisen manipuliert wird, die seine anfällige geistige Verfassung untergraben. Von jedem Kult gibt es ehemalige Mitglieder, die gerne Geschichten von Schülern erzählen, die unter dem Druck der Gruppe und ihres Gurus verrückt geworden sind. Die Frage bleibt jedoch, ob solche Individuen wirklich vom Kult in den Abgrund gestoßen wurden oder ob sie ohnehin auf den Abgrund zusteuerten und in jeder Gemeinschaft zerbrochen wären, in der sie sich befunden hätten – um dann in den Armen eines desinteressierten psychiatrischen Establishments zu landen anstatt in der oft verständnisvolleren und mitfühlenderen Umarmung von Glaubensgeschwistern.

Einige esoterische Kulte muten den Nichtgläubigen harmlos aber offenkundig dumm an, wie die eigentümliche Gemeinschaft, die sich in Cornwall um die umstrittene Gestalt des heiligen Johannes bildete. Ende der achtziger Jahre ließ sich diese kleine Gemeinde – William Shaw bezeichnete sie als »eine Sammlung von Außenseitern, Hippies und New Age-Reisenden, die sich als die Enteigneten Britanniens verstanden«[15] – zwei Jahre lang in primitiven Hütten in einem aufgelassenen Steinbruch auf der öden kornischen Landspitze Kenidjack nieder. Dort, unter der zunehmend autoritären Herrschaft ihres Führers – eines ehemaligen Antiquitätenhändlers, der, während er wegen geringerer Drogendelikte eine Gefängnisstrafe verbüßte, eine Vision erlebt hatte –, verehrten sie eine große, Lady genannte Erdgöttin und ihren Gefährten Pan, die zurückkehren, Britannien regieren und vor dem drohenden ökologischen Desaster retten sollten. Überflutungen sollten kommen und ein Teil des Landes für immer verloren gehen; alle Autos würden von den Wellen fortgerissen; die Ungerechten würden sich zerstreuen; die alte Welt würde untergehen, ein neues Artus-Zeitalter würde heraufziehen und das sagenhafte, »verlorene« Land Lyonnesse würde aus den Wellen emporsteigen. Aber als die für den Anbruch des Tausendjährigen Reiches angekündigte Zeit kam, stieg Lyonnesse nicht aus den Fluten empor. Eine Zeitlang blieb die Sekte noch in jener Gegend, doch allmählich zerstreuten sich die desillusionierten Anhänger. Die ganze Episode kann als töricht und pathetisch abgetan werden, als romantisierender Machttraum, den ein labiles Individuum einer Gruppe von leichtgläubigen und psychologisch infantilen Suchenden angedreht hatte. Dies ist zweifellos wahr. Aber – wie immer in Neptuns Welt – die Beteiligten erlebten Dinge, die sie – und vielleicht auch wir – nicht so einfach abtun können. Shaw zitiert ein ehemaliges Kult-Mitglied namens Nick:

> Eines Nachts, während er auf der Klippe stand ... hatte er eine Vision von außerordentlicher Klarheit. Das Mondlicht erfüllte plötzlich den Himmel, und er sah einen Stammbaum mit seinen Eltern ganz unten und einer eigenartigen Folge von historischen Gestalten, die bis zum Himmel empor reichte ... Er schien eine Stimme zu hören, die zu ihm sagte: »Alle diese Gesichter, alle diese Menschen lebten, damit dieser Augenblick geschehen konnte ... Sei ein Licht und eine Hoffnung und ein Herz.«[16]

Lyonnesse und der Heilige Johannes erwiesen sich später als tiefe Enttäuschung für Nick, aber die Vision und ihre unzweifelhafte innere, emotionelle Wahrheit blieben.

Andere esoterische Gruppen sind unheimlicher. Einige wenige sind schlichtweg furchterregend, denn die Lehrer-Schüler-Beziehung ist dort oft nicht nur mit der neptunischen *participation mystique* von Hypnotiseur und hoch empfänglichem Subjekt beladen, sondern auch mit den dunkleren, Anführer und Jüngern gemeinsamen Zwängen eines abtrünnigen und paranoiden Pluto. Solche Gruppen können nicht nur zu wundersamen »Heilungen« und transformativen Erlebnissen führen, sondern auch zu Tragödien wie jener, die über den »People's Temple« in Guyana hereinbrach, dessen Mitglieder am 18. November 1978 gemeinsam mit ihrem Anführer, Jim Jones, Blausäure tranken und so Selbstmord begingen. Furchterregend war auch die Sekte der Davidianer unter der Führung David Koreshs, von der viele Mitglieder durch Erschießen oder Feuer getötet wurden, als FBI-Agenten versuchten, sie von ihrem gewählten Messias loszureißen. Im Herbst 1994 verbrannten sich Mitglieder der Schweizer Sonnentempel-Sekte gemeinsam mit ihrem Anführer selbst. Doch selbst angesichts solcher erschreckender Beispiele entsetzlich irregeleiteter neptunischer Devotion bleibt die Frage, wer dafür letzten Endes verantwortlich ist. In einer Zeit, in der Kulte sich rasch vermehren, ist es Mode, daß das sektenfeindlich eingestellte Establishment esoterische Gemeinschaften als von »Gedankenkontroll«-Techniken bestimmte Gruppen wahrnimmt, die den freien Willen ihrer Mitglieder untergraben und sie zu mißbrauchten und ausgebeuteten Opfern degradieren. Wir erleben eine Zeit erneuter Hexenjagden, während die endzeitliche Spannung zunimmt und in uns allen der Neptun-Knopf gedrückt wird. Shaw schreibt:

> Wenn irgendein Kult sich an einer feindseligen Außenwelt reibt, verhärten sich die Fronten, und Brücken werden abgebrochen. Angriffe bestätigen nur, was die Menschen schon vorher geglaubt haben.[17]

Im weiteren deutet er an, daß die Tragödien in Guyana und Waco durch die Paranoia der kultfeindlichen Haltung des Umfeldes möglicherweise vergrößert – wenn nicht überhaupt verursacht – wurden.

> Wir sind in einem Spiegelsaal. Kult und Antikult sind eine Welt der Anklage, der Gegenanklage und der Halbwahrheiten ... Die Ängste der Kulte in bezug auf die Außenwelt nähren sich aus den Ängsten der Außenwelt in bezug auf die Kulte, was wiederum die Ängste der Kulte nährt. Es ist, als jagte ein Hund seinem eigenen Schwanze nach.[18]

Die zur Zeit in Amerika beliebten »Deprogrammierungs«-Techniken zielen darauf, die emotionalen Bindungen des Mitglieds zum Kult zu zerreißen, manchmal auch mit gewaltsamen Mitteln. Dies führt oft dazu, daß das frühere Mitglied zu einem entschlossenen Anti-Kult-Vertreter wird, der das Gefühl hat, mißbraucht und ausgebeutet worden zu sein. Sobald der einzelne lernt, sich mit saturnischem Konservatismus gegen die neptunische Unterwanderung zu wehren, wird aus dem hingebungsvoll gläubigen Neptun ein projizierter Neptun.

> Zum Glauben an die Therapie-Ideologie von Opfer und Täter entwickeln sie die Überzeugung, daß sie niemals beschlossen hätten, sich einem Kult anzuschließen; vielmehr wurden sie einfach hypnotisiert oder dazu gezwungen. Alle die komplexen Zusammenhänge von Glauben, Liebe, gegenseitigem Vertrauen, die sie gemeinsam hatten und an denen sie mit anderen Kultmitgliedern so hart gearbeitet hatten, waren eine ungeheure, zynische Lüge ... Aus der Sicht eines Opfers kann, was einst als Zuneigung empfunden wurde, bald wie Ausbeutung aussehen ...[19]

Jetzt sind wir wirklich in Neptuns Gewässern, denn wer beutet hier wen aus? Und wo liegt die Wahrheit? Stark von Neptun beeinflußte Menschen öffnen sich dem Reich dieses Planeten mit ganzem Herzen und ganzer Seele auf Kosten individueller Werte und ihrer Freiheit der Wahl. Oder sie kämpfen heftig gegen den bedrohlichen Sog der Wasser, indem sie die destruktiven Seiten Neptuns auf einen geeigneten Sündenbock übertragen, und da bietet die Welt der esoterischen Kulte ja glänzende Projektionsflächen. Neptunischer Guru und neptunischer Jünger verbinden Hände und Herzen in gegenseitigem Einverständnis und erleben so die Verschmelzung, deren beide so dringend bedürfen. Am Ende stoßen wir wohl höchstens auf eine Wahrheit: daß es menschlich ist, verzweifelt zu sein und zu versuchen, durch andere – seien es Führer oder Anhänger – jene Akzeptanz, Liebe und Rettung zu finden, die man im eigenen Innern nicht finden kann. Unsere Verzweiflung bringt uns in große Gefahr, doch sie bringt auch Mitgefühl hervor. Shaw faßt seine Beobachtungen mit lakonischen Worten zusammen, und meine eigene langjährige Erfahrung läßt mich damit völlig übereinstimmen:

> Nachdem ich ein Jahr lang Menschen beobachtet habe, die sich Kulten angeschlossen haben, warte ich immer noch auf einen, der von irgend etwas anderem angelockt wird als von seinem eigenen Hunger nach Gläubigkeit.[20]

Höhere Ebenen

Channelling ist ein populäres spirituelles Phänomen. Es bezeichnet die Übertragung von Weisheitslehren aus anderen Existenzebenen, die im allgemeinen als »höher« angesehen werden. Das dabei Vermittelte (»Gechannelte«) kann von entkörperten Wesen wie nicht-inkarnierten Meistern, von hilfreichen Außerirdischen oder aus einer unpersönlichen Quelle wie der »Akasha-Chronik« oder dem »Gedächtnis der Natur« kommen. Die so bezogenen Weisheitslehren bilden die Basis nicht nur für viele neue Kulte, sondern auch für Abweichungen von einem allgemein akzeptierten Lehrgebäude, weil durch die gechannelte Botschaft ein bestimmtes Individuum auf wundersame Weise eine neue und erleuchtetere Vision des spirituellen Weges erhält. Der Begriff Channelling wird gebraucht, weil das Individuum behauptet, bloß ein Gefäß oder Kanal für ungetrübtes Wissen aus der unsichtbaren Welt zu sein. Doch Channelling ist nichts Neues, nicht neuer als irgendein anderes neptunisches Phänomen. Das Orakel von Delphi channelte in einer mit Hilfe von Drogen herbeigeführten Trance Apollos verschlüsselte Antworten auf die Fragen Sterblicher, und die bei den Römern so geliebten sibyllinischen Bücher waren Prophezeiungen der Zukunft, gechannelt von einer Frau, die sich nach heutiger psychiatrischer Einschätzung in einem unverkennbar hysterischen Zustand befand. Zu Mesmers Zeiten gaben schlafwandelnde Versuchspersonen in hypnotischer Trance zuweilen Ströme fremdartiger Verlautbarungen von sich – manchmal in einer fremden Sprache, die ihnen im Wachzustand unbekannt war. Das »Zungenreden« ist eine altüberlieferte Form des Channellings, und es ist in vielen christlichen Sekten immer noch lebendig und wohlauf, besonders in den amerikanischen Südstaaten. Die mediale Vermittlung verstorbener Angehöriger oder weiser Entkörperter ist eine Form des Channelings, die zur Blütezeit der spiritualistischen Bewegung in der Mitte des 19. Jahrhunderts sehr bekannt wurde und auch heute noch praktiziert wird. Medien wie Edgar Cayce[21] vermitteln Information über frühere Leben und behaupten, ihr Wissen aus einer universellen ätherischen oder astralen »Chronik« zu beziehen, in der alles menschliche Erleben aufgezeichnet sei. Die Übermittlung kann geschehen, wenn die Person in einem tranceähnlichen Zustand oder – seltener – zwar bei Bewußtsein, dabei aber freiwillig »beiseite« getreten ist, um der spirituellen Stimme das Sprechen zu ermöglichen. Channelling wird in vielen esoterischen Kreisen vorbehaltlos anerkannt und verbindet anscheinend das Medium und seine Zuhörer oder Leser mit einer höheren Lebensquelle. Channeling bietet auch – kaum überraschend – Anlaß zu Skepsis oder gar Spott für jene, die mit Besorgnis die enorme Kluft wahrnehmen, die oft zwischen der angeblichen Heiligkeit der Quelle und dem fragwürdigen Charakter des menschlichen Vermittlers besteht.

So ist es schwierig, Alice A. Baileys eher blasierte Ethik und ihren kaum verhohlenen Rassismus mit der christusähnlichen Natur zu vereinbaren, die ihrem Lehrer, dem Tibeter, zugesprochen wird. Der bereits erwähnte Leo, Gründer der Emin-Sekte, behauptet, als Früchte seines Channellings verborgene Kräfte zu besitzen; er kann Leukämie und Knochenmarkskrebs heilen. In einem Interview für den *Putney and Wandsworth Guardian* offenbarte er einem Reporter: »Ich schätze, ich bin der brillanteste Mensch, dem Sie je begegnet sind.«[22] George King, der Gründer der Aetherius Society, empfing »Die Mitteilung« von seinen geliebten Außerirdischen im Jahre 1954, als er in seinem möblierten Zimmer in Maida Vale gerade das Geschirr spülte:

> Eine klare Stimme, die aus dem Innern seines Kopfes zu kommen schien, dröhnte: »Mach dich bereit! Du sollst die Stimme für das Interplanetarische Parlament werden!«[23]

Manche dieser Menschen, wenn auch nicht alle, mögen es mit Gaunerei weit bringen. Einige äußern kaum verhohlene rassische oder religiöse Bigotterie in einer Form, für die sie keine persönliche Verantwortung übernehmen. Noch wissen wir nicht wirklich, was Channelling ist. Wer auf gechannelte Lehren anspricht, bringt deren Quelle gewöhnlich mit einer höheren spirituellen Dimension der Daseins in Verbindung. Die Lehren selbst sind manchmal unglaublich umständlich ausgearbeitet und kaum zu verstehen. (Versuchen Sie einmal, etwa *Die Geheimlehre* bei einer Tasse heißer Schokolade im Bett zu lesen!) In vielen, wenn nicht allen Fällen von Channelling gibt es keinen bewußten Versuch vorsätzlicher Täuschung. Was auch immer vermittelt wird, und woher auch immer es kommt: Das Medium ist sich nicht bewußt, damit vertraut zu sein und ist im gewöhnlichen Wachzustand oft außerstande, solch komplexe Gedanken zu formulieren oder sie so klar zu artikulieren.

Das Channelling ist nicht auf Lehren beschränkt, man kann auch Energie vermitteln. Viele Geistheiler behaupten, bloße Gefäße für Gottes Liebe und Licht zu sein, die durch sie und in den Leidenden fließe und Wunder an dem erkrankten

Körper und Gemüt wirke. Was auch immer sie tun: Oft funktioniert es, trotz aller Ratlosigkeit und Verärgerung auf seiten der Schulmedizin. Wieder scheint der neptunische Zustand übernatürlicher Verschmelzung – welchem Gott oder welcher Macht man ihn auch zuschreibt – in dem Individuum etwas hervorzubringen, das den bekannten Gesetzen der Materie und der Medizin spottet. Eine Gruppenmeditation ist ebenfalls oft darauf ausgerichtet, positive, heilsame Energie zu channeln, und die *participation mystique* der Teilnehmer bewirkt oft mehr als die Summe der Teile. Diese spirituellen oder religiösen Heilungserlebnisse müssen im Zusammenhang mit der Arbeit von Mesmer und Charcot gesehen werden, denn der Zustand der psychischen Verschmelzung mit dem Heiler könnte das ersehnte Heilmittel für die giftig schwärende Kindheitswunde der Abtrennung liefern. Wir wissen nicht, wie weit solche frühen Verletzungen bei körperlichen Erkrankungen eine Rolle spielen, noch können wir das Ausmaß beurteilen, in dem das Zurückkehren in einen vorgeburtlichen Zustand vollkommenen Ergebens und Vertrauens eine anscheinend unheilbare Krankheit beeinflussen kann – ob die gechannelte Energie tatsächlich göttlicher Natur ist oder, gleichermaßen geheimnisvoll, die Macht der menschlichen Liebe und des Mitgefühls. Möglicherweise ist beides in Wirklichkeit dasselbe. Geistheilung ist weder Betrug noch Scharlatanerie; aber auch sie entzieht sich der Frage nach der individuellen Verantwortung. Schreibt man eine Heilung Gott zu, der durch den Heiler oder Lehrer wirkt, so kann man dies auch mit vielen anderen Dingen tun, auch mit überaus destruktiven. Die Erkenntnis, welche Art von Macht hier tatsächlich am Werk ist, mag helfen, jene unbewußte Identifizierung mit dem Göttlichen auszugleichen, die neptunische Lehrer und Heiler ebenso oft heimsucht wie ihre Schüler und Patienten.

Es gibt wichtige Verbindungen zwischen dem Channelling, wie man es in esoterischen Kreisen versteht, und dem Prozeß, der abläuft, wenn der Künstler »beiseite tritt«, um einem Bild oder einer Idee zu erlauben, hervorzutreten und Gestalt anzunehmen. Viele Schriftsteller, Maler, Bildhauer, Schauspieler und Musiker beschreiben die eigentümliche Empfindung, daß ein Werk sich von selbst erschaffe, und sie nur Handwerker seien, die es zurechtmachen für den äußeren Konsum. Mozart komponierte, als nähme er ein Diktat auf; er »lauschte« einer Musik, die er in seinem Innern hören konnte. Berlioz behauptete, das gleiche zu erleben, so auch Noel Coward. Schumann schrieb zuweilen in einem Trancezustand und glaubte, die Geister von Schubert und Mendelssohn gäben ihm in seinen Träumen musikalische Themen ein. Manchmal schreibt der Künstler die selbständige, schöpferische Kraft, die durch seine menschlichen Augen, Ohren und Hände wirkt, einer göttlichen Quelle zu. Neptuns Beziehung zum Künstler und seine Stellung in den Horoskopen der oben genannten Künstler werden in Kapitel 10 eingehender besprochen. Hier jedoch gilt es, die enge Verwandtschaft zwischen spirituellem Channelling und künstlerischer Kreativität zu kommentieren. Der entscheidende Unterschied besteht darin, daß der Künstler bewußt an dem Werk teilhat, es so gestaltet und ausfeilt, daß es am Ende die Frucht einer Partnerschaft zwischen dem Ich und dem Anderen ist; dabei wird ein Scheitern als Teil der Grenzen akzeptiert, die das Menschsein mit sich bringt. Beim Channelling besteht keine solche Partnerschaft, deshalb wird im Guten wie im Schlechten keine Verantwortung übernommen. Außer der tiefen Desillusionierung, die ein Versagen in diesem Zusammenhang nach sich ziehen kann, besteht die noch größere Gefahr einer Ichaufblähung auf seiten des Heilers, eines Verlustes des Unterscheidungs- und Urteilsvermögens auf seiten des Patienten, und einer gegenseitigen Abhängigkeit, die das Leben beider unterminieren kann.

Es ist schwierig, ein so heikles Phänomen wie das Channeling zu untersuchen, ohne dabei jemanden zu verletzen. Manche seiner Elemente sind unverkennbar mit einem hysterischen Zustand verbunden, in dem eine extreme Dissoziation zwischen dem Ich und dem Unbewußtem eingetreten ist und das Unbewußte eine Selbständigkeit angenommen hat, als wäre es eine »Wesenheit«. Man kann leicht witzeln über die Randbereiche der esoterischen Gemeinde in Kalifornien, wo so viele Hindu-Meister, Indianerhäuptlinge, Außerirdische, weise chinesische Mandarine und verstorbene Angehörige Schlange zu stehen scheinen, um ihre Weisheit zu übermitteln, daß man sich fragt, ob es so etwas wie eine astrale Luftraumüberwachung gibt. Doch da existiert auch ein Geheimnis, das man nicht leichtfertig abtun kann. Gewisse gechannelte Werke besitzen eine große psychologische Kraft und sprechen sowohl das Herz als auch den Intellekt an. Sie spiegeln eine archetypische Weltanschauung wider, die stimmig und leicht zu identifizieren ist. Das ist Neptuns Sichtweise, und die Botschaft lautet, daß wir alle eins sind. Aber die Logik der Sprache und des Weltbildes macht dieses Eine dem Denken ebenso zugänglich wie dem Empfinden. Ein glänzendes Beispiel dieser anspruchsvolleren Art des Channelings ist das passagenweise kaum lesbare, aber gleichwohl beunruhigend eingängige Werk von Alice Bailey. Liest man solche Bücher mit einigem psychologischem Verständnis und ignoriert man den dem gechannelten Werk eigentümlichen Spezialjargon – oder überträgt ihn in vertrautere Begriffe –, dann sind profunde Wahrheiten zu finden: ein triftiger Grund, warum solche Werke die Kraft besitzen, so viele Menschen zu bewegen.

In ihrer Autobiographie beschreibt Bailey ihr erstes Erlebnis, wie sie von dem Tibeter »kontaktiert« wurde, dem Meister, dessen Weisheit sie zu übermitteln behauptete.

> Mir war, als ob ich eine klare musikalische Note hörte, die vom Himmel her durch den Hügel hindurch und in mir ertönte. Dann hörte ich eine Stimme, die mir sagte: »Es ist erwünscht, daß einige Bücher geschrieben und veröffentlicht werden. Sie können sie schreiben. Wollen Sie das tun?« Ohne auch nur einen Augenblick zu zögern, antwortete ich: »Auf keinen Fall. Ich bin kein erbärmliches Medium und ich will mich auch in nichts dergleichen einlassen.«[24]

Nachdem sie »die Stimme« ein zweites Mal abgewiesen hatte, erzählt Bailey, erklärte sie sich schließlich mit einem Versuch einverstanden und empfing die ersten Kapitel ihres ersten Buches, *Initiation: menschliche und solare Einweihung.* Sie beharrt darauf:

> Ich möchte eindeutig klarlegen, daß meine Arbeit mit automatischer Schrift ganz und gar nichts zu tun hat ... Meine Einstellung besteht in intensiver, positiver Aufmerksamkeit. Ich bleibe dabei Herr all meiner Wahrnehmungssinne ... Ich horche einfach auf, schreibe die gehörten Worte nieder und halte die Gedanken fest, die nacheinander in mein Gehirn hineingesenkt werden ... Ich habe nie irgend etwas geändert, was der Tibeter mir gegeben hat. Wenn ich das auch nur einmal täte, würde er mir nie wieder diktieren.[25]

Baileys Behauptung, während des Channelling-Vorgangs bewußt zu sein, ist ungewöhnlich. Nicht ungewöhnlich ist dagegen ihre Behauptung, ein bescheidenes Gefäß für eine höhere Quelle der Weisheit zu sein, die seine oder ihre Lehren einer blinden und unbesonnenen Menschheit zugänglich zu machen wünscht, weil sie des Geleits aus einer anderen Welt bedarf. Angesichts des neptunischen Hanges zur Identifikation mit Erlösergestalten ist es wahrscheinlich, daß viele, die behaupten, höhere Weisheit oder Energie zu vermitteln, unter der gleichen tiefen Empfindung hilfloser Isolation leiden, die alle jene belastet, die ihre Hilfe erstreben. Das Leben vieler Medien ist von Krankheit, Unglücklichsein, Verzicht und Opfern der einen oder anderen Art belastet; Bailey und Cayce sind zwei typische Beispiele. Anstatt zu vermuten, daß die höhere Quelle ein krankes und leidendes Medium verlangt, sollten wir bedenken, daß das Medium zur Identifikation mit dem Erlöser-Archetypus unbewußt, als Teil seiner psychologischen Bürde, die Opferrolle zu erleben hat. Wie auch viele Künstler fürchtet es vielleicht, daß das Aufgeben des Leidens die göttliche Verbindung abreißen lasse. Die Berechtigung dieses Standpunktes sollte ernstlich hinterfragt werden. Doch die meisten der mir bekannten Individuen, die die Gabe des Channellings besitzen oder zu besitzen behaupten, wollen von einer psychologischen Erforschung oder therapeutischen Betrachtung ihrer Probleme nichts wissen. Offenbar ist es – zumindest für den Neptunier – angenehmer, das heimliche Empfinden der Göttlichkeit aufrechtzuerhalten, indem er unbewußt mit dem leidenden Erlöser identifiziert bleibt. Wie der sagenhafte Achilles, der kurzen, aber unsterblichen Ruhm einem langen, aber wenig aufregenden Leben vorzog, wird Neptun freudig sein Leiden begrüßen, um eines kleinen Schluckes von den Wassern der Quelle teilhaftig zu werden.

Das ozeanische Gipfelerlebnis

Die transpersonale Psychologie ist ein relativ neues Forschungsgebiet. In den sechziger und siebziger Jahren trugen Roberto Assagioli, Abraham Maslow, Charles Tart, Viktor Frankl und Ira Progoff ihre Erkenntnisse zu diesem wachsenden Bereich psychologischer Forschung und Deutung bei.[26] Diese Menschen wiederum bauten auf ein Fundament, das schon viel früher von Jung gelegt worden war, der die Autonomie des religiösen Instinktes betonte und bereit war, spirituelle Erfahrungen zu deren eigenen Bedingungen anzuerkennen, anstatt nur als einen Ausdruck von Primärnarzißmus. Viel zu verdanken hat die Suche nach einer legitimen Psychologie der Seele auch der quasi-politischen, quasi-mystischen Weltanschauung der »Blumenkinder« der sechziger Jahre und ihrer vornehmlichen Beschäftigung mit durch Drogen herbeigeführten alternativen Bewußtseinszuständen sowie östlichen Praktiken der Meditation und des Yoga. Auf dem Gebiet der transpersonalen Psychologie wurde ein Versuch unternommen, die uralte neptunische Trennung zwischen Gebetbuch und Kinderwagen durch die Anwendung empirischer Methoden in Forschung und Analyse zu überbrücken, wobei man die Wirklichkeit von Erfahrungen anerkannte, die sich bereits aufgrund ihrer Beschaffenheit dem rationalen Verständnis entziehen. Manchmal hat dieser Versuch, Psychologie und Religion zu vereinen, allzu idealistische psychotherapeutische Ansätze hervorgebracht, die die dunklere Seite menschlicher Motivation bewußt übersehen. Manchmal brachte er auch inspirierte Einblicke in die Berechtigung, Bedeutung und transformative Kraft veränderter Bewußtseinszustände. Auf die astrologische Welt wirkte die transpersonale Psychologie schon immer ansprechender als die psychoanalytische Vorgehensweise. Intelligenten Psychotherapeuten aller Richtungen ist klar, daß viele unterschiedliche Landkarten gebraucht werden, um die unerforschte Wildnis der menschlichen Psyche zu erkunden. Auch Astrologen brauchen mehr als nur eine Landkarte, wenn sie die unerforschten Strömungen der neptunischen Gewässer erkunden wollen.

Wie in anderen psychologischen Schulen ist man sich auch im transpersonalen Zweig in bezug auf Philosophie, Theorie oder Praxis nicht völlig einig. Aber es gibt gewisse allgemeine Kriterien, in denen verschiedene transpersonale Therapien übereinzustimmen scheinen. Eine zentrale Aussage ist die lebensverbessernde Transformation des Bewußtseins, die aus der Begegnung des Individuums mit einer tieferen oder höheren Wirklichkeit jenseits der Grenzen des Ichs erwachsen kann. Transpersonale Erlebnisse kommen in vielen Gestalten und Masken, doch die meisten sind nicht sehr stark ausgeprägt. Viele Menschen haben sie wohl irgendwann in ihrem Leben erfahren, erkennen aber vielleicht die wahre Natur des Erlebnisses nicht – nur die resultierenden Gefühle: geheilt zu sein, unterstützt und in Berührung mit einem neuen Sinnempfinden.

> Diese Erfahrungen kann man als unmittelbaren, existentiellen Beweis dafür verstehen, daß Jemand oder Etwas sich kümmert, ganz gleich, ob es als eine religiöse oder nichtreligiöse Kraft wahrgenommen wird, als Gott, das Leben oder die Natur ... Transpersonale Erlebnisse kommen oft in Phasen der Belastung und Verzweiflung; der Gipfel erhebt sich direkt aus dem Abgrund.[27]

Eine andere grundlegende Aussage im transpersonalen Ansatz ist die Vorstellung, daß wir dualer Natur sind. Wir haben ein Ich – ein »kleines« Selbst –, und wir haben (oder, genauer: unsere individuelle Persönlichkeit äußert sich auch als) ein höheres oder vollständiges Selbst, das das wahre Zentrum unseres Seins ist; wir begegnen ihm in Erlebnissen transpersonaler Natur. Dieses größere Selbst ist der Ursprung unseres »Schicksals« und unseres Sinnempfindens im Leben. Obwohl es eigentlich der Kern unserer einzigartigen Individualität ist, erfahren wir, wenn wir es erleben, paradoxerweise ein tiefes Gefühl der Verbundenheit und des Mitgefühls anderen gegenüber. Solange wir allein mit dem Ego identifiziert bleiben, sind wir gefangen, isoliert und von unserer eigenen Mitte getrennt. Wenn das Ego aber durch Krankheit, Streß, drogen-induzierte, veränderte Bewußtseinszustände, machtvolle Träume, starke emotionale Erschütterungen oder bewußte körperliche oder psychologische Praktiken einer bestimmten Art (wie Yoga, Meditation, Phantasiereisen oder »aktive Imagination«) hindurchbricht, werden unsere engen Identifikationen transzendiert, und wir nehmen etwas anderes in uns wahr, das heilt, erneuert, reinigt und unseren Glauben an das Leben als etwas Gutes, Schönes und Sinnvolles wiederherstellt.

Diese dualistische Auffassung vom Menschen ist natürlich nicht neu. Man kann sie bei Plato[28] finden, und viele magische Übungen der frühen Neuplatoniker wie Plotin, Proklos und Iamblichos zielten darauf, das zu erreichen, was wir heute ein Gipfelerlebnis nennen. Gleiches gilt für Marsilio Ficinos »Naturmagie«, wie sie in der Renaissance praktiziert wurde.[29] Der Grund jedoch, warum die transpersonale Psychologie überhaupt als Psychologie bezeichnet wird, liegt darin, daß seit den sechziger Jahren (als sich Neptun durch den Skorpion bewegte) der Versuch unternommen wird, veränderte Bewußtseinszustände zu beobachten, aufzuzeichnen und einzuordnen, nicht aus der Sicht eines bestehenden Glaubens oder eines religiösen Weltbildes, sondern anhand eines erprobten Wissensfundus über psychologische Abläufe sowie anhand des direkten Zeugnisses der betreffenden Individuen. Die Psychologie mag selbst freilich nur eine andere, subtilere Art religiösen Weltbildes sein, wie die Anti-Therapie-Lobby ihr vorwirft. Die Kluft zwischen dem »wissenschaftlichen« Gebäude der Psychoanalyse und den gechannelten esoterischen Lehren von Alice Bailey ist nicht so groß, wie man meinen möchte. Während es zwar letztlich so etwas wie objektive Beobachtung solcher höchst subjektiver Phänomene gar nicht geben mag, wird zumindest in diesem Zweig der Psychologie einige Anstrengung unternommen, Neptun und Saturn zu verbinden und sich von der neptunischen Überzeugung zu lösen, daß der Verstand der Feind des Glaubens sei.

Transpersonale Erlebnisse geschehen am häufigsten in krisenhaften Augenblicken; manchmal werden sie mit der schwierigen Phase der Pubertät assoziiert. Typischer jedoch sind solche Erlebnisse für die Lebensmitte, wenn die festbegründete Ego-Identität vielleicht zu starr geworden ist und unentfalteten Dimensionen der Persönlichkeit keinen Raum mehr läßt, hervorzutreten. Es ist kein Zufall, daß wir alle in dem Jahrzehnt zwischen dem 38. und dem 48. Lebensjahr – in dem solche Erlebnisse am häufigsten stattfinden – jenen drei großen astrologischen Zyklen unterworfen sind, die gemeinsam ausmachen, was man euphemistisch als »Midlifecrisis« bezeichnet: Uranus erreichet die Opposition zu seiner Stellung im Geburtshoroskop, Saturn steht dem Geburts-Saturn gegenüber, und Neptun bildet ein Quadrat zu seiner Position bei der Geburt. Aus der Sicht der transpersonalen Psychologie mag das Muster schwieriger Symptome in dieser kritischen Lebensphase die verborgene Orchestrierung des größeren Selbst widerspiegeln. Depression, Sinnverlust, körperliche Krankheit und sogar psychotischer Zusammenbruch spiegeln dann nicht eine tiefe, alledem zugrundeliegende Pathologie wider, sondern zeugen von einer schöpferischen Kraft, die bestrebt ist, ausgediente Lebensmuster und Haltungen niederzureißen. Was man zuvor als Normalität erlebte, wurde durch Starrheit und Überidentifikation lebenszerstörend; was als Krankheit diagnostiziert wird, mag in Wirklichkeit die unangenehme Oberfläche eines geheimen Heilungsprozesses sein. Viele Probleme, die in einem psychoanalytischen Rahmen den schleichenden und doch schwärenden Wunden der Kindheit zugeschrieben werden können, sind, aus dieser Sicht betrachtet, äußerliche Zeichen einer profunden spirituellen Krise, die erkannt und als das bestätigt werden muß, was sie ist, wenn das Leben auf schöpferische Weise voranschreiten soll. Die Sehnsucht nach Erlösung kann aufkommen, weil man das Leben nicht so akzeptieren kann, wie es ist. Doch sie kann auch aufkommen, weil zuviel »Realismus« und die Weigerung, sich der eigenen Wirklichkeit zu stellen, das Leben zum Stillstand gebracht und von den Kraftquellen von Herz und Seele abgetrennt haben.

Es gibt viele Arten transpersonalen Erlebens, und nicht alle sind Zustände der Verschmelzung mit dem Ursprung. Da jeder Planet seine eigene Form der Spiritualität hat, kann die Natur dessen, was jenseits des Personalen liegt, nicht jedem Individuum auf die gleiche Weise offenbart werden, das dem in der transpersonalen Psychologie so genannten größeren Selbst begegnet. Manche Gipfelerlebnisse entstammen eher dem Denken als dem Herzen und offenbaren auf ehrfurchtgebietende Weise jene geheimen Muster, die dem Leben zugrunde liegen. Es ist möglich – wie es einige Freudianer, Kleinianer, existentialistische und sogar Jungianische Analytiker in meinem Bekanntenkreis tun –, den ganzen Ansatz der transpersonalen Psychologie als ein bloßes »Konstrukt« oder eine sublimierte Phantasie von der Rückkehr in den Mutterschoß zu betrachten. Eine derart einseitige Haltung reflektiert die Abwehrbereitschaft eines verängstigten Saturns. Transpersonale Erlebnisse können von saturnischen Individuen als Bedrohung empfunden werden, nicht nur aufgrund der höchst individuellen Natur der Begegnung (die nicht gemessen oder statistisch bewertet werden kann), sondern auch, weil es einige sehr mysteriöse Dimensionen der menschlichen Psyche jenseits des persönlichen Willens gibt. Es ist wohl weder notwendig noch zutreffend, diese Dimensionen spirituell oder göttlich zu nennen. Doch sie sind unfehlbar transpersonal – jenseits des Persönlichen. Neptun ist am deutlichsten in jener Form des transpersonalen Erlebens zu erahnen, die »ozeanisch« genannt wird. Nicht die Essenz, sondern die Qualität des Erlebten ist neptunisch. Das Hauptproblem bei ozeanischen Erlebnissen ist, daß sie extrem schwierig mitzuteilen sind, wenn man nicht wie ein Blumenkind der sechziger Jahre klingen möchte, das gerade von Haschisch high ist. Im Unterschied zu Haschisch neigen solche Erlebnisse auch dazu, süchtig zu machen, und weil sie stark an den Garten Eden erinnern, mobilisieren sie nicht nur die Heilungsprozesse innerhalb der Psyche, sondern auch deren versteckte Infantilität. Das neptunische Individuum ist für diese Art von transpersonalem Erlebnis besonders anfällig, und – kaum überraschend – gerade dem Neptunier fällt es besonders schwer, das Erlebte anschließend zu integrieren.

In seiner Arbeit »Transcendental Meditation as an Adjunct to Therapy« stellt Harold H. Bloomfield ein Beispiel des ozeanischen Gipfelerlebnisses im Falle einer Frau vor, die er Anne nennt. Sie erzählt selbst:

> Es war unglaublich. Ich öffnete die Augen und fand den Raum erfüllt von Licht, einem goldenen Glühen, das alles frisch und strahlend machte. Es war, als ob ich die Welt zum ersten Mal sähe. Es rührte mich zu Tränen. Alles war so herrlich schön und kostbar. Ich fühlte mich geheiligt und geheilt. Das Leben war durch und durch gut; Kriege, Gezänk und Vorwürfe erschienen so töricht. Liebe, universelle Liebe, war die einzige Wirklichkeit ... Aber ich dachte nicht. Ich wußte einfach. Es gab keine Angst – nur Licht, Liebe und einen Frieden, der einfach unbeschreiblich ist. Es war allumfassend, die Zeit stand still, jeder Augenblick schien unendlich und selig ... Aber so tief das Gefühl war, während ich es erlebte – es hielt etwa acht Stunden an und ging dann im Laufe der folgenden zehn Stunden allmählich zurück –, so zerschlagen fühlte ich mich, als es vorüber war. Es war schlimmer, als wenn ich meinen Mann, mein Kind, meine Eltern und meine besten Freunde auf einmal verloren hätte. Ich fühlte mich wie eine Ausgestoßene, die Tür zum geistigen Reich war vor mir zugeschlagen worden. Ich fühlte mich unwürdig, mehr als jemals zuvor. Ohne jenes größere, liebevolle Gewahrsein schien meine Existenz oberflächlich und leer.[30]

Bloomfield fährt fort, daß nach einem solch ekstatischen Zustand, » ... wenn die Kenntnis und Erfahrung von Einssein, Liebe und Freude des Lebens nachzulassen beginnen, eine persönliche Krise folgen kann.«[31] Das Heilungspotential dieser Art von Erlebnis ist offenkundig. Seine wahre Natur ist ein Geheimnis und kann nicht einfach auf eine Phantasie von der Verschmelzung mit einem göttlichen Mutter-Schöpfer reduziert werden. Die offenbarte, ehrfurchtgebietende Erkenntnis, die einem vorher als sinnlos empfundenen unverständlichen Lebensmuster Sinn verlieh, ist gewiß jenseits jeder Fähigkeit des bewußte Egos, wenn nicht gar göttlich im herkömmlichen, religiösen Sinne. Aber die süchtigmachenden

Eigenschaften des ozeanischen Gipfelerlebnisses, besonders für ein Individuum, das das Leben bereits als allzu Tibil-artig empfindet, sind gleichermaßen offenkundig.

Die lebhafte Schilderung, die oben wiedergegeben wurde, bringt Neptun mit großer Klarheit zum Ausdruck, sowohl in der Art des Verschmelzungserlebnisses als auch in der Art des Leidens und der Schuldgefühle, die eintreten, wenn später die Tore zum Garten Eden vor den Augen des Individuums zugeworfen werden. Genau in solchen Augenblicken kann die Weisheit eines eher reduktiven Ansatzes in Verbindung mit der Anerkennung des Erlebten lebensnotwendig sein, denn das Empfinden der Wertlosigkeit und Verzweiflung im zitierten Beispiel hängt im allgemeinen mit älteren, tieferen Kindheitsthemen und einem gestörten Abtrennungsprozeß in den frühesten Lebensjahren zusammen. Hier braucht Neptun den Realitätssinn und die Eindämmung durch Saturn am meisten. Traurigerweise ist hier aber auch der Punkt, an dem viele Helfer, die im transpersonalen Bereich arbeiten, das Individuum nicht zu einer Integration des Erlebnisses ins Alltagsleben oder zu einem tieferen Verständnis der Gründe dafür führen, warum er oder sie sich so schuldig und verlassen fühlt. Statt dessen sind sie darauf bedacht, diesem Menschen zu zeigen, wie er das ozeanische Erlebnis durch bestimmte Techniken, die das Ichbewußtsein ignorieren oder auslöschen, von neuem herbeiführen kann. Neptuns innere Dynamik ist die der permanenten Sucht nach dem Paradies. In dem ozeanischen Gipfelerlebnis dürfen wir keinen symbolischen Ersatz für die Verschmelzung mit der Quelle sehen, sondern die Sache selbst: einen Zustand des veränderten Bewußtseins, in dem die Grenzen verschwunden sind und man wieder in den Garten Eden eingetreten ist – nach der Geburt und diesseits des Todes. Ein solches Heilungserlebnis geht nicht auf Neptun selbst zurück – wir wissen nicht, was es ist. Aber die psychische Funktion, die uns erlaubt, einen ozeanisch-flüchtigen Eindruck davon zu erhaschen, wird im Geburtshoroskop durch Neptun symbolisiert – ob das Erlebnis nun spontan ist oder durch Ecstasy oder LSD herbeigeführt wurde. Neptunisch ist auch das Beharren darauf, daß jene Welt, und nicht diese, allein Wert und Hingabe verdiene, und daß die individuelle Ichpersönlichkeit unwürdig, belanglos und überholt sei. Neptun öffnet das Tor zu ekstatischen Erlebnissen der Auflösung. Aber er macht uns auch süchtig nach ihnen, polarisiert uns gegen das irdische Leben, anstatt uns zu erlauben, beide Dimensionen der Wirklichkeit als Teil der Struktur jenes größeren Selbst zu verstehen, dem wir gerade begegnet sind.

Auf dem Gebiet der transpersonalen Psychologie gibt es viele Techniken, die dem Individuum helfen sollen, den transpersonalen Bereich zu erleben. Zu manchen gehören Drogen, zu anderen Atemübungen, wieder andere Methoden nutzen die Vorstellungskraft mit Visualisierungstechniken. Alle Wege mögen bei gewissen Menschen zu gewissen Zeiten Erfolg haben. Ohne Disziplin, Unterscheidung und Einblick in die Motive hinter der Suche – auf seiten des Therapeuten ebenso wie des Klienten – können jedoch alle Methoden in vieler Hinsicht gefährlich sein. Die Grenzen zwischen transpersonaler Psychotherapie und der Pseudo-Psychotherapie, die von einigen spirituellen Gemeinschaften und Sekten praktiziert wird, sind unbewacht, und zu ihrer Überschreitung sind keine Reisepässe erforderlich. Weil Neptun in der Psychologie eine derart große Rolle spielt – nicht nur bei Personen, die als Klienten von solchen Wegen angezogen werden, sondern auch bei jenen, die selbst zu Ausübenden werden –, kann der ersehnte Verschmelzungszustand zu einer Lebenssteigerung beitragen oder auch nicht. Das unglückliche Individuum, das »ausgestiegen« ist, viele Jahre in einem Rajneesh-Ashram gelebt hat und nun mit einem neuen Empfinden der Verbundenheit und der Selbstachtung ins Leben hinaustritt, mag klüger sein als ein anderes, das allmonatlich den Psychiater aufsucht, um sich eine neue Packung Antidepressiva zu holen – und klüger auch in der Tat als der Psychiater, der diese Medikamente überhaupt verordnet. Er oder sie mag auch klüger sein als der Patient, der nun schon das elfte Jahr getreulich fünfmal in der Woche zur Psychoanalyse kommt. Gleichwohl können solche Gemeinschaften für den psychisch Ungeborenen zweischneidige Paradiesgärten sein, und manche Individuen bleiben innerhalb ihrer Pseudo-Gebärmutterwände noch lange, nachdem die Wasser schon erkaltet sind, und rechtfertigen ihre Trägheit mit der Ausrede noch größerer Erleuchtung. Wie gewöhnlich, können wir nicht wissen oder urteilen. Alles hängt vom einzelnen ab, ob Heiler oder Geheilter. Es mag jedoch angebracht sein, erneut darauf hinzuweisen, daß Neptun auch die Kraft besitzt, neptunische Wunden zu heilen. Das ozeanische Gipfelerlebnis mag schließlich das Empfinden bedingungsloser Liebe bringen, nach dem sich der verletzte neptunische Sucher am meisten sehnt. Und der kurze Blick über die Grenzen in den Garten Eden ist wohl weder infantil noch eine Flucht vor dem Leben, sondern eine wahre Schau dessen, was hinter dem Leben liegt – nicht nur vor der Geburt oder nach dem Tode, sondern für ewig und alle Zeit.

Der Aufstieg des Gurus

Obwohl der Guru in Indien seit Jahrhunderten eine vertraute und geachtete Gestalt war, verdanken wir es John, Paul, George und Ringo, daß dieser Begriff auch im Westen der Allgemeinheit vorgestellt wurde. Obgleich Madame Blavatskys Theosophische Gesellschaft versuchte, der Christenheit des 20. Jahrhunderts östliche Philosophie und östliche Techniken zur spirituellen Weiterentwicklung aufzupfropfen, vermochten das elitäre Weltbild der Theosophischen Gesellschaft und ihre fragwürdige Innenpolitik nie mehr als nur eine kleine Minderheit geistig Suchender anzusprechen. Aber mit der Ankunft des Maharishi und der transzendentalen Meditation, unterstützt durch Timothy Learys Aufforderung »Turn on, Tune in, Drop out«, begann eine ganze Generation junger Menschen in Amerika nd Europa Ende der sechziger Jahre eine Weltanschauung anzunehmen, die man neptunisch nennen kann. Die Beurteilung der Bedeutung dieser großen kulturellen und spirituellen Revolution muß weitgehend im Rahmen der Besprechung von Neptuns Einfluß auf Politik und Künste geschehen, denen je ein eigenes Kapitel gewidmet sein wird. Aber der indische Guru ist immer noch unter uns, in vielen Formen und Masken, vom Erhabenen über das Lächerliche bis hin zum unverhohlenen Schwindel, und die Verheißung von Erleuchtung und Transzendierung des Ichs hat für stark neptunische Menschen nichts von ihrer Anziehungskraft verloren, seit er im Gefolge von *Sergeant Pepper's Lonely Hearts Club Band* erstmals hier an Land ging.

Erleuchtung ist im Rahmen des östlichen mystischen Weges ein Zustand der Des-Identifizierung vom Ich. Alle Gefühle, Gedanken und körperliche Empfindungen sind Dimensionen des Ichbewußtseins und lenken deshalb das Gewahrsein von der Wirklichkeit ab, die jenseits liegt. Selbst das Empfinden eines »Ichs« ist eine Ablenkung. Für den westlichen Suchenden, der östliche Disziplinen annimmt, erwächst Erleuchtung aus der tiefen Erkenntnis der illusorischen Beschaffenheit der separaten materiellen Existenz. Dies spiegelt der hinduistische Begriff *Maya* wider. Was das Ich als Wirklichkeit wahrnimmt – selbst das Bewußtsein seiner selbst –, ist bloß ein Traum vom großen kosmischen Meer. Der Zustand der Glückseligkeit, zu erleben durch die Einheit mit dem kosmischen Meer, durchtrennt alles Verhaftetsein durch die Leidenschaften und erlaubt dem Individuum eine außerordentliche Gelassenheit, frei von Konflikt und Verlangen. Die Meditations- und Yogaübungen des Gurus zielen darauf ab, dem Individuum zu helfen, sich zu befreien aus dem Griff der Identifizierung mit der äußeren Wirklichkeit – und letztlich auch von der Phantasie, daß es überhaupt so etwas wie ein »Ich« gibt. Hier ist Neptun über alle anderen Planeten in die Position höchster, letzter Wahrheit emporgestiegen. Der Zustand des Nichtseins ist jedem noch so freudigen Erleben der zeitlichen Wirklichkeit vorzuziehen.

Es wurde immer wieder bezweifelt, ob eine Kombination der sehr unterschiedlichen psychologischen Ansätze westlicher und östlicher Kulturen in Gestalt einer Lehre, die im Kern das Individuum abwertet, für die westliche Psyche überhaupt einen praktischen Wert besitzen kann. Im Westen sind die Wichtigkeit des individuellen Bewußtseins und Selbstausdrucks auf die gleiche, natürliche Weise aus den tiefsten Schichten der kollektiven Psyche heraufgestiegen und gewachsen, in der die Wichtigkeit der Bindungslosigkeit im Osten zugenommen hat. Wir könnten sogar verallgemeinern und sagen, daß die westliche Spiritualität in einer solaren Haltung wurzelt,[32] während die des Ostens eindeutig neptunischer ist. Unterschiedliche Kulturen scheinen sich auf unterschiedliche archetypische Weise zu entwickeln und die Natur des Göttlichen unterschiedlich wahrzunehmen; jede für sich hat ihren eigenen, einzigartigen Beitrag zur religiösen Entwicklungsgeschichte des Menschen zu leisten. Kein Weg bietet alle Antworten. Die westliche Spiritualität umfaßt zwar gewisse neptunische Vorstellungen, verliert dabei aber niemals den Blick auf die Bedeutung des Ichs als eines Gefäßes für die Seele; sie unterscheidet sich grundsätzlich von der hinduistischen Überlieferung von Maya und der Befreiung vom Rad des Karma. Im Westen haben wir die Erkenntnis der Gottheit immer mit der Aufgabe verknüpft, durch individuelles Bemühen den Himmel auf Erden wiederherzustellen; das Leben des einzelnen und sein Dienst am Nächsten sind wichtig. Neptuns Sehnsucht nach Erlösung undVerschmelzung mit dem Ursprung des Lebens mag die östliche und die westliche Mystik durchdringen. Aber die erfolgreiche Integration beider Ansätze im Westen scheint davon abzuhängen, ob es gelingt, das Erleben des transpersonalen Bereichs im täglichen Leben zu verwurzeln, was dem Individuum erlauben würde, an beiden Welten teilzuhaben. Intelligente Gurus wissen das und bemühen sich, spirituelle Praktiken des Ostens behutsam den Bedürfnissen der westlichen Psyche anzupassen. Dies mag jedoch der Aufmerksamkeit des neptunischen Jüngers entgehen, der entschlossen ist, das Ich ein für allemal zu »opfern«, um dem Schmerz des Lebens zu entkommen.

Rajneesh und die Ashrams

Die spirituellen Bewegungen der siebziger und achtziger Jahre wurden vor allem von indischen Gurus ins Leben gerufen, die in den Westen überwechselten; sie zogen zahlreiche unglückliche und unzufriedene junge Menschen an, die die saturnischen Anteile der westlichen Kultur als unerträglich schmerzhaft, bedrükkend und sinnentleert empfanden. Mit Neptuns Transit durch den Schützen war erwartungsgemäß die Ära der großen Gurus gekommen; mit dem Eintreten des Planeten in das Zeichen Steinbock scheint sie nun weitgehend abgeschlossen zu sein. Aber einie Elemente sind immer noch unter uns, und einige Praktiken – wie etwa die transzendentale Meditation – wurden den westlichen Bedürfnissen so gründlich angepaßt, daß sie, einem Steinbock-Wertesystem angeglichen, Geschäftsleuten und Managern als ein höchst wirksames Mittel zum Abbau von Streß gelehrt werden. Die *Natural Law Party* in Großbritannien ist ein besonders gutes Beispiel für diesen fließenden Übergang Neptuns vom Schützen in den Steinbock: Die transzendentale Meditation geht nun in die britische Politik. Es lohnt sich, das Phänomen eines unserer bekanntesten Gurus eingehender zu untersuchen – nicht um die letztliche Berechtigung des Gurus oder seiner Lehren zu beurteilen (was vermutlich unmöglich ist, es sei denn auf einer individuellen Basis), sondern um Neptun besser zu verstehen.

Die Abbildung gegenüber zeigt das Horoskop von Baghwan Shree Rajneesh, einen Jüngern bekannt als Osho. Er wurde als Rajneesh Chandra Mohan 1931 in einem kleinen Dorf bei Jabalpur in Indien geboren. Als Ältester vo sieben Brüdern und fünf Schwestern wurde er von den wohlhabenden Großeltern der mütterlichen Seite aufgezogen, die ihn verwöhnten. Der Tod seines Großvaters erschütterte Rajneesh sehr, und er wurde zum Einzelgänger, der sich vor engen persönlichen Kontakten scheute. Später sagte er über seine Isolation, daß er »niemals

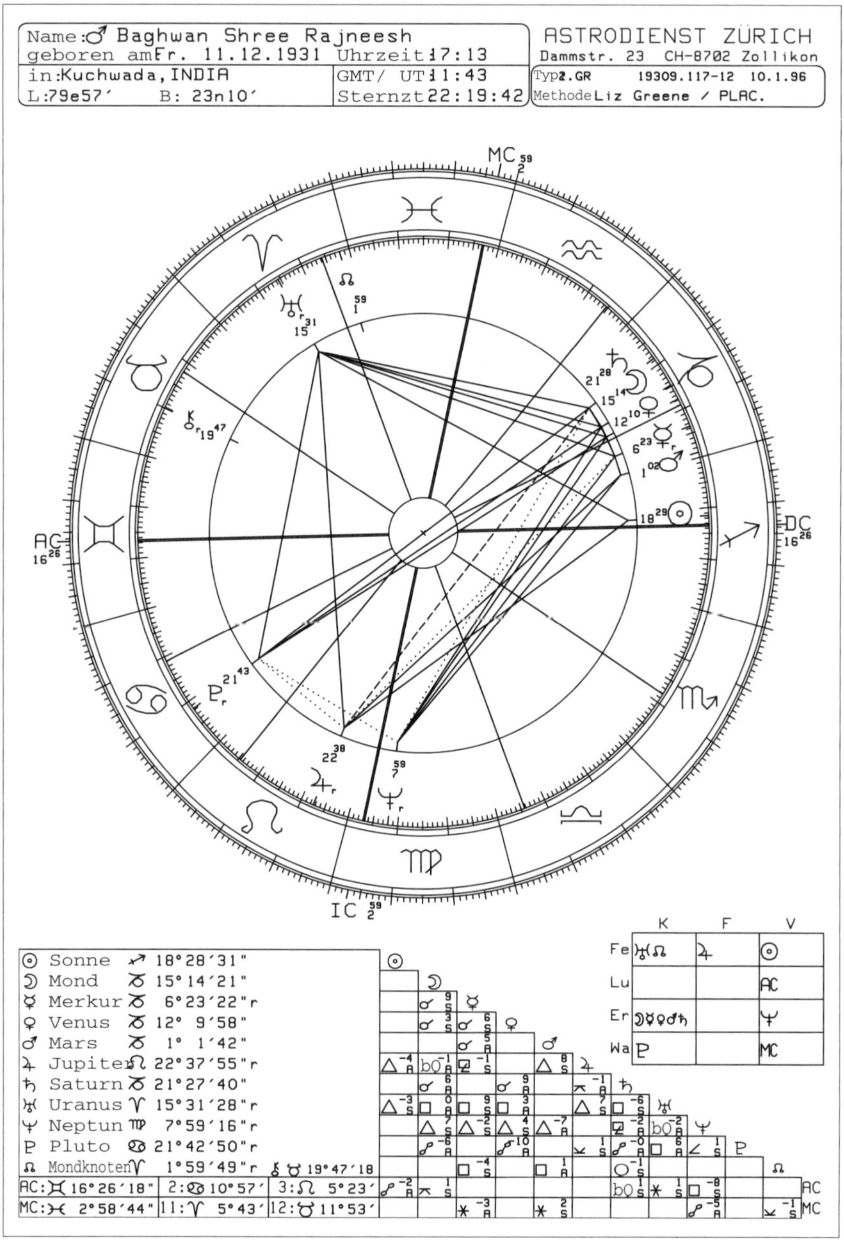

12. Bhagwan Shree Rajneesh, geboren am 11. Dezember 1931, 17:13 IST, 11:43:00 GMT, Kuchwada, Indien. Häuser Placidus. Quelle: S. Anhang.

als Mitglied der Gesellschaft eingeführt wurde. Ich bin ein Individuum geblieben, auf Distanz«.[33] Sein erstes Erlebnis ekstatischen Bewußtseins (Samadhi) will er im Alter von sieben Jahren gehabt haben. Er schreibt, seine vollkommene Erleuchtung 1953, im Alter von einundzwanzig Jahren, am Tag der Frühlings-Tag-undnachtgleiche erlangt zu haben. Nach dieser »Explosion« identifizierte er sich nicht mehr mit seinem Körper. Am Rande sei hier bemerkt, daß an jenem Tag neben anderen einflußreichen Planetenbewegungen der transitierende Uranus in einem Grad Abstand von der exakten Oppositionsstelle zum Geburts-Mond im achten Haus – traditionell dem »Haus des Todes« – stationär war.

Ungeachtet seiner Erleuchtung setzte Rajneesh seine akademische Laufbahn fort. Er besuchte die Saugar University und erwarb 1957 einen Magistertitel in Philosophie. Die folgenden neun Jahre lehrte er Philosophie und gab sein Professorenamt nur auf, um sich der Erneuerung des spirituellen Lebens der Menschheit zu widmen. Während einer Vortragsreihe in Bombay verkündete er seinen schockierten, von hinduistischem Puritanismus durchdrungenen Zuhörern, daß Sex etwas Natürliches und Göttliches sei. Damit war die Saat für den Widerstand gegen seine Lehren in Indien gelegt. Noch unbeliebter machte er sich, als er Gandhi, dessen hundertster Geburtstag gefeiert wurde, einen Masochisten, hinduistischen Chauvinisten und Perversen nannte. Nach einer Zeit des Umherreisens ließ sich Rajneesh mit einer kleinen Anhängerschar spirituell Suchender nieder. Im Jahre 1971 begann er sich Baghwan zu nennen, das heißt der inkarnierte Gott. 1974 zog er nach Poona, und 1979 zählte sein florierender Ashram zweihundert ständige Bewohner, der größte Teil von ihnen Ausländer. Dann versuchte die *Rajneesh Foundation* in Indien ein kleines Tal zu kaufen, um die wachsende Zahl von Jüngern umzusiedeln, aber die indische Regierung verhinderte den Grunderwerb. 1981 legte Rajneesh ein Schweigegelübde ab. Diese Entwicklung fiel zeitlich mit einem heimlichen Umzug in die Vereinigten Staaten zusammen. Um sich das Aufenthaltsrecht zu sichern, heiratete er die Tochter eines griechischen Millionärs, die amerikanische Staatsbürgerin war. In jener unruhigen Zeit, als Rajneesh eine rasch zunehmende internationale Anhängerschar – aber auch zunehmende Probleme mit den Behörden – anzog, hatte der nun durch den Schützen ziehende Neptun die Konjunktion mit seiner Geburts-Sonne erreicht und bewegte sich dann über den Deszendenten ins siebte Haus, während der transitierende Pluto ein exaktes Quadrat zu der genauen Saturn-Pluto-Opposition in Rajneeshs Geburtshoroskop bildete. Der erstgenannte Transit beschreibt sehr gut die Empfindung einer göttlichen Sendung, von der er durchdrungen war; der letztere die Art und Weise, in der er sich selbst den Kräften und Mächten »dort draußen« entgegenstellte, aufsässig und wehrhaft, wie er war.

Die Rajneesh Foundation erwarb eine Farm von 260 km^2 in der Nähe von Antelope, Oregon, seinerzeit ein Weiler von vierzig Seelen. Pläne für den heimlichen Aufbau einer Stadt »Rajneeshpuram«, die fünfzigtausend Jünger beherbergen sollte, wurden gefaßt und mit Macht vorangetrieben; mehr als 120 Millionen Dollar wurden in dieses Projekt investiert. Die lokalpolitischen Ambitionen des Ashrams sowie das zunehmend barsche, militaristische Auftreten sowie gewisse kriminelle Aktivitäten führten schließlich zu Nachforschungen durch Polizei, FBI und Einwanderungsbehörde. Im Jahre 1984 brach Rajneesh sein Schweigegelübde. Ein Jahr später begann er, seine höchste Angestellte, Ma Anand Sheela, eines breiten Spektrums von Verbrechen anzuklagen. Am 16. September 1985 erklärte er das Ende des »Rajneeshismus« und sorgte damit bei Tausenden von Anhängern für Orientierungslosigkeit und Desillusionierung. Rajneesh wurde kurz inhaftiert, zu einer zehnjährigen Gefängnisstrafe auf Bewährung verurteilt und schließlich aus den Vereinigten Staaten ausgewiesen. Er zog nach Indien, wo er im Januar 1990 starb, als der transitierende Neptun, nachdem er sich einige Zeit über Geburts-Mars, -Merkur und -Venus vor- und zurückbewegt hatte, die Spitzeseines achten Hauses erreichte und sich einer Konjunktion mit dem Geburts-Mond näherte.

Rajneesh bleibt ein Rätsel. Sein Lebensstil und seine Persönlichkeit waren voller überraschender Widersprüche. George Feuerstein schreibt:

> Hier haben wir einen Guru, der, wie er selbst zugibt, nicht in seinem Körper war; der erklärte, daß er nicht den Wunsch habe, Anhänger anzuziehen, und doch jahrelang als spirituelles Oberhaupt Tausender Männer und Frauen diente und ihre ausschließliche Hingabe forderte; der sich als Entsagenden präsentierte, es wegen seiner Kahlheit aber haßte, fotografiert zu werden; der die Reichen und Einflußreichen bevorzugte und die Anschaffung eines Fuhrparks von 93 Rolls Royce-Limousinen anregte; der behauptete, völlig erleuchtet sein, und doch das Bedürfnis hatte, regelmäßig Lachgas zu nehmen und zwanghaft Videos anzuschauen, um sich die Langeweile zu vertreiben; und der es zuließ, daß eine Gruppe von machthungrigen Frauen seine große Organisation und sein eigenes Leben zu beherrschte.[34]

Im Horoskop eines spirituellen Gurus darf man einen dominanten Neptun erwarten. In Rajneeshs Fall ist er äußerst stark, doch andere Faktoren stehen gleichberechtigt an seiner Seite. Obwohl Neptun eine enge Konjunktion mit dem IC und Trigone zu Mars, Merkur, Venus und Mond ebenso wie ein Anderthalbquadrat zu Saturn und ein Halbquadrat zu Pluto bildet – der Dispositor des Horoskops ist Saturn, und das vorherrschende Element ist Erde. Vision, Vorstellungskraft, Feinheit, Empfänglichkeit für die unausgesprochenen Gefühle und emotionellen Bedürfnisse anderer und die manipulativen Gaben eines hervorragenden Meinungsmachers deuten sich in Neptuns günstigen Aspekten zu Mars, Merkur, Venus und Mond an. Ebenso deutlich sind ein tiefes Gefühl der Heimatlosigkeit und die Sehnsucht, ein weltliches Paradies zu erschaffen, um darin zu leben (Neptun an der Basis des Horoskops). Doch die Gesamtstruktur von Rajneeshs Geburtshoroskop basiert auf einer Feuer-Erde-Polarität: das große Trigon von Sonne, Uranus und

Jupiter wird durch das Gewicht von sieben Planeten im Element Erde, darunter auch der Horoskop-Herscher aufgewogen. Es ist einfach, Rajneesh als einen besonders schlauen Hochstapler und erfinderischen Schwindler abzutun, der Neptun für die leichtgläubige westliche Psyche attraktiv verpackte und sich bei seinen Gaunereien noch ins Fäustchen lachte. Es ist zweifellos viel Wahres an dieser Einschätzung, aber sie zeigt nicht das ganze Bild. Das große Trigon im Feuer verbindet die intuitive verbale Begabung von Jupiter in Löwe im dritten Haus mit der Energie, intellektuellen Größe und Kommunikationsfähigkeit von Sonne in Schütze an der Spitze des siebten Hauses und der kompromißlosen Bilderstürmerei von Uranus in Widder im elften Haus. Dies ist eine charismatische Konfiguration, die garantiert, daß er trotz einer Neigung zu beträchtlicher Arroganz und Selbstverherrlichung ein inspirierter Lehrer und Denker war, gescheit, weltlich und autokratisch. Sein Stellium in Steinbock, beherrscht von Saturn und mit der Mond-Saturn-Konjunktion in Opposition zu Pluto, würde dafür sorgen, daß er seine wahren Motive für sich behält und kein anderes Gesetz außer seinem eigenen toleriert. Man könnte solche Konstellationen im Horoskop eines mächtigen politischen Führers oder eines Großunternehmers erwarten – und auf manchen Ebenen war Rajneesh beides.

Weder der Mensch noch sein anhaltender Einfluß können einfach vom Tisch gewischt werden, indem man ihn als Scharlatan bezeichnet. Das Rätsel wird auch nicht durch die Behauptung gelöst, daß er zwar ein erleuchteter Meister war, aber von den bösen Mächten einer materialistischen Gesellschaft verfolgt wurde. Ich bin Rajneesh nicht persönlich ergeben und fühlte mich von seinen Lehren oder Ashrams nie angezogen, noch hatte ich je damit zu tun. Aber meine Erfahrung mit vielen Klienten, die den Weg des Sannyasin angenommen und versucht hatten, ihn mit unterschiedlichem Erfolg in ihr Leben zu integrieren, hat gezeigt, daß wir mehr über Neptuns Gaben wie auch über seine Gefahren lernen können, wenn wir versuchen, das Phänomen der Rajneesh-Bewegung aus einer kühleren, objektiveren Perspektive zu verstehen. Während der Mann selbst seinen Neptun wohl durch weltlichere Attribute ausgeglichen hatte, gelang dies seinen Anhängern oft nicht. Seine Botschaft war neptunisch, und vor allem war auch der tiefe, kollektive Hunger neptunisch, der für die Ausbreitung der vielen neptunischen Gemeinschaften sorgte, die sich in seinem Namen bildeten.

George Feuerstein kritisiert Rajneesh offen und stellt die destruktiven Seiten des Ashramlebens dar. Dies mag darauf zurückzuführen sein, daß er den dringend notwendigen objektiven Blick auf diesen Kult gerichtet hat, oder daß seine Loyalität, wie er selbst zugibt, einem anderen Guru gehört. Möglicherweise trifft beides zu. Ein Teil der unangenehmen Begleiterscheinungen des Ashramlebens scheint in Rajneeshs autoritärer Behandlung seiner Anhänger begründet gewesen zu sein. Dies reflektiert zum Teil die machtvoll beherrschende Mond-Pluto-Saturn-Konstellation im Geburtshoroskop, die gerade zu der Zeit ausgelöst wurde, als er das

Land in Oregon erwarb und von seiner künftigen Stadt zu träumen begann. Seine autokratische Haltung deutet sich auch in den grandiosen, selbst-mythologisierenden Tendenzen des großen Feuer-Trigons an. Feuerstein schreibt, Rajneesh

> ... verwandelte seinen Ashram von Zeit zu Zeit selbst in ein Arbeitslager mit unaufhörlichen Forderungen nach noch mehr Anstrengungen und noch größerer Unterwerfung, was viele Anhänger erschöpfte, krank, entkräftet und unfähig machte, sich ein gesundes Urteile zu bilden. Eine beunruhigend große Zahl von ihnen beging Selbstmord.[35]

Rajneesh selbst äußerte:

> Du wirst idiotisch. Du sieht aus wie ein Idiot! Die Menschen werden sagen, daß du hypnotisiert wurdest oder so etwas, daß du nicht länger mehr der alte bist. Das ist wahr; aber es ist eine Art von Schock. Und es ist gut, weil es die Vergangenheit vernichten wird ... das ist der ganze Sinn von Sannyas [Entsagung] und Jüngerschaft: daß deine Vergangenheit völlig fortgewaschen ist – deine Erinnerung, dein Ich, deine Identität – alles muß fort.[36]

Obwohl Rajneesh zu saturnisch war, um weltliche Errungenschaften zu scheuen wie Meher Baba und andere Gurus, verstand er es gewiß, bei seinen Jüngern den »Neptun-Knopf« zu drücken. Nach dem Zusammenbruch seines spirituellen Imperiums befanden sich viele seiner Anhänger in einer tiefen seelischen Krise, da sie erkannten, daß sie wie Roboter gelebt hatten.

Gurus können suchtbildend sein, und die Gewohnheit ist nicht leicht abzulegen. Aber damit sind wir wieder bei der unbeantwortbaren Frage: Bei wem liegt die Verantwortung, beim Guru oder beim Jünger? Neptuns Sehnsucht nach Erlösung ist in der Passivität vieler Rajneesh-Anhänger deutlich erkennbar, denn er blieb – und bleibt noch immer – eine Verkörperung der göttlichen Quelle, nach der sie sich gesehnt haben. Man mag argumentieren, daß diese Stufe der Abhängigkeit in der Guru-Jünger-Beziehung notwendig sei, und daß der Guru, wenn er wirklich erleuchtet ist, den Jünger über die Mutter-Kleinkind-Bindung hinaus zur Erkenntnis einer inneren Quelle der Weisheit und Glückseligkeit zu führen vermag. Gleichwohl darf man entgegnen, daß es in der Verantwortung des Individuums liegt, die eigene, innere Wahrheit selbst zu entdecken.

Um seine Jünger mit ihren emotionalen Blockaden – oder, wie Feuerstein vorschlägt, ihrem Widerstand zum Guru – in Berührung zu bringen, entwickelte Rajneesh eine Vielfalt von therapeutischen Techniken, die eine Katharsis herbeiführen sollten, auf die die erwünschte Transformation des Bewußtseins folgen würde. Hier sei das Werk Mesmers in Erinnerung gebracht, der wie Rajneesh durch und durch autokratisch war und von seinen Patienten absolute Unterwerfung verlangte. Wie Rajneesh zielte auch er darauf, die gleiche kathartische »Krise« herbeizuführen. Manche von Rajneeshs therapeutischen Intensivmaßnahmen erstreckten sich über mehrere Tage und schlossen verbalen Mißbrauch, Gruppensex und körperliche Gewalt ein. Wer sich weigerte, daran teilzunehmen, wurde als egozentrisch, frigide und asozial verurteilt. Im Ashram grassierten subtiler und offener Zwang. Neptuns Form der Beherrschung durch Schuldgefühle – so verschieden von der offenen Tyrannei, wie sie unter Mars- und Pluto-Einfluß oft auftritt – wird deutlich in dem Vorwurf an jene, die dem Guru nicht gehorchten, sie seien egoistisch, spirituell unterentwickelt und von der Gemeinschaft zu ächten.

> Sobald das Kollektiv [der Kult] sich gebildet hat, wagt es keiner, aufzutreten und zu sagen: »Haltet ein. Was wir hier tun, ist wirklich töricht.« Sobald du angefangen hast, die Wirklichkeit zu zerreißen und sie in einer anderen Gestalt wiederaufzubauen, willst du nicht aus der Reihe tanzen, sonst würde die ganze fragwürdige Struktur zusammenbrechen.[37]

Unfähig, mit der Isolation von ihren Gefährten fertigzuwerden, gaben die Willensschwachen trotz des Schwindels unter solcher Ächtung nach und setzten sich fügsam Erfahrungen aus, zu denen sie oft weder emotionell noch moralisch bereit waren. Selbst Rajneesh war nicht abgeneigt, sich bei den weiblichen Anhängern im Ashram zu bedienen. Er wählte sie nach ihrer Oberweite aus, und nur großbusige Frauen konnten sich Hoffnungen auf die Aufnahme in die Elitegruppe seiner »Medien« machen. Solche Praktiken führten zwangsläufig zu Vorwürfen des Mißbrauchs und der Gehirnwäsche, sowohl von Beobachtern »draußen« als auch von Jüngern, denen es gelungen war, abtrünnig zu werden.

Dieser Teil des Szenarios ist nicht unvertraut; er existierte in neptunischen ekstatischen Sekten und Kulten seit der Antike, und ähnliche Vorwürfe werden regelmäßig (und oft zu Recht) gegen viele alternative Religionen und spirituelle Gemeinschaften von heute erhoben. Feuerstein schreibt:

> Wenn ein spiritueller Lehrer das bei seinen vertrauensvollen Jüngern praktiziert, ist es nicht heiliger Wahnsinn, sondern ein unverzeihliches Vergehen. Während Rajneeshs positiver Einfluß auf Tausende hoffnungsvoller spiritueller Sucher nicht zu leugnen ist, kann auch kein Zweifel darüber bestehen, daß sein Mangel an Unterscheidungsfähigkeit und seine persönlichen Idiosynkrasien und Tricks vielen Individuen beträchtlichen Schaden zufügten ... Von allen zeitgenössischen Gurus trägt Rajneesh vielleicht die größte Verantwortung dafür, das Bild von der Guru-Jünger-Beziehung in der westlichen Öffentlichkeit beschädigt zu haben ...[38]

Wenn man diese uralte Geschichte von neuem liest, mag man wohl fragen, wie so viele Menschen so weit in die Irre geführt werden konnten, daß sie glaubten, solch ein Individuum sei »erleuchtet«. Aber man kann dies auch in bezug auf viele ähnliche Episoden in der religiösen und politischen Geschichte fragen. Man kann sogar Acht und Bann riskieren und die Frage auch in bezug auf Paulus oder den Papst stellen. »Wie konntest du mich irreführen?« schreit Neptun. Doch Rajneeshs »Medien« waren ebenso erpicht auf Sex mit dem Meister, wie der Meister auf den Sex mit ihnen; und ihre eigenen Motive waren kaum unschuldig angesichts alles dessen, was wir über Neptuns ödipale Tendenzen gelernt haben. Die Weisheit liegt nicht darin, die Schwächen des Gurus zu verurteilen – und in Rajneeshs Fall sind diese Schwächen zahlreich und offenkundig –, sondern darin, die überwältigende, zugleich spirituelle und infantile Sehnsucht nach Erlösung zu erkennen, die so viele Menschen dazu gebracht hat, freiwillig jedes individuelle Gefühl von Selbstwert und Selbstbestimmung aufzugeben. Wann ist der Guru wirklich erleuchtet, und wann ist er ebenso verwundet und verloren wie jene, die auf der Suche nach Erlösung in den Ashram drängen? Schließen sich diese Dinge gegenseitig aus? Und ist das überhaupt von Belang?

Vielleicht liegt die einzige Antwort auf diese Fragen darin, wie man mit dem eigenen Neptun umgeht. Jene Menschen, die mit positiven Ergebnissen durch die Rajneesh-Erfahrung gegangen sind, überwiegen jene anderen, denen das Gefühl blieb, Opfer von Manipulation und Unrecht geworden zu sein. Letztlich gelang es denen, die sich bemühten, mit ihren eigenen Abhängigkeits-Themen umzugehen, etwas zu extrahieren, das sich lohnte, und sie fanden die Kraft, sich selbst herauszuwinden, wenn zuviel von ihnen gefordert wurde. Oder, um es anders auszudrücken, sie wurden einfach erwachsen und fähig, Rajneesh und seine Lehren aus einer objektiveren Perspektive zu betrachten, ohne gänzlich ablehnen zu müssen, was sie an Wertvollem darin gefunden haben. Das ist der archetypische Prozeß der Loslösung vom göttlichen Erzeuger mit der unausweichlichen Desillusionierung bei der Entdeckung, daß dieser Fürsorger weit davon entfernt ist, eine unsterbliche und allmächtige Quelle des Lebens zu sein, sondern daß er mit allen seinen Schwächen einfach ein Mensch ist, dem einige Dinge gelangen und andere mißglückten. Eine der Herausforderungen Neptuns ist möglicherweise die Notwendigkeit zu lernen, daß wir am Ende nicht unsere Gurus, Messiasse und politischen Führer für unser Elend verantwortlich machen können; denn wir selbst sind es, die sie gewählt haben und ihnen dann blind folgten, ohne ihre Lehren und ihre Politik genügend und individuell zu prüfen. Wenn unsere Gurus uns enttäuschen, zerstückeln wir sie. Aber dann bleiben wir mit unserem alten Hunger und unserer bemerkenswerten Fähigkeit allein, noch einen weiteren Messias zu erschaffen, der uns in den Garten Eden zurückführen kann.

Es bestehen Ähnlichkeiten zwischen Rajneeshs Lehren und den Theorien von Jung und der transpersonalen Psychologie, sowie eine mehr als nur beiläufige Ähnlichkeit mit Elementen der westlichen mystischen Tradition, die bis zu den spirituellen Gemeinschaften im Mittelalter zurückreicht. Besonders erhellend ist Rajneeshs Äußerung, daß

> ... du gemordet haben magst, ein Dieb, ein Räuber, ein Hitler, ein Dschingis-Khan oder ein anderer, der Schlimmstmögliche gewesen sein

> magst, doch das spielt keine Rolle. Sobald du dich erinnerst, ist das Licht da, und die ganze Vergangenheit verschwindet augenblicklich.[39]

Dies spiegelt nicht nur die Vergebung wider, die dem Sünder von Christus gewährt wird, sondern es wiederholt auch Jungs Diktum, daß wir uns den dunkleren Dimensionen der Persönlichkeit stellen – und sie vielleicht sogar einige Zeit ausleben – müssen, um heil zu werden. Rajneesh verstand die westliche Psyche und das Problem des überhandnehmenden Neptun bei weitem scharfsinniger, als allgemein erkannt wird. Er manipulierte seine Jünger schamlos. Aber er besaß auch genügend visionäre Kraft, um gebärmutterartige »Nester« zu schaffen, in denen einsame, verlorene und beschädigte Seelen Geborgenheit und Schutz finden konnten, bis sie fähig waren, selbst größere Verantwortung für ihr Leben zu übernehmen. Die dunkleren, destruktiveren Elemente innerhalb der Ashrams und bei Rajneesh selbst sind unverkennbar und abstoßend. Aber waren diese Kommunen wirklich weniger moralisch oder tüchtig als es die Stationen der örtlichen psychiatrischen Krankenhäuser sind, wo die einzige Lösung für Neptuns Leiden in verstärkter Medikation und sogar Elektroschocktherapie besteht, um die entsetzliche Verzweiflung der psychologisch Ungeborenen zu betäuben? Und war Rajneesh wirklich autokratischer und aufgeblasener als bestimmte, organisch ausgerichtete Psychiater, die – medizinisch ausgebildet, aber gänzlich unwissend in bezug auf die therapeutische Begegnung und die Wirklichkeit der unbewußten Psyche – immer noch an eine absolute Definition der Normalität glauben? Das alte Konzept des Asyls als einer Zuflucht (griech. *ásylon* = das Unverletzliche), als eines Ortes des Schutzes vor den Gefahren der äußeren Welt kann auch unter Aufbietung aller Phantasie nicht mehr auf unsere psychiatrischen Institutionen angewendet werden, da diese eher darauf eingerichtet sind, die Kranken einzubehalten, als die Welt außenzuhalten. Doch oft kann ein überhandnehmender Neptun mit seinem chamäleonartigen Spektrum psychologischer Probleme enorm von den Erfahrungen in der Anstalt profitieren – als einer Arche, in der der beschwerliche Übergang zu einer unabhängigen Persönlichkeit ohne die Zensur der Außenwelt stattfinden kann. Ein Kernsatz in der Psychotherapie besagt, daß ein großer Teil der Heilung geschieht, weil der Klient oder Patient im Therapeuten den urteilsfreien Elternteil erleben kann, den er oder sie früher im Leben nicht finden konnte. Was wir niemals hatten, nach dem sehnen wir uns weiter. Im Schoße des Rajneesh-Ashrams, frei von Grenzen und tolerant gegenüber jedem dunklen Extrem menschlichen Verhaltens, erlebten viele eine bedingungslose Akzeptanz des Kleinkindes, das sie gewesen sind, und das sie irgendwo immer noch waren.

Es gab Jünger Rajneeshs, die den Mutterschoß nicht verlassen konnten. Es ist leicht, ihn zu beschuldigen, diese zerbrechlichen Seelen manipuliert zu haben. Zweifellos aber hätten sie das Leben auf jeden Fall abgelehnt, mit oder ohne Rajneesh – obwohl sie möglicherweise sich selbst und anderen gegenüber weitaus destruktiver gewesen wären, wenn anstelle des Ashrams Heroin, Crack oder Alkohol die einzigen erhältlichen neptunischen Substanzen gewesen wären. Und wer kann sagen, ob Rajneeshs Behauptung, erleuchtet zu sein, wahr oder falsch war? Das Gipfelerlebnis mag verblassen, und wie Neptun selbst sind auch transpersonale Zustände fließend und tendieren dazu, im gewöhnlichen Lauf der Dinge zu vergehen. Neptuns Visionen des Einsseins sind nicht in Granit gehauen, sondern ins Wasser geschrieben. Darüber hinaus kommen ihre Empfänger nicht ausschließlich aus den Reihen der netten und normalen Menschen. Auf die gleiche Weise wie Modetrends nährte auch die Uniformität von Kleidung und Lebensweise innerhalb des Ashrams Neptuns Hunger nach Verschmelzung; solche sichtbare Gleichförmigkeit erzeugt ein Gefühl der emotionellen Verbundenheit mit einer riesigen, internationalen Familie von Mitsuchern und -leidenden. Wenn wir in Uniform sind, sind wir nicht länger allein; wir gehören dazu. Mit dem Weitergang Neptuns durch den Steinbock sind wir klüger geworden in bezug auf das, was der Guru zu bieten haben mag. Abtrünnige spirituelle Sekten und Kulte gab es schon immer und wird es auch immer geben, doch suchen wir unsere Erlösung jetzt unter anderen Namen wie »Gemeinschaftsgeist«, und »fürsorgende Gesellschaft«. Während Neptun ins Zeichen Wassermann zieht, werden wir ohne Zweifel neue Gurus finden, gekleidet in Roben der Politik und der Wissenschaften, durch deren erleuchtete Weisheit wir »den silbernen Äpfeln des Mondes, den goldenen Äpfeln der Sonne« weiter nachgehen können.

8.

Neptun und der Glanz

Modisch ist, was man selbst trägt.
Unmodisch ist, was andere Leute tragen.

Oscar Wilde

Die Mode ist, wie die Gewässer Neptuns, ständig im Fluß. Die Mode vorauszusagen, ist praktisch unmöglich, denn sie ist aus dem Stoff gemacht, aus dem die Träume sind, und kann ebenso rasch von der Bildfläche verschwinden, wie sie aufgetaucht ist – um einer anderen, gleichermaßen unerklärlichen Mode Platz zu machen. Mögen Soziologen bedeutsame Beobachtungen über die ökonomischen, politischen oder gesellschaftlichen Ursachen dafür machen daß zahlreicheMenschen ohne erkennbaren Grund ihr schwerverdientes Geld für einen bestimmten Kleidungsstil ausgeben – ohne Rücksicht darauf, ob er ihnen gut steht oder nicht –, und dann den hoch gepriesenen Talisman wieder ablegen, weil eine neue Mode daherkommt, die ebenso »geboten« und ergreifend ist wie die des Vorjahres zu ihrer Zeit. Die Ankunft des Minirocks in den sechziger Jahren war Teil einer viel breiteren gesellschaftlichen Bewegung in Richtung auf eine größere sexuelle Ausdrucksfreiheit. Astrologisch betrachtet, zeigte sich dieser größere Zusammenhang nicht nur in Neptuns Transit durch den Skorpion, sondern auch in der machtvollen Uranus-Pluto-Konjunktion im Sextil zu Neptun, die in jenem Jahrzehnt eintrat. Aber Soziologen haben gewöhnlich keinen Zugang zu solchen Insider-Informationen. Der soziologische Blick berührt nur die Oberfläche des Rätsels Mode, und deren Trends lassen sich mit äußeren Faktoren wie ökonomischen Aufschwüngen und Rezessionen nur auf synchronistisch, nicht aber kausal verknüpfen. Warum sollte sexuelle Freiheit plötzlich Mode werden, wenn noch wenige Jahre vorher die Jungfräulichkeit eine unverzichtbare Bedingung zur Eheschließung war? Und warum sollte ein bestimmter »Look« wie der Minirock jene Erklärung neuer Freizügigkeit besser vermitteln als irgendein anderer, gleichermaßen erotischer Anblick? Und – vielleicht am wichtigsten für unsere Erkundung des Neptunischen – warum lassen sich so viele sonst ganz vernünftige Menschen von einem überwältigenden Zwang anstecken, an dieser Massen-Sehnsucht teilzuhaben und sich an dem modischen Traum zu beteiligen?

Die Mode ist häufig Gegenstand des Spottes – besonders von jenen, die sich gedrängt fühlen, ihre Individualität dem Kollektiven gegenüber vehement zu unterstreichen. Doch auch der Individualismus kann Mode sein, was vielen Individualisten nicht klar ist. Vielleicht erinnert sich der Leser an die komische Darstellung dieser Erfahrung in einer Szene von Monty Pythons *Das Leben des Brian,* in der sich Hunderte von Menschen vor der Tür ihres erwählten Messias' drängen und in Sprechchören rufen: »Wir sind Individuen!« Die Mode kann auch Gegenstand der Verachtung bei jenen sein, die meinen, intellektuell, spirituell oder moralisch weit über solch belanglose, banale oder egozentrische Trends erhaben zu sein. Aus ideologischen Überlegungen gegen die Mode eingestellt zu sein, ist in gewissen Kreisen – je nach den Glaubenssätzen ihrer Ideologie – ebenfalls modisch und vermittelt im Grund die gleiche Aussage über kollektive Zugehörigkeit wie der Armani-Anzug oder der Gucci-Schal. Die so begründete Ablehnung modischen Makeups und Gewandes bringt eine kurios einförmige Brigade von modisch Unmodischen hervor, die sich ebenso gleichen wie die übertrieben gestylten Mannequins auf dem Laufsteg. Auf die eine oder andere Weise werden wir letztlich alle von der Mode beeinflußt, ob wir sie ablehnen oder freudig übernehmen. Auch Politik und Religion folgen der Mode, obwohl Personen, die zu einem gegebenen Zeitpunkt von der absoluten Wahrheit besessen sind, nur zögernd zugeben würden, daß die Energie, mit der sie ihre Überzeugung nähren, aus einer in ständigem Wandel begriffenen *participation mystique* bezogen wird. Selbst die Astrologie war in verschiedenen Geschichtsepochen in Mode oder aus der Mode, und es gibt auch Moden in der Astrologie, die diktieren, ob der Studierende sich ein Werk von William Lilly kauft, sich in die Jungsche Analyse vertieft oder sich bemüht, Altgriechisch zu lernen.

Wie Wasser weicht auch die Mode aus, wenn man zu bestimmen versucht, worin ihre geheimnisvolle Macht liegt. Wer beginnt einen Trend? Wer entscheidet, ob eine bestimmte Saumhöhe, Farbe, Makeup-Technik oder Frisur, ein bestimmter Song, Film oder Roman sich millionenfach verkaufen wird? Und wenn sich ein solcher Zauberer finden ließe, worin liegt seine Macht? Woher »wissen« gewisse Individuen – seien sie Modedesigner, Filmemacher, Musiker oder Schriftsteller – , daß *Jurassic Park der* Film des Jahres 1993 sein wird, während James Bond zum Ladenhüter abfällt? Die Werbeindustrie für den Erfolg eines bestimmten Produkts verantwortlich zu machen, ist absurd; die Reklame ist nur die Stimme der Mode, nicht ihr Schöpfer. Auch die Werbung ist den Diktaten der Mode unterworfen – man braucht nur eine Reihe von Fernseh-Werbespots aus den letzen drei oder vier Jahrzehnten zu betrachten, um festzustellen, wie auch sie Echo der wechselnden Melodien aus der Flöte des Rattenfängers sind. Kein noch so großer Werbefeldzug wird die Menschen zwingen können, etwas zu kaufen, das in ihren Herzen keinen Widerhall findet. Kluge Werbestrategen müssen eine Intuition besitzen, die so großartig ist wie die jener kreativen Menschen, die von Werbekampagnen abhängig sind, um ihre Schöpfungen unters Volk zu bringen. Wenn wir versuchen, das Wesen der Mode zu fassen zu bekommen, zerrinnt es uns zwischen den Fingern wie Neptuns Träume. Doch die Branchen, die von der Mode abhängen – besonders die Textil-, Kosmetik-, Film- und Popmusik-Industrie –, nehmen gewaltige und durchaus mit Händen zu greifende Mengen von Bargeld ein, und jene, die zufällig auf das Geheimnis der Melusine gestoßen sind, wurden so reich, daß es die kühnsten Träume übersteigt.

Obgleich der Begriff Mode abwertend erscheinen mag, wenn wir ihn zur Beschreibung religiöser oder spiritueller Bewegungen gebrauchen, können wir doch hinter der raschen Ausbreitung eines Kultes oder einer religiösen Bewegung die machtvolle Dynamik des Wirkens psychologischer Massenidentifikation erkennen. Während der Regierungszeit der Antonier-Kaiser[40] im 2. Jahrhundert waren Erlöser-Kulte in Mode. Heute ist in einigen amerikanischen Kreisen das spirituelle Channelling in Mode, während in anderen Kreisen christlicher Fundamentalismus modern ist. Wenn man sich emotionell mit einer bestimmten kollektiven Meinung identifiziert, empfindet man es als beleidigend, wenn diese als Mode bezeichnet wird. Doch jeder, der ein gewaltiges Popkonzert wie Woodstock besucht hat, wird in der hysterischen Ekstase des Publikums etwas erkennen, das eng verwandt ist mit der Hysterie, die bei vielen politischen Wahlkampfveranstaltungen und religiösen Zusammenkünften eintritt: Individuen hören auf, individuell zu sein. Sie*haben* nicht länger eine Meinung; sie sind von der Meinung besessen.

Der Popstar und der Guru sind eng miteinander verwandt. Obwohl wir in unserer Entscheidung, ein Paar abgetragener Levis-Jeans zu erwerben, vielleicht nicht Neptuns unverkennbare Sehnsucht nach Erlösung durch Identifizieung mit einem Stück des längst vergangenen, aber Goldenen Zeitalters des Wilden Westens erkennen, paßt es gleichwohl ganz zu den anderen symbolträchtigen Gegenständen und Bildern – neptunischen Talismanen –, die zu unseren Träumen von der Erlösung gehören. Während Neptun durch das Zeichen Steinbock weiterzieht, denken wir angesichts eines Landhäuschen im Stil der Zeit mit strohgedecktem Dach und Kletterrosen am Eingang nicht an die teure Versicherung für das Dach, an die Probleme mit verzogenen Fenstern und mangelnder Isolation, an die Widerspenstigkeit von Beamten der Baugenehmigungsbehörden oder die Notwendigkeit, die Rosen alle zwei Wochen gegen Blattläuse, Mehltau und schwarze Punkte zu spritzen. Nein, das Häuschen verheißt uns das wiedergewonnene Paradies. Trotz der hohen Kosten für Renovierung und Unterhaltung war ein solcher Besitz auf dem britischen Immobilienmarkt niemals so gefragt wie heute.[41] Solche modischen Träume ändern ihr Antlitz, wenn nicht gar ihren grundlegenden emotionalen Inhalt, ungefähr in Übereinstimmung mit Neptuns Transit durch die verschiedenen Zeichen des Tierkreises. Obwohl wir immer Sehnsucht und Träume haben werden, wechseln die symbolischen Formen, durch die der Erlöser uns zuwinkt, verändern ihre Gestalt und nehmen für einige Zeit die Substanz des jeweiligen Zeichens an: des Löwen noble Artus-Vision, der Jungfrau zurückhaltende Bescheidenheit und Idealisierung des Dienens, der Waage Traum von der vollkommenen Liebe in einer vollkommenen und konfliktfreien Gesellschaft, des Skorpions transformative Leidenschaft und Flirt mit dem Tode, des Schützen evolutionären Optimismus und sein Streben nach universalem Wissen – oder des Steinbocks Sehnsucht nach jenem vergangenen Goldenen Zeitalter vor zwanzig-, fünfzig-, oder hunderttausend Jahren, in dem wir alle wußten, was richtig und was falsch war, und in dem es keine »Rowdy-Kultur« gab und keine riesigen Einkaufszentren die pestizidfreie Landschaft Edens verunstalteten.

Die Mode ist der sichtbare Ausdruck jener schwer faßbaren Qualität, die wir Glanz oder Glamour nennen. Wenn wir versuchen, modisch zu ein, hoffen wir, glanzvoll zu werden. Der Glanz gehört zu Neptun, und er ist ebenso schwierig zu definieren wie Neptun. Der Glanz verzaubert uns, und der englische Begriff *glamour* (»Glanz«) ist abgeleitet von dem mittelenglischen *gramarye,* das heißt Zauber, der uns in seinem Banne hält. Der Glanz des Schauspielers, des Popstars, des charismatischen Politikers oder des Fußballhelden ist subtil, unsichtbar, und durch künstliche Mittel nicht zu reproduzieren. Man kann solchen Glanz nicht bewußt erzeugen; das Publikum ist vielleicht höflich, aber es kommt nicht wieder. Wie die Mode, hängt auch der Glanz vom Zeitgeist ab. Wenn wir Frisur, Kleidung, Makeup oder Verhalten eines Stars kopieren, verleiht uns dies doch nichts von seinem Glanz – obwohl die enormen Profite der Textil- und Kosmetikindustrie bestätigen, daß wir trotz besseren Wissens unseren Glauben weiterhin in das Unmögliche setzen.

Glanz ist nicht auf die Jugend beschränkt. Über Shakespeares Cleopatra erfahren wir:

> Nicht kann sie altern, hinwelken,
> täglich Sehn an ihr nicht stumpfen
> die immer neue Reizung.[42]

Glanz ist auch ambivalent. Eine wichtige Dimension seiner – und Neptuns – Macht ist, daß er offenbar unvereinbare Gegensätze birgt. Güte und Schlechtigkeit, Unschuld und Verderbtheit, Spiritualität und Fleischlichkeit wechseln hier fließend einander ab. Wirklich nette Menschen sind gewöhnlich nicht glanzvoll. Shakespeares Cleopatra verdeutlicht uns von neuem dieses Paradoxon:

> Andre Weiber sätt'gen, die Lust gewährend;
> sie macht hungrig, je reichlicher sie schenkt,
> denn das Gemeinste wird so geadelt.[43]

Glanz beruht auch nicht auf körperlicher Schönheit, obwohl sexuelle Ausstrahlung oft eine wichtige Rolle spielt. Aber die erotische Faszination des wirklich Glanzvollen ist nicht leicht zu definieren. Viele glanzvolle Menschen sind alles andere als körperlich attraktiv im herkömmlichen Sinne. Der Glanz des Aristoteles Onassis beispielsweise ist nicht einem guten Aussehen im klassischen Sinne zuzuschreiben; in den meisten Fotos und Filmsequenzen ähnelte er stark einer Kröte, die erst noch von der richtigen Prinzessin geküßt werden muß. Aber sehr viele Frauen – einschließlich glanzvoller Persönlichkeiten wie Maria Callas und Jacqueline Kennedy – fanden ihn sexuell faszinierend, und sein Reichtum war keine ausreichende Erklärung für die Macht des Zaubers, den er ausstrahlte.

Die Wirkung von zwei der glanzvollsten Gestalten in den ausgehenden fünfziger Jahren, Elvis Presley und Brigitte Bardot (deren Berühmtheit 1956 zunahm, als Neptun ins Zeichen Skorpion einzog), läßt sich nicht einfach abtun, indem man sie schön oder sexy nennt. Viele Schauspieler und Sänger sind schön und sexy, und doch sind sie nach einem Auftritt oder einem Hit verschwunden, ohne eine Spur zu hinterlassen. Presley konnte schrecklich elend aussehen, besonders als er älter wurde. Bardot war in ihrer Jugend eher eine wilde als eine klassische Schönheit. Der Versuch, die schwer faßbare Qualität zu definieren, die diese beiden Menschen so glanzvoll machte, gestaltet sich äußerst schwierig. Um zu verstehen, was die Öffentlichkeit so faszinierte, müssen wir auch den vorherrschenden Neptun-Transit in Betracht ziehen, denn die unerwartete Popularität eines neuen Stars wird gewöhnlich auf die neu hervortretenden kollektiven Phantasien bezogen, die dieser Star gerade verkörpert. Der Sex-Appeal von Presley wie Bardot wurde auf ihre offene, aggressive, etwas zwielichtige und leicht grausame sexuelle Ausstrahlung zurückgeführt, die die Träume des Kollektivs erfüllten, als Neptun von der Waage in den Skorpion zog. Was beide Stars andeuteten, waren eine gewisse Derbheit, Amoralität, den Bruch von Tabus und die Möglichkeit sadistischer und masochistischer Elemente in ihren erotischen Begegnungen. Bardots erster Film, *Adams kesse Rippe* identifizierte sie mit der Versucherin, die Adam und damit die ganze Menschheit in schreckliche Schwierigkeiten brachte. Presley eroberte Herzen und Hüften überall auf der Welt mit seiner Darstellung eines Sträflings in dem Film *Jailhouse Rock – Rhythmus hinter Gittern.* Die lässige Erotik der Waage, die in einem Milieu von märchenhafter Hübschheit und elegantem Charme der Nachkriegszeit wurzelte, hatte sich Mitte der fünfziger Jahre erschöpft, und das Kollektiv sehnte sich nach etwas mehr Schwung. Zur Erlösung bedurfte es nun eines gefallenen Engels. Wenn Sex-Appeal ein Element des Glanzes ist, müssen wir nicht nur auf die neptunische Begabung des glanzvollen Individuums schauen, das die geheimen erotischen Phantasien des Kollektivs widerspiegelt, sondern wir müssen auch verstehen, wie es die archetypische Mischung von Empfindungen und Bildern reflektiert, die von dem Tierkreiszeichen verkörpert werden, durch das Neptun sich bewegt. Presley beispielsweise hatte in seinem Geburtshoroskop die Sonne im Trigon zu Neptun, und Jupiter in Skorpion im Sextil zu beiden.[44] Auf dem Höhepunkt seiner Karriere bewegte sich die transitierende Uranus-Pluto-Konjunktion in Jungfrau über seinen Neptun und bildete ein Trigon zu seiner Sonne, während der Neptun-Transit im Sextil zum transitierenden Uranus-Pluto eine Konjunktion zu seinem Jupiter in Skorpion und ein Sextil zu seiner Geburts-Sonne bildete. Damit stellte sich die machtvolle Konfiguration im Himmel, die den Zeitgeist der sechziger Jahre reflektierte, neben seine Geburts-Konfiguration, und Presley trat aus dem Schatten des Lastwagenfahrers hervor und wurde eine der herausragenden Personifizierungen des Glamours seiner Zeit.

Glanz ist eng verflochten mit der Fähigkeit, Gefühle und Bilder zu erspüren und darzustellen, die universell sind, sich zyklisch wiederholen und die unbewußten Träume und Sehnsüchte der kollektiven Psyche ihrer jeweiligen Epoche erfüllen. Herren zu Rubens' Zeit hätten eine Twiggy-Figur kaum glanzvoll gefunden; man hätte sie dem Hungertod nahe oder in den Fängen einer schrecklichen, auszehrenden Krankheit vermutet. Wir finden die schwergewichtigen und blaßgesichtigen Damen der georgianischen Zeit nicht mehr glanzvoll; sie erinnern uns an einen nur allzu gewöhnlichen, aber prachtvoll verpackten Inhalt. In den vierziger Jahren rauchte und trank ein jeder, und man hielt es für glanzvoll, sich wie Humphrey Bogart zu geben und *louche* (frz.: undurchsichtig) zu sein. Heute ist der Raucher zum Aussätzigen gestempelt, und der Marlboro-Mann ist antisozial und hängt schwer im Netz der gesundheitlichen Versorgung; es zeugt von Glamour, so quietschend rein und politisch korrekt zu sein, daß der Betrachter vom Glanz des Heiligenscheins geblendet ist.

Neptunier sind in den Augen ihrer Zeitgenossen oft überaus glanzvoll. Dies verrät uns nichts über ihre wahre Identität, ihre Wertvorstellungen, den Grad ihrer persönlichen Integrität oder ihre Motive, Meinungen und Überzeugungen. Sie haben die Begabung, sich auf das einzustellen, was die Welt in ihnen sehen will, und spiegeln es auf genau die gleiche Weise wider wie ein kleines Baby den unausgesprochenen Bedürfnissen und Erwartungen der Mutter entspricht. Diese kollektiven Bedürfnisse ändern sich mit ihrer Zeit, aber es wird immer Menschen geben, die die Fähigkeit besitzen, sie zu verkörpern. Manchmal ist diese magische Gabe Neptuns mit echtem, sogar ehrfurchtgebietendem Talent verbunden; manchmal erinnert sie uns an die Geschichte von des Kaisers neuen Kleidern. Neptun ist nicht ein Hinweis auf Talent im Geburtshoroskop, sondern eine Aussage über die Macht, die Träume anderer zu wecken. Wir, die Träumenden, sind tief berührt, weil unser eigener Neptun in sympathischer Resonanz schwingt, und wir kümmern uns nicht darum, zu erfahren, was hinter dem glanzvollen Bild unseres Idols steht – noch wenden wir die gleiche Unterscheidungsgabe an, von der wir bei anderen, weniger blendenden öffentlichen Gestalten Gebrauch machen. Nimm den Glanz fort, und das Publikum ist enttäuscht von seinem Liebling; laß den Schauspieler, den Politiker, den Guru, den Künstler oder das Mitglied der königlichen Familie gewöhnliche menschliche Fehler, Bedürfnisse und Schwächen offenbaren, und die Antwort ist nicht Mitgefühl, sondern Zorn. Auch aus diesem Grunde fühlen wir uns gezwungen, unsere glanzvollen neptunischen Idole blutig zu zerstückeln – wie die Titanen mit Dionysos verfuhren –, wenn wir den Geruch der Fehlbarkeit wittern. Aus dem nämlichen Grunde werden die Kinder Neptuns, wissend oder unwissend, ihre eigenen Mythen weiter inszenieren, selbst wenn dies betrügerische Mittel verlangt; sie wissen wohl, daß es kein Verständnis weckt, sondern rohe Gewalt entfesselt wird, wenn sie, wie Prospero,[45] ihre Zauberbücher verbrennen.

Glänzende Transite: 80 Jahre von Neptuns Weg durch die Zeichen

Neptun zieht durch den Löwen: September bis Dezember 1914, Juli 1915 bis März 1916, Mai 1916 bis September 1928, Februar bis Juli 1929

> Maisie war entsetzt, als sie 1923 die neue, knabenhafte Linie sah! Aber sie schaffte es, auf Kosten von Gesundheit und Aussehen.
>
> *Angus Wilson*

Der Schrecken des ersten Weltkrieges erschütterte die bestehenden gesellschaftliche Werte und veränderte die konventionellen Rollenbilder der Geschlechter. Viele Frauen brachen mit der Vergangenheit und gingen neuen Träumen und Zielen nach, und jene, die ein Leben außerhalb des Heies suchten, wurden vom Erfolg der Suffragetten ermutigt. Während des Krieges hatten die Frauen ihren Wert bewiesen; traditionelle weibliche Beschäftigungen wurden angesichts der zunehmenden Betonung individuellen Selbstausdrucks in Frage gestellt. Margaret Singer und Marie Stopes warben für die leichtere Zugänglichkeit von Verhütungsmitteln. Die Ehe war nicht länger unausweichlich, denn einer von sieben britischen Männern war im Krieg gefallen. Politisches Bewußtsein und ein anregendes Arbeitsleben schienen attraktivere Alternativen zur Ehe zu bieten. Viele Frauen entschieden sich, ihre neue Emanzipation dadurch zum Ausdruck zu bringen, daß sie sich so weit wie möglich wie Männer kleideten und Smokings, Westen, Krawatten und maßgeschneiderte Anzüge trugen. Das Image sollte Stärke vermitteln, Macht und Individualität. Die vorherrschende gerade, einfache Linie führte schließlich zu dem, was *Vogue* als »eine Sucht nach der geeigneten Kultur für den Körper« bezeichnete, und die »Entschlossenheit der modernen Frau, so jugendlich auszusehen, wie sie nur konnte«.[46] Das Sonnenbaden in freizügigen Schwimmanzügen wurde zur Verrücktheit, und das Couture-Abendkleid wurde fast ausschließlich ein Tanz- oder Cocktailkleid – durchscheinend, figurbetont, tief ausgeschnitten und vor allem geeignet, darin Spaß zu haben. Unübersehbar theatralisches Makeup wurde getragen und sogar in der Öffentlichkeit eingesetzt. Die Brüste wurden dem Blick entzogen, und kurze Röcke lenkten die Aufmerksamkeit auf Strumpfwaren und

Schuhwerk. Die Bright Young Things personifizierten die moralische Lockerheit der Nachkriegszeit, neue Dekadenz und blendenden Individualismus.

Der Krieg elektrisierte auch die eben flügge gewordene amerikanische Filmindustrie. Zwischen 1914 und 1918 stand in den europäischen Ländern die Produktion von Filmen verständlicherweise nicht an der Spitze der Prioritätenliste. Gegen Ende des Jahrzehnts war Hollywood als Zentrum dieser Industrie fest etabliert, und die Zeit der großen Filmstudios hatte begonnen. Hollywood trug in jenen frühen Tagen die Aura einer königlichen Enklave: eine Elite-Gemeinschaft schöner, berühmter Männer und Frauen – jeder von ihnen eine Sonne, um die Bewunderer und Lakaien kreisten –, die alle einander kannten und sich mit wilden und extravaganten Partys großzügig unterhielten. Stars mußten für ihr bewunderndes Publikum wie Prinzen und Prinzessinnen aussehen und sich verhalten; wie die Königsfamilie bildeten die Studios eine feudale Hierarchie für sich, in der gemeinsame Loyalität über alles ging. Nach dem Krieg begannen auch europäische Filmemacher aufzuwachen. Der deutsche Expressionismus mit seinem Höhepunkt in dem Film *Das Kabinett des Dr. Caligari* stellte die Veräußerlichung der inneren Welt mit all ihren machtvollen Emotionen und Phantasien dar. Während Neptun in Löwe über den amerikanischen Starkult residierte, nährte er eine andere, aber gleichermaßen dramatische Art des Selbstausdrucks anderswo. Die Russen – an ihrer Spitze Eisenstein mit seinen Filmen *Streik* und *Panzerkreuzer Potemkin* – entwickelten fortgeschrittene Techniken des Schnitts und der Montage, die Emotionen packender vermitteln konnten als zeitgebundene, lineare Sequenzen. Abel Gances herrliche, fünfstündige filmische Biographie *Napoleons,* eines der bekanntesten Löwen der Geschichte, wurde 1927 vollendet, als der transitierende Neptun eine Konjunktion mit der Sonne in Napoleons Geburtshoroskop bildete und der lange verstorbene Kaiser sich einer glanzvollen Renaissance erfreuen konnte. Dieser Film ist das glänzendste Beispiel der damaligen neuen Stummfilmtechnik und wird allgemein als einer der besten Filme betrachtet, die je produziert wurden. Im gleichen Jahr, in dem das französische Epos vollendet wurde, wurde schließlich die ganze Industrie revolutioniert, als Warner Brothers mit *Der Jazzsänger* den ersten Tonfilm herausbrachten. Solange die Filme stumm gewesen waren, waren sie international verständlich. Die Einführung des Tons brachte das Problem der Sprachbarrieren mit sich, und jedes Land begann, seinen eigenen, höchst individuellen Beitrag zur Filmkunst zu entwickeln.

Neptun zieht durch die Jungfrau: September 1928 bis Februar 1929, Juli 1828 bis Oktober 1942, April bis August 1943

> Es gibt viele Fallen, denn jede Einzelheit muß stimmen ... Die richtigen Schuhe sind zu tragen und auch der richtige Schick. Du darfst keine afrikanische Halskette tragen, wenn du sie nicht mit einer entsprechen-

> den Pose darbietest; du mußt todsicher sein in deinem Saint Tropez Schafhirtinnen-Hut. Du darfst nicht erröten, wenn man Bemerkungen über deine Lederhosen macht.
>
> *Cecil Beaton*

Als das wirtschaftliche Desaster am Horizont heraufzog, fielendie Rocksäume und bedeckten sittsam die vordem aufreizenden Knie. Die ranke, schlanke, elegante Silhouette trat als das Ideal modischer Schönheit hervor. Geeignete Unterwäsche und unsichtbare Miederwaren waren Voraussetzung für die glatte Linie. Frauen rollten ihre Strümpfe lieber über ein Strumpfband als den gefürchteten Hüftgürtel, der unansehnliche kleine Ausbeulungen unter der Kleidung verursachen konnte; Perfektionisten hatten für jedes Gewand ein Untergewand, um auch dem kleinsten Fältchen vorzubeugen. Stil war nun nicht mehr das Vorrecht von wenigen, denn Magazine, Zeitungen und Filme brachten die Mode allen Teilen der Gesellschaft nahe. In den Vereinigten Staaten explodierte die Industrie für Kleidung von der Stange – eine geniale und praktische, merkurische Antwort auf die finanzielle Knappheit. Superb geschneiderte Damenanzüge kopierten die makellos geschnittenen und raffinierten Techniken der Herrenschneider von Savile Row. Die Londoner Couture wurde wegen ihrer gut gearbeiteten, praktischen Freizeitkleidung bekannt und geschätzt. Die wirtschaftliche Depression und die große Arbeitslosigkeit beschnitten die Gewinne der Couture-Hersteller. Doch während der dreißiger Jahre war die Produktion von Sportbekleidung enorm erfolgreich; die Wochenarbeitszeit war verkürzt worden, und man hatte mehr Zeit für Aktivitäten im Freien. Ästhetisch betrachtet, reifte die Mode – Trivialität, Exhibitionismus und extravagante Mätzchen waren »out«. Die sauberen, eleganten Faltenwürfe des klassischen Griechenlands und des französischen Directoire wurden für die Abendgarderobe wiederbelebt. Die amerikanische *Vogue* kündete die neue Superfrau an als

> ... eine Kombination einer modischen Schönheit und einer byzantinischen Madonna ... Das mutige und schlaue Gesicht blickt voll Weisheit und Wachheit auf die Arbeitswelt. Ob Schwerarbeiterin oder Spinnerin – sie behält gleichwohl die Anmut einer Lilie.[47]

Barry Norman bemerkt, daß die dreißiger Jahre das Goldene Zeitalter der amerikanischen Filmindustrie darstellten.[48] Es gab nicht viel Konkurrenz aus Europa: Deutschland hatte den größten Teil seiner schöpferischen Elite vertrieben oder ausgelöscht und befaßte sich zunehmend damit, Propagandafilme zu produzieren; gleiches galt für Italien. Frankreich versuchte, ein internationales Filmfestival in Cannes einzurichten, mußte damit aber bis nach dem Krieg warten. Die großen Hollywood-Studios funktionierten wie mächtige und leistungsstarke Maschinen, sie beherrschten die Industrie, und die Filmrollen wurden den Stars auf den Leib geschrieben – Gable, Tracy, Cagney, Cooper, Garbo, Davis, Crawford und vielen anderen. Maßgeschneidert wie ein Anzug aus der Savile Row, fanden die begabten, eleganten, stilvollen Filme jener Zeit – wie *Vom Winde verweht* – ihren Weg in die Liste der Filmklassiker. Man verlangte subtile und komplizierte Geschichten, und Alfred Hitchcock produzierte *Die 39 Stufen* und *Dame verschwindet.* Man verlangte intelligente und besinnliche Geschichten, und auf der Suche nach verfilmbarem Material wurden Romane wie Brontës *Die Sturmhöhe* geplündert. Der Einfallsreichtum und die ethische Pflichterfüllung der Jungfrau gingen nicht so sehr in die Filme ein (vielleicht mit der bemerkenswerten Ausnahme von *Der Zauberer von Oz),* sondern vielmehr in das sich weiterentwickelnde Handwerk der Filmherstellung. Hollywood wurde zum internationalen Schmelztiegel und importierte ausländische Schauspieler, Regisseure und Produzenten mit echt merkurischem Eklektizismus. In Großbritannien leistete John Grierson seinen Beitrag zur Gründung der britischen Dokumentarfilm-Bewegung.

Neptun zieht durch die Waage: Oktober 1942 bis April 1943, August 1943 bis Dezember 1955, März bis Oktober 1956

> Achte vor allem auf mein federngepolstertes Kleid! Es ist wie vergoldetes Silber, die neuesten Sextone mit Prinzeß-Wirkung.
>
> *James Joyce, Finnegans Wake*

Die Nöte der Kriegszeit machten jede Mode unmodisch, die etwas anderes war als Sparsamkeit und Patriotismus. Doch unmittelbar nach dem Krieg begannen die Kleidungsstile, die Sehnsucht der Gesellschaft nach dem Frieden und der Eleganz der *belle époque* zu unterstützen, indem sie den Stil aus König Ewards Zeit neu belebten. In einer verständlichen Reaktion auf die Drangsale des Krieges wollten Frauen nun als schmucke Damen der Muße wahrgenommen werden. *Vogue* spiegelte diese romantische Stimmung wider und präsentierte 1946 ihre Kollektionen mit Modellen nach Anregungen aus Gemälden von Bouchard und Fragonard. Die Mode war nicht nur ohne jede Bescheidenheit hübsch, sondern auch sehr detailversessen. All die kleinen Accessoires waren wichtig: Korsett, Opern-Pumps, Cocktail-Hüte, Handschuhe und Sonnenschirme – und alle mußten in harmonierenden Farben gehalten sein. Der Morgenstern am Himmel der Modewelt hieß Dior. Englands neugewählte Labour-Regierung strengte sich sehr an, das Land davon zu überzeugen, daß unnötiger Luxus unpatriotisch und verschwenderisch sei, doch Neptun in der Waage behielt die Oberhand, und am Ende des Jahrzehnts war Diors »New Look« auf allen Straßen Englands zu sehen. Dieser neue Look fiel zusammen mit einer Rückkehr zu der traditionellen weiblichen Rolle in Ehe und Mutterschaft. Die wespentaillierte, großbrüstige, breithüftige Silhouette verkündete die Fruchtbarkeit des Babybooms der Nachkriegszeit; weit offene, unschuldige Augen und ein kindlicher Rosenknospen-Mund konstrastierten verblüffend mit den sinnlichen Venus-Formen. Die Korsettagenindustrie boomte, und das Kunsthandwerk vollendete (wie einst die Alchemie), was die Natur unvollkommen gelassen hatte; ein Abendkleid vermochte buchstäblich für sich allein zu stehen.

Unter der deutschen Besatzung standen die französischen Kinos mehr oder weniger still, denn jedes Drehbuch mußte von den Besatzer- oder Vichy-Zensoren genehmigt werden. Das deutsche Kino unterstand während des Krieges weitgehend der Kontrolle Goebbels' und war, um Barry Norman zu zitieren, »bestenfalls geschmacklos«.[49] Aber der Einsatz des Films zu Propagandazwecken war keinesfalls nur ein deutsches Phänomen. In England wurde der Feind in Filmen wie *The Goose Steps Out* schamlos parodiert, während Thriller wie *The 49th Parallel* den militärischen Bemühungen helfen sollten. Noel Cowards *In Which We Serve,* Carol Reeds *The Way Ahead* und Oliviers Interpretation von Shakespeares *Heinrich V.* priesen britischen Heldenmut und Widerstandsgeist. Nach dem Kriege versuchten die Filmstudios ein Publikum zurückzugewinnen, das es an die Reize des Fernsehens verloren hatte, indem sie ihr Geld in Musicals und Epen investierten, die die Welt wieder hell und schön erscheinen ließen. Die üppigen (und oft historisch unkorrekten) Kostüme und Ausstattungen biblischer Epen wie De Milles *Die zehn Gebote* und Wylers *Ben Hur* (in denen dem Publikum deutlich gezeigt wurde, daß Gott und die guten Menschen immer obsiegen), waren die Ergänzung zu der üppigen Frivolität von *Annie Get Your Gun, Oklahoma, Kiss Me Kate* und *Du sollst mein Glücksstern sein.* Die Qualität der schauspielerischen Leistung spielte keine tragende Rolle, und die Drehbücher stiegen oft in neue Abgründe der Banalität hinab. Das visuelle Spektakel, schöne Stars und eine hervorragende Tonspur waren alles, was man brauchte, und die Propagandistin Waage wurde zur Lieferantin delektabler Phantasien. Aus England kamen alle erinnerungswürdigen Komödien: *Adel verpflichtet, The Lavender Hill Mob, Whiskey Galore* und *The Man in the White Suit.* Sie brachten die Bestätigung: Gentlemen sind Gentlemen und Ladys sind Ladys; die Schurken waren immer auf den ersten Blick zu erkennen und hatten ausnahmslos ein schlimmes Ende zu gewärtigen.

Neptun zieht durch den Skorpion: Dezember 1955 bis März 1956, Oktober 1956 bis Januar 1970 und Mai bis November 1970

> Wow! Explodiere! Die Sechziger: Ich kam auf die Welt auf eine reine, übertriebene, verrückte Weise. Die Beatles, Hendrix, Joplin und Velvet Underground explodierten so herrlich.
>
> *Betsy Johnson*

Gegen Ende der fünfziger Jahre spottete die Mode der Eltern, der Gesellschaft und sogar der Schwerkraft. Der auf den Straßen geborene Minirock nahm seinen Weg in die Couture-Salons; er war eine leidenschaftliche Erklärung der Jugend gegen die Älteren, ein rücksichtslose Konzentration der Wut auf die Scheinheiligkeit und Oberflächlichkeit der Nachkriegsjahre. Natürlich war die Jugend schon immer rebellisch. Aber diese Rebellion hatte einen unübersehbar skorpionischen Akzent. Warum konnten Mädchen nicht aggressiv erotisch aussehen und auch im Sexuellen die Initiative ergreifen? Die Empfängnisverhütung hatten sie nun schließlich in der Hand. Warum sollten Gewalt und Tod unter politischer Tünche maskiert werden, wenn jedermann wußte, wie das Leben wirklich war? Die Beat-Generation »stieg aus« in Greenwich Village, sie ahmte ihre Idole nach: Jack Kerouac, William Burroughs und Allen Ginsberg. In Paris lasen deprimierte Existentialisten Sartre und Camus und versammelten sich auf der Linken, um nicht nur de Gaulles Konservatismus, sondern auch die Existenz selbst in Frage zu stellen. Die Modefotografie ließ die dürre Künstlichkeit des Studios hinter sich und zog hinaus auf die Straße. Inmitten dieses Mode-»Jugendbebens« brach der Rock and Roll aus mit seinem unverhohlen erotisierenden Beat, zuerst in dem provozierenden Gesäßwackeln von Elvis Presley und später in einer rasanten Vermehrung von plutonischen Popgruppen, die sich dem Emotions- Sex- und Rauschmittel-Exzeß verschrieben. Lieder mit Titeln wie *Sympathie für den Teufel* und *Neunzehnter Nervenzusammenbruch* traten an die Stelle von *Du süß zu Umarmende*. Viele dieser Musiker (wie Jimi Hendrix, Jim Morrison, Brian Jones und Janis Joplin) starben an einer Überdosis Drogen, als Neptun in die letzten Grade des Skorpions weiterzog und dessen Schwanzstachel erreichte.

Der Glanz von Sex, Gefahr und Tod war auch im Kino festzustellen.

> Inzwischen waren die Kinder des Babybooms der Nachkriegszeit in das Alter von Kinobesuchern gekommen, und ihr Geschmack war nicht der ihrer Eltern. Es waren schließlich die swingenden Sechziger, eine Zeit der Freizügigkeit, der Demos, der jugendlichen Rebellion und Vietnams, und diese jüngere Generation wollte Filme, die die Stimmung und Gefühle ihrer Zeit widerspiegelten. Penn nahm diese Stimmung auf mit *Bonnie & Clyde: Wie es wirklich war,* Dennis Hopper mit *Easy Rider,* Sam Peckinpah mit *The Wild Bunch,* Mike Nichols mit *Die Reifeprüfung,* George Roy Hill mit *Butch Cassidy und Sundance Kid.*[50]

Die schmollmündige, erotische Brigitte Bardot trat hervor, zusammen mit Marilyn Monroe, Jayne Mansfield und einer Truppe von ebenfalls schmollmündigen, erotischen italienischen Stars wie Claudia Cardinale, Monica Vitti und Sophia Loren. In Italien begann Fellini mit *La dolce vita, 8 1/2* und *Satyricon* seine farbenprächtige Phase. Visconti produzierte *The Damned*. Der düster-gefährliche Reiz der James Bond-Filme (beginnend 1962 mit *Dr. No*) brachte dem ebenfalls düster-gefährlichen Sean Connery Kinoberühmtheit, während England schwierige

Klassiker wie *Blick zurück im Zorn* und *Die Einsamkeit des Langstreckenläufers* produzierte. In Schweden wurde die Filmindustrie von dem rätselhaften Ingmar Bergman dominiert, der unter vielen anderen Filmen *Wie in einem Spiegel, Das Schweigen* und die größte aller skorpionischen Kino-Visionen, *Das siebente Siegel,* drehte. In Deutschland trat Rainer Werner Fassbinder energisch in die Kinowelt ein mit *Liebe ist kälter als der Tod.* Ebenfalls aus Schweden kam Viljot Sjomans *I Am Curious: Yellow,* der so eindeutig sexuell war, daß er als Pornographie angesehen wurde. In Amerika wurde John Schlesingers *Asphalt-Cowboy,* in dem Jon Voigt einen Burschen vom Lande spielt, der nach New York kommt und sich einsamen Frauen als Callboy anbietet, der erste nicht jugendfreie Film, der je einen Oscar gewann.

Neptun zieht durch den Schützen: Januar bis Mai 1970, November 1970 bis Januar 1984 und Juni bis November 1984

> Mann oder Frau? Wer ist was? Huch! Es ist ein Spiel. Junge Menschen verstehen, daß es nicht die eigene moralische Haltung widerspiegelt, wenn man sich wie eine Nutte kleidet – vielleicht sind die *jolies madames* in den kleinen Chanel-Kostümen die wirklichen Nutten? Ich biete Gleichberechtigung im Sex-Appeal.
>
> *Jean-Paul Gaultier*

Das »Ich«-Jahrzehnt, wie Tom Wolfe es nannte, begann, als Neptun seinen Blick auf ferne Horizonte richtete. Die modische Aswahl war so groß geworden, daß sich Frauen genau so kleiden konnten, wie sie wollten, ohne daß ihr Selbstbild sich nach der Mode richten mußte; der ganze Begriff »modisch« glitt den Couture-Häusern aus den Händen und stand nun jedem frei, der eine phantasievolle, persönliche Aussage machen wollte. Als Neptun ins Zeichen Schütze einzog, verbreiteten die Modezeitschriften den »Zigeuner-Look«. Nicht zufrieden damit, Anleihen bei nur einer ethnischen Quelle zu machen, trachtete die amerikanische Mode nach globaler Inspiration, und die Röcke durften jede beliebige Länge haben, solange sie nur bequem waren. Büstenhalter und Korsett, jene großen künstlichen Einengungen des weiblichen Körpers, verschwanden allmählich von den Modefotos und schließlich auch aus den Kleiderschränken der Frauen. Kombinations-Klassiker wechselten sich ab mit einem Do-it-yourself-Ethnolook und kündigten eine neue Epoche entspannter und unkomplizierter Kleidung an. Die auffälligeren Zeichen des Reichtums – große Schmuckstücke, üppige Pelze und aufsehenerregende, extravagante Kleidung – wurden beiseite gelegt. Mit zunehmender Erkenntnis der Bedrohung für gefährdete Arten wurden Pelze immer unmodischer. In diese neu erleuchtete Welt kamen die Gurus und esoterischen Kulte der siebziger Jahre, und die Mode wurde spirituell, die Spiritualität modisch. Weibliche Stars verdankten ihre Anziehungskraft nicht nur ihren Gesichtern und Körpern, sondern einem öffentlich verkündeten gesellschaftlichen und spirituellen Gewissen. Shirley MacLaine schrieb Bücher über Meditation und Reinkarnation, während der bisexuelle David Bowie mit einem Album namens *Ziggy Stardust and the Spiders from Mars* Ruhm und Vermögen verdiente.

Das Kino machte sich die Grenzenlosigkeit des Universums und der Phantasie zu eigen. 1975 drehte der damals 28jährige Stephen Spielberg – seine Geburts-Sonne in Schütze fein eingestimmt auf den hereinkommenden Neptun-Transit – *Der weiße Hai* und entdeckte ein neues und viel jüngeres Filmpublikum: die Gruppe der Zwölf- bis Vierundzwanzigjährigen, die keine Neigung verspürten, die großen Rätsel des Lebens zu ergründen.

> ... sie interessierten sich weder für tiefer gehende Themen noch für politische oder gesellschaftliche Botschaften; was sie wollten, war Action, Aufregung, Spannung, Gewalt, Sex und Spaß.[51]

Der weiße Hai wurde zum lukrativsten Film aller Zeiten – ein Attribut, das jedoch nur kurz Bestand hatte. Nach dem weltweiten Erfolg von *Krieg der Sterne* und seinen weiteren Folgen war George Lucas' Verkaufsvideo sogar noch galaktischer. Bald wurde es den Filmproduzenten in jenen von Jupiter begünstigten Jahren klar: Wenn ein Film auf die richtige Zielgruppe – ein junges, Nervenkitzel suchendes Publikum – ausgerichtet war, hatte man buchstäblich die Lizenz zum Gelddrucken in der Hand. Der Regisseur Peter Bogdanovich beschrieb diese Phase als die Ära der »Verjugendlichung« des Films. Ununterbrochene, rastlose Bewegung wurde als Action verkauft, und das Standard-Finale eines Thrillers oder einer Abenteuergeschichte pflegte aus einer wilden Verfolgungsjagd oder einem allgemeinen Gemetzel zu bestehen.[52] Der himmlische *Puer aeternus* herrschte ebenfalls über die Ärea der endlosen Fortsetzungen – *Police Academy 4 – Und jetzt geht's rund* und *Freitag, der Dreizehnte VII* – und der Abenteuer-Knüller, randvoll mit Spezialeffekten und Peng-Bum-Action – die »Indiana Jones«-Trilogie, die *Zurück in die Zukunft*-Trilogie, das *Superman*-Quartett, *Ghostbusters – Die Geisterjaeger, Gremlins – Kleine Monster* und *Auf der Jagd nach dem grünen Diamanten*. Nachdenklicheres Kino wurde ebenfalls produziert, aber mit einem unweigerlich universellen oder philosophischen Akzent: Coppolas *Apocalyse Now,* Woody Allens *Der Stadtneurotiker* und Spielbergs *Die Unheimliche Begegnung der Dritten Art,* gefolgt von *E.T. – Der Ausserirdische*, dem Schütze-geprägtesten Film aller Zeiten (nicht nur bezüglich seiner Thematik, sondern auch des Profits: er spielte 700 Mio. Dollar ein).

Neptun zieht durch den Steinbock: Januar bis Juni 1984, November 1984 bis Februar 1998 und Oktober bis Dezember 1998

> Gestern sah ich eine junge Frau auf der Straße. Sie sah sehr chic aus in ihrem Chanel-Kostüm und den Knöpfen und der Tasche und dem Gürtel und den Schuhen. Und doch war ihre Mutter vor zwanzig Jahren

auf genau die gleiche Weise gekleidet, und ihre Großmutter vor vierzig Jahren ebenfalls. Das ist unglaublich. Sie sehen, Chanel hat begriffen, woraus Anziehungskraft besteht.

Marc Bohan

»Power-Dressing« mit enormen Schulterpolstern machte sich breit und lief aus, als die Weltwirtschaft erst boomte und dann zusammenbrach. Zeitlose, gut geschnittene Klassiker von Giorgio Armani und Ralph Lauren – gut genug, um viele Jahre getragen zu werden – traten an die Stelle der jährlichen Extravaganz eines »neuen Looks«; das Steinbock-Leiden namens Nostalgie begann, die Augen der Couturiers zurück in die Vergangenheit zu lenken. Understatement verdrängte die Zurschaustellung auch in anderen als den textilen Bereichen des Lebens. Geländefahrzeuge, Eier von freilaufenden Hühnern und biologische Landwirtschaft wurden die modischen Bekenntnisse zu »grünem« Bewußtsein und traditionellem Landleben – selbst wenn Menschen in Stadtwohnungen lebten und ihre Designer-Panzer niemals auf unwegsamerem Gelände als dem nächsten Supermarkt-Parkplatz lenkten. »Natürliche« Zutaten machten ein Produkt marktfähig, die Body Shops begannen die Profite der großen Kosmetikhersteller zu schmälern. Wirtschaftliche Rezession und die zunehmende Wahrnehmung der Armut und Übervölkerung auf der Welt machten die »hohe Mode« unmodisch; sie wurde als zügellos empfunden – wenn sie nicht schlicht, unauffällig und aus Naturfasern wie Kaschmir und Seide war. Die Führer der Welt hüllten sich alle in graue Anzüge und sahen gleichförmig respektabel aus. Die »reife Frau« gewann einen neuen Glanz, unterstützt durch Hormontherapie und amerikanische Seifenopern-Serien wie *Dallas* und *Denver Clan;* der erfahrene Charme der selbständigen über Vierzigjährigen übte, wie ein guter Wein, mehr subtile und anhaltende Anziehungskraft aus als die »Knülche« im heiratsfähigen Alter mit wenig Erfahrung und noch weniger Verstand; im Fernsehen wurden Hausfrauen in »Sitcom«-Familien ersetzt durch Berufstätige und ehrgeizige Karrierefrauen in makellosem Armani-Outfit, die ihre chauvinistischen Chefs zu Trotteln machten.

In der Kinowelt platzte die Seifenblase des Kassenknüllers schließlich mit dem Eintreten der Rezession. Die alten Formeln funktionierten nicht mehr, und keiner vermochte mehr vorauszusagen, was sich zu einem Millionenschlger entwikkeln würde. Große Abenteuergeschichten, Phantasien, Kriminal- und Gangster-Epen zogen die Massen nicht mehr an. Barry Norman schreibt sarkastisch, daß das Publikum offensichtlich klüger wurde, je enger es den Gürtel schnallen mußte.[53] Merchant und Ivory belegten die Oscars mit Beschlag mit ihren wunderschön gearbeiteten Stücken wie *Zimmer mit Aussicht* und *Wiedersehen in Howard's End,* die ein verlorenes Goldenes Zeitalter in Erinnerung riefen; Stephen Spielberg, wie immereingestimmt auf die unsichtbaren, neptunischen Strömungen, ging mühelos von der jovischen Wanderlust des Indiana Jones über die altsteinzeitlichen Ergötzungen im *Jurassic Park* weiter zu dem zutiefst bewegenden, historisierenden Pathos von *Schindlers Liste.* Kevin Costners *Der mit dem Wolf tanzt* schrieb die amerikanische Geschichte auf neue Weise und mit einer authentischeren Stimme, auch Oliver Stones mit seinem ernsten Streifen *John F. Kennedy – Wilde Jugend. Das Schweigen der Lämmer* machte uns alle auf den Psychopathen in unserer Mitte aufmerksam, während Ken Loachs Produktion des Jahres 1994, *Ladybird, Ladybird,* uns auf die sozialen Dienste in unserer Mitte aufmerksam machte – was manchmal auf das gleiche hinausläuft. In dieser zunehmend gesellschaftlich bewußten Ära des Neptun in Steinbock

> ... zu Beginn des Jahrzehnts [der neunziger Jahre] war es gewiß wahrnehmbar, daß es eine Art von Versuch gegeben hatte, eine fürsorglichere Einstellung gegenüber den Menschen widerzuspiegeln ... Zumindest ist es eine Verbesserung gegenüber der immer weiter eskalierenden Gewalt und in vielen Fällen auch gegenüber der Habgier-ist-gut-Ethik der populären Erfolge der achtziger Jahre.[54]

Norman deutet auch an, daß eine der interessantesten Entwicklungen der vergangenen Jahre die neunzehn schwarzen Filmproduktionen in Amerika sind – schwarze Regisseure, Schauspieler, Autoren und oft auch Produzenten –, die mehr darstellen als alles, was in dem vorangegangenen Jahrzehnt entstanden war. Spike Lee und seine Nachfolger haben Filme geschaffen, die die Kultur, den Stolz und die Probleme der Schwarzen in Amerika so zeigen, wie sie von ihnen selbst wahrgenommen werden, und nicht von »rosa und weißen Hollywood-Liberalen« mit schwarzen Alibi-Schauspielern, die fremde Texte und Botschaften vermitteln. Während Neptun seine Passage durch den Steinbock vollendet, ist es wahrscheinlich, daß das gleiche Phänomen auch bei anderen rassischen und ethnischen Gruppen in Europa und in Amerika auftreten wird. Es ist die Ära des Kinos nicht nur als Nostalgie der Merchant-und-Ivory-Periode, sondern auch als eine scharfe Beobachtung der gesellschaftlichen Wirklichkeit ohne die Voreingenommenheit durch irgendeine besondere, parteipolitische Meinung. Es ist zu hoffen, daß die endzeitliche Panik mit den sie begleitenden extremen Reaktionen auf kollektive Probleme jene schöpferischen Kinder nicht aufgeben wird, die diese neue Kino-Ära hervorbringt.

Glanz als eine destruktive Kraft

Mode und Kino, aber auch populäre Musik sind sichtbare kollektive Manifestationen des neptunischen Glanzes; sie sind mehr als bloß leichte Unterhaltung oder narzißtische Selbstbespiegelung; sie sind auch eine notwendige Strömung, in die wir eintauchen, um die Einheit mit dem Kollektiven unserer eigenen Zeit zu erleben; sie sind die Sprachrohre unserer unausgesprochenen Träume. Aber Glanz ist tiefer und zweideutiger als all dies. Im Jahre 1950 schrieb Alice Bailey ein Buch mit dem Titel *Verblendung: ein Weltproblem.*[55] Obwohl alle Werke Baileys die besondere spirituelle Haltung ihrer Autorin widerspiegeln, deren Anziehungskraft durch eine schwierige Sprache und begriffliche Starrheit begrenzt sein mag, sind ihre Gedanken über den Glanz gleichwohl einer Betrachtung würdig, weil sie viele neptunische Themen auf eine äußerst prägnante (wenn auch negative) Weise beleuchten. Laut Bailey ist Glanz eine gefährliche und zersetzende Qualität, die ausgemerzt oder überwunden werden muß, bevor echte spirituelle Erkenntnis gewonnen werden kann.

> Eines der geeignetsten Symbole, das ein annäherndes Bild vom Wesen der Verblendung vermitteln kann, besteht darin, daß man sich die Astralebene ... als ein in dicken Nebel verschiedener Dichte gehülltes Land vorstellt. Das gewöhnliche Licht des gewöhnlichen Menschen, ähnlich den Scheinwerfern eines Kraftwagens mit ihrem selbstgenügsamen Leuchten, dient nur dazu, das Problem zu verschärfen und vermag die Nebelschwaden nicht zu durchdringen ... Der Nebelzustand wird enthüllt – aber das ist auch alles. So verhält es sich auf der Astralebene in bezug auf Verblendung; das im Menschen vorhandene, in ihm selbst erzeugte und hervorgebrachte Licht vermag in die Düsternis und den nebligen, miasmischen Zustand nicht einzudringen oder ihn gar zu zerstreuen. Das einzige Licht, das die Nebelschwaden der Verblendung zerstreuen und das Leben von seinen nachteiligen Wirkungen befreien kann, ist das Licht der Seele ...[56]

Baileys Sicht des Glanzes ist eigentümlich anti-neptunisch, trotz der Tatsache, daß viele ihrer Anhänger in den vergangenen vier Jahrzehnten mit typisch neptunischer Hingabe auf die Erlösungsvision angesprochen haben, die sie anbietet. Ihre Schriften haben einen eigenen spirituellen Glanz angenommen, auf eine Weise, über die Bailey selbst spottete. Gleichwohl ist sie kompromißlos in ihrer Darstellung der Beziehung zwischen Glanz und emotioneller Bedürftigkeit sowie dem Ausmaß, in dem wir unsere Kräfte intellektueller Unterscheidung aufgeben müssen, um auf den Lockruf des Glanzes anzusprechen.

> Verblendung und Gefühlswallung spielen Hand in Hand, und Verblendung ist gewöhnlich so stark von Gefühl durchdrängt, daß es unmöglich ist, das Licht des Wissens leicht und wirkungsvoll darauf zu richten.[57]

Trotz Baileys verurteilender Haltung ist es möglich, Glanz zu genießen – den eigenen oder den von anderen –, ohne einem gefährlichen Zauber zu erliegen oder gewaltsam alles Zauberhafte aus dem eigenen Leben zu tilgen. Wir brauchen Glanz, weil er uns in die Sagenwelt trägt, wo die Farben strahlender und die Gefühle stärker sind, und wo das Leben eine Qualität des Leuchtens und der Schönheit besitzt, die uns für die Trostlosigkeit und Schwierigkeit des gewöhnlichen, täglichen Überlebenskampfes einen Ausgleich bietet. Ohne Glanz hungern und dürsten unsere Seelen, und ohne glanzvolle Menschen haben wir keinen Spiegel, in dem wir die trüben Umrisse unserer eigenen, zutiefst archetypischen Sehnsüchte wahrnehmen können. Das Königtum war schon immer einer der wichtigsten Aufhänger für die kollektive Projektion des Glanzes, weil wir – trotz unseres Wissens um die Verfehlungen einzelner Vertreter der königlichen Familie – unbewußt ein Empfinden von der archetypischen Verbundenheit der Königlichen mit dem Göttlichen bewahrt haben. Aus diesem Grunde neigen Länder ohne Königtum wie Amerika und Frankreich dazu, auf glanzvolle politische Gestalten anzusprechen, als wären sie königlich – die Kennedy-Familie bietet ein hervorragendes Beispiel –, und sind von den königlichen Exponenten anderer Nationen in einem Maße fasziniert, das ihre politische Ablehnung solcher »anachronistischen« Institutionen Lügen straft. Als der Fürst von Wales und seine Gattin Australien, jene Bastion störrischer republikanischer Gesinnung besuchten, waren eine Million Menschen unterwegs, um sie zu sehen, als sie von Stadt zu Stadt reisten. Andrew Morton berichtet, daß

> ... die Willkommensfreude zuweilen an Raserei grenzte. In Brisbane, wo sich 300000 Menschen im Stadtzentrum drängten, stieg die Hysterie so hoch wie das Thermometer, das 35°C anzeigte.[58]

Wie bei allen neptunischen Themen scheint der gesunde Umgang mit dem Glanz eine Frage der Ausgewogenheit zu sein: individuelle Werte beizubehalten, während man in seinen flüchtigen Freuden Vergnügen und Nahrung findet. Andernfalls werden wir auf Kosten unserer individuellen moralischen Entscheidungen bezaubert, oder wir werden zu bösartigen Gegnern alles dessen, wonach dem wir uns insgeheim sehnen. Bailey führt auf, was sie als typischen Glanz ansieht, und diese Liste ist beunruhigend zutreffend, weil so viele dieser Lebensbereiche mit Neptuns Träumen verbunden sind. Man kann sogar so weit gehen zu sagen, daß jeder Planet, der Neptun aspektiert, in seinem eigenen Reich von dessen Glanz gestreift wird; dadurch wird es noch schwieriger, seine Energien auf gewöhnlich-alltägliche Weise zu würdigen und zum Ausdruck zu bringen. Ich habe einige der Glanz-Elemente aus Baileys Liste übernommen[59] und sie mit möglichen astrologischen und psychologischen Zusammenhängen dargestellt, die zum Nachdenken anregen mögen. Der Leser wird zweifellos feststellen, daß die meisten (wenn nicht alle) bei ihm oder ihr persönlich zutreffen, weil Baileys Liste der Verblendungen, wenngleich ohne ausdrückliche astrologische Bezüge, tatsächlich definiert, wie Neptun in uns allen wirkt.

Der Glanz körperlicher Stärke. Körperliche Kraft ist vielleicht kein Neptun-Thema, aber sie verleiht Glanz. Wir idealisieren unsere Athleten, unsere muskulösen Filmstars oder unseren eigenen fitten Körper, weil körperliche Kraft göttliche Macht bedeutet. Eines der Attribute der Göttlichkeit ist Macht, und ein kräftiger Körper kann uns – wie eine allmächtige Gottheit – vor den Schrecknissen des Lebens schützen. Das Baby muß sich in der körperlichen Umarmung der Eltern sicher und geborgen fühlen, und im Kleinkindalter kann das Erlebnis einer ernstlich erkrankten Mutter entsetzlich sein, weil es kein Bollwerk mehr gegen den Abgrund der Auslöschung zu geben scheint. Ungeachtet der berechtigten Proteste aus der Frauenbewegung halten wir ebenso stur daran fest, die körperlich »vollendeten« Exemplare der Weiblichkeit zu idealisieren – trotz der Tatsache, daß unsere Definition der Vollendung sich je nach dem Transit Neptuns durch die Tierkreiszeichen verändert.[60] In jeder Epoche aber schließt die Vollendung gewöhnlich das Attribut der Jugend ein und deutet an, daß nicht nur Kraft, sondern auch die Phantasie der Unsterblichkeit mit dieser Art von Glanz verknüpft sind. Venus-Neptun- und Mond-Neptun-Aspekte haben eine klare Beziehung zu der übertriebenen Idealisierung des materiellen Körpers – anderer oder des eigenen –, besonders wenn die entsprechenden Häuser (zweites oder sechstes) beteiligt sind. Gleiches gilt für Neptun im zweiten oder sechsten Haus, vor allem wenn sich das Hauptgewicht im Geburtshoroskop auf die Elemente Feuer und Luft verteilt. Eßstörungen wie Anorexie oder Bulimie können zum Teil in einem überstarken Bedürfnis wurzeln, in die uterinen Wasser zurückzukehren; das Symbol körperliche Vollkommenheit und die mit ihr einhergehenden Assoziationen von Allmacht und Unsterblichkeit sprechen eine deutliche Sprache.

Der Glanz der Selbst-Isolierung, des Alleinseins, der Weltflucht. Dieser Glanz wurde im 20. Jahrhundert von Filmstars wie Greta Garbo, James Dean und Clint Eastwood personifiziert, die den Zauber des Außenseiters und Abtrünnigen verkörpern. Solche Gestalten sind in Wirklichkeit Bilder des archetypischen Sündenbocks und des Opfers/Erlösers, der ungeachtet der brutalen Ablehnung durch das Kollektiv Würde, Vornehmheit, Mut und sogar Heiligkeit zeigt. Wenn wir dem Einzelgänger in Filmen, in Romanen oder im öffentlichen Leben begegnen, übt er eine eigentümliche Faszination auf die bekümmerten Seelen jener aus, die sich selbst als Außenseiter erleben, ebenso wie auf jene, die insgeheim das Gefühl haben, sich selbst »verraten« zu haben, um dazuzugehören. Die psychologische Beziehung zwischen dem Sündenbock in der Familie und einer isolierten Kindheit liegt auf der Hand. Es gibt eine lange Reihe mythischer Gestalten von Orpheus bis zu Jesus von Nazareth, die den Glanz der Isoliertheit verkörpern. Dieser Aspekt des Glanzes mag sich in Sonne-Neptun- oder Saturn-Neptun-Verbindungen andeuten, besonders wenn eher introvertierte Zeichen wie Skorpion, Steinbock oder Jungfrau, wichtige Saturn- und Pluto-Aspekte oder starke Plazierungen im achten oder zwölften Haus mit einem dominanten Neptun einhergehen.

Der Glanz der Liebe zum Geliebtwerden. Dieser Glanz steht in Verbindung mit dem kindlichen Erleben bedingter Liebe und dem, was Alice Miller als die »narzißtische Wunde« bezeichnet.[61] Auf der elementarsten Ebene ist er ein Teil des Musters des feinfühligen (oft neptunischen) Kindes, das vom Kleinkindalter an glauben gemacht wurde, daß es die emotionellen Bedürfnisse der Mutter getreulich erfüllen müsse, um Liebe und Akzeptanz zu verdienen. Wenn man später, als Erwachsener, nicht von anderen verehrt und gebraucht wird, fühlt man sich hohl, leer, unwirklich und unwürdig. Das persönliche Identitätsempfinden, das in gewissem

Maße von dem abhängig ist, was man in den frühen Lebensjahren von der Mutter widergespiegelt bekam, kann sich nur zusammen mit dem dringenden Bedürfnis entwickeln, die Erwartungen anderer zu erfüllen. Der Glanz der Liebe zum Geliebtwerden scheint insbesondere den Therapeuten oder Berater zu quälen, der die Abhängigkeit und Verehrung des Klienten braucht, und den Film- oder Popstar, der von der Verehrung seines Publikum abhängig ist, um seine Wirklichkeit, seine Identität und seinen Selbstwert zu empfinden. Auch in zwischenmenschlichen Beziehungen kann dieser Glanz zutage treten, wenn das berauschende Erlebnis der leidenschaftlichen Idealisierung der anderen Person – anstelle einer echten, gegenseitigen Würdigung der Individualität des anderen – die Grundlage der Verbindung bildet. In solchen Beziehungen entwickeln sich unvermeidlich ernste Schwierigkeiten, wenn das Stadium der Idealisierung vorüber ist und die Beziehung ihre transzendenten Qualitäten verloren zu haben scheint. In der Liebe zum Geliebtwerden zeigt sich eine tiefe Identifizierung mit einem glanzvollen Bild, das als Ersatz für ein gefestigtes Selbstempfinden dient. Dies ist mit ein Grund, warum »Prominentenehen« so oft nur einige Wochen oder Monate dauern. Astrologisch betrachtet, könnte dieser Glanz durch starke Venus-Neptun-Kontakte, aber auch durch einen starken Neptun am Aszendenten oder MC des Horoskops in Verbindung mit Konstellationen wie Sonne-Saturn, Venus-Saturn oder Sonne-Chiron angedeutet sein, die tiefe Gefühle persönlicher Unzulänglichkeit vermuten lassen.

Der Glanz der Selbstaufopferung. Diesen Punkt haben wir bereits in einiger Ausführlichkeit behandelt. Sein Glanz ist besonders in den helfenden Berufen anzutreffen und kann auch im Familienleben vorherrschen, wenn das eine oder andere Familienmitglied – gewöhnlich die Mutter – alle Arten zudringlichen und destruktiven Verhaltens mit selbstloser Liebe rechtfertigt. Historische Beispiele dieses Glanzes finden wir in Verbindung mit religiösem Martyrium, und oft wird er als sicheres Zeichen für die Wahrheit eines bestimmten religiösen oder politischen Standpunktes betrachtet. Ein weiterer Zauber aus Baileys Liste, der Glanz des Selbstmitleids, ist mit diesem Thema verwandt. Als Kollektiv neigen wir besonders zu diesem Glanz und halten nur selten inne, um den »Nebengewinn« zu betrachten, der mit einigen der ausgeprägteren Akte von Selbstaufopferung einhergeht, die im Namen anderer durchgeführt werden. Wenn wir jemanden sehen, der für andere »Gutes tut« und dafür offenkundig leidet, ignorieren wir leicht, was er vielleicht sonst noch alles tut, da wir uns selbst danach sehnen, ihn als überdurchschnittlich »heilig« wahrzunehmen. Das ist eines der typischsten Glanzstücke Neptuns; es mag sich astrologisch vor allem durch Sonne-Neptun-Kontakte andeuten, besonders wenn im Horoskop das Element Wasser überwiegt – obwohl auch ein Neptun am Aszendenten zu dem Empfinden beitragen mag, daß die eigene Individualität nicht würdig sei, gepflegt oder geäußert zu werden. Der Glanz liebevoller Selbstaufopferung mag sich auch in Venus-Neptun-Aspekten oder in einem stark aspektierten Neptun im fünften oder siebten Haus widerspiegeln.

Der Glanz emsiger Plänemacherei. Dies ist einer der eher zweideutigen Züge von Merkur-Neptun. Merkur-Pluto ist äußerst subtilen Schachzügen nicht abgeneigt, doch Pluto kümmert sich nicht um Glanz; das eigene Überleben scheint eher von Heimlichkeit und Tarnung abzuhängen. Ich habe viele Individuen mit Merkur-Neptun-Kontakten, aber auch mit einem stark aspektierten Neptun im dritten Haus kennengelernt, für die eine erfolgreiche Täuschung mehr ein persönlicher Nervenkitzel als eine notwendige Verteidigung ist. Bei ausreichender Unsicherheit (die sich in anderen Faktoren des Horoskops zeigt) und mit einem reichen Fundus an Phantasie und Einfällen (wie sie Merkur-Neptun-Kontakte anzeigen) mag es der einzelne genießen, Situation zu komplizieren und andere zum Narren zu halten, und sei es aus keinem anderen Grund, als um die eigene, überlegene Schlauheit und Gewandtheit zu demonstrieren. Wenn sich eine solche Tendenz abzeichnet, muß man unbedingt das psychologische Phänomen der Kompensation in Betracht ziehen, das gewöhnlich mit tiefen Gefühlen der Verwirrung und intellektuellen Unterlegenheit einhergeht. Es gibt eine weitere Dimension diese Glanzes, die Bailey anscheinend übersehen oder vernachlässigt hat: die Neigung, ausgeklügelte Verflechtungen kosmischer Verbindungen und Vernetzungen zu erschaffen, die dem Individuum das Gefühl vermitteln, mit »höheren Wirklichkeiten« verbunden zu sein, die weniger Entwickelten unzugänglich sind. Der Besitz spiritueller Geheimnisse ist verbunden mit dem, was Bailey als Glanz der Weisheit bezeichnet, einem besonderen Problem für jene, die mit esoterischen Dingen zu tun haben. Er ist nicht allein ein Charakteristikum von Merkur-Neptun, sondern kann auch von Sonne-Neptun angedeutet werden (man fühlt sich nicht wirklich oder würdig, wenn man nicht als Sprachrohr für das Göttliche dient), von Mars-Neptun (Gefühle der Hilflosigkeit oder Ohnmacht werden durch den Besitz höheren Wissens kompensiert) und Jupiter-Neptun (das Empfinden der eigenen moralischen Unfehlbarkeit macht jede Selbstkritik überflüssig).

Der Glanz schöpferischer Arbeit ohne wahres Motiv. Was Bailey unter »wahres Motiv« versteht, ist unklar. Aber es ist typisch für Neptun, vieles im Namen der »Kreativität« zu rechtfertigen, selbst wenn dabei niemals etwas produziert wird oder wenn das Produkt nur für seinen Schöpfer von Bedeutung ist. Viele Neptunier idealisieren die Fähigkeit der Phantasie und beanspruchen ein Ausgenommensein von den Erfordernissen des gewöhnlichen Lebens als selbstverständliches Recht des phantasiebegabten Temperaments. Dieser Glanz mag in Verbindung stehen mit Sonne-Neptun- und Saturn-Neptun-Aspekten, vielleicht auch mit einem stark aspektierten Neptun im fünften Haus, besonders in einem Horoskop, in dem das Element Feuer überwiegt. Er bildet die Basis für die nicht ungewöhnliche Überzeugung, daß eine schöpferische Persönlichkeit emotionell wie finanziell von anderen unterstützt werden sollte. Die Tatsache, daß jedes Individuum die Fähigkeit zu irgendeiner Form persönlichen, schöpferischen Ausdrucks besitzt und gewöhnlich auch einen Weg finden kann, diese zu unterstützen und zu fördern, während weltliche Grenzen respektiert werden, scheint dabei unter den Tisch zu fallen. Eine weitere Dimension dieses Glanzes ist das Bedürfnis, sich mit dem Künstler als einer mächtigen und magischen Gestalt zu identifizieren. Dies ist ein weiterer Ausdruck der Verschmelzung mit der göttlichen Schöpferin, die Leben aus der Leere hervorzaubert. Möglicherweise ist ein gewisse Maß an Narzißmus notwendig, damit überhaupt etwas erschaffen werden kann. Wie gewöhnlich ist auch dies eine Frage des Gleichgewichts.

Der Glanz des Konflikts und das Streben nach unerreichbarer Gerechtigkeit und Frieden. Dieser Glanz hat im Laufe der Zeiten viele Kriege hervorgebracht. Er ist verschiedentlich auch in unserer modernen Welt festzustellen und ist verbunden mit dem, was Bailey den Glanz des Fanatismus nennt. Der Heilige Krieg, von religiösen Gemeinschaften unterschiedlicher Überzeugungen zu allen Zeiten der Geschichte geliebt, spiegelt ebenfalls diesen Glanz, in dem das Martyrium für den Glauben zusammen mit den denkbar destruktivsten Feuersbrünsten alle vernünftigeren Ziele wie Zusammenarbeit, Achtung zwischen Gemeinschaften oder Nationen und ein besseres Leben für den einzelnen verdrängen. Es ist manchmal typisch für Neptun, daß heftige Konflikte und Krisen provoziert werden, weil man sich nur in der Not des tödlichen Kampfes – wie zwischen Marduk und Tiamat – lebendig und wichtig fühlt. Auf diese Weise ist man mit der mythischen Welt verbunden, in der sich göttliche Helden und Heldinnen regelmäßig im Namen eines unerreichbaren Ideals ekstatischen Fehden hingeben. Der Glanz des Konflikts ist auch verknüpft mit dem Glanz des Todeswunsches, den wir schon früher untersucht haben. Ist die edle Sache durchdrungen von neptunischer Sehnsucht, kann sie das Bedürfnis des Individuums überdecken, seine Existenz durch Identifizierung mit dem Märtyrer gewordenen Opfer-Erlöser zu rechtfertigen, anstatt selbst einen bescheideneren, aber echten Beitrag zum Wohl der anderen zu leisten. Dieser Glanz mag sich durch Mars-Neptun in Verbindung mit Jupiter-Neptun und vielleicht durch einen stark aspektierten Neptun im neunten Haus andeuten. Er mag auch einen Teil der persönlichen Vision von Sonne-Neptun ausmachen, wenn andere Faktoren im Horoskop (wie eine Betonung in Widder oder Schütze oder ein Mars im neunten Haus) einen angeborenen Kreuzfahrer-Geist andeuten.

Der Glanz von übersinnlicher Wahrnehmung anstelle von Intuition. Wir haben das Wesen der neptunischen Medialität in einiger Gründlichkeit untersucht. Ungeachtet der Tatsache, daß der Mediumismus oft mit einem schmerzlichen Mangel persönlicher Grenzen einhergeht und eine unausgebildete oder sogar hysterische anstelle einer entwickelten Persönlichkeit widerspiegelt, gibt es in spirituellen Kreisen ein enormes Maß an Glanz, das mit der Fähigkeit assoziiert wird, übersinnliche Manifestationen zu erleben. Viele esoterische Kulte wie die Emin und die School of Economic Science bieten »Ausbildungen« in gewissen Aspekten der medialen Entwicklung an, zum Beispiel der Fähigkeit, die Aura zu sehen. Die Nützlichkeit solcher Fertigkeiten für den einzelnen oder die Gesellschaft, in der er lebt, scheint oft übersehen oder ignoriert zu werden; übersinnliche Phänomene scheinen an sich schon am Geruch der verheißenen Heimkehr zu partizipieren. Doch warum sollten sie so glanzvoll sein? Vielleicht scheint es vielen Menschen so, weil sie offenbar eine besondere Beziehung zur göttlichen Welt des Ursprungs aufweisen und vielleicht jene noch erreichbare Stufe darstellen, die man als dem Zustand der spirituellen Verschmelzung am nächsten empfindet, der ja das Ziel des mystischen Weges ist. Möglicherweise – wenn auch gewiß ohne Glanz – vermittelt der Mediumismus manchen auch ein geheimes Empfinden der Einheit mit der mütterlichen Quelle, sowie Sicherheit, Schutz und elterliche Gunst. Worum auch immer es bei der spirituellen Entwicklung gehen mag – und dies wurde schon auf ebenso viele Weisen definiert, wie es Individuen gibt –, scheint die Idealisierung der Medialität niemandem irgend etwas Konstruktives oder Hilfreiches zu bieten, am wenigsten dem Medium selbst. Die meisten übersinnlichen Phänomene sind in erster Linie deshalb interessant, weil sie demonstrieren, daß andere Ebenen der Wirklichkeit jenseits der materiellen existieren. Wenn übersinnliche Manifestationen glanzvoll werden, anstatt die Grundlage für intelligentes Fragen und Forschen zu bilden, stoßen wir vielleicht auf astrologische Hinweise wie Mond-Neptun, Merkur-Neptun oder Jupiter-Neptun in einem Geburtshoroskop, in dem das Element Wasser betont ist oder ein stark aspektierter Neptun im vierten, achten oder zwölften Haus steht.

Der Glanz der Materialität. »Materialität« (oder »Materialismus«) ist ein problematischer Begriff, da er oft von jenen, denen es schwerfällt, mit den Verantwortungen des täglichen Lebens klarzukommen, als Urteil gegen andere verwendet wird, denen es gelungen ist, sich in der materiellen Welt eine Nische einzurichten. Das Wort selbst ist befrachtet mit politischen Assoziationen und kann manchmal einen Teil der »Politik des Neides« bilden, die für die neptunische Ideologie so typisch ist. Materialismus wird auch zur Beschreibung des Wertesystems des nüchternwissenschaftlich Denkenden gebraucht, der es ablehnt, irgendeine Wirklichkeit außer der anzuerkennen, die instrumentell oder statistisch gemessen und erfaßt werden kann. Damit ist Materialismus ein Begriff mit vielen abschätzigen Assoziationen geworden. Wenn Bailey ihn gebraucht, meint sie wohl den Glanz der Welt der Form – die Faszination nicht nur des Geldes und weltlicher Macht, sondern auch der physischen Manifestationen des Göttlichen anstelle des Göttlichen selbst. Das ist der besondere Glanz nicht nur des Wissenschaftlers, sondern auch eines gewissen Astrologen-Typs, der so geblendet ist von seiner Fähigkeit, Ereignisse vorauszusagen oder Statistiken zu sammeln, daß jegliches Gespür für die innere Welt und die Psychologie des Individuums unter einem Wust von Techniken verschwindet, die dazu dienen, konkrete Resultate zu liefern. Saturn-Neptun-Kontakte mag man diesem Glanze zuordnen, aber auch ein Geburtshoroskop, in dem

Neptun stark gestellt ist, aber das Element Erde – ein der neptunischen Welt nicht gerade kongeniales Element – dominiert.[62]

Der Glanz der Sentimentalität. Sentimentalität ist ein schwer zu definierender Begriff. In *Chambers Twentieth Century Dictionary* lesen wir: »bewußt gewecktes oder teilweise unaufrichtiges Empfinden; Neigung, im Sentiment zu schwelgen; Vorliebe für angenehme Empfindungen; Rührseligkeit«. Weil Sentimentalität eine feine, emotionelle Natur auszudrücken scheint, fällt es schwer, sie objektiv zu betrachten, solange man sich ihr selbst hingibt. In unserer Gesellschaft sind alle Glückwunschkarten mit kuscheligen Kätzchen, engelsgleichen Kindern und altmodischen Rosen kollektiv sakrosankt und eine symbolische Widerspiegelung von »Güte«, wie wir sie in den mittelalterlichen Schilderungen des Himmels kennengelernt haben. Wir sentimentalisieren Kindheit und Mutterschaft so weit, daß sowohl Kinder als auch Mütter sich abstoßend abnorm empfinden müssen, wenn sie sich nicht wie Gestalten in einem Walt Disney-Trickfilm verhalten; wir sentimentalisieren Liebe so weit, daß wir nicht mehr fähig sind zu aufrichtigem Austausch; und nur W. C. Fields, der gewiß nicht unter diesem Aspekt des Glanzes litt, konnte die Bemerkung machen, daß jeder, der Hunde und Kinder haßt, nicht völlig schlecht sein könne. Aber worin liegt der Glanz der Sentimentalität? Vielleicht steht er in Verbindung mit der neptunischen Kunst des Darstellers, dessen hochstilisierte Ausdrucksformen für Gefühle an die Stelle einer echten, individuellen Antwort treten. Wenn wir unsere Gefühle auf ritualisierte und gesellschaftlich akzeptierte Weise äußern, werden wir geliebt und liebenswert, und wir gehören dazu. Astrologisch betrachtet, könnte Sentimentalität verbunden sein mit Venus-Neptun und Mond-Neptun, besonders in einem Geburtshoroskop, in dem Luft und Wasser (besonders Krebs, Waage und Fische) betont sind, und wenn die individuellen Werte der Venus und die individuellen emotionellen Reaktionen des Mondes von der Notwendigkeit überwältigt werden, daß die eigenen Bedürfnisse von Familie und Gesellschaft akzeptiert werden. Der Glanz der Sentimentalität ist durchdrungen von Bildern der Reinheit und Süße, die an Lactantius' Darstellung des Nachlebens erinnern, die ja Blut, Fleisch, Leidenschaften und das oft entzweiende Wesen der Individualität selbst bewußt ausschließen. Sentimentalität gibt uns das Gefühl, dem Paradiese näher zu sein, denn sie ist nicht nur stilisiertes Empfinden, sondern sie ist auch Gefühl ohne die Kraft, sich zu inkarnieren. Es überrascht kaum, daß die neptunische Natur extrem sentimental sein kann, dabei aber in bezug auf das Erkennen und Ausdrücken individueller Gefühlsreaktionen zutiefst verwirrt bleibt.

Der Glanz der Welterlöser und Weltlehrer. Dieses Phänomen haben wir im vorangehenden Kapitel untersucht. Die neptunische Sehnsucht kann sich an einer Gestalt festmachen, die die Rettung zu verheißen scheint, besonders wenn Gehorsam einem bestimmten Bekenntnis gegenüber oder ein Rahmen von Disziplinen die schmerzliche Bürde individueller Besinnung und Wahl erübrigen. Der Glanz, selbst ein Weltretter oder -lehrer zu sein, entspringt der gleichen Wurzel. Ich verknüpfe keinen bestimmten astrologischen Aspekt mit diesem Glanz, da er typisch für Neptuns Dynamik in jedem Individuum scheint, obwohl ein Neptun im neunten Haus oder Jupiter-Neptun-Kontakte, verbunden mit einer guten Dosis Schütze oder Fische, diese Neigung unterstützen können.

Dies sind nur einige »Glanzpunkte« aus Baileys Liste, die eine wirklich umfassende Zusammenstellung neptunischer Schwächen bietet. Es gibt wahrscheinlich keinen Menschen, der nicht das eine oder andere – wenn nicht die meisten – der behandelten Attribute aufweist. Baileys Glanzliste liest sich wie ein psychiatrisches oder medizinisches Lehrbuchs: Wenn man damit fertig ist, hat man den deutlichen Eindruck, selbst an allem zu leiden. Baileys Glanz-Exponenten wären als eine niederschmetternde Anklage gegen die menschliche Natur zu deuten, für die Glamour schon immer eine suchtbildende Droge war und ist, die sich Zugang zu jedem Lebensbereich erschleichen kann. Wo wir auf Glanz stoßen, werden wir geblendet, als Individuen ebenso wie als Kollektiv. Doch es ist zweifelhaft, ob irgendeines unserer großen Kunstwerke, irgendein Teil unseres Erbes an religiösen oder spirituellen Visionen, oder irgendeine wissenschaftliche oder gesellschaftliche Errungenschaft jemals entstanden wäre, gäbe es nicht diese, uns allen gemeinsame Anfälligkeit für den Zauber des Glanzes. Wir können ihn nicht einfach als korrumpierende Macht oder, wie Bailey empfiehlt, als ein Hindernis auf dem Wege zu echter spiritueller Weisheit abtun. Die Annahme, daß es so etwas wie echte, spirituelle Weisheit gibt, ist an sich bereits eine stillschweigendes Anerkennung des durchdringenden Einflusses des Glanzes. Wir können unserem Bedürfnis nach Glanz nicht entrinnen. Doch wir können unsere eigenen Empfindlichkeiten mit Humor und Ironie betrachten. Und wir können lernen, den Glanz sowohl zu bewundern als auch zu zeigen, ohne dabei unserer Seelen verlustig zu gehen.

Ein Fallbeispiel voller Glanz: Diana, Fürstin von Wales

Welche Gefühle man auch in bezug auf die britische Königsfamilie und die belastete Ehe des Fürstenpaares von Wales hegen mag – nur wenige würden bestreiten, daß Diana Glanz besitzt. Sie hat unter Beweis gestellt, daß sie die Verehrung der Öffentlichkeit nicht nur in England, sondern überall auf der Welt auf sich ziehen kann. Die Echtheit ihres strahlenden öffentlichen Images wurde schon oft hinterfragt, denn obwohl dieses Image einige Bestätigung im wirklichen Leben findet, kann Diana, wie so viele andere Neptunier, auch tiefen Argwohn und Ablehnung hervorrufen. In den Medien und von ihren Freunden wird sie oft als eine Heilige des 20. Jahrhunderts dargestellt, aus dem Holze einer Mutter Theresa geschnitzt, eine zutiefst fürsorgende und engagierte Person und leidenschaftliche Anwältin für alle vom Leben Benachteiligten. Ihre enge Freundin Carolyn Bartholomew sagt:

> Ich bin nicht schrecklich spirituell, aber ich glaube, daß sie [Diana] dazu bestimmt war zu tun, was sie tut, und sie glaubt das gewiß selbst. Sie war

> [vor ihrer Heirat mit Prinz Charles] umgeben von dieser goldenen Aura, die Männer davon abhielt, zu weit zu gehen; ob sie es gerne getan hätten oder nicht, es ist nie passiert. Sie war irgendwie beschützt von einem vollkommenen Licht.[63]

So betrachtet, ist sie zum unschuldigen Opfer eines gefühlskalten und treulosen Ehemanns und einer stur konventionellen Familienhierarchie geworden, und ihre Auflehnung wurde als Ausdruck eines mutigen und großzügigen Geistes wahrgenommen, der gegen ein antiquiertes System ankämpfte, das eine Erschütterung dringend nötig hatte. Andrew Mortons unverblümt voreingenommene Biographie, veröffentlicht zu der Zeit, als der königliche Eheskandal seinen Höhepunkt erreichte, hat sehr viel dazu beigetragen, das Bild einer »heiligen Diana« in die Herzen der Öffentlichkeit einzuprägen. Millionen Frauen betrachten sie als Vorbild.

Die andere Diana, die das dunklere Gesicht Neptuns verkörpert, hat ebenfalls die Aufmerksamkeit der Medien auf sich gezogen, vornehmlich unter jenen Journalisten, die in der zeitlichen Abstimmung und in der Art der verschiedenen Geschichten, die in die Presse gelangt waren, ein sorgfältig berechnetes Muster wahrgenommen haben. Diana rettet einen Landstreicher vor dem Ertrinken – zufällig unmittelbar, nachdem der enorme Umfang ihrer jährlichen Ausgaben für Kleider und Kosmetik in den Zeitungen veröffentlicht wurde. Diana erscheint in den Abendnachrichten, wie sie bei einer kulturellen Veranstaltung im Hyde Park ein überwältigendes und höchst offenherziges, schwarzes Cocktailkleid trägt – nicht lange, nachdem sie angekündigt hatte, daß sie keine öffentlichen Auftritte mehr wünsche –, und zufällig wird am gleichen Abend eine sympathisierende Dokumentation über ihren Ehemann im Fernsehen ausgestrahlt. Diana protestiert heftig gegen das Eindringen der Presse in ihre Privatsphäre – aber wenig später wird sie bei einem geheimen Rendezvous mit einem wohlbekannten Boulevard-Journalisten fotografiert. Diese eher suspekte Diana wurde als emotionelles Kleinkind charakterisiert, derart hungrig nach Liebe und Aufmerksamkeit, daß sie dafür jede Täuschung und Manipulation der Medien in Kauf nehmen würde.[64] Verärgert, weil ihr Ehemann es ablehnte, sich von der überwältigenden Flut ihrer emotionellen Bedürfnisse verschlingen zu lassen, begann sie – entsprechend dieser weniger schmeichelhaften Interpretation – einen subtilen und besonders schmutzigen Rachefeldzug mit dem Ziel, Prinz Charles' Beliebtheit, wenn nicht sogar seine künftige Königswürde zu untergraben. »Die Hölle hat nicht die Wut einer verschmähten Frau«, und eine solche Diana schließt offenkundig die »Mutter Theresa«-Diana aus – und umgekehrt. Von dieser dunkleren Seite betrachtet, wird Diana mit nichts weniger zufrieden sein als dem Verzicht ihres Mannes auf den Thron und dessen Übernahme durch ihren ältesten Sohn, Prinz William. Ihr öffentliches Image erscheint sorgfältig ersonnen, um bei der sie verehrenden Öffentlichkeit den Neptun-Knopf zu drücken, denn wiederholt inszenierte sie mit der Geschicklichkeit eines guten Schauspielers den Archetypus des Opfers und Erlösers. Ihre Bewunderer sind so verzaubert von ihrem offenkundigen Altruismus, Mitgefühl und den bewährten Qualitäten der Mutterschaft, daß ihr Ehemann im Vergleich zu ihr zwangsläufig als abgebrühtes und brutales Geschöpf verurteilt werden muß. Charles' Unvermögen, Diana zu schätzen, und sein unvorteilhaftes öffentliches Verhalten gegenüber seinen Kindern werden somit seinem eigenen emotionellen Scheitern angelastet. Morton zitiert Dianas Freund James Gilbey:

> Sie denkt, er ist ein schlechter Vater, ein egoistischer Vater ... Als ich mit ihr darüber sprach [über ein Pressefoto des Prinzen, wie er mit den Kindern in Sandringham ausritt], mußte sie buchstäblich ihren Zorn zurückhalten, weil sie meinte, das Bild stelle es als Tatsache hin, daß er ein guter Vater sei, während sie die wahre Geschichte kenne.[65]

Wie bei so vielen Frauen, die durch ihren »irrenden« Ehemann verletzt wurden, mag auch Dianas eigenes Wesen dazu beigetragen haben, daß er sie ablehnt. Aber die »Hölle-hat-nicht-die-Wut«-Diana tut alles Mögliche, um zu gewährleisten, daß diese Überlegung in der öffentlichen Meinung nicht Platz greifen kann.

Wir wissen nicht, wer die wahre Diana ist. Wir könnten behaupten, daß es uns nicht interessiere; aber Zeitungen drucken, was die Leser lesen möchten, und sie ist immer in den Schlagzeilen. Vielleicht werden wir niemals wissen, wer sie ist – und sie selbst vielleicht auch nicht –, denn es ist unmöglich, die Gefühle und Motive der neptunischen Persönlichkeit ganz auszuloten. Diana besitzt eine einzigartige Fähigkeit, Menschen zu polarisieren, und diese sprechen mit Verehrung oder Ablehnung darauf an. Es ist durchaus möglich, daß beide Bilder von ihr zutreffen, und daß dies eine der tieferen Quellen ihres Glanzes ist. Ihre Extreme sind sehr extrem, und für viele Menschen verkörpert sie entweder das Beste oder das Schlechteste vom weiblichen Archetyp. Wäre sie als Persönlichkeit besser ausgeprägt, zöge sie nicht so machtvolle Projektionen auf sich; wäre sie ein intellektueller Typ, würde sie vom durchschnittlichen Leser der Regenbogenpresse ignoriert oder verachtet. Aber ihre Qualität der Unfertigkeit und ihre schüchtern-verführerische Art, in Verbindung mit dem, was Morton als »ihre Gewöhnlichkeit«[66] ausmacht, tragen zu ihrem Glanz bei. Ihre mühelosen und instinktiven Umschwünge von der hysterischen Manipulateurin zur mitfühlenden Heilerin sind so beunruhigend wie faszinierend, und sie scheint keine Entschuldigung für diese Vielseitigkeit zu bieten. Absichtlich oder unbewußt (und sehr wahrscheinlich letzteres) ist es ihr – wie zuvor Marilyn Monroe – gelungen, eine der großen, archetypischen Rollen im Drama des Menschen mit Beschlag zu belegen.

Das Geburtshoroskop der Fürstin Wales zeigt den Aszendenten auf 18° Schütze. Nicholas Campion stellt in seinem Buch *Born to Reign* fest, daß

> ... Diana in der Mitte der achtziger Jahre die mit diesem Zeichen verbundenen freiheitsliebenden Eigenschaften ganz ausgebildet hat, ein-

> schließlich des Vertrauens, ihre königlichen Pflichten auf eine Weise zu entfalten, die vom Buckingham Palast nicht vorauszusehen war. Sie begann, ihre private Enttäuschung mit Prinz Charles als öffentliche Konkurrenz mit ihm zu äußern und entdeckte, daß es ihr – nicht ihm – gelang, algemeine Verehrung für sich zu wecken.[67]

Wie freiheitsliebend und selbständig der Aszendent auch sein mag, die Sonne steht in diesem Horoskop dennoch im Zeichen Krebs, auf ein Grad genau im Trigon zu Neptun in Skorpion, und bildet damit ein großes Wasser-Trigon, das Chiron in Fische vervollständigt. Neptun steht im zehnten Haus und spiegelt das Image wider, das sie der Welt präsentiert, und (durch sein Trigon zur Sonne) auch die Werte, die sie als Individuum vertritt. Trotz der mächtigen, starren, eigenwilligen und geradezu anarchischen Aspekte in diesem Horoskop – besonders das T-Kreuz mit einer Uranus-Mars-Pluto-Konjunktion (Mars in der Halbsumme von Uranus und Pluto) in Opposition zu Mond und Chiron (Mars in der Halbsumme von Mond und Chiron) und einem Quadrat zu Venus (Mars in der Halbsumme von Venus und Pluto) – erschien Diana anderen, und vielleicht auch sich selbst, immer als Neptunierin. Die typische Passivität und selbst angenommene Märtyrerrolle Neptuns sind in ihren Worten zu ahnen:

> In der Nacht vor der Hochzeit war ich sehr ruhig, tödlich ruhig. Ich fühlte, daß ich das Lamm war für den Schlächter. Ich wußte es und ich konnte nichts daran ändern.[68]

Morton schreibt weiter:

> Sie ist eine Geisel des Glücks, gefangen gehalten von ihrem Bild in der Öffentlichkeit, gebunden durch die verfassungsmäßigen Umstände ihrer einzigartigen Stellung als Fürstin von Wales und als Gefangene ihres täglichen Lebens.[69]

Einer ihrer Astrologen, Felix Lyle, wird mit den Worten zitiert:

> Eines der schlimmsten Dinge, die ihr geschahen, war daß sie *auf einen Sockel gestellt wurde,* der es ihr *nicht erlaubte,* sich in die gewünschte Richtung zu entfalten, sondern in eine, die *sie zwang,* sich um ein perfektes zu bemühen.«[70] (Hervorhebungen von mir)

Diese Auszüge vermitteln alle die gleiche Botschaft: Diana ist keinesfalls verantwortlich für das schmerzliche Dilemma, in dem sie sich befindet; ihre psychologischen Schwierigkeiten wurden von den Menschen ihres Umfeldes »verursacht«; sie ist ein Opfer, beherrscht und fast zerstört durch äußere Mächte, die sie nicht im Griff hat.

Nicholas Campion deutet als einer von wenigen Kommentatoren an, daß sie das Horoskop einer militanten Feministin habe.[71] Die meisten psychologisch aufgeschlossenen Astrologen würden erkennen, daß die oben genannte Konstellati-

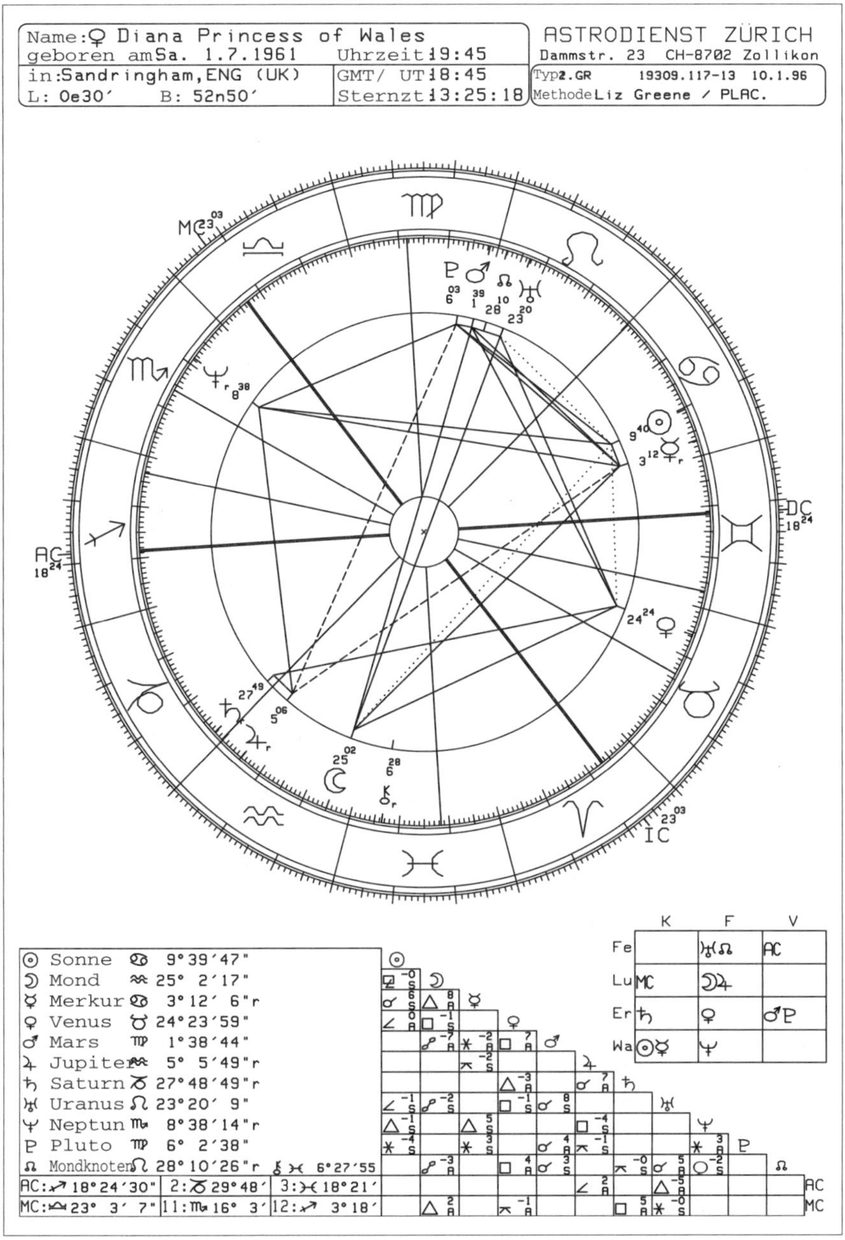

13. Diana, Fürstin von Wales, geboren am 1. Juli 1961, 19:45 BST, Sandringham, UK. Häuser Placidus. Quelle: Hans-Hinrich Taeger, *Internationales Horoskope-Lexikon.*

on nicht nur wildentschlossene Selbständigkeit des Denkens widerspiegelt, sondern auch eine tiefe, unnachgiebige Wut auf jene, die ihren Willen durchkreuzen oder gar um einen Kompromiß bitten. Es besteht auch ein tiefer innerer Konflikt zwischen machtvollen Sicherheitsbedürfnissen (Sonne in Krebs, Venus in Stier, Mond im zweiten Haus) und einer großen Entschlossenheit, ihre Umgebung unter Kontrolle zu halten. Aber die Außenwelt sieht solche inneren Horoskopaspekte nicht. Sie sieht die Eckfelder des Horoskops, und wenn sie zurücktritt und die allgemeine Richtung von Dianas Leben betrachtet, sieht sie die Sonne und die vorherrschenden Planetenaspekte. Eine Öffentlichkeit, die sich für mehr als nur für die Form von Dianas Beinen interessiert, wird das große Wasser-Trigon mit Chiron und Neptun erkennen und das archetypische Bild des Opfers und Erlösers wahrnehmen.

Planetenkonstellationen beschreiben nicht das äußerliche Geschick, das uns auferlegt wurde. Sie reflektieren unseren eigenen Charakter, der uns wiederum – bewußt oder unbewußt – dazu führt, in der Außenwelt das zu erschaffen oder zu finden, was wir innerlich sind. Und es ist auch unser Charakter, der uns auf äußere Ereignisse mit höchst individuellen Interpretationen und Reaktionen antworten läßt. Psychologisch ist es berechtigt, Dianas Kindheit trotz der äußerlichen Vorzüge von Reichtum und Stellung als schmerzlich und emotionell verarmt zu bezeichnen und ihren Kampf mit der Bulimie in diesem Zusammenhang verstehen – besonders im Hinblick auf ihre empfindliche und verletzliche Krebs- und Neptun-Natur. Genauso richtig ist jedoch die Erkenntnis, daß ein großer Teil der Menschheit während der Kindheit Entbehrungen der einen oder anderen Art erlebt. Aber ein Horoskop wie das von Diana deutet nicht nur ein grenzenloses Bedürfnis nach absoluter und bedingungsloser Liebe an, sondern auch ein Wesen, das Beleidigungen und Verletzungen nicht leicht vergibt oder vergißt, und das dazu neigt, anderen die Folgen der eigenen Entscheidungen vorzuwerfen. Beide Ansichten sind zutreffend, und beide beschreiben das Verhalten eines verletzten Neptuniers mit einer Mars-Pluto-Konjunktion in Opposition zu Mond und Chiron.

Als Diana im Alter von sechs Jahren das Zerbrechen der Ehe ihrer Eltern erlebte, war dies zweifellos ein zutiefst traumatisches Ereignis für sie. Morton schreibt:

> Ein Vierteljahrhundert später ist es ein Augenblick, den sie sich immer noch in Erinnerung rufen kann, und sie kann immer noch die schmerzlichen Gefühle der Zurückweisung, des Vertrauensbruchs und der Isolation spüren, die das Zerbrechen der Ehe ihrer Eltern für sie bedeuteten.[72]

Es sei angemerkt, daß Neptun in jener kritischen Zeit ihrer Kindheit durch den Skorpion zog und sich dem T-Kreuz in ihrem Geburtshoroskop näherte, einer Opposition zur Geburts-Venus und einem Quadrat zu Geburts-Mond und -Saturn. Die »schmerzlichen Gefühle der Zurückweisung, des Vertrauensbruchs und der Isolation« sind typisch für diesen schwierigen Neptun-Transit. Später folgten anderen Planeten und rissen die alte Wunde von neuem auf. Der Uranus-Transit durch den Skorpion berührte das T-Kreuz in den Jahren 1980-81, als Prinz Charles ihr den Hof machte, und verweilte hier zuletzt kurz nach ihrer Hochzeit. Der Chiron-Transit durch den Stier berührte es 1982-83 – während und nach ihrer ersten Schwangerschaft –, als sie unter schweren Depressionen, heftigen Anfällen von Eifersucht und einem Rückfall in ihre Bulimie litt und ihre mittlerweile sattsam bekannten Selbstmordversuche unternahm. Pluto zog durch Skorpion und erreichte das T-Kreuz schließlich 1992-93, zeitgleich mit ihrer formellen Trennung vom Fürsten von Wales und der Veröffentlichung von Mortons Buch. Es sei weiterhin angemerkt, daß die Sonne von Prinz Charles auf 22°25' Skorpion direkt auf dieses wiederholt erschütterte T-Kreuz fällt, was andeutet, daß er – wie auch immer er sich verhalten haben mag – für sie eine ständige Erinnerung an jenen schmerzlichen inneren Konflikt war, den sie äußerlich erstmalig im Alter von sechs Jahren erlebt hatte, als die Mutter den Vater wegen eines anderen Mannes verließ. Wenn wir etwas in uns heilen müssen, dann bringen wir uns unbewußt wieder und wieder in Situationen, die uns vor Augen führen, was wir nicht ansehen möchten. Wie wir mit diesem scheinbar schlimmen Geschick umgehen, hängt sowohl von unserer Fähigkeit ab, nach innen zu schauen, als auch von unserer Wahrnehmung des Lebens, die unsere innere Disposition widerspiegelt. In vieler Hinsicht ist Diana mit einer neptunischen Wahrnehmungsweise an ihr Dilemma herangegangen.

Glanz und Glamour lassen sich nicht einer bestimmten Konstellation im Geburtshoroskop zuordnen. Aber – um den psychiatrischen Begriff der Überdeterminierung zu bemühen – eine Kombination vieler Faktoren, die jeder für sich faszinierend sind, kann diesen Glanz hervorbringen. Neptuns Fähigkeit, uns wie ein Spiegel unsere geheimsten Bestrebungen, Sehnsüchte und Wunden zu zeigen, ist ein wichtiger Bestandteil von Dianas Glanz. Sie scheint das verletzte Kind in jedem von uns anzusprechen; selbst verwundet und unter einem Mangel an Zuneigung und Treue leidend, weist sie auf die Möglichkeit hin, daß das Opfer sich erheben und sein Leiden durch Mut und Mitgefühl überwinden kann. Sie löst auch den Beschützerinstinkt in ihren Bewunderen aus. Ihre scheinbare Hilflosigkeit und mangelnde emotionelle Abgrenzung stehen in starkem Kontrast zu Prinz Charles' Reserviertheit; denn wie verletzt und verwundet er sich auch fühlen mag, er ist durch die Natur seiner Persönlichkeit – und ebenso sehr durch seine Erziehung (Sonne in Skorpion, Mond in Stier im Trigon zu Saturn in Jungfrau) – gebunden, Würde und Selbstbeherrschung zu bewahren.[73] Das große Wasser-Trigon in Dianas Horoskop ist ebenfalls eine Konstellation, die man im Zusammenhang mit Glanz sehen kann – besonders, da Neptun beteiligt ist. Große Trigone in einem Geburtshoroskop sind höchst ambivalente Signale; sie spiegeln eine natürliche Neigung oder ein Talent im Bereich der beteiligten Planeten und Zeichen wider. Diese angeborene Befähigung – bei Diana die Fähigkeit, instinktiv die emotionellen Bedürfnisse anderer zu verstehen – kann schöpferisch oder destruktiv eingesetzt werden. In letzterem Falle kommt das Individuum meist ungeschoren davon, weil es keinen inneren Konflikt gibt, der eine äußere Schlacht heraufbeschwören könnte. Die emotionellen Gaben, die Diana besitzt, machen sie nicht nur einfühlsam, sondern buchstäblich medial.[74] Sie machen sie aber auch sehr manipulativ und erlauben ihr, mühelos mit den Bedürfnissen und Träumen anderer zu spielen. Wenn ein großes Trigon in einem Horoskop erscheint, das so mit turbulenten Aspekten beladen ist wie dieses, wird sich das Individuum gewöhnlich in dem großen Trigon »verstekken« und alles Übrige möglichst lange auf geeignete »Aufhänger« projizieren. Dies führt zu einer Polarisierung, sowohl innerhalb der Person als auch in der Außenwelt. Diese extreme Zweiteilung macht einen Teil von Dianas Glanz aus.

Als der transitierende Pluto 1986 eine Konjunktion mit Dianas Geburts-Neptun bildete, während der transitierende Neptun in Steinbock die Opposition zu ihrer Geburts-Sonne erreichte, war vermutlich der Zeitpunkt gekommen, an dem sie endgültig jede Hoffnung aufgab, daß ihre Ehe noch zu retten sei. Wichtige Planetenbewegungen wie diese, an denen sowohl der Geburts-Neptun als auch der transitierende Neptun beteiligt sind, bringen im allgemeinen nicht nur die tiefsten und ältesten neptunischen Phantasien von vollkommener Liebe und Verschmelzung zum Vorschein, sondern auch eine profunde – und in Plutos Fall endgültige – Auflösung dieser Phantasien. Diese Transite können in der Folge auch eine große Wut auslösen. Das Sonne-Neptun-Trigon im Geburtshoroskop beschreibt ebenfalls die romantische Idealisierung und tiefe Desillusionierung, die Diana in bezug auf ihren Vater empfand, der ihr selbst als ein Opfer und Erlöser vorgekommen sein muß, der wie ihm Märchen in die Hände einer bösen Stiefmutter gefallen ist. Charles erfüllte dieses gleiche Muster für die Erwachsene, als er in die Hände von Camilla Parker-Bowles fiel. Charles' Beziehung mit Camilla Parker-Bowles wird ausdrücklich als Grund für Dianas bittere Enttäuschung genannt. Aber wen auch immer sie geheiratet hatte, und was auch immer er getan oder nicht getan hat – Diana hätte diese Transite von Pluto über Neptun und die Opposition von Neptun zur Sonne an diesem Punkt ihres Lebens erfahren. Der schmerzliche Prozeß, den diese astrologischen Vorzeichen beschreiben, sagt mehr über ihre eigenen Träume und Erwartungen sowie über ihre komplexen Bindungen zu Vater, Mutter und Stiefmutter aus als über irgendeine Handlung ihres Ehemanns. Kein Transit beschreibt lediglich ein äußeres Ereignis. 1989, als die Gerüchte über Dianas Entfremdung von ihrem Mann lauter wurden, vereinigten sich der transitierende Uranus und Saturn mit dem transitierenden Neptun in Opposition zu ihrer Geburts-Sonne. Ihre Desillusionierung konkretisierte sich nun zu dem Entschluß, sich von der Verletzung und Unterdrückung in ihrer Ehe loszureißen. Doch aus psychologischer Sicht war diese glanzvolle Märchenehe mit einem glanzvollen Märchenprinzen niemals eine Ehe gewesen. Sie war eine große Phantasie, ein neptunischer Liebestod, ein herrlicher Traum, der aus der komplexen Reaktion eines romantischen Wesens auf die bitteren Verletzungen in der Kindheit aufgestiegen und, weil er sich in der wirklichen Welt niemals inkarnieren konnte, zum Scheitern verurteilt war.

9.

Neptun und die Politik

Diese Tatsachen sind es, die mich fest davon überzeugt sein lassen, daß es nur einen Weg gibt, die Güter gleich und gerecht zu verteilen und das Menschengeschlecht dadurch glücklich zu machen, nämlich den der Beseitigung des Eigentumsrechts. Solange sich die menschliche Gesellschaft auf diese gründet, wird die Schicht des Volkes, der die meisten und besten Menschen angehören, nur Armut, Sorge und Verzweiflung kennen.

Thomas More, Utopia[75]

Dem gerade erst mit der Astrologie bekannt gemachten Laien fällt es im allgemeinen schwer, die geheimnisvolle Synchronizität bestimmter historischer Ereignisse mit der Entdeckung eines neuen Planeten zu begreifen. Uranus, Neptun und Pluto scheinen nicht nur irgendwie die »richtigen« mythologischen Namen erhalten zu haben; auch ihr Eintritt in die Sphäre des menschlichen Bewußtseins fiel mit politischen, gesellschaftlichen, künstlerischen, wissenschaftlichen und religiösen Umwälzungen und Veränderungen zusammen, die die Natur des jeweiligen Planeten getreulich widerspiegeln. Dies heißt nicht, daß die von den Planeten symbolisch verkörperten Prinzipien »neu« seien. Zyklisch drückten sie sich in allen Epochen der Geschichte aus, durch Individuen und Nationen. Setzt man sie in die Horoskope von Menschen ein, die vor vielen Jahrhunderten lebten und starben, erhält man Einblicke nicht nur in die Bedeutung dieser »neuen« Planeten, sondern auch in die Lebensthematik dieser Personen, die mit deren persönlichemn Charakter allein nicht zu erklären sind. Zur Zeit der Entdeckung eines vorher unbekannten Planeten gewinnt dessen Ausdruck jedoch eine neue, oft revolutionäre Kraft, weil das kollektive Bewußtsein ihn endlich, wenn auch ungenau, wahrgenommen hat.

Die Entdeckung des Uranus im Jahre 1781 beispielsweise war flankiert von zwei großen Revolutionen, der Amerikanischen (1776) und der Französischen (1789). Beide Konflikte wurzelten in dem, was die Astrologen inzwischen als eine typisch uranische Idee kennen: die Annahme grundlegender und unveräußerlicher Menschenrechte als Basis gesellschaftlicher und politischer Strukturen. Beide Nationen nahmen eine Verfassung und ein Grundgesetz an, um zu vereinbaren, worin diese unveräußerlichen Rechte bestanden. Demokratie – das Recht eines Volkes, sich an seiner eigenen Regierung zu beteiligen – ist keine neue Idee. Die griechischen Philosophen schreiben ausführlich darüber; die antiken griechischen Stadtstaaten versuchten mit wechselndem Erfolg, sie zu verkörpern.[76] Aber der griechische demokratische Staat war letztlich eine Demokratie für die Elite: Fremde iedler, Sklaven und Frauen hatten kein Stimmrecht. Alle Tiere sind gleich, schrieb George Orwell, aber manche sind gleicher als die anderen. Die Schweiz, der älteste noch existierende demokratische Staat der Welt, wurde 1291 gegründet,[77] gut fünf Jahrhunderte vor der Entdeckung des Uranus. Aber die ewige Liga aus Uri, Schwyz und Unterwalden war eine Konföderation und keine Demokratie, wie wir sie heute verstehen würden. Wie man es von einem Wesen erwarten kann, dessen Sonne im Zeichen des Löwen strahlt, spiegelte die ewige Liga eine ungemein individualistische Haltung zur Regierung wider, die mehr auf ihren eigenen, einzigartigen und unmittelbaren Bedürfnissen basierte als auf den allgemeinen ideologischen Überlegungen einer Zeit, als der größte Teil des übrigen Europas noch unter der Herrschaft des Kaisers des Heiligen Römischen Reiches stand. Die Entdeckung des Uranus jedoch fiel mit einem neuen, kollektiven Verständnis der demokratischen Idee zusammen. Obwohl die Französische Revolution in ein Blutbad ausartete, und obwohl viele Führer der Welt die demokratische Idee in der Praxis noch heute ignorieren, bewegt die große uranische Affirmation der Menschenrechte weiterhin die Völker und Nationen.

Es ist deshalb nicht überraschend, daß die Romantik zur Zeit von Neptuns Entdeckung im Jahre 1846 nicht nur die europäische Literatur, Kunst, Religion und Empfindung nachhaltig beeinflußte,[78] sie hatte auch eine neue und ungemein idealistische Vision eines spirituell vereinten Europas hervorgebracht. Im Unterschied zu früheren Bestrebungen von Eroberern wie Alexander, Augustus, Karl dem Großen und Napoleon sollte dieser Traum von einer Verschmelzung verschiedener Völker nicht die expansionistischen Ambitionen eines Herrschers befriedigen, sondern die spirituelle Einheit aller Menschen in der Gesellschaft offenbar werden lassen. Der Begriff »Vereinigte Staaten von Europa« wurde zum ersten Mal in einer Rede gebraucht, die ein Rechtsanwalt namens Vésinet am 25. Dezember 1947 in Rouen hielt. Er wurde im folgenden Jahr von der internationalen Presse aufgegriffen. Diese von Grund auf pazifistische und religiös motivierte Bewegung begann sich rasch über Europa auszubreiten und führte zur Bildung von Gruppen und Kongressen wie etwa der Friedensgesellschaft Großbritanniens (gegründet 1850). Victor Hugo sagte 1850 in seiner Ansprache vor einem dieser Friedenskongresse in Paris:

> Ein Tag wird kommen, an dem du, Frankreich, du, Rußland, du, England, du, Deutschland, und ihr alle, Nationen des Kontinents, euch zusammenschmieden werdet zu einer engeren und höheren Einheit, ohne die euch eigenen Qualitäten und eure glorreiche Individualität zu

> verlieren ... Ein Tag wird kommen, an dem diese zwei großen Gruppierungen, die einander gegenüberstehen, die Vereinigten Staaten von Amerika und die Vereinigten Staaten von Europa, sich über den Ozean hinweg die Hände reichen werden, ihre Güter austauschen, ihren Handel, ihre Industrie, ihre Künste und ihr Genie, und die Welt kultivieren, die Wüsten kolonisieren und die ganze Schöpfung unter dem Blick des Schöpfers verbessern werden.[79]

Der Prophet und Visionär Hugo hatte eine Konjunktion von Sonne, Venus und Pluto in Fische im Anderthalbquadrat zu Neptun am Aszendenten in Skorpion sowie ein Trigon von Merkur in Fische zu Neptun.[80] Später, in einem 1867 veröffentlichten Artikel mit der Überschrift »Die Zukunft«, schrieb er:

> Im 20. Jahrhundert wird es eine außergewöhnliche Nation geben. Diese Nation wird groß sein, was sie nicht davon abhält, frei zu sein. Sie wird berühmt, reich, besonnen, friedlich und freundlich gegen die übrige Menschheit sein .. Im 20. Jahrhundert wird sie Europa genannt werden, und sie wird sich in den folgenden Jahrhunderten weiter verwandeln und schließlich Menschheit heißen.[81]

Bei der ersten Sichtung durch den Astronomen J. G. Galle am 23. September 1846 stand Neptun in genauer Konjunktion mit Saturn in 25° Wassermann.[82] Die Astrologen finden solche Übereinstimmungen sehr erbaulich, da Saturn traditionell das Prinzip der Verankerung von Ideen, Gefühlen und Bildern in konkreter Form darstellt. Wie wir noch sehen werden, bedeutete die Saturn-Neptun-Konjunktion jedoch mehr als nur die Entdeckung dieses schwer faßbaren Planeten. Als gegen Ende des Jahres 1847 die Idee der Vereinigten Staaten von Europa öffentlich verkündet wurde, war der transitierende Neptun auf 28° Wassermann vorgerückt, während Saturn auf 7° Fische angelangt war, immer noch innerhalb des Orbis der Konjunktion. Im Frühjahr 1848 zog Neptun schließlich in die Fische, sein eigenes Zeichen, weiter. Zwar hatte sich Neptun materiell manifestiert, doch den Vereinigten Staaten von Europa gelang dies nicht. 1848 wurde ein Jahr massiver Aufstände, Revolutionen und Kriege überall auf dem Kontinent, angefeuert von latenten nationalistischen Träumen, die nicht weniger mystisch waren als die pazifistische Bewegung, die sich bemühte, die Flammen einzudämmen. In Paris, Sizilien, Neapel, Florenz, Rom, Turin, Venedig, Piemont, Berlin, Wien, Prag, Stockholm, Kopenhagen, Madrid und Budapest stürzten Regierungen, lokalpolitische Messiasse nahmen überhand wie Unkraut im Garten, und die Bevölkerung ging auf die Straße. In Irland wütete eine Hungersnot. Marx und Engels veröffentlichten ihr *Kommunistisches Manifest,* das sie unter der Saturn-Neptun-Konjunktion geschrieben hatten. A. J. P. Taylor schreibt: »Die Revolutionen von 1848 signalisierten das Ende von Respekt und bestehender Ordnung, sowohl in inneren als auch in äußeren Angelegenheiten.«[83] Neptun mit seinem inhärenten und anscheinend unlölsbaren Dualismus war mit Macht im kollektiven Bewußtsein angekommen.

Ebenso wie die Religion sehr politisch sein kann – man denke nur an die Geschichte der katholischen Kirche –, so kann auch die Politik sehr religiös sein. Selbst Ronald Reagan erkannte dies, als er bei einem ökumenischen Frühgebet in Dallas vor 17000 Teilnehmern erklärte: »Religion und Politik sind notwendigerweise verwandt.«[84] Messiasse und Führer erschienen ihren Anhängern zu allen Zeiten als Gefäße für das Göttliche; aber während ein Regent himmlische Macht und Autorität verkörpert, wird der Messias immer behaupten, Stimme und Erlöser der Unterdrückten zu sein. Jedesmal, wenn eine traditionelle Lebensweise zusammengebrochen und der Glaube an traditionelle Werte aufgeweicht ist, findet der neptunische Messias – sei er politisch, spirituell oder, häufiger, eine komplexe Mischung aus beidem – Anklang und Zulauf bei den Armen und Unterdrückten, und verheißt nicht nur Erlösung im Himmel sondern auch Macht, Reichtum und Rache für die erlittene Not und Pein hier auf der Erde. Wir haben die Psychologie dieser Thematik in der Mythologie des Tausendjährigen Reiches und am Phänomen des Gurus untersucht. Wir sollten sie nun erneut im Zusammenhang spezifischer politischer Ideologien betrachten – insbesondere jener mit einem chiliastischen Anstrich. Der politische Ausdruck der Sehnsucht nach Erlösung beschränkt sich nicht auf die subversiven Kulte des frühen Römischen Reiches oder die radikalen politisch-religiösen Bewegungen im Mittelalter; er war im 19. Jahrhundert lebendig und wohlauf und ist es auch heute noch. Während wir auf ein neues Jahrtausend zugehen, sehen auch wir, wie unsere traditionellen Werte verfallen und unsere traditionelle Lebensweise zerstört wird.

Die Dualität neptunischer Politik

Arnold Toynbee macht in *A Study of History* einige bedeutsame Beobachtungen über die charakteristischen Reaktionen einer Gesellschaft, die vom Zerfall bestehender Strukturen und Werte bedroht wird. Er meint, daß die Erfahrung einer »spirituellen Ungewißheit« und »moralischen Niederlage« in einer Nation deren Bürger dazu treiben könnte, »als Ersatz für eine unerträgliche Gegenwart eine utopische Schimäre« zu verfolgen.[85] Auf genau diese Weise wendet sich auch das Individuum in der Not von Ungewißheit und Niederlage oft der Welt Neptuns und seiner magische Talismane zu, weil das Leben unerträglich geworden ist. In den Zwillingsbewegungen von Archaismus und Futurismus, so Toynbee, sind zwei scheinbar gegensätzliche, aber im Grunde utopische (oder neptunische), kollektive Versuche zu sehen, der Wirklichkeit zu entfliehen.

> In beiden utopischen Bewegungen wird die Bemühung, im Mikrokosmos statt im Makrokosmos zu leben, im Verfolg einer idealen Wel aufgegeben, die – angenommen, es wäre tatsächlich möglich – mühelos erreicht würde, ohne eine anstrengende Veränderung der spirituellen Sphäre bewältigen zu müssen.[86]

Laut Toynbee erklärt sich dieser zweifache utopische Ersatz für eine realistische Haltung gegenüber bestehenden gesellschaftlichen und wirtschaftlichen Problemen entweder aus dem Versuch, in ein imaginäres Goldenes Zeitalter zurückzukehren, oder aus einem wilden Sprung nach vorn in eine Phantasie-Zukunft, der die Anpassungen und Kompromisse ignoriert, die notwendig sind, um eine erträgliche Gegenwart herbeizuführen. Man kann diesen Dualismus in den politischen Ereignissen von 1846-1848 sehen: den fliegenden Sprung in die Zukunft, wie ihn die Friedensbewegung zum Ausdruck brachte, inmitten eines Europas, das unter regionalen Kriegen und Revolutionen zerfällt, die in Träumen von einer hehren nationalen Vergangenheit wurzeln. Einer der Grundimpulse in Richtung auf eine archaistische Form des Utopismus, sagt Toynbee, ist der »Virus des Nationalismus«:

> Eine Gemeinschaft, die von diesem schweren geistigen Gebrechen befallen ist, neigt dazu, sich von ihrer kulturellen Verpflichtung gegenüber der Zivilisation abzuwenden, von der sie selbst nur ein Fragment ist; in dieser Gesinnung wird sie einen großen Teil ihrer Energien darauf richten, eine streng nationale Kultur zu erschaffen, die sich als frei von fremden Einflüssen erklären läßt. In ihren gesellschaftlichen und politischen Institutionen, ihrer ästhetischen Kultur und ihrer Religion wird sie versuchen, die vorgebliche Reinheit einer Zeit nationaler Unabhängigkeit vor derjenigen wiederzuerlangen, in der sie sich nun in der größeren Gesellschaft übernationaler Zivilisation, befindet.[87]

Toynbee zitiert den Aufstieg Deutschlands unter dem Nationalsozialismus mit dessen Betonung der »alten Essenz des Germanentums« als ein wichtiges Beispiel gewaltsamen Archaismus. In der Gegenwart kann man Elemente dieses Phänomens im früheren Jugoslawien sowie im Nahen Osten beobachten. In seiner extremsten Form kann der gewaltsame Archaismus sogar Völkermord als Mittel zur Gewährleistung der vorgeblichen Reinheit einschließen.

Astrologen assoziieren das Phänomen von Hitlers Aufstieg zur Macht oft mit der Symbolik Plutos, und gewiß fiel die Entdeckung dieses Planeten mit dem Aufstieg nicht nur der nationalsozialistischen Regierung, sondern einer ganzen Reihe von Diktatoren wie Stalin, Franco, Mussolini und Atatürk zusammen. Doch möglicherweise wird Pluto in astrologischen Kreisen für vieles verantwortlich gemacht, was neptunisch ist oder zumindest ein starkes Gebräu aus Neptun-Saturn, Neptun-Uranus oder Neptun-Pluto. Diktatoren sind nichts Neues; es gab sie schon immer, und es gibt sie immer noch. Um zu begreifen, warum eine Nation es zuläßt, daß ein Diktator an die Macht kommt, müssen wir nicht nur auf die kollektiven psychologischen Strömungen der Zeit sehen, sondern auch auf den Charakter der betreffenden Nation. Die Empfänglichkeit des »spirituell ungewissen« und »moralisch niedergeschlagenen« deutschen Volkes für Hitlers blendende Verheißung der Rettung war in vieler Hinsicht neptunisch;[88] er war der ersehnte Messias, ihr sonnenhafter Siegfried, und sie waren seine folgsamen Jünger. Seine »Endlösung« zur Wiederherstellung einer uralten und imaginären arischen Reinheit mag plutonisch gewesen sein oder, vielleicht präziser, saturnisch in ihrer skrupellosen Absolutheit. Saturn ist schließlich der archetypische Tyrann der Mythologie, der seine Kinder verschlang, um seine Herrschaft auf ewig zu sichern. Das Geburtshoroskop des Dritten Reichs zeigt eine stolze Sonne-Saturn-Konjunktion im zehnten Haus; Hitler selbst hatte ebenfalls Saturn im zehnten Haus in Konjunktion mit dem MC. Aber seine Botschaft und die Quelle seines Glanzes waren ihrem Wesen nach messianisch. Der Begriff »Nationalsozialismus« ist selbst ein sehr anschaulicher Beleg für Toynbees These. Interessanterweise findet sich in Hitlers Geburtshoroskop auch eine unaspektierte Neptun-Pluto-Konjunktion, die das Vorhandensein eines starken Gebräus aus Erlösungs-Sehnsüchten andeutet, die vermischt waren mit dem zur Zeit seiner Geburt in der kollektiven Psyche brodelnden Drang, bestehende Strukturen gänzlich zu zerstören. Über diese, alle 492 Jahre wiederkehrende Konjunktion von Neptun und Pluto schreiben die Autoren von *Mundane Astrology:*

> Beide Planeten handeln von dem tiefen Unbewußten/Überbewußten des Kollektivs und seiner Öffnung für höhere, transzendente kollektive Ideen und Ideale. Wir meinen, daß sie sich in gewissem Sinne auf die höheren Ideen und Ideale der Zeit beziehen, und auf die größeren spirituellen, kosmischen und menschlichen Ziele, die zur Manifestation gelangen. Wie schon bemerkt, gibt dieser Zyklus den Ton für die grundlegenden und zwingenden Bestrebungen der jeweiligen Zeit an.[89]

Hitler wurde unter dem Einfluß dieser Konjunktion geboren; er vermochte jene »zwingenden Bestrebungen« zu verkörpern und ihnen Stimme zu verleihen – obwohl gerade diese Form schwerlich eine »höhere« genannt werden kann.

Als ganz verschieden von dem gewaltsamen Archaismus des nationalsozialistischen Deutschlands beschreibt Toynbee den »sanfteren, aber nicht weniger zersetzenden« Archaismus jener, die bestrebt waren, Rousseaus Aufruf zu einer Rückkehr zur Natur mit der Vision einer älteren und angeblich unkomplizierteren Phase der westlichen Geschichte zu verbinden. Diese oft subtil elitäre, aber anscheinend sympathischere politische Perspektive Neptuns reflektiert deutlich die Sehnsucht nach der verlorenen Unschuld des Paradieses. Mit der Korruptheit und Sündhaftigkeit der Außenwelt wird ein tiefes inneres Gefühl von Korruption und Sünde gleichgesetzt. Ob jedoch gewaltsam oder sanft: Der Archaismus bemüht sich um die Wiederherstellung des ursprünglichen Gartens Eden, indem er sich der Schlange entledigt, die dann unweigerlich auf einen Sündenbock projiziert wird. Dies kann konstruktiv sein, wenn die Schlange als chemische Verschmutzung und Zerstörung der Umwelt erscheint. Schnell wird es aber zum Problem, wenn die Schlange auf alle technischen und materiellen Errungenschaften projiziert wird, ohne Rücksicht darauf, ob sie die Lebensqualität verbessern; und es wird zu einer dunklen, neptunischen Flut, wenn die Schlange mit irgendeiner vermeintlich »minderwertigen« rassischen, religiösen, gesellschaftlichen oder nationalen Gruppe gleichgesetzt oder auf jemanden projiziert wird, dessen Meinung, Lebensstil, sexueller Geschmack oder Aussehen andersartig erscheinen. Der Archaismus ist unter politischen Gruppierungen, die ein vergangenes Goldenes Zeitalter idealisieren, ebenso verbreitet wie unter spirituellen Gruppen, die eine verlorene esoterische Tradition idealisieren. Er ist kein neues Phänomen. Er kann ebenso oft nach rechts tendieren wie nach links. Zudem besitzt er eine deutliche, wenn auch im allgemeinen unerkannte Familienähnlichkeit mit dem, was Toynbee als Futurismus bezeichnet.

> Die eitle Hoffnung, daß die Wirklichkeit aufhören wird, wirklich zu sein, wenn sie nur kräftig genug geleugnet wird, nährt auch die Wurzel der futuristischen Form des Utopismus. Die endzeitliche Vision ist in periodisch auftretenden Zeiten lokaler Krisen in der Geschichte der westlichen Zivilisation eine der verbreitetsten Manifestationen des Futurismus gewesen, aber die Verirrung kann sich auch in weniger spektakulären, religiösen Begriffen äußern. Wir sind sehr vertraut mit dem Futurismus von heute in seiner geläufigen Erscheinungsform der politischen Revolution – eine Vorstellung, die ... die Notwendigkeit leugnet, sich alln schmerzlichen Erfahrungen *(pathei mathos)* zu unterziehen, indem sie behauptet, die Stufen zwischen dem derzeitigen Elend und dem potentiellen Glück könnten mit einem massiven Aufbruch weit in die Zukunft hinein übersprungen werden.[90]

Das Reich Neptuns ist immer ein Spiegelsaal. Der von einem utopischen Traum einer perfekten Welt getriebene Kommunist ist gefangen in seinem Haß auf den Faschisten, der von einem gleichermaßen utopischen Traum von einer ebenfalls perfekten Welt getrieben ist und den Kommunisten haßt. Ihre Methoden sind oft identisch, und alles, was sie von einander unterscheidet, ist die Definition der Schlange. Die militante Linke und die Nationale Front kämpfen in den Straßen Londons gegeneinander; Arthur Scargill[91] und Margaret Thatcher schleudern sich gegenseitig Beleidigungen ins Gesicht; Tony Benn[92] wettert gegen den rechtslastigen »Zerfall Englands«, während John Major auf der anderen Seite des hohen Hauses die linke »Rowdy-Kultur« schlechtmacht; New-Age-Jünger sind in Schlägereien mit fremdenfeindlichen Dorfbewohnern verwickelt, auf deren privatem Land sie ihre Festivals abhalten wollen. Über allem schwebt das Miasma der *political correctness,* das der Rechten, der Linken und dem Zentrum im Namen eines weiteren, gleichermaßen utopischen Traums den Mund zu stopfen droht. Inzwischen sollte es offenkundig sein, daß Neptun – im Gegensatz zur populär-astrologischen Meinung – nicht zwangsläufig die Politik der Linken symbolisiert; statt dessen reflektiert er eine bestimmte politische Einstellung, die tief durchdrungen ist von der romantischen Vision vom verlorenen Paradies, das durch die Erschaffung einer perfekten Gesellschaft zurückzugewinnen sei. Auf welcher Seite des politischen Zaunes die Neptunier sich sammeln, hängt von anderen Faktoren ihres Geburtshoroskops ab, die das Temperament, die Werte und die persönliche Definition des einzelnen von der perfekten Gesellschaft bestimmen. Charles de Gaulles romantischer Nationalismus – er hatte Sonne und Merkur in Schütze in Opposition zu Neptun, ein Mond-Neptun-Sextil, sowie eine Mars-Jupiter-Konjunktion im Trigon zu Neptun – wurde oft als zu diktatorisch kritisiert; dabei war er ebenso utopisch wie Tony Benns romantischer Sozialismus (Sonne in Widder im Trigon zu Neptun in Löwe im zwölften Haus, Jupiter-Neptun-Quinkunx und Saturn-Neptun-Quadrat), der gleichermaßen diktatorisch ist. Ungeachtet der Tatsache, daß neptunische Führer und politische Philosophen einander verachten oder gar zu vernichten versuchen, können sie mehr gemeinsam haben, als ihnen klar ist. Nicht an ihrer Zugehörigkeit zur Linken oder Rechten sind sie zu erkennen, sondern an der globalen Vision, Emotionalität, Poesie, und an der geradezu infantilen Blindheit, die so oft ihren politischen Standpunkt färben. Es ist unmöglich, die neptunische Sehnsucht aus der Politik ferzuhalten. Doch vielleicht ist es möglich zu erkennen, wenn sich das eine für das andere ausgibt, und vielleicht kann man Neptun durch andere Perspektiven ausgleichen, die zumindest eine teilweise Verwirklichung der Vision ermöglichen – ohne ein physisches oder psychisches Blutbad anzurichten.

Neptun und der utopische Sozialismus

Das neptunische Wesen des romantischen Nationalismus wurzelt in der Sehnsucht nach einem verlorenen Goldenen Zeitalter rassischer oder nationaler Reinheit und Selbstgenügsamkeit und wird von Astrologen gewöhnlich nicht anerkannt. Neptuns romantischer Sozialismus ist dagegen leichter zu erkennen und ebenso alt. Beide politischen Perspektiven haben die Sehnsucht nach Erlösung gemeinsam.

> Zu den wirklichkeitsflüchtigen Utopien gehören alle Mythen, Legenden und Volkssagen über den Garten Eden, das Goldene Zeitalter, Elysium, Schlaraffenland und andere, mehr oder weniger primitivistische Paradiese in fernen Zeiten und Gegenden, darüber hinaus alle klugen literarischen Verarbeitungen dieses Themas von der alten Kömodie Athens bis hin zur zeitgenössischen Science Fiction. Die Utopie der Wiederherstellung hingegen ist eine ernsthafte politische Theorie, typisch für die westliche Welt: eine anhaltende Tradition der Spekulation über die Möglichkeit einer vollkommenen Gesellschaft, in der Vollkommenheit in erster Linie als die Beseitigung sozialer Konflikte definiert wird.[93]

Wer sich für den Utopismus als politische Theorie interessiert, beginnt gewöhnlich bei Plato, der den Begriff, wenn nicht auch das Wort selbst, erfunden zu haben scheint. Aber die Griechen hatten schon lange vor Plato Visionen von idealen Gesellschaften entworfen. Doyne Dawson definiert in *Cities of God* zwei Aspekte der utopischen Tradition. Sie folgen nicht unbedingt aufeinander; beide können in jeder Epoche auftreten; beide bringen den politischen Neptun zum Ausdruck;

und der eine kann den anderen unmerklich bestärken. Der erste Aspekt ist der »Volks«-Utopismus mit seinen Sagen und Phantasien messianischer Erwartung, wie wir sie in früheren Kapiteln behandelt haben. Der zweite Aspekt ist der »politische« Utopismus: die »Gesellschafts-«, »realistischen« und »Rekonstruktions«-Theorien der antiken und modernen Philosophen. Dawson teilt diese zweite Kategorie des Utopismus in zwei Untergruppen: ein »klassischer« Utopismus, wie ihn Plato und seine Nachahmer bieten, der die ideale Gesellschaft als theoretischer Maßstab beschreibt, und ein (ebenso alter) »moderner« Utopismus, der die ideale Gesellschaft zum Programm für politisches Handeln macht.[94] Doch ganz gleich, ob die utopische politische Vision ein inspirierendes Ideal oder ein umsetzbarer Plan für gesellschaftliche Veränderung sein soll: es ist der Glaube an die erreichbare Vollkommenheit – die »Beseitigung gesellschaftlichen Konflikts« –, in dem sich die unterschwelligen Strömungen von Neptuns Träumen offenbaren.

Dawson teilt die griechische utopische Literatur weiter in die Kategorien »Volks-« und »politische« Utopie. »Volks«-utopische Themen mythischer und messianischer Art sind beispielsweise bei Homer und Hesiod zu finden.

> Golden war ja zuerst das Geschlecht der sprechenden Menschen,
> Das die Unsterblichen schufen, die hohen Olympos-Bewohner.
> Jene waren zur Zeit des Kronos, der herrschte im Himmel.
> Und sie lebten wie Götter und hatten das Herz ohne Kummer,
> Ohne Plagen und Jammer. Sogar das klägliche Alter
> Nahte nicht, sondern immer an Füßen und Händen sich gleichend,
> Freuten sie sich am üppigen Mahl und kannten kein Unheil.
> Wie vom Schlaf überwältigt, starben sie; alles Erwünschte
> War ihnen eigen. Und Frucht trug der nahrungspendende Acker
> Unbestellt in neidloser Fülle; sie aber willig
> Walteten ruhig ihrer Arbeit, versehen mit Gütern in Fülle,
> Reich an Herden und Vieh, befreundet den seligen Göttern.[95]

Dies ist natürlich die griechische Version des Gartens Eden, und man kann sie als bloße poetische Vision der verlorenen Unschuld abtun. Aber Hesiod Goldenes Zeitalter ist nicht nur ein Mythos; es ist auch ein als Fabel dargebotener moralischer und gesellschaftlicher Kommentar, der den folgenden »klassischen« oder »hohen« politischen Utopismus stark beeinflußte. Die Übertragung des sagenhaften Goldenen Zeitalters in ein Modell für einen idealen Staat ist die Botschaft von Platos *Der Staat,* aber auch diejenige der Utopien der Zyniker und Stoiker des 3. Jahrhunderts v.Chr. In diesen perfekten Gesellschaften ist Neptuns Weltanschauung leicht zu erkennen, denn Eigentum – jenes große Symbol der Unabhängigkeit und der Selbständigkeit – ist ausnahmslos gemeinschaftlich. Diese Gemeinschaftlichkeit kann sich sogar auf den Verzicht auf getrennte Haushalte und dauerhafte Ehen erstrecken; die Geschlechtspartner sind gemeinschaftlich, und die Kinder sind von allen aufzuziehen. Das Thema des gemeinsamen Eigentums, das im Sozialismus des 20. Jahrhundrts noch ebenso lebendig und wohlauf ist wie in Platos idealer Vision, ist tief in Neptuns politischem Ethos verankert und bedarf einer eingehenderen Untersuchung. Dieses sehr alte Gebot wurde in den pythagoreischen Gemeinschaften des 6. Jahrhunderts v.Chr. ebenso praktiziert wie im Urchristentum. Wir finden es in der Apostelgeschichte 2,44-47:

> Alle, die zum Glauben gekommen waren, taten ihren ganzen Besitz zusammen. Wenn sie etwas brauchten, verkauften sie Grundstücke und Wertgegenstände und verteilten den Erlös unter die Bedürftigen in der Gemeinde. Tag für Tag versammelten sie sich im Tempel, und in ihren Häusern feierten sie in jubelnder Freude und mit reinem Herzen das gemeinsame Mahl. Sie priesen Gott und wurden vom ganzen Volk geachtet. Der Herr führte ihnen jeden Tag weitere Menschen zu, die er retten wollte.

Weiter in Apostelgeschichte 4,32-35:

> Die ganze Gemeinde war ein Herz und eine Seele. Wenn einer Vermögen hatte, betrachtete er es nicht als persönliches, sondern als gemeinsames Eigentum. Durch ihr Wort und die Wunder, die sie vollbrachten, bezeugten die Apostel Jesus als den auferstandenen Herrn, und Gott beschenkte die ganze Gemeinde reich mit den Wirkungen, die von seinem Geist ausgehen. Niemand aus der Gemeinde brauchte Not zu leiden. Sooft es an etwas fehlte, verkaufte irgendeiner sein Grundstück oder sein Haus und brachte den Erlös zu den Aposteln. Jeder bekam davon so viel, wie er nötig hatte.

Im 2. Jahrhundert n.Chr. finden wir es beredt formuliert von Epiphanius:

> Die Gerechtigkeit Gottes ist eine Art universaler Gleichheit ... Es gibt keine Unterscheidung zwischen reichen und armen Menschen und Regierendem, töricht und klug, weiblich und männlich, Freien und Sklaven ... Aber die dem göttlichem Gesetz entgegenstehende Abschaffung der gemeinschaftlichen Nutzung und Gleichheit brachte den Dieb häuslicher Tiere und Früchte hervor.[96]

Wir finden dieses Gebot auch bei den Hippie-Kommunen der sechziger, in den Rajneesh-Ashrams und anderen spirituellen Gemeinschaften der siebziger und achtziger Jahre. Neptuns mystische Vision, taucht – nun in politischem Gewand – in der konventionellen Politik als ein Programm verstaatlichter Industrie und erzwungener Neuverteilung des Wohlstandes auf.

Epiphanius' Vision der göttlichen Gerechtigkeit und Gleichheit, widergespiegelt im gemeinschaftlichen Eigentum in der menschlichen Gesellschaft, birgt große emotionelle Kraft. Ihre Gerechtigkeit und innere Wahrheit können wir leicht erkennen, denn gemeinschaftlicher Besitz ist das sichtbare Symbol unserer Einheit und unserer Anerkennung des Wertes, den jedes menschliche Leben hat. Werden wir jedoch in Angelegenheiten des Alltags mit diesem zentralen Gebot neptunischer Grenzenlosigkeit konfrontiert, kann die archetypische Gerechtigkeit auch durch ein Gefühl der Bedrohung und Unterdrückung gedämpft werden – je nachdem, wessen Geld und Gut es ist, das da geteilt und verteilt werden soll. Über die unumgänglichen praktischen Probleme einer durch Gesetzeszwang statt Großzügigkeit des Herzens herbeigeführten Gleichheit hinaus können wir auch einen unangenehmen Anflug von primärem Narzißmus aus der unterirdischen Strömung aufsteigen sehen, der erklärt, daß man Mutters göttliches Kind und deshalb zu allem berechtigt sei, ohne Rücksicht auf Verteilung oder Charakter. Hier wie anderswo reichen sich der Mystiker und der Infantile im neptunischen Beharren auf der Abschaffung privaten Eigentums die Hand. Verständlicherweise sind wir durch unsere eigenen, ambivalenten Antworten auf eine anscheinend so edelmütige politische Vision verwirrt und entscheiden uns statt dessen für einen von vielen Kompromissen. Dawson nennt diese Kompromisse den »niederen« (oder »modernen«) Utopismus. Hier ist das Bild der idealen Gesellschaft als Kritik an den bestehenden Institutionen gemeint, aber auch als Modell für gemäßigtere, realistische Reformen. Im »niederen« Utopismus werden Neptun und Saturn in empfindlichem, wenn auch ständig wechselndem Gleichgewicht gehalten. Die ideale Gesellschaft wird als ein würdiges Ziel anerkannt, das den edelsten Dimensionen des menschlichen Geistes entspringt; doch die Vision der Vollkommenheit wird als etwas eingeschätzt, das in absehbarer Zukunft keinesfalls erreichbar ist.

Obwohl Beschreibungen des »hohen« Utopismus in Platos *Der Staat* zu finden sind, ist aus dem allgemeinen Charakter des Werkes deutlich zu erkennen, daß die politische Vision des *Staates* eher inspirierend als praktisch ist, und eher Herz und Denken öffnen soll, als auf der politischen Bühne in die Praxis übertragen zu werden. In den *Gesetzen* bietet Plato seine Fassung des »niederen« Utopismus, aus der vieles als Mittel zur gesellschaftlichen Verbesserung buchstäblich umgesetzt werden konnte. Gleichwohl soll sein idealer Staat, selbst in der »hoch«-utopischen (in *Der Staat* dargestellten) Form eher gerecht als paradiesisch sein. Er hat soviel Saurnisches wie Neptunisches. Plato macht sich wenig Gedanken über das Glück des einzelnen Bürgers, die über das angemessene Glück hinausgehen, einer bestimmten Klasse anzugehören.

> Platos Gesellschaft hat viele verletzt und verletzt weiterhin viele, weil er offen und ohne jegliche Entschuldigung unegalitär ist ... Ihm fehlen die Begriffe der menschlichen Gleichwertigkeit und Würde, die hinter den Theorien von Menschenrechten stehen.[97]

Plato ist auch skeptisch, ob der gerechte Staat durch eine progressive Gesetzesreform zu erreichen sei, deutet aber an, daß er nur durch eine völlige Veränderung in Herz und Denken der Menschen erschaffen werden kann – eine größere Bewußtheit des menschlichen Wesens, das nur durch eine lange Zeit der Übung hervorzubringen sei. Diese Position ist weit entfernt vom echten neptunischen Utopismus. Platos Mittel zur allmählichen gesellschaftlichen Veränderung ist nicht Revolution, sondern bessere Erziehung, und dabei spielt es keine Rolle, ob die gerechte Gesellschaft ein unerreichbares Ideal ist, solange sie dem gerechten Menschen, der versucht, sie in seinem Leben zu verwirklichen, als Ideal dient. Für Plato ist letztlich das Individuum, nicht die Masse für jegliche Besserung der Welt verantwortlich. Neptunische romantische Sozialisten werden bei ihm wohl kaum viel Befriedigung finden.

Der zentrale Text für alle neptunischen politischen Denker der Linken ist *Utopia* von Sir Thomas More. Dieser große philosophische Roman wurde 1516 von einem Mann geschrieben, der die Sonne in Wassermann recht genau im Quadrat zu Neptun in Konjunktion mit dem Aszendenten hatte.[98] Wie vorauszusehen war, zog Neptun durch den Wassermann und bildete eine Konjunktion mit seiner Geburts-Sonne und ein Quadrat zum Geburts-Neptun, als More das Buch schrieb. Er war der erste Schriftsteller, der das Wort Utopie gebrauchte; im Griechischen bedeutet es »nirgendwo«. Sein Werk bietet uns das Modell einer idealen Gesellschaft, die – wenn auch manchmal Konflikten ausgesetzt – auf wundersame Weise frei von Neid ist. Jedes Mitglied ist freudig bereit, das Glück seines Nachbarn im Namen des öffentlichen Wohles zu begrüßen. Mores Vision ist sowohl »hoher« als auch »niederer« Utopismus, denn sie soll inspirieren und in die Wirklichkeit umgesetzt werden. Sie ist heute von ihrer praktischen Erfüllung noch so weit entfernt wie vor fünfhundert Jahren, denn sie ist genauso bewußt blind gegenüber den Komplexitäten der menschlichen Natur wie jeder archaische Traum von einem verlorenen Goldenen Zeitalter. Doch zum Glück – oder Unglück oder beides – wird uns Mores utopische Vision nicht verlassen. Sie war verantwortlich für viele Kriege, Tode und Akte brutaler Barbarei; sie hat geholfen, die abstoßenden Tyranneien von Herrschern wie Stalin, Mao und Pol-Pot zu errichten; aber sie hat auch größere gesellschaftliche Veränderungen inspiriert, die uns veranlaßt haben, einander wesentlich besser und mitfühlender zu behandeln, als wir es für möglich gehalten hätten.

Das Wort Sozialismus tauchte in Europa zum ersten Mal zu Beginn der dreißiger Jahre des 19. Jahrhunderts auf, als Neptun das Zeichen Steinbock verließ und in den Wassermann weiterzog (wie es 1998 wieder geschehen wird). Wie wir gesehen haben, spiegelt Neptuns Weg durch die Zeichen ein fließendes und veränderliches Bild des Bereichs wider, in dem die Erlösung zu suchen ist. Zieht er durch den Wassermann, scheint das Paradies in Idealvorstellungen von gesellschaftlichem Fortschritt und vom Untertauchen der Individualität zum Wohle der Gruppe zu locken. Sir Thomas More schrieb *Utopia,* als Neptun im 16. Jahrhundert durch den Wassermann zog. Als er im 19. Jahrhundert durch dieses Zeichen ging, herrschte eine neue Art urbaner und industrieller Armut, die die industrielle Revolution herbeigeführt hatte, und Individuen mit einem sozialen Gewissen suchten nach einer radikalen Lösung für die verzweifelten Bedingungen, unter denen so viele Menschen lebten. Es erstand und begegnete ihnen die gleiche archetypische Vision wie seinerzeit Thomas More. »Sozialistisch« war der Begriff, mit dem jene sich identifizierten, die bestrebt waren, die Gesellschaft zu reformieren und das Los der von Saint-Simon so genannten »zahlenstärksten und ärmsten Klasse«[99] zu verbessern. Mal egalitär, mal kollektivistisch wurde der Sozialismus zur *bête noire* (frz.: Greuel) nicht nur der industriellen Bourgeoisie, sondern auch jener Bauern, die – wie viele Landwirte heute – verständlicherweise wünschten, das Eigentum an dem Land zu behalten, das sie zeit ihres Lebens kultiviert hatten. Doch der romantische Sozialismus als Philosophie entstammte keiner erzürnten und unterdrückten Arbeiterklasse; er war vielmehr bis in die fünfziger Jahre des 19. Jahrhunderts hauptsächlich von mitfühlenden und meist pazifistischen Intellektuellen befürwortet worden, die für eine quasi-religiöse Vision von einer vollkommenen Gesellschaft eintraten. Die Gewalt der Anarchie und Revolution wurde erst Teil seines offiziellen Glaubensbekenntnisses, als Saturn 1846 Neptun in Wassermann einholte und über die Entstehung des *Kommunistischen Manifests* wachte. In Frankreich schlug Charles Fourier, ein typisches Beispiel jener »Gentlemen-Sozialisten«, eine Reihe utopischer Gemeinschaften oder »Phalansterien« vor, die aus sorgfältig ausgewählten Männern und Frauen aus verschiedenen Berufen bestehen sollten und die, wie er glaubte, schließlich eine ideale Gesellschaft bilden würden. In einem wenig bekannten Kapitel der amerikanischen Geschichte schickte Etienne Cabet, ein Anhänger Fouriers, eine Gruppe von 1500 dieser Männer und Frauen nach Texas, um eine Phalansterie zu gründen, in der aller Besitz gemeinschaftlich war. Das Experiment wurde ein völliger Fehlschlag. Zwischen 1840 und 1850 gab es rund dreißig solcher Gemeinschaften in den Vereinigten Staaten. Die amerikanische Öffentlichkeit begegnete ihnen überwiegend mit Gleichgültigkeit.[100]

Der romantische Sozialismus aus der Zeit von Neptuns Transit durch den Wassermann in den dreißiger und frühen vierziger Jahren des 19. Jahrhunderts war ein leidenschaftlicher, mitfühlender, reformerischer und mystischer Sozialismus. Obwohl er aus heutiger Sicht wie ein Anachronismus mit einem Anflug von *noblesse oblige* der Oberklasse anmutet, existieren seine Befürworter noch heute; Tony Benn, der seine ererbte Adelswürde aufgab und für die Labour-Partei ins Unterhaus einzog, ist ein gutes Beispiel. Mit dem marxistischen Sozialismus betrat ein völlig anderes und insgesamt eher skrupelloses Element die Bühne der neptunischen Politik. Ironischerweise kann Marx auch unter Aufbietung aller Phantasie nicht als Neptunier bezeichnet werden. Obwohl Neptun zur Zeit seiner Geburt in Konjunktion mit Uranus und im Quadrat zu Pluto stand, bildet er keine wichtigen Aspekte zu irgendeinem persönlichen Planeten, noch steht er hervorgehoben an einer der Horoskopachsen.[101] Als politischer Philosoph mit Sonne und Mond in Stier übernahm Marx den Materialismus Feuerbachs und die dialektischen Ideen Hegels und stellte die Geschichte als eine große, vorbestimmte Bewegung dar, deren treibende Kraft der Klassenkampf sei. Er glaubte, daß das Proletariat immer weiter wachse, indem es den Hauptteil der mittleren und unteren Mittelklasse absorbierte. Sobald es seine Einheit und Stärke erkannt hätte, würde es durch Revolution die Macht an sich reißen. Marx hielt seinen Sozialismus für »wissenschaftlich«. Von Mitgefühl oder Mystik ist daran – falls überhaupt etwas – nur wenig zu finden. Doch als eine Verheißung der Rettung drückte es den Neptun-Knopf bei einer riesigen Zahl von Armen in der Welt – aber auch den Machtknopf bei gewissen ehrgeizigen Diktatoren, angefangen bei Lenin, der die Marktfähigkeit dieser Ideen bald erkannte.

Die Botschaft des marxistischen Sozialismus ist revolutionär und leidenschaftlich. Vielleicht war Marx, wie Hitler, das Sprachrohr für die Träume seiner eigenen Generation von apokalyptischer Erlösung, die sich in seinem Geburtshoroskop in der Kombination von Neptun in Konjunktion mit Uranus und im Quadrat zu Pluto andeuten. Vielleicht brachte er auch seine persönlichen Vorwürfe gegen Eltern, Gesellschaft und religiösen Hintergrund in einer scheinbar »objektiven« politischen Philosophie zum Ausdruck. Die Autoren von *Mundane Astrology* setzen den marxistischen Sozialismus in Beziehung zu dem Zyklus von Saturn und Neptun. Die Konjunktion dieser beiden Planeten tritt alle 36 Jahre ein. Im Horoskop von Marx bilden sie keinen Aspekt zueinander. Aber wir stellten fest, daß eine Saturn-Neptun-Konjunktion über der Niederschrift des *Kommunistischen Manifests* stand. Unter dem Einfluß der darauf folgenden Konjunktion im Jahre 1882 wurden die wichtigsten sozialistischen Parteien in Europa gegründet. Die Russische Revolution geschah unter der folgenden Konjunktion 1917. Als Stalin unter der nächsten Saturn-Neptun-Konjunktion starb, erstreckte sich der sowjetische Einfluß bis nach Afrika und in die Dritte Welt. Unter der jüngsten Konjunktion in Steinbock (1989) brach die Sowjetunion zusammen, als auch Uranus ins Zeichen Steinbock einzog und sich Neptun anschloß – wie seinerzeit, als Marx geboren wurde.[102]

Die Konstellationen von Saturn und Neptun sind Hinweise des Himmels auf jene Augenblicke in der Geschichte, an denen – einmal gewaltsame, ein anderes Mal friedliche – Anstrengungen unternommen werden, um das Paradies auf Erden zu erlangen. Aspekte zwischen diesen beiden Planeten sind besonders bedeutsam für die Kunst und die Künstler und werden in diesem Zusammenhang im Kapitel 10 besprochen. Eine allgemeine psychologische Interpretation von Saturn-Neptun-Kontakten im individuellen Horoskop wird in Kapitel12 folgen. Hier aber gilt es, etwas über die Psychologie der Politik zu sagen, die zum Vorschein kommt, wenn diese beiden Planeten sich miteinander verbinden. Weil Saturn unter anderem für unser individuelles wie kollektives Bedürfnis steht, in der materiellen Welt zu überleben, ist er von Natur aus ein defensiver Planet, ausgerichtet nicht auf Veränderung oder Fortschritt, sondern darauf, jene Systeme und Strukturen zu erhalten, die Sicherheit garantieren und Autonomie und Macht erhalten. Saturn handelt vor allem von Kontrolle, denn Kontrolle ist unser wichtigstes Mittel zum

Überleben. Wenn wir uns selbst kontrollieren können, unsere Körper, unsere Gefühle, unsere Umgebung, unsere Beziehungen, unsere Wirtschaft, und vielleicht sogar unsere Zukunft beherrschen, sind wir den Wechselfällen des Lebens gegenüber weniger verwundbar. Im besten Falle ist Saturn ein gesunder Realist: Zäh, urban und unabhängig macht er das Beste aus der Welt, wie sie ist, anstatt davon zu träumen, wie sie sein könnte oder wie sie einmal gewesen sein mag. Das stark saturnische Individuum oder Kollektiv ist gewöhnlich wohl ausgerüstet, um mit allem fertigzuwerden, was das Leben bringt; es vermag sich den Erfordernissen der Gegenwart anzupassen und zeigt einen »eingebauten« Widerstand gegen Sentimentalisierungen in bezug auf die Zukunft oder die Vergangenheit. Im schlimmsten Falle ist Saturn ein Tyrann; das Bedürfnis, alles in den Griff zu bekommen, überwältigt alle anderen Antriebe und erschafft eine absolute Diktatur, sei es über eine individuelle Psyche oder über eine Nation. Eine Person, die sich zu stark mit Saturn identifiziert, versucht vielleicht, jede Spur von Abhängigkeit, Verwundbarkeit oder Unordnung zu leugnen oder zu unterdrücken; gleiches gilt für eine Nation, die von Saturn beherrscht wird. Die neptunische Sehnsucht macht uns am meisten abhängig, verwundbar und unordentlich, und am wenigsten gefeit gegen die Belastungen und Spannungen der täglichen Existenz. Damit liefern sich diese beiden Planeten, wenn sie einander direkt aspektieren, einen schweren, wenn auch oft unbewußten Kampf. Dieser führt manchmal zu großen, schöpferischen Begabungen und einer bemerkenswerten Fähigkeit, Visionen in die Praxis zu übertragen; manchmal führt er auch dazu, daß das eine oder andere Grundprinzip der beteiligten Planeten in den Hintergrund gedrängt und in eine andere Richtung projiziert wird. Dann ist Saturn in seiner eigenen Angst gefangen und auf ewig verdammt, längs der Gefängnismauern seine Runde zu machen und seine Begabungen in einer fruchtlosen Suche nach den subversiven Kräften zu vergeuden, die er niemals völlig ausmerzen kann. Neptun dagegen ist in seiner eigenen Passivität gefangen und auf ewig dazu verdammt, das verfolgte Opfer zu spielen und seine Begabungen in einem Nebel von Selbstmitleid und vagen, apokalyptischen Träumen zu vergeuden.

Saturnisch-neptunisch Politik ist oft extrem, besonders bei einer Konjunktion und harten Aspekten. Ob sie von links oder rechts kommt, erscheint nebensächlich, wenn sie daran geht, ihre archetypischen Rollen zu inszenieren. Nationaler Sozialismus oder sozialistischer Nationalismus – eine Rose wird immer duften, mit welchem Namen man sie auch bezeichnen mag. Der Erlöser des unterdrückten Kollektivs erhebt sich, um den Verfolger zu stürzen, und wird dann zum neuen Verfolger eines neuen, unterdrückten Kollektivs, das dann durch einen weiteren Erlöser der Freiheit entgegenstreben muß. Ob der subversive Sündenbock un die deutsche Nation nach dem ersten Weltkrieg ist oder die deutschen Juden, die bolschewistischen Revolutionäre unter dem Zaren oder die intellektuellen Dissidenten unter Stalin – Saturn-Neptun braucht immer einen Verfolger und ein Opfer.

Wenn die Planeten durch einen »weichen« Aspekt miteinander verbunden sind, mag es einfacher sein; die Extreme sind dann nicht so heftig. Doch die Rollen in der Geschichte sind die gleichen. Wir brauchen uns nicht allein auf die Beobachtung des Saturn-Neptun-Zyklus zu stützen, um zu erkennen, wie diese besondere Form neptunischer Erlösung sich in der Geschichte manifestiert hat. Wir können auch die Horoskope von Individuen und politischen Institutionen betrachten, die für diese Sicht des Lebens und der Gesellschaft besonders anfällig sind. Arthur Scargill beispielsweise, der sowohl etwas von einem Tyrannen als auch von einem Opfer hat und eine der lautstärksten politischen Gestalten im heutigen England ist, hat Saturn und Neptun in Opposition.[103] Tony Benn hat ein Saturn-Neptun-Quadrat.[104] Neil Kinnock, der als Führer der Labour Party moderatere Mittel zur Verwirklichung der neptunischen Vision suchte, hat ein Saturn-Neptun-Trigon.[105] Die britische Labour Party wurde unter einer Opposition von Saturn und Neptun gegründet und koalierte mit der parlamentarischen Labour Party, als Saturn und Neptun im Trigon zueinander standen.[106] Aber bevor der Leser meint, die Saturn-Neptun-Vision von Verfolger und Opfer beschränke sich nur auf Angehörige der politischen Linken, sei daran erinnert, daß auch der Ayatollah Khomeini eine Saturn-Neptun-Opposition hatte[107] und Heinrich Himmler ebenfalls.[108]

Der von den europäischen Nationen bevorzugte »reformerische« Sozialismus mit seiner Betonung einer allmählichen Verbesserung durch Gesetzgebung ist nicht zu vergleichen mit der gewaltsamen Ideologie des Marxismus und steht stärker unter dem Einfluß des romantischen Sozialismus des 19. Jahrhunderts als unter dem des *Kommunistischen Manifests.* 1998 wird Neptun erneut in das Zeichen Wassermann Einzug halten, aber keine Konjunktion zu Saturn bilden; und da die Geschichte dazu neigt, sich in ihren archetypischen Themen – wenn nicht sogar in deren konkreten Manifestationen – zu wiederholen, können wir erwarten, daß die sanftere utopische Vision von Sir Thomas More mit so großer, bezaubernder Kraft wiederersteht, wie sie es schon früher getan hat. Es wird natürlich weitere Saturn-Neptun-Konjunktionen geben, und es wird weitere Geschichtsepochen in der Zukunft geben, in denen Tyrann und Opfer in ihrer wilden Umarmung gefangen sind. Der Kommunismus jedoch dürfte kaum je in der Gestalt wiederkehren, die wir kennengelernt haben, denn obwohl Neptuns Traum von der Erlösung ein ewiger ist, gilt dies doch nicht für die Formen, in denen er sich zu manifestieren versucht. Wie Hitlers Nationalsozialismus war auch der marxistische Sozialismus der Traum eines höchst un-neptunischen Träumers – ein Angebot an all jene, deren unglückliche Lebensumstände, inhärente neptunische Sehnsüchte und gewöhnlich-menschliche Wut und Neid sie empfänglich machten für die endzeitliche Vision einer Apokalypse und die Verheißung einer Erlösung auf Erden.

Die Psychologie des neptunischen Sozialismus

Psychologisch gibt es drei Hauptelemente im neptunischen Sozialismus. Ein psychologischer Ansatz bedeutet nicht, daß er als Ideologie »richtig« oder »falsch« ist, ebensowenig wie die neptunische Wahrnehmung der Gottheit als religiöses Konzept »richtig« oder »falsch« ist. Neptun ist lediglich einer von elf Planeten.[109] Aber Neptuns Weltanschauung kann die politischen Überzeugungen des einzelnen ebenso beeinflussen wie auch andere Lebensbereiche. Das erste Element in dieser Weltanschauung ist zweifellos Mitgefühl, erwachsen aus einem Empfinden der Identifizierung mit dem Leid der anderen: dem instinktiven Erkennen des Grundzustands aller Menschen, ohne Rücksicht auf Reichtum, Position, Talent oder erkennbare Nützlichkeit für die Gesellschaft. Das zweite ist ein Gefühl einer tieferen oder spirituellen (nicht unbedingt christlichen) Dimension des Lebens, die dem menschlichen Leiden Würde verleiht und einen religiösen oder ethischen Rahmen für politische Ideen bietet. Das dritte ist ein primärer Narzißmus, der eine besonders virulente Art von Neid gebiert. Im besten Falle kann der Neid, eine allgegenwärtige Eigenschaft des Menschen, in einigen Individuen als Katalysator für die Entwicklung eigener Talente und die energische Verfolgung persönlicher Ziele dienen. Ist er aber mit zuviel neptunischem Wasser vermischt, kann er zu der nur notdürftig als politische Theorie getarnten Überzeugung führen: »Wenn ich es nicht haben kann, sollst du es auch nicht haben.« Dieser Grundsatz entsteht zum Teil aus einer tiefen Ohnmacht und dem Gefühl, Opfer zu sein – die Antwort eines hilflosen Kindes auf die Ungerechtigkeit des Lebens und die Einschränkungen durch die Realität. In Mores *Utopia* fehlt das Element des Neides. Im wirklichen Leben bleibt es dagegen ein fundamentaler Teil der menschlichen Natur, dem es noch immer gelungen ist, soziale neptunische Experimente wie Etienne Cabets Phalansterien zu vereiteln. Neptunische Politik ist in den meisten Fällen eine unausgewogene Mischung aus den drei oben erwähnten Ingredienzen, und manchmal ist es sehr schwer auszumachen, welches dabei überwiegt.

Die Vision von der Einheit der Menschen mit ihrer Betonung einer fürsorgenden und engagierten Antwort auf kollektive Bedürfnisse ist an sich eine der inspirierendsten menschlichen Vorstellungen. Aber wie alle Früchte Neptuns sträubt sie sich beharrlich dagegen, sich in den Alltag übertragen zu lassen. Das Ausmaß der Kompromisse, die notwendig sind, um diese Vision unter Beachtung der persönlichen Grenzen des Individuums auf jeder Ebene der Gesellschaft in praktische Dimensionen umzusetzen, ist der Fels, an dem Politiker und politische Parteien aller Zeiten immer wieder gescheitert sind. Manchmal inkarniert sich die neptunische Vision halbwegs erfolgreich, wie im Falle des Beveridge Report vom Dezember 1942, der zur Gründung des britischen National Health Service führe. Möglicherweise bot der damals vorherrschende transitierende Neptun im Trigon zu Saturn (und Uranus, sowie im Sextil zu Pluto) die richtige Mischung von Idealismus, Realismus und innovativem Denken für eine praktikable Lösung. Was auch immer seine Schwächen und Grenzen sein mögen – die bloße Existenz des National Health Service zeugt von der Macht neptunischer Visionen, die Gesellschaft zu verändern. Jene Mitglieder der britischen Öffentlichkeit, die sich so gerne bitter über die Unvollkommenheiten des N.H.S. beklagen, könnten tiefe Erkenntnisse über ihre eigenen neptunischen Erwartungen vollkommener mütterlicher Versorgung gewinnen, wenn sie einmal erlebten, wie es ist, ohne finanzielle Reserven in einem Land zu erkranken, das keine solche Institution besitzt.

Ebenso häufig jedoch scheitern neptunisch-politische Anstrengungen. Die Politik der Labour-Regierung Anfang der siebziger Jahre führte zu einer Lähmung der Wirtschaft durch Streiks und zu Steuersätzen, die bis 90% reichten, so daß eine große Zahl der begabtesten Fachleute – von Ärzten über Wissenschaftler bis hin zu Künstlern und Musikern – das Land verließen und sich einen anderen Wohnsitz suchten, an dem sie das Recht hatten, mehr als nur ein Zehntel der verdienten Einkünfte zu behalten und auszugeben. Die Armen blieben arm, obwohl diese Politik in ihrem Namen durchgesetzt worden war, und irgendwie gelangten die den »Wohlhabenden« abgenommenen Mittel nie in die Taschen der »Habenichtse«, sondern versickerten in einer zunehmend schwerfälligen Bürokratie. Ein Teil des Dilemmas des neptunischen Sozialismus liegt in dem unbewußten infantilen Anteil der politischen Vision Neptuns, der unlösbar mit der Sehnsucht jedes Individuums nach Erlösung verknüpft ist. Unschwer läßt sich erkennen, wie sich die Sehnsucht nach einem bedingungslos liebenden und Unterstützung gewährenden Vater-Mutter-Gott in die Vision von einem bedingungslos liebenden und Unterstützung gewährenden »Vater Staat« verwandeln kann. Man kann auch sehen, wie jene, die angeblich die Unterdrückten vertreten und sich dabei mit der Figur des Erlösers identifizieren, allmählich ihre eigene Güte mythologisieren und im Lichte dieser größeren Herrlichkeit jene vergessen, die sie eigentlich erlösen wollten. Schließlich kann nur einer Mutters Liebling sein. In extremen Fällen kann dies so weit gehen, daß die zugrundeliegende Einstellung nicht länger von echtem Einfühlungsvermögen für die Mitmenschen, sondern von der Forderung nach einer ständig verfügbaren Brust bestimmt ist, die Milch in Form von Almosen liefert, und von einem nagenden Groll gegen jene, die selbständig genug sind, ihre Nahrung zu finden. Unschwer läßt sich auch die Familienähnlichkeit zwischen dem charismatischen Guru mit seinem Bedürfnis nach neptunisch-bedürftigen Anhängern und dem charismatischen Politiker mit seinem Bedürfnis nach neptunisch-bedürftigen Wählern erkennen. Dies ist das dunklere Element der neptunischen Politik, und es ist zutreffend als »Politik des Neides« bezeichnet worden. Politische Parteien der Linken wurden schon oft (und manchmal zu Recht) bezichtigt, öffentliche Mittel – besonders in Verwaltungen und Ausschüssen auf regionaler und kommunaler Ebene – schamlos mißbraucht oder gar unterschlagen zu haben unter dem Vorwand, »bessere Bedingungen für die Armen« herbeiführen zu wollen. Leider kann dieses Problem, das so oft mit persönlicher Trauer und Kindheitsverletzungen in Verbindung steht, derart destruktiv werden, daß andere, aufrichtig besorgte Menschen innerhalb des parteilichen Rahmens kein Vertrauen mehr genießen – aufgrund der Gehässigkeit ihrer Kollegen gegen jeden, der nicht sofort als Opfer erkennbar ist.

Zur Zeit der Niederschrift breitet sich das Phänomen der »political correctness« über Nordamerika aus und hat sogar die saturnischen Bastionen der britischen Gesellschaft erreicht. Obwohl die Vereinigten Staaten mit wahrem Sozialismus niemals auch nur geliebäugelt haben – geschweige denn eine Liebesaffäre hatten[110] –, betrat Neptun die politische Arena Amerikas in dieser höchst kuriosen Verkleidung. Vieles spräche für mehr öffentliche Aufmerksamkeit gegenüber den religiösen, rassischen und sozialen Empfindlichkeiten anderer, und die Ausmerzung eklatant rassistischer und sexistischer Terminologie aus Medien und Veröffentlichungen ist im Grunde von jedem intelligenten Menschen zu begrüßen. Doch nun scheint eine Grenze überschritten zu sein, so daß wir im Schleier neptunischen Nebels unterzutauchen drohen. Ein im Juni 1994 in *The Tims* veröffentlichter Artikel bietet ein hervorragendes Beispiel dazu. Er berichtet vom Fall einer massiv übergewichtigen Frau, die drohte, das örtliche Kino zu verklagen, weil es keine doppeltbreiten Sitze für Menschen bot, die zu groß waren, um in gewöhnliche Kinosessel zu passen. Individuen wie sie, behauptete sie, hätten die gleichen Rechte wie anderes, dünneres Volk; und ein solches Versäumnis bedeute eine Verfolgung von Minderheiten. Ohne Zweifel wird meine Schilderung dieses Falles den »politisch korrekten« Leser erzürnen – von mir aus. Aber sind andere wirklich verpflichtet, sich dem Zorn und Neid derer anzupassen, die durchaus in der Lage sind, sich ihren eigenen, persönlichen Zwängen zu stellen und an ihnen zu arbeiten? Hier verlangt das Kleinkind, daß die Mutter in Form der Gesellschaft (und letztlich des Steuerzahlers) blind und bedingungslos die Bedürfnisse einer unfertigen Persönlichkeit erfüllt, die nicht geboren werden will. Ich kenne das Geburtshoroskop der in *The Times* beschriebenen Frau nicht, aber ich bin sicher, daß Neptun darin sehr stark vertreten ist. In Neptuns wäßriger Welt können Gram und Wut gegen eine Mutter, von der man nicht ausreichend versorgt wurde, leicht in eine politische Perspektive verwandelt werden, die nach einem beliebigen Sündenbock sucht, der dann »schuld« daran ist, daß man zu früh aus dem Paradies vertrieben wurde.

Neptun im Horoskop einer Nation

Wie beim Horoskop des einzelnen kann uns auch der im Horoskop einer Nation vorherrschende Neptun Einblick in die besonderen gesellschaftlichen und politischen Einstellungen vermitteln, wie sie sich in der Stellung dieses Planeten widerspiegeln. Der Bereich der sogenannten Mundanastrologie ist eine so brauchbare Quelle der Erkenntnis über Neptun wie jedes persönliche Horoskop; denn alles, was in einem bestimmten Augenblick geboren wurde, hat Teil an den Qualitäten dieses Augenblicks, ob es ein menschliches Wesen oder die politische Wesenheit einer Nation ist.[111] In der kollektiven Psyche wirken die gleichen psychologischen Gesetze wie im Individuum. Vorstellungen wie Rousseaus »politischer Körper« oder die deutsche »Volksseele« finden ihre psychologische Entsprechung in Jungs Beschreibung des kollektiven Unbewußten, das von einzelnen Nationalstaaten ebenso deutlich verkörpert dun geäußert wird wie von individuellen Menschen.

> Eine Theorie wie diese geht davon aus, daß alle Mitglieder einer Nation einen gemeinsamen Fundus an Gedanken teilen, die im Laufe der Geschichte gesammelt und durch diese vermittelt wurden, und einen gemeinsamen Willen, auch in Zukunft als eine Nation zusammen zu leben. Wenn eine Nation sich also zu einem Staat organisiert, gibt sie dem derzeitigen Entwicklungsstand des kollektiven Fundus von Gedanken, Erinnerungen, Hoffnungen, Ängsten und Wünschen Ausdruck – das heißt, dem kollektiven Unbewußten.[112]

Die Analyse des Horoskops einer Nation kann mit großer Genauigkeit die Psychologie jener Nation offenbaren – ihre angeborenen Talente, ihre Stärken und Schwächen, ihre Ängste, ihre Zielsetzungen, ihre Konflikte, ihre Komplexe, ihre Verteidigungsmechanismen und ihre gehüteten Mythen und Werte. Individuen, die innerhalb des kollektiven Geflechts einer nationalen Wesenheit leben, werden von der umgebenden Gruppenpsyche mehr oder weniger beeinflußt, je nach dem Ausmaß, in dem sie sich mit dem Kollektiv identifizieren – oder darum gekämpft haben, ein relativ unabhängiges Wertesystem zu entwickeln. Doch selbst ein besonders ausgeprägtes Individuum wird, bewußt oder unbewußt, gestaltet und betroffen sein von dem »gemeinsamen Fundus« des Ganzen, dessen Teil er oder sie ist – nicht zuletzt durch jene Sehnsucht nach Verschmelzung, als deren Hauptsymbol im individuellen Horoskop Neptun steht. Aus diesem Grund muß der Astrologe immer das Kollektiv im Sinn haben, in das hinein eine Person geboren wurde, um die Unterstützung durch dieses Kollektiv oder die Konflikte mit ihm zu verstehen, die dem einzelnen auf seiner persönlichen Entfaltungsreise begegnen.

Wie das Individuum kann auch eine Nation mehr oder weniger bewußt sein. Manche Nationen sind erstaunlich unbewußt, und ihre Bevölkerung ist leicht von jenen mächtigen politischen und religiösen Gestalten zu manipulieren und zu beherrschen, die die dunklen oder hellen unterdrückten Elemente des Kollektivs zu verkörpern scheinen. Auf die gleiche Weise ist ein unbewußtes Individuum für Manipulation und Kontrolle durch jene Menschen und Institutionen offen, die die verborgenen Dimensionen seiner oder ihrer Persönlichkeit darstellen. So rief Deutschland, wie wir gesehen haben, nach dem ersten Weltkrieg einen Hitler auf den Plan, denn er war das Sprachrohr für die kollektive Sehnsucht dieses Landes nach Erlösung.[113] Das Bewußtsein einer Nation hängt von der Entwicklung des Bewußtseins – und deshalb auch von der Entwicklung von Unterscheidungsfähigkeit, Reflexion und Selbständigkeit – der einzelnen Individuen ab, die diese Nation bilden. Wie ein Individuum hat auch eine Nation eine Reihe von Zielen und Werten (die Sonne), eine charakteristische Ausdrucksweise (den Aszendenten), eine Persona, die sie dem Rest der Welt präsentiert (das MC), eine Reihe von Sicherheitsbedürfnissen (den Mond), ein Verteidigungssystem (Saturn), einen aggressiven Instinkt (Mars), einen Kommunikationsmodus (Merkur), eine Vorstellung vom Glück (Venus) und eine Reihe von Idealen, die ihre gesetzlichen und religiösen Strukturen durchdringen (Jupiter). Eine Nation hat auch eine Vision des Fortschritts (Uranus) und einen grundlegenden Drang, angesichts äußerer oder innerer Bedrohungen zu überleben (Pluto). Nicholas Campion meint, daß die »herrschende Klasse« einer Nation durch Sonne und Jupiter dargestellt, die »mittlere« oder »Arbeiterklasse« hauptsächlich vom Mond regiert werde.[114] Die nationale Sonne ist auch als Symbol für die Art von Führung zu verstehen, die das Volk bewußt wählt oder unbewußt anzieht, während der Mond die instinktiven Bdürfnisse und charakteristischen emotionellen Antworten der Bevölkerung reflektiert.

Eine Nation hat auch eine Sehnsucht nach Erlösung, die von ihrem Geburts-Neptun widergespiegelt wird. In dieser Sphäre sind Nationen und Völker zu ihren edelsten Bestrebungen und zu ihren abstoßendsten Selbsttäuschungen fähig. In *Mundane Astrology* bieten die Autoren eine nützliche Definition von Neptuns Rolle im Horoskop einer Nation.

> Mehr als jeder andere Planet wird Neptun mit Subversion assoziiert, vielleicht weil ihm die Ideale ebenso unterstellt sind wie alle Verbindungen zur »idealen Gesellschaft«. Deshalb herrscht er über den Sozialismus und alle neuen Visionen und Träume von einer perfekten Gesellschaft sowie über die Menschen, die solche Träume unterstützen. Er repräsentiert das Bedürfnis eines Kollektivs nach Vollkommenheit, er kann aber auch Täuschungen und deshalb Desillusionierung, Glanz, die Künste, Mode, das Selbstbild einer Nation und das Bild regieren, das anderen gezeigt wird ... Aufgrund seiner Nähe zu Verwirrung und Täuschung kann Neptun auch Krieg regieren ... Neptun regiert auch Skandale, die Folgen von Verwirrung und Täuschung.[115]

Kurzum, in der nationalen Psyche wirkt Neptun auf genau die gleiche Weise wie im Individuum – und über das gleiche breite Spektrum hinweg, je nach den Planeten, die er aspektiert. Eine Nation wird »irregeführt«, wenn sie ihr Empfinden individueller Identität und ihren Selbstwert verliert (oder niemals besaß) und anfängt, die Erlösung über ein unerreichbares Ideal zu suchen, das andere, divergierende Einstellungen zum Leben abwertet oder zerstört.

Die neptunische Sehnsucht ist möglicherweise kein wichtiger Faktor im Geburtshoroskop einer Nation, und auch im individuellen Horoskop (wie im Geburtshoroskop von Karl Marx) kann sie relativ verborgen sein. Deshalb müssen Neptuns Träume nicht unbedingt alle kollektiven Werte insgesamt überlagern. Ein gutes Beispiel dieser relativen »Abwesenheit« neptunischer Vorstellungen ist das Horoskop der Vereinigten Staaten, in dem Neptun weder Sonne noch Mond aspektiert.[116]

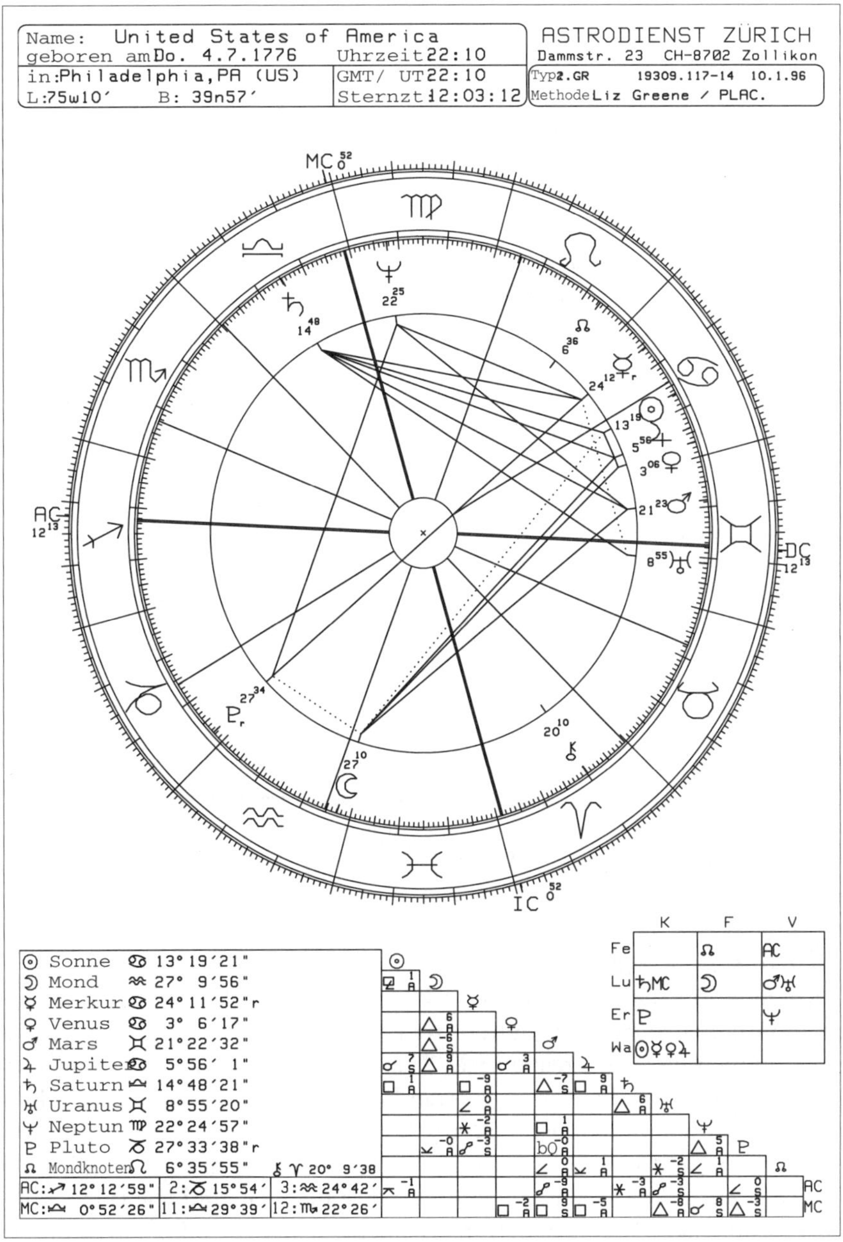

14. Vereinigte Staaten von Amerika. 4. Juli 1776, 22:10:00 GMT, Philadelphia PA. Häuser Placidus. Quelle: Nick Campion, *The Book of World Horoscopes.*

Hier bildet Neptun im neunten Haus eine weite Konjunktion mit dem MC und ein Quadrat zum Geburts-Mars in Zwillinge im siebten Haus. Doch ich würde in diesem Fall nicht von einem neptunischen Horoskop sprechen, besonders weil es keinen Sonne-Neptun-Aspekt und deshalb auch keine Tendenz gibt, die Erlösung von der Regierung zu erwarten oder die Staatsführung als halbgöttlich zu betrachten. Amerikanische Bestrebungen sind eher jupiterhaft als neptunisch – wie bei einer Sonne-Jupiter-Konjunktion und einem Schütze-Aszendenten zu erwarten – und richten sich nicht auf das Untertauchen des Individuums in der Kollektivseele, sondern auf gleiche Chancen für alle: »Gesundheit, Wohlstand und das Streben nach Glück«. Es gibt keine kollektive Philosophie von Leid und Opfer im Namen des Allgemeinwohls. Keine Nation, die so wild entschlossen das Recht ihrer Bürger auf den Besitz von Feuerwaffen verteidigt, kann als neptunisch angesehen werden. Obwohl die USA überdurchschnittlich viele kuriose und oft fanatische religiöse Kulten aufweist (Neptun steht schließlich im neunten Haus ihres Horoskops), blieb die neptunische Mystik in Religion und Politik immer als Teil einer machtlosen Subkultur isoliert. Der starke und recht beängstigende Einfluß des fundamentalistischen Christentums auf die politische Entscheidungsbildung ist eher saturnischer als neptunischer Natur und spiegelt offenbar das Sonne-Saturn-Quadrat im Horoskop der USA wider. Trotz der Bedeutung religiösen Glaubens haben die Amerikaner nie eine utopische Vision der Gesellschaft verfolgt. Der besondere Geschmack neptunisch-politischer Ideologie, den wir untersucht haben, ist dieser intensiv individualistischen Nation, deren Feindbild während des größten Teils des 20. Jahrhunderts in der Bedrohung durch die neptunische »Subversion« aus dem kommunistischen Block bestand, immer ein Greuel gewesen.

In direkter Gegenüberstellung dazu lohnt es sich, das Horoskop der Volksrepublik China zu untersuchen.[117] Als die Zentralregierung der neuen Republik unter Mao Tse-Tung proklamiert wurde, waren Sonne und Merkur in Konjunktion mit Neptun in Waage. Hier ist eine nationale Wesenheit, deren spezifische, erklärte Ziele und Werte gänzlich neptunisch sind. Selbst der derzeitigen Uranus-Neptun-Konjunktion, die anscheinend das Herrschaftsgebäude aller osteuropäischen kommunistischen Staaten erschüttert hat, gelang es nicht, die neptunischen Ideale zu entthronen, die im Mittelpunkt der Staatsbildung des modernen Chinas stehen. Während ein umfassendes Verständnis der Komplexitäten der modernen chinesischen Geschichte umfassendere, spezifisch politische und wirtschaftliche Kenntnisse über das Land verlangt, als ich sie besitze, ist es gleichwohl möglich, selbst anhand begrenzter Information über das eigentümlich neptunische Paradoxon des Massakers an einer Million Bauern nachzudenken, mit dem die kommunistische Regierung der Volksrepublik 1950/51 an die Macht kam. Die Beinahe-Vergöttlichung Maos, des Führers der marxistischen Revolution, spiegelt ebenfalls die Konjunktion von Sonne und Neptun wider und deutet an, daß die politische Führung der Nation mit einem Bild des Erlösers verschmilzt, das offenkundig (wenn auch

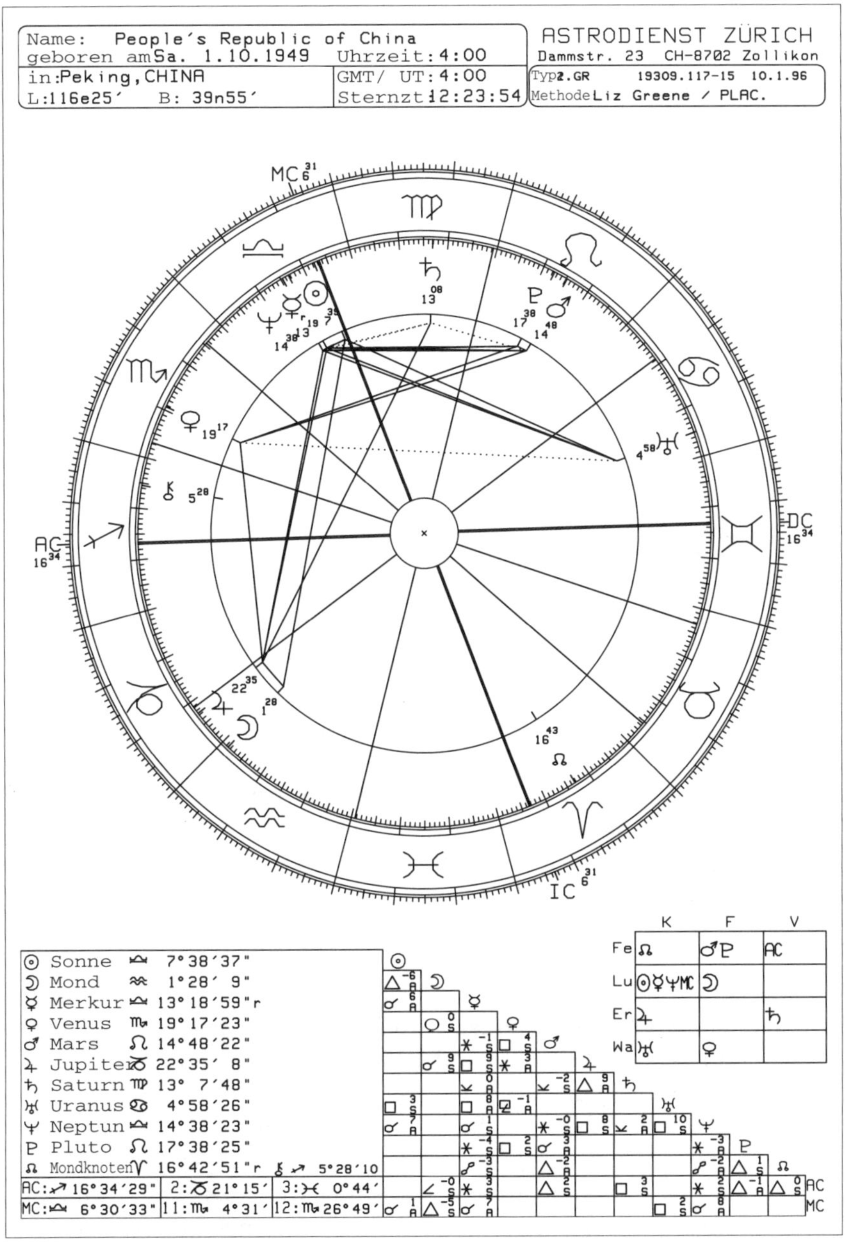

15. Volksrepublik China. 1. Oktober 1949, 4:00:00 GMT, Peking, China. Häuser Placidus. Quelle: Nick Campion, *The Book of World Horoscopes.*

unbewußt) religiöser Natur ist. Der Transit von Pluto über die Sonne-Neptun-Konjunktion dieser Nation zwischen 1975 und 1978 fiel mit einem ausgedehnten Kampf zwischen den Maoisten und den »Revisionisten« zusammen, und Maos Kulturrevolution kam zu einem Ende. In der Mitte dieses Transits, am 9. September 1976, starb Mao. Doch trotz seiner Degradierung zum Status eines zweitrangigen Erlösers hat die Nation seine Philosophie nicht gänzlich verworfen – noch wird sie dies tun, solange keine größere Revolution eintritt, die dem Kollektiv ein neues Geburtshoroskop verschafft.

Ein letztes Beispiel ist der Betrachtung würdig: drei Horoskope, die drei sehr unterschiedliche Stufen in der politischen Entwicklung Deutschlands widerspiegeln.[118] Das erste Horoskop ist das der Weimarer Republik, die am 9. November 1918 nach der Abdankung von Kaiser Wilhelm II. verkündet wurde, während Neptun stationär war. Das Kaiserreich Deutschland ging zu Ende in der sozialistischen Revolution, die das Land überzog und zu einer neuen nationalen Wesenheit veränderte, einem mehr föderativen als zentralistischen und einheitlichen Staat mit einer Sonne-Venus-Konjunktion in Skorpion im Quadrat zu Neptun in Löwe in seinem Geburtshoroskop. Der starke, aber ungebündelte emotionelle Idealismus dieser nationalen Wesenheit, geboren aus einem vagen Traum von Nationalismus und der Befreiung vom kaiserlichen Joch, fand schließlich seinen Erlöser im Januar 1933, als Hitler zum letzten Kanzler der Weimarer Republik ernannt wurde und die transitierende Sonne-Saturn-Konjunktion in Opposition zum Geburts-Neptun der Republik trat. Wie wir gesehen haben, fällt Hitlers Geburts-Saturn auf den Neptun der Weimarer Republik; damit schien er zunächst die Sehnsucht des Volkes nach Erlösung zu verkörpern und zu inkarnieren.[119]

Das zweite Horoskop, das die Geburt des nationalsozialistischen Deutschlands widerspiegelt, bietet uns die ganz andere Energie einer Sonne-Saturn-Konjunktion als Symbol des nationalen Ichs. Deutschland wurde erst unter der nationalsozialistischen Regierung zu einem einheitlichen, zentralistischen Staat, und ironischerweise erfreute sich das Land unter Hitlers Führung der einzigen Phase echter politischer Einheit in seiner Geschichte – bis zu seiner Wiedervereinigung in jüngster Zeit. Merkur bildet in diesem Horoskop ebenfalls eine Konjunktion mit Saturn und spiegelt die Starrheit der Nazi-Ideologie wider. Unmerklich ist Neptun dennoch aktiv – er bildet ein Quinkunx sowohl zur Sonne als auch zu Saturn, und ein Trigon zu Venus in Steinbock. Die Mythologie der nationalsozialistischen Ära, die die Mythologie der Romantik des vorausgegangenen Jahrhunderts ihren eigenen Zwecken anpaßte, war erfüllt von apokalyptischen Visionen von Sturm und Drang – nirgends so deutlich wie in jenem abstoßenden Genre der »Kunst«, das die physischen Herrlichkeiten des arischen Körperbaus idealisierte. Das »tausendjährige Reich« mit seinen Adlern, seinem leistungsfähigen Straßennetz und seiner Monumentalarchitektur war auch ein Versuch, die Bilder der antiken Herrlichkeit des Römischen Reiches wiederzubeleben – eines Gol-

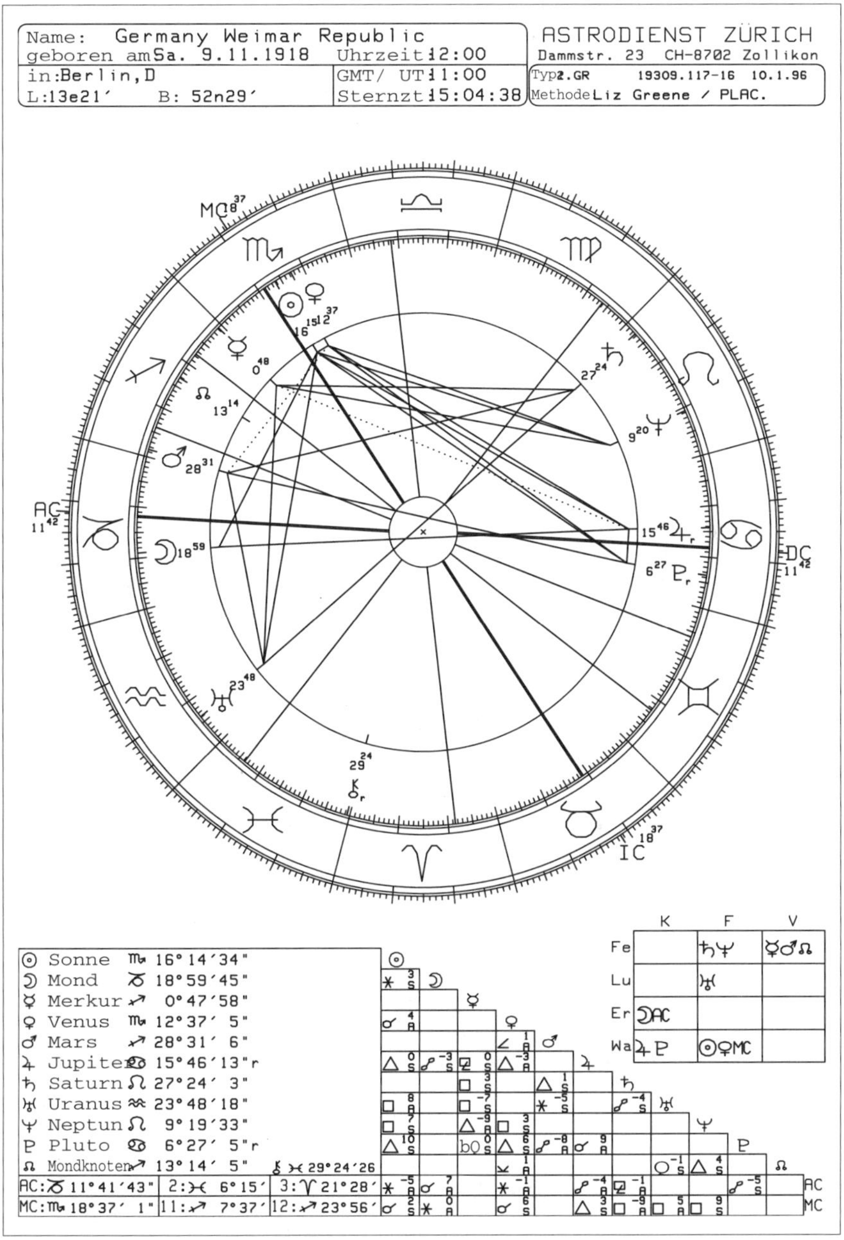

16. Deutschland, Weimarer Republik. 9. November 1918, 11:00:00 GMT, Berlin). Quelle: Nick Campion, *The Book of World Horoscopes*.

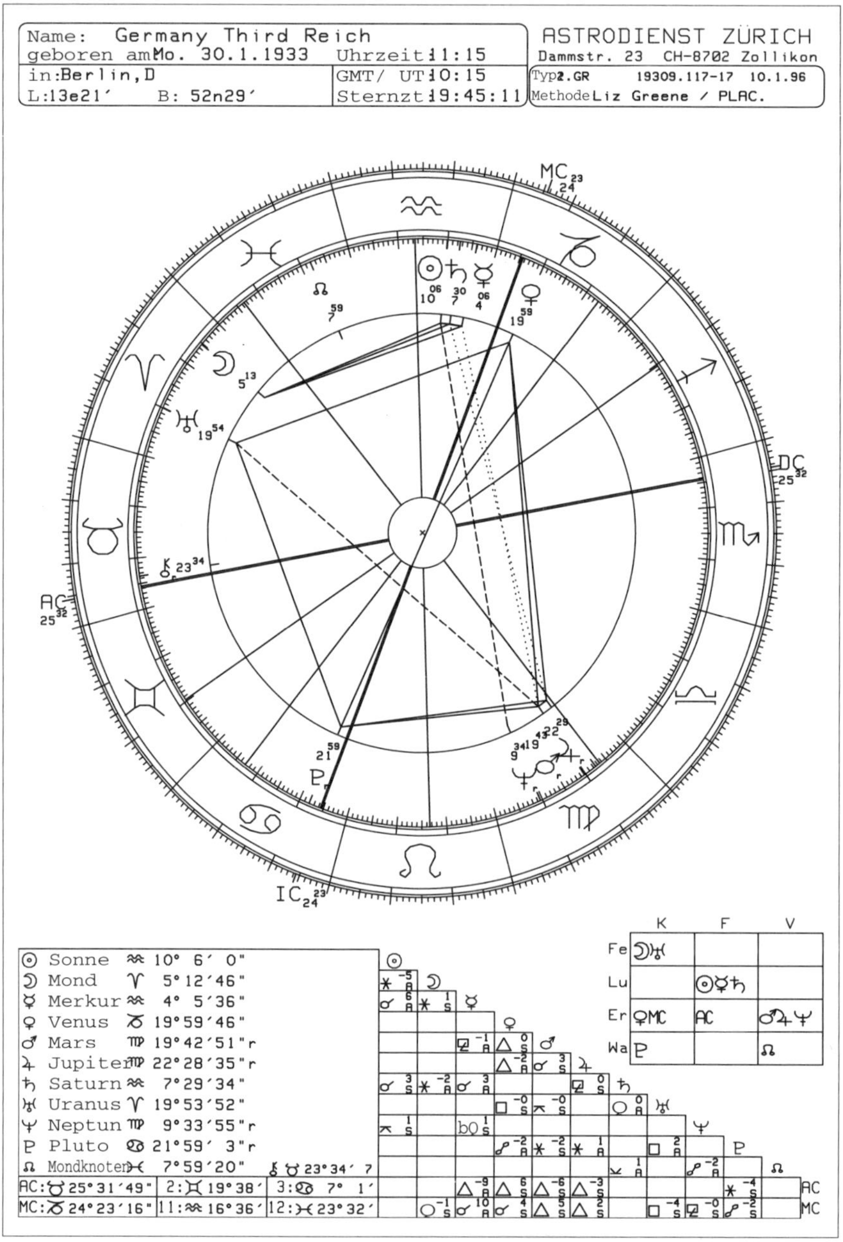

17. Deutschland, Drittes Reich. 30. Januar 1933, 10:15:00 GMT, Berlin. Häuser Placidus. Quelle: Nick Campion, *The Book of World Horoscopes.*

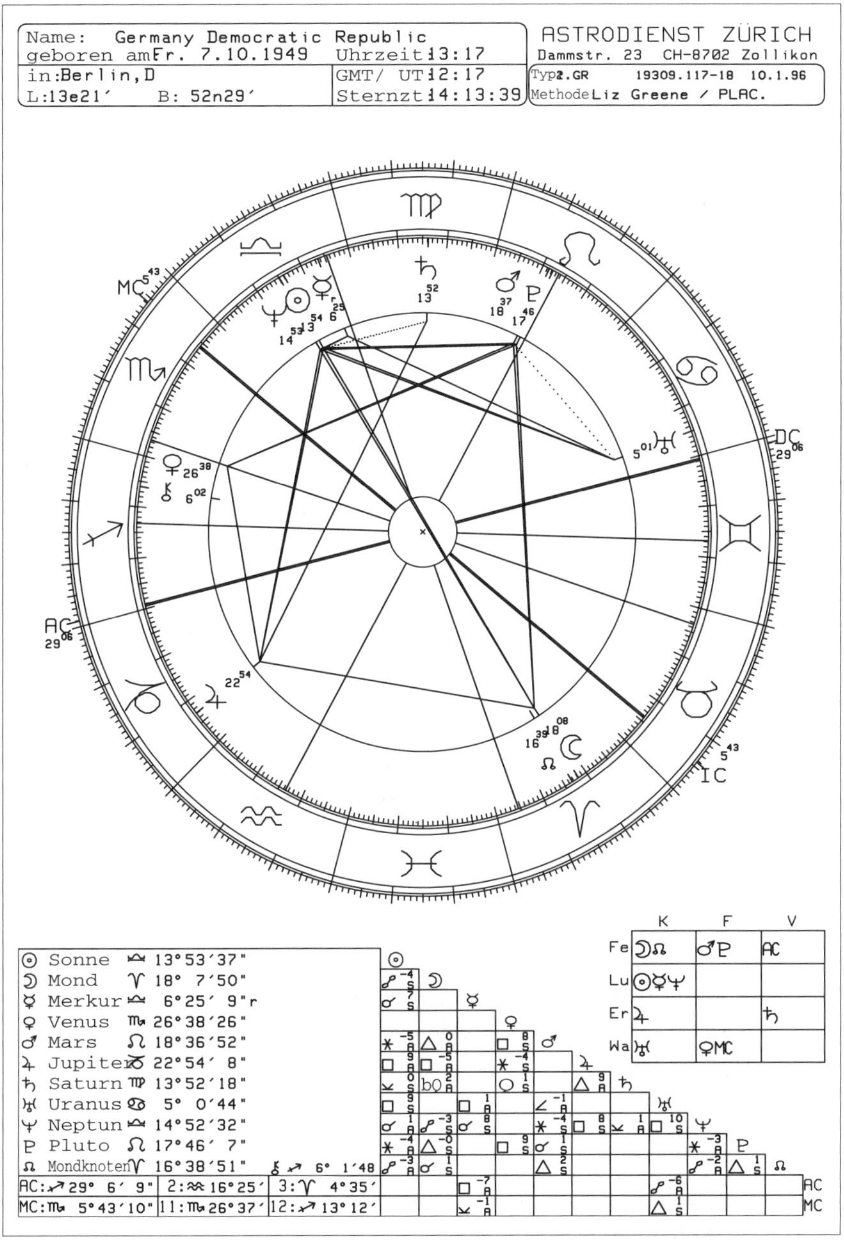

18. Deutsche Demokratische Republik. 7. Oktober 1949, 12:17 GMT, Berlin. Häuser Placidus. Quelle: Nick Campion, *The Book of World Horoscopes.*

denen Zeitalters, das unter Hitlers Herrschaft wiederkehren würde. Auf seine eigene Weise war auch dies ein neptunisches Regime, und es veranschaulichte das Muster von Tyrann und Opfer, wie es für den Amoklauf von Saturn-Neptun in der politischen Arena so typisch ist.

Das dritte Horoskop ist das der Deutschen Demokratischen Republik. Ostdeutschland unterstand seit 1945 der sowjetischen Besatzung und Verwaltung, wurde aber erst 1949 zum unabhängigen Staat erklärt. Hier sehen wir eine enge Konjunktion von Sonne in 13°54' Waage und Neptun in 14°53' Waage mit Merkur – und der utopische Traum kehrte in Gestalt der kommunistischen Regierung zurück. Da die Sonne im Horoskop einer Nation die Führung symbolisiert, während der Mond das Volk widerspiegelt, deutet die Opposition des Mondes zur Sonne-Neptun-Konjunktion einen tiefen inneren Konflikt zwischen der Regierung und den Bedürfnissen der Bevölkerung an. Die Mauer wurde weniger gebaut, um Menschen am Eindringen zu hindern, als um sie innerhalb der Staatsgrenzen zu halten. Zur Spannung und Instabilität in diesem Horoskop trägt noch Uranus auf 5°01' Krebs im Quadrat zu Sonne-Merkur-Neptun bei. Die DDR öffnete ihre Grenzen 1989, als der transitierende Saturn und Neptun eine genaue Konjunktion in 10° Steinbock bildeten, während der transitierende Uranus kurz dahinter in 2° Steinbock stand, in Opposition zum transitierenden Jupiter in 10° Krebs und dem transitierenden Chiron in 16° Krebs. Das formelle Ableben des Staates kam jedoch mit der Wiedervereinigung von Ost- und Westdeutschland am 10. Januar 1990, als der transitierende Saturn in 18°49' Steinbock war, der Neptun-Transit noch in Konjunktion in 11°49' Steinbock, der transitierende Aszendent in 12°21' Steinbock und der transitierende Uranus in 5°43' Steinbock. Alle diese Transite standen im Quadrat zu der fragilen Sonne-Neptun-Konjunktion im Geburtshoroskop der DDR, an der »Spitze« des T-Kreuzes von Sonne-Merkur-Neptun, Mond und Uranus – das andeutet, daß die Midlife-crisis, die uns allen, sei es individuell oder kollektiv, früher oder später begegnet, in ihren Auswirkungen besonders explosiv war – wie es so oft der Fall ist bei einer Person, die sich mit der neptunischen Vision vermählt hat und dann entdeckt, daß das Leben letztlich ganz anders ist.

Das Horoskop für die Zeit der Wiedervereinigung ist natürlich zugleich das Geburtshoroskop des neuen Deutschlands. Das utopische Vermächtnis ist immer noch zu erkennen. Die Sonne steht im Quadrat zu Neptun, der gemeinsam mit Uranus und Saturn eine Konjunktion mit dem Aszendenten bildet. Der Mond steht in Fische. Es bleibt zu hoffen, daß das neue Deutschland fähig sein wird, konstruktiv auf seiner Geschichte neptunischer Vision und gescheiterter neptunischer Träume aufzubauen.

10.

Neptun und die Künstler

Denn Gnade hat ein menschlich Herz
in Menschengesicht Mitleid,
Liebe hat göttliche Menschengestalt
und Friede ein Menschenkleid.

Und alle lieben die Menschengestalt,
ob Türk, ob Jud, ob Heid:
wo Gnade, Liebe, Mitleid wohnt,
da ist auch Gott nicht weit.

William Blake, Das göttliche Ebenbild[120]

Kunst und Magie sind enge Verbündete. Aus nichts etwas zu machen, Welten zu erschaffen aus dem schwer faßbaren Stoff der Imagination – solche Macht hat selbst für jene, die sich regelmäßig damit befassen, etwas Numinoses an sich hat. In Mythos und Legende hat der Künstler schon immer eine besondere und undurchsichtige Rolle gespielt – als Prophet, Geächteter, Sprachrohr für die Götter, Werkzeug dämonischer Mächte und als Opfer menschlicher und göttlicher Rache. Das Mysterium der schöpferischen Kraft wird gesteigert durch den leisen Verdacht des Diebstahls, denn die Fähigkeit des Künstlers, aus nichts etwas zu machen, verwandelt ihn in einen Gott, der in die eifersüchtig gehütete Sphäre des Himmels eindringt. Prometheus' schreckliches Schicksal ist ebenso ein Grundelement im Mythos des Künstlers wie seine ehrenvolle Mission als göttlicher Kulturbringer.

> Die Mythologie schreibt dem Künstler zwei Leistungen zu: daß er Wesen gestaltet, und daß er Gebäude errichtet, die in den Himmel reichen oder die sich in Größe und Pracht mit den Wohnstätten der Götter messen. Beide Tätigkeiten verletzen das Vorrecht der Götter, beide rufen nach Bestrafung.[121]

Viele umfangreiche Bände wurden schon über den Künstler geschrieben, und aus jeder denkbaren Perspektive – ästhetisch, religiös, soziologisch, psychologisch und politisch. Die Streitfragen bleiben weiter offen: Was ist das Wesen der Kunst? Was macht einen Künstler aus? Ist psychische Krankheit oder Schädigung eine notwendige Voraussetzung für Kreativität – oder nicht? Ist der Künstler »göttlich« inspiriert

– oder nicht? Ist der Künstler ein Kind seiner Zeit – oder ein Vorbote und kraft seiner künstlerischen Vision gar Gestalter neuer Zeiten? Ein Geheimnis bleibt auch, warum die Kunst überhaupt solche Macht besitzen sollte. Jung schreibt:

> Jede Beziehung auf den Archetypus, sei sie erlebt oder bloß gesagt, ist »rührend«, das heißt sie wirkt; denn sie löst eine stärkere Stimme in uns aus als die unsrige. Wer mit Urbildern spricht, spricht wie mit tausend Stimmen, er ergreift und überwältigt, zugleich erhebt er das, was er bezeichnet, aus dem Einmaligen und Vergänglichen in die Sphäre des immer Seienden, er erhöht das persönliche Schicksal zum Schicksal der Menschheit, und dadurch löst er auch in uns alle jene hilfreichen Kräfte, die es der Menschheit je und je ermöglicht haben, sich aus aller Fährnis zu retten und auch die längste Nacht zu überdauern.

Dies ist das Geheimnis der Kunstwirkung. Der schöpferische Prozeß, soweit wir ihn überhaupt zu verfolgen vermögen, besteht in einer unbewußten Belebung des Archetypus und in einer Entwicklung und Ausgestaltung desselbigen bis zum vollendeten Werk. Die Gestaltung des urtümlichen Bildes ist gewissermaßen eine Übersetzung in die Sprache der Gegenwart, wodurch es sozusagen jedem ermöglicht wird, wieder den Zugang zu den tiefsten Quellen des Lebens zu finden.[122]

Man könnte erwarten, daß der Künstler Dank verdiene dafür, daß er uns hilft, »unseren Rückweg zu finden«. Doch er oder sie stößt regelmäßig auf Mißtrauen, wird verunglimpft und manchmal sogar vernichtet von gerade dem Kollektiv, das von der künstlerischen Vision bewegt und inspiriert wurde. Vielleicht geschieht dies, weil die »Aktivierung eines archetypischen Bildes« Unbehagen oder sogar emotionelle Aufregung im Leser, Betrachter oder Zuhörer hervorrufen kann; und ein solches inneres Erwachen dürfte einem Bewußtsein nicht willkommen sein, das sich Veränderungen widersetzt. Vielleicht sind auch die Künstler selbst verantwortlich für ihre Kreuzigung, denn ihre große Nähe zum Bereich der Archetypen bringt viele psychologische Probleme mit sich. Wie Salieri in *Amadeus* entdeckte, mag der Künstler – weit davon entfernt, ein vollkommenes Gefäß für göttliche Inspiration zu sein – auf antisoziale, anarchische und chaotische Weisen fühlen, sprechen und handeln, und so die bestehende Ordnung bedrohen. Der Zeitgeist, der durch den Künstler spricht, ist nicht immer wohlerzogen. Thomas Mann schrieb:

> Nie wird Kunst im politischen Sinne moralisch, nie tugendhaft sein; nie wird der Fortschritt sich auf sie verlassen können. Sie hat einen unzuverlässigen, verräterischen Grundhang; ihr Entzücken an skandalöser Anti-Vernunft, ihre Neigung zu Schönheit schaffender »Barbarei« ist unaustilgbar ... Eine irrationale Macht, aber eine große Macht; und die Anhänglichkeit der Menschen an sie beweist, daß die Menschen mit dem Ratonalen, das heißt: mit der berühmten dreiteiligen Gleichungsformel demokratischer Weisheit »Vernunft = Tugend = Glück« weder auskommen können noch wollen.[123]

Die Kunst, so scheint es, ist wie Neptun: schwer faßbar, subversiv und magisch, unbeugsam jeder Zähmung widerstehend.

Die astrologische Deutung ordnet Neptun im allgemeinen eine gewisse Verbindung mit den Künstler zu. Manche Astrologen definieren ihn sogar als *den* Planeten der schöpferischen Phantasie und sagen damit, daß nur diejenigen wirklich schöpferisch sein können, in deren Geburtshoroskop Neptun betont ist. Diese Überzeugung wird jedoch schnell fragwürdig angesichts einer beliebigen Zahl von »Promimentenhoroskopen«, unter denen unzählige Beispiele von Künstlern jeder Richtung und Zeitepoche zu finden sind, deren Horoskope die schöpferische Macht anderer Planeten widerspiegeln. In der Tat kann jeder Planet seinen eigenen schöpferischen Beitrag leisten, und dann eine bestimmte Form künstlerischer Vision widerspiegeln – wie auch jeder Planet seine eigene Form der Spiritualität besitzt. Doch ein dominanter Neptun im Geburtshoroskop spiegelt eine besondere Empfänglichkeit für gewisse Empfindungen und Bilder wider, die aus den tieferen, universelleren Ebenen der Psyche aufsteigen. Diese Empfindungen und Bilder sind verbunden mit den Urthemen Verschmelzung, Erlösung und Rückkehr zum Ursprung. Aber welche Rolle mag Neptun im schöpferischen Prozeß und im Leben des Künstlers tatsächlich spielen? Läßt sich eine Verbindung mit einem bestimmten Kunstbereich oder -stil feststellen? Und kann man die einzigartigen schöpferischen Fähigkeiten Neptuns in ihrer Entwicklung bewußt in konstruktive statt in destruktive Bahnen lenken?

Der Künstler und das Unbewußte

Das Phantasieren ist eine überaus wichtige schöpferische Tätigkeit für das Kleinkind, das allmählich den Zustand seiner psychischen Verschmelzung mit der Mutter verläßt und beginnt, seine Unabhängigkeit zu entfalten. Das Phantasieren erleichtert dabei den Übergang: Es füllt die dunkle Leere zwischen der Sicherheit in der mütterlichen Umarmung und der einsamen, beängstigenden Welt der selbständigen Existenz, indem es Bilder und Gefühle hervorbringt, die eine Brücke zwischen beidem schlagen. Was die Psychologie das »Übergangsobjekt« nennt – die Rassel, das Nachtlicht, das Schmusetier –, wird vom Kind mit Phantasie vergoldet und so zu einem kleinen Stück der Mutter, das es ihm ermöglicht, die dunkle Nacht allein zu überleben. Weil die Phantasie den Schrecken und die Erniedrigung der Hilflosigkeit verwandelt und die Möglichkeit von Nähe und Getrenntheit zugleich gestattet, bleibt etwas von dem ursprünglich narzißtischen Gefühl von Macht und Stärke erhalten. Der Kampf mit dem Drachen und die herrliche Verheißung des *hieros gamos,* der heiligen Hochzeit, die den Helden am Ende der Suche erwartet, sind mythische Bilder, die den Kampf jedes Kleinkindes darstellen, Unabhängigkeit von der Mutter und eine eigenständige Beziehung zu ihr herzustellen. Doch die Phantasie kann in ihrer Entwicklung beschnitten werden. Vielleicht ist die Mutter zu abhängig von der ständigen Aufmerksamkeit ihres Kindes, oder so fern, daß das Kind jedesmal unerträgliche Unsicherheit erlebt, wenn es versucht, sich in die Innenwelt zurückzuziehen. Dann wird der entscheidende Prozeß der Ablösung niemals vollendet. Schwierigkeiten folgen gewöhnlich im späteren Leben, wenn der mittlerweile Erwachsene vor dem Erlebnis der Einsamkeit steht. Dieses Thema wird häufig in psychoanalytischen Texten[124] behandelt und ist von großer Relevanz für die Unfähigkeit vieler Menschen, sich selbst die Zeit und Privatsphäre einzuräumen, die notwendig sind, um in den Bereich der Phantasie einzutreten. Die schreckliche Angst, die manche Menschen erleben, wenn sie irgendeine schöpferische Arbeit versuchen, steht mit diesem Dilemma in direkter Verbindung.

Neptuns Problem ist nicht die Unfähigkeit zu phantasieren, sondern seine Neigung, zuviel zu phantasieren. Die Ablösung ist für das neptun-dominierte Kind ein längerer und schmerzhafterer Prozeß. Die »Übergangswelt« zwischen dem Kleinkind und der Mutter wird zur Übergangswelt zwischen dem Erwachsenen und der Erlösungsverheißung. Dies mag ein Aspekt von Neptuns schöpferischem Drang sein; die Phantasie wird zu einem Mittel, um die Verschmelzung mit dem göttlichen Ursprung zu erlangen. Aber sie kann auch als Mittel dienen, um der selbständigen Existenz auszuweichen. Die Phantasiebegabung dient dann nicht als Quelle schöpferischer Bilder und Ideen, sondern zur Flucht vor der Wirklichkeit. Oft kann der Neptunier seine Phantasien nicht »fleischwerden« lassen, weil die Phantasiewelt ein Mutterschoß-Ersatz bleibt – statisch statt fließend –, ein Ort des schmerzlosen Vergessens anstelle einer Brücke zwischen Menschlichem und Göttlichem. Neptuns Welt in eine Form zu gießen bedeutet, den Primärnarzißmus hinter sich zu verlassen, der dem Kleinkind sein Gefühl gottgleicher Allmacht vermittelt. Selbst wenn die Brücke gebaut, das Bild inkarniert ist, vermag sich der neptunische Künstler oft nicht genügend zu distanzieren, um das Werk in der rechten Perspektive zu sehen; dann bleibt er das unbeachtete Genie, dessen schöpferische Erzeugnisse – wie grob oder fehlerhaft sie auch sein mögen – ausgeschlossen sind von dem Bedürfnis nach Veredelung oder Übertragung in eine Sprache, die andere verstehen können. Winnicott schreibt in der Schilderung des Falles einer Patientin, die süchtig war nach unproduktiver Phantasie:

> Sobald diese Patientin etwas in die Praxis umsetzte, zum Beispiel beim Malen ... fühlte sie sich eingeengt und wurde unzufrieden, weil sie die Omnipotenz, die ihre Phantasien prägten, aufgeben mußte.[125]

Ein starker Neptun im Geburtshoroskop ist nicht – wie manche Astrologen annehmen – ein unfehlbares Zeichen schöpferischer Befähigung. Nur zu oft ist er ein Anzeichen für die Sucht nach Phantasie, die – wie alle Süchte – eine tiefe Abneigung widerspiegelt, Saturns irdisches Reich zu betreten. Der schöpferische Impuls ist in jedem Kind gegenwärtig. Wenn es überhaupt astrologische Hinweise auf diesen elementaren Drang gibt, so sind es Sonne und Saturn, denn die Verkörperung der Phantasie ist eine Funktion des sich entfaltenden Ichbewußtseins. Die Phantasie in materielle Form zu inkarnieren, ist das Mittel, durch das das Individuum eine dauerhafte Brücke zwischen dem Nichtsein und einer definierten Identität schlägt.

Ein starker Neptun öffnet den Zugang zu archetypischen Bildern und Gefühlen, die zur Mythologie des Paradieses gehören. Wird die neptunische Phantasiewelt in künstlerischer Form verkörpert, besitzt sie die Macht, tiefe Resonanzen in universellem menschlichem Leid, in Einsamkeit und Sehnsucht nach ewiger Glückseligkeit erklingen zu lassen. Aber der schöpferische Impuls – der Drang, die Phantasiewelt zu inkarnieren –, ist ein Ausdruck der Lebensbestätigung. Ohne ihn wird Neptuns Rückzug in die Phantasie zu einem Akt der Lebensverweigerung. Weit davon entfernt, den schöpferischen Impuls hervorzubringen, kann er vielmehr das Verlangen verstärken, im Mutterschoß des Paradiesgartens zu verweilen, anstatt sich auf die Einsamkeit und Sterblichkeit einzulassen, die vor den Toren warten. Dies ist das Dilemma des neptunischen Künstlers, der oft einen großen inneren Konflikt erlebt zwischen dem Wunsch, geboren zu werden und dem Wunsch, ungeboren zu bleiben. Besonders ausgeprägt ist dies bei solchen Künstlern, die Sonne-Neptun- und Saturn-Neptun-Kontakte haben – besonders bei harten Aspekten –, weil hier jeder schöpferische Akt den Prozeß der Ablösung von der Quelle weitertreibt. Ist Neptun mit Sonne oder Saturn verbunden, muß der Künstler seine Phantasien inkarnieren, und dabei ist jede Anstrengung ein Schritt fort vom Quell des Lebens und damit ein kleiner Tod.

Planeten, die im Geburtshoroskop die Sonne aspektieren, tragen mit ihren Bildern und Qualitäten dazu bei, wie wir uns selbst und das sinngebende Element in unserem Leben wahrnehmen. Weil die Sonne das individuelle Identitätsempfinden symbolisiert, spiegeln ihre Aspekte – sogar mehr noch als ihre Stellung im Tierkreis – Attribute und archetypische Wahrnehmungen wider, die erlebt werden als »wer ich bin« und »was meine Bestimmung ist«. Die Sonne ist somit ein überaus wichtiger Faktor im Hinblick auf die Berufung des Individuums – im Unterschied zu seinem Beruf, der dem nicht unbedingt entspricht –; denn Erfüllung finden wir bei solchen Beschäftigungen, die uns die größte Gelegenheit bieten, unserem inneren Empfinden von Identität und Bestimmung Ausdruck zu geben. Das Vorherrschen von Sonne-Neptun-Aspekten bei einigen Individuen, die in früheren Kapiteln erwähnt wurden und die ich als »neptunisch« bezeichnete, ist in diesem Zusammenhang verständlich. Die Sehnsucht nach Erlösung verbindet sich mit dem Gefühl individueller Identität und bringt so eine Person hervor, die aus Neptun eine Berufung macht. Er oder sie braucht Wege und Bahnen des Ausdrucks, die sowohl eine Erlösungsbotschaft für andere bieten – wie Politik, Künste oder »helfende« Berufe –, als auch ein Gefühl der persönlichen Erlösung durch die Verschmelzung mit etwas Größerem vermitteln.

Bei Saturn-Neptun geht es jedoch nicht darum, Musiker, Poet, Heiler oder politischer Philosoph werden zu wollen. Saturn-Neptun *muß* Musiker, Poet, Heiler oder politischer Philosoph sein, um den ständigen inneren Konflikt zwischen den

Strukturen und Begrenzungen des irdischen Lebens und der chaotischen Flut dessen zu bewältigen, was jenseits der Grenzen von Saturn wartet. Personen, bei denen Saturn einen äußeren Planeten stark aspektiert, werden unaufhörlich von kollektiven psychischen Kräften herumgestoßen und müssen einen Weg finden, mit diesen umzugehen. Saturn-Neptun ist ein Aspekt, der oft mit Depressionen, Gefühlen der Angst und bösen Vorahnungen, Phobien und Süchten der einen oder anderen Art assoziiert wird.[126] Dies ist die dunkle Seite des Aspekts. In vielen Fällen identifiziert sich das Individuum mit den Werten Saturns, erlebt Neptuns Welt als eine schreckliche Bedrohung und ergreift massive Abwehrmaßnahmen gegen sie. Was man im Inneren fürchtet, wird leicht nach außen projiziert, was zu der typischen – oft mit dieser Planetenkombination im Geburtshoroskop einhergehenden – »ziellosen« Ängstlichkeit und dem Gefühl führt, von unsichtbaren Mächten (Kommunisten, New-Age-Reisenden, Ansteckungskrankheiten) bedroht zu werden. Auch bestimmte körperliche und psychosomatische Krankheiten assoziiert man mit dieser Konstellation, besonders solche, die sich lange hinziehen, schwer zu diagnostizieren sind und das Individuum hilflos machen. So bringt der Körper einen Konflikt zu Ausdruck, den das Individuum als unlösbar erlebt – oder überhaupt nicht wahrnimmt. Wenn das Individuum sich mit der Welt Neptuns identifiziert, kann Saturn auch zum projizierten Feindbild werden. Tony Benn (siehe Kapitel 9) ist ein glänzendes Beispiel dafür: Die Geburts-Sonne steht im Trigon zu Neptun und bildet die Basis seiner bewußten politischen Werte, während Saturn, im Quadrat zu Neptun und Mond, nach außen projiziert wird und zurückkehrt, um ihm in Gestalt der herzlosen und unterdrückerischen Kräfte von Klassengesellschaft und Kapitalismus zu begegnen. Ein solcher Fall birgt die gleiche Angst und Neigung zur Depression. Viele der Künstler, die später noch besprochen werden sollen, folgten diesem eher anarchischen Weg und schlossen sich dem romantischen Sozialismus an; jedes Symbol von Autorität im sozialen, religiösen, politischen oder künstlerischen Bereich empfanden sie als feindlich. – Soweit zur dunklen Seite.

Spuren von Angst und Depression sind wahrscheinlich selbst bei den günstigen Aspekten zu festzustellen, und auch wenn das Individuum produktive Wege gefunden hat, mit dem unausweichlichen, archetypischen Konflikt zwischen den Bedürfnissen von Saturn (nach Struktur, Stabilität, Permanenz, Erdung in der Form und Selbständigkeit) und denjenigen Neptuns (nach Ekstase, Verschmelzung, Auflösung, Erlösung und Rückkehr zum Ursprung) umzugehen. Doch aus gutem Grund ist Saturn-Neptun auch als »Künstler-Aspekt« bekannt, weil sich die scheinbar gegensätzlichen Welten von physischer Form und grenzenloser Imagination – wenn auch unvollkommen – in der Schöpfung des Künstlers begegnen können. Sie ist die einzige Sphäre menschlichen Bemühens, in der Phantasie und Wirklichkeit zu einander sprechen können, ohne sich gegenseitig vitalerElemente zu berauben. Saturn-Neptun kann sich auch zur Politik oder zu dem »mystischen« Bereich der helfenden Berufe hingezogen fühlen. Diese mögen einen brauchbaren Ausgleich bieten, doch die politische Plattform ist zu sehr beladen mit Neid, Habgier und Frustration, um das verlorene Paradies Neptuns unterzubringen, und die Welt des geistigen Heilens ist zu sehr belastet mit körperlichem Schmerz, Krankheit und Tod. Wenn Neptun in diesen Sphären zuviel leidet, wird er bitter enttäuscht. In der Kunst muß Neptun Unvollkommenheit tolerieren, doch seine Ewigkeit braucht er nicht zu opfern.

Bedeutet dies, daß jede Person mit einem Saturn-Neptun-Kontakt ein Künstler sein »sollte«? Natürlich nicht: Manche Menschen besitzen einfach kein künstlerisches Talent, und manche sind stärker von anderen, gleichermaßen wichtigen Tätigkeitsbereichen im Leben angezogen. Doch Individuen mit Saturn-Neptun-Aspekt müssen früher oder später mit der Kluft zwischen der Welt der Vision und der Welt der Form umzugehen lernen, denn keine von beiden wird sie unbehelligt lassen. Auch andere Mittel und Wege als jene, die man traditionell als künstlerisch betrachtet, dürfen eigentlich als Kunst angesehen werden. Die Astrologie ist schließlich mehr eine Kunst als eine Wissenschaft, und viele Astrologen finden, daß die von der astrologischen Symbolik beschriebenen »ewigen Wirklichkeiten« in der geordneten Struktur des Horoskops die gleiche Dringlichkeit, den gleichen Zauber und die gleiche Bedeutung besitzen wie die Musik sie für Mozart hatte. Auch die Tiefenpsychologie ist mehr eine Kunst als eine Wissenschaft, und das Reich der Träume, der aktiven Imagination und des Chaos der unbewußten Psyche, die einander innerhalb des strukturierten Rahmens eines therapeutischen Prozesses begegnen, kann ebenfalls einen Treffpunkt für die beiden uralten Feinde bieten. Um mit Saturn-Neptun kontruktiv zu arbeiten, müssen wir neu bewerten, was wir Kunst nennen. Wenn wir jedes Gebiet menschlichen Bemühens als Kunst anerkennen können, das die gleiche Hingabe, Geschicklichkeit und Imagination verlangt wie Musik und Malerei, Poesie und Drama – ja, dann gilt: Jede Person mit Saturn-Neptun muß irgendwann im Leben ein Künstler sein.

Es ist nicht überraschend, daß viele der im folgenden besprochenen Künstler Saturn-Neptun-Kontakte in ihrem Geburtshoroskop haben. Oft kommen noch Sonne-Neptun-, Mond-Neptun- oder Aszendent-Neptun-Kontakte hinzu. Saturn-Neptun ist ebenso wichtig für die Bestimmung der Ausrichtung dieser Künstler im Leben wie Sonne-Neptun – und vielleicht noch entscheidender, denn wenn Saturn – und sei es durch Trigon oder Sextil – beteiligt ist, bringt er ein Gefühl der Dringlichkeit und des aus Konflikt erwachsenen persönlichen Leidens mit, das nach einer Lösung verlangt. Letztlich sind es vielleicht mehr Saturns Aspekte als die der Sonne, die jene Bereiche zeigen, in denen wir unsere größten Begabungen entfalten können, und in denen wir – bei Aspekten zu äußeren Planeten – am feinsten auf die Strömungen unserer Zeit eingestimmt sind. Bei einem Saturn-Neptun-Kontakt muß Neptuns ozeanische Welt, die sowohl ein Quell des Lebens als auch ein Ort des Todes ist, im Leben des Individuums inkarniert werden.

Erich Neumann bietet eine psychologische Deutung des Künstlers, die uns direkt in Neptuns Gewässer bringt.[127] Anhand des Beispiels von Leonardo da Vinci vertritt er die Meinung, daß der Künstler aufgrund seines inneren Charakters mit dem Archetypus der Großen Mutter besonders verbündet und deshalb feiner auf das Leben des kollektiven Unbewußten eingestimmt sei – mit allen damit einhergehenden psychologischen Schwierigkeiten im Hinblick auf persönliche Grenzen und sexuelle Identität. So gesehen, sind Kindheitserlebnisse von Verletzungen ebensowenig dafür verantwortlich, schöpferisches Talent zu erzeugen, wie sie ernste psychologische Probleme »verursachen«; vielmehr steigert eine von Natur aus offene Tür zur unbewußten Psyche die Wahrscheinlichkeit von Kindheitstraumata, und kein Individuum, das mit einem Fuß im archetypischen Reich steht, dürfte psychologischen Problemen entgehen, wenn es sich dem physischen Körper und den Erfordernissen der alltäglichen Wirklichkeit anpaßt. Über Leonardo schreibt Neumann:

> Trotz alledem blieb in Leonardos Existenz die Verbundenheit mit dem Unendlichen immer stärker als die mit dem Endlichen, und sein Dasein war in geheimnisvoll-symbolischer Weise ein Leben im Mythos der Großen Göttin. Die Gestalt des Geist-Vaters, des großen Demiurgen und zeugenden Windgottes, blieb immer der großen Göttin seines Lebens nebengeordnet, die schon das Kind in der Wiege auserwählt und befruchtet hatte, und die sein Leben wie die Welt mit ihren Geist-Flügeln überschattet. Die Rückkehr zu ihr, seinem Ursprung und seiner Heimat, erfährt Leonardo als Sehnsucht nicht nur des eigenen Lebens, sondern des Lebens der ganzen Welt.[128]

Dann zitiert er Leonardo selbst:

> Siehe, wie die Hoffnung und der Wunsch, in seine Heimat zurückzukehren, ganz ebenso wirken wie das Licht auf den Falter. Denn der Mensch, der in ewiger Sehnsucht stets wieder mit Jauchzen den neuen Frühling erwartet, stets den neuen Sommer, stets die neuen Monde und neuen Jahre, indem es ihm scheint, als kämen die Dinge immer erst viel zu spät, er gewahrt nicht, daß er damit nur immer seine eigene Auflösung herbeiwünscht. Diese Sehnsucht aber ist die geheime Kraft (quintessentia), welche die Elemente bewegt und welche als Seele, in den menschlichen Körper eingeschlossen, stets zu dem zurückzukehren trachtet, der sie entsandt. Wisse, daß dieser Wunsch die Quintessenz ist, welch untrennbar mit der Natur verbunden ist. Der Mensch aber ist das Abbild der ganzen Welt.[129]

Neumann stellt nicht klar fest, ob diese These auch für den weiblichen Künstler gilt, noch erkennt er an, daß es außer der mütterlichen noch andere archetypische Dominanten innerhalb der kollektiven Psyche gibt. Die Gleichsetzung des kollektiven Unbewußten mit der Großen Mutter scheint aus dem Werk Jungs

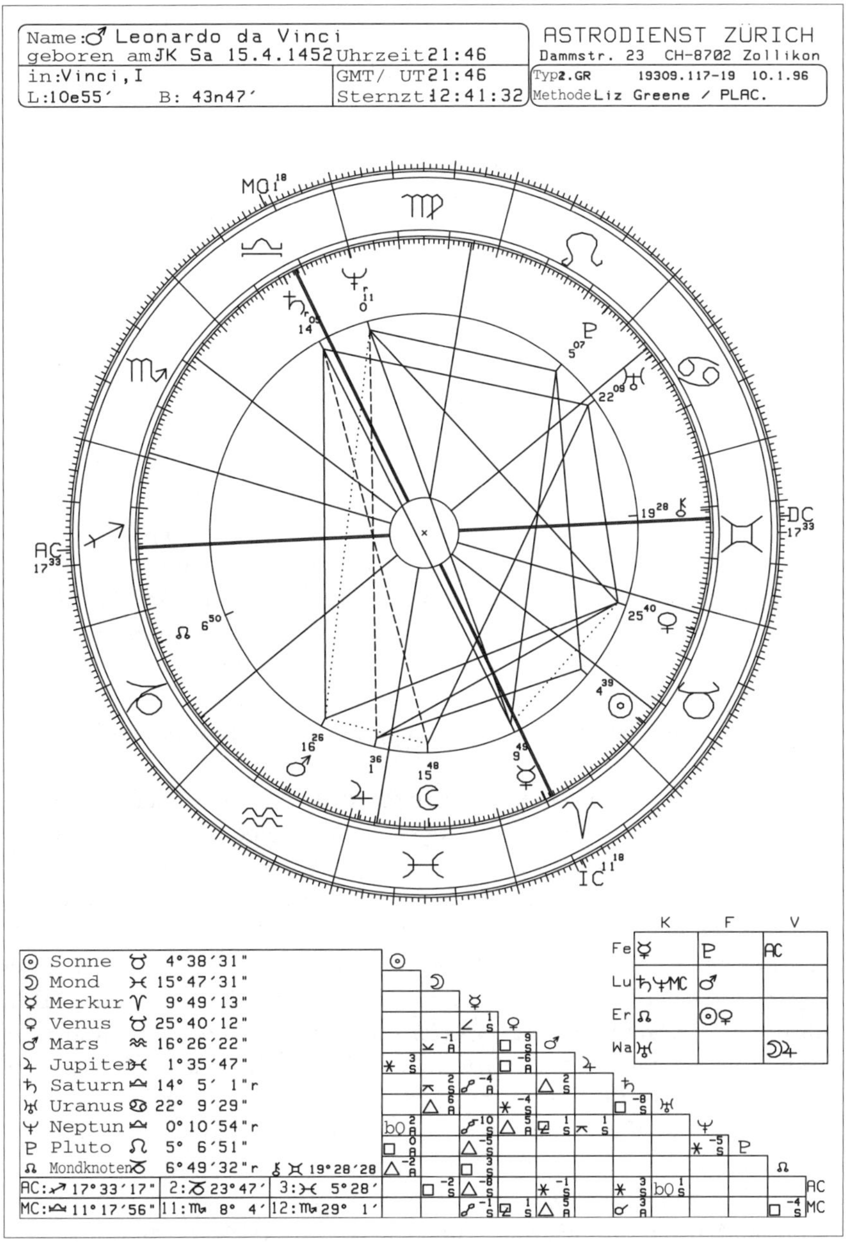

19. Leonardo da Vinci, geboren am 15. April 1452, 21:46:00 GMT, Vinci, Italien. Häuser Placidus. Quelle: Hans-Hinrich Taeger, *Internationales Horoskope-Lexikon*.

abgeleitet zu sein, für den das Unbewußte die numinosen Qualitäten einer ozeanischen Gottheit besaß. Aber Jungs Interpretation der Wirklichkeit war – wie jede andere – gefärbt durch jene Planeten, die seine Geburts-Sonne stark aspektieren. Weil wir durch die Sonne ein Gefühl von der persönlichen Bedeutung im Leben beziehen, erleben wir solche Planeten, die im Geburtshoroskop eng mit der Sonne verbunden sind, als durchdrungen von Bestimmung und lebenspendender Kraft, und – ob es uns bewußt ist oder nicht – diese Planeten prägen unsere Wahrnehmung des Göttlichen. Dies ist die tiefere Bedeutung des Wortes »Berufung«. Der Ruf ist letztlich der Ruf Gottes. In Jungs Horoskop steht die Sonne exakt im Quadrat zu Neptun.

In vielen Fällen ist Neumanns psychologisches Portrait des Künstlers zutreffend. Aber es ist auf jene Künstler beschränkt, die ihre Inspiration und Vorstellungskraft hauptsächlich aus der Quelle neptunischer Gewässer beziehen. Verallgemeinerungen sind nicht immer hilfreich, doch möglicherweise gelangt diese Art künstlerischer Vision leichter durch Musik zum Ausdruck. Leonardo hat keinen Sonne-Neptun- oder Saturn-Neptun-Kontakt; die Planeten, die Aspekte zu seiner Sonne bilden, sind Jupiter (Sextil), Saturn (Opposition) und Pluto (Quadrat). Neptun ist in diesem Horoskop gewiß nicht versteckt: Merkur steht in der Halbsumme von Saturn-Neptun in Opposition zu ihm; Mars bildet ein Anderthalbquadrat, Jupiter ein Quinkunx und Venus ein Trigon zu Neptun, der Mond und der Horoskop-Regent Jupiter stehen im Zeichen Fische.[130] Auf der emotionellen Ebene war Leonardo deutlich ein Kind Neptuns, doch sein Werk kündet uns nicht von Erlösung.

Die Häufigkeit von Sonne-Neptun- und Saturn-Neptun-Kontakten bei Komponisten, die, wie Neumann es ausdrückt, »dem Unendlichen immer näher als dem Endlichen« waren, ist verblüffend – wie wir später noch sehen werden. Auch die beiden anderen äußeren Planeten spielen in den Horoskopen von Künstlern eine herausragende Rolle, in erster Linie aber bei Schriftstellern und Malern. Daß ein Schriftsteller – nicht weniger als ein Wissenschaftler – mehr vom uranischen als vom neptunischen Geist bewegt sein kann, zeigen Gestalten wie W. B. Yeats (Sonne-Uranus-Konjunktion), Lewis Carroll (Sonne-Uranus-Konjunktion), Jean Cocteau (Sonne-Uranus-Quadrat), Katherine Mansfield (Sonne-Uranus-Trigon) und Charles Dickens (Sonne-Uranus-Quadrat). Pluto kann auch große Dichter inspirieren wie Goethe (Sonne-Pluto-Quadrat) und Milton (Sonne-Pluto-Trigon); die charakteristische Vorstellungsgabe und die archetypischen Themen Plutos sind in *Faust* und *Luzifer,* den Hauptwerken dieser beiden Schriftsteller, unverkennbar. Manche Künstler, wie Henri Matisse (Sonne-Neptun-Quadrat, Sonne-Uranus-Opposition, Sonne-Pluto-Trigon) scheinen von allen drei äußeren Planeten inspiriert zu werden. Obwohl es auch Ausnahmen gibt – zum Beispiel Ernest Hemingway (einziger Sonnen-Aspekt: ein Quadrat zu Jupiter) und Guy de Maupassant (einziger Sonnenaspekt: ein Trigon zu Saturn) –, tauchen alle drei äußeren

Planeten in den Horoskopen »großer« Künstler jedes Genres immer wieder mit Aspekten zur Sonne auf.[131]

Es hat den Anschein, daß diese Kontakte mit äußeren Planeten die treibende Kraft hinter einer großen Zahl von Künstlern sind, deren Werke über den eigenen Kulturkreis und die eigene Epoche hinaus einen Einfluß ausüben oder die Menschen ansprechen. Die Dominanz von Uranus, Neptun und Pluto im künstlerischen Bereich ist nicht überraschend, wenn wir begreifen, daß die äußeren Planeten eher große Bewegungen und Trends innerhalb der kollektiven Psyche als individuelle Werte widerspiegeln, die auf persönlichem Erleben beruhen. In diesem Sinne ist Neumanns These bewiesen: Der Künstler ist in der Tat das Sprachrohr für die kollektive Psyche. Gleichwohl können wir das Vorhandensein oder den Grad künstlerischer Begabung nicht mit der Aktivität äußerer Planeten im Geburtshoroskop gleichsetzen. Wie alle Quadrate zwar Rechtecke, aber nicht alle Rechtecke quadratisch sind, mögen Künstler mit starken Aspekten der äußeren Planeten zur Sonne zwar eher eine universelle Vision haben als eine Perspektive, die von ihrem kulturellen Umkreis definiert ist; doch nicht jede Person mit starken Aspekten zwischen äußeren Planeten und Sonne ist zugleich ein Künstler – in der Tat sind es nur die wenigsten. Damit sind wir einem Verständnis der astrologischen Anzeichen für künstlerische Begabung nicht nähergekommen. Obwohl in astrologischen Kreisen schon viele Anstrengungen unternommen wurden, diese Anzeichen zu identifizieren – angefangen von den sabischen Symbolen bis hin zum fünften harmonischen Horoskop –, haben mich die Resultate nie beeindruckt. Ich bleibe bei der Überzeugung, daß künstlerisches Talent – ebenso wie auch Intelligenz – der geheimnisvolle Besitz dessen ist, was sich durch das zeit- und erd-gebundene Medium einer individuellen Persönlichkeit inkarniert und in einem individuellen Geburtshoroskop ausdrückt. Faktoren wie Vererbung, Umfeld und individuelle Wahl mögen bei der Förderung oder Unterdrückung einer künstlerischen Begabung ebenfalls ihre Rolle spielen. Wir können nur dies folgern: Wenn künstlerische Vision mit der Fähigkeit zusammenkommt, sie in Form zu kleiden, kann ein dominanter Neptun im Geburtshoroskop – besonders wenn er mit der Sonne oder mit Saturn verbunden ist – auf die spezielle archetypische Perspektive hinweisen, die die Themen der künstlerischen Arbeit am wahrscheinlichsten färben wird – wie Pluto es im Falle von Goethe und Milton so offenkundig tat.

Der Künstler, so Neumann, gibt dem vorherrschenden Zeitgeist »Ausformung und Gestalt«.[132] Er kann dabei einem gegebenen kulturellen Kanon folgen und Werke schaffen, die die bewußten Werte einer bestimmten Gesellschaft oder sozialen Klasse verkörpern. In diesem Fall mag das Werk nicht nur zu Lebzeiten des Künstlers, sondern auch in späteren Epochen als »groß« angesehen werden; es dürfte aber kaum prophetisch oder revolutionär sein. Oder der Künstler wird von unbewußten – persönlichen und kollektiven – Kräften getrieben, lehnt sich gegen den kulturellen Kanon auf und inkarniert eine Vision, die den religiösen, politischen, künstlerischen oder gesellschaftlichen Status quo direkt herausfordert oder gar transformiert. Dies gilt insbesondere, wenn Sonne oder Saturn im Geburtshoroskop einen äußeren Planeten aspektieren. Im Urteil seiner Zeit wird ein solcher Künstler kaum als »groß« geachtet, sondern möglicherweise für subversiv gehalten werden; seine Werke werden möglicherweise verboten oder verbrannt. Aus der Sicht eines – so Neumann – »gesteigerten Bewußtseins« könnte das Werk von künftigen Generationen wiederentdeckt und neu beurteilt werden, die in der Lage sind, seine Bedeutung zu erkennen. Die zeitlose Qualität vieler großer Kunstwerke hängt zum Teil von diesem »gesteigerten Bewußtsein« ab, das über den kulturellen Rahmen der Epoche hinausreicht. Sie hängt auch von dem »gesteigerten Bewußtsein« des Künstlers ab, der seine Inspiration nicht aus dem zeitlichen Umfeld, sondern aus dem archetypischen Reich bezieht.

Im Werk vieler Künstler ist Neptun unverkennbar der bewegende Geist. Die Lektüre der Dichtungen oder die Betrachtung der Gemälde von William Blake, der die Sonne im Trigon und Saturn im Quadrat zu Neptun hatte, ist keine schlechte Einführung in das geheimnisvolle Reich des Planeten; gleiches gilt für das Lauschen auf die Musik von Chopin, in dessen Geburtshoroskop Sonne, Venus und Pluto im Zeichen Fische und im Quadrat zu Neptun standen; Saturn bildete eine Konjunktion zu Neptun. Wir können damit rechnen, daß neptunische Themen, Gefühle und Phantasien regelmäßig in den schöpferischen Erzeugnissen jener Künstler erscheinen, deren Geburtshoroskope solche Aspekte zeigen. Darüber hinaus kann Neptun auch über einer größeren kulturellen Blütezeit stehen, wie er es anscheinend während der Romantik im 19. Jahrhundert tat. In diesem Falle können wir erwarten, daß Neptun in den Horoskopen jener Künstler stark gestellt ist, die die Romantik ins Leben gerufen und maßgeblich geprägt haben; und wir können davon ausgehen, daß Neptuns unbeschreibliche Welt der wichtigste Brennpunkt für die künstlerische Philosophie der Romantik und ihre Schöpfungen ist. Aus solchen Untersuchungen können wir sehr viel über die innere Welt des Individuums erfahren, dessen Geburtshoroskop einen starken Neptun aufweist. Wir erfahren auch etas über jene großen, neptunischen, kollektiven Strömungen in der Geschichte, die unser eigenes, individuelles Leben geprägt haben.

Die Romantik

Die Idealisierung des Künstlers und der Kunst erreichte ihren Höhepunkt in der Romantik, die sich vom ausgehenden 18. Jahrhundert bis zur Mitte des 19. Jahrhundert über Europa und Rußland ausbreitete. Kaum überraschend, erreichte die Bewegung ihren Höhepunkt kurz vor der Entdeckung des Planeten Neptun. Obwohl die Romantik untrennbar mit den im vorausgegangenen Kapitel beschriebenen nationalistischen und sozialistischen Bewegungen in der Politk verbunden ist, war sie im Grunde eine anti-rationalistische, kulturelle Revolution, deren Grundsätze unverkennbar neptunisch waren – wie sie von den Künstlern ausgedrückt wurden, die sich mit ihr identifizierten. Die Vision der Romantik sah die Welt als einen einzigen, lebenden Organismus, in dem die Natur Schleier und Gefäß für das geheimnisvolle Wirken der Gottheit war. So war die Welt erfüllt von Zauber und beherrscht von unsichtbaren, dämonischen Kräften, die nur durch ein beherztes Zugehen auf das Irrationale zu erfassen waren. Während die Uranus-geprägte Aufklärung den Menschen nach seiner Fähigkeit zur Vernunft und zur Veränderung der Gesellschaft durch die Macht des Intellekts beurteilte, bewertete die neptunische Romantik ihn nach seinen imaginativen und spirituellen Bestrebungen, nach seiner emotionellen Tiefe und künstlerischen Kreativität.

Historische Bewegungen wie diese lassen sich allgemein in Verbindung mit der Symbolik der äußeren Planeten – oder ihrer verschiedenen Kombinationen untereinander – betrachten, weil solche Bewegungen aus der kollektiven Psyche aufsteigen und nur durch die schöpferischen Anstrengungen (und persönlichen Planeten) jedes Künstlers individualisiert werden. Jeder Dichter, Maler, Komponist, Romanautor und Dramatiker der Romantik drückte die universellen neptunischen Themen auf höchst persönliche Weise aus. Manche identifizierten sich fast völlig mit ihren Grundsätzen, während andere versuchten, gewisse Anteile mit anderen künstlerischen Ansätzen zu verbinden. Goethe beispielsweise identifizierte sich in seiner Jugend sehr mit der Romantik und schrieb erst das Schauspiel *Götz von Berlichingen,* das den Beginn von Sturm und Drang in der deutschen Literatur markierte, und später den romantischen Roman *Die Leiden des jungen Werther,* der die gleiche Art von Massenpublizität nach sich zog wie kürzlich der Kinofilm *Jurassic Park.* Hätte es seinerzeit so etwas wie »Jung-Werther-T-Shirts« gegeben, hätte es sich zweifellos sehr gut verkauft. Als Goethe dann seine Reife erreichte, war er schon weitergeschritten, und sein *Faust* kann nicht mehr als »romantisch« bezeichnet werden; er umfaßt und überragt alle vertrauten künstlerischen Kategorien. Anders als die meisten seiner Zeitgenossen in der Romantik war Goethe nicht von Neptun dominiert.[133] Obwohl sein Geburts-Mond in Fische im Anderthalbquadrat zu Neptun stand, ist Pluto in seinem Horoskop (als herrschender Planet, im eigenen Zeichen im ersten Haus und im Quadrat zur Sonne in Jungfrau) bei weitem stärker; und die Nüchternheit eines gleichermaßen starken Saturns (enge Konjunktion zum Aszendenten, Trigon zum Mond, und Dispositor von Mars in Steinbock im Trigon zur Sonne) disziplinierte die drängenden Stürme seiner jugendlichen Romantik zunehmend. William Blake hingegen – mit der Sonne in Schütze im Trigon zu Neptun in Löwe im ersten Haus und Saturn in Wassermann in Opposition zu Neptun[134] – blieb zeit seines Lebens der romantischen Vision treu, daß das höchste Ziel der Kunst darin bestehe, das Unfaßbare auszudrücken, daß die Dichtung notwendigerweise geheimnisvoll sein müsse und daß »die Welt der Phantasie die Welt der Ewigkeit« sei.[135]

Vielleicht beginnen wir die Verbindung Neptuns zur Kunst nicht nur durch eine psychologische Betrachtung des individuellen Künstlers zu verstehen, sondern auch durch eine Untersuchung von Neptuns Lieblingskapitel in der Geschichte künstlerischen Bemühens. Dazu gilt es zuerst, dieses Kapitel in den richtigen historischen Kontext zu stellen:

> Das Wort Romantik kann mehr als eine Bedeutung haben. Einerseits wird es auf eine enge und recht spezifische Weise gebraucht in bezug auf ... die Strömung kultureller und intellektueller Kräfte, die nach dem Niedergang des Zeitalters der Vernunft vorherrschte und zum Teil eine Reaktion gegen die Werte jener Ära war ... Andererseits wird das Wort Romantik in einem weiteren Sinne gebraucht, um einen bestimmten Charakter oder Geist zu bezeichnen, der aufgrund seiner Freiheit von Formalitäten und Konventionen, seiner Verfolgung der Wahrheiten des Fühlens und der Phantasie, seiner Innerlichkeit und Subjektivität dem klassischen Geist gegenübergestellt werden kann. Da sich Kunst dieser Art mindestens bis in mittelalterlice Zeiten zurückverfolgen läßt, ist nichts dabei zu gewinnen, wenn wir eine präzise Definition der Romantik festsetzen, die sie auf die Moderne beschränken würde.[136]

Die elementarste Dimension dieses »Charakters oder Geistes in der Kunst« ist eher mystisch als religiös im konventionellen Sinne. Richard Tarnas beschrieb sie so:

> In der Romantik wurde Gott wiederentdeckt – nicht der Gott der Orthodoxie oder des Deismus, sondern der Gott der Mystik, des Pantheismus und des immanenten kosmischen Prozesses; nicht der rechtsprechende Patriarch des Monotheismus, vielmehr eine Gottheit, die unaussprechlich geheimnisvoll ist, pluralistisch, allumfassend, neutral oder gar femininen Geschlechts; nicht ein ferner Schöpfer, sondern eine numinose, schöpferische Kraft in der Natur und im menschlichen Geist.[137]

Wenn Neptun überhaupt einen bestimmten Bereich der Kunst »regiert«, so ist es gewiß die Kunst der Romantik.

Jean-Jacques Rousseau wurde 1712 geboren und war der erste große Romantiker. Wie zu erwarten, ist Neptun in seinem Geburtshoroskop stark vertreten; er steht in Stier im zwölften Haus, bildet eine enge Konjunktion zum Mond und ein Sextil zur Sonne. Weiter bildet er ein Quadrat zu Saturn und zu Jupiter – die drei Planeten bilden ein T-Kreuz – und ein Halbquadrat zu Venus. Darüber hinaus steht Neptun auch im Trigon zu einer Uranus-Pluto-Konjunktion in Jungfrau, die – ähnlich wie die Uranus-Pluto-Konjunktion in Jungfrau, die in den sechziger Jahren des 20. Jahrhunderts eintrat – mit einer völligen und zum Teil gewaltsamen Veränderung des kollektiven Denkens und gesellschaftlichen Bewußtseins in den ersten Jahrzehnten des 18. Jahrhunderts einherging. Im frühen 18. Jahrhundert stand die Uranus-Pluto-Konjunktion im Trigon zu Neptun in Stier, in den sechziger Jahren des 20. Jahrhunderts im Sextil zu Neptun in Skorpion. In der radikalen gesellschaftlichen und metaphysischen Vision der »Blumenkinder« des 20. Jahr-

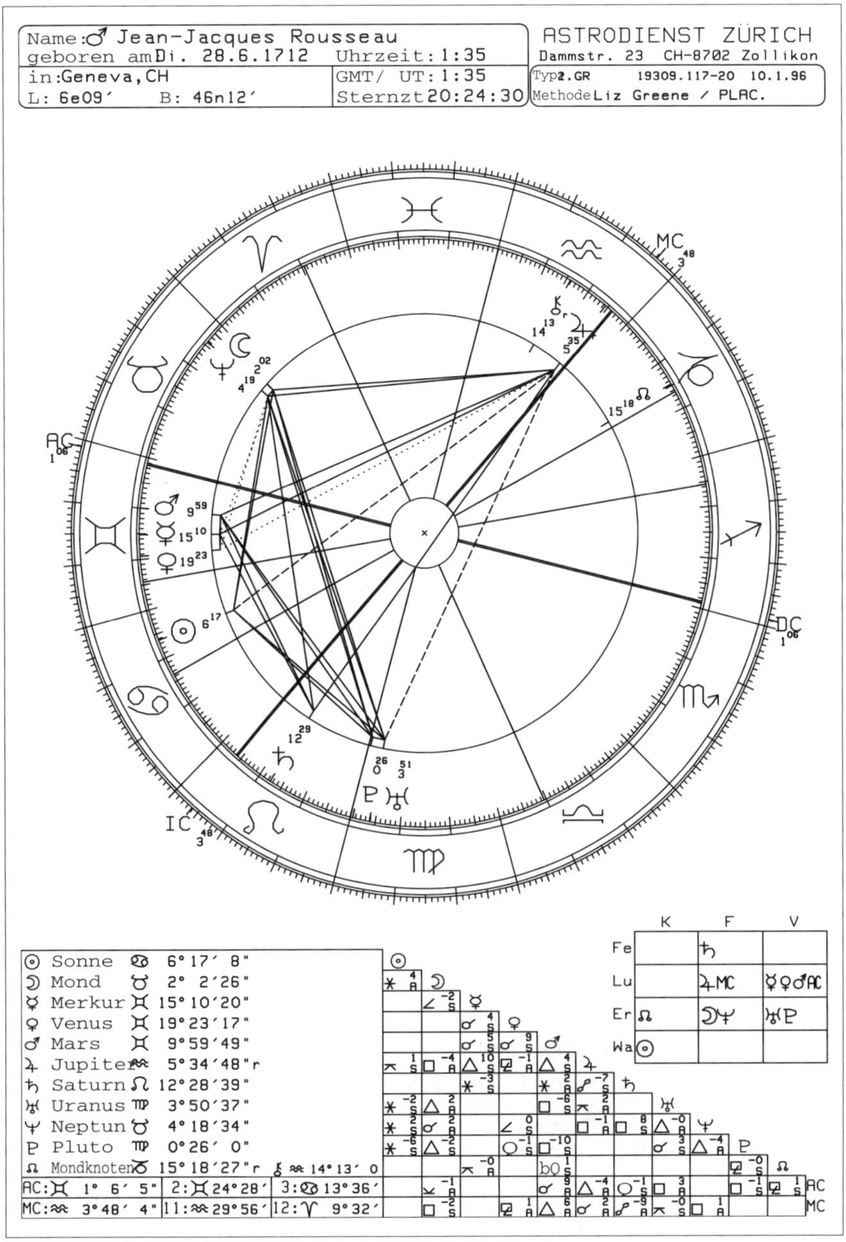

20. Jean-Jacques Rousseau, geboren am 28. Juni, 1:35:00 GMT, Genf, Schweiz. Häuser Placidus. Quelle: Hans-Hinrich Taeger, *Internationales Horoskope-Lexikon*.

hunderts sind Anklänge an Rousseaus romantische Philosophie zu erkennen: die Rückkehr zur Natur und dem Natürlichen, die Wichtigkeit von Leidenschaft und Phantasie, die Ablehnung der Nüchternheit und spirituellen Verarmung der Industriegesellschaft. Solche zyklisch wiederkehrenden Konstellationen äußerer Planeten bringen viele synchrone gesellschaftliche Veränderungen mit sich. Ihre größte und tiefgreifendste Wirkung entfalten sie jedoch erst viele Jahre später durch jene, die unter enger Einbindung ihrer persönlichen Planeten unter dem Einfluß solcher Konstellationen geboren wurden. In ihren Händen liegt die Aufgabe, die neue Vision zu inkarnieren. Rousseau, dessen Sonne und Mond mit der Uranus-Neptun-Pluto-Konstellation verbunden waren und dessen Saturn im Quadrat zu Neptun stand, war einer von ihnen.

Rousseau wird im allgemein das Verdienst zugeschrieben, mit der Veröffentlichung von *Die neue Heloise,* einem sehr empfindsamen, romantischen Briefroman, die Romantik in die Kulturgeschichte Europas eingeführt zu haben. Bevor er sein Werk auf ein argloses Publikum losließ, hatte Rousseau sich bereits damit vergnügt, eine neue Philosophie der Musik zu entwerfen. Sein Hauptgegner war Jean-Philippe Rameau, der große französische Wortführer der klassischen Musiktradition. In der Mitte des 18. Jahrhunderts war die Musik in Paris – wie im größten Teil von Europa (mit der Ausnahme der italienischen Oper) – akademisch, autoritär und elitär, verkündete die Herrlichkeit von Königen und den Triumph der Ordnung über das Chaos. Rameau, ein engagierter Platoniker in seiner Überzeugung, daß Musik, Mathematik und Geometrie der gleichen kosmischen Ordnung entsprungen seien, bestand darauf, daß der Zweck der Musik nicht nur darin bestehe, dem Ohr zu schmeicheln; vielmehr solle sie dem Zuhörer Wissen von der Wirklichkeit vermitteln und durch das Zeugnis des Gehörten eine Bestätigung der vernünftigen Ordnung der Schöpfung liefern.

> Wenn wir an die zahllosen Zusammenhänge denken, die die schönen Künste miteinander und mit den Wissenschaften verbinden, ist es nur logisch zu schließen, daß sie von ein und dem gleichen Prinzip regiert werden. Dieses Prinzip ist Harmonie.[138]

Rousseau stimmte damit nicht überein. Musik sei grundsätzlich anders als Mathematik, argumentierte er, und menschliche Wesen würden nicht von Vernunft, sondern von Leidenschaft beherrscht. Auch wenn die Musik die erste unter den Künsten sein mag, sei ihr vorherrschendes Prinzip nicht Harmonie, sondern Melodie.

> Musik kann Dinge abbilden, die wir nicht hören können, während es dem Maler unmöglich ist, Dinge darzustellen, die wir nicht sehen können; es ist die große Genialität einer Kunst, die nur durch Bewegung wirkt, selbst mit Hilfe von Bewegung ein Bild der Ruhe zu vermitteln. Schlummer, das Schweigen der Nacht, Einsamkeit und selbst Stille sind Szenen, die Musik abbilden kann. Manchmal erzeugt Klang die Wirkung von Stille, manchmal Stille die Wirkung von Klang ... Die Kunst

> des Musikers besteht darin, das unsichtbare Bild des Gegenstandes durch das der Bewegungen zu ersetzen, die seine Anwesenheit im Geiste des Betrachters anregt ... Nicht nur bewegt der Musiker die Wellen des Meeres nach seinem Willen, facht die Flammen eines Feuers an, läßt Bächlein fließen, Regen fallen und Wildbäche stürzen – er kann auch den Schrecken eines Steppenbrandes vergrößern, die Wände eines Kerkers verdunkeln oder einen Sturm beruhigen, die Luft milder und den Himmel heller machen und mit Hilfe seines Orchesters eine frische Brise unter den Bäumen wehen lassen.[139]

Mit anderen Worten, vergeßt alle trockene Intellektualisierung über eine genaue Ordnung des Kosmos und das Primat von Vernunft und Fortschritt. Die Wirklichkeit ist Natur und das menschliche Herz; der Zweck der Kunst ist es, Männer und Frauen mit den transpersonalen Kräften der Naturwelt zu verbinden, die sie durch Industrialisierung und Wissenschaft verloren haben. Diese Verbindung ist nur über ihre Gefühle zu erreichen, und Gefühle sind am reinsten und herrlichsten auszudrücken durch Melodie. Die gleichen Empfindungen können wir auch von den Rockgruppen der sechziger Jahre des 20. Jahrhunderts ausgedrückt sehen, so unbeholfen und grob sie im künstlerischen Sinne auch gewesen sein mögen.

Die inneren Bilder, die, wie Rousseau glaubte, durch Melodie geweckt werden können, zeigen ein Paradies, das noch nicht durch die Korruption der menschlichen Zivilisation verdorben ist.

> Er hatte das Temperament eines Götzendieners, und der Gegenstand seiner Anbetung war etwas, das für viele spätere Romantiker an die Stelle Gottes treten sollte und das er selbst mit Gott identifizierte, nämlich die Natur – die Natur in jenen Formen, die vom Menschen möglichst unberührt waren: hohe Berge, tiefe Wälder und windgepeitschte Seen.[140]

Die Landschaft jenes Gartens Eden, den Rousseau sich erdachte, erwies sich als eine Quelle der Inspiration und Erneuerung für die Malerei wie für Musik und Dichtkunst. Rousseaus Musiktheorien ebneten den Weg für die Opern von Gluck und Mozart. *La nouvelle Héloïse* war Fiktion, »verkleidet als Tatsache, um – wie die Melodie in der Musik – als die wahre Stimme des Gefühls zu dienen«,[141] und vermittelte ein tiefes Verständnis vom menschlichen Erleben in all seiner Unmittelbarkeit und Intensität. Der Einfluß auf die Literatur war enorm und anhaltend. Rousseaus Gesellschaftstheorien flossen ein in die großen politischen – sozialistischen wie nationalistischen – Bewegungen des folgenden Jahrhunderts. Auch sein eigenes Leben war deutlich von Neptun geprägt; Rousseau identifizierte sich sehr mit der archetypischen Gestalt des Opfers und Erlösers und litt entsprechend unter der Gesellschaft. Für ihn war Christus nicht der Sohn Gottes, sondern ein menschliches Wesen wie er selbst, ein Mann, in dem alle Unterdrückten der Welt vorweggenommen waren, ein guter Mensch, der mißbraucht wurde. Die Romantik hatte ihre Helden und ihre Eroberer wie auch der Klassizismus; ausgesprochen neptunisch aber war die Gestalt des »Antihelden«, des Opfers, des Leidensmannes wie Rousseau selbst. Dichter, behauptete Shelley, ein späterer Romantiker, sind

> in die Dichtkunst durch Irrtum gebettet;
> sie lernen im Leiden, was sie lehren im Gesang.

Rousseaus Lehren breiteten sich nach Deutschland aus, wo die Romantik ihre machtvollste, gewandteste und kontroverseste Stimme fand. Zu den ersten, die die neue Philosophie bekanntmachten, gehörte Johann Gottfried Herder, ein lutherischer Pastor, der behauptete, daß Gotteserkenntnis durch ein Bewußtsein des Einsseins mit dem Ganzen erlangt werden könne. Herders Geburtshoroskop zeigt Neptun am Krebs-Aszendenten im Halbquadrat zur Sonne und im Sextil zu einer Saturn-Merkur-Konjunktion.[142] Herder schrieb ein Buch mit dem Titel *Abhandlung über den Ursprung der Sprache,* in dem er Rousseaus Gedanken weiterführte in der Feststellung, Poesie sei die erste menschliche Sprache und wahre Stimme des Herzens. Herder wiederum hatte starken Einfluß auf den jungen Goethe. Ein anderer Frühromantiker, den die Flut mitbrachte, war der eindeutig neptunisch geprägte Poet Novalis (Friedrich von Hardenberg), »ein makelloser Verfechter eines jenseitigen Idealismus«.[143] In Novalis' Geburtshoroskop bildet die Sonne in Stier im zweiten Haus ein Trigon zu Neptun in Jungfrau im siebten Haus.[144] Unter dem Einfluß dieser Neptun-Stellung war Novalis' Liebesbegriff völlig überirdisch und erinnerte an die vornehmen Träume und den mystischen Liebestod der Minnesänger im frühen Mittelalter. Sophie von Kühn, die große Leidenschaft seines Lebens, war erst dreizehn, als er sich mit ihr verlobte; mit fünfzehn Jahren starb sie bereits. Im Laufe eines kurzen Lebens wurde Novalis' philosophisches Streben nach dem Absoluten zu einer zutiefst religiösen Suche. Da Ewigkeit über die Phantasie zu erlangen sei und die Phantasie in den Bereich der Dichtkunst gehöre, glaubte er, daß der Dichter mehr über die höchste Wahrheit wisse als der Philosoph, der die Phantasie durch Regeln der Logik disziplinierte. Die wahre Heimat des Dichters liege in einem verlorenen Goldenen Zeitalter, sei es in der Zukunft oder in einem fernen, fremden Land. Novalis definierte Romantik als etwas, das »dem Gewöhnlichen einen höheren Sinn geben und dem Endlichen den Anschein von Unendlichkeit«[145] könne. Für ihn waren die sichtbaren und unsichtbaren Welten eins, und das Leben unterschied sich vom Tode nur dadurch, daß Novalis letzteren vorzog. Seine *Hymnen an die Nacht* drücken nicht nur die Sehnsucht der Romantiker nach dem Unendlichen, sondern ein unmißverständliches Verlangen nach Vergessen aus – nach dem »Schlaf, der ein ewiger Traum ist«.[146] Novalis starb im Alter von neunundzwanzig Jahren an Schwindsucht. Der sich seinem Geburts-Saturn nähernde laufende Saturn bedeutete ihm, daß es an der Zeit war heimzukehren.

Der Einfluß der Romantik auf die Musik war außerordentlich weitreichend. Innerhalb eines Jahrzehnts – etwa zwischen 1830 und 1840 – veränderte sich das ganze harmonische Vokabular musikalischer Komposition. Die Komponisten begannen plötzlich, Septim-, Nonen-, und Undezim-Akkorde, abgewandelte Akkorde und Chromatik zu verwenden im Gegensatz zur klassischen diatonischen Harmonie. Die Romantiker schwelgten in ungewöhnlichen Tonkombinationen, ausgeklügelten Akkorden und Dissonanzen, die den armen Rameau – wäre er noch am Leben gewesen – ohne Zweifel veranlaßt hätten, sich die Ohren zuzuhalten. Die Wirkung war reich, sinnlich und farbig, sie duftete nach dem Unendlichen. Weil die Musik nahe verwandt war mit der romantischen Literatur, von der sie auch inspirieren ließ, setzte sie Geschichten von menschlicher und übernatürlicher Leidenschaft und Sehnsucht in Klänge um, anstatt Rameaus Forderung nach Harmonie, Präzision und Ordnung zu erfüllen. Die Komponisten der Frühromantik sahen vor allem in Carl Maria von Weber ihren Anführer; er und seine Musik erfüllten die meisten Kriterien der Romantik. Neptun stand im Trigon zu einer Saturn-Pluto-Konjunktion im sechsten Haus des Geburtshoroskopes dieses kränklichen, schwindsüchtigen Mannes mit einer angeborenen Hüftdeformation, die ihn zeit seines kurzen, aber bunten Lebens hinken ließ. Seine 1820 komponierte Oper *Der Freischütz* war mit ihrem »Geheimnis und Verzauberung, ihrer Anrufung der Macht des Bösen, ihrer Naturmalerei und Farbenpracht, ihrer Kraft und Phantasie« anders als alle Opern, die je geschrieben worden waren.[147] Obwohl seine Musik heute nicht mehr so populär ist wie unmittelbar nach seinem Tode, war Webers Einfluß auf die romantischen Komponisten nach ihm – Mendelssohn, Berlioz, Schumann und schließlich Wagner – doch enorm.

Da sie nicht nur die Künste, sondern auch die Universitäten durchdrang, begann die deutsche Romantik unaufhaltsam die Politik anzustecken. Bei den Revolutionen und Aufständen von 1848 spielte sie eine wichtige Rolle, und ihr Einfluß strahlte mit unberechenbaren Folgen noch viel weiter in die Zukunft. Aus diesem Grund ist die deutsche Romantik in jüngerer Zeit in Verruf geraten, weil der romantische Nationalismus, der ursprünglich im ausgehenden 18. Jahrhundert und Anfang des 19. Jahrhunderts als Vision eines spirituell vereinten Vaterlandes hervortrat, seinen Weg in die Musik von Wagner und Richard Strauss und schließlich in Hitlers Propaganda nahm. Im Lauf der Arbeit an diesem Kapitel erfuhr ich zufällig von der gleichzeitigen Eröffnung eines Festivals in London, das die deutschen Romantiker feierte[148] und nicht nur eine Gemäldeausstellung, sondern auch Vorträge und Konzerte mit Musik von Schumann bis Wagner bot. Zu den Veröffentlichungen für dieses Festival gehörte ein kurzer Artikel in *The Times* mit dem Titel »Diplomatisches Feingefühl für das Festival«; darin war zu lesen:

> Die Romantik ist im politischen Deutschland eine heiße Kartoffel. Die Romantik war eng mit dem Nationalismus verflochten, und seit der

> nationalsozialistischen Zeit schien der Nationalismus in Deutschland unwiderruflich »braune Flecken« zu haben ...

Der Artikel zitiert später Henry Meyric Hughes, einen der Kuratoren der Beiträge der Hayward Gallery zum Festival:

> Dies ist die erste größere Ausstellung deutscher Kunst, seit die Mauer fiel, und sie handelt von einem heiklen Thema ... Wir stellten bald fest, daß keine deutsche Institution wagen konnte, es zu übernehmen. Sie waren hilfsbereit, solange es eine britische Initiative blieb.[149]

Den deutschen Dichtern und Komponisten der Romantik im 18. und 19. Jahrhundert ist der abstoßende Mißbrauch kaum vorzuwerfen, den Hitler von den Mythen und Visionen machte, die sie auf den Plan gerufen hatten. Man könnte der Romantik ebensogut die sozialistischen und kommunistischen Bewegungen zum Vorwurf machen, die ihr folgten, da sich die romantische Philosophie, wie Toynbee feststellt, mit gleicher Leichtigkeit in archaistische oder futuristische Richtungen bewegen konnte. Aber wer ist dann anzuklagen? Neptun haftet immer der unheilvolle Geruch der Subversion an, und eine Entfesselung der Erlösungssehnsucht ohne Begrenzung durch saturnischen Realismus und Unterscheidungssinn, kann auf kollektiver wie auf individueller Ebene die Schleusentore für die Flut öffnen. Die unwiderstehliche Kraft von Hitlers Verheißung einer Rettung können wir besser verstehen, wenn wir erkennen, daß es in der kollektiven Psyche schon lange vorher gärte – in dem romantischen Traum von einer Nation, die durch die künstlerischen Leistungen ihrer Propheten gereinigt, spirituell erlöst und vereint ist.

In anderen Teilen des europäischen Kontinents fand die Romantik ein breites Spektrum künstlerischer Fürsprecher. Neben einer bemerkenswerten Reihe von Komponisten – darunter Berlioz (Mond-Neptun-Konjunktion) und Massenet (Sonne-Neptun-Quadrat, Mond-Neptun-Trigon, Neptun-Aszendent-Konjunktion) – brachte Frankreich Hugo (Sonne im Anderthalbquadrat zu Neptun) und Balzac hervor (Saturn im Trigon zu Neptun); Rußland brachte unter anderem Puschkin (Saturn-Neptun-Trigon) und den Neptunier par excellence, Tschaikowsky hervor (Sonne-Neptun-Quadrat; Saturn-Neptun-Sextil). Eine Heerschar weiterer Dichter, Maler und Komponisten kam in Spanien, Italien, der Schweiz und den skandinavischen Nationen auf die Welt. Kein europäisches Land konnte sich der unwiderstehlichen Flut der Romantik entziehen. Südamerika wurde von romantischen Revolutionen entflammt, begonnen von Kolumbiens Simón Bolivar. Nur in Amerika kam es zu keiner echten romantischen Bewegung – was möglicherweise die relative Unscheinbarkeit Neptuns im amerikanischen Geburtshoroskop widerspiegelt. Cranston deutet an:

> Die Vereinigten Staaten waren zu sehr ein Kind der Aufklärung – ihre Kultur zu gründlich geprägt vom Rationalismus und Empirismus des 18.

> Jahrhunderts –, als daß die Romantik dort bereitwillig angenommen worden wäre.[150]

Zudem war der mächtige Puritanismus Amerikas den freien Flügen einer Phantasie feindlich gesonnen, die von einer Romantik unterstützt wurde, die selbst wiederum in der katholischen Mystik des europäischen Mittelalters wurzelte. Ralph Waldo Emerson mag zwar als ein romantischer Schriftsteller im europäischen Sinne gelten, aber selbst er verbarg jegliche aufkeimenden neptunisch-romantischen Neigungen unter dem Begriff »Transzendentalismus«. Doch im 20. Jahrhundert brachte ausgerechnet Amerika das wichtigste Medium für die am weitesten verbreitete romantische Kunstform hervor: das Kino.

In England war die Romantik insgesamt nüchterner als in Deutschland, obwohl ihre Exponenten es oft nicht waren. Sie läßt sich zurückverfolgen bis zu dem Philosophen Edmund Burke (Sonne im Anderthalbquadrat zu Neptun, Mond-Neptun-Quadrat), der Rousseaus Politik zwar scharf kritisierte, seine romantischen Ideale jedoch teilte. In *A Philosophical Inquiry into the Origins of our Ideas on the Sublime and the Beautiful* greift er den Rationalismus an und postuliert, das Größte und Edelste in den Künsten sei das Unendliche. Kunst muß die Phantasie ansprechen, nicht die Vernunft; über die Phantasie muß die Kunst die Leidenschaften erreichen; Klarheit in der Kunst ist ein Feind des Enthusiasmus und der direkten Erfahrung des Erhabenen. Dichtung, statuiert er weiter, ist der Malerei überlegen, weil sie Geheimnisvolles und Zweideutiges besser wiedergeben kann. Das Erhabene ist das, was Ergötzen hervorruft. Angstgefühle sind Teil des Ergötzens, das nicht mit Vernunft oder moralischen Ansprüchen verbunden ist.

Hier sehen wir Neptun ohne Maske. Burke hatte einen enormen Einfluß auf ie Dichter nach ihm, besonders auf Blake (Sonne-Neptun-Trigon), Coleridge (Saturn-Neptun-Konjunktion), Wordsworth (Saturn-Neptun-Halbquadrat) und Byron (Mond-Neptun-Quadrat, Saturn-Neptun-Trigon). Die britischen Romanautoren des 19. Jahrhunderts blieben gegenüber die Romantik jedoch resistent, die bemerkenswerte Ausnahme war Emily Brontë (Saturn-Neptun-Quadrat) mit ihrem Werk *Die Sturmhöhe.* Im großen und ganzen mißtrauten auch die britischen Maler den unberechenbaren Ergebnissen dessen, was der französische Symbolist Arthur Rimbaud (Saturn-Neptun-Quadrat) später als »die systematische Störung der Sinne« im Streben nach dem Erhabenen beschrieb. Ihre volle Blüte erreichte die Romantik in Britannien erst, als sie sich auf dem Kontinent bereits wieder aufzulösen begann; nun kam sie auf überraschende Art und Weise in der viktorianischen Epoche zum Vorschein, in der man sie am wenigsten erwartet hätte. Doch Königin Victoria (mit Neptun-Konjunktion zu Uranus, -Trigon zu Venus und Mars und -Quadrat zu Saturn in Fische) war selbst zutiefst romantisch.[151] So sollte es nicht überraschen, daß die Romantik in Britannien letztlich wiedererstand durch die viktorianische Gotik und die von Dante Gabriel Rossetti (Sonne-Neptun-Trigon, Saturn-Neptun-Opposition) begonnene Bewegung der Präraffaeliten mit ihrer politischen Philosophie des romantischen Sozialismus, und schließlich in der Musik Edward Elgars (Saturn-Neptun-Trigon) und der Komponisten der englischen Romantik, die ihm ins 20. Jahrhundert folgten.

Neptun und die Komponisten der englischen Romantik

Die Musik der englischen Romantik ist nationalistisch im mystischen Sinne einer im wesentlichen unsichtbaren »Englischheit« des Geistes, doch sie ist nicht besonders politisch. Ihre Inspiration bezieht sie aus den Melodien und Mythen des Volkes und des Landes, aber auch von europäischen Romantikern. Chronologisch können wir mit Sir Edward Elgar beginnen, der 1857 geboren wurde. Zeit seines Lebens und noch viele Jahre danach wurde Elgar für die musikalische Verkörperung des Imperialismus gehalten – in erster Linie wegen Märschen wie *Pomp and Circumstance,* die (wenn auch nicht auf Wunsch ihres Schöpfers) zu »Hits« wurden, die die Größe des britischen Empires veranschaulichten. Moderne Filmproduzenten tragen in dieser Hinsicht eine Mitverantwortung, weil sie Elgars Musik gewohnheitsmäßig als Hintergrund gebrauchen für Filme wie *Greystoke,* in dem darstellt wird, wie die Aristokraten aus der Regierungszeit König Edwards auf ihren prächtigen Adelssitzen lebten. Doch zum Glück wandelt sich dieses Image Elgars allmählich. Ian Parrott zitiert in seiner Elgar-Biographie ein früheres Portrait:

> ... ein neurotischer, zurückgezogener Träumer, isoliert und unendlich traurig. »Er begegnete dem gesellschaftlichen und dem künstlerischen Snobismus, und dieser verletzte ihn ... Irgendwo hat ihn etwas oder jemand so tief verletzt, so irreparabel, daß er sich niemals gänzlich davon erholte ... Er verschloß das Geheimnis jener Wunde in seinem Herzen. Es zeigte sich nur in der Seelenqual und Einsamkeit gewisser Passagen seiner Musik.[152]

In seiner Jugend wurde Elgar von den deutschen Romantikern, besonders von Schumann, Mendelssohn und Chopin beeinflußt. Auch Anklänge an Brahms, Strauss und Wagner sind in seinem Werk und in der Größe der Orchester zu erkennen, für die er schrieb. Aber wie schon Goethe einhundert Jahre vor ihm, läßt auch Elgar sich nicht als ein ausschließlich romantischer Komponist definieren. Manche Quellen bezeichnen ihn als »Postromantiker« und deuten damit an, daß er zwar vom gleichen musikalischen Geist inspiriert wurde, aber zu spät lebte und komponierte, um noch zur offiziellen Romantik zu gehören. In der Tat umfaßt und überschreitet sein Werk alle gewöhnlichen künstlerischen Kategorien. Wir können deshalb annehmen, daß sein Geburtshoroskop – wie Goethes – nicht von Neptun dominiert wird; nur das Trigon zwischen Saturn in Fische und Neptun in Krebs gibt uns einen Hinweis auf die ozeanische Welt der echten Romantiker.[153] Wie wir noch sehen werden, tauchen Saturn-Neptun-Kontakte in dieser einzigartigen Gruppe englischer Komponisten immer wieder auf.

Nach Elgar ist Delius der wichtigste (und romantischste) Angehörige jener Gruppe. In seinem Geburtshoroskop gibt es keine Aspekte zwischen Sonne und Neptun.[154] Doch der Aszendent ist in Fische, und Neptun im ersten Haus steht genau im Sextil zum Mond. Saturn in der Jungfrau steht in Opposition zu Neptun, welcher die Halbsumme zwischen Venus und Chiron in Fische besetzt; diese machtvolle, zutiefst melancholische Konstellation kommt in Delius' Musik deutlich zum Ausdruck. Er begann sein Leben 1862 als schwaches, kränkliches Kind und beendete es im Alter von 72 Jahren blind und gelähmt im Endstadium einer Syphilis. Sein Leben war bunt und unkonventionell, seine Weltanschauung, wie er selbst einräumte, heidnisch und pantheistisch, sein Temperament, besonders im späteren Erwachsenenalter, schwierig und störrisch. Seine Musik ist subtil, ätherisch, stark beeinflußt von den melancholischen, archaischen Akkordfolgen der traditionellen Musik seiner Heimat; manche Kritiker empfinden sie als zu nebulös und formlos. Delius lehnte alle bestehenden Formen ab und empfand nur Geringschätzung für den akademischen Zugang zur Musik.

> Ich halte nichts davon, Harmonie oder Kontrapunkt zu lernen. Lernen tötet den Instinkt ... Für mich ist Musik sehr einfach. Sie ist der Ausdruck eines poetischen und emotionalen Wesens.[155]

Für Delius war ein »Gefühl des Fließens« das einzige, worauf es ankam. Schonberg schreibt: »Er schrieb Wunderschönes über wunderschöne Dinge. Vor allem aber besitzt seine Musik eine exquisite Kultiviertheit, häufig mit einem tragischen Unterton.«[156] Sir Thomas Beecham schrieb, er sei »in unserer Zeit der letzte große Verkünder von Romantik, Emotion und Schönheit in der Musik«.[157] Schon die Titel seiner verschiedenen Werke offenbaren seine romantischen Neigungen: *Sea Drift, Walk to the Paradise Garden, Summer Night on the River, Over the Hills and Far Away.* Vielleicht auf ergreifendste Weise neptunisch ist seine Oper *A Village Romeo and Juliet,* in der das junge Paar lieber den Tod im Wasser sucht, als die Trennung zu erleiden. Nicht nur die Musik, sondern auch die Dialog und Regieanweisungen fangen perfekt Neptuns uralte Sehnsucht ein. Delius selbst beschrieb das Werk als Ausdruck nicht nur romantischer Liebe, sondern auch »pantheistischer Mystik« und sagte, daß »die Musik [am Ende] die tiefen und alles umfangenden Wasser andeuten könne«.[158] Es folgt das Libretto für das Ende der Oper *A Village Romeo and Juliet:*

> Der aufgehende Mond erfüllt das ferne Tal mit einem sanften, milden Licht Etwas Geheimnisvolles hat den Garten mit seinem Zauber berührt.
>
> BOOTSFÜHRER (in der Ferne, allmählich näherkommend):
> Halleo, halleo! In den Wäldern seufzt der Wind.
> Halleo, halleo! Flußabwärts gleitet unsere Barke.
> He-jo! Wind, singe, singe leise, singe leise.

VRETCHEN: Horch, das ist der Garten des Paradieses. Lausche, die Engel singen.
SALI: Nein, es ist nur der Bootsführer auf dem Fluß.
BOOTSFÜHRER (näher):

Gehöfte rund um uns verstreut,
wo Menschen wohnen, bis sie sterben.
Unser Heim sich immer wandelt.
Reisende wir, vorüberziehend.
Ja, Reisende wir, vorüberziehend.

SALI: Reisende wir, vorüberziehend? Sollen auch wir flußabwärts treiben?
VRETCHEN: Und treiben fort für immer? Ich habe dies schon oft gedacht. Wir können nie vereinet sein, und ohne dich kann ich nicht leben. O laß dann sterben mich mit dir!
SALI: Glücklich nur für einen Augenblick und sterben dann – wär' das nicht ew'ge Freude?
SALI und VRETCHEN:

Sieh die Mondstrahlen küssen die Wiesen,
und die Wälder und all die Blumen,
und der Fluß, wie süß er singt,
gleitend entlang, scheint uns zuzuwinken.
Horch! in der Ferne Musik erklingen,
zitterndes Echo erwachen, bewegend,
pochend, schwellend, erblassend sterbend.
Wohin wagen die Echos zu wandern,
sollten wir beide nicht wagen zu gehn?
Sieh, unser Hochzeitsbett wartet auf uns.

Sie gehen auf das mit Heu beladene Boot zu. Der DUNKLE GEIGER erscheint auf der Veranda des Wirtshauses und spielt wild auf seiner Fidel.

VRETCHEN: Sieh, mein Brautkranz geht voran. (Sie pflückt das Sträußchen von ihrem Busen und wirft es auf den Fluß. SALI springt in das Boot und legt ab.)
SALI: Und ich werf' unsere Leben fort! (Er zieht den Pflock aus dem Boden des Bootes und wirft ihn in den Fluß; dann sinkt er ins Heu und fällt in VRETCHENs Arme.)
BOOTSFÜHRER (in der Ferne): Ja, Reisende wir, vorüberziehend!

Ralph Vaughan Williams folgte fünfzehn Jahre nach Elgar und zehn Jahre nach Delius. Er lebte die tragische Dimension der neptunischen Romantik nicht aus; seine 9. Symphonie konnte er kurz vor seinem Tode im Alter von 86 Jahren vollenden. Seine Familie hatte Geld, und er selbst wurde kein Opfer von Krankheit oder unglücklicher Liebe. Aber Neptun ist nicht nur in seinem Geburtshoroskop mächtig (Sonne-Neptun-Opposition, Saturn-Neptun-Quadrat), sondern auch in seiner Musik lebendig und wohlauf. Trotz des starken Neptuns konnte Vaughan Williams sich mit seinem Temperament nie auf den Sturm und Drang der deutschen Romantik einlassen; vielleicht war seine Persönlichkeit zu ausgeglichen und gesund. Die deutsche Tradition des 19. Jahrhunderts lehnte er ab und wandte sich dem englischen Volksliedgut und dem chormusikalischen Erbe der elisabethanischen Musik zu. Er betrieb »Feldforschung«, um die Musik des Landes in möglichst unverfälschtem Zustand zu sammeln, denn er hatte intensiv nationalistische Empfindungen zur Musik – nicht zum Zwecke politischer Propaganda, sondern weil die uralten, unverbildeten Melodien und archaischen Akkordfolgen für ihn eine zutiefst englische Seelenqualität verkörperten. Trotz seiner bewußten Einengung der Quellen seiner musikalischen Inspiration gelang es ihm immer zu vermeiden, was Schonberg die »Musik des feinen Teehauses« nannte. Seine Kompositionen sind nicht hübsch – die Symphonien sind »schroffe Angelegenheiten mit einer kräftigen Dosis Dissonanzen«[159] –, aber sie sind eigenartig, unheimlich, ergreifend und aufwühlend. »Nicht jeder Komponist«, sagte Vaughan Williams, »kann erwarten, eine Botschaft für die ganze Welt zu haben, aber er kann vernünftigerweise davon ausgehen, daß er eine spezielle Botschaft für sein eigenes Volk hat.«[160] Für Vaughan Williams bewegte sich der Künstler als Sprachrohr für das Kollektive innerhalb der realistisch eingeschätzten Grenzen einer Lebensspanne und der Fähigkeiten eines Individuums.

Vaughan Williams folgten Granville Bantock, Gustav Holst, Roger Quilter, Frank Bridge, John Ireland, Cyril Scott, Arnold Bax, Arthur Bliss, Herbert Howells, Peter Warlock (der als Philip Heseltine geboren wurde – die Wahl seines *nom de plume*[161] ist bezeichnend), William Walton und schließlich Sir Michael Tippett, geboren 1905. Viele, wenn nicht die meisten dieser Komponisten sind außerhalb Englands nicht sehr bekannt. Die Entscheidung über ihre »Größe« – oder ihren diesbezüglichen Mangel – bleibt am besten der Musikkritik und den Musikologen überlassen. Was sie vereint, ist ihre Identifizierung mit der Musik und Musikphilosophie der Romantik. Aus den bereits genannten Gründen können wir erwarten, in ihren Geburtshoroskopen – wie schon in den Horoskopen von Elgar, Delius und Vaughan Williams – auf Kontakte von Sonne und Neptun oder Saturn und Neptun zu stoßen. Solch ein Maßstab mag zu grob und vereinfachend anmuten – wie steht es also mit Neptun in Beziehung zu den anderen Planeten, besonders zu Merkur und Venus? Wie steht es mit Halbsummen und harmonischen Horoskopen? Diese spielen offensichtlich eine wichtige Rolle. Aber wenn sich ein Individuum bewußt mit einer neptunischen Weltsicht wie der Romantik verbindet, ist es wahrscheinlich (wenn auch nicht zwangsläufig), daß die Sonne oder Saturn und die Planeten, die das individuelle Ich definieren, eng mit Neptun verbunden sind. Unvollständige Geburtsdaten bedeuten ebenfalls ein Handikap; wenn kein Aszendent bekannt und die Position des Mondes innerhalb eines Bereichs von 13° nicht sicher ist, wird ein derart einfacher Maßstab notwendig. Es ist durchaus vernünftig anzunehmen, daß ein Individuum mit astrologischen Merkmalen wie Sonne-Neptun oder Saturn-Neptun und einer musikalischen Begabung in seiner Musik höchstwahrscheinlich – nicht nur von mir, sondern von Kritikern, Biographen und Musikwissenschaftlern – erkennbare neptunische Gefühle wie mystische Sehnsucht, Melancholie und Grenzenlosigkeit ausdrücken wird durch das, was Rousseau die Macht der Melodie zu nennen beliebte.

Eine Untersuchung der obengenannten Komponisten der englischen Romantik im Hinblick auf Sonne-Neptun- und Saturn-Neptun-Aspekte sieht also folgendermaßen aus: Elgar hat, wie wir sahen, ein Saturn-Neptun-Trigon. Delius hatte eine Saturn-Neptun-Opposition. Vaughan Williams hatte eine Sonne-Neptun-Opposition und ein Saturn-Neptun-Quadrat. Bantock hatte ein Sonne-Neptun-Trigon. Holst hatte ein Sonne-Neptun-Quinkunx und ein Saturn-Neptun-Quadrat. Quilter hatte eine Sonne-Neptun-Opposition. Bridge hatte ein präzises Sonne-Neptun-Sextil. Ireland hatte ein Sonne-Neptun-Quadrat. Bax hatte eine Sonne-Neptun-Opposition. Bliss hatte ein Sonne-Neptun-Sextil und ein Saturn-Neptun-Quadrat. Howells hatte ein Sonne-Neptun-Anderthalbquadrat und ein Saturn-Neptun-Trigon. Warlock hatte ein Saturn-Neptun-Anderthalbquadrat. Walton hatte ein Sonne-Neptun-Quadrat und ein Saturn-Neptun-Quinkunx. Tippett (der zur Zeit der Niederschrift noch lebt) hat eine Sonne-Neptun-Opposition.[162]

Ich weiß nicht, mit welcher statistischen Wahrscheinlichkeit jedes Individuum dieser Gruppe von Komponisten der englischen Romantik entweder Sonne-Neptun- oder Saturn-Neptun-Aspekte aufweist, in sechs von vierzehn Fällen sogar beides. Weder bin ich Michael Gauquelin, noch geht es mir darum, durch Statistiken den Zusammenhang zwischen Neptun und der englischen Romantik zu »beweisen«. Ich habe einfach gefunden, was ich angesichts der Natur Neptuns und der Natur der Musik erwartet hatte. Am aufschlußreichsten aber empfinde ich Gustav Holsts Suite *Die Planeten*, in der der Komponist uns eine direkte musikalische Interpretation Neptuns bietet. Kein Astrologe, der sich bemüht, diesen Planeten zu verstehen, sollte es versäumen, Holsts *Neptun: Der Mystiker* zu lauschen. Da die genaue Geburtszeit von Holst bekannt ist, dürfen wir anmerken, daß er über die erwähnten Sonne-Neptun- und Saturn-Neptun-Kontakte hinaus auch ein Mond-Neptun-Quadrat hatte.[163] Es ist wahrscheinlich, daß er die Symbolik des Planeten nicht nur intellektuell, sondern auch auf einer tiefen emotionalen Ebene verstand.

Wie in jedem Bereich künstlerischen Bemühens ist auch in der Musik die Definition der »Größe« eines Künstlers äußerst schwierig. Letztlich sind wir mit dem Urteil der Allgemeinheit – Neumanns »gesteigertem Bewußtsein« – konfrontiert, das einen ausreichenden zeitlichen Abstand braucht, bevor es auch nur vorsichtiges Vertrauen verdient. Daß nach der Ausstrahlung eines bestimmten Musikstükkes beim Rundfunksender BBC-3 zahlreiche Anfragen eingegangen sind, bedeutet nicht, daß der Komponist »groß« ist: Er oder sie ist lediglich diese Woche, diesen

Monat oder in diesem Jahrzehnt populär. Der durch die Zeichen transitierende Neptun reflektiert, wie wir gesehen haben, die Modetrends, und die »E-Musik« folgt Moden nicht weniger als die »U-Musik«. Elgar wurde wie viele andere Komponisten in der frostigen Kühle des romantikfeindlichen Neoklassizismus ausrangiert – besonders in der modernistischen Phase von etwa 1920 bis 1940, als der transitierende Neptun keine wichtigen Aspekte zum herrschenden Uranus-Pluto-Quadrat bildete und Kritiker die grellen Dissonanzen von Strawinski und Bartók priesen. Bis in die sechziger Jahre, als der transitierende Uranus und Pluto günstige Aspekte zu Neptun bildeten – wie um die Zeit von Rousseaus Geburt – , hätten die meisten Musiker bereits über die bloße Vorstellung gespottet, daß Elgar ein wichtiger Komponist sei. Es gibt den zusätzlichen Faktor der gesellschaftlichen und politischen Bedeutung eines Komponisten für eine bestimmte Kultur; Wagner wurde zu Lebzeiten aus Deutschland fortgeschickt, doch in der nationalsozialistischen Ära äußerst populär, weil die Führung sich mit Siegfried identifizierte.

Selbst die Definition von »Kunst« ist problematisch. Warum sollte Bob Dylan (Neptun im Trigon zu Sonne, Mond, Jupiter, Saturn und Uranus) weniger als Künstler gelten als Mendelssohn? Seine Musik war nicht weniger ein Sprachrohr für das Amerika der sechziger Jahre als die Musik Mendelssohns für das viktorianische England. Die Langlebigkeit der Popularität scheint etwas über die universelle Anziehungskraft eines Künstlers auszusagen – auch wenn sie nicht anzeigt, daß das eine Talent größer ist als andere. Handwerklichkeit allein bedeutet nicht zugleich Größe; Können in Verbindung mit universeller Popularität gibt uns immer noch keine akzeptable Definition; Können, allgemeine und langlebige Popularität und ein innovativer Stil zusammen könnten allmählich dem näherkommen, was wir suchen. Aber selbst dann geraten wir ins Schwimmen, weil es Künstler gibt, deren Werk dem historischen Bewußtsein entfallen ist, aus keinem anderen Grunde, als daß sie – wegen finanzieller, gesellschaftlicher oder politischer Schwierigkeiten, oder ihres zurückhaltenden Wesens – während oder nach ihrer Lebenszeit nicht genügend Öffentlichkeit bekamen; die öffentliche Meinung kann ja nur über das entscheiden, was sie kennt. Unsere Definition der Kunst hängt auch von einem kollektiven Konsens ab, der – noch immer durchdrungen von vorromantischem Elitedenken – dazu neigt, schöpferische Erzeugnisse wie ethnische Volksmusik sowie »künstliche Künste« zu verschmähen, die befleckt sind mit dem Makel der »Kommerzialität« (d.h. einer Bedeutung für das Alltagsleben) wie die Komposition von Filmmusik und die riesige Welt von Innenarchitektur, Möbel-, Mode-, Bühnen- und Kostümdesign.[164]

Neptun fällt nicht nur in den Horoskopen romantischer Komponisten ins Auge, sondern auch bei den meisten Komponisten, die als »groß« angesehen werden. Dies sollte uns nicht überraschen, denn die Musik ist unter allen künstlerischen Medien der fluiden Welt Neptuns am nächsten. Die romantische Musik mag das neptunische Empfinden am deutlichsten zum Ausdruck bringen, weil sie die melodiöseste ist und am wenigsten von formalen Strukturen eingeschränkt wird. Doch die Musik überhaupt ist ihrem Wesen nach neptunisch. Im Unterschied zur Malerei, Bildhauerei, Dichtung oder Erzählkunst ist Musik das künstlerische Medium der *participation mystique* schlechthin. Das Theater folgt ihr vielleicht gleich auf dem zweiten Platz. Aber das Theater verlangt das Ansprechen des Intellekts ebenso wie der Emotionen; man kann nicht einem Schauspiel zuhören und dabei die Worte ignorieren. Man kann jedoch intensiv auf Musik ansprechen – selbst auf die Oper –, ohne ihre intellektuellen und strukturellen Dimensionen verstehen zu müssen. Sie spricht direkt zu Herz und Seele. Ihre emotionelle Unmittelbarkeit und Vergänglichkeit erklären nur zum Teil ihre Wirkung. Seit unvordenklicher Zeit wurde Musik von politischen und religiösen Führern gebraucht, um Menschen zusammenzubringen und sie in eine bestimmte emotionale Richtung zu bewegen – mal auf subtile, mal auf bösartig destruktive Weise. Die Feierlichkeit eines bewegenden Kirchenliedes und das blecherne Feuerwerk eines guten Marsches sind zwei »ohrenfällige« Beispiele. Die Allgegenwart einer Nationalhymne bezeugt, wie wichtig Musik ist, um eine Nation in guten wie in schlechten Zeiten zusammenzuschmieden.

Warum stimmt uns Elgars Cellokonzert melancholisch, während uns Papagenos erste Arie in Mozarts *Zauberflöte* heiter stimmt? Warum lösen unterschiedliche Rhythmen unterschiedliche körperliche und emotionelle Antworten aus? Rhythmus ist vielleicht mehr noch als Melodie die elementarste Dimension der magischen Kraft der Musik, denn wir teilen den Rhythmus des Pulsschlags unserer Mutter, während wir noch in ihrem Leibe sind. Der Körper richtet sich nach dem Grundrhythmus des Herzens; der Zyklus der Jahreszeiten richtet sich nach dem Grundrhythmus des Kreislaufs der Erde um die Sonne, und auch die Himmelskörper bewegen sich in rhythmischem Muster. Hier treten wir ein in den mystischen Kosmos des Pythagoras, in dem die Musik – beginnend als Zahl und sich manifestierend als Rhythmus und Harmonie – das wichtigste Attribut des Einen ist. Obwohl sich die romantischen Komponisten mehr mit dem direkten emotionellen Erleben befaßten als mit irgendeiner intellektuellen Theorie des Kosmos, war die Musik in der Welt der Antike immer eng verbunden mit der Astrologie, die als zwei Aspekte des gleichen Prinzips galten. In den großen Heilungstempeln der griechisch-römischen Welt war die Musik auch eine grundlegende Dimension der ärztlichen Kunst; Apollo, der Herr der Musik, und sein Sohn Asklepios symbolisierten die Macht der kosmischen »Sympathie«, die leidende Seele zu heilen.

> Mozarts Symphonie teilt uns nicht etwas über Freude mit – irgendwie *erzeugt* sie Freude. Die Musik *ist* ein Bereich der Freude. Wie ist das möglich? Die Griechen wußten die Antwort: Musik und die menschliche Seele sind beide Aspekte des Ewigen. Dank ihrer wesenhaften Verwandtschaft vermag das eine, das andere machtvoll – man könnte fast

> sagen: mit wissenschaftlicher Präzision – anzuregen. Nach einem Opernabend, bei dem die Musik wunderschön dargeboten wurde, sagen wir: »Es war großartig, ein transzendentes Erlebnis.« Diese Worte sind leere Floskeln geworden, aber sie entstammen aus dem tiefen menschlichen Bedürfnis, eine Verbindung mit dem Absoluten zu spüren, die Welt der Phänomene hinter sich zu lassen.[165]

Die Musik berührt uns so stark, weil sie das in uns anspricht, was sich nach der Verschmelzung mit dem Ursprung sehnt; sie umgeht den trennenden Intellekt und vereint uns in der gemeinsamen Vision von der verlorenen Unschuld und der rechtmäßigen Heimat der Seele. In diesem Sinne hatte Rousseau recht, und Musik ist die höchste unter den Künsten – das heißt, solange Kunst nur nach neptunischen Kriterien beurteilt wird. Der Weg zum Paradiesgarten mag nicht der einzige Traum sein, den Menschenwesen träumen können; aber er ist der Traum, den Neptun in uns allen nährt. Möglichweise ist Jazz – mehr noch als die Romantik – die Musik, die Neptuns Herz am nächsten steht, weil er all dies und noch mehr umfaßt. Der Jazzmusiker improvisiert, bewegt sich spontan mit dem Fluß der Musik und mit dem Ensemble, mit dem er spielt, gebunden nur durch die lockersten harmonischen und rythmischen Strukturen. Bevor wir lernten, Sprache zu erfinden oder gar zu schreiben, saßen wir wahrscheinlich um das Lagerfeuer, stampften mit den Füßen, schlugen mit Knochen auf Steine und heulten einander zu.

Einige – nicht nur romantische – Komponisten passen in unser Bild vom neptunisch-tragischen Genie. Das traurige Trio Mozart, Schubert und Schumann illustriert, was gemeint ist. Alle starben jung, alle litten oder wurden auf die eine oder andere Weise zu Opfern, und alle hatten Sonne und Mond in wichtiger Aspektierung zu Neptun. Mozart und Schumann hatten auch starke Saturn-Neptun-Kontakte. Ist ein tragisches Leben mit einem frühen Tod ebenso unvermeidlicher Ausdruck eines dominierenden Neptuns wie eine neptunisch-musikalische Vision? Komponisten wie Vaughan Williams lehren uns anderes: Neptun kann in der Musik leben, aber er muß nicht im Leben Amok laufen. Doch Beispiele neptunischer Opfer und Erlöser im Bereich der Musik sind entsetzlich zahlreich. Eines der traurigsten war Alexander Skrjabin (Sonne-Neptun-Quadrat, Saturn-Neptun-Quadrat), der sich fast völlig mit dem neptunischen Mythos identifiziert zu haben scheint. In der Jugend war seine Liebe zu Chopin so groß, daß er beim Schlafen einen Band Noten des Komponisten unter dem Kopfkissen liegen hatte. Als er heranreifte, wurden seine musikalischen Ideen obskurer und mystischer; er las Nietzsche (Sonne-Neptun-Trigon; Saturn-Neptun-Quadrat), verschlang die Schriften der Theosophen und begann Musik als ein mystisches Ritual aufzufassen. Wie seine Kompositionen, so wurde auch er selbst immer sonderbarer. Er wusch sich zwanghaft die Hände und zog Handschuhe an, bevor er Geld berührte. In einem bemerkenswerten Maße narzißtisch, verbrachte er endlose Stunden damit, nach Fältchen in seinem Gesicht und Anzeichen von Kahlheit auf seinem Kopf Ausschau zu halten. Er entwickelte eine extreme Hypochondrie und sprach überreichlich dem bevorzugten Glücksbringer Neptuns, dem Alkohol zu. Er führte Notizbücher, in denen er eine unverdünnte Vision von Neptuns Welt aufzeichnete:

> Etwas begann zu schimmern und pulsieren, und dieses *Etwas war eins.* Es zitterte und schimmerte, aber es war eins ... Dieses *Eine* war alles, ohne daß ihm etwas gegenüberstand. Es war alles. Ich bin alles. Es hatte die Möglichkeit von allem, und es war noch nicht Chaos (die Schwelle des Bewußtseins). Alle Geschichte und alle Zukunft sind ewig darinnen. Alle Elemente sind gemischt, aber alles, was sein kann, ist da.[166]

Schließlich war Skrjabin der Überzeugung, er sei in den Rhythmus des Universums absorbiert, und begann sich mit Gott zu identifizieren. Ständig von Geldnöten geplagt, plante er ein großes musikalisches Werk mit dem Titel *Mysterium,* ein »umwälzendes Opus, da es alle Künste und alle Sinne vereint in einer hypnoseähnlichen, multi-medial angelegten Darbietung von akustischen und optischen Effekten, Geruch, Gefühl, Tanz, Ausstattung, Orchester, Klavier, Sänger, Licht, Skulpturen, Farben, Visionen«.[167] Das »Mysterium« umfaßte auch das Ende der Welt und die Erschaffung eines neuen Menschengeschlechtes und sollte Skrjabins Größe in der Öffentlichkeit verankern. Der Komponist erklärte, daß er unsterblich und der wahre Messias sei, und wollte das Mysterium in einem halbkugelförmigen Tempel in Indien aufführen lassen. Bevor er eine Chance hatte, das Werk zu schreiben, starb er jedoch im Alter von dreiundvierzig Jahren an einer Blutvergiftung, der Folge eines Furunkels an seiner Lippe.

Manche Komponisten, zum Beispiel Debussy, hatten weder Sonne, Mond noch Saturn in Aspekt zu Neptun und passen nicht in unsere Phantasie vom elenden Künstlerleben. Wieder andere mit einem dominanten Neptun führten wie Vaughan Williams ein relativ stabiles Leben, brachten Neptun aber durch ihr musikalisches Genre zum Ausdruck. Die Frage, ob Neptun die Musik oder das Lebensmuster bestimmt, bleibt faszinierend. Letztlich hängt es vielleicht davon ab, ob das Individuum Neptun zum Ausdruck bringt oder von ihm überwältigt wird; oder, um es anders zu sagen, ob man das Unaussprechliche in eine eigene Sprache übertragen kann, die auf persönlicher Erfahrungen und Wertvorstellungen beruht (wie Vaughan Williams), oder ob man sich so sehr mit dem Archetyp identifiziert und so unwillig oder unfähig ist, ein unabhängiges Ich zu erleben, daß man »vom Schicksal dazu bestimmt« ist, die archetypische Tragödie des Opfers und Erlösers zu inszenieren (wie Skrjabin). Ob ihr Leben nun tragisch oder heiter war: in den Horoskopen von »großen« Komponisten findet sich ein außergewöhnlich hoher Prozentsatz von starken Sonne-Neptun-, Mond-Neptun- und, wieder einmal, Saturn-Neptun-Aspekten. Die meisten auf der am Kapitelende aufgeführten Komponisten haben mindestens einen und oft alle drei dieser Kontakte.[168] Diese Liste ist natürlich unvollständig, und der Leser mag sich fragen, warum sein Lieblingskomponist fehlt. Doch selbst ohne einige Lieblingskomponisten ist die überwältigende Zahl von einflußreichen Neptun-Kontakten zu Sonne, Mond, Saturn und zum Aszendenten eine Aussage für sich.

Eine Fallstudie: Robert Schumann

Zur Zeit von Schumanns Geburt[169] fand eine der zyklischen großen Konstellationen der äußeren Planeten statt, und es war keine glückliche. Neptun, der durch den Schützen ging, bildete eine Konjunktion mit Saturn, und beide ein Quadrat zu Pluto in Fische. Über Neptun in Schütze wissen wir einiges aus erster Hand, weil er auch in den siebziger und frühen achtziger Jahren des 20. Jahrhunderts durch dieses Zeichen transitierte, begleitet von leicht zunehmendem Optimismus und einem Geist der spirituellen und ökonomischen Expansion. Aber während dieses jüngsten Durchgangs bildete Saturn weder eine Konjunktion mit Neptun – bis die beiden in Steinbock eintraten – noch ein Quadrat zu Pluto. Die über Schumanns Geburt stehende Konstellation deutet eine Epoche an, in der rastlose Bemühungen expansionistischer und quasi-religiöser Art – die Anfänge des romantischen Nationalismus – mit einem mächtigen kollektiven Drang zusammenstießen, alle vorangegangenen Strukturen und Systeme zu zerstören. Der vage Optimismus auf eine strahlende Zukunft wurde von düsterem Fatalismus und Tyrannei auf die Probe gestellt; die rauhe Wirklichkeit der Welt – widergespiegelt von Saturns Verbindung zu dem Neptun-Pluto-Quadrat – zeigte, daß es angesichts der menschlichen Destruktivität unmöglich war, romantische Ideale aufrechtzuerhalten. 1810 wütete Napoleon durch Europa und riß in seinem Bemühen um ein vereintes Imperium große Brocken aus den deutschen Staaten. Wie als Antwort darauf wurde Deutschland von einer heftigen Welle von patriotischen, kaiserfeindlichen Gefühlen überflutet, die von dem aufkeimenden romantischen Nationalismus genährt wurden. In dieses Schlachtfeld hinein wurde Schumann geboren, mit der Sonne in Zwillinge in Opposition zu Neptun und Saturn, und im Quadrat zu Pluto. Mars war ebenfalls in Zwillinge, in Konjunktion mit der Sonne, in Opposition zu Saturn und im Quadrat zu Pluto. Obwohl im Grunde kultiviert, nachdenklich und gewissenhaft (Sonne in Zwillinge, Mond in Jungfrau, Steinbock-Aszendent), war Schumann gleichwohl auch offen für die ungestümen kollektiven Unterströmungen, die in der Welt um ihn am Wirken waren.

Mit Schumann erreichte die romantische Musik ihre volle Blüte. Er war der erste völlig »antiklassische« Komponist, und seine Musik löste sich fast vollständig von den alten Formen. Mehr als jeder andere Komponist – selbst mehr als Chopin, dessen musikalische Formen ebenfalls in hohem Maße antiklassisch waren (und der unter der gleichen Saturn-Neptun-Pluto-Konstellation geboren wurde) – brachte er eine Musikästhetik hervor, die fast an Impressionismus grenzte.

> Stimmung, Farbe, Andeutung, Anspielung – dies war Schumann wichtig, viel wichtiger noch, als korrekte Fugen, Rondos oder Sonaten zu

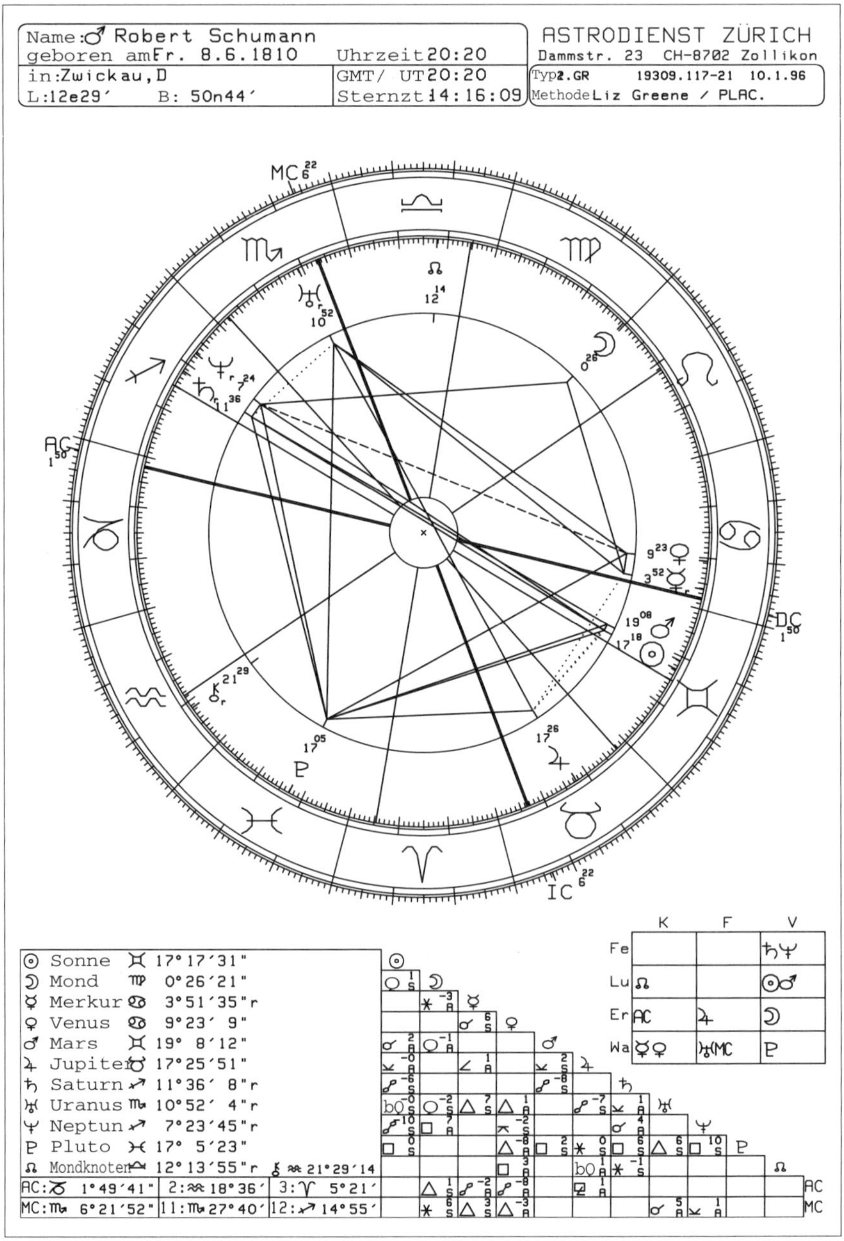

21. Robert Schumann, geboren am 8. Juni 1810, 20:20:00 GMT, Zwickau. Häuser Placidus. Quelle: Fowlers *Compendium of Nativities.*

> schreiben. Zwangsläufig hat seine Musik eine kapriziöse und unerwartete Wendung, eine kaleidoskopische Beschaffenheit und Emotionalität, eine Intensität persönlicher Äußerung, die nur in astronomischen Einheiten zu messen ist. Natürlich erklärte jeder Pedant und Akademiker in Europa Schumann prompt zum Prügelknaben. Für solche Menschen bedeuteten seine Werke das Ende der Musik, ein Zeichen der Degeneration der Zeit. Seine Musik erschien fremdartig, formlos, anarchisch, unzugänglich.[170]

Nicht nur in der Musik, sondern auch in seinem Temperament und in seinem Lebenslauf war Schumann Romantiker. Er war sanft, nach innen gekehrt, idealistisch, und identifizierte sich sehr mit der romantischen Literatur seiner Zeit. Sein Vater, der die Schriftsteller der englischen Romantik verehrte, war von Beruf ein Buchverkäufer und Verleger. Umgeben von Sir Walter Scotts Romanen und Byrons Dichtungen, atmete der Knabe in seiner Jugend eine stark neptunische literarische Atmosphäre. Doch auch die dunklere Seite Neptuns wirkte in den psychischen Strukturen seiner Familie. Sein Vater litt unter dem, was man eine »nervöse Störung« nannte, und war in seinen letzten Jahren alles andere als stabil. Seine Schwester Emilia war geistig und körperlich behindert und beging schließlich Selbstmord. Bereits als junger Mann fürchtete Schumann, ebenfalls verrückt zu werden; diese Obsession verfolgte ihn durch sein ganzes Leben.

Als Jugendlicher war Schumann fasziniert von dem Werk des romantischen Schriftstellers und Komponisten E.T.A. Hoffmann, dessen surreale Erzählungen der französische Komponist Offenbach später in Musik umsetzte. Hoffmann war mit dem Mond in Fische und einem großen Trigon zwischen einer Pluto-Sonne-Merkur-Konjunktion am MC, Neptun im fünften und Uranus im zwölften Haus geboren.[171] Das phantastische Element in Hoffmanns Werk beeinflußte Schumanns Musik zeitlebens. Schumann verehrte auch die Werke des romantischen Schriftstellers Jean Paul (Richter), der erklärt hatte, daß Musik allein die höchsten Pforten zum Unendlichen öffnen könne. Trotz seiner offensichtlichen Hingabe zu Musik und Literatur bestand Schumanns Mutter darauf, daß er die erforderliche klassische Ausbildung erhielt – sein Vater war gestorben, als Robert sechzehn war. Schumann, der sich, unter Druck gesetzt, nie wehrte, begann im Alter von einundzwanzig Jahren gehorsam, Jura zu studieren. Doch Neptun hatte schon von Geburt an seinen Anspruch auf ihn erhoben.

> Wenn jemals ein Komponist zur Musik verurteilt war, so Robert Schumann. Es hatte etwas von einer griechischen Tragödie, wie ihm die Musik schon in die Wiege gelegt war, ihn erfaßte, ihn nährte, und ihn schließlich zerstörte. Von Anfang an waren seine Emotionen enorm überreizt. Sein Denken war ein empfindlicher Seismograph, der die Musik als heftige Erschütterungen registrierte ... Er selbst beschrieb einmal, wie er sich als Kind in der Nacht zum Klavier gestohlen, eine

> Reihe von Akkorden gespielt und dabei die ganze Zeit bitterlich geweint hatte ... Als er von Schuberts Tod hörte, weinte er die ganze Nacht.[172]

In der Universität verbrachte er mehr Zeit mit heimlichem Üben als mit den Gesetzesstudien, mit denen er sich befassen sollte. Als er sich mit einer Apparatur, die er zur Dehnung der Hand gebraucht hatte, einen Finger brach, ruinierte er seine Chancen, Pianist zu werden; damit wurde das Komponieren als einziges Ausdrucksmittel für seine musikalische Begabung zur blanken Notwendigkeit. Seine ersten Kompositionen wurden 1831 veröffentlicht. Während jener Zeit stand der transitierende Saturn in Opposition zu seinem Geburts-Pluto und im Quadrat zu Geburts-Neptun und -Saturn sowie im Quadrat zu Geburts-Sonne und -Mars. Weit davon entfernt, die vereitelte Karriere als Pianist zu betrauern, sah Schumann die Welt sich für ihn öffnen:

> In schlaflosen Nächten bin ich mir einer Mission bewußt, die wie ein ferner Gipfel vor mir emporsteigt ... Der Frühling selbst steht vor meiner Türschwelle und blickt mich an – er ist ein Kind mit himmelblauen Augen.[173]

Man darf vermuten, daß die inkarnierende Kraft des über das Geburts-T-Kreuz ziehenden Saturns Schumann seine Lebensausrichtung offenbarte.

Während der frühen Phase seiner musikalischen Ausbildung wurde Schumann ein Schüler des großen Musikpädagogen Wieck; dessen Tochter Clara – damals noch ein Kind – wurde später seine Frau. Sie heirateten 1840, kurz nach der Saturn-Wiederkehr und der Ankunft des transitierenden Uranus über dem Geburts-Pluto, die das T-Kreuz im Geburtshoroskop auslöste. Clara war ebenfalls Künstlerin und zählte zu den glänzendsten Pianisten ihrer Zeit; ihr war es vor allem zu verdanken, daß die Welt die Kompositionen ihres Mannes kennenlernte. Eine der glücklicheren Konstellationen in Schumanns Geburtshoroskop ist das große Wasser-Trigon von Neptun in Krebs im siebten Haus zu Uranus und Pluto. Möglicherweise spiegelt diese Konstellation etwas von seiner Erwartung an Liebe und Ehe wider. Seine Frau war nicht nur eine Ehefrau und Mutter, sondern auch eine Freundin, Arbeitskollegin, Muse und berufliche Vermittlerin.

> Es wurde eine idyllische Ehe, die Vereinigung von zwei außergewöhnlichen Gemütern. Sie war die stabilisierende Kraft in seinem Leben; er war der spirituelle Leuchtturm in ihrem.[174]

Gemeinsam unternahmen sie mehrere Konzert-Tourneen, und Clara hatte einen unschätzbaren Einfluß auf sein Werk. Als echter Zwillinge-Geborener nahm Schumann auch lebhaften Anteil an dem musikalischen Leben seiner Zeit, war Gründer und Herausgeber eine Musikzeitschrift und führte Frédéric Chopin, einen weiteren neptunisch geprägten Romantiker-Gefährten, in den hellen Kreis der öffentlichen Aufmerksamkeit ein.

Als Komponist verdiente Schumann sich bereits zu Lebzeiten ernste Anerkennung, und als kritische Autorität hatte er einen großen Einfluß. Gleichwohl war er eine verfolgte Seele. Zeit seines Erwachsenenlebens nagte die obsessive Angst vor dem Wahnsinn an ihm, teils wegen der erblichen Belastung und teils wegen seiner eigenen, inneren Konflikte. Angst vor dem Verrücktwerden ist nicht untypisch für Saturn-Neptun (ganz zu schweigen von den zusätzlichen Problemen des Quadrats von Pluto); ich bin ihr in wechselnder Ausprägung bei vielen Klienten begegnet, die unter der Saturn-Neptun-Konjunktion von 1952/53 geboren wurden (während Uranus zusätzlich ein Quadrat zu beiden bildete). Solche Ängste können in einem Horoskop verstärkt werden, das (wie die Sonne-Mond-Aszendenten-Kombination Schumanns) eine bewußte Betonung auf Vernunft und Selbstbeherrschung widerspiegelt. Das schwache, aber allgegenwärtige Rauschen der neptunischen Wellen, die gegen die Schutzmauern der saturnischen Ichverteidigungen schlagen, kann entsetzliche Furcht vor den wäßrigen Tiefen im Innern oder im Äußeren hervorrufen. Es ist eine Angst vor dem eigenen Chaos, und es ist die Sehnsucht nach dem Vergessen. Schumann identifizierte den subversiven Feind im Inneren und sah ihn in der Familiengeschichte psychischer Labilität begründet. Eigentlich hätte er ihn auch nach außen projizieren können, da zu jener Zeit, als er seine Reife erreichte, ganz Europa anfing, auseinanderzufallen. Schumann, der die großen Aufstände von 1848 – nach der Entdeckung Neptuns – miterlebte, scheint zu jenen psychologischen »Sündenböcken« zu gehören, die R. D. Laing zu idealisieren pflegte – ein hilfloses Gefäß für die Verrücktheit der Welt um ihn herum. Wenn der Künstler ein Sprachrohr kollektiver Visionen und Tendenzen ist, kann er auch gleichermaßen zum Sprachrohr für die kollektive Psychose werden. Schumann selbst sagte:

> Ich bin betroffen von allem, was in der Welt geschieht – Politik, Literatur, Menschen –; ich überdenke es auf meine Weise, und dann sehne ich mich danach, meine Gefühle in der Musik zum Ausdruck zu bringen. Aus diesem Grunde sind meine Kompositionen manchmal schwierig zu verstehen, denn sie sind mit fernen Interessen verbunden; manchmal erscheinen sie ungewohnt, weil mich alles, was geschieht, beeindruckt und zwingt, es in der Musik zum Ausdruck zu bringen.[175]

Diese Worte bringen ein romantisches Credo zum Ausdruck und wirken wie ein Echo von Novalis' Äußerung, daß »die Seele des Individuums eins sein sollte mit der Seele der Welt«. Das Problem ist, daß auch die Seele der Welt von Zeit zu Zeit verrückt sein kann.

Etwa um 1851 verlor Schumann allmählich die Kontrolle über sich. Er erlebte Halluzinationen und hörte Harmonien aus dem Himmel. Eines Nachts bildete er sich ein, die Geister von Schubert und Mendelssohn hätten ihm ein Thema gebracht, und er sprang aus dem Bett, um es niederzuschreiben. Wie William Blake hatte er Visionen. Doch im Unterschied zu Blake konnte er nicht mit ihnen leben. Während sein Gemüt zunehmend aus dem Gleichgewicht geriet, zog er sich in seine eigene Welt zurück. In seinem inneren Ohr hörte er ein ununterbrochenes A, das ihn am Sprechen oder Denken hinderte. Stets still und nach innen gekehrt, sprach er immer weniger. Er behauptete, daß Engel ihm Musik diktierten, während ihm Teufel in Gestalt von Tigern und Hyänen mit der Hölle drohten. 1854 unternahm er einen Selbstmordversuch (nicht den ersten), indem er sich von einer Brücke in den Rhein stürzte. Auf seinen eigenen Wunsch wurde er in eine Heilanstalt aufgenommen, wo er zwei Jahre später im Alter von 46 Jahren starb. Während jener traurigen letzten Jahre seines Lebens, als ihn die Fluten überschwemmten, bildete der transitierende Neptun eine Konjunktion mit Schumanns Geburts-Pluto, ein Quadrat zum Geburts-Neptun und dann zu Geburts-Saturn, -Sonne und -Mars. Das musikalische Genie, das sich inkarniert hatte, als der transitierende Saturn das Geburts-T-Kreuz auslöste, und das die Welt gerade anzuerkennen begann, als Uranus den gleichen Ort erreichte, fand sein Ende, als der transitierende Neptun dort ankam und ihn endlich heimrief.

Auf die Frage, ob ein Künstler, um ein großes Werk zu schaffen, so drastisch leiden muß wie Schumann, gibt es vermutlich keine Antwort. Obwohl sie in bezug auf begabte, aber geplagte Seelen, die jung sterben, immer wieder gestellt wird, ist es die falsche Frage. Schumann identifizierte sich fast gänzlich mit dem archetypischen Bereich, aus dem er seine Inspiration bezog; er lebte nur scheinbar in der physischen Welt, obwohl er acht Kinder zeugte und eine zunehmend erfolgreiche Karriere hatte. Er war von Neptun heimgesucht, der wäßrige Abgrund wartete ständig zu seinen Füßen, und selbst die Musik konnte ihn nicht aus seinem Elend befreien. Wie Novalis war er verliebt ins Vergessen, obwohl er – im Unterschied zu Novalis – nicht so ehrlich dazu stand. Wenn Schumann in der modernen Zeit lebte und gründlich analysiert würde, hätte er dann weiter komponiert? Vermutlich ja. Die Therapie heilt einen Menschen nicht von seinem Wesenskern; bestenfalls verhilft sie dem Individuum zu einem gewachsenen und integrierten Bewußtsein, das ihm erlaubt, die Konflikte, die ein elementarer Bestandteil seiner Natur sind, besser zu verstehen und zu bewältigen. Schumanns Natur jedoch war – aufgrund der starken Aspekte von Neptun und Pluto zu Geburts-Sonne und -Saturn (und dem Quadrat zwischen Neptun und Mond) – untrennbar verbunden mit den kollektiven Strömungen der Welt, in der er lebte. Die Qual, die er erlitt, kann nicht Neptun allein zugeschrieben werden; die Quadrate von Pluto zu Sonne, Mars, Neptun und Saturn spiegeln eine Natur wider, die zur Obsession neigt und schreckliche Angst hat vor ihrer eigenen, verborgenen Wildheit; die Oppositionen zwischen Saturn und der Sonne-Mars-Konjunktion deuten große persönliche Unsicherheit und Schwierigkeiten an, ein persönliches Selbstwertgefühl zu entwickeln. Aber die Neptun-Saturn-Konjunktion, die Neptun-Sonne-Opposition und das Neptun-Mond-Quadrat zeigen ein Individuum, das psychisch durchlässig und genau auf die grenzenlosen Erlösungs-Sehnsüchte der neptunischen Welt eingestimmt ist. Schumann mag eine Wahl gehabt haben in bezug auf das Ausmaß, in dem er seine eigene Identität in den Geist der Zeit eintauchen ließ. Falls eine solche Wahl wirklich existierte in einer Kultur, die die Psychologie noch nicht erfunden hatte und die Selbstopferung des Künstlers als Opfer und Erlöser idealisierte, zog Schumann offenbar die romantische Alternative vor. Wäre er in der modernen Zeit geboren, hätte ihn zweifellos ein anderer Zeitgeist für sich beansprucht. Er hätte ein Popstar oder Filmschauspieler sein können. Der Zeitgeist des 20. Jahrhunderts hat uns die Psychologie und Soziologie als Mittel gebracht, um uns in wirren Zeiten zu orientieren; in Schumanns Epoche bot die Romantik eine buntere Lösung: Selbst-Mythologisierung, Ekstase, tragisches Leiden, Sehnsucht nach dem Vergessen und die Erschaffung von Kunst als Mittel zur Verschmelzung mit dem Göttlichen. Schumann mußte ein leidender Künstler sein, kein Psychologe, Geistheiler oder Labour-Abgeordneter. Er wurde von der Romantik ebenso sehr geprägt, wie seine Musik diese gestaltete; wir können ihn nicht aus seiner archetypischen Matrix herauslösen. Elend, Wahnsinn und ein früher Tod waren für den Mythos des echten Künstlers seiner Zeit so wesentlich wie die mystische Vision selbst. Mozart und Schubert waren ihm auf seinem Weg vorausgegangen; viele andere sollten folgen, bevor der Zeitgeist der Romantik sich erschöpft hatte. Mit oder ohne Neptun ist solch ein extremes Leiden heute wohl nicht mehr notwendig.

⋆ ⋆ ⋆

> Was ist ein Dichter? Er ist ein Mensch, der ungewöhnliche Geisteszustände erlebt, die ihn manchmal exzentrisch oder außer sich erscheinen lassen können, als ob er die Verbindung mit dem verlöre, was man gemeinhin geistige Gesundheit nennt. Sein Werk entsteht oft im Laufe solcher Erlebnisse oder unmittelbar danach, und mag selbst ihm nicht verständlich sein. Dichtung, die solchen Zuständen entspringt, die ekstatischer Besessenheit ähneln, scheint oft eine Echtheit in sich zu tragen, die sowohl erleuchtend als auch beunruhigend wirkt. Die Künstler jedoch, die uns zutiefst erleuchten und beunruhigen, werden von der göttlichen, schöpferischen Energie oft zerstört.
>
> Was ist ein Dichter? Es ist einer, der Auflösung erleiden muß, bevor er Schönheit und Wahrheit offenbaren kann. Ohne diese persönliche Zerstückelung kann sein Werk nicht die orakelhafte Macht wahrer Poesie erlangen. Die Stimme des Dichters, der sich dem Tod und der Zerstückelung gebeugt hat, mag in der Tat zum Orakel werden und prophetische Wahrheiten äußern, die zeitlos und universal sind.[176]

Albéniz: keine Sonne-, Mond- oder Saturn-Neptun-Kontakte
Bach: Saturn-Neptun-Opposition, Mond-Neptun-Konjunktion (und Venus-Merkur-Neptun-Konjunktion in Fische im zwölften Haus)
Barber: Sonne-Neptun-Trigon, Saturn-Neptun-Quadrat, Mond-Neptun-Anderthalbquadrat
Bartók: Mond-Neptun-Quadrat
Beethoven: Mond-Neptun-Quadrat
Bellini: Sonne-Neptun-Konjunktion
Berlioz: Mond-Neptun-Konjunktion
Boccherini: Sonne-Neptun-Trigon, Mond-Neptun-Opposition
Boulez: Sonne-Neptun-Anderthalbquadrat, Saturn-Neptun-Quadrat
Brahms: Saturn-Neptun-Trigon
Britten: Sonne-Neptun-Trigon, NeptunAC—Konjunktion
Bruckner: Sonne-Neptun-Trigon, Saturn-Neptun-Quinkunx
Charpentier: Sonne-Neptun-Quadrat
Coates: Sonne-Neptun-Quadrat
Copland: Sonne-Neptun-Opposition, Mond-Neptun-Sextil
Coward: Sonne-Neptun-Opposition, Saturn-Neptun-Opposition
Delibes: Saturn-Neptun-Quadrat
Donizetti: Saturn-Neptun-Trigon
Dukas: Sonne-Neptun-Opposition, Mond-Neptun-Sextil
Dvorak: Sonne-Neptun-Quinkunx, Mond-Neptun-Sextil
Falla: Sonne-Neptun-Quinkunx, Saturn-Neptun-Sextil
Fauré: Sonne-Neptun-Quadrat, Saturn-Neptun-Konjunktion
Fenby: Saturn-Neptun-Trigon, Mond-Neptun-Quadrat
Franck: Saturn-Neptun-Trigon
Gershwin: Sonne-Neptun-Quadrat, Mond-Neptun-Trigon
Glinka: Saturn-Neptun-Sextil
Gluck: Sonne-Neptun-Sextil, Saturn-Neptun-Trigon, Mond-Neptun-Sextil
Gounod: Sonne-Neptun-Opposition
Goossens: Sonne-Neptun-Konjunktion, Saturn-Neptun-Trigon
Grieg: Sonne-Neptun-Trigon
Händel: Sonne-Neptun-Konjunktion (in Fische im zwölften Haus), Mond-Neptun-Trigon
Haydn: Sonne-Neptun-Sextil, Neptun-AC-Opposition
Henze: Saturn-Neptun-Quadrat
Hindemith: keine Sonne-, Mond- oder Saturn-Neptun-Kontakte
Janacek: Sonne-Neptun-Trigon, Saturn-Neptun-Quadrat
Lalo: Saturn-Neptun-Trigon
Liszt: keine Sonne-, Mond- oder Saturn-Neptun-Kontakte (aber Neptun-AC-Konjunktion)
Mahler: keine Sonne-, Mond- oder Saturn-Neptun-Kontakte (aber Fische-AC und Neptun im ersten Haus)
Massenet: Sonne-Neptun-Quadrat, Mond-Neptun-Trigon (und Neptune-AC-Konjunktion)
Messiaen: Sonne-Neptun-Quinkunx, Mond-Neptun-Konjunktion
Meyerbeer: Saturn-Neptun-Opposition

Mussorgski: Saturn-Neptun-Sextil, Mond-Neptun-Anderthalbquadrat
Nielsen: keine Sonne-, Mond- oder Saturn-Neptun-Kontakte
Offenbach: Sonne-Neptun-Opposition, Saturn-Neptun-Quadrat, Mond-Neptun-Quinkunx
Orff: Sonne-Neptun-Quinkunx, Saturn-Neptun-Anderthalbquadrat, Mond-Neptun-Trigon
Paganini: Mond-Neptun-Quadrat
Poulenc: Saturn-Neptun-Opposition
Prokofieff: Saturn-Neptun-Quadrat
Puccini: Sonne-Neptun-Quadrat, Mond-Neptun-Trigon
Rachmaninoff: Saturn-Neptun-Quadrat
Rameau: Saturn-Neptun-Opposition, Mond-Neptun-Quadrat, Neptun-AC-Opposition
Ravel: keine Sonne-, Mond- oder Saturn-Neptun-Kontakte (aber Neptun-Konjunktion mit AC und Sonne-Mond-Merkur in Fische)
Respighi: Sonne-Neptun-Sextil
Rimsky-Korssakoff: keine Sonne-, Mond- oder Saturn-Neptun-Kontakte (aber Sonne, Mond, Merkur und Jupiter in Fische)
Rossini: keine Sonne-, Mond- oder Saturn-Neptun-Kontakte
Saint-Saëns: Saturn-Neptun-Quadrat
Satie: Mond-Neptun-Quadrat
Scarlatti: Sonne-Neptun-Trigon
Schönberg: Saturn-Neptun-Quadrat
Schostakowitsch: Saturn-Neptun-Trigon
Sibelius: Sonne-Neptun-Trigon, Saturn-Neptun-Quinkunx
Stockhausen: genaue Sonne-Neptun-Konjunktion
Strauß (Johann, Vater): Mond-Neptun-Quadrat
Strauß (Johann, Sohn): (Fische-)Sonne-Neptun-Trigon, Saturn-Neptun-Sextil
Strauss (Richard): Mond-Neptun-Quinkunx, Saturn-Neptun-Opposition
Strawinski: Saturn-Neptun-Konjunktion, Mond-Neptun-Sextil
Tschaikowsky: Sonne-Neptun-Quadrat, Saturn-Neptun-Sextil
Verdi: Sonne-Neptun-Sextil (und Neptun-AC-Konjunktion)
Villa Lobos: keine Sonne-, Mond- oder Saturn-Neptun-Kontakte (aber Neptun-AC-Konjunktion)
Vivaldi: keine Sonne-, Mond- oder Saturn-Neptun-Kontakte
Wagner: Mond-Neptun-Sextil
Wolf: Sonne-Neptun-Konjunktion

Teil IV

Ferculum Piscarium
Das Neptun Kochbuch

Es ist fast gewiß, daß Fisch mit zu den ersten Nahrungsmitteln gehörte, die der Mensch kannte. Seitdem hat sich an der Haltung des Menschen zum Fisch nichts geändert. Letzterer ist heute noch genauso gefragt wie eh und je, wenn nicht sogar noch mehr, da ihn sein hoher Protein- und sein niedriger Fettgehalt (besonders bei Süßwasserfischen) zu einem idealen Bestandteil moderner, gesunder Ernährung machen. Fisch ist auch gut bekömmlich und leicht verdaulich. Darüber hinaus wird er oft für Spezialgerichte sowie zur Ernährung von Kranken bzw. Kleinkindern benutzt.

Anton Mosimann's Fish Cuisine[1]

11.

Neptun in den Häusern

> ... Du siehst mich hier neben dir stehen und hörst meine Stimme. Aber ich sage dir, all diese Dinge – angefangen bei dem Stern, der eben am Himmel aufleuchtet, bis hin zu dem festen Boden unter unseren Füßen – sind nichts als Träume und Schatten, welche die wahre Welt unserem Blick entziehen. Es gibt eine wahre Welt, aber die liegt jenseits dieses Flitters und dessen, was wir sehen, jenseits von allen »Verfolgungsjagden in Arras, von Karriereträumen«, fern von ihnen wie hinter einem Schleier.
>
> *Arthur Machen, The Great God Pan*[2]

Das Haus, in dem Neptun im Geburtshoroskop steht, ist der Lebensbereich, in dem wir Erlösung suchen – die »wahre« Welt jenseits des Schleiers. Wenn wir Neptuns wechselnde Erscheinungsformen in den einzelnen Häusern verstehen wollen, dürfen wir seinen archetypischen Kern nicht vergessen. Jedes Planetensymbol steht für eine Grundaussage, die sich von der jedes anderen Planetensymbols unterscheidet, und die unverändert bleibt, wo immer sie sich äußert – ob im Körper, in den Gefühlen, im Verstand oder im Vorstellungsvermögen. Neptun steht für unsere Sehnsucht nach dem Garten Eden, welche die Ego-Abgrenzungen des Individuums durchlässig macht, so daß der Ozean der Kollektivseele einströmen kann. Durch Neptun suchen wir Quelle und Ursprung, das verlorene und eines Tages wiederzuerlangende Paradies. In unserem heftigen Verlangen nehmen wir auch unser Gefährdetsein wahr und fürchten die uns aussaugende Mutter Tiamat, die uns verschlingen wird, während wir zugleich unsere Hände ausstrecken nach der Beistand leistenden Mutter Maria, die für unsere Sünden Fürbitte einlegen wird. Wo Neptun im Geburtshoroskop steht, sind wir Erlöser und Erlöste zugleich. Wir identifizieren uns vielleicht unbewußt mit denen, die hilflose Opfer sind, und erkennen dabei die unsichtbare Verbindung zwischen Opfer und Täter nicht. Möglicherweise wollen wir diese Opfer vor einer zerstörerischen Kraft in der Außenwelt retten, die auch in unseren Seelen verborgen liegt. Und wir sehnen uns danach, aus unserem Leiden von jemandem erlöst zu werden, der eigentlich Bestandteil unserer eigenen Seele ist. Im Geburtshoroskop entspricht das von Neptun besetzte Haus einem Lebensbereich, in dem wir uns in einem Spiegelsaal wiederfinden und Heiler, Täter und Opfer zugleich sind, während durch die Erfahrung des Mitleidens vielleicht ein flüchtiges Gefühl jenes Einsseins in uns aufblitzt, das uns aus dem trostlosen Gefängnis unserer sterblichen Existenz erlösen könnte.

In der Begegnung mit Neptun sind wir bereit, unsere Objektivität und unser Gefühl des Getrenntseins aufzugeben. Wir werden geblendet und blenden andere, täuschen und werden getäuscht, verfolgen jedoch stets das Ziel, am Ende des Weges mit den anderen zu verschmelzen, selbst wenn wir derartige Gefühle leugnen. Wir hören auf, Einzelindividuen zu sein und tauchen ein ins Meer der Gemeinschaft. Wenn die Abgrenzungen des Individuums verschwinden, kann das Herz sich öffnen, der Wille entmachtet werden. Opfer – oft ganz konkrete – könnten erforderlich werden. Aber letztendlich ist es unser Traum von der Erlösung, der geopfert werden muß, bevor wir beginnen können, zwischen unseren liebgewordenen Phantasien und der Realität da draußen zu unterscheiden und unseren Selbstbetrug aufzugeben. Das ist Neptuns große Herausforderung. Der natürliche Vorgang bei Neptun ist Identifizierung durch Projektion, bei der wir einem anderen etwas von uns zuschreiben und dann erleben, wie wir unbewußt mit ihm verschmelzen. Und da wir in Neptuns Welt nicht zwischen Ich und Du unterscheiden, kann es geschehen, daß wir unsere Erlösungssehnsucht in den Menschen und Dingen, mit denen wir verschmelzen, nicht erkennen.

In den folgenden Kapiteln gehen wir diese allgemeinen Hinweise zu Neptuns Erscheinungsformen in den Häusern des Horoskops Haus für Haus durch, doch das Prinzip bleibt überall dasselbe. Ein Haus ist ein neutraler Lebensbereich, den wir je nach unserem Wesen ausstatten. Manilius beschrieb ein Horoskophaus als *templum*, und dieser Begriff aus der Antike kann uns behilflich sein, um zu verstehen, was die Häuser bedeuten.[3] Mit *templum* bezeichnet man auch einen Tempel, der zu Manilius' Zeiten ein leeres Gebäude bzw. ein abgesteckter geweihter Bereich war, der nichts Göttliches enthielt, bis das Standbild eines Gottes in ihn hineingesetzt wurde. Durch jedes *templum* des Geburtsbildes erfahren wir anhand der dort stehenden Planeten die Götter bzw. die archetypischen Kräfte, die im Grunde Intelligenzmuster unserer Seelen sind.

Neptun im ersten Haus

Der Aszendent bezeichnet den Zeitpunkt der Geburt, und das erste Haus, das demMars zugeordnet wird, symbolisiert den Eintritt des Menschen ins Leben. Es ist nicht nur die körperliche Erfahrung des Geborenwerdens, sondern jede Geburt während des Lebens, jede Situation, in der wir durch einen Akt unseres unabhängigen Willens der Welt um uns unsere persönliche Realität aufzuzwingen suchen. Daher befaßt sich das erste Haus damit, wie das Individuum seine Macht und seine äußere Wirksamkeit im Leben empfindet. Wie wir diese Macht zum Ausdruck bringen, entspricht zugleich auch dem Bild, das wir von der Außenwelt haben. Unsere Vorgehensweisen entsprechen unseren Projektionen. Was wir in der Außenwelt sehen, ist eigentlich unsere Meinung von ihr. Im Lauf der Zeit gestaltet somit unsere Wahrnehmung die Welt und rechtfertigt unsere vorgefaßten Meinungen.

> Wir schreiben dem Leben die Eigenschaften des Aszendenten oder Planeten in seiner Nähe zu, aus seinem Blickwinkel nehmen wir die Welt wahr. Und diese Wahrnehmung beeinflußt auch unser Handeln und unser Verhalten. Und das Leben spiegelt unsere Erwartungen wider.[4]

Neptun im ersten Haus, besonders innerhalb der ersten zehn Grad Abstand vom Aszendenten, schafft sofort ein Dilemma, denn Neptun ist von Natur aus das Gegenteil von Mars. Wo Mars seine Macht über das Leben zu behaupten sucht, tut Neptun alles, um nicht geboren zu werden. Wo wir Neptun erfahren, fühlen wir uns hilflos und schwach, denn wir befinden uns in der Gewalt von Kräften, die größer sind als wir. Das körperliche Geborenwerden kann von jemandem, der Neptun im ersten Haus hat, als Vorgang erfahren und empfunden werden, bei dem man keinen Willen und keine Wahl hat. Es ist der Wille der Mutter oder vielleicht der des Arztes oder der Hebamme, nicht aber der eigene. Und die für Mars archetypische Komponente des Kämpfens, die zum Geburtsprozeß gehört, fehlt kurioserweise häufig. Ich habe diese Konstellation in den Geburtsbildern vieler Menschen gesehen, deren Mütter während des Geburtsprozesses durch Medikamente bewußtlos gemacht wurden, und beide – Mutter und Kind – wurden dadurch abgestumpft und träge. Das Ganze wird wie unter Wasser erlebt. Im späteren Leben gehen diese Menschen die äußere Realität auch mit Trägheit und Passivität an. Neptun im ersten Haus kann insgeheim als kraftlos und überaus ängstlich empfunden werden, wenn er Auswahlmöglichkeiten und Herausforderungen gegenübersteht, die eine endgültige Entscheidung oder einen Willensakt erforderlich machen; besonders wenn die Gefahr besteht, getrennt oder verlassen zu werden. Zuweilen verfällt man statt dessen in einen seltsamen Fatalismus, als sei das Leben irgendwie irreal, und als lohne sich der Kampf daher nicht. So können die eigenen Bemühungen um eine schlüssige Richtung im Leben dadurch wieder zunichte gemacht werden, daß man sich der eigenen, persönlichen Verantwortung entzieht und glaubt, alles Gute und Böse »solle eben so sein«.

Statt wirklicher Kraft kann Neptun im ersten Haus eine vorgetäuschte Kraft als Schutzmittel dagegen erzeugen, daß man anderen zum Opfer fällt. Da mag jemand sein Einfühlungs- und Vorstellungsvermögen dazu benutzen, um zu dem zu werden, was die Umgebung erwartet, und sich Macht dadurch erwerben, daß er andere entzückt, ihnen zu gefallen sucht und ihre emotionalen Bedürfnisse widerspiegelt. Hinter dieser Verhaltensweise steht vielleicht eine Persönlichkeit mit beachtlicher Stärke. Ein Neptun im ersten Haus könnte beispielsweise Hand in Hand gehen mit einer Sonne-Pluto-Konjunktion in Skorpion oder einer Sonne im Quadrat zu Saturn in Steinbock. Aber die Stärke ist vielleicht nicht sichtbar und wird von ihrem Träger nicht einmal erkannt. Neptun im ersten Haus zeigt oft Gaben wie

Taktgefühl und einfühlsame Diplomatie. Man bahnt sich lieber seinen Weg durch die Außenwelt, als daß man diese gestaltet. Die Bedürfnisse anderer nehmen die Gestalt des Erlösers an, denn es ist eine Form der Erlösung, mit anderen in einer Ekstase gegenseitigen Sichgefallens aufzugehen. Jeder mag solche Menschen mit Neptun am Aszendenten, denn sie wollen gefallen und verkörpern oft den magischen Zauber von Luteys Meerjungfrau. Probleme entstehen, wenn andere, klarer umrissene Faktoren im Horoskop sich bemerkbar machen und hinter Neptuns mühelosem Charme ungehalten werden.

In astrologischen Texten ist Neptun im ersten Haus für Blindheit und Selbstbetrug bekannt. Ebertin spricht von »Überempfindlichkeit, Verworrenheit, Ziellosigkeit.« Das ist verständlich, denn Neptun projiziert eine mythische Erlösungserfahrung auf die Umwelt und ihre Menschen. Jedes Zusammenspiel mit anderen wird so eine potentielle Erfahrung vom Gerettetwerden, und dabei lösen sich Klarheit, Urteilsvermögen und Initiative in nichts auf. Aber zu diesem zerstörerischen Extrem der Selbstauflösung kann es nur kommen, wenn kein Selbstgefühl als Gegengewicht zu der neptunischen Sehnsucht da ist. Kennt man die eigenen Gefühle und Werte, so wird das Bedürfnis nach anderen die Umrisse der eigenen Identität nicht verschlucken. Neptun im ersten Haus bedeutet oft eine besondere schauspielerische Begabung. Marilyn Monroe und Richard Burton sind zwei unserer berühmtesten und traurigsten Beispiele. Die Lebenstragödie dieser beiden begabten und charismatischen Menschen liegt in ihrer tödlichen Neigung, sich fast gänzlich mit dem archetypischen Bild identifiziert zu haben, das ein bewunderndes Publikum auf sie projizierte. Ihr Selbstwertgefühl fanden sie nur im illusorischen Paradies von Drogen und Alkohol, und in Marilyn Monroes Fall in einem scheinbaren Selbstmord durch eine Überdosis.[5] Die Herausforderung eines Neptuns im ersten Haus liegt nicht in einer im Grunde ungünstigen Eigenschaft des Planeten, sondern in der Aufgabe, seine chamäleonartigen Neigungen mit einer gesunden Dosis an Selbstwertgefühl und Selbsterhaltungstrieb auszugleichen. Neptun im ersten Haus kann auch die besondere Begabung des Ratgebers oder Heilers sein, da er die einmalige Fähigkeit besitzt, sich in die Gefühle anderer hineinzuversetzen. Aber das Individuum könnte süchtig nach Menschen werden, die hilfsbedürftig sind. Das ist ein immer wiederkehrendes Problem bei vielen Menschen in helfenden Berufen. Da sie insgeheim abhängig sind von der Abhängigkeit anderer von ihnen, überarbeiten sie sich, verkaufen sich unter Wert, ignorieren ihre persönlichen Bedürfnisse und bauen letzten Endes im Unterbewußtsein ein enormes Reservoir an Wut und Groll gegen Forderungen auf, denen sie sich nicht entziehen können. Das bekommen sie oft satt, und sie haben ein verzweifeltes, wenn auch uneingestandenes Bedürfnis nach Hilfe für ihre eigenen Probleme, weil ihr Problem dasselbe ist wie das ihrer Patienten. Das gewöhnliche Alltagsselbst ist im Namen der Errettung Leidender irgendwo unterwegs verlorengegangen. Hinter diesem charakteristischen Muster erkennen wir die unsichtbare Einheit von Erlöser und Erlöstem, das mit einem Verlust des Kontaktes zu den eigenen Grenzen einhergeht. Ebenso verhält es sich mit einer Filmschauspielerin, die vielleicht vergessen hat, wie das Leben ohne jene immer neuen Injektionen von »Eden-Stoff« war, mit denen sie jetzt ihre zunehmend tyrannische Gewohnheit füttert.

Ist Neptun im ersten Haus nicht durch ein gesundes Ego untermauert, kann er auf eine ausgesprochen manipulierbare Persönlichkeit schließen lassen. Diese Manipulierbarkeit ist jedoch nicht auf ein bestimmtes Ziel gerichtet, es sei denn, klarere, stärker dem Selbst unterstellte Horoskopfaktoren machen sich diese Manipulierbarkeit zunutze. Andernfalls wird sie benutzt, um die Erfahrung des Verschmelzens zu gewährleisten. Für Neptun im ersten Haus liegt die Erlösung im Gefühl der eigenen Macht über die Umgebung. Aber diese Macht ist eigentlich eine Machtlosigkeit, welche die Sympathie und die Unterstützung anderer zu gewinnen sucht. Auf diese Weise könnte jemand ein Muster des Betrogenwerdens entwickeln, das ihn zum passiven Partner in einer Reihe schwieriger Beziehungen macht. Je mehr man gebraucht wird, um so sicherer fühlt man sich. Ist jemand auch noch einigermaßen offen und ehrlich, sind Neptuns Feinfühligkeit und Zauber ein außerordentlicher Aktivposten für ihn. Bei einem genügend ausgeprägten Gefühl für die eigenen Grenzen wird Neptun die Grenzen anderer nicht unbewußt überschreiten. In welcher Weise sich Neptun im ersten Haus äußert, hängt weitgehend davon ab, wie gut man mit dem übrigen Geburtsbild umgehen kann – besonders mit Mars, dem angestammten Herrscher dieses Hauses, und Saturn als Neptuns natürlicher Ergänzung. Da Neptun ein begabter Schauspieler ist, besteht eine der Schwierigkeiten, wenn er im ersten Haus steht, darin, daß die Fähigkeit zum Bezaubern und Gefallenkönnen schon in der Kindheit beginnt. Man lernt seine Einsatzzeichen vom Augenblick des Geborenwerdens an. Wenn dann im Erwachsenenalter niemand in der Nähe ist, um einem den Spiegel vorzuhalten, könnte sich so ein Mensch zunehmend isoliert und wirklichkeitsfern vorkommen.

Neptun im ersten Haus wird zuweilen mit Drogen und Alkoholproblemen assoziiert, ebenso auch mit Krankheiten, bei denen eine gewisse Hilflosigkeit und Abhängigkeit von anderen vorliegt. In seiner bösartigsten Form wird er gewöhnlich mit jenen langwierigen, verheerenden Leiden in Verbindung gebracht, die längere Bettlägerigkeit oder einen Rollstuhl erforderlich machen. Ich fand Neptun im ersten Haus in Fällen von multipler Sklerose, »postviraler Erschöpfung«, extremen allergischen Reaktionen, Schuppenflechte, Asthma und den üblichen Suchtleiden.[6] Obwohl die medizinische Theorie multiple Sklerose heutzutage als etwas Organisches ansieht, sollte man sich an Charcot erinnern. Der Rückzug in die geheimen Freuden des Krank- und Süchtigseins scheint seinen Grund teilweise in jenen Gefühlen der Machtlosigkeit und Weltfremdheit zu haben, die einen Menschen befallen, wenn er im Leben Verlassenheitheit und Härten zu spüren bekommt. Die Krankheit könnte somit eine symbolische Rückkehr ins beruhigende Fruchtwasser des Mutterleibes bieten, wo alle Bedürfnisse bedingungslos befriedigt werden. Da Selbstbehauptung immer etwas mit der Gefahr der Entfremdung und des Alleinseins zu tun hat, könnten die dem Mars entsprechenden Äußerungsweisen hartnäckig vermieden werden. Aber Mars kann auch unbewußt zum Ausdruck kommen – einerseits in den ungestümen Forderungen, die bei schwächenden Krankheits- und Suchtfällen an Freunde und an die Familie gestellt werden, andererseits aber, als Positivum, in der außerordentlichen Tapferkeit, die angesichts eines lähmenden Leidens oft gezeigt wird. Doch neptunische Leiden können etwas sehr Manipulierendes haben, was den Zeitpunkt ihres Ausbrechens betrifft. Die anderen müssen sich dem Kranken emotional und körperlich fügen, und der Leidende verlangt gewöhnlich sehr viel Zuwendung, fast wie ein kleines Kind. Das geschieht natürlich weder bewußt noch aus Berechnung. Aber ein Element von versteckter Absicht oder sekundärem Gewinn liegt zuweilen in diesen »Mysterienleiden«, deren körperliche Ursachen sich dem medizinischen Verständnis noch entziehen. Vielleicht fragen wir auch nicht oft genug nach der Wut, die hinter solchen Leiden liegt. Diese könnte nicht nur Folge der Behinderung sein, sondern auch eine ihrer Ursachen.

Die Offenheit und das leichte Eingehen auf andere mit Neptun am Aszendenten sind eine wunderbare und bezaubernde Gabe. Ob sie sich nun in einer schöpferischen Betätigung wie Schauspiel- oder Gesangskunst, in einer ebenfalls schöpferischen Tätigkeit wie dem Heilen oder in nicht ganz so augenfälligen, aber ebenso wertvollen Gaben wie Freundlichkeit und Einfühlungsvermögen in zwischenmenschlichen Beziehungen äußert – wenn jemand Neptum im ersten Haus hat, ist er deshalb noch lange nicht von Natur aus mit etwas behaftet, das permanent seine Fähigkeit untergräbt, mit dem Leben fertigzuwerden. Aber die Urenergie eines äußeren Planeten muß letzten Endes von einem robusten, individuellen Ego beherrscht und zum Ausdruck gebracht werden, wenn sie nicht zerstörerisch auf das eigene und das Leben anderer Menschen wirken soll. Letztlich entscheidet die innere Festigkeit der eigenen Persönlichkeit darüber, ob die Gaben eines Neptun im ersten Haus in die Vergessenheit führen oder zum Wasser des Lebens.

Neptun im zweiten Haus

Hatte das erste Haus mit Macht zu tun, so steht das zweite für Autonomie in materiellen Dingen und die Herausbildung jener persönlichen Werte, die uns innere Stabilität und Kontinuität verleihen. Das dem Stier zugeordnete und von Venus beherrschte zweite Haus zeigt den Körper und die Fähigkeit, sich zu ernähren, zu kleiden und sowohl materiell als auch seelisch in der Welt zu bestehen. Geld ist unser kollektives Ursymbol für den Selbstwert, denn der Preis, den wir für unsere Produkte festsetzen, ist auch der Wert, den wir uns selbst beimessen.

> Mit dem ersten Haus hat sich der erste Funke einer persönlichen Identität manifestiert, und unsere Haltung dem Leben gegenüber ist im allge-

> meinen definiert. Nun geht es darum, daß wir weiter herauskristallisieren, wer wir sind, und ein bestimmteres Gefühl für unser Ich oder unser persönliches Ego entwickeln. Wir müssen uns deutlicher definieren, müssen Substanz und ein stärkeres Empfinden für unseren eigenen Wert und unsere Fähigkeiten gewinnen. Wir brauchen eine Vorstellung davon, was wir unser eigen nennen können. Wir sollten auch einschätzen können, was wir wert sind und was wir dazugewinnen wollen, um unser Leben dementsprechend strukturieren zu können.[7]

In diesem irdischen Bereich kann Neptun unbeholfen und schwierig sein. Das Thema materielle Autonomie steht in völligem Widerspruch zu Neptuns Mangel an Begrenzungen. Die Anfänge individueller Identität fußen zu Beginn des Lebens auf den Empfindungen des Körpers, von denen der Hunger und seine Befriedigung die ersten sind. Der Körper ist somit der erste Baustein des unabhängigen Ego. Man sollte sich in diesem Zusammenhang Freuds ausgesprochen nichtneptunische Analtheorie vor Augen führen. Es handelt sich um die Phase der kindlichen Entwicklung, in der die Fähigkeit zur Beherrschung der Schließmuskeln und der gerade erst gefundene Sinn für Kontrolle aufgrund willkürlicher statt ungewollter Darmentleerung den Grundstein für spätere Selbstbeherrschung und Selbständigkeit legen. Der Körper vermittelt uns das Gefühl, daß wir das Chaos unserer emotionalen Bedürfnisse in Schach halten können. Er verleiht uns Sicherheit. Aus dem Wissen, daß wir allein zurechtkommen können, entstehen die nötige Selbstachtung und das Vertrauen, um im materiellen Leben zu bestehen.

Neptun im zweiten Haus wird im allgemeinen mit finanziellen Schwierigkeiten in Zusammenhang gebracht. Viele Menschen mit dieser Neptunstellung schlagen sich unentwegt mit einfachsten materiellen Anforderungen herum. Sie sind oft schöpferisch begabt, doch irgendwie unfähig, mit ihrem Geld auszukommen, oder sie verlieren das Verdiente durch eine Art Blindheit oder Unfähigkeit, sich ihr Geld einzuteilen. Aber Geldprobleme sind nur ein Symptom im neptunischen Meer der Gefühle und Sehnsüchte, das dieser Tatsache zugrundeliegt. Ich habe sehr viele esoterisch eingestellte Menschen klagen hören, daß sie mit ihrer Finanzmisere nicht zurechtkämen, »weil« Neptun bei ihnen im zweiten Haus steht. Sie beschweren sich vielleicht, Opfer einer gnadenlos materialistischen Welt geworden zu sein, machen jedoch selbst dabei mit, indem sie ihre Fähigkeiten unterbewerten; am Ende werden häufig andere die Zeche zahlen – die Eltern, der Partner oder der Steuerzahler. Da Neptun Opfer und Erlöser insgeheim gleichsetzt, könnte dieses Muster dadurch noch verstärkt werden. Ein Säugling nimmt zu Recht an, Nahrung und körperlicher Schutz seien ihm sicher, denn da gibt es noch kein separates Ego, das in Begriffen von »mein und dein« denken kann. Wenn aber ein Erwachsener unbewußt so denkt, können sich daraus viele materielle Schwierigkeiten ergeben. Auch das neptunische Mitleid kann sich im zweiten Haus zeigen, denn das Gefühl des Einsseins mit anderen könnte jemanden veranlassen, alles hinzugeben, wenn ein anderer in größerer Not ist. Oft besteht ein ausgesprochenes Einfühlungsvermögen gegenüber denjenigen, die wirklich nicht zurechtkommen.

Die Bereitschaft Neptuns im zweiten Haus, freimütig mit allen zu teilen, was er hat und was er darstellt, ist von Herzen kommende Großzügigkeit und spiegelt zugleich die Mutter-Kind-Bindung in allen Einzelheiten wider. Wenn Menschen mit Neptun im zweiten Haus diese herausfordernde Neptunstellung schöpferisch nutzen möchten, könnte der Satz »ich kann nicht anders« mit Gewinn aus der Sprache verbannt und durch den ehrlicheren Satz »ich will nicht anders« oder »ich habe Angst vorm Anderssein« ersetzt werden. Neptun im zweiten Haus kann finanzielle Schwierigkeiten teilweise deshalb bewirken, weil der Betreffende gar keine Autonomie will. Neptun möchte zu gern, daß die Sünden des Materialismus, die Sinnlichkeit, die Gier und der Neid (alles Aspekte der Schattenseite von Venus) gebüßt werden, damit die Wonnen des Gartens Eden ohne Schuldgefühle genossen werden können. Wer Neptun im zweiten Haus hat, spricht vielleicht davon, daß er an etwas »Bedeutsamem« oder »Höherem« arbeiten müsse. Das ist in vieler Hinsicht angebracht, denn wer Neptun hier stehen hat, besitzt einen instinktiven Sinn für die Einheit des Lebens als das Wertvollste, worauf er zurückgreifen kann. Einer »höheren« Berufung nachzukommen, bedeutet ja häufig, daß Geld knapp ist. Das »Bedeutsame« ist vielleicht nicht verkäuflich, oder – was häufiger vorkommt – der Betreffende strengt sich nicht besonders an, es in eine Form zu bringen, die sich vermarkten läßt. Und unter all dem könnte ein neptunisches Gefühl von Schwäche und Hilflosigkeit sowie auch der tiefsitzende Glaube lauern, in diesem irdischen Jammertal gäbe es keinen Anspruch auf materielle Annehmlichkeiten.

Das zweite Haus wird oft beschrieben als Haus der Begabungen und Ressourcen, aus denen man schöpfen kann. Planeten im zweiten Haus symbolisieren natürliche Gaben, die – in konkrete Formen umgesetzt – ein Leben bescheren, das auch ein Selbstwertgefühl bietet. Neptun im zweiten Haus bringt das genauso zuwege wie jeder andere Planet und behält dabei seinen notwendigen Kontakt zum Ozeanischen. Man muß nicht arm bleiben, um das zu tun. Neptun spricht die Erlösungssehnsucht in uns allen an. In die Welt der greifbaren Dinge übersetzt, kann Neptun im zweiten Haus für die Fähigkeit stehen, durch praktische Umsetzung des eigenen Vorstellungsvermögens und des Sinns für das Einssein mit dem Leben Selbstwertgefühl und materielle Unabhängigkeit zu entwickeln. Menschen, bei denen Neptun im zweiten Haus steht, besitzen häufig die angeborene schöpferische Fähigkeit der Hindu-Göttin Maya, »Material« in eine schöne Form zu bringen. Das Erotische und Sinnliche an Neptun kann sich in einer musikalischen oder tänzerischen Begabung äußern, der neptunische Idealismus wird sich am sinnfälligsten als Arbeit zur Verbesserung des Lebens anderer Menschen zeigen. Aber Neptuns allumfassende Sicht muß durch die Welt des venusischen Selbstwertgefühls aufgewogen werden. Sonst bleibt man ein begabter Säugling, der andere Menschen braucht, die sich um ihn kümmern, und die könnten knapp sein. Es bedarf auch saturnischer

Disziplin, um einen Neptun im zweiten Haus ins Gleichgewicht zu bringen. Wie kann ein Musiker Musik machen, wenn er keine Lust hat, Noten, Tonleitern, Arpeggien und die Entwicklung eines individuellen Stils zu erlernen?

Neptun im zweiten Haus verlangt, sich ehrlich dem alten inzestuösen Problem der Erbsünde zu stellen, weil Neptun den körperlichen Aspekt seines Spektrums gern auf das Fleischliche projiziert, und das zweite Haus hat eine sehr starke Beziehung zum Fleischlichen. Neptun im ersten Haus, der ein Bündnis mit dem Selbstbewußtsein des Mars braucht, manifestiert sich oft als Krankheit oder Hilflosigkeit im persönlichen Bereich. Neptun im zweiten Haus, der sich dringend mit dem Selbstwertgefühl der Venus verbinden müßte, kann sich in Form von Schwierigkeiten in finanziellen Dingen und als die Qual ungelebter oder verkannter Begabungen äußern. Der Mensch ist häufig unbewußt genauso gierig wie diejenigen, denen er Habsucht vorwirft. Tiamat zeigt sich in der irdischen Welt des Stiers so, wie Neptun es üblicherweise in seinem Spiegelsaal tut. Manch häßlicher Scheidungsprozeß mag seinen Ursprung in Neptuns Amoklauf im zweiten Haus haben, wo der »verletzte« Partner, der vorher keine Anstrengungen für die eigenen Unabhängigkeit unternahm, plötzlich eine umfassende Entschädigung verlangt. Wenn sich jemand ehrlich der Herausforderung stellt, ein Gleichgewicht zwischen dem Garten Eden und der irdischen Wirklichkeit zu halten, so kann auf den typisch neptunischen Gaben der Vorstellungskraft und des Einfühlungsvermögens eine echte finanzielle und psychiche Autonomie aufgebaut werden. Mit Neptun im zweiten Haus ist es nicht gerade vorteilhaft, sich über solch grundlegende Dinge wie Geld erhaben zu fühlen. Dadurch wird lediglich gewährleistet, daß es stets jemand anders zufällt, sich die Hände schmutzig zu machen, und der könnte es vielleicht müde werden, immer die Rechnung zu bezahlen. Steht Neptun in einem der Häuser, die dem Element Erde zugeordnet sind – besonders im zweiten, dem irdischsten von allen –, könnte der Begriff »spirituell« nicht immer hilfreich sein. Selbst wenn sich jemand seinen Lebensunterhalt als Priester oder als Mensch mit übersinnlichen Fähigkeiten verdient, ist Gelderwerb fürs Leben das maßgebliche Thema für das zweite Haus. Das läßt sich nicht erreichen, ohne anzuerkennen, daß der venusische Bereich des eigenen Körpers, des sinnlichen Vergnügens und der materiellen Bedürfnisse nicht weniger heilig ist als das kosmische Meer, aus dem der Körper entstanden ist.

Neptun im dritten Haus

Das dritte Haus wird gewöhnlich mit Bildung, Kommunikation und Sprache in Verbindung gebracht. Es repräsentiert die Welt des Geistes, insbesondere denjenigen Aspekt des Geistes, der sich in seiner Umwelt umsieht und wissen will, wie die unzähligen Dinge heißen, auf die er stößt. Das dritte Haus spiegelt die Fähigkeiten Wahrnehmung, Kategorisierung und Darstellung sowie das Bedürfnis des Menschen wider, Kenntnisse über die Welt und ihre Einzelheiten als Mittel zu erwerben, um mit dem Leben zurechtzukommen. Wie wir die Welt um uns verstehen und unsere Erfahrung mit dieser Welt formulieren, findet seinen Niederschlag in diesem Haus. Ebenso verhält es sich mit unseren Erfahrungen aus der frühen Schulzeit und unserem Umgang mit Geschwistern und Kameraden, die unsere Erklärungen der Wirklichkeit beeinflussen und unsere geistige Haltung im Erwachsenenalter mitbestimmen.

> Wir *wollen* wachsen und die Welt kennenlernen. Im Zusammenhang damit steht die Entwicklung der Sprache und die Fähigkeit, zu kommunizieren und die Dinge zu benennen ... Die meisten Psychologen sind der Ansicht, daß ein wirkliches Individualitätsgefühl sich erst mit dem Erlernen der Sprache entwickelt.[8]

Sprechen und etwas als das identifizieren zu können, was es ist und was es nicht ist, gehört zu unserer Fähigkeit, uns Vorstellungen über das Leben zu machen. Durch Vorstellungen, genauso wie durch Erfahrungen unserer Sinnesorgane, bestimmen wir uns als die, die wir im Unterschied zu anderen sind. Zum Beispiel stellt man sich im dritten Haus, unabhängig von jeder körperlichen Erfahrung eines bestimmten Stuhls, einen Stuhl so vor, daß wir Stühle jederzeit erkennen, wenn wir sie sehen. So, wie wir Gegenstände benennen und kategorisieren, benennen und kategorisieren wir auch menschliche Wesen, angefangen bei uns selbst. Man ist anders als die anderen, weil man eigene Gedanken und Vorstellungen hat; und je differenzierter diese Vorstellungen sind, um so genauer zeichnet man sich als Individuum ab.

Bei manchen Menschen überwiegen die Freude am Gedankenformulieren und das dringende Bedürfnis, dies zur Bekräftigung der eigenen Individualität zu tun, oft die Bedeutung der körperlichen und emotionalen Erfahrungen, die diese Gedanken hervorbringen. Ebenso dringend ist der Wunsch nach Mitteilung der Gedanken, um die eigene Wirklichkeit mit einer anderen zu vergleichen. Somit wirkt das dritte Haus trennend, denn wenn jemand einen Gedanken entwickelt und ihn ausspricht bzw. aufschreibt, gehört dieser unwiderruflich ihm und drückt seine Identität aus. In diesem Sinne ist Merkur als natürlicher Herrscher des dritten Hauses ein ebenso großer Gegensatz zu Neptuns Sehnsüchten wie die deutlicher egozentrischen Planeten Mars und Saturn. Um Veränderungen herbeizuführen, bedient sich die Psychotherapie erfolgreich der Darstellung und Äußerung innerer Erfahrungen, denn dies führt das Individuum heraus aus dem heimlichen Gefängnis des Mutterschoßes, in dem alles absolut und undefinierbar ist, und läßt durch die magische Vermittlung der Worte das Licht der eigenen Identität aufscheinen.

Jene gewisse Undeutlichkeit des Ausdrucks, die Neptun im dritten Haus so oft an den Tag legt und die von Lehrern häufig als mangelnde Intelligenz oder schlechte Konzentrationsfähigkeit mißdeutet wird, könnte als starkes, wenn auch unbewußtes Bemühen verstanden werden, das durch Worte und Gedanken entstehende Getrenntsein zu verhindern. Besonders typisch für Neptun im dritten Haus sind Geistesabwesenheit und ein ausweichendes Verhalten: Man erinnert sich nur an das, was die ersehnte Verschmelzung mit anderen nicht stört, und sträubt sich dagegen, auch nur irgend etwas zu sagen, das zu Uneinigkeit oder Distanzierung führen könnte. Zuweilen mag sich dieser Mechanismus zu einer regelrechten Doppelzüngigkeit ausweiten. Neptun im dritten Haus kann für einen eleganten und chronischen Lügner stehen, obwohl dieser nicht aus Berechnung lügt und andere nicht betrügen will. Neptuns Unehrlichkeit ist meist Selbstbetrug (wenn ich vorgebe, etwas sei nicht da, verschwindet es vielleicht), um Konfrontationen aus dem Wege zu gehen. So läßt man es eben geschehen, frei nach dem Motto: »Ich hasse es, die Gefühle anderer zu verletzen«, oder, genauso oft: »Ich bin eben nicht so klug – könntest du nicht für mich denken und sprechen?«

Eine kreativere Seite dieses Vorgangs ist die neptunische Neigung, »in Bildern zu denken«. Emotionale Stimmungen und Vorstellungen beeinflussen die Erinnerung stärker als Verbindungen von Gedanken und Konzepten. Die Gaben eines Neptun im dritten Haus können von einem fotografischen Gedächtnis bis zu einem beachtlichen Talent in der Dichtkunst, im Geschichtenerzählen und Malen reichen. Die Dinge der Außenwelt haben keine Namen oder Begriffe; sie haben Gefühlsnuancen, Farben und Formen, und bleiben im Gedächtnis, weil sie mehr Allgemeingültiges besitzen und weniger Bedeutung für den einzelnen. Statt Gedanken zu benutzen, um Unterschiede zwischen dem Selbst und den anderen zu bestimmen, verwendet Neptun im dritten Haus Bilder und Vorstellungen, um Ähnlichkeiten hervorzuheben und gemeinsame Gefühle auszulösen. Doch wer Neptun im dritten Haus hat, ist vielleicht absichtlich undeutlich und wird oft die Ich-kann-nicht-anders-Platte spielen, da er scheinbar unfähig ist, klar zu denken und ehrlich zu reden – genauer gesagt, er lehnt es unbewußt ab. Neptun im dritten Haus kann sich hinter einer Maske scheinbaren Nichtverstehenkönnens verbergen. Aber kein Planet im dritten oder in irgendeinem anderen Haus läßt auf den Intelligenzquotienten oder gar auf mangelnde Intelligenz schließen. Er beschreibt nur, wie jemand an die Formulierung und Äußerung von Gedanken über das Leben herangeht. Da Neptun nicht inkarnieren will – weder in Worten noch im Körper –, könnte seine Vorgehensweise dazu dienen, dem Thema Denken überhaupt aus dem Weg zu gehen. Man ist einfach ein schlechter Student, man kann sich eben nicht konzentrieren, man hat einfach eine angeborene Lese- und Schreibschwäche; oder man formuliert eine verschwommene Ideologie vom Übel des Intellekts und verachtet diejenigen, die Klarheit zu schätzen wissen; oder man gibt sich den Anschein, als sei man so leicht zu beeindrucken, daß der erste Gedanke, den man am Donnerstag äußert, davon abhängt, mit wem man zuletzt am Mittwoch gesprochen hat; all das gehört zu Neptuns Ablenkungsmanövern.

Um die wunderbare bildschöpferische Fähigkeit Neptuns im dritten Haus auf lebensverbessernde Weise freizusetzen, bedarf es als Zaubermittel jener Klarheit, die wir von Merkur kennen. Ohne diese kann die Kommunikation mit anderen von der neptunischen Sehnsucht beeinträchtigt werden. Das gilt auch für die Lern- und Sprechfähigkeit. Ohne Klarheit ist man verführbar und verführerisch, und der Dialog mit anderen ist selten ehrlich. Neptun hat eine besondere Begabung für das Unausgesprochene, bloß Vorausgesetzte – eine seltene Gabe für einen schöpferisch tätigen Schriftsteller. Aber mit Unausgesprochenem kann man jemanden tief und sogar ganz gemein verletzen, wenn man am nächsten Tag mit dem Hinweis, der andere habe etwas falsch verstanden, alles ableugnet oder abstreitet. Neptun im dritten Haus fühlt sich vielleicht als Opfer, weil andere alles mißverstehen. Doch der Zorn der anderen rührt gewöhnlich vom Schmerz durch die unbewußt von Neptun abgeschossenen Pfeile her, die keiner sieht. Wenn man nicht sagen kann, was man fühlt und denkt, kann man auch nicht erwarten, verstanden zu werden. Isolierung und Einsamkeit entstehen aus dieser vorsätzlichen Undeutlichkeit des Ausdrucks. Dann erwartet man den Erlöser, der alles ohne Worte versteht. Doch wer sich mit Neptun im dritten Haus einigermaßen bemüht, etwas in einer Sprache auszudrücken, die andere begreifen können, ist vielleicht mehr als andere ein Mensch

> ... mit besonderer emotionaler Empfindsamkeit, geprägt durch Erfahrungen und Handlungen wie auch durch die Beobachtung und Wahrnehmung der Welt. Er hat ein besonderes Talent, Gefühle so auszudrükken, daß andere Menschen sich daran freuen. Diese Gabe ist so geheimnisvoll, daß man früher annahm, sie sei göttlichen Ursprungs. Was dieser Mensch schafft, kann als Schönheit und Wahrheit erkannt werden, und was er seinen Hörern gibt, ist ein Gefühl der Verbundenheit mit einer menschlichen Erfahrung, die – auch wenn sie sehr schmerzhaft ist – tiefe persönliche Erfüllung bringt.[9]

Neptun im vierten Haus

Das vierte Haus wird traditionell mit Herkunft, Heim und Familie in Verbindung gebracht. Man ist sich nicht ganz einig darüber, ob dieses Haus für die Erfahrung des Vaters oder der Mutter steht. Ich möchte darauf hier nicht eingehen – dies wird an anderer Stelle ausreichend besprochen. Die nachstehende Deutung gibt meine Ansicht wieder, daß das vierte Haus das Reich des Vaters ist, sowohl persönlich als auch – was vielleicht noch wichtiger ist – vom Archetyp her. Aus mythologischer Sicht verkörpert der Vater das Geistige, den unsichtbaren Ahnherrn, der im Himmel regiert und sich weiter um seine Kinder kümmert, selbst wenn sie sich dessen nicht bewußt sind. Dieser geistige Vater ist ein immer wiederkehrendes Motiv in den Legenden und Mythen aller Kulturen. Er paart sich mit sterblichen Frauen und zeugt ein Geschlecht von Helden, die den göttlichen Willen auf Erden vollstrecken. Die Tatsache, daß er unsichtbar ist und daß seinem Ursprung etwas Schicksalhaftes anhängt, macht das vierte Haus zu einem geheimnisvollen Bereich, wo etwas Verborgenes gefunden werden muß. Als Archetyp gibt der Vater den ewigen Funken göttlichen Lebens, der den Körper von innen her belebt. Wenn außerordentliche Umstände in der Kindheit vorliegen, mag diese Erfahrung eines mehr spirituellen als körperlichen Ursprungs individuell stärker mit der Mutter verbunden sein. Doch gewöhnlich haben wir zur Mutter ein enges körperliches Verhältnis, weil wir aus ihrem Körper geboren werden, während wir über den Vater nichts wissen, weil er uns körperlich fernsteht. Dieses Nichtwissen findet sich wieder in der archetypischen Vorstellung vom verborgenen Ahnherrn als dem eigentlichen Ziel der Reise, die man durchs Leben macht.

> Das Gefühl für das innerste Ich, das am IC und im vierten Haus entsteht, verleiht allen Gedanken, Gefühlen, Wahrnehmungen und Handlungen eine innere Einheit. Ebenso wie wir im biologischen Sinne selbsterhaltend und selbstregulierend sind, dienen das IC und das vierte Haus dazu, die individuellen Merkmale des Selbst zu stabilisieren.[10]

Steht Neptun im vierten Haus, kommt die Erlösung aus der spirituellen Quelle, die der leibliche Vater verkörpert. Da wir den Erlöser, der leidet und heilt, jeweils in das Haus projizieren, in dem Neptun steht, durchdringt dieser leidende Heiland die Vatererfahrung und färbt die emotionale Haltung zu ihm. Die Wirklichkeit scheint – wie es bei den Entsprechungen für die Eltern im Geburtshoroskop häufig der Fall ist – dieser Projektion zu entsprechen. Denn oft ist der Vater in der Kindheit infolge Trennung, Scheidung oder Tod körperlich abwesend; oder er leidet unmäßig oder ist emotional bzw. körperlich krank. Somit könnte er eine ausgezeichnete Projektionsfläche abgeben, und je näher Neptun dem IC ist, desto offensichtlicher scheint sich diese Projektionsfläche anzubieten. Oft wird der Vater selbst stark von Neptun beeinflußt sein – etwa durch eine Betonung des Zeichens Fische oder des zwölften Hauses im Geburtshoroskop, oder durch eine starke Neptunstellung wie z.B. die Konjunktion mit einer Eckfeldspitze oder einen Aspekt zu Sonne oder Mond. In den beim Vater wahrgenommenen, schwer greifbaren neptunischen Eigenschaften scheint sich der verlorene Zauber des Paradiesgartens widerzuspiegeln, selbst wenn man dies nur unbewußt fühlt.

Idealisierung spielt bei diesen Gefühlen eine große Rolle. Mitleid mit dem Opfer und Sehnsucht nach der heilenden Berührung des Erlösers sind oft wichtige Komponenten der gefühlsmäßigen Bindung an den Vater, der durchaus ungewöhnliche ideelle Gaben besitzen mag, selbst wenn diese nicht anerkannt werden bzw. nicht zum Ausdruck kommen. Es liegt oft eine große Traurigkeit über der Vatererfahrung, weil man den Vater scheinbar entweder nicht haben oder nicht sprechen konnte. Wer diese komplizierten Gefühle nicht zuläßt, könnte eine bewußt zornige oder uninteressierte Haltung an den Tag legen. Aber das Suchen nach einem verlorenen spirituellen Zuhause in Form eines Vaterersatzes – oft eines Gurus oder eines spirituellen Lehrers – kann im Leben eines Menschen zu einem bedeutsamen Motiv werden, ohne daß erkannt wird, welche Rolle der leibliche Vater bei dieser Sehnsucht spielt. Das bedeutet nicht, daß das Streben nach einer besseren Wirklichkeit lediglich sublimierte Liebe zum Vater ist. Wird aber der geliebte spirituelle Vater in Ersatzformen gesucht, führt das häufig zu einer neptunischen Desillusionierung. Eine Frau mit Neptun im vierten Haus sucht den Erlöservater vielleicht in verheirateten Männern oder in solchen, die sie nicht bekommen kann; sie wundert sich, daß dieses Muster in ihrem Leben ständig wiederkehrt und verkennt dabei ihre tieferen Gefühle für einen Vater, über den sie auf der bewußten Ebene sagt, daß sie ihn nicht mag oder verabscheut. Ein Mann mit Neptun im vierten Haus versucht vielleicht, seine Erfahrungen mit einem schwachen und enttäuschenden Vater durch demonstrative Stärke und Rationalität zu kompensieren. Dann wundert er sich aber möglicherweise, warum er sich trotz äußerer Leistungen verloren und niedergeschlagen fühlt, und erkennt nicht, daß er sich nach einem Vater sehnt, von dem er sich im Stich gelassen glaubt. Die neptunische Idealisierung ist erfüllt von heftiger Sehnsucht. Wenn jemand mit Neptun im vierten Haus den Vater als unwichtig, nicht liebenswert oder uninteressant fallenläßt, liegen dem meist Dinge zugrunde, die viel tiefer gehen.

Menschen mit Neptun im vierten Haus leiden oft unter einem der Gefühl der Entwurzelung. In keiner Wohnung sind sie zu Hause, keinem Dorf, keiner Stadt, keinem Land fühlen sie sich wahrhaft zugehörig. Dieser Zustand »göttlicher Unzufriedenheit« könnte einen Wanderer hervorbringen, der überall hinfährt, sich aber nirgends niederläßt. Der Traum, eine vollkommene Umgebung zu finden oder zu schaffen, kann ein bedeutsames Ziel im Leben werden. Man sollte sich in diesem Zusammenhang einmal Neptun im vierten Haus in Rajneeshs Geburtshoroskop ansehen (siehe Kapitel 7). Obwohl Neptuns Sehnsucht nach etwas, das es auf Erden nicht gibt, vielleicht qualvoll ist, kann sie aber auch dabei helfen, starre Identifikationen mit der Nachbarschaft und der Nation, durch die Vorurteile und Intoleranz entstehen, aus dem Weg zu gehen. Und was das Wichtigste ist: sie kann die Tore zu einem Gefühl des Verbundenseins mit allem Leben öffnen, ohne Rücksicht auf die Verpflichtungen gegenüber Familie, Nation oder Rasse. Die Traurigkeit der neptunischen Heimatlosigkeit kann weitgehend gemildert werden durch eine dem Mondhaften entsprechende Erfahrung des Vertrautseins mit anderen, besonders mit solchen, zu denen keine Blutsbande bestehen. Die Idealisierung des Vaters kann sich in der Idealisierung des oft enttäuschenden Familienlebens äußern. Je stärker jemand die Erlösung durch die Familie erwartet, um so qualvoller ist die Enttäuschung, die er erleben könnte. Vielleicht müßte man eine Familie anderer Art finden, geboren aus Freundschaft und Seelenverwandtschaft, in der man wirklich ganz normale Unterstützung und Zuneigung erfahren kann. Obwohl das wahre Zuhause vielleicht in weiter Ferne liegt, kann ein Zuhause, das aus täglichem Zusammensein mit Gleichgesinnten besteht, für Neptun im vierten Haus erfüllend genug sein, um sich in dieser Welt wohlzufühlen.

Neptun im fünften Haus

Das fünfte Haus wird traditionell mit Kindern und Kreativität in Verbindung gebracht. Doch die »Kinder« des fünften Hauses sind nicht unbedingt biologische Wesen, und unsere biologischen Kinder sind hier nicht im Zusammenhang mit unserer Zeugungsfähigkeit gemeint, sondern als die körperlichen Geschöpfe, auf die wir unsere Vorstellungen von Unsterblichkeit und Besonderheit projizieren. Es wäre angebrachter, das fünfte Haus als Haus des inneren Kindes zu bezeichnen, denn hinter dem Gefühl der eigenen Besonderheit steht das archetypische Bild vom göttlichen Kind, das ja mit der Sonne als dem angestammten Herrscher des fünften Hauses assoziiert wird. Das gilt auch für unsere Neigung zu Spiel und spontanem Ausdruck unseres kindlichen Herzens. Das fünfte Haus ist somit genauso »religiös« wie das neunte und vielleicht noch mehr, da das Streben nach Sinngebung, für welches das neunte Haus steht, weitgehend intellektuell ist, wogegen die Erfahrung der inneren Göttlichkeit, auf die wir durch das fünfte Haus sowohl in unseren Kindern als auch in unseren kreativen Tätigkeiten stoßen, direkt, unmittelbar und nicht von der Hand zu weisen ist.

Das göttliche Kind, dem wir begegnen, wenn Neptun im fünften Haus steht, ist das Christuskind, das Mithraskind, die Nachkommenschaft des Himmels, ist das, woher unsere Erlösung kommt. Schöpferische Darstellungsfähigkeit könnte somit ein Mittel zur Rettung werden, denn durch sie können wir die Dunkelheit der materiellen Welt verlassen und einswerden mit dem Quell des Lebens. Doch bei dieser Art von Kreativität könnten wir uns auch zum Leiden gezwungen fühlen, denn Kreativität in Verbindung mit Neptun im fünften Haus enthält die schmerzliche Vision der romantischen Poeten. Der Künstler muß leiden, um zu schaffen, und das Geschaffene erlöst ihn. Doch der Künstler ist auch Sprachrohr des Göttlichen und spielt die Rolle des Erlösers der Gesellschaft. Es sollte uns also nicht überraschen, wenn wir in den Geburtshoroskopen von Dichtern Neptun im fünften Haus anzutreffen, wie z.B. bei E.T.A. Hoffmann, für den der schöpferische Ausdruck nichts geringeres war als eine Äußerung Gottes selbst, oder bei F. Scott Fitzgerald, dessen Roman »Der große Gatsby« eigentlich eine Interpretation von Neptun im fünften Haus ist, die ein ganzes Buch füllt. Das völlige Untertauchen im Reich der Bilder und Vorstellungen ist Verschmelzung mit dem Göttlichen, und das Wiedereintauchen in das gewöhnliche Leben entspricht der Vertreibung aus dem Paradies und ähnelt damit dem Tod.

Das fünfte Haus ist auch bekannt als das Haus der Liebe. Aber so, wie das fünfte Haus die Liebe beschreibt, ist sie eine Widerspiegelung der Sonne als Lebenspenderin und nicht spezifisch sexuell. Auch ist sie keine Beziehung zwischen Gleichen. Sonnenliebe ist grenzenloses Strahlen über Menschen und Dinge, so wie die Sonne auf die Erde scheint. »Liebesaffären« des fünften Hauses haben in Wirklichkeit nichts mit anderen Menschen als Individuen zu tun. Wir lassen uns auf sie ein, um unsere Liebesfähigkeit gegenüber denen zu erfahren, die uns umkreisen wie die Erde die Sonne. Indem wir unsere Liebesfähigkeit erkennen, erhaschen wir einen Blick auf das Göttliche in uns. Neptun im fünften Haus beschwört die Liebe der Troubadoure, für welche die Geliebte ein Spiegel und die Leidenschaft der Zugang zur Einheit mit dem Unaussprechlichen ist. Der oder die Geliebte selbst spielt dabei selten eine Rolle. Bei der Beschreibung von Neptun im fünften Haus erwähnt Ebertin »Liebe zu Schönheit und Kunst ...Verschwendung, Selbstbeschönigung, fehlgeleitete Leidenschaft, Verführung.« Es überrascht wohl kaum, daß Neptuns Leidenschaft »fehlgeleitet« sein kann, da der andere lediglich ein Spiegel ist, in dem der Mensch flüchtig die Unsterblichkeit der eigenen Seele erblickt. In einer so tiefgehenden Idealisierung der Liebe zeigt sich möglicherweise ein gewisser Mangel an Unterscheidungsvermögen bei dem, was man sich aussucht. Neptun im fünften Haus könnte ganz und gar verliebt in den Zustand des Verliebtseins sein. Doch Liebe und Leid können Seite an Seite wohnen, denn durch die Liebeserfahrung werden wir als Leidende erlöst und bieten anderen Leidenden Erlösung. Neptun im fünften Haus wird zuweilen mit Betrug in der Liebe in Verbindung gebracht – sei es als Täter oder als Opfer. Auch das überrascht nicht angesichts der extremen Idealisierung und dem starken Hang zu desillusionierenden Erfahrungen, die Neptun romantischen Begegnungen beschert.

Planeten im fünften Haus beschreiben, was wir von Natur aus am liebsten erschaffen. Die Erfahrung der Göttlichkeit durch einen Planeten im fünften Haus findet ihren Ausdruck in der Gottheit, der wir begegnen. Typisch neptunische kreative Schöpfungen sind diejenigen, die uns mit dem ozeanischen Urquell des Lebens verbinden. Neptun im fünften Haus kann bei ausreichender Selbstbeschränkung zu einem künstlerischen Talent beitragen, das sich am besten in Kunstformen wie Musik, Dichtkunst und Dramatik äußert. Da unsere Kinder ebenfalls unsere Schöpfungen sind, könnten wir Neptuns Mythologie vom leidenden Erlöser auch auf unsere Nachkommenschaft übertragen. Das kann zu allerlei Schwierigkeiten führen, da Kinder nicht nur Erweiterungen unserer sonnenartigen Schöpferkraft sind, sondern Indviduen, die selbst eine Sonne und ein fünftes Haus in ihrem Horoskop haben. Mit Neptun im fünften Haus idealisieren wir unsere Kinder möglicherweise so sehr, daß wir ihr unabhängiges Dasein nicht mehr anerkennen können. Dann leiden wir vielleicht wirklich, da sich das Kind wahrscheinlich auf die eine oder andere Weise gegen diese Verwischung seiner Identität zur Wehr setzen wird. Viele Menschen mit Neptun im fünften Haus sehen in ihren Kindern das Licht ihrer eigenen potentiellen Göttlichkeit, ziehen sich eventuell die Ablehnung ihrer Kinder zu und fühlen sich dann als Märtyrer und Opfer. Neptun im fünften Haus könnte auch das Vater- bzw. Muttersein selbst als Märtyrium empfinden, als Beweis liebender Selbstaufopferung. Möglicherweise versucht man, für ein Kind, das man für hilflos und verwundbar hält, den Erlöser zu spielen. Doch vielleicht sucht der Vater bzw. die Mutter mit Neptun im fünften Haus die Erlösung insgeheim in der Liebe und Abhängigkeit des Kindes.

Die neptunischen Themen Opfer und Leidkönnen in bezug auf die eigene Nachkommenschaft auch andere Formen annehmen. Da Neptun keine Begrenzungen festlegen will, könnte dies etwas sehr Unbewußtes in Liebesaffären hineintragen. »Zufällige« Schwangerschaften sind nichts Ungewöhnliches, selbst in unserer Zeit, in der Verhütungsmittel leicht erhältlich sind. Als Ergebnis dieser Art von Unbewußtheit kann Neptun im fünften Haus zuweilen mit einer unglücklichen Abtreibungserfahrung in Verbindung gebracht werden. Zuweilen ist eine »zufällige« Schwangerschaft ein instinktives Mittel, um einen Partner, den man zu verlieren fürchtet, an sich zu binden, und eine auf solcher Grundlage aufgebaute Ehe könnte von Anfang an auf beiden Seiten mit dem Gefühl belastet sein, man sei in eine Falle geraten, gefesselt und zum Opfer gemacht. Ein aus solch einer Verbindung hervorgegangenes Kind könnte glauben – und Kinder tun das gewöhnlich –, es sei verantwortlich für die sich daraus ergebende Unzufriedenheit und Frustration seiner Eltern, und es könnte damit reagieren, daß es zu einer Last wird, die unter Garantie Märtyrer aus den Eltern macht. Oder die Eltern trennen sich vielleicht schließlich, und wenn dann wie üblich die erbitterte Schlacht um das Sorgerecht folgt, könnte sich Neptun im fünften Haus zutiefst betrogen fühlen. Entweder durch die Last, ein alleinstehender Elternteil zu sein, oder weil ihm das Kind weggenommen wird. In diesen Situationen gewinnt keiner. In solchen Fällen ist es unangebracht, einen Schuldigen zu suchen, da ein in den Verwerfungen einer scheinbar großen Leidenschaft befangener junger Mensch Neptuns verzweifeltes Bedürfnis nach Verschmelzung gewöhnlich nicht erkennt. Aber es könnte hilfreich sein, das Muster hinter der neptunischen Neigung zu erkennen, sich einem mysteriösen »Karma« zu beugen – ein Muster, das auf unüberlegten Entscheidungen und Sehnsüchten beruht, die letzten Endes der einzelne selbst zu verantworten hat.

Neptun im fünften Haus kann gelegentlich mit ungewollter Kinderlosigkeit bzw. mit einem körperlich oder geistig behinderten oder einem kränkelnden Kind in Verbindung gebracht werden. In diesen Fällen kann man Neptun nicht »die Schuld geben«. Zu solchen unglücklichen Situationen kommt es auch, wenn kein Planet oder auch ein so offensichtlich wohltätiger wie Jupiter im fünften Haus steht. Der astrologische Augenschein legt die Schlußfolgerung nahe, daß Neptun nicht die Last eines kranken oder behinderten Kindes symbolisiert, sondern die Erfahrung einer besonderen Leidensart, die ein Elternteil zu machen hat. Da jeder Mensch anders ist, reagieren wir unterschiedlich auf diese Art der Herausforderung im Leben. Manche Eltern ärgern sich, manche resignieren. Manche bringen das Kind möglichst schnell irgendwo unter, wogegen andere das Kind ständig zu Hause behalten, selbst wenn andere, gesündere Kinder dann die Leidtragenden einer solcher Entscheidung sind. Da niemand die Situation anderer im vollen Umfang kennt oder zu beurteilen vermag, kann auch niemand für einen anderen entscheiden, welche der vielen Möglichkeiten die »richtige« ist. Bei Neptun können ausgeprägte Schuldgefühle und eine starke Sehnsucht nach Erlösung durch Leiden den Weg des Märtyriums als die »richtige« Möglichkeit fordern. Wird Neptun im fünften Haus mit der Herausforderung in Verbindung gebracht, ein behindertes Kind großzuziehen, so beschreibt er den mythischen Hintergrund von Sorge und Rettung, der wahrscheinlich eher von einem Elternteil als von dem Kind selbst stammt. Mitleidsempfinden und ein offenes Herz können die Belohnung für diese Erfahrung sein. Ebenso auch ein tieferes Gefühl religiöser oder spiritueller Bewußtheit sowie die natürliche Neigung zur Selbstaufopferung bei demjenigen, der das Märtyrium erträgt, und dem das Leiden durch das eigene Kind eines Tages den Zugang zum Paradies verschaffen mag. Es ist außerordentlich wichtig, sich der eigenen Gefühle bewußt zu sein, nicht zuletzt um des Kindes willen. Bei Menschen, die sich verzweifelt nach einem Kind sehnen, aber keines haben können, könnte es von Wert sein, sich ehrlich nach dem Sinn ihrer Verzweiflung zu fragen. Empfindet Neptun im fünften Haus Kinder als Mittel zur Erlösung, könnte die Unfähigkeit, Kinder zu bekommen, in der Tat wie ein lebenslängliches Vertriebensein aus dem Paradies wirken. Das braucht nicht so zu sein, wenn der Kinderwunsch mit weniger allumfassenden Bedürfnissen verbunden ist, die teilweise, wenn nicht sogar völlig, auf anderem Wege befriedigt werden können. Selbstmitleid ist in solchen Fällen vielleicht nicht der richtige Weg, um Neptun im fünften Haus möglichst konstruktiv zum Ausdruck zu bringen. Ein weiser Mensch wird versuchen, die neptunische Erlösungssehnsucht durch eine andere, nichtkörperliche Art von Kind zu stillen.

Steht Neptun im fünften Haus, sind kreative Betätigungsmöglichkeiten besonders wichtig, denn wirkliche Menschen wie Liebende und Kinder sind den mythischen Idealisierungen Neptuns nicht gewachsen, ohne schließlich auf die Nase zu fallen. In Neptuns Fähigkeit zum Mitleid und seiner Empfindsamkeit kann sich die Gabe widerspiegeln, gut mit Kindern umgehen zu können, nicht nur mit den eigenen. Am günstigsten äußert sich Neptun im Haus der Sonne jedoch letztlich in den schöpferischen Mitteln für eine unmittelbare Erfahrung des Mysteriums, das dem »Ichgefühl« innewohnt. »Kinder«, »spekulatives Denken« und »Liebesaffären« scheinen – zumindest anfangs – leichter zu sein, weil sie instinktiv kommen und keine Überlegung erfordern. Schöpferisches Arbeiten erfordert jedoch die Disziplin von Saturn und die Selbstbestimmung der Sonne, wogegen sich Neptun wehrt. Doch paradoxerweise kann Neptuns Erlösungssehnsucht durch ein schöpferisches Bemühen zumindest teilweise erfüllt werden – durch die Entdeckung des göttlichen Kindes in uns selbst.

Neptun im sechsten Haus

Über das sechste Haus wird wenig geschrieben. Gemeinhin mit Pflichterfüllung, Dienen und Gesundheit gleichgesetzt, mußte es sich auch noch gefallen lassen, über kleine Tiere herrschen zu sollen. Doch dieses Haus gibt seine Geheimnisse nicht preis, solange wir uns das Wesen seines Herrschers Merkur nicht genauer ansehen. Merkur hat im Mythos vielerlei Funktionen, doch bei all seinen Taten – ob er nun Reisende beschützt, Dieben hilft, als Götterbote dient, Musikinstrumente erfindet oder die Seelen der Toten führt – ist er der Gott der Grenzen, der Übergänge und Verbindungen. Das sechste Haus verbindet Oben und Unten. Obwohl sein Element die Erde ist, liefert es auch den Schauplatz für alles das, was wir in den vorangegangenen fünf Häusern entwickelt haben: hier nimmt es Form an und wird im täglichen Leben verankert.

> Die Motive des sechsten Hauses bedeuten eine Verfeinerung, Vervollkommnung und Reinigung unserer selbst, wodurch wir dahin gelangen, besser ausdrücken zu können, wer wir sind.[11]

Das sechste Haus ist genauso geheimnisvoll wie das zwölfte, denn in beiden Häusern geht es um die Synthese des irdischen Lebens und um das, was ihm zugrunde und was jenseits von ihm liegt. In Neptuns eigenem Haus, dem zwölften, bewegen wir uns, indem wir unsere individuellen Grenzen überschreiten, weg von unserem Inkarniertsein, um mit dem göttlichen Urquell zu verschmelzen. Im sechsten Haus entfernen wir uns vom Urquell, um unser Leben durch Abgrenzungen und Rituale zu definieren, die das Überwundene verkörpern. Die »Pflichten«, die wir im sechsten Haus haben, sind nicht nur weltliche Aufgaben, sondern etwas Heiliges, das wie ein religiöses Ritual den Kosmos ordnet und für ein Gefühl des Verbundenseins mit einem höheren Leben sorgt. Beim »Dienen« geht es im sechsten Haus nicht um Hilfe für andere im üblichen Sinne, denn wir dienen nicht den anderen, sondern Gott oder den Göttern, deren Wesen am besten in den Aufgaben und Fertigkeiten zum Ausdruck kommt, die etwas Göttliches verkörpern. Dieser Brückenbau zwischen Erde und Himmel ist dem Menschen nur selten, ja meist sogar überhaupt nicht bewußt. Das gilt im übrigen auch für die Aktivitäten in den anderen Häusern. Doch Planeten im sechsten Haus verhalten sich ritualisierend und scheinbar zwanghaft, weil wir versuchen, ihre archetypischen Energien und Muster im Alltagsleben zu ordnen und auszuleben; und wie jeder Angehörige des Klerus weiß, werden die transpersonalen Kräfte am besten im Rahmen der Rituale gelenkt und im Zaum gehalten.

Bei Neptun im sechsten Haus ist der ozeanische Urquell die nach Inkarnation trachtende Gottheit. Das ist von vorneherein ein Dilemma, weil sich Neptun nicht gern den Grenzen unterwirft, die ihm das sechste Hauses auferlegt, und so sehen wir hier oft seine weniger schönen Seiten. Ein kennzeichnender Ausdruck für die wäßrige Formlosigkeit Neptuns ist die Hypochondrie, bei welcher der Mensch die Macht des unsichtbaren Chaos fürchtet und diese durch durch die Vorstellung von verheerenden Krankheiten auf den Körper projiziert. Neptun im sechsten Haus kann auch mit jenen mysteriösen Leiden in Verbindung gebracht werden, die die Schulmedizin nicht diagnostizieren oder behandeln kann. Solche Leiden können weitgehend, wenn nicht überhaupt, psychischer Natur sein und neptunische Gefühle der Sehnsucht und körperlichen Hilflosigkeit zum Ausdruck bringen. Der Körper selbst könnte sich Neptun zugeneigt fühlen und höchst sensibel auf Störungen durch die Umwelt reagieren. Allergien und Hautkrankheiten wie Ekzeme und Schuppenflechte sind nicht ungewöhnlich und lassen vermuten, daß man unfähig ist, die Außenwelt von sich fernzuhalten. Streß, der sich in solchen Symptomen äußert, kann ebenfalls mit Neptun in Verbindung gebracht werden: vielleicht fühlt man sich hilflos und überfordert angesichts der Aufgaben des täglichen Lebens. Statt Mittel und Wege zu finden, um Neptuns Sehnsucht Gestalt zu verleihen, flieht man vielleicht lieber vor seiner Bedrohung. Dann äußert der Körper die Bedürfnisse und Gefühle Neptuns in charakteristischer Weise. Ebertin beschreibt Neptun im sechsten Haus sowohl mit »heilmagnetischen Kräften« als auch mit »krankhafter Empfindlichkeit«. Beide Eigenschaften zeigen Neptuns Durchlässigkeit und Neigung zum Verschmelzen mit Dingen außerhalb seiner selbst in einem Zustand der *participation mystique*. Die Heilkräfte von Neptun im sechsten Haus mögen zwar vorhanden sein, sie können aber auch großes Leid bedeuten, und daher ist die Schaffung von Abgrenzungen dringend geboten, wenn man vermeiden möchte, den Konflikt, den Streß und die Qual derer, die man zu heilen sucht, auf sich zu nehmen. Jeder, der Neptun im sechsten Haus hat und einen Helferberuf ausübt, sollte sich über die eigentlichen Motive dieser Arbeit im klaren sein; Helfenwollen kann auch damit in Zusammenhang stehen, daß man sich angesichts einer chaotischen und ungeordneten Welt unbewußt selbst krank, hilflos und ungerecht behandelt fühlt.

Das sechste Haus wird von alters her auch mit Arbeit in Verbindung gebracht, da wir durch die Erledigung unserer täglichen Aufgaben in der Außenwelt symbolisch darstellen, was wir innerlich sind. Doch der Gedanke, Arbeit sei etwas Heiliges, ist schon lange aus unserem Bewußtsein verschwunden, denn Arbeiten stellt für uns heutzutage nur noch ein Mittel dar, um Geld zu verdienen. Das politische Ideal, bei dem der einzelne glücklich und gemäß seiner Fähigkeiten am Ganzen mitwirkt, zeigt uns, wie sich Neptuns utopische Vorstellung im sechsten Haus äußert. Die Demut des buddhistischen Weisen, der »niedrige« Arbeiten gelassen hinnimmt, kommt nicht aus Unterwürfigkeit oder dem Wunsch, »Gutes zu tun«; in ihr zeigt sich das Wissen darum, daß selbst im niedrigsten weltlichen Ritual ein kurzer Blick auf die göttliche Ordnung erhascht werden kann, die hinter allem manifesten Leben steht. Ein solcher Dienst braucht nicht unbedingt andere miteinzubeziehen und äußert sich am besten in Fertigkeiten oder Geschicklichkeiten, die der schöpferischen Kraft des Vorstellungsvermögens Form geben können. Neptun im sechsten Haus kann die Arbeit auch idealisieren, und dadurch entstehen eventuell Schwierigkeiten, wenn man mit anderen zusammenarbeitet oder wenn es sich um eine große Organisation handelt. Nicht jeder sieht die Arbeit aus Neptuns Erlösersicht, und so läuft man leicht Gefahr, ausgebeutet zu werden. Vielleicht fällt es einem auch schwer, mit praktischen Dingen offen und ehrlich umzugehen. Hier reichen sich Betrüger und Betrogener am Arbeitsplatz die Hand, denn durch Nachlässigkeit, vorsätzliche Blindheit oder die Unfähigkeit, ganz gewöhnliche Grenzen anzuerkennen, kann man leicht zum passiven Opfer oder zur unbewußten Ursache einer großen Unehrlichkeit oder Manipulation werden. Neptun im sechsten Haus kann den Traum von der Erlösung auch übertreiben und meint vielleicht, man solle am besten überhaupt nicht arbeiten.

Eine Verbindung dieser Gegensätze kann durchaus lohnend sein, wenn man ein Gleichgewicht zwischen den Extremen herzustellen vermag. Als Herrscher über das Zeichen Fische und das zwölfte Haus hegt Neptun eine natürliche Antipathie gegen die Jungfrau und das sechste Haus. Hier läuft man schnell Gefahr, zu polarisieren ist leicht. Entweder sucht man das drohende neptunische Chaos zu beseitigen (wodurch Phobien, Allergien und Hypochondrie entstehen können), oder den Erfordernissen des täglichen Lebens aus dem Weg zu gehen (wodurch man sich als Opfer der Anforderungen des Körpers und der Welt fühlen könnte). Am besten fährt man bei Neptun im sechsten Haus, wenn man die Bedeutung eines gegebenen Rituals versteht und zudem erkennt, daß das Hier und Heute etwas Heiliges ist. Bei einigen Häusern des Horoskops – beim siebten beispielsweise – erkennen wir ohne weiteres die Wichtigkeit des betreffenden Lebensbereiches. Doch bei anderen haben wir vergessen oder auch nie entdeckt, daß die Dinge dieser Welt genauso schätzenswert, bedeutsam und notwendig für unser inneres Wohlbefinden sind wie andere Tätigkeiten, die uns offenbar stärker bewegen. Steht ein Planet im Geburtshoroskop in einem bestimmten Haus, so wird dieser Lebensbereich zu einem von einer Gottheit bewohnten *templum*. Hier sollen wir bewußter sein als bei einem Haus, in dem kein Planet steht. Planeten im sechsten Haus wollen, daß wir unsere enge Verbundenheit mit der Welt des Unsichtbaren erkennen und alles Erdenkliche tun, um diese Beziehung in den Ritualen unseres täglichen Lebens zum Ausdruck zu bringen. Mit Neptun im sechsten Haus ist die Welt des Unsichtbaren ozeanisch und verheißungsvoll. Wenn man diese Betrachtungsweise durch Fähigkeiten und Rituale Gestalt äußern kann, wird die Erfahrung der Einheit mit dem Leben dazu führen, daß man jeden Augenblick dieses Lebens und jeden Aspekt des körperlichen Daseins als schön und bedeutungsvoll auszukosten vermag.

Neptun im siebten Haus

Erscheint Neptun im siebten Haus, so wird der Traum vom Paradies zur Vorstellung von einer vollkommenen Verbindung, in der man sich aufgehoben, versorgt und bedingungslos geliebt fühlen kann. Man stellt sich das nicht immer bewußt vor. Viele Menschen mit stark entwickelter Ratio wissen nichts von solchen Erwartungen und werden Bedürfnisse dieser Art entschieden abstreiten. Dennoch wird dieser alte Mythos, als Projektion erfahren, wieder lebendig. Die plätschernde

Seligkeit des Gartens Eden kann dann als der verzehrende Schlund des großen Fisches auftreten, denn beides sind neptunische Dimensionen. Und es könnte der vertraute Ruf zu hören sein, man wolle sich nicht von einem bedürftigen und abhängigen Partner vereinnahmen lassen. Die wiedersprüchlichen Gefühle eines Neptun im siebten Haus lassen sich wohl am besten als Verwirrung beschreiben. Diese Verwirrung entsteht aus dem unbewußten Wunsch nach Erlösung, die man sowohl beim anderen als auch in ihm sucht.

Mit Neptun im siebten Haus kann die Suche nach dem Erlöser auch buchstäblich inszeniert werden. Vielleicht neigt man dazu, einen Elternersatz – Mutter und Vater in einem – zu heiraten, von dem man dann nach einiger Zeit allmählich vereinnahmt wird wie von einem großen Fisch. Dann erscheint der Erlöser als Geliebter, der oft sehr kreativ, aber auch vom Leben gezeichnet ist, der gerettet werden will und auch selbst die Rettung anbietet. Die beiden Fische werden geteilt wie Asherah und Lotan, und der Mensch projiziert beide. Häufig ist auch der Partner oder Ehegatte das Opfer, und »Errettung« eines solchen Partners verheißt die eigene Erlösung. Neptun im siebten Haus könnte somit den »starken« Partner für einen schwachen Gefährten – einen Alkoholiker, einen Drogensüchtigen, oder einen Menschen mit ernsten emotionalen Problemen – spielen und dabei übersehen, daß er selbst schwach und zerbrechlich ist. Wenn man aber auf jemanden trifft, der stärker ist, kommt das kleine Kind hervor, die scheinbare Stärke fällt in sich zusammen, und darunter werden Chaos und Verwundbarkeit sichtbar. Neptun im siebten Haus ist weder zu enttäuschenden Beziehungen verurteilt noch durch »Karma« dazu verdammt, ganz und gar auf Beziehungen zu verzichten, doch der einzelne mag sich sehr gegen eine Auseinandersetzung mit diesen Themen sträuben. Auch die Schwierigkeiten eines Saturn, Uranus, Pluto oder Chiron im siebten Haus mögen auf Projektionen zurückgehen, wie es ja auch bei anderen Planeten im siebten Haus meist der Fall ist. Sobald sich aber herausstellt, daß es sich dabei um ein wiederkehrendes Muster handelt, will man gewöhnlich herausfinden, was da wirklich vor sich geht. Nicht so jedoch bei Neptun, der einfach kein allzu helles Licht verträgt.

Wer die Erlösung in den Armen anderer sucht, könnte auch den Liebhaber bzw. die Geliebte spielen und frohen Mutes die Beziehungen anderer zerstören, um die arme Seele zu »retten«, die einem so schrecklichen Partner in die Falle gegangen ist – man könnte aber auch selbst der Betrogene sein. Neptun im siebten Haus hat Spaß an Dreiecksverhältnissen. Hinter der edelmütigen Errettung verlorener Seelen steckt ein hungriges Kind, das nicht weniger als alles von einem Partner will, dabei aber weder sehen mag, wie enorm seine Bedürfnisse sind, noch sich der Verzweiflung stellen will, wenn sie nicht befriedigt werden. Eine stärkere Beziehung zu Saturn, dessen Realismus zeigen kann, welche Manipulationstricks man selbst anwendet, der aber auch die nötige Selbstgenügsamkeit bietet, um den Garten Enden woanders als beim Partner zu finden, kann hier Abhilfe schaffen. Neptun im siebten Haus könnte ein begabter Berater oder ein Mensch sein, der sich um die Bedürfnisse anderer kümmert. Innerhalb menschlicher Beziehungen ist dies vielleicht ein passenderes Mittel, um den mythischen Erlöser zum Ausdruck zu bringen. Aber solange das unerlöste Kind Sterbliche in das Gewand der Unsterblichkeit hüllen will, kann es weder für einen selbst noch für andere Heilung geben.

Neptun im siebten Haus könnte auch süchtig nach allem sein, was man nicht bekommen kann, denn der Glanz und die Unerreichbarkeit dessen, was wir nicht haben können, verheißen unendliche Möglichkeiten der Errettung. Haben wir erst einmal eine Beziehung aus Fleisch und Blut hergestellt, kann Neptun seine Idealisierungen nicht mehr aufrechterhalten. Diese Dynamik liegt oft hinter der Neigung, sich einen Geliebten zu suchen, der bereits verheiratet ist, sexuell nicht anspricht oder sogar Priester ist; sie könnte auch den selbstzerstörerischen Impuls verstärken, mit dem viele Menschen mit Neptun im siebten Haus nicht mehr auf eine glückliche Beziehung hoffen und statt dessen in einer unglücklichen Beziehung leiden, weil man vielleicht in irgendeiner fernen Zukunft vor oder sogar nach dem Tode dafür belohnt werden wird. Hinter der bei Neptun im siebten Haus so häufig gezeigten Neigung zur Selbstaufopferung verbergen sich oft sehr zwielichtige Motive. Letzten Endes muß vielleicht nicht die eigene persönliche Erfüllung geopfert werden, sondern die Idenfikation mit dem Erlöser und dem Erlösten.

Mit dieser Hausstellung brauchen wir andere Menschen zum Erleben neptunischer Sehnsüchte, Hoffnungen und Wunder, und vielleicht brauchen wir auch neptunische Menschen in unserer Nähe. Die Affinität zu künstlerisch oder mystisch ausgerichteten Menschen ist etwas anderes als diejenige zu dem psychologischen Kleinkind, das nur zeigt, wie infantil wir selbst sind. Während wir im Lauf der Zeit innerlich ausgeglichener werden, ändert sich, wozu wir uns hingezogen fühlen, doch der archetypische Kern bleibt derselbe. Das siebte Haus ist auch nicht auf die innige Vertrautheit mit einem Ehegatten oder Geliebten beschränkt. Es wird zuweilen auch »das Haus des Umgangs mit anderen« genannt, denn es zeigt, wie wir in die Welt anderer eintreten und mit ihnen umgehen. Alle Planeten in Eckfeldern finden ihren Ausdruck gewöhnlich in Ereignissen und anderen Menschen. Hat man Neptun im siebten Haus, braucht man andere Menschen, um die Geschichte zu entwickeln, denn wir brauchen einen Spiegel, um so sein zu können wie wir sind. Alle Mitspieler im neptunischen Drama – die alles verschlingende ozeanische Mutter, der göttliche Erlöser und das leidende Opfer – werden gewöhnlich irgendwann im Leben projiziert. Andere gehören meist zu einer dieser drei Gruppen, und was dazwischen liegt, wird meist nicht bemerkt. Man kann auch die Gesellschaft dieser Dreiteilung unterwerfen, denn Neptun im siebten Haus kann sehr politisch sein. Neptunische Idealisierungen könnten ihren Ausdruck vorrangig im öffentlichen Leben finden und vielleicht nicht nur die Fähigkeit verleihen, die Bedürfnisse und Leiden der Gemeinschaft wahrzunehmen, sondern auch für das eigene Machtstreben blind machen. Wer Neptun im siebten Haus hat und eine solche Laufbahn einschlagen will, sollte sich ehrlich fragen, wieviel Subjektives in seinen Vorstellungen von der Gesellschaft steckt. Der neptunische Anführer könnte leicht zum neptunischen Opfer werden, das von der Menge – im übertragenen Sinne oder sogar tatsächlich – zerrissen wird. Ein interessantes Beispiel dafür aus der Gegenwart ist Erich Honecker, marxistischer Staatschef Ostdeutschlands vor dem Mauerfall. In Honeckers Horoskop steht Neptun in Konjunktion mit dem Deszendenten, drei Grad vor der Spitze des siebten Hauses.[12] Obwohl technisch noch im sechsten Haus stehend, wird sich jeder Planet so nahe am Deszendenten im siebten Haus auswirken. Anfangs sah sich Honekker als Erlöser des Volkes Ostdeutschlands und wurde auch so empfunden. Als die Mauer Ende 1989 fiel, war er zum Sündenbock des Volkes geworden, denn seine Methoden deckten sich mit denen der faschistischen Kräfte, gegen die er so heftigen Widerstand geleistet hatte. Seine Blindheit sich selbst gegenüber ist kennzeichnend für die Schattenseite Neptuns, denn er war zu dem geworden, was er verfolgt hatte, und er zerstörte, was er retten wollte.

Die Begabung, andere durch die Brille der neptunischen Sehnsucht sehen zu können, ist ein zweischneidiges Schwert. Es kann eine bemerkenswerte Sensibilität gegenüber dem Puls der Welt »da draußen« wie auch gegenüber den Menschen bedeuten, mit denen man in engen Kontakt kommt. Ein derartiges Reagierenkönnen kann sich auf vielerlei kreative oder heilerische Art und Weise äußern. Steht Neptun im siebten Haus, so ist sein Leiden durch andere jedoch größtenteils selbstgemacht. Es entsteht aus einer Mischung von idealisierten Phantasien, infantilen Bedürfnissen und dem Charakter der Menschen, die man um Beteiligung am Drama bittet. Enttäuschungen durch andere ergeben sich ganz wie von selbst mit Neptun im siebten Haus. Ob Neptun im siebten Haus ein Leben als Opfer oder eines mit inhaltsreichen und lohnenden Beziehungen schafft, hängt ganz davon ab, wie der einzelne durch hinreichende Einsicht in die eigenen und die Grenzen anderer mit dieser Enttäuschung fertig wird. Mit prosaischen zwischenmenschlichen Beziehungen gibt sich Neptun nie zufrieden. Der Glanz des Theaters muß ihn lebendig machen, denn die ganze Welt ist eine Bühne, und Neptun im siebten Haus ist der Hauptdarsteller. Neptun zu unterdrücken ist keine Lösung, denn dann kommt er durch die Hintertür wieder herein und zeigt sich als Partner oder undankbares Publikum, der bzw. das sich plötzlich gegen sein Idol wendet. Vielleicht liegt das Geheimnis darin, es zulassen zu können, daß andere mythisch und menschlich zugleich sind.

Neptun im achten Haus

Über das achte Haus wird, wie über das sechste, eher Negatives geschrieben, wenn auch aus sehr unterschiedlichen Gründen. Da es mit dem Tod in Verbindung steht, wird es im allgemeinen mit Besorgnis betrachtet. Es wäre töricht, zu behaupten, dieses Haus hätte keinen Bezug zum Tod, denn wer die Horoskope von Menschen untersucht, deren Leben vorzeitig zu Ende ging, wird bei diesem Haus auf die eine oder andere Weise nachdrücklich darauf hingewiesen. Aber ob wir uns mit dem Tod des Körpers oder mit dem befassen, was jenseits des Körpers liegt, ist ein verzwicktes Thema. Das achte Haus hat mit dem unsichtbaren Unterbau der greifbaren Wirklichkeit zu tun. Dazu gehört nicht nur, was bleibt, wenn es den Körper nicht mehr gibt, sondern auch das, was während des Lebens außerhalb der Wahrnehmung materieller Existenz durch die Sinnesorgane des Körpers besteht. Planeten im achten Haus äußern sich gewöhnlich so, als wären sie dämonische Kräfte, die aus dem Verborgenen hervorbrechen. Zuweilen kann ein solches Hervorbrechen den körperlichen Tod oder auch andere Arten des Todes bewirken. Während sich das zweite Haus mit den Werten befaßt, die wir durch fortgesetzte Lebenserfahrung erwerben, geht es im achten Haus um jene kritischen Punkte, an denen wir uns dem beugen müssen, was im Leben oder in uns selbst verborgen ist, so daß das Leben neue Form annehmen kann. In diesem Zusammenhang kann der physische Tod als eine von vielen möglichen Ebenen verstanden werden, auf welcher der Prozeß des Niederreißens und des Wiederaufbauens, eingeleitet durch verborgene Strukturen, in Gang kommen könnte. Zuweilen kann auch ein unbewußtes heimliches Einverständnis vorliegen, wenn Planeten im achten Haus durch physischen Tod ausgedrückt werden. Der Todeswunsch könnte nicht nur als Folge einer Konfrontation mit unlösbar erscheinenden Konflikten oder gegen die eigene Person gerichteter zerstörerischer Antriebe entstehen, sondern auch als Folge einer instinktiven Ablehnung des Lebens. In diesem letztgenannten Zusammenhang müssen wir Neptun im achten Haus betrachten.

Da Planeten im achten Haus aus unbekannten Bereichen der Seele auftauchen, erschüttern sie häufig die bestehenden Verhältnisse und lösen große Sorge und Verzweiflung aus. Ein Beispiel dafür ist das Horoskop der Fürstin von Wales, das in Kapitel 8 besprochen wird. Angesichts der Konjunktion von Mars, Pluto und Uranus in ihrem achten Haus mag es den Anschein haben, als würden Kräfte ihr Leben beherrschen, die sie offensichtlich nicht im Griff hat. Diese Konjunktion äußert sich zwar auch in der gescheiterten Ehe ihrer Eltern, noch deutlicher und genauer jedoch in ihrer eigenen heftigen Reaktion auf diesen Verlust emotionaler und materieller Sicherheit;[13] sie äußert sich auch in ihren Anfällen von Bulimie. Innere Zwänge beherrschen ihre destruktive Lebensweise und zerstören den Einklang zwischen Geist und Körper. Die Tragödie ihrer Ehe ist ein weiterer Ausdruck – auch hier wieder nicht vom Standpunkt einer wortwörtlichen Beschreibung der Ereignisse, sondern als Bild ihrer Reaktionen auf eine Situation, die sie nicht im Griff hatte. Jedesmal, wenn sie diese Planeten im achten Haus erlebt, kündigt eine

Lebenskrise eine Art Tod und die Notwendigkeit an, ein neues Leben zu beginnen.

Neptun im achten Haus wird oft unvermutet und zwanghaft erlebt. Die aufkeimenden neptunischen Sehnsüchte können mit unwiderstehlicher Kraft ins Bewußtsein dringen, weil der einzelne nicht bemerkt, daß er sie verspürt. Die Sehnsucht nach dem Urquell könnte die Form eines buchstäblichen Vergessenwollens annehmen, wie dies oft bei Todesfällen infolge einer Überdosis von Drogen der Fall ist. Ein trauriges Beispiel dafür ist die Popsängerin Janis Joplin, die 1970 an einer Überdosis Heroin starb. In ihrem Geburtshoroskop bildet Neptun ein großes Trigon mit Sonne, Merkur, Saturn und Uranus; er steht im Quadrat zum Mond und befindet sich an der Spitze des achten Hauses.[14] Die neptunische Suche nach den Quellen von Eden war in ihrem Leben wie auch in ihrem Tod besonders ergreifend. Ein noch schrecklicheres Beispiel ist das Horoskop von Jim Jones, dem Anführer des »People's Temple«-Kultes, der 1976 zusammen mit seinen Anhängern Selbstmord verübte, indem er Blausäure einnahm.[15] Hier finden wir ebenfalls Neptun im achten Haus, doch sein einziger bedeutender Aspekt zu anderen Planeten ist ein exaktes Trigon zu Merkur im vierten Haus. Dieses Horoskop wird nicht von Neptun beherrscht wie das von Janis Joplin. Die Sonne bildet eine Konjunktion mit Chiron in Stier, ein Trigon zu Saturn, ein Sextil zu einer Jupiter-Pluto-Konjunktion und ein Quadrat zu Mars in Löwe. In dieser Konstellation zeigt sich zwar eine viel widerstandsfähigere und kräftigere Natur, doch als die unumschränkte Macht gebrochen war, mahnte Neptun die Heimkehr an. Wenn Neptun im achten Haus steht, kann der Erlöser auch in Gestalt des Todes auftreten.

Ebertin spricht bei Neptun im achten Haus von »Depressionen, Verirrungen, psychischen Leiden.« Sicherlich hängt Neptun im achten Haus mit gewissen Arten von Depression oder »psychischen Leiden« zusammen. zweifellos hat sich Janis Joplin in einem solchen Zustand das Leben genommen. Aber wir müssen verstehen, mit welcher Art von Depression oder Leid wir es zu tun haben, wenn wir mit diesen Themen bewußter arbeiten und ihnen nicht einfach zum Opfer fallen sollen. Die neptunische Depression ist die Einsamkeit des Exils. Bei Menschen, die solche Gefühle haben, könnte Neptun eine bitter-süße Melancholie widerspiegeln, die eher zyklisch wiederkehrt als ständig vorhanden ist, und die – da sie bewußt ist – je nach den Begabungen und Fähigkeiten des Betroffenen ihren Ausdruck finden kann. Aber es gibt kein zwanghaftes Hervorbrechen – man weiß schon, daß man lieber nach Hause gehen würde. Viele Künstler finden ihre Inspiration in dieser tiefen Traurigkeit. Sie gehört grundsätzlich zu Neptuns Weltsicht. Operiert Neptun jedoch unbewußt, so könnte das »psychische Leiden« unvermittelt, mit überwältigender Stärke, hochkommen, und der einzelne könnte dem Ruf des Urquells folgen, ohne lange zu überlegen. Da diese ursprünglichen Gefühle die Trostlosigkeit des sterblichen Lebens deutlich zum Vorschein bringen, könnten sie auch die Möglichkeit (und die Notwendigkeit) einer größeren Läuterung im Leben andeuten, bei der alte Einstellungen und Verhaftungen aufgegeben werden, die Herz und Seele bewegungsunfähig gemacht haben. Auf diese Weise kann Neptun im achten Haus, ausgelöst durch Transit oder Progression, zum prophetischen Vorboten tiefgreifender und konstruktiver Veränderungen im Leben werden; Gefühle der Depression und Sehnsucht sind eine unvermeidliche und natürliche Reaktion darauf – vorausgesetzt, das Ego ist stark genug, den Wert dieser Erfahrungen anzuerkennen.

Das achte Haus beschreibt jene Wegscheiden, an denen wir es den Schlangen gleichtun, indem wir eine alte Haut abstreifen und uns erneuern. Mit einer Betonung des achten Hauses erlebt man oft mehrere »Inkarnationen« während eines einzigen Lebens, da es immer wieder zu tiefen Krisen kommt, die eine grundlegende Erneuerung fordern. Durch solche Krisen wird uns bewußt, daß es Größeres gibt als die gewöhnliche Welt von Ursache und Wirkung. Wir stoßen auf eine tiefere, unsichtbare Wirklichkeit, die uns daran erinnert, daß das Ego nicht alles in seinem Umkreis beherrscht. Planeten im achten Haus sagen uns, *wie* wir auf diese Krisen reagieren und welche Gefühlszustände wir wahrscheinlich erfahren, auch wenn wir diese einer äußeren Ursache zuschreiben, die für unseren inneren Aufruhr verantwortlich zu sein scheint. Haben wir Neptun im achten Haus, so werden sich unsere Krisen meist um Themen wie Trennung, Einsamkeit und Hilflosigkeit drehen. Wir reagieren traurig und voller Sehnsucht, und als Ursache alles dessen erblicken wir vielleicht flüchtig den ozeanischen Urquell, der uns aus dem Garten Eden vertrieben hat und uns nun nach Hause winkt.

Die im achten Haus reflektierte Sexualität ist eine Erfahrung, bei der wir unsere Autonomie aufgeben und etwas anderes als unser bewußtes Ego uns »durchdringt« oder »besitzt«. Im achten Haus geht es um den Verlust der Macht, die im zweiten Haus durch individuelle Autonomie und die Schaffung persönlicher Werte erworben wurde. Wenn wir uns während des Geschlechtsaktes einem anderen Menschen öffnen, haben wir uns nicht mehr unter Kontrolle. Im Elisabethanischen England wurde der Geschlechtsakt »kleiner Tod« genannt. Wenn wir unsere Reaktionen nicht vortäuschen, ergreifen uns durch den Partner Instinktkräfte, die wir sind und doch wiederum nicht sind. Der Geschlechtsakt selbst könnte der ersehnte Erlöser werden; der Augenblick des Vergessens mitten im Orgasmus wird zu dem Augenblick, da wir uns wieder mit dem Göttlichen vereinen.

> ... Körperliche Intimität stellt auch eine Flucht vor Einsamkeit dar; ein gut Teil der Promiskuität und der Indiskretion, die mit solch einer Neptun-Stellung in Zusammenhang gebracht werden, können aus diesem Motiv herrühren. Manche haben das Gefühl, dadurch, daß sie sich selbst sexuell hingeben, anderen zu dienen, sie zu befriedigen oder sogar zu heilen. Natürlich kann dies auch ein sehr bequemer Ausweg aus Problemen in anderen Gebieten des Lebens sein.[16]

In einem Neptun im achten Haus kann eine Begabung zu ekstatischem Vergnügen zeigen. Andererseits fürchtet man mit einem Neptun-unverträglichen Horoskop vielleicht schließlich die eigene Verwundbarkeit und versucht deshalb, die Tür vor ihm zu schließen. Genauso oft mit sexueller Offenheit kann Neptun im achten Haus auch mit sexuellen Hemmungen in Verbindung gebracht werden, denn nicht jeder kann die eigene Verwundbarkeit zulassen, ohne in die Defensive zu gehen. Wird Neptun im achten Haus abgelehnt, projiziert er sich auf den Partner, der dann als emotional und sexuell anspruchsvoll oder vereinnahmend erfahren wird. Oder man sucht sich vielleicht unbewußt einen Partner, der impotent bzw. funktionsunfähig ist, um der Verwundbarkeit aus dem Weg zu gehen, ohne die eigene Angst zugeben zu müssen. Neptun im achten Haus könnte sich auch als jene tiefe Einsamkeit zeigen, die hinter den von Ebertin beschriebenen »Depressionen« bzw. »psychischen Leiden« liegt.

Die Sehnsucht nach dem Unsichtbaren kann beachtliche Fähigkeiten mit sich bringen. Da die Grenzen zwischen Ego und Unbewußtem fließend sind, kann man Einblick in die Gefühle, Vorstellungen und Sehnsüchte des kollektiven Unbewußten nehmen; daraus mag sich eine Begabung für ein psychologisches oder übersinnliches Arbeiten ergeben, das tief in die Einzelpersönlichkeit eindringt. Das Unbewußte selbst könnte einem als der Erlöser erscheinen, und Träume und Phantasien können außerordentliche Macht und Bedeutung erlangen. Am gefährlichsten ist Neptun im achten Haus, wenn wir ihn nicht wahrnehmen oder uns derart mit ihm identifizieren, daß wir uns selbst dabei vergessen. Todessehnsucht ist nicht pathologisch, sondern archetypisch. Vielleicht kann auch nicht jeder beurteilen, ob ein anderer sich dieser Todessensucht im buchstäblichen Sinn hingeben darf. Doch solange das Leben dem Tod vorgezogen wird, kann Neptun im achten Haus eine wahre Einweihung sein.

Neptun im neunten Haus

Die neptunische Mystik fühlt sich im *templum* des Jupiter ganz wie zu Hause – vielleicht deshalb, weil der Ursprung allen Lebens allgemein als etwas Göttliches anerkannt wird, das durch nichts anderes ersetzt werden kann. Doch im neunten Haus geht es um mehr als nur um das, was wir normalerweise als Religion definieren. Zu seinem Wirkungsbereich gehört alles, was einem umfassenderen Lebensverständnis dient. Vieles davon – z.B. höhere Bildung, Reisen und die Veröffentlichung von Büchern – hat vielleicht nichts mit einen erkennbaren religiösen Streben zu tun. So könnte es angebrachter erscheinen, das neunte Haus als Lebensbereich zu definieren, in dem wir eine bestimmte Weltsicht oder Philosophie entwickeln, mit der wir unsere persönlichen Erfahrungen auf universelle Strukturen abstimmen können. Die Religion übt diese Funktion durch einen Gottesbegriff aus, während die sozialen, politischen, psychologischen und philosophischen Fragestellungen der anderen Interessengebiete des neunten Hauses dies durch ein Lebensverständnis tun, bei dem alles auf allgemeine Prinzipien bezogen wird. Im neunten Haus suchen wir die Gesetze des Daseins zu verstehen, unabhängig davon, ob diese nun als göttliche und menschliche im psychologischen Sinne, als menschliche im rechtlichen Sinne, oder als sozio-ökonomische aufgefaßt werden. Wenn wir uns dem Göttlichen zuwenden, definieren die Planeten im neunten Haus weitgehend das Wesen und die Absichten der von uns wahrgenommenen Gottheit.

Steht Neptun im neunten Haus, wird Gott als ozeanischer, göttlicher Urquell erfahren. Unabhängig von der religiösen Erziehung, die der einzelne genossen hat, ist Gott als Liebe die Gottheit, die Neptun im neunten Haus am häufigsten anerkennt. Erlösung könnte ein ausgesprochen religiöses bzw. spirituelles Thema sein, denn Neptun neigt nicht zu Anschauungsweisen, die einen Ausgleich zwischen Menschlichem und Göttlichem herbeizuführen suchen, indem die Gottheit im wirklichen Leben erfahren wird. Himmel und Hölle sind bedeutsam für Neptun im neunten Haus, und das gilt auch für die adventistische Vorstellung vom Ende allen Leids und Übels. Aber Neptun ist nicht einfach nur eine Christus ähnliche Gottheit des grenzenlosen Erbarmens. Er ist auch die mütterliche Quelle, die strafen, verschlingen und zerstören kann. Daher kann im Seelenleben eines Neptun im neunten Haus panische Gottesfurcht genauso wirksam sein wie die Sehnsucht nach Erlösung. Opfer und Leid könnten einen wichtigen Teil von Neptuns religiösem Ethos ausmachen – ebenso wie spirituelle Exklusivität. Religion bedeutet nicht unbedingt Erlösung, sie kann jedoch ein Mittel sein, um möglichst gut in Übereinstimmung mit dem göttlichen Willen zu leben. Gewisse Vorstellungen im Judentum haben beispielsweise mit der Beziehung zwischen Mensch und Gott vom Standpunkt »richtigen« Benehmens zu tun und verheißen letztendlich keinerlei Verschmelzung mit der Gottheit – ein rechtschaffenes Leben trägt seinen Lohn schon in sich.

Ebertin beschreibt Neptun im neunten Haus als »Ahnungsvermögen ... reiches Wünschen und Planen, Inspiration ... Selbsttäuschung durch Kritiklosigkeit«. Das könnte auf Neptun in jedem Haus zutreffen. Doch eines der Hauptprobleme bei Neptun im neunten Haus ist die Neigung, spirituelle und moralische Autorität auf andere zu projizieren, so daß man zum blinden Anhänger eines Glaubensbekenntnisses wird, das für den einzelnen geeignet und heilsam sein kann oder auch nicht. Neptun im neunten Haus nimmt auch gern das Wissen um absolute religiöse Wahrheiten für sich in Anspruch, die keinerlei Schwierigkeiten bereiten würden, wenn sie einfach nur für den wahr wären, der an sie glaubt; aber sie können anderen mit Gewalt aufgezwungen werden, weil man sich unbewußt für den Erlöser hält. Neptun könnte auch die Erlösung auf Gott projizieren. Das mag durchaus angemessen klingen, da gerade dies der christlichen Hoffnung meist zugrunde liegt. Doch müssen wir vielleicht die Annahme in Frage stellen, Gott sei eine stets fürsorgliche und bedingungslos liebende Mutter, die nur dazu da ist, unsere persönlichen Bedürfnisse zu befriedigen, und die uns alles verzeiht, auch wenn wir uns noch so unmenschlich benehmen. Diese Art Gott ist besonders attraktiv für Menschen, die die Verantwortung für ihre Handlungen und Entscheidungen im täglichen Leben scheuen, die jedoch, wenn sie regelmäßig in die Kirche gehen oder im Beichtstuhl ihre Seele entblößen, Verzeihung dafür erwarten, daß sie ihre Frauen schlagen, ihre Kinder tyrannisieren, die Katze treten und sich ihren Mitmenschen gegenüber borniert und intolerant verhalten, wo sie nur können – einfach deshalb, weil sie »gläubig« sind. Dies ist die Schattenseite von Neptun im neunten Haus, der sich auch auf recht fragwürdige Mittel verlegen kann – ganz wie gewisse fundamentalistische Sekten in Amerika, wenn sie ihre unwissenden Mitglieder über die Offenbarungen aufklären, auf die sie Anspruch erheben. Der Ethik wird in diesen neptunischen Bereichen kein Platz eingeräumt, ebensowenig wie einfacher menschlicher Höflichkeit und der Achtung vor den Einsichten, Rechten und Grenzen anderer. Die Erlösten ernennen sich selbst zu Erlösern, die, weit davon entfernt, wie Christen zu handeln, eher an die schreckliche Mutter Tiamat erinnern und im Namen des Erlösers seelische und sogar körperliche Grausamkeiten begehen,[17] die in der Lehre Christi nirgendwo zu finden sind.

Durch ein zum Nachdenken über sich selbst fähiges Ego im Zaum gehalten, kann Neptun im neunten Haus spirituelle und künstlerische Inspiration vermitteln, die eindringlich und glaubwürdig ist. In dem »Ahnungsvermögen«, von dem Ebertin spricht, drücken sich Neptuns seelisches Vorherwissen und seine Fähigkeit aus, mit intuitiven Visionen einer gerade entstehenden Zukunft in die Gefühlsströme der Kollektivseele einzudringen. Zu den Gaben eines Neptun im neunten Haus kann auch das Wissen darum gehören, wie sich geschichtliche Ereignisse entwickeln und welche Bedeutung bzw. welchen Sinn die Entwicklung des Menschen hat, denn im neunten Haus lenkt Neptun den Künstler als Propheten und Sprachrohr der moralischen und religiösen Übelstände der Gesellschaft. Ein gutes Beispiel dafür ist Goethe, der an der Spitze der romantischen Bewegung in Deutschland stand und in seinem »Faust« nicht nur das archetypische Dilemma des Künstlers, sondern auch eine prophetische Vision von der Zukunft seiner Nation darstellte. In seinem Geburtshoroskop steht Neptun in Krebs, genau an der Spitze des neunten Hauses, wo er ein großes Wasser-Trigon zu Jupiter in Fische und Pluto in Skorpion bildet. Ein weiteres gutes Beispiel ist Bob Dylan, musikalischer Prophet einer ganzen Generation von Amerikanern. Wenn sich Neptun im neunten Haus als schöpferische Vision äußert, läßt er die Grenzen des eigenen Kulturkreises hinter sich und spricht universelle Themen menschlichen Leids und menschlicher Sehnsucht an.

Neptun im neunten Haus könnte eine Vorliebe für mystische Spiritualität haben und einem Guru oder einer Philosophie seine Treue schenken, der bzw. die von ihm verlangt, alle Besitztümer oder früheren Zuneigungen aufzugeben. Spirituelle Gemeinschaften können für Neptun im neunten Haus besonders attraktiv sein, doch seine Idealisierung spiritueller oder religiöser Führer zieht mitunter schwere Enttäuschungen nach sich, wenn die Erleuchtung oder die Erlösung unerreichbar bleibt. Bei ungenügender Fähigkeit, religiöse Lehren durch eigene Erfahrungen und Werte zu relativieren, könnte Neptun im neunten Haus auch eine gefährliche Leichtgläubigkeit an den Tag legen; doch eine Philosophie liebevoller Gottesfurcht kann durchaus auch ein gültiger Weg sein. Die *unio mystica* ist für Neptun im neunten Haus nicht nur eine Phantasie, und wenngleich die erhoffte Beziehung zu einer Gottheit unvermeidlich primärnarzißtische Elemente enthält, sind tief aufrührende, über die individuelle Persönlichkeit hinausgehende ozeanische Erfahrungen durchaus häufig. Die Herausforderung besteht darin, zwischen dem göttlichen Urquell und dem sterblichem Lehrer als dessen vorgeblichem Sprachrohr unterscheiden zu können und dafür zu sorgen, daß der eigene Narzißmus nicht insgeheim zu einer Überheblichkeit führt, die das Verhältnis des Egos zur Außenwelt stört.

Reisen gehört traditionell zu den Themen des neunten Hauses. Menschen mit einer Betonung des neunten Hauses werden oft durch Reisen wieder verjüngt und gestärkt, weil sie in der Lage sind, sich dadurch eine differenziertere und umfassendere Betrachtungsweise ihres eigenen Lebens anzueignen. Reisen, wie es im neunten Haus erfahren wird, bringt uns in Berührung mit einer größeren Welt voll anderer Einstellungen, Sprachen, Sitten und Lebensstile und stärkt unseren Sinn dafür, daß das Leben als Ganzes etwas Bedeutsames ist. Für Neptun im neunten Haus können Reisen auch die Erlösung verheißen. Das tiefe neptunische Gefühl mangelnder Zugehörikeit bedeutet, daß man auf Erden nirgends ein Zuhause findet, weil das eigentliche Zuhause im Jenseitigen liegt. So könnte Neptun im neunten Haus auf der Suche nach der vollkommenen Kultur oder der vollkommenen Landschaft ewig unterwegs sein. Auch Orte können idealisiert werden, besonders Wallfahrtsorte wie Lourdes für fromme Katholiken oder Poona für die Anhänger von Rajneesh. Die tatsächliche Ankunft am Traumort könnte dann eine Enttäuschung und Desillusionierung bringen. Doch Neptun im neunten Haus vermag es auch, fremden Orten einen Zauber und eine Bedeutung zu verleihen, die sich einem eher auf Äußerlichkeiten bedachten Reisenden nicht erschließen. Die Schönheit dessen, was wir mit unserem geistigen Auge schauen, wenn wir die äußere Wirklichkeit mit Phantasien und Empfindungen aus dem Wasserreich des Neptunischen bevölkern, kann selbst durch den Lärm und die Hektik von ganzen Busladungen voll geschwätziger Touristen nicht zerstört werden.

Da Neptun mit Erlösungsthemen in Verbindung gebracht wird, die wir aufgrund der Weltsicht des Fischezeitalters als »religiös« interpretieren, dürften wir eigentlich auch erwarten, bei Neptun im neunten Haus auf eine »unverfälschtere« Form von Spiritualität zu stoßen. Doch müssen wir beachten, daß kollektive Gottesdefinitionen nicht ewig gelten, sondern nur für bestimmte Epochen. Studiert man die Religionen, die dem christlichen Zeitalter vorangegangen sind, wie den Buddhismus oder »heidnische« philosophische Systeme wie die von Platon, so mag man mit Erstaunen feststellen, wie wenig neptunisches Sehnen und Leiden sie aufweisen. Solche Haltungen waren und sind auch heute noch für einen großen Teil der Weltbevölkerung eine ebenso gültige Vorstellung von religiöser Wahrheit wie die christlichen Lehren, denen das Abendland seit der Herrschaft Kaiser Konstantins anhängt. Neptun im neunten Haus ist nicht mehr und nicht weniger religiös als jeder andere Planet in dieser Stellung. Aber er kommt uns religiöser vor, weil er mit Themen von Erlösung und Opfer besetzt ist, in deren Zusammenhang wir »wahres« religiöses Gefühl definieren. Ebenso könnte die tief empfundene und zuweilen erschreckend gedankenlose neptunische Neigung, sich mit dem gewählten Erlöser völlig zu identifizieren, dazu führen, daß die neptunischen Gläubigen den Eindruck erwecken, als seien sie spirituell engagierter. Auch das ist eine Betrachtungsweise im Sinne der Weltsicht des Fischezeitalters, die spirituelles Engagement mit der Unterwerfung unter eine äußere religiöse Autorität gleichsetzt. Neptun im neunten Haus ist ein geborener Visionär und kann für ein gründliches intuitives Erfassen höherer oder tieferer Wirklichkeiten stehen. Wird er nicht gezügelt, kann er zu Fanatismus führen. Doch der aufrichtige Glaube an die Güte des Göttlichen – sei es der Glaube einer ganzen Nation oder der eines einzelnen – gehört zu einem Neptun im neunten Haus. Vieles hängt davon ab, ob das Bewußtsein, sei es das eines einzelnen Menschen oder eines ganzen Volkes, die zu Herzen gehende neptunische Vorstellung eines liebenden Urquells mit Überlegung, Objektivität und ganz gewöhnlichem gesundem Menschenverstand ausgleichen kann.

Neptun im zehnten Haus

Das zehnte Haus ist sehr vielseitig, denn dort geht es nicht nur um Karriere, Leistung und Status in der Welt »da draußen«; dieses letzte Eckfeld steht auch für einen ganz besonderen Aspekt der Mutter bzw. des Mutterarchetyps: die Mutter als Formgeberin und die Mutter als die Welt des Körperlichen. Tritt ein Neugeborenes ins Leben, so ist die körperliche Realität der Mutter das Universum. Mutter und materielle Welt sind dasselbe. Die Grenzen des Körpers der Mutter und die Einschränkungen durch ihre Gesetze sind letzten Endes das, was wir als Grenzen und Beschränkungen unserer Welt wahrnehmen. Es ist auch das, was wir in die Welt hinausprojizieren, worauf wir uns einlassen, und dem wir in Form einer »Karriere« Gestalt zu verleihen versuchen. Jedes Neugeborene trifft in seiner Mutter auf eine besondere archetypische Komponente, die sie zu verkörpern scheint. Diese Komponente prägt später die Art und Weise, wie der Mensch wahrnimmt, was die Welt von ihm erwartet, und wie er sich darstellen muß, um im Leben voranzukommen. Es ist eine Art Erbgut, aber kein objektives Bild der Mutter. Vielmehr ist es ein Bild von etwas, das wir zuerst in der Beziehung zur Mutter und später in unseren Bemühungen erfahren, uns als unabhängige Erwachsene in einer Welt voller

Einschränkungen und Gesetze einzurichten. Die Themen, für welche die Planeten in unserem zehnten Haus stehen, beeinflussen unsere Ansichten über unsere Stellung in der Gesellschaft, über unseren zu leistenden Beitrag, über die gesellschaftlichen Themen, für oder gegen die wir kämpfen, sowie auch die entsprechende Maske, die wir uns aufsetzen. Nicht das Verhalten der Mutter, sondern eher das mythische Bild, das sie für ihr Kind verkörpert, beherrscht unsere Wahrnehmungen. Die von uns angestrebten materiellen Ziele sind somit ganz eng damit verbunden, wie wir in frühester Kindheit mütterliche Einschränkungen und Begrenzungen erfahren haben.

Neptun im zehnten Haus kann die Welt als Gefangenenlager für all jene empfinden, die gerettet werden wollen. Die Mutter erscheint ihrem Kind in solchen Fällen gewöhnlich als Opfer, voll bedingungsloser Liebe und zugleich zu Unrecht mit dem Schmerz und der Ungerechtigkeit des Lebens geschlagen. Das ist die *mater dolorosa,* deren Tränen die Menschheit von ihren Sünden reinigen, und deren Leid Hingabe und lebenslange Wiedergutmachung fordert. Wird dieses Bild später auf die Welt übertragen, so erscheint diese Welt voller Elend. Daher strebt Neptun im zehnten Haus oft helfende Berufe als Mittel an, um dem archetypischen Muster Gestalt zu verleihen. Aber Neptun im zehnten Haus kann die Mutter auch als hysterisch, als den weit aufgerissenen Schlund des großen Fisches empfinden, der – wie Alexander der Große einmal gesagt hat – für die neun Monate Unterkunft eine horrende Miete verlangt. Die Mutter mag mitunter typisch neptunische psychologische Schwierigkeiten haben und selbst noch nicht ganz aus dem Fruchtwasser aufgetaucht sein. Möglicherweise ist sie kein klar abgegrenztes Individuum und versucht statt dessen, für und durch ihr Kind zu leben. Neptuns Idealisierungen und sein Verlangen nach Verschmelzung können sowohl in der Mutter als auch im Kind vorhanden sein. Beide mögen einem Traum von vollkommener Einheit anhängen, dessen ewige paradiesische Verzückung weder durch Einsamkeit noch Streit jemals gestört wird. Die Bedürfnisse der Mutter und später die der Welt zu erfüllen, bedeutet Erlösung. Begrenzungen werden verwischt, und das Kind könnte sich nicht nur zum Erlöser berufen, sondern auch als Fischfutter begehrt fühlen, um erst aufgehoben und umsorgt, schließlich aber aufgefressen zu werden.

Neptuns Empfindsamkeit für unausgesprochene Signale der Mutter könnte der Gemeinschaft gegenüber durch eine andere Lieblingsberufung Neptuns zum Ausdruck kommen – die Welt der Bühne, der Leinwand und des Bildschirms. In der *participation mystique* zwischen Darsteller und Publikum kann Neptun im zehnten Haus den Zustand ursprünglicher Verschmelzung wiederauferstehen lassen, sich an der Zustimmung laben und einen großen Verlust, tiefe Angst und Verzweiflung verspüren, wenn das Publikum sein Angebot ablehnt. Die Gemeinschaft verkörpert dann die Quelle, deren Liebe und Zustimmung lebenspendend und deren Zorn lebensbedrohend ist. Neptun im zehnten Haus steht für ein ausgesprochen ambivalentes Verhältnis zur Gemeinschaft, genauso wie zur Mutter. Indem man wird, was »die anderen« wollen und brauchen (was dasselbe ist wie das, was die Mutter will und braucht), will Neptun im zehnten Haus die Illusion bedingungsloser Liebe aufrechterhalten. Doch das »vielköpfige Untier« betet seinen Erlöser nicht nur an, sondern es kann sich auch – wie jeder römische Kaiser wußte – gegen ihn erheben. Shakespeare hat viele seiner Stücke diesem Thema gewidmet, insbesondere den »Coriolanus«. Durch seine schauspielerischen Talente kann Neptun im zehnten Haus dem Publikum glanzvoll und geheimnisumwittert erscheinen. Doch ebenso kann er durch unbewußte Identifizierung, die den Mythos des leidenden Erlösers im gewöhnlichen Leben auferstehen läßt, zum Opfer dieses Publikums werden. Ein gutes Beispiel für diese Seite von Neptun im zehnten Haus findet sich in dem in Kapitel 8 untersuchten Horoskop der Fürstin von Wales.

Ebertin erwähnt »eigenartige Ziele« sowie auch »krumme Wege zur Erreichung der Ziele«. Angesichts der neptunischen Gefühle von Passivität und Hilflosigkeit könnte man meinen, den eigenen Fortschritt im Leben nicht in der Hand zu haben. Eine fatalistische Haltung kann alle Bemühungen um die Planung der eigenen Zukunft begleiten, und vielleicht läßt man sich planlos von Job zu Job treiben und ist nicht aus sich selbst heraus, sondern nur durch das motiviert, was andere als Hilfe anbieten. So wird man zu einem kleinen Kind, das sich damit begnügt, die Ambitionen und Erwartungen der Mutter zu erfüllen, eifrig darauf bedacht, andere zufriedenzustellen, aber ohne den inneren Antrieb, selbst eine Entscheidung zu treffen. Manche Menschen mit Neptun im zehnten Haus brauchen statt Entscheidungen eine Berufung, die von unbewußten inneren Zwängen diktiert ist, die einem – mag man sie nun als infantil, spirituell oder eine Mischung aus beidem interpretieren – keine andere Wahl lassen. Andere Menschen mit Neptun im zehnten Haus erfahren die Welt als zu groß, verwirrend und überwältigend, und haben dann kein genügend starkes »Ich«, um Anspruch auf einen bewußt gewollten Platz zu erheben. So kann Neptun im zehnten Haus zum Opfer der Gesellschaft werden, zu einem der »Verlierer« im Leben, und zwar nicht durch mangelnde Fähigkeiten, sondern durch einen obskuren Masochismus, dem Märtyrertum lieber ist als eine fest umrissene Identität. In solchen Fällen fühlt man sich vielleicht von repressiven gesellschaftlichen Kräften (konservativen Regierungen, patriarchalischen Haltungen, Kapitalismus oder anderen guten Aufhängern für Saturns Projektionen) ungerecht behandelt und wartet auf den jüngsten Tag, an dem die Bösen zu Fall gebracht werden und den Sanftmütigen die Erde gehören wird.

Identifiziert man sich mit dem leidenden Erlöser als Geächtetem (was die meisten Messiasse innerhalb ihres gesellschaftlichen Umfeldes sind), hält man vielleicht auch ein gewisses Maß an Betrug für unumgänglich, um überhaupt etwas zu erreichen. Man mag das Bedürfnis haben, nicht nur irgendwie subversiv zu handeln, sondern auch dabei erwischt zu werden. Unbewußt könnte man den eigenen Sturz selbst herbeiführen, indem man unfreiwillige Hinweise auf das eigene unehrliche

Tun hinterläßt oder sich mit unehrlichen Kollegen bzw. Geschäftspartnern einläßt. Vielleicht glaubt man auch, gewisse Freiheiten zu genießen und den Gesetzen der Gesellschaft enthoben zu sein. Neptun im zehnten Haus wird zuweilen auch mit Skandalen in Verbindung gebracht. Ein ziemlich beredtes Beispiel dieser Art neptunischer Selbstsabotage ist Chuck Berry, amerikanischer Pop-Komponist und Bühnenkünstler. In den sechziger und siebziger Jahren war er durch seine unverwechselbare Mischung von Hard Rock, Country- und Western-Musik mit Hits wie *Mabelline* und *Johnny Be Good* außerordentlich beliebt. Noch größeren Erfolg hatte er mit den beiden Filmen *Go, Johnny, Go* und *Let the Good Times Roll*. Außerdem erhielt er 1984 den Grammy-Preis. In seinem Geburtshoroskop steht Neptun in Löwe im zehnten Haus, bildet ein Sextil zur Sonne im zwölften sowie ein T–Kreuz durch je ein Quadrat zu Saturn im ersten und Mars im siebten Haus.[18] Mit achtzehn Jahren kam er wegen Autodiebstahls auf drei Jahre ins Gefängnis, und 1962, als er 36 Jahre alt war, wurde er noch einmal zu drei Jahren verurteilt, weil er eine vierzehnjährige Prostituierte über die Grenze gebracht hatte. Außerdem saß er weitere vier Monate, weil er 108.000 Dollar Einkommensteuer nicht bezahlt hatte, und 1988 wurde er angeklagt, eine Sängerin aus seinem Chor zusammengeschlagen zu haben. Was auch immer an Chuck Berry nagte – Berühmtheit und Reichtum haben es nicht geheilt. Die Eigenart seiner Karriere paßt in erstaunlicher Weise zu seinem Neptun im zehnten Haus, denn er gehörte zu einem exklusiven Kreis erfolgreicher Popsänger, welche die Träume einer ganzen Generation erfüllten. Er sorgte jedoch dafür, daß das Gesetz ihn verfolgte. Möglicherweise kam die Radixkonstellation Neptun-Mars-Saturn in diesem Zwangsmuster zum Ausdruck, wobei die Polizei die Rolle des Saturn und seine eigene unkontrollierbare Gewaltsamkeit die Rolle des Mars spielte.

Neptun im zehnten Haus kann sich auf edle Weise dazu inspiriert fühlen, der Gemeinschaft zu dienen, er kann aber auch der teuflischen Eingebung folgen, sie zu hintergehen – oder ein bißchen von beidem. Immer behält Neptun im zehnten Haus seine heuchlerische Begabung bei. Auch wenn man in anderer Hinsicht vielleicht gar nicht so neptunisch ist, wird die Welt Neptun auf einen projizieren, weil man selbst Neptun auf die Welt projiziert. Gewöhnlich enthält das Berufsleben und das öffentliche Auftreten ein Element der *participation mystique*, und etwas Dramatisches liegt in der Rolle, die jemand in den Augen der Welt spielt. Das braucht nicht unbedingt immer eine große Welt zu sein – nicht jeder, der Neptun im zehnten Haus hat, ist »berühmt« –, aber man möchte bemerkt werden, weil ein magisches Sichspiegelnwollen die Phantasien derer in Bewegung setzt, die einen nicht so gut kennen. Bei näherem Hinsehen verschwindet dieses geheimnisvolle Etwas vielleicht. Diejenigen, die Neptun im ersten oder siebten Haus haben, lassen auch in engen Beziehungen niemanden an sich heran. Doch ganz gleich, ob Neptun im zehnten Haus Verleumdung oder Vergötterung auf sich zieht – durch seinen enormen intuitiven Einblick in die inneren Abläufe der Gemeinschaft hat er eine gewaltige Anziehungskraft. In den Händen eines verhältnismäßig bewußten Menschen, der sich selbst mit genügend Abstand sieht, um sich nicht mit der mythischen Rolle, die er auf der öffentlichen Bühne spielt, zu identifizieren, könnte diese Anziehungskraft zum Wohle der Gesellschaft oder zumindest dazu eingesetzt werden, anderen durch seine kreative Begabung großes Vergnügen zu bereiten. Doch das notwendige Selbstbewußtsein kommt nur, wenn man sich ehrlich den Erlösungsthemen stellt, die bei der Beziehung zur eigenen Mutter mit im Spiel sind. Ohne diese Einsicht kann Neptun im zehnten Haus zum Opfer innerer und äußerer Kräfte der Gemeinschaft werden, die der einzelne wahrlich nicht zu beherrschen vermag.

Neptun im elften Haus

Das elfte Haus wird zuweilen das Haus der Hoffnungen und Wünsche und manchmal auch »das Haus der Gruppe« genannt.

> Auf innerster Ebene verkörpert das elfte Haus (das mit dem Tierkreiszeichen Wassermann assoziiert und von Saturn und Uranus regiert wird) den Versuch, über unsere Ich-Idenität hinauszugehen und uns zu erweitern, größer zu werden, als wir sind. Meist geschieht das durch Identifikation mit etwas, das über das Selbst hinausgeht – einem Freundeskreis, einer Gruppe, einem Glaubenssystem oder einer Ideologie.[19]

Im zehnten Haus geht es um die Gemeinschaft in einer Ich-Du-Beziehung. Wir entwickeln Fertigkeiten, Talente, eine Position oder Autorität, die wir dann einer Welt (und einer Mutter) »da draußen« anbieten. Die Welt kann positiv oder negativ reagieren, aber selbst bei Neptun im zehnten Haus ist sie noch »da draußen«. Das elfte Haus befaßt sich ebenfalls mit der Gemeinschaft, doch haben wir hier ein anderes Verhältnis zu ihr. Wir schließen uns der größeren Familie der Menschheit, von der wir ein Teil sind, durch die Ideale und Sehnsüchte an, die wir mit ihr gemeinsam haben. Das verleiht unseren Bemühungen nicht nur Bedeutung, sondern schafft auch Abwechslung auf dem einsamen Pfad der eigenen Entwicklung, die dort ihren Zenit erreicht, wo er auch im Horoskop zu finden ist – im *medium coeli* des Geburtsbildes. Im elften Haus sind wir nicht mehr allein, wir gehören dazu. Wir sind umgeben von Gleichgesinnten, die – ob sie nun unseren Geschmack an Fernsehsendungen oder unser Interesse an Philosophie teilen – bestätigen, was wir sind, indem sie uns annehmen. Das »Ich« wird zum »Wir«, und unser Leben bekommt einen breiteren Rahmen, indem wir auf geistiger Ebene mit der Gesellschaft verschmelzen, in der wir leben. Viel ist in esoterischen Kreisen und in der Humanpsychologie über »Gruppenbewußtsein« geschrieben worden. Zuweilen wird es als Ideal hingestellt, das der einzelne anstreben sollte. Aber Gruppenbewußtsein ist vielleicht gar nichts so Glanzvolles. Findet sich eine Gruppe zusammen, um beim Fußball zu randalieren oder beim Ku-Klux-Klan mitzumachen, kann man kaum von einem höher entwickelten Bewußtsein reden. Doch auch für solches Tun steht das elfte Haus. Welche Gruppe und welche Freunde wir uns aussuchen, ist ein Maßstab für unsere Ideale und Werte, der seinen Widerhall in einer größeren Wesenheit findet. Was wir an Edlem in diesen Lebensbereich einbringen, hängt davon ab, wer wir sind und wie wir auf die Planeten reagieren, die im Geburtshoroskop in diesem Haus stehen.

Neptun im elften Haus braucht eine Gruppe, der er angehören kann. Die Gruppe – seien es Berufskollegen, Nachbarn, ideologisch oder spirituell Gleichgesinnte oder ein »Hobbyklub« – gewährt uns die Erlösung, ohne die der einzelne sich verloren, beraubt und einsam fühlt. Persönliche, berufliche und künstlerische Leistungen des einzelnen zählen nichts ohne diesen größeren Rahmen. Neptun im elften Haus kann für ein ausgesprägtes soziales Bewußtsein und eine hohe Sensibilität für die emotionalen Bedürfnisse der Gemeinschaft stehen, und das mag zu einem lebenslangen Engagement für den Dienst an der Menschheit führen. Erlösung wird so auf dem Weg über diejenigen gefunden, die Erlösung brauchen, denn indem wir andere retten, werden wir selbst gerettet. Die Elemente neptunischen Altruismus sind verschieden und enthalten sowohl infantile Bedürfnisse als auch eine echte Erkenntnis der Tatsache, daß alle menschlichen Wesen miteinander verbunden sind. Wird aber jemand mit dem Alleinsein nicht fertig, so kann er durch seine Idealisierung der Gruppe leicht in einer Gemeinschaft untergehen, wenn diese seine persönlichen Werte und seine Integrität aufweicht. Ebertin erwähnt »seelische Verbindungen suchend ... edle Ziele ... Beeinflußbarkeit, sich verführen zu lassen.« Die »seelischen Verbindungen« sind keine emotionalen oder sexuellen Liebesverbindungen, sondern ein Sichzusammenfinden von Seelen und Geistern, das für Neptun im elften Haus ein Gegenmittel zur Einsamkeit der eigenen Inkarnation darstellt. Dem neptunischen Suchen liegt nicht persönliche Erfüllung zugrunde, sondern das Gefühl, daß das persönliche Leben des einzelnen einem höheren Ziel geweiht ist, und daß der Partner im Idealfall in die Arbeit mit einbezogen werden bzw. spirituelle oder politische Überzeugungen mit uns teilen sollte. Einem Neptun im elften Haus mag es schwerfallen, Beziehungen zu tolerieren, in denen der Partner oder Freund emotional gut zu einem paßt, aber andere Ziele verfolgt. Ein interessantes Beipiel für diese Dynamik auf einer unpersönlichen Ebene ist das Gründungshoroskop der Anonymen Alkoholiker, die durch Identifizierung mit einer Gruppe von Leidensgenossen helfen wollen. Hier steht Neptun im elften Haus in Jungfrau, in Opposition zu Saturn, im Trigon zur Sonne und in Konjunktion mit dem Mond.[20] Wir können über Neptun im elften Haus keine besseren Aufschlüsse finden als durch das Horoskop einer Gruppe.

Neptun im elften Haus ist oft ein *zoon politicon*. Man darf erwarten, daß jemand mit Neptun im elften Haus utopische Tendenzen aufweist, und man wird damit recht behalten. Doch der Traum von Utopia beschränkt sich nicht nur auf die politische Linke. Neptuns Sehnsucht nach dem Garten Eden äußert sich im elften Haus als Traum von der vollkommenen Gesellschaft. Wie die Vollkommenheit definiert wird und mit welchen Mitteln sie erreicht werden soll, kann man am romantischem Nationalismus ebenso ablesen wie am romantischem Sozialismus. Der Nationalismus mag allerdings nicht übermäßig romantisch ausfallen. Beispielsweise steht Neptun im Geburtshoroskop von Hitlers Propagandachef Joseph Goebbels im elften Haus in Konjunktion mit Pluto.[21] Mit diesem Beispiel soll nicht etwa gesagt werden, Neptun im elften Haus sei an sich schon verantwortlich für den Weg, den dieser Mann in seiner Machtgier gegangen ist. Aber Goebbels besaß eine ungewöhnliche Sensibilität für die kollektiven Strömungen um ihn herum und vermochte sie daher bemerkenswert gut zu manipulieren. Er konnte Hitlers Traum durch seine eigene Intuition unterstützen, weil er genau wußte, welche Art Deutschland das Volk unbewußt wollte. Auch wenn er noch so abscheulich war, setzte er sich doch voll dafür ein, seine Vision von einer vollkommenen Gesellschaft zu schaffen, und so war ihm jedes Mittel recht, um diese Vision zu verwirklichen. Zweifelsohne trug die Konjunktion von Neptun und Pluto zu der Rücksichtslosigkeit bei, mit der er seine Aufgabe erfüllte. Obwohl dies ein erschreckendes Beipiel für einen Amok laufenden Neptun im elften Haus ist, unterscheidet er sich hier doch eher in der Stärke als in der Art von jedem anderen, der zur Erlangung seiner Erlösung entschlossen ist, die Menschen zu seiner besonderen Vorstellung von Vollkommenheit zu »bekehren«. Hier sehen wir eine neptunische Sehnsucht, die ohne die vermittelnde Kraft persönlicher Integrität auf die Gesellschaft projiziert wird.

Häufiger bestehen Neptuns utopische Träume darin, daß einzelne und die Regierung Mittel für die schwächeren Mitglieder der Gesellschaft zur Verfügung stellen und Verantwortung für sie übernehmen. Das Ganze ist wichtiger als seine Teile. Historisch gesehen fielen die Transite Neptuns durch den Wassermann mit der Abfassung von Thomas Mores *Utopia* und Marx' *Kommunistischem Manifest* zusammen. Da das elfte Haus dem Wassermann untersteht, geben uns diese Werke eine Kostprobe von den typischen politischen Visionen eines Neptun im elften Haus. Einheit unter den Menschen ist der weltliche Ausdruck göttlicher Liebe, und Erlösung ist nur möglich, wenn die Menschheit ihre Zusammengehörigkeit erkennt. Wenn der einzelne diese erhabene Vision mit genügend Realismus ausgleichen kann, ist es möglich, den Träumen Gestalt zu verleihen, so daß sie zur Grundlage wertvoller Beiträge zur Verbesserung des Lebens anderer werden. Wird Neptun aber nicht in Schach gehalten, so kann sich der einzelne völlig mit der Rolle des Erlösers identifizieren und andere, genauso wichtige persönliche Bedürfnisse unterdrükken. Stellt sich dann heraus, daß die Gesellschaft die angebotene Erlösung nicht will, ist man womöglich zutiefst enttäuscht. Einem Neptun im elften Haus mag es beim Aussuchen der ideologischen Mitstreiter an kritisches Urteilsvermögen mangeln, so daß man sich selbst als Opfer einer Gemeinschaft wiederfindet, die zunächst Erlösung verheißt und sich dann als ein alles verschlingendes Ungeheuer entpuppt, das von seinen Angehörigen absolute Unterwerfung verlangt.

Esoterische oder spirituelle Gemeinschaften sind für Neptun im elften Haus oft sehr attraktiv. Das gilt auch für die Auffassung von einem besonderen spirituellen Pfad als Mittel zur Erlösung der Menschheit. So steht Neptun im Horoskop von Papst Johannes Paul II. in Löwe im elften Haus und in Konjunktion zu Jupiter.[22] Kein anderer Papst hat je ein Buch für den »Massenverbrauch« herausgebracht, in dem einer spirituell unerleuchteten Gemeinschaft der Katholizismus gepredigt wird.[23] Die Aufrichtigkeit, mit der sich der Papst für seinen Glauben einsetzt, steht außer Zweifel. Höchst fraglich ist dagegen, ob sich dieses Engagement für die ganze Menschheit eignet. Hier widmet sich Neptun im elften Haus unermüdlich voll und ganz der Aufgabe, andere zu erlösen, ohne die Möglichkeit in Betracht zu ziehen, daß Erlösung – wie alles in Gottes Schöpfung – ganz verschiedene Formen annehmen kann. Neptun im elften Haus neigt nicht zum Klosterleben, vielmehr braucht er das direkte Engagement für die spirituelle Entwicklung der Menschen. Das Gesellschaftsleben ist oft auch das nicht mehr von Blutsbanden bestimmte Leben der Familie im Großen. Oft wird eine Kränkung und Desillusionierung durch die eigene Familie und besonders durch die Mutter zu einer Art Mutter-Kind-Verhältnis zu der Gruppe führen, an die man sich mit Neptun im elften Haus angehängt hat. Hinsichtlich der Frage, wer die Mutter und wer das Kind spielt, sind wir wieder in Neptuns Spiegelsaal. Man kann zwar das eine oder das andere sein, doch eigentlich ist man immer beides.

Freundschaften im elften Haus wurzeln in gemeinsamen Interessen oder Idealen und enthalten möglicherweise wenig emotionalen Austausch persönlicher Art. Wenn Neptun im elften Haus steht, haben Freundschaften jedoch aufgrund der neptunischen Sehnsucht nach Verschmelzung oft intensive emotionale Untertöne. Besondere Freunde könnten als Erlösergestalten erscheinen, ohne die man sich beraubt und verstoßen vorkommt. Das kann zu tiefgehenden und dauerhaften Bindungen beitragen; bei Menschen, die von Natur aus mehr Bewegungsfreiheit brauchen, kann es jedoch auch Platzangst hervorrufen. Neptun kann außerordentlich besitzergreifend sein, wie es ein Kind gegenüber der Mutter oder eine Mutter gegenüber ihrem Kind ist. Das Symbiotische an der neptunischen Freundschaft kann auch viel Leid und Desillusionierung nach sich ziehen, weil die neptunischen Idealisierungen zu Gefühlen der Enttäuschung führen können, wenn einem der Freund oder die Freundin nicht voll und ganz ergeben ist. Vielleicht versucht man auch, Freunde zu erlösen, die dem Leben zum Opfer gefallen sind. Neptun im elften Haus zeigt sich oft stark hingezogen zu »Streunern«, die schon von allen anderen aufgegeben wurden, sowie auch zu denen, die krank oder durch tragische Umstände gescheitert sind. In diesen Strukturen zeigt sich der Mythos vom leidenden Erlöser innerhalb dieses wichtigen Aspekts menschlicher Beziehungen am Werk. Neptun im elften Haus kann Gefühle des Verbundenseins mit Freunden beschreiben, die in ihrer Intensität mystisch und nicht nur von uneingeschränkter Ergebenheit und Mitgefühl, sondern auch von echter Opferbereitschaft erfüllt sind.

Solche Freundschaften können uns so nah an das Tor zum Paradies heranführen, wie es in diesem Leben nur möglich ist. Vielleicht müssen wir einen hohen, leidvollen Preis für solche privilegierten Blicke auf den göttlichen Urquell bezahlen – doch darüber grämt sich ein Neptun im elften Haus sicher nicht.

Neptun im zwölften Haus

Im zwölften Haus kehrt Neptun heim. In den Fluten seines eigenen *templums* können wir ihn ungestört von der Außenwelt mit ihren Menschen und Dingen beobachten. Über das zwölfte Haus ist, wie über das sechste und achte, eher Negatives geschrieben worden. Es ist auch – wie Neptun selbst – schwer zu fassen. Traditionell bekannt als Haus der Gefangenschaft, des Eingesperrtseins und der Selbstzerstörung, ängstigt es Astrologiestudierende, wenn sie dort Planeten stehen sehen, und wenn sie ältere Lehrbücher benutzen, kommen sie zu unerfreulichen Deutungen.

> In der tiefsten Schicht beschreibt das zwölfte Haus, das natürlicherweise mit dem Wasserzeichen Fische und dem Planeten Neptun assoziiert wird, das in uns allen lebende Bedürfnis nach Auflösung, der Sehnsucht, in die Urflüssigkeit des Mutterleibes, in den Urzustand der Einheit zurückzukehren.[24]

Da das zwölfte Haus die persönliche Erfahrung des Urquells beschreibt, geht es dort um Ererbtes, allerdings nicht um das elterliche Erbe wie im vierten und im zehnten Haus. Das Erbe im zwölften Haus führt uns viel weiter zurück – »zu den Ahnen«, wie die Chinesen sagen. Hier liegen unsere tiefsten Wurzeln bezüglich der Rasse, Religion, nationalen Herkunft und Kultur, der die Familie entstammt. Selbst wenn wir diese ferne Vergangenheit nicht anerkennen und uns nur mit der Gegenwart und dem Leben identifizieren, das wir uns in der Welt eingerichtet haben, soll uns das zwölfte Haus immer daran erinnern, daß wir die Erben von Vorstellungen, Mythen, Traditionen, Gefühlen und Träumen sind, denen nicht nur unsere Eltern, sondern auch unsere Großeltern, unsere Urgroßeltern und das »Geschlecht«, dem wir entstammen, anhingen. Im zwölften Haus kommen die Geister aus grauer Vorzeit zurück, um uns heimzusuchen: »dunkle« Punkte in der Familiengeschichte, die vergessene Strenggläubigkeit eines Urgroßvaters, die lange verheimlichte Geschichte vom Selbstmord der Großtante und das »zweite Gesicht« der Ururgroßmutter, die Armut eines Flüchtlings oder eine Jahrhunderte zurückliegende religiöse Verfolgung. Auch die Dämonen vergessener Orte bevölkern das zwölfte Haus – das vor langer Zeit verlassene Land, die Volksweisen und die Stammestotems unserer Vorfahren. Und noch weiter zurück liegen die Urmythen über die Herkunft und Entwicklung des Menschen. Auf all das sind die Planeten im zwölften Haus unseres Geburtsbildes eingestimmt. Da man uns so wenig über das Vorhandensein und die Macht des kollektiven Unbewußten beigebracht hat, überrascht es daher nicht, daß uns das zwölfte Haus derart zu schaffen macht.

Neptun im zwölften Haus übermittelt die Pracht, die Finsternis und das Licht alles dessen, was vor uns war. Das zwölfte Haus erzählt von der Zeit vor vor unserer Geburt und beschreibt daher auch jenen Zeitraum, als die Mutter mit uns schwanger ging und wir im Fruchtwasser eingeschlossen waren. Als Vermittler der archetypischen Themen all unserer Vorfahren ist Neptun im zwölften Haus besonders auf Gefühle und Vorstellungen von Leid und Erlösung eingestimmt. Religiöse Themen als Bestandteil des Familienerbes können sich als besonders bedeutsam erweisen, und es ist wichtig, daß der Mensch etwas über sein spirituelles Erbe lernt. Sind diese Themen in der seelischen Grundstimmung der Familie vorherrschend, werden sie ihn mit Neptun im zwölften Haus nicht alleinlassen. Unerlöst könnte sich Neptun dort als zwanghaft und bedrückend erweisen, indem er droht, das Ego mit der Kraft seiner Sehnsucht zu verschlingen, denn diese Kraft stammt ja eigentlich von vielen längst verstorbenen Individuen, von denen jedes einzelne sein heftiges Begehren zu einem immer gebieterischer werdenden Geheiß der Seele beisteuert. Auch die Kraft des Vorstellungsvermögens und die Fähigkeit zur schöpferischen Darstellung von Bildern könnten ein drängendes Thema des Familienerbes sein, und vielleicht müssen künstlerische Darstellungsformen für Eindrükke und Vorstellungen gefunden werden, die älter und umfassender sind als die des einzelnen. Es überrascht nicht, daß dieses Haus das Haus der Selbstauflösung genannt wird; wenn wir uns der unermeßlichen Sehnsucht unserer Vorfahren, nach Hause zu gehen, nicht bewußt sind, sorgen wir vielleicht dafür, daß wir gegen unseren Willen nach Hause geschleppt werden.

Ebertin spricht von einem »Hang zur Mystik, Träumerei und Kunst. – Beeinflußbarkeit des psychischen Lebens ... Hang zu Genußgiften«. Neigung zu Zurückgezogenheit, Träumerei und Mystizismus dürfen wir durchaus erwarten, wenn jemand die durch keinerlei Ersatz verfälschte Ursehnsucht erfährt. Auch Künstler sind empfänglich für solch intensive Erlösungsvorstellungen. Gegen die neptunische Melancholie und Lebensmüdigkeit kann ein religiöser oder spiritueller Weg Trost spenden und ein Mittel sein, um nicht nur sich selbst aus der Einsamkeit zu erlösen, sondern auch die Opfer der Vergangenheit. Neptun im zwölften Haus könnte die Last der Erlösung von Sünde und Unglück innerhalb der Familie auf sich nehmen und fühlt sich seelisch besonders gern dem leidenden Heiland verbunden. So könnte jemand mit einem unbewußten, gestaltlosen Neptun im zwölften Haus zum allgemeinen Sündenbock oder zu demjenigen werden, auf den sich viele Generationen zurückliegende Familienkonflikte entladen. Gewisse Formen geistiger und körperlicher Auflösungserscheinungen, in denen zum Ausdruck kommt, wie sich Not und Lebenshemmnisse in der Familie angesammelt haben, könnten bei jemandem, der seine inneren Erfahrungen nicht in den Griff bekommt, mit Neptun im zwölften Haus in Verbindung gebracht werden. Gerade in diesem Zusammenhang können wir Drogensucht auf diese Stellung des Planeten zurückführen.

Auch das kollektive Unbewußte mit seinem endlosen Strom unzähliger archetypischer Träume und Phantasien kann für Neptun im zwölften Haus zum Erlösungssymbol werden. Man könnte süchtig nach den schöpferischen Kräften der Seele werden und sich aus den Beziehungen zur Außenwelt zurückziehen, um an dem teilzuhaben, was allumfassend aus der Quelle strömt. Mancher mag sich als Christusfigur sehen, die gekommen ist, um die leidende Welt zu erretten. Das ist nicht die Ideologie des elften Hauses mit seiner Vision einer vollkommenen Gesellschaft, sondern eher ein rückhaltloses Verbundenheitsgefühl mit den Opfern des Lebens. Wenn das Familienerbe jemanden unbewußt dazu zwingt, eine bislang verborgene Vergangenheit zu erlösen, könnte Neptun im zwölften Haus einen Beitrag zu einer politischen Philosophie leisten, die sich für gesellschaftlich Benachteiligte einsetzt, denn auch die Politik kann zuweilen Schauplatz religiöser Gefühle sein. Erinnernswert ist in diesem Zusammenhang das Geburtsbild des Labour-Abgeordneten Tony Benn. Neptun steht dort zusammen mit dem Mond im zwölften Haus, beide im Quadrat zu Saturn. Als Benn seinen ererbten Adelstitel ablehnte, um sich in der politischen Linken zu engagieren,[25] war dies nicht nur eine politische Geste, sondern es zeigte auch, daß er sich zutiefst dazu verpflichtet fühlte, etwas in sich zu erlösen, das mit seinen Wurzeln wohl noch in die Zeit vor seiner eigenen Geburt und weit in die Geschichte seiner Familie zurückreichte.

Die Grenze zwischen Neptun im zwölften Haus als einem Visionär, Künstler und Heiler und Neptun im zwölften Haus als einem Süchtigen, Körperbehinderten oder Geisteskranken ist sehr durchlässig. Neptun in diesem Haus lehrt er uns viel über unsere äußerst beschränkten und zuweilen ausgesprochen dummen Definitionen von geistiger Gesundheit. Mystische oder »ozeanische« Erfahrungen sind mit Neptun im zwölften Haus nichts Ungewöhnliches. Sie können erlösend sein und das Leben verbessern, sie können einen Menschen jedoch derart überwältigen, daß er sich voll und ganz damit identifiziert, Gottes Sprachrohr zu sein. In gewissen Fällen mag das auch angebracht erscheinen, denn eher als andere erkennt Neptun im zwölften Haus das Göttliche, das dem Leben zugrundeliegt. Doch wenn dabei der Primärnarzißmus vorherrscht und anderen nicht derselbe Status zugestanden wird, dürfen wir uns allmählich Sorgen machen. Neptuns offensichtliche Verrücktheit kann ausgesprochen gesund sein, wenn sie auch eher auf das Innenleben als auf die äußere Welt eingestellt ist. Aber es gibt Menschen mit Neptun im zwölften Haus, die nicht in der Lage sind, ihre Grenzen gegen die Überschwemmung durch die Kollektivseele aufrechtzuerhalten – das gilt besonders dann, wenn Neptun harte Aspekte zu wichtigen persönlichen Planeten bildet. Möglicherweise leben diese Menschen dann traditionelle Bedeutung des zwölften Hauses aus und verbringen ihr Leben ständig oder immer wieder einmal unter sehr beengten Umständen.

Wer Neptun im zwölften Haus hat, meint vielleicht, keine Hilfe zu benötigen, und möglicherweise benötigt er sie auch wirklich nicht, solange er keine Gefahr für andere darstellt oder das Opfer von Zwängen ist, die er nicht mehr im Griff hat. Neptuns ewiger Feind ist auch sein ewiger Freund, und ein wenig saturnischer Realismus kann einem Neptun im zwölften Haus sehr dabei helfen, sich einen Weg durch die Fluten zu bahnen – obwohl allzuviel Saturn auch gerade die Fluten herbeiführen kann, denen man entkommen will. Vielleicht ebenso wichtig ist die Funktion Merkurs, des natürlichen Herrschers des sechsten Hauses. Für Menschen, die von archtypischen Bildern und Zwängen überflutet werden, ist es sehr heilsam, den symbolischen Gehalt dieses Materials zu verstehen, und es hilft ihnen auch, sich in den Fluten zurechtzufinden – davon war Jung, der mit solchen Menschen arbeitete, überzeugt. Selbst bei einem Zusammenbruch wird die Fähigkeit, solche Erfahrungen konstruktiv zu nutzen, davon abhängen, wieweit man das Geschehene in klaren psychologischen Begriffen verstehen kann. Genaues Verstehen ist besonders wichtig für Menschen, die Neptun im zwölften Haus haben und in deren Horoskop eine Luft- oder Erdbetonung vorliegt; denn, wie uns das Märchen vom Rumpelstilzchen erzählt, wenn man den Namen einer Sache kennt, entzaubert man sie und schafft sich einen Zugang zu ihr. Merkur in seiner mythischen Rolle als Seelenführer kann einem Neptun im zwölften Haus sehr viel Unterstützung bieten, die zwar naturgemäß intellektueller Art sein wird, doch gerade damit auch eine sehr nützliche Zuflucht bietet.

»Neptun ist stark im eigenen Haus«,[26] bemerkt Howard Sasportas. Die Herausforderung besteht darin, diese Stärke unter Kontrolle zu bringen und mit ihr so zu arbeiten, daß das Leben weitergeht und nicht auseinanderbröckelt. Definitionen dafür, was gesund und normal ist, müssen hinsichtlich dieser empfänglichsten und phantasiereichsten Neptunstellung sorgfältig hinterfragt werden. Notwendig werden sich Zeiten des Zurückgezogenheit oder gar einer Art Auflösung mit Zeiten eines aktiven Engagements in der Außenwelt abwechseln. Nur der Betreffende kann entscheiden, welches Gleichgewicht angebracht ist. Doch ein Neptun im zwölften Haus läßt sich nicht unterdrücken, denn er steht für ein uraltes Erbe, das größer ist als der einzelne. Die Neptunische Sehnsucht nach Erlösung und Rückkehr zum Urquell des Lebens ist hier wahrscheinlich viele Generationen lang unterdrückt oder verleugnet worden, und wer Neptun im zwölften Haus hat, der darf die Sache jetzt ausbaden.

12.

Neptunaspekte

Pentheus: Dann sagt man auch, ein Fremdling sei hierher gekommen. Aus Lydien, ein Zauberkünstler und Beschwörer; sein blondgelocktes Haupt verbreite Wohlgeruch; sein dunkles Auge berge Aphrodites Reiz und Tag wie Nacht verweile er bei jungen Frauen, wobei die Bakchosweihen er zum Vorwand nähme ... Verdient das nicht den Strick, in Schimpf und Schande so zu freveln, wer der fremde Mann auch immer ist?

Euripides, Die Bacchantinnen.

Neptun sucht die anderen Planeten im Horoskop genauso heim wie Dionysos den Pentheus, und er ist ebenso listig, betörend und verwirrend wie der Gott der »Bacchantinnen«. Auf ihn muß differenzierter reagiert werden als nur mit unnachgiebiger Kontrolle (wie Pentheus, der Krieger) oder mit gedankenloser Ergebenheit (wie die rasenden Bacchantinnen). Dieses fremdartige Wesen verlangt Respekt, der paradoxerweise mit genügend Selbstachtung einhergehen muß; es verlangt Wissen um die Bedeutung einer Hingabe ohne völlige Selbstaufgabe; und es verlangt eine Lockerung innerhalb genau abgesteckter Grenzen, die sowohl Disziplin als auch Ekstase zuläßt. Derartig paradoxe Erfordernisse sind vielleicht gar nicht so kompliziert, wie sie scheinen. Viele künstlerische Darstellungsformen können ihnen gerecht werden; auch jeder tiefempfundene Akt ritueller Verehrung kann es; und ebenso jedes Verhältnis zu einem anderen Menschen, in dem Mitgefühl und emotionale Intimität durch das Wissen um die eigenen Bedürfnisse und Grenzen ausgeglichen werden. Aber Pentheus schafft das genauso wenig wie wir so manches Mal:

Pentheus: Worin besteht das Wesen deines Gottesdienstes?
Dionysos: Das bleibt für ungeweihte Sterbliche Geheimnis.
Pentheus: Was nützt er denen, die sich opfernd ihm ergeben?
Dinoysos: Du darfst es hören nicht, obwohl es wissenswert.
Pentheus: Das hast du gut getarnt, wo ich's erfahren will!

Dionysos: Der Gottesdienst stößt jeden ab, der gottlos ist.
Pentheus: Du hast den Gott erkannt, sagst du – wie sah er aus?
Dionysos: Wie's ihm gefiel. Das hatte ich nicht zu bestimmen.

> Pentheus: Darüber gehst du schlau hinweg, sagst reinweg gar nichts.
> Dinoysos: Ein Tor wird den, der Kluges spricht, für unklug halten.[27]

Pentheus verkörpert die große Stärke, aber auch den großen Mangel des Ego-Bewußtseins. Er ist sonnenhaft und saturnisch zugleich. Seiner Angst sucht er anfangs durch Bitten um einfache Antworten und erst danach durch Pochen auf Autorität Herr zu werden. Doch stellt er dem Gott die falschen Fragen, und vielleicht tun wir dies auch.

Neptun und die inneren Planenten

Jeder Aspekt zwischen zwei Planeten beschreibt eine Beziehung zwischen zwei lebenden Energien, die für den Menschen gültig sind und von ihm gebraucht werden, und die beide ihr eigenes Sosein beanspruchen. Das Wichtigste bei der Deutung eines Aspektes ist nicht, ob er »leicht« oder »schwierig« ist, sondern ob und wie die beiden Planeten eine funktionierende Partnerschaft herstellen können, in der sie schließlich innerhalb eines einzigen Selbst angenommen werden, auch wenn sie einander zuweilen im Wege stehen. Gerade hier spielt das Bewußtsein eine wichtige Rolle, denn es vermittelt zwischen den gegensätzlichen seelischen Zwängen, welche von den Alten als Schicksal verstanden wurden. Aber so wie ein Visionär verwirrt und sprachlos zwischen den Menschen herumirrt, die weltzugewandter sind als er, bildet auch Neptun nicht so leicht Arbeitsgemeinschaften mit anderen Planeten. Der Mond versteht einiges von Neptuns Sprache, denn das Bedürfnis nach emotionaler Nähe schafft eine gemeinsame Ausgangsbasis. Doch als Symbol grundlegender Instinktbedürfnisse opfert er sich nicht freiwillig. Die Venus, die zuweilen die höhere Oktave Neptuns genannt wird, versteht seine Sprache ebenfalls. Beide können sich begeistern, wann immer sie Schönheit im Denken oder in der Welt der Formen erblicken. Aber Venus folgt Neptun nicht ins Selbstvergessen – sie will ihren Spaß haben und nicht ausgelöscht werden. Die Sonne kann sich mit Neptun über den Sinn des Lebens unterhalten. Aber sie möchte dem Göttlichen durch Tätigsein und nicht durch passives Opfer dienen. Auch Jupiter kann sich die Zeit mit Neptun vertreiben. Beide herrschen über die Fische und suchen Erfahrungen jenseits irdischer Grenzen. Aber Jupiters Religiosität wurzelt in der Philosophie, nicht in der Verschmelzung mit dem Göttlichen, und seine Vorstellung von einem sinnvollen Kosmos läuft auf ein Wissen über die reiche Fülle des Lebens und die Fähigkeit hinaus, persönliche Ziele vertrauensvoll und ehrlich auszudrücken. Neptun will das Leben transzendieren und nicht erforschen, und Wissen, auch wenn es noch so allumfassend ist, stört die *unio mystica*. Merkur kommuniziert mit Neptun nur, wenn Neptuns Visionen in Begriffe und schöpferische Fertigkeiten umgesetzt werden können. Chiron weiß, wie Neptun, um menschliches Leid; ihm geht es jedoch um Heilung durch Verstehen und nicht um das Aufhören der Qual durch Nichtsein. Mars und Saturn schließlich würden am liebsten überhaupt nicht mit Neptun reden.

Neptuns Aspekte zu den inneren Planeten sind Eindringlinge aus der dämmerigen Welt des kosmischen Urmeeres in die vom Tageslicht erfüllte Welt individueller Identität; sie kündigen an, daß es in dem vom jeweils anderen Planeten beherrschten Lebensbereich kein ganz gewöhnliches Zufriedensein geben wird. Neptuns Heimsuchung der inneren Planeten, die alle etwas mit den Bedürfnissen der individuellen Persönlichkeit zu tun haben, ist weder gut noch schlecht, sondern einfach nur die Erscheinungsform eines Dämons des individuellen Geschicks. Er macht die Persönlichkeit durchlässiger für die Erlösungssehnsüchte der Gemeinschaft und verlangt für die von ihm gebotene Belebung ganz besondere Anstrengungen. Dieser Dämon kann nicht ignoriert oder unterdrückt werden, sonst kommt er früher oder später wie eine Flutwelle von innen oder außen, um die Strukturen der Persönlichkeit seelisch und oft auch körperlich zu untergraben. Und wenn man zuläßt, daß dieser Dämon – infolge mangelnder Abgrenzungen oder fehlender Achtung vor dem eigenen, gewöhnlichen Selbst – die dem Ego dienenden Funktionen außer Kraft setzt, so verliert der Mensch aufgrund seines Unvermögens, die eigene Getrenntheit zu akzeptieren, seine Fähigkeit, etwas im Leben zu bewirken. Dann ist er hilflos im Griff des Mutterkomplexes, mag auch das ihm angehängte Etikett noch so esoterisch sein, und wird zum Opfer des Lebens und seiner selbst.

Schwierige Neptunaspekte können auf beide Extreme hinweisen. Das hängt vom Gesamtbild des Horoskops ab, zu dem diese Aspekte gehören. Beide Reaktionen umgehen die Herausforderung, sich selbst treu zu bleiben, was ja die Voraussetzung jeder erfolgreichen Trennung ist. Neptun muß dem Ego-Pentheus gegenüber nicht den Dionysos spielen und die Grundlagen geistiger Gesundheit und Selbständigkeit eines Menschen zerstören. Man braucht keine professionelle Vollzeitbacchantin zu sein, die hilflos von einem emotionalen Affekt zum anderen getrieben wird, und auch kein Erlöser für einen Mitmenschen, der passives Opfer blinder Abhängigkeit ist. Neptun kann als starke schöpferische Kraft erfahren werden, ausgedrückt in Formen, die sowohl das Ozeanische als auch die Abgrenzungen und die weltlichen Bedürfnisse des einzelnen respektieren. Mit einem starken Neptun ist man vielleicht nie ganz »normal«, was auch immer das bedeuten mag – wahrscheinlich aber überaus interessant und lebendig. Mit Neptun begehen wir unvermeidlich manchmal häufige, und manchmal recht schlimme Fehler, bevor wir zu erkennen beginnen, daß ein Ergebnis möglich ist, das nicht dem Ende der »Bacchantinnen« gleicht – wo zum Schluß ein abgetrennter Kopf auf einer Stange herumgetragen wird. In der Jugend spüren wir vielleicht nur, daß etwas Unsichtbares unser klares Denken und unseren Willen zerfrißt, so daß wir unglücklich und verwirrt werden, weil das Leben kein Paradies ist. Vielleicht fehlt uns die saturnische Zähigkeit und das sonnenhafte Vertrauen, um über derartige Enttäuschungen hinwegzukommen. Es tut ja doch alles zu weh. Später dann, wenn Saturn bereits auf seinen Platz zurückgekehrt ist, und noch viel später, wenn Uranus in Opposition zu seinem eigenen Platz steht, fallen uns die richtigen

Fragen eher ein. Wer allzu beschützt lebt, empfindet Neptuns Gegenwart als erschreckend, und wer zu schwache Abgrenzungen hat, für den ist Neptun suchtvoll beseligend wie Novalis' fatale Sehnsucht nach Vergessen. Zuweilen werden beide Reaktionen zugleich erfahren. Wenn zwischen Neptun und den Planeten, die er aspektiert, kein individuelles Selbst steht, könnte Neptun tun, was Dionysos dem Pentheus antut – mancher wird vielleicht nie reif und bleibt in einem bestimmten Lebensbereich ewig hungrig und ungeboren. Obwohl wir in Euripides' Gottesbild keinen Hinweis auf eine grausame und launenhafte neptunische Absicht zu sehen brauchen, ist es dennoch nützlich, daran zu denken.

> Dionysos: Wir wollen ihn bestrafen. Trübe ihm den Geist durch einen leichten Wahn! Denn bleibt er bei Verstand, wird schwerlich er zur Weiberkleidung sich entschließen; nur wenn er den Verstand verloren, wird er's tun ... Er soll den Sohn des Zeus, Dionysos, erkennen: Der ist wahrhaft Gott, wohl furchtbar, aber gnädig auch den Sterblichen![28]

Neptun-Sonne-Aspekte

> Eines jeglichen Menschen Tod nimmt etwas von mir hinweg,
> denn ich bin ein Teil der Menschheit.
> Deshalb frage nie, für wen die Glocke läutet –
> sie läutet für dich.
>
> *John Donne, Devotions*

Bildet Neptun im Geburtshoroskop einen Aspekt zur Sonne, muß über das Bedürfnis nach individueller Selbstdarstellung und die Sehnsucht nach der pränatalen Formlosigkeit geredet werden. Gegenstand des Gespräches ist – bewußt oder unbewußt – der Sinn des Lebens. Sonne und Neptun sind ein schlechtes Gespann, und es dauert im allgemeinen zumindest bis zur ersten Rückkehr Saturns, bis der Betroffene zu verstehen beginnt, wie er mit diesem unruhigen Pärchen leben soll. Daß es möglich wäre, zeigen die Griechen, die beide Götter in einem gemeinsamen Heiligtum in Delphi zusammengebracht hatten, so daß deren Verehrern abwechselnd solare Klarheit und chthonische Ekstase geboten wurde, wobei jeder Gott seinen Teil des Jahres für die entsprechenden Rituale hatte. Da die Sonne Werte und Ziele symbolisiert, die sich in der Lebensmitte voll entfalten und die Grundlage für das Gefühl eines persönlichen Geschickes bilden, muß jemand mit einem Sonne-Neptun-Aspekt Neptuns Welt in seinen Lebensweg einbeziehen. Nagende Unzufriedenheit, Desillusionierung und Apathie könnten sonst alles zunichte machen, was er zu tun versucht. Bei allen Aspekten – harten wie weichen – muß der vorgeburtliche Bereich durch ein individuell entwickeltes Element zum Ausdruck gebracht werden, und zwar vorzugsweise (aber nicht unbedingt) durch eines, dem als Berufung oder Beruf nachgegangen werden kann. Neptuns Welt einzubeziehen mag einfach klingen – offenbar muß man einfach nur transzendental denken. Aber die Sonne ist eine dynamische Kraft, die sich äußern und verwirklichen will. Sie muß in das Leben einstrahlen und eine Wirkung auf die Außenwelt ausüben, und sei diese noch so gering. Will jemand dem illusorischen Trost einer eskapistischen »Spiritualität« aus dem Wege gehen, so muß er eine Äußerungsmöglichkeit für Neptuns sinnliches und emotionales theatralisches Wesen sowie auch für seine Sehnsucht nach Verschmelzung mit dem Göttlichen finden. Und was das Wichtigste ist – diese Äußerungsmöglichkeit muß individuell sein. Keine Lehre, auch wenn sie noch so schön und passend erscheinen mag, ist individuell, wenn sie nicht durch eigene Erfahrungen und Werte bestätigt wird.

Sonne-Neptun kann stehen für den Musiker, den Schauspieler, den Komponisten, den Stückeschreiber, den Dichter und Romancier, den Maler, den Filmemacher, den Fotografen, den Astrologen, den experimentierenden Wissenschaftler, der auf Inspiration und auf empirische Forschung angewiesen ist,[29] oder für den Therapeuten, den Berater oder Lehrer, der die Ergebnisse seines Vorstellungsvermögens heilsam anwendet. Neptun fühlt sich auch wie zu Hause, wenn er sich um eine Umgebung kümmert, die an den Garten Eden erinnert. Neptuns Einfühlungsvermögen in menschliches Leid und menschliche Sehnsucht verleiht den schöpferischen Bemühungen eines Menschen mit Sonne-Neptun etwas Universelles, denn er kann in einer Sprache kommunizieren, die jeder versteht. Seine Ausdrucksformen sind sonnenhaft und ozeanisch zugleich. Sie haben Substanz, obwohl sie fließend sind. Sie erfordern bewußte Anstrengung, Hingabe, individuelle Entscheidung, sinnlichen Kontakt und bildliche Darstellung sowie ein subtiles Verhältnis zum übrigen Leben. Neptun macht das Sonnen-Ego durchlässig und offen für die Welt des Unsichtbaren. Aber das Unsichtbare ist nicht nur transzendentes Licht; es ist auch ursprüngliche Finsternis. Wenn man versucht, sich mit dem kleinen Fisch anzufreunden, und den großen dabei außer Acht läßt, könnte die Finsternis auf andere Weise wie zum Beispiel in Form von Alkohol, Drogensucht, zwanghaften Eßstörungen, sexuellen Schwierigkeiten oder schwächenden und zersetzenden geistigen oder körperlichen Leiden heraufziehen. Oder sie könnte durch Projektionen erfahren werden, und infolge eines Schicksalsschlages, der nach schwarzem Humor riecht, verkörpert der Partner oder das Kind des Betroffenen dann all die trüberen neptunischen Elemente, die man bei sich selbst energisch ablehnt. Ein Mensch mit Sonne-Neptun hat wie Pentheus vielleicht anfänglich Erfolg damit, den Gott aus seinem Leben zu verbannen, könnte jedoch schließlich einen manisch Depressiven, einen Hysteriker oder einen Alkoholiker heiraten oder einen kleinen Dinysos zur Welt bringen, der als Erwachsener drogensüchtig wird.

Ein Mensch mit Sonne-Neptun sehnt sich nach der Erfahrung, durch einen Akt freiwilliger Unterwerfung unter etwas Größeres oder Höheres seiner selbst »enthoben« zu werden. Die Sonne ist der Herrscher des fünften Hauses, und dieses Haus hat nicht nur mit schöpferischem Bemühen, sondern auch mit Liebe zu tun. Im Liebesakt wie auch in der schöpferischen Darstellung müssen wir wahrhaft nackt sein, wenn wir etwas geben wollen, das tatsächlich unser Inneres widerspiegelt. Das kann man nicht vortäuschen und dann hoffen, das sonnenhafte Gefühl eigener Authentizität zu empfinden. Aber nackt zu sein ist nicht dasselbe wie das Ego aufzugeben. Im Zustand der Nacktheit ist man ohne Abwehrmechanismen und Verkleidungen wirklich man selbst. Die bekannten Träume, in denen man nackt auf der Straße in einer Menschenmenge steht, schildern die schmerzhafte Erfahrung der Selbstentblößung, den Verlust einer akzeptablen Persona oder einer sozialen Rolle. Das sonnenhafte Bedürfnis, sein einmaliges Selbst darzustellen, auch wenn man dabei vereinsamt oder von der Gemeinschaft abgelehnt wird, muß mit Neptuns Sehnsucht nach Auflösung ausgeglichen werden. Wird die Sonne überschwemmt, kann sich die eigene Individualität nur in versteckten Symptomen zeigen, die den unbewußten Wunsch nach Aufmerksamkeit rechtfertigen; sie kann sich auch in einem Beziehungsmuster äußern, in dem das Besondere, das man verkörpert, daran gemessen wird, wie ungerecht »selbstsüchtige« und dominante Partner, Kinder, Eltern oder Freunde einen behandeln. Wird Neptun unterdrückt, zeigen bestimmte Symptome, wie hilflos und abhängig man ist, oder man fühlt sich immer wieder zu Menschen hingezogen, die selbst hilflos sind und ungerecht behandelt werden. Und man empfindet vielleicht eine unerträgliche Sehnsucht nach etwas Unbekanntem und noch nie Gesehenem, eine Sehnsucht nach Auflösung, die nur durch einen Akt der »Selbstzerstörung«, wie es in älteren Astrologielehrbüchern genannt wird, befriedigt werden kann.

Wie alle Sonnen-Aspekte beschreibt Sonne-Neptun, wie man den eigenen Vater erlebt. Vielleicht hatte jemand einen »unerreichbaren« Vater, der emotional oder körperlich abwesend, kränklich oder schwach war. Da wird der Vater oft unbewußt stark idealisiert. Er war möglicherweise selbst stark neptunisch beeinflußt, und sein Geburtshoroskop zeigt vielleicht Kontakte zwischen Sonne und Neptun, Mond und Neptun, oder eine Betonung des Zeichens Fische in einem Eckfeld. Vielleicht hatte der Vater viel schöpferische Phantasie und war sehr offen für das Übersinnliche, was möglicherweise in der männlichen Linie über mehrere Generationen zurückging. Aber oft blieben diese Eigenschaften unentwickelt oder von stärker materialistischen Dingen überdeckt. Das Leben des Vaters könnte auch gänzlich vertan gewesen und sein schöpferisches Potential in Alkohol, Frauengeschichten, Depressionen, Krankheiten oder wiederholten finanziellen Mißerfolgen zerronnen sein. In mancher Hinsicht wirkt der unerreichbare, aber faszinierende Vater, der zu kurz gekommen war und dennoch die Ekstase der Verschmelzung verhieß, geliebt war und seinen Kindern doch als Versager vorkam, wie eine Christusfigur, wie ein Erlöser, der selbst der Erlösung bedarf, und der von einer prosaischeren Frau überschattet oder vertrieben wurde.

Der mit dem archetypischen Vater verschmolzene eigene Vater symbolisiert für jedes Kind Vertrauen und schöpferische Kraft. Deshalb erwarten wir soviel von unseren Vätern, die es auf die eine oder andere Weise doch falsch machen, weil sie eben sterblich sind. Darum scheint auch die Sonne im Horoskop das zu personifizieren, was man vom Vater als Teil des Rohmaterials für das eigene Schicksal »erbt«. Der Held aus dem Mythos sucht immer wieder nach einer Entäußerung jener Eigenschaft, die sein göttlicher Elternteil verkörpert.[30] Jeder die Sonne aspektierende Planet zeigt eine besondere Facette des archetypischen Vaters auf, und der Mensch hat nun die »Aufgabe«, sich dieser Seite zu stellen und sie so schöpferisch wie möglich zum Ausdruck zu bringen. Der neptunische Vater ist der zerstückelte Orpheus, der verwundete Gralskönig, den die Härte des Lebens oder die eigene Sündenlast kraftlos gemacht hat. Die verinnerlichte Vaterfigur vermittelt die Grundlage des Gefühls für Sinnhaftigkeit, genauso wie die verinnerlichte Mutter die Grundlage für das instinktive Vertrauen zum Leben vermittelt. Der neptunische Vater ist ein Geist, der sich nicht selbst im Leben verkörpert hat und es nun seinem Kind überläßt, ein eigenes Modell für ein Leben voller Zuversicht zu finden. Es überrascht nicht, daß viele Menschen mit Sonne-Neptun dazu lange brauchen.

Oft erben wir ein bedeutendes schöpferisches Potential von unserem Vater. Ich kenne viele Menschen mit Sonne-Neptun, deren Väter Talent als Schauspieler, Musiker, Schriftsteller oder Maler hatten, ihre Begabungen aber häufig nicht anwenden konnten, sie vernachlässigten oder nicht mehr zeigten, nachdem sie sich auf eine Ehe eingelassen hatten und Vater geworden waren. Ein Mensch mit Sonne-Neptun hat dann vielleicht für so einen Träumer von Vater mit dem nagenden Gefühl eigenen Unvermögens zu bezahlen. Früher oder später muß er sein Selbstvertrauen »aus dem Nichts« aufbauen, weil der eigene Vater kein ausreichendes Beispiel bieten konnte. Wir alle sind zu kurz gekommen, weil jemand etwas nicht getan hat, und weil Eltern eben Menschen und keine Archetypen sind. Sonne-Neptun zeigt nicht, daß ein Vater besser oder schlechter ist als ein anderer. Auch sagen Horoskope nichts Objektives dazu, ob der Vater oder die Mutter liebevoll oder lieblos, gut oder böse, erlöst oder unerlöst ist. Eltern-Signifikatoren in Geburtshoroskopen stehen für ein archetypisches Muster, das zunächst durch den jeweiligen Elternteil erfahren wird. Sonne-Neptun zeigt die Struktur des leidenden Erlösers, des Künstlers und Visionärs. Der flüchtige Vater wird zum flüchtigen Gott, dessen Umarmung wir jenseits des Lebens suchen. Für Frauen mit Sonne-Neptun könnte die Vateridealisierung bedeuten, daß sie sich in jemanden verlieben, den sie aus dem einen oder anderen Grunde nicht bekommen können. Oder eine Frau lehnt vielleicht alle Beziehungen zu Männern ab, weil unbewußt keiner mit dem göttlichen Vater zu vergleichen ist, den sie bewußt vielleicht wiederum verschmäht. Männer mit Sonne-Neptun könnten diese Gefühle auf Frauen übertragen, die sich, als Personifizierung der göttlichen Mutterquelle, ihnen entziehen oder sie vereinnahmen, oder auf Frauen, in denen sie unbewußt den geliebten Geistvater suchen, der irgendwann einmal verschwunden ist. Aspekte zwischen Sonne und Neptun stehen für enormes Vorstellungsvermögen und schöpferisches Potential. Um aber dieses Potential zum Ausdruck zu bringen, braucht man ein starkes Gefäß zur Aufnahme des geweihten Weins.

Neptun-Mond-Aspekte

> Aber sie ergötzt sich noch daran, in ihr Gewebe
> Die magischen Gesichter des Spiegels einzuweben,
> Denn oft in den stillen Nächten
> Kam ein Leichengefolge mit Federschmuck und Lichtern
> Und Musik zu Camelt.
> Oder als der Mond hoch droben war,
> Kamen zwei junge Liebhaber kürzlich heiraten.
> Ich bin halb krank von Schatten«, sagte
> Die Lady von Shalott.
>
> *Alfred Lord Tennyson, The Lady of Shalott*[31]

Neptun und der Mond haben vieles gemeinsam. Beide herrschen über Wasserzeichen, und beide haben etwas mit der Mutter, dem Bemuttern und dem Dazugehörenwollen zu tun. Mond-Neptun-Kontakte im Geburtshoroskop stehen häufig für Einfühlungsvermögen, Freundlichkeit, Feingefühl und ein hochentwickeltes Vorstellungsvermögen; sie sind aber auch bekannt für ihre Unzufriedenheit, besonders infolge von Beziehungsschwierigkeiten und körperlichen Leiden. Der Mond hat, obwohl zum Element Wasser gehörend, auch Substanz, und steht für die instinktiven Bedürfnisse des Menschen. Da der Mond so überaus persönlich ist, beschreibt er sehr spezifische Voraussetzungen körperlicher und emotionaler Zufriedenheit. Persönliche Bedürfnisse bestimmen einen Menschen genauso klar wie die aggressiveren Forderungen von Sonne oder Mars. Immer steht hinter dem Mond ein »Ich«, wenn auch ein instinktives, genauso wie bei der Sonne. Und Neptun ist der Feind des »Ich«. Um ein funktionierendes Gleichgewicht zwischen den individuellen Bedürfnissen des Mondes und den universellen Sehnsüchten Neptuns zu finden, sollte dafür gesorgt werden, daß der Wunsch, mit anderen zu verschmelzen, den Ausdruck der eigenen Gefühle, Wünsche und körperlichen Bedürfnisse nicht unmöglich macht, daß aber auch die Abhängigkeit von materieller und emotionaler Sicherheit nicht die Sehnsucht erstickt, sich emotional und mit den eigenen Phantasien außerhalb des »normalen« Familienlebens zu bewegen. Ein solches Gleichgewicht kann nur erreichen, wer sich vom Glanz der Selbstaufopferung befreien kann und lernt, seine Neigung zu emotionaler Manipulation und Märtyrertum im Zaum zu halten. Hier wäre es hilfreich, über frühe emotionale Erfahrungen nachzudenken – besonders im Verhältnis zur Mutter, deren wichtigste astrologische Entsprechung der Mond ist.

Neptuns »göttliche Unzufriedenheit« schiebt die mondhafte Beschränkung auf die Verwandtschaft über die Grenzen des unmmittelbaren eigenen Erlebens hinaus. So kann diese Kombination ein tiefes Mitgefühl für die Bedürftigkeit, Angst und Einsamkeit widerspiegeln, die alle Menschen empfinden. Mond-Neptun versteht, daß andere bedingungslose Liebe brauchen, und auch er selbst will für sein Verständnis die Liebe anderer will. Es besteht ein tiefempfundenes Gefühl dafür, nicht nur einigen Freunden und den Familienangehörigen, sondern der gesamten leidenden Menschheit verbunden zu sein. Wenn jedoch eigene emotionale Bedürfnisse nicht geltend gemacht werden, wird man mitunter zum mißmutigen Diener der Forderungen anderer, bleibt ewig hungrig und bietet sich doch jedem zufällig vorbeikommenden hungrigen Mund als Nahrung an. Mit Mond-Neptun kann das Gebrauchtwerdenwollen das gesamte Leben beherrschen. Zuweilen wird Mond-Neptuns grenzenloser Hunger nicht bewußt eingestanden, besonders wenn das Horoskop durch eine Betonung in Luft und Erde oder einen starken Saturn oder Uranus eine eher selbständige Grundhaltung zeigt. Dann könnte man Mond-Neptun durch einen hilfsbedürftigen, anspruchsvollen oder kranken Partner oder durch ein Kind erfahren; oder man macht diese Erfahrung im Beruf durch Menschen, die man zu unterstützen oder zu heilen sucht. Ein unerlöster Mond-Neptun kann sich auch durch den Körper äußern, der zur Stimme eines Kleinkindes wird, das seinen Hunger und seine Verletzbarkeit nicht anders artikulieren kann.

Der Mond steht für die frühe Erfahrung der Mutter-Kind-Bindung und für das archetypische mütterliche Erbe. Seine Stellung und Aspektierung im Geburtshoroskop beschreiben oft sehr genau das emotionale Klima in der Kindheit. Sekundärprogressionen des Mondes bieten wertvolle Einblicke, denn jeder applikative Mondaspekt wird innerhalb der neun Monate nach der Geburt exakt, und jeder separative Aspekt ist irgendwann innerhalb der neun Monate vor der Geburt exakt gewesen. Mit anderen Worten, progressive Mondaspekte umfassen einen Zeitraum, der ungefähr von der Zeugung bis neun Monate nach der Geburt reicht. Zum Beispiel läßt eine Konjunktion von Mond und Uranus, die bei der Geburt applikativ ist und durch sekundäre Progression vier Monate nach der Geburt exakt wird, auf Störungen oder Instabilität emotionaler oder körperlicher Art im vierten Lebensmonat schließen. Die chronische Ängstlichkeit, die Menschen mit einem Nond-Neptun-Aspekt im Erwachsenenalter oft zusetzt, könnte somit eine verschwommene Erinnerung an Unsicherheiten oder Umwälzungen in der Kindheit sein. Wer die Verbindung zwischen typischen, auf die Zukunft projizierten Mond-Uranus-Befürchtungen (phantastischen Vorstellungen von Flugzeugabstürzen, explodierenden Gasboilern, plötzlichen Trennungen) und emotionalen Erfahrungen der Vergangenheit versteht, kann besser mit der beunruhigenden Erwartung fertigwerden, daß immer alles gleich schiefgehen wird.

So beschreiben Mond-Neptun-Aspekte auch vergangene Erfahrungen, die zu Zukunftserwartungen werden können. Ein Mensch mit einem Mond-Neptun-Aspekt war vielleicht das »Nesthäkchen« und hatte eine besonders geheimnisvolle Bindung zur Mutter; und vielleicht meint er nun als Erwachsener, die Menschen, die er liebt, würden ständig und vorbehaltlos emotional für ihn dasein. Doch es kann uns teuer zu stehen kommen, das Lieblingskind gewesen zu sein. In Lieblingskindern sieht ein Elternteil oft nicht das Kind selbst, sondern eine Chance, das eigene unerfüllte Leben noch einmal zu leben. Sicherlich erfolgt da eine Verschmelzung, allerdings auf Kosten des Kindes, das sich im Erwachsenenalter einsam und unwirklich vorkommt, wenn sein emotionales Sicherheitsgefühl nicht unablässig wiederhergestellt wird. Mit den Aufopferungstendenzen von Mond-Neptun wird zuweilen versucht, den frühen Zustand des Verschmolzenseins wiederherzustellen. Mond-Neptun in seinen schwierigeren Erscheinungsformen hängt manchmal mit Drogensucht und Alkoholismus sowie auch mit Eßstörungen zusammen. Das überrascht nicht, wenn wir den Hunger nach solchen Dingen als die Sehnsucht nach einer bedingungslos liebenden Mutter verstehen. Die zwanghaften Anteile des Hungers bei Mond-Neptun lassen vermuten, daß man anstelle einer gefestigten Mutterbeziehung die Ekstase eines gegenseitigen Sich-Nährens mit einer archetypischen Gestalt von ungeheurer emotionaler Stärke erlebt hat. Mond-Neptun steht vielleicht für die Erfahrung einer Mutter, die sehr gelitten hat, oft durch einen »schlechten« Ehegatten. Zuweilen hängt das Leid auch mit unpersönlichen Themen wie Krieg oder Armut zusammen; oder die Mutter war körperlich oder seelisch krank, als das Kind noch klein war. Wie immer die Situation in der Kindheit gewesen sein mag – der archetypische leidende Erlöser, der auch die Meeresmutter Tiamat ist, könnte die wirkliche Identität der eigenen Mutter und deren Charakter überdecken.

Gleichzeitig verschlungen und doch »selbstlos« geliebt zu werden löst ein intensives Schuldgefühl aus, und das ist eine der größten Qualen für die innere Welt von Mond-Neptun. Dieses Schuldgefühl, das man als Erwachsener erlebt, kann durch jede »selbstsüchtige« Handlung ausgelöst werden, bei der man sich selbst und nicht die Mutter oder einen Mutterersatz an die erste Stelle setzt. Mond-Neptun wirft der Mutter nicht vor, ein »schlechter« Elternteil zu sein. Das Schlimmste, was gesagt werden kann, ist gewöhnlich, daß sie vielleicht selbst noch ein Kind war; und Kinder jedes Alters, von zwei Wochen bis zu achtzig Jahren, sind im allgemeinen sehr schwierig, wenn ihre Bedürfnisse nicht befriedigt werden. Wir können unseren Kinder nicht geben, was wir selbst nicht haben; und wenn wir als Erwachsene noch nach dem Garten Eden suchen, werden wir ihn wahrscheinlich in unseren Kindern finden wollen. Doch könnte die Unzufriedenheit der Mutter bei einem Mond-Neptun-Kind, das auf die kleinste emotionale Veänderung bei anderen sehr empfindlich reagiert, mythische Proportionen annehmen, und dann fühlt es sich dazu veranlaßt, die Mutter von ihrem Leid zu erlösen. Im

Erwachsenenalter könnte die größte Qual von Mond-Neptun ein verschwommenes, aber bleibendes Schuldgefühl sein, das durch jede Form emotionaler Unabhängigkeit entsteht. Oft steht hinter den Mutter-Idealisierungen große Wut, weil sich Mond-Neptun-Menschen übergangen, benachteiligt und ausgesprochen manipuliert vorkommen. Es ist für Mond-Neptun sehr wichtig, nein sagen zu lernen. Dazu muß die oft mit Liebeserfahrungen einhergehende extreme Sentimentalität gemäßigt werden. Mond-Neptun muß erst Mond sein und erkennen, wie wichtig vor allem das eigene körperliche und emotionale Wohlbefinden ist, bevor die Verantwortung übernommen wird, die Bedürfnisse anderer zu befriedigen.

Neben Einfühlungsvermögen und Anteilnahme kann Neptun für eine sehr verfeinerte Empfindsamkeit und eine ausnehmend starke Wertschätzung für Berührungen, Gerüche, Geschmack, Farbe, Bewegung und Klang stehen. Dies kann in den unterschiedlichsten kreativen Tätigkeiten Anwendung finden, wenn der Rest des Geburtsbildes stimmt. Der Körper ist so sensibel, daß man Mond-Neptun mit einer Neigung zu Allergien aller Art verbinden kann, besonders zu Lebensmittelallergien. Vielleicht ist die Welt außerhalb des Paradiesgartens zu rauh und aufreibend, und so äußert eben der Körper die Abscheu davor. Süchte und Allergien sind zwei Dimensionen desselben neptunischen Dilemmas. Mit ausreichendem innerem Wohlgefühl, das der Empfindsamkeit von Mond-Neptun beim Erleben der rauhen Wirklichkeit entgegenwirkt, wären allergische Reaktionen zumindest teilweise zu überwinden, wenn auch die Sensibilität immer bleiben wird. Das Feingefühl von Mond-Neptun kann viel Charme, Takt und Liebenswürdigkeit verleihen, wobei sich diese Eigenschaften meist im gesellschaftlichen Umgang und in Helfer- und Lehrerberufen äußern. Im persönlichen Leben gab es vielleicht zuviel Mutter und zuwenig Bemutterung. Doch hinter dieser persönlichen Schwierigkeit steht das noch größere Dilemma völligen Isoliertseins und jener absoluten Abhängigkeit, wie sie zwischen ängstlichen und verletzten Familienmitgliedern bestehen kann, die das Verlassenwerden fürchten und einer beim anderen den Garten Eden suchen. Besser als jeder andere Aspekt versteht Mond-Neptun die Tragödie menschlicher Einsamkeit.

Neptun-Merkur-Aspekte

Einbildungskraft! Sie erhebt sich
Vor dem Auge und dem Gang meines Liedes
Wie vaterloser Dunst! Hier kam diese Kraft
In der ganzen Stärke ihrer Gaben durch mich hindurch;
ich war verloren wie in einer Wolke ...

William Wordsworth, Crossing the Alps[32]

Bei der Verbindung von Neptun und Merkur spricht Ebertin von »Einbildungskraft«.[33] Zu den positiven Eigenschaften zählt er eine reiche Vorstellungswelt und die Erfassung der feinsten Zusammenhänge; als negative Eigenschaften nennt er Fehlurteile, verworrene Vorstellungen und Lügenhaftigkeit. Merkur, der Gott der Diebe und Lügner, kann zusammen mit Neptuns Gefühlskraft und Vorstellungsvermögen bezaubernde Unwahrheiten ersinnen, denn er ist sowohl ein begabter Geschichtenerzähler als auch ein ausgefuchster Betrüger. Geschichten erzählen ist ja auch eine Form des Betrugs: Wir werden in eine Welt geführt, die wir eine Zeitlang für glaubhaft halten, bis wir uns besinnen, daß sie ja in Wirklichkeit »Erfindung« ist. Auch Erinnern ist Geschichten erzählen, denn wir rufen uns jene Vorfälle ins Gedächtnis zurück, die uns emotional ansprechen, vergessen aber die, welche unsere Seelen nicht angerührt haben. Für Merkur-Neptun ist die Wahrheit fließend und wandlungsfähig, und Eingebildetes ist vielleicht genauso real wie literarische Ereignisse. Ist ein historischer Roman wie *Die Maske des Apoll* der inzwischen verstorbenen Mary Renault weniger wahr als eine wissenschaftliche Abhandlung über Athen im 5. Jahrhundert? Ist Homers Ilias unwahr, weil da von Göttern ebenso erzählt wird wie von männlichen Kriegstaten? Der Professor für klassische Philologie in Oxford könnte behaupten, Mary Renaults Roman sei unbrauchbar, da die Verfasserin vieles »erfunden« habe. Seine Abhandlung dagegen sei glaubhaft, da sie auf Tatsachen beruhe. Aber wie jeder von Merkur-Neptun geprägte Mensch weiß, können »Tatsachen« genauso subjektiv ausgelegt werden wie Träume.

Merkur als Psychopompos bezieht aus Neptuns Wasserreich nicht nur die Kraft der Zauberformeln und des Rituals, sondern auch tiefe Einblicke in die verborgenen Bereiche der menschlichen Seele. Für Merkur-Neptun ist die innere Welt genauso real oder sogar noch realer als die Welt der Dinge. Symbole und Bilder haben eine Substanz, die der farb- und gefühllosen Materie fehlt. Unausgesprochene Gedanken und Gefühle anderer Menschen sind greifbarer als ihre Kleidung oder die Farbe ihrer Haare. Merkur-Neptun besitzt unzählige Talente, die sich besonders bei dem Versuch zeigen, Neptuns Reich des Fließenden in eine den vom Land Eingeschlossenen und von den Fluten des Urmeeres Abgeschnittenen verständliche Sprache zu übersetzen. Sprache braucht nicht immer aus Worten zu bestehen, es können auch Bilder oder Musik sein. Merkur-Neptun ist in seiner besten Form ein Brückenbauer zwischen dem Garten Eden und der Welt, er befördert Botschaften von der einen zur anderen Seite und rührt Herz und Verstand an, indem er übermittelt, was nicht zu übermitteln ist. Das Problem besteht darin, daß der Mensch vielleicht nicht immer zwischen den beiden Welten zu unterscheiden vermag – wie ein Dolmetscher, der mit zwei Sprachen arbeitet und nicht mehr weiß, welche Sprache er gerade spricht. Merkur-Neptun ersetzt mitunter Lebenserfahrungen durch Einbildungen, anstatt die Erfahrungen zu nutzen, und – was noch schlimmer ist – er glaubt sogar seine eigenen Lügen und bringt die äußere und die innere Welt durcheinander, so daß die Vorstellungen von Menschen und Ereignissen durch seine Erlösungssehnsucht hoffnungslos verdreht werden. Da Merkur-Neptun ein starkes Ego als Vermittler braucht, werden bei einer labilen Persönlichkeitsstruktur Phantasien allzu leicht als Wahrheit und Wahrheiten als Phantasien angesehen. Deshalb denkt man bei Merkur-Neptun nicht nur an das absichtliche Erzählen von Unwahrheiten, sondern auch an ernstzunehmende Wahnvorstellungen. Die Außenwelt wird zunehmend von mythischen Szenarien überschattet. Andere Menschen haben dann, genauso wie man selbst, keine andere Rolle mehr zu spielen als die der Tiamat oder des Christus.

Wir stehen auf halbem Wege zwischen einer Welt da draußen, die riesig groß und uns als Einzelwesen fremd ist, sowie einer inneren Welt, die zwar uns selbst, aber auch jedem anderen gehört und daher ebenso groß und fremd ist. Wir müssen Dinge und Erfahrungen, Gefühle und Bilder registrieren, erkennen, was sie sind und woher sie kommen, sie danach einordnen, ob sie günstig oder lebensbedrohend sind und formulieren, was sie uns auf den verschiedenen Ebenen bedeuten. Von Merkur kommt die Fähigkeit, uns unserer Existenz bewußt zu sein. Aus diesem Grunde machten ihn die Alchimisten des Mittelalters zu einem Wesen, das menschliches Blei in menschliches Gold verwandeln kann. Am gründlichsten und aufregendsten lernt man Merkur kennen, wenn man mit autistischen Kindern arbeitet, die den Planeten auf Eis gelegt zu haben scheinen. Bei ihnen dringt wenig oder gar nichts nach außen, und auch kein äußeres Ereignis dringt in ihre Eingeschlossenheit in den Wassern der Gebärmutter ein. Keine emotionale Erfahrung überwindet ihre Barrieren, wo sie außer panischer Angst oder Wut noch andere erkennbare Reaktionen bewirken könnte. Irgendwo habe wir alle autistische Anteile, so daß die Verständigung nicht mehr klappt oder unsere Vorstellungen nicht mehr der Realität entsprechen, sondern dem, was war oder dem, was wir glauben. Merkuraspekte zu anderen Planeten deuten nicht nur an, wo wir Brücken zu verschiedenen Welten bauen können, sondern auch, wo wir außer der Welt, in der wir gefangen sind, keine anderen Welten mehr anzusprechen vermögen. Merkur-Neptun kann Verbindungen zwischen Phantasie und Intellekt sowie zwischen dem einzelnen und dem ozeanischen Urquell schaffen. Gleichermaßen steht er zuweilen für abgerissene Brücken und unterbrochene Telefonleitungen. Da ist der Mensch dann im Paradiesgarten eingesperrt und kann jenseits der Mauern dieses Gartens außer der Gefahr des Ausgelöschtwerdens nichts mehr erkennen.

Wenn Neptun Merkur überschwemmt, werden Beziehungen zu anderen mitunter durch eigene Einbildungen stark verzerrt. Dann ist auch die krasseste Form von Betrug erlaubt, nur um die Welt der Phantasien vor dem Eindringen der Gedanken, Gefühle und Wünsche anderer zu schützen. Man hat ein merkwürdiges Gedächtnis: Bestimmte Gespräche fanden nie statt, bestimmte Worte sind gefallen, die nie gesagt wurden, und anderen Menschen werden Beweggründe unterstellt, die in ihrer zerstörenden Wirkung an Tiamat oder in ihrer Unantastbarkeit an Christus erinnern, letztlich aber nur im Auge des Betrachters liegen. Das mindert nicht Merkur-Neptuns Fähigkeit, die Welt der Archetypen für seine Zaubertricks zu benutzen. Dichter, Romanciers und Musiker können durchaus begabt sein, selbst wenn sie schreckliche Lügner sind. Doch aus Angst vor dem Irrationalen oder sogar dem Wahnsinn kann Merkur auch versuchen, Neptun zu unterdrücken, wobei er die Waffen des Intellekts schwingt, um Sehnsüchte und Träume zu bekämpfen, welche die »objektive Wahrheit« in gefährlicher Weise zu untergraben scheinen. Um gegen die neptunische Überschwemmung anzukämpfen, versucht er, jegliche Neigung zum Phantasieren zu unterdrücken. Das führt oft unbewußt zu Undurchschaubarkeit, einer höchst bedauerlichen Eigenschaft von Menschen, die Statistiken frisieren und anderen Menschen Informationen vorenthalten, um wissenschaftliche oder politische Wahrheiten zu beweisen. Mit dieser Tendenz geht die Neigung einher, Neptun auf scheinbar leichtgläubige und irrationale Menschen zu projizieren. Diese Betrachtungsweise zeigte sich deutlich in dem vor mehreren Jahren in *The Humanist* erschienenen berühmten Artikel, in dem »angesehene« Wissenschaftler munter Gauquelins fleißige statistische Arbeit entstellten, mißdeuteten oder erst gar nicht erwähnten, um die Astrologie als Sammlung von Lügen und Verdrehungen zu widerlegen. Am kreativsten ist Merkur-Neptun jedoch dann, wenn erkannt und ehrlich eingestanden wird, daß man Dichtung und Wahrheit gern im Sinne eines umfassenderen Wirklichkeitsverständnisses miteinander vermischt.

Das Bildungswesen ist für Merkur-Neptun eine besondere Herausforderung. Heutzutage geht es ja vor allem um Faktendarstellung, verlangt wird lineares und nicht assoziatives Denken, die Universitäten fordern Spezialisierung. Platos Vorstellung von Bildung als der Wiedererweckung von Erinnerungen der Seele, als Synthese von Mathematik, Astrologie, Philosophie, Geometrie, Musik und Körpererziehung, die in einem großartigen Entwurf widerspiegelt, daß alles im Kosmos miteinander verbunden ist, ist an den Schulen der westlichen Welt derzeit nicht sehr beliebt. Einige britische Gesamtschulen sind jetzt von einer anderen Unsitte befallen: »Elitäres« Bemühen um akademisches Können wird beiseite geschoben, statt dessen gibt es sogenannten »Selbstausdruck« im Klassenzimmer. Das hat sehr wenig mit Merkur-Neptuns Vorstellungswelt oder mit Bildung überhaupt zu tun. Es rechtfertigt einfach, sich gar nicht erst darum zu bemühen, Rechtschreibung, Zeichensetzung oder das Sprechen in zusammenhängenden Sätzen zu lernen. Bei dem Dilemma der intellektuellen Unterschiede zwischen den Menschen wird einfach so getan, als gäbe es sie nicht. Ungeachtet dieses augenblicklichen Trends definiert das Bildungswesen unserer Gesellschaft Wahrheit auf sehr spezifische Art so, daß sie für ein wissenschaftliches Establishment akzeptabel ist. Merkur-Neptun ist diese Art der Wahrheit oft ausgesprochen fremd. Man könnte Menschen mit Merkur-Neptun daher vorwerfen, sie seien Tagträumer, faul oder sogar »lernunfähig«, weil die Wahrheiten zwischen den Tatsachen als wahrer empfunden werden als die Tatsachen selbst. Bildungseinrichtungen legen gewöhnlich keinen Wert auf Merkur-Neptuns erzählerische Talente, schätzen dagegen die peniblen Forschungen von Merkur-Saturn oder die praktischen Fertigkeiten von Merkur-

Mars. Infolgedessen empfindet Merkur-Neptun zuweilen tiefe Gefühle intellektueller Unzulänglichkeit, die zum Teil auf eine Kollision der eigenen Wahrnehmungsweise mit jener anderen zurückgeht, wie sie von der Allgemeinheit vorgeschrieben und im kulturellen Kanon festgelegt ist. Das Nachahmenkönnen als weiteres Merkur-Neptun-Talent mag zwar für den Schauspieler sehr wichtig sein, doch der Durchschnittsschüler bekommt keine guten Noten dafür. Eher bringt es ihm – berechtigt oder nicht – den Vorwurf des Plagiats ein.

Für einen Menschen mit Merkur-Neptun ist Bewußtwerdung entscheidend. Vielleicht muß man noch einmal gründlich über die Verletzungen nachdenken, die mit den frühen schulischen Erfahrungen einhergingen. Tiefe Wunden können auch entstehen, wenn ein Merkur-Neptun-Kind eine Sprache spricht, die seine Eltern nicht verstehen können oder wollen. Das in Symbolen redende phantasiebegabte Kind wird dann für Lügen bestraft, noch ehe es gelogen hat, oder ihm wird Dummheit oder geistige Trägheit vorgeworfen, weil eine symbolische Sprache von Natur aus umwegig ist und die Dinge nicht geradeheraus sagt. Merkur-Neptun ist ein Meister der Unterstellungen, Schlußfolgerungen und Zweideutigkeiten. Das könnte unbewußt auch bei einem Kind vorkommen. Ohne es zu beabsichtigen, unterläuft es die Abwehrmechanismen der Eltern und provoziert Zorn und ungewollte Rache. Ein Mensch mit Merkur-Neptun muß letzlich begreifen, welche Talente er hat und wo er anfällig ist. Geistige Klarheit, Disziplin und das Wissen um die Wirkungslosigkeit einer Kommunikation in einer unverständlichen Sprache gehören zu den wichtigen Lektionen für Merkur-Neptun. Neben Neptuns ozeanischen und kosmischen Wahrheiten müssen auch bodenständige und von bestimmten Denkmodellen abhängige Wahrheiten anerkannt werden. Merkur-Neptun vermag viele Spielarten der Wahrheit zu erkennen, muß aber sehr bewußt zwischen ihnen unterscheiden, so daß jede dort geäußert werden kann, wo sie hingehört.

Neptun-Venus-Aspekte

> Ich lief einem Mädchen nach und umarmte ein Schilfrohr.
> Götter und Menschen, so werden wir alle irregeführt!
> Es zerbricht in unserer Brust, und dann bluten wir.
>
> *Percy Bysshe Shelley, Hymn of Pan*

Die Kontakte zwischen Neptun und Venus gehören zu den romantischsten Aspekten im umgangssprachlichen und im historischen Sinn des Wortes. Venus steht nicht für emotionale Liebe, sondern eher für ein Liebesideal als Verkörperung dessen, was als schön und wertvoll empfunden wird. In einer Venusbeziehung entdecken wir das Wertvolle an uns. Was man liebt, das ist man insgeheim, und darauf fußt das Selbstwertgefühl. Durch ihre Aspekte zu anderen inneren Planeten findet Venus ihre Vorstellung von Schönheit in den Menschen, Dingen und Erfahrungen des täglichen Lebens wieder. Die Äußerung individueller Werte durch den eigenen, persönlichen Geschmack ist befriedigend, und jeder Tag kann durch die Vergnügungen der Sinne und die Freuden des Zusammenseins mit anderen Mensch Glück bescheren. Neptun dagegen ist chronisch unzufrieden, denn nichts auf der Welt, und mag es noch so schön sein, kann ihm das verlorene Paradies ersetzen. Zwei charakteristische Erscheinungsformen von Venus-Neptun sind »göttliche Unzufriedenheit« in Dingen der Liebe und Störungen in der Fähigkeit zum Glücklichsein. Ist der Liebhaber unvollkommen, ist man enttäuscht. Ist die Umwelt nicht vollkommen, leidet man unter Depressionen. Ist die Gesellschaft unvollkommen, verzweifelt man. Ist der Körper unvollkommen, möchte man ihn kleiner oder größer haben, ihn verschönern, ihn verkleiden oder – wenn das alles nichts hilft – kaputtmachen, denn alles, was der makellosen Schönheit des Gartens Eden nicht entspricht, ist unerträglich.

Venus-Neptun wird oft mit sexueller Anziehungskraft und Verführungskunst assoziiert. In der Welt des Films wimmelt es von Beispielen wie Brigitte Bardot und Marilyn Monroe. Doch ein Charisma, mit dem man allen alles ist, läßt nicht auf allzuviel Stabilität und Zufriedenheit hoffen. Manch einer identifiziert sich unbewußt durch seine Sexualität mit dem leidenden Erlöser und sucht sein solides Selbtwertgefühl darin, sich den vom Leben Verletzten anzubieten. Mitgefühl und sogar Mitleid können die jeweilige Definition von Liebe stark beeinflussen. Venus-Neptun fühlt sich auch zu all jenen hingezogen, die eine Erlösung anzubieten scheinen. Es ist der Aspekt des Strebens nach dem Unerreichbaren schlechthin. Liebesideale werden mit Themen wie Leid und Opfer verbunden, und nur Beziehungen voll Qual und Sühne empfindet man als echt. Die Dichtung der Minnesänger ist nie weit von venusisch-neptunischen Träumen entfernt, und auch das ödipale Dreiecksverhältnis der höfischen Liebe steht Venus-Neptuns Seelenleben sehr nah. Venus hat ebenso mit Rivalität zu tun wie mit Harmonie, denn den eigenen Wert bestimmt man nur durch Vergleiche mit anderen. Venus' Neigung zu Dreiecksverhältnissen kennen wir aus dem täglichen Leben und den Mythen dieser Göttin. Doch das gewöhnliche, ödipale Dreiecksverhältnis, das ja nach Freud eine alltägliche Kindheitserfahrung ist, sieht in den Wassern der neptunischen Welt sehr viel dramatischer aus. Der Elternteil, den man für sich beanspruchen möchte, ist der göttliche Ursprung; und die ödipale Sünde besteht nicht nur in dem unerlaubten erotischen Verlangen, sondern auch in der Sehnsucht danach, die Allmacht der Gottheit durch Verschmelzung zu erlangen. Wie Plotin einst schrieb: » ...aber das Trachten sollte ja nicht darauf gehen, ohne Verfehlung zu sein, sondern »Gott« zu sein.« Venus-Neptun begehrt keinen sterblichen Partner, um in ihm die eigenen Werte gespiegelt zu sehen, sondern trachtet nach der Vereinigung mit der Gottheit. Nur so ist die absolute Schönheit und Vollkommenheit erreichbar.

Da die Vollkommenheit des Gartens Eden durch die Liebeshoffnungen von Venus-Neptun hindurchschimmert, ist körperliche Vollkommenheit oder deren Fehlen zuweilen ein wichtiges Thema in Beziehungen. Venus-Neptun empfindet – vielleicht sogar gegen den eigenen Willen – unweigerlich Abscheu, wenn ein Partner körperliche Gebrechen aufweist. Zuweilen erfolgt die Desillusionierung schon nach der ersten sexuellen Begegnung, zuweilen entwickelt sie sich erst mit der Zeit, wenn der Partner jene kleinen, aber unverkennbaren Zeichens seines Alters zeigt, die die paradiesische Unsterblichkeit in Frage stellen. Die Phantasie einer vollkommenen sexuellen Vereinigung ist oft so weit von dem körperlichen Akt entfernt, daß letzterer sehr enttäuschend kann. Hier kommt es schnell zu Enttäuschungen, und ebenso schnell zu Verletztheit und Wut seitens des Partners, der nicht versteht, warum er abgelehnt werden sollte, nur weil er in einem physischen Körper steckt. Eine der schwierigsten Seiten von Venus-Neptun ist nicht die Neigung zur Unzufriedenheit – diese melancholischen Phasen kann man auch als Teil des Ethos von der selbstlosen Liebe ansehen –, sondern es sind die Verletzungen, die anderen zugefügt werden; diese erkennen nämlich vielleicht nicht, daß das Problem gar nicht in ihren körperlichen oder sexuellen Fehlern liegt. Doch wenigstens in der Kunst kann man einen flüchtigen Blick auf die von Venus-Neptun gesuchte Vollkommenheit erhaschen, denn hier zeigt sich der Aspekt von einer seiner besten Seiten. Auch ohne ausgesprochenes Talent besteht gewöhnlich ein tiefes Musikempfinden, denn die Musik rührt an die eigene Sehnsucht nach vollkommener Harmonie und befriedigt einige sehr nachhaltige Wünsche von Venus-Neptun. Dichtkunst, Malerei, schöne Literatur und Dramatik können das verlorene Paradies heraufbeschwören, das aus dem Gesicht eines geliebten Menschen zu winken scheint und nur allzu bald wieder verschwindet. Geburtshoroskope bekannter Künstler zeigen eine Fülle von Venus-Neptun-Kontakten, obwohl der Schaffensimpuls nicht dieser Kombination zugeschrieben werden kann. Wenn dieser Impuls fehlt, steht Venus-Neptun vielleicht für den Ästheten und Kunstliebhaber – besonders aber für den Liebhaber jener romantischen Kunst, die Neptuns Erlösungsträume widerspiegelt.

Da Venus traditionellerweise im Zeichen Neptuns erhöht ist, wurde schon viel über die Harmonie zwischen diesen beiden Planeten und ihre Verbindung zur universellen Liebe geschrieben. Im Umgang zeigt Venus-Neptun oft Mitgefühl mit allen Menschen, besonders mit denen, die dem Leben zum Opfer gefallen sind, und ein Gefühl für die mystische Einheit mit der ganzen Schöpfung. Ebenso oft zeigt Venus-Neptun grenzenlose Duldsamkeit und Mitgefühl mit dem Gegenstand ihrer idealisierten Liebe; zuweilen so sehr, daß alle Arten von Verletzungen und Erniedrigungen geduldig ertragen werden. Neptuns »Ichlosigkeit« mildert die Eitelkeit und den Hochmut der Venus, so daß man sehr nachsichtig und freundlich sein kann. Doch die dunkleren Seiten des Neptunischen sind nie weit, und so mag man auch sein Zuneigung auf eine abgöttisch geliebte Madonna und eine verschmähte Tiamat – oder deren männliche Gegenstücke – verteilen. Venus-Neptun zeigt manchmal äußerste Grausamkeit und Herzlosigkeit gegenüber jenen, auf die das Ur-Seeungeheuer projiziert wird, zugleich aber auch außerordentliches Mitgefühl und uneingeschränkte Großzügigkeit denen gegenüber, auf die der leidende Erlöser projiziert wird. Die universelle Liebe von Venus-Neptun mag, ähnlich der Geschwindigkeitsbegrenzung auf der Autobahn, ein Ideal bleiben. Männer übertragen Neptun manchmal auf eine idealisierte mütterliche Gattin, die die Ergebenheit und das Mitleid, nicht aber die sexuelle Leidenschaft dieser Männer anzusprechen vermag. Solch eine Verbindung ist mit Schuld- und Pflichtgefühlen belastet, die noch durch die Neigung verstärkt werden, der venusischen Befriedigung auf anderen Wegen nachzugehen. Die Neigung zu Dreiecksverhältnissen ist zuweilen auf viel prosaischere Weise ödipal, als ein poetisch angehauchter Venus-Neptun-Mensch zugeben möchte. Frauen übertragen mitunter beide Planeten auf eine Nebenbuhlerin oder auf eine Frau, die ein Ideal sexueller Attraktivität oder spiritueller Fraulichkeit für sie darstellt, weil sie spüren, daß ihnen diese Eigenschaften fehlen. Manche Frau identifiziert sich auf Kosten anderer Horoskopfaktoren mit diesem Aspekt und verurteilt sich dazu nicht als ganze Frau geliebt zu werden, sondern als Seejungfrau oder Melusine, die ihren Zauber und ihr Geheimnis behalten muß – oder sie verurteilt sich dazu, von Neptun-Venus-Liebhabern, die im selben mythischen Gespinst befangen sind, sitzengelassen zu werden.

Bei all diesen potentiellen Fallstricken ist Venus-Neptun doch überaus bezaubernd und kann auch einen ganz besonderen Zauber erzeugen. Die Zartheit, das poetische Wesen und die romantische Sensibilität schaffen überhöhte Visionen von Liebe und Harmonie, die in schöpferische Werke von großer Schönheit münden können. Das tiefe Unglücklichsein, für das dieser Aspekt so oft im persönlichen Leben steht, ist – im Gegensatz zu Venus-Neptuns Ansicht – keine karmische Unausweichlichkeit und auch kein Zeichen höherer Spiritualität; es entsteht häufig durch einen stark von Neptuns mythischen Träumen eingefärbten Ödipuskomplex und bleibt psychologisch unvermeidlich, solange seine Dynamik unbewußt ist. Mag jemand psychologisch noch so einsichtsvoll sein – Venus-Neptun entzieht sich gern jeglicher Selbstbeobachtung der eigenen Beziehungsmuster, solange der Schmerz nicht allzu stark ist. Erst dann wird eine Perspektive ins Auge gefaßt, und die ist anders als die romantisierte Tragödie der höfischen Liebe. Werden dann endlich Fragen gestellt, so muß der Astrologe etwas anderes anzubieten haben als nur »das ist eben Ihr Karma«. Wenn sich ein gewöhnlicher Sterblicher ein ausreichendes Selbstwertgefühl aufbaut und von seinen Mitmenschen nichts Unmögliches verlangt, kann Venus-Neptun mit gelegentlichen Blicken auf den Garten Eden zufrieden sein, ohne dies tagtäglich haben zu wollen. Dann kann man die Gabe genießen, das Alltagsleben mit erlesener Schönheit erfüllen und den täglichen Austausch zwischen zwei Menschen zu einem Kunstwerk machen zu können.

Neptun-Mars-Aspekte

> Der Theurg gibt den kosmischen Mächten infolge der Kraft der geheimen Symbole seine Befehle nicht mehr als Mensch und auch nicht mehr als über eine nur menschliche Seele verfügend, sondern erteilt, als gehöre er jetzt zur Rangklasse der Götter, Befehle, die kräftiger sind als seine ihm tatsächlich eignende Wesenheit. Und das tut er nicht, als habe er wirklich die Absicht, alles das, was er beteuert, auch tatsächlich auszuführen, sondern indem er durch die Anwendung solcher Formeln die kosmischen Mächte nur belehrt, eine wie gewaltige und wie große Macht er jetzt durch die Verbindung mit den Göttern besitzt, die ihm die Kenntnis der geheimen Symbole verleiht.
>
> *Iamblichos, Über die Geheimlehren*[34]

Den Kontakten zwischen Mars und Neptun ist in der astrologischen Literatur viel Schlechtes nachgesagt worden. Ebertin spricht von »Schwäche« sowie von Kranken und Süchtigen, Arbeitsunlust und Verbohrtheit. Er räumt zwar ein, daß positive Aspekte Inspiration verleihen können, sträubt sich aber ganz entschieden dagegen, in dieser komplizierten Planetenpaarung etwas Angenehmes zu finden.[35] Insbesondere die »harten« Aspekte werden mit sexuellem Mißbrauch und schwarzer Magie assoziiert. Das Schöpferische an Mars-Neptun wird zwar gelegentlich beschrieben, aber meist auf Schauspieler und Musiker beschränkt. Diese Planetenkombination wird als etwas Gefährliches angesehen, das bekämpft oder »transzendiert« werden muß. Zweifellos kann sich Mars-Neptun auf problematische Weise manifestieren – das kann bei jedem Neptun-Aspekt der Fall sein, ja sogar überhaupt bei jedem Aspekt. Doch um zu verstehen, warum dieser Kontakt regelmäß in Horoskopen von Menschen auftritt, die ernsthafte Alkohol- oder Drogenprobleme sowie ernste körperliche Gebrechen neptunischer Art haben, müssen wir den inneren Kern der Verhaltensmuster von Mars-Neptun erkennen. Mars ist der kämpfende Arm der Sonne. Die Funktionen Aggression und Begehren sind für ein unabhängiges körperliches und seelisches Dasein unerläßlich. Wenn ein Kind etwas will und aus Frustration ärgerlich wird, beginnt es sich vom ursprünglichen Verschmolzensein mit der Mutter zu lösen und schafft sich ein Gefühl eigener Körperlichkeit und persönlicher Macht. In diesem Sinn ist Mars wie der babylonische Feuergott Marduk, der die Meeresmutter bekämpft, um die Welt zu erschaffen. Erst durch das, was wir wollen, werden wir zu dem, was wir sind, und lange bevor sonnenhaftes Bewußtsein unsere rohe Libido in Ziele und Sehnsüchte umwandelt, sind unsere ersten Wünsche körperlich, leidenschaftlich und lebenserhaltend. Es reicht nicht, abstrakt über Identität zu reden. Früher oder später muß Widerstand geleistet und um die Autonomie im Leben gekämpft werden. Ist mit der Mars-Funktion etwas nicht in Ordnung, kann man sich nicht richtig loslösen und hat vielleicht als Erwachsener Schwierigkeiten mit der Verwirklichung von Zielen und Wünschen.

Oder man distanziert sich gänzlich von Wünschen und aggressiven Gefühlen und schiebt sie ins Unbewußte, wo sie sich nach Belieben ausbreiten. Diese verdrängte Wut richtet sich dann mitunter verdeckt gegen andere oder wird verinnerlicht und richtet sich gegen einen selbst.

Es wäre nur zu einfach, den Eltern die Schuld an diesem Problem zuzuschieben. Obwohl Mars-Konflikte durch die Situation in der Kindheit zuweilen verschärft werden, muß der Samen auf fruchtbaren Boden fallen, um Triebe zu bekommen. Infolge der neptunischen Verschmelzungssehnsucht möchte Mars-Neptun nichts eindeutig wollen. Der Garten Eden ist eine Welt ohne Mars, denn Wut und Einssein schließen einander aus – im Paradies fressen die Tiere einander nicht auf. Auch individuelle Initative als natürliche Folge eines Begehrens ist im Garten Eden nicht gern gesehen und wird als Ungehorsam aufgefaßt. Die Verschmelzung wird aber dennoch durchbrochen, die Erbsünde begangen, und unerbittlich folgt nach diesem Verstoß die Vertreibung aus dem Paradies. Ödipale Gelüste sind im Garten Eden eine Sünde – nicht wegen der erforderlichen erotischen Verschmelzung, sondern weil Vater oder Mutter Konkurrenz nicht gutheißen. Mars-Neptun will daher seine Wünsche so erfüllen, daß niemandem wehgetan wird. Und Neptuns Offenheit für kollektive Gefühle verwandelt Mars: anstelle des meuchelmörderischen Kriegers aus Homers Ilias kommt ein listiger Zauberer zum Vorschein, der die Macht der *participation mystique* und den großen Reiz des Wortes »wir« versteht. Mars-Neptun kann sich in die Träume und Sehnsüchte anderer einschleichen und mit so viel Feingefühl »ich will« sagen, daß jeder andere es auch zu wollen scheint. Das kann eine große Gabe sein, die sich am typischsten in den neptunischen Bereichen Kunst und Therapie äußert. Auch für den Politiker und den Militär wäre sie von großem Vorteil. Alle diese Bereiche brauchen die Beschwörung der *participation mystique*. Der Schauspieler muß sich auf sein Publikum einstellen; der Therapeut oder der Berater muß sich einfühlsam mit dem Klienten identifizieren und auch in der Lage sein, ihm Gefühle und Erkenntnisse feinfühlig und nicht aggressiv zu entlocken; der politische oder militärische Führer muß seine Anhänger begeistern können, denn bloß aufgezwungene Disziplin führt nur zu Aufruhr.[36] Mars-Neptun ist, wie Dionysos, ein Verführer. Aber zuweilen müssen wir als Gemeinschaft verführt werden. Diese Sehnesucht liegt der religiösen Verehrung und auch dem Gedanken der Läuterung durch Musik oder Theater zugrunde. Es ist ein Gefühl heftigen gemeinsamen Verlangens, ohne das wir in der Einöde verlassen, allein und ohne Hoffnung sind. In der Welt von Mars-Neptun hat die Ekstase ein Ziel.

Das Dilemma liegt in der Lauterkeit des Ziels und in der Art und Weise, wie es verfolgt wird. Sind die von Natur aus ichbezogenen marsischen Wünsche mit neptunischem Wasser verdünnt, müssen sie andere Menschen mit einschließen, wenn die eigenen Bedürfnisse befriedigt werden sollen. So wird das Begehren von der Sünde gereinigt, denn es richtet sich nach außen hin auf die Rettung anderer. Das ist der Geist der Kreuzfahrer, deren erschreckende Barbarei im Namen der Erlösung geheiligt werden sollte, und bei denen unter dem heiligen Zierat das Gesicht der Tiamat sichtbar wird. Es ist aber auch der Geist von Alexander Dubcek (er hatte Mars im Sextil zu Neptun), der sich selbstlos für sein Land einsetzte. Heroisches Märtyrertum hat viele Gesichter, von denen einige eng mit Terrorismus und Völkermord verbunden, andere dagegen ausgesprochen edelmütig sind. Wenn andere Aspekte im Geburtshoroskop – gewöhnlich ein schwieriger Saturn oder Chiron – auf intensive Minderwertigkeits- und Unzulänglichkeitsgefühle schließen lassen, wird Mars-Neptuns kindlicher Zauber als Mittel gegen Ablehnung oder zur Erlangung von Macht benutzt, ohne die Verantwortung dafür zu übernehmen oder für die Folgen einstehen u wollen. Dann tarnt sich Aggression mit scheinbarer Fügsamkeit, und die unter der Oberfläche lauernde Wut wird zur wichtigsten Ursache für Drogensucht und Alkoholismus, die ja beide sowohl Ärger und Rachegelüste gegen das Leben als auch Lust zur Flucht aus dem Leben widerspiegeln. Wenn für Mars-Neptuns romantischen Heroismus kein begehbarer Weg im politischen, militärischen, wissenschaftlichen oder künstlerischen Bereich gefunden werden kann, sucht man ihn in trüberen Gewässern. Dann spielt er den Anti-Helden wie Charles Manson (genaue Konjunktion), der lieber andere und sich selbst umbringt, als die Trübseligkeit eines anständigen, aber reizlosen Lebens zu ertragen.

Für Mars-Neptun können Aggression und Begehren nicht ohne weiteres nach außen ins Leben gelenkt werden, weil dies Trennungsängste nach sich ziehen würde. Lieber begehrt man erst gar nichts. Sexuelles Desinteresse und allgemeine Apathie gehen gewöhnlich mit Alkoholismus und Drogensucht einher. Der Todeswunsch zeigt sich dabei ebenso deutlich wie ein gewisser Anteil von Masochismus, denn wollte man lediglich von der Bühne gehen, so könnte man dafür bessere und weniger langwierige Mittel finden. Mars-Neptun wird auch mit sexuellem Masochismus sowie mit dessen Gegenstück – dem Wunsch, Schmerzen zuzufügen – in Verbindung gebracht. Dieses verwirrende Gemisch aus verdrehten Wünschen, Schuldgefühlen, Verschmelzungssehnsüchten, Wut und Machtlosigkeit zeigt eine starke, aber mißlungene Identifizierung mit dem heldenhaften leidenden Erlöser. Es entsteht nicht durch ein für Mars-Neptun typisches »Übel«, sondern durch eine Persönlichkeit, die zu infantil ist, um die Herausforderung anzunehmen, aus dem Mythos etwas Kreatives und Lebensverbesserndes zu machen. Unvermögen kann grausam machen, wie jeder Vergewaltiger weiß. Das wäre auch von Mars-Neptuns »schwarzer Magie« zu sagen. Es ist schwierig, diesen Begriff irgendwie vernünftig zu definieren, man fühlt sich an einen Roman von Dennis Wheatley mit Asmodeus-Beschwörungen und den Überresten geopferter Hühner im Keller erinnert. Es wird jedoch immer Menschen geben, die Neptuns große Verletzbarkeit gern zur Erlangung von Macht benutzen. Die meisten Politiker beschäftigen sich auf die eine oder andere Weise nebenbei damit, wenn auch gewöhnlich ohne Hühner. Politische Losungen sind eine Form der Beschwörung, und politische Symbole sind eine Art Amulett. Schwarze Magie kann man bei jedem beobachten, der angesichts eigener Verwundungen und Unsicherheiten das Unterbewußtsein anderer manipuliert, um die von Neptun insgeheim herbeigewünschte Ur-Allmacht zu erlangen. Was Mars-Neptuns schwarze Magie von seiner weißen unterscheidet, ist das Bewußtsein des einzelnen und die persönliche Rechtschaffenheit, die er sich aufbauen konnte.

Mars-Neptun mag bisweilen auch sehr damit beschäftigt sein, die Sexualität zu idealisieren. Es gibt im Mythos viele männliche und weibliche Gottheiten, die in ihrem Zauber und ihrer unermeßlichen Fruchtbarkeit ganze Generationen von Helden zeugten und denen weder Sterbliche noch Götter widerstehen konnten. Diese Bilder sagen uns etwas von Mars-Neptuns sexueller Phantasiewelt. Manchmal kann Mars-Neptun, in Verbindung mit schwierigen Saturn- oder Chiron-Aspekten zu Mars, Venus oder dem Mond, für einen Don Juan beiderlei Geschlechts stehen und ständig sexuell erobern wollen, um sich seine Göttlichkeit zu beweisen. Noch häufiger steht er für die dauernde Vorstellung von solchen Eroberungen, und das kann zu Unzufriedenheit und Frustration in den persönlichen Beziehungen führen. Bei sehr großen Ängsten und Unsicherheiten verspürt der einzelne zuweilen einen derart großen Unterschied zwischen Phantasie und Wirklichkeit, daß irdische sexuelle Befriedigung überhaupt nicht mehr attraktiv ist. Mars-Neptun steht auch für die Ehelosigkeit von Mönchen oder Nonnen, und zwar nicht nur für Ehelosigkeit aufgrund eines Gefühls der spirituellen Berufung, sondern weil man sich lieber mit Gott als mit dem sündhaften sterblichen Fleisch vereinigt. Ebenso kann Mars-Neptun wegen seiner außerordentlichen Empfindsamkeit für tieferliegende seelische Strömungen ein ausgesprochen sinnlicher und feinfühliger Liebhaber sein, der die Wonnen des Gartens Eden zu beschwören vermag. Sexuelles Vergnügen statt Vertreibung aus dem Paradies wird zum wichtigsten Mittel für die Rückkehr. Wenn mit Mars-Neptun etwas schiefläuft, kann das schrecklich sein. Ohne seine weiße Magie wäre unsere Welt jedoch traurig und armselig. Denn dann gäbe es keine Künstler, die uns die dionysische Ekstase verschaffen, und keine einfallsreichen Führer, Lehrer, Wissenschaftler oder Heiler, die uns bei der Erreichung unserer kollektiven Träume behilflich sind.

Neptun-Jupiter-Aspekte

Sieh' eine Welt in einem Körnchen Sand,
einen Himmel in der Blume am Wegesrand.
Nimm die Unendlichkeit in deine Hand,
die Ewigkeit nimm als Unterpfand.

William Blake, Auguries of Innocence

Die beiden Herrscher über das Zeichen der Fische haben den Sinn fürs Grenzenlose gemeinsam. Wenn Jupiter und Neptun sich gegenseitig aspektieren, nimmt die Sehnsucht nach einer Expansion über materielle und sterbliche Grenzen hinaus viele Formen an. Aber sie ist vor allem das Zeichen des Träumers und Visionärs, der die Einheit des Lebens tief empfindet und hinsichtlich seiner Grenzen tollkühn naiv ist. Auch die undurchsichtigeren Seiten von Jupiter-Neptun enthalten weder Boshaftigkeit noch Gehässigkeit, stehen aber für eine große unbewußte seelische Inflation, bei der sich jemand derart mit einem göttlichen Sendungsbewußtsein identifiziert, daß gewöhnliche Grenzen – sowohl die eigenen als auch die anderer Menschen – völlig ignoriert werden. Ebertin beschreibt die Kombination von Jupiter und Neptun als »scheinbares Glück«, erwähnt auch Idealismus, Menschenliebe, Mystik und Kunstinteresse. Zu den negativen Eigenschaften zählt er »Verführbarkeit« und »Neigung zu Spekulation und Verschwendung«. Zu den besseren Eigenschaften gehören auch »barmherzig sein« und »Gewinn ohne Anstrengung«.[39] Jupiter-Neptun als strahlender, unschuldiger Göttersproß wünscht niemandem Böses, erwartet aber vielleicht oft zu viel vom Leben.

Jupiter wird traditionellerweise mit religiösen Neigungen assoziiert und oft als »Glaube« definiert. Er symbolisiert unser Bedürfnis, das Leben als bedeutungsvoll und gütig zu erfahren. Etwas oder Jemand hält schützend die Hand über uns, und selbst aus Schmerz oder Unglück können wir noch Nutzen ziehen, weil wir ja lernen und wachsen »sollen«. Da Jupiter sowohl in der Ratio als auch in der Intuition operiert, ist er nicht unbedingt religiös im Sinne eines Glaubensbekenntnisses. Häusermakler oder Währungsspekulanten können äußerst jupiterhaft und trotzdem ausgesprochen unreligiös sein. Wer etwas aufs Spiel setzen möchte und kann, geht davon aus, daß das Glück oder das günstige Geschick als Grundprinzip des Lebens früher oder später sein gütiges Auge auf ihn wirft. Der Traum, etwas umsonst zu bekommen, ist ein Jupitertraum. Am Ende des Regenbogens hält das Leben immer einen Topf Gold bereit, und wenn man aufpaßt, findet man ihn vielleicht. Diese Haltung hat tiefe und im Grunde sogar religiöse Wurzeln, wenn auch zuweilen in weltfremder und kindischer Weise. Der jupiterhafte Glaube an das eigene »Glück« setzt auch voraus, daß man sich als etwas Besonderes fühlt – warum ich und nicht jemand anders? –, und da erwartet und bekommt man zuweilen die reichen Gaben des Universums gewissermaßen hinterhergeworfen. Der Glaube, daß andere für ihren Besitz arbeiten müssen, während die eigenen positiven Erwartungen die Leckerbissen gratis herbeilocken, ist ausgesprochen jupiterhaft. Man verdient nur das Beste, einfach weil man da ist, und wenn es nicht kommt, ist man bestimmt noch nicht an der Reihe oder soll besondere Lektionen lernen, nach denen dann alles doch noch gut wird. Mit diesem tiefverwurzelten Gefühl, vom Leben schließlich doch noch belohnt zu werden, kann man großzügig und offenherzig sein, denn zur Selbsterhaltung ist keine Abwehr erforderlich. Als Behüteter kann man auch verschwenderisch sein, sich selbst und Dinge verschenken. Und wenn erst die anderen diese große Lebenswahrheit auch verstehen, werfen sie ihre Waffen weg, öffnen ihre Türen und Brieftaschen und erkennen die gütige Gottheit, die für alles Lebende sorgt.

Kann sich Jupiter nicht so äußern, wie er möchte –besonders durch einen zu starken Saturn – so glauben wir nicht an die gute Fee, an das Glück oder einen gütigen Kosmos, und das Leben wirkt trübselig, freudlos und hart. Identifizieren wir uns auf Kosten anderer, ebenso gültiger Weltanschauungen allzu sehr mit Jupiter, so halten wir das Leben für grenzenlos und ungefährlich. Und sollte doch etwas passieren, dann aufgrund eines zwar im Augenblick noch nicht ganz durchschaubaren, aber eines Tages doch zu erkennenden höheren Plans. Wir nehmen auch an, die von anderen Menschen zur Selbstverteidigung errichteten Grenzen seien im besten Falle überflüssig und im schlimmsten Falle pathologisch, und reden uns ein Recht darauf ein, moralische Urteile über andere zu fällen, die scheinbar weniger großzügig und human sind als wir. Bei Jupiter-Neptun wird diese Weltsicht samt ihren hellen und dunklen Anteilen leicht übertrieben. Jupiter weckt die neptunische Sehnsucht, und Neptun läßt Jupiter über die Lottoziehung hinaus in höhere Sphären blicken. Wenn sich die Ahnung von einem gütigen Kosmos mit der Sehnsucht nach Verschmelzung mit dem Ursprung allen Lebens verbindet, wird die schwer erkämpfte saturnische Weisheit leicht mißachtet. Die Großzügigkeit ist echt und freigebig, der Opportunismus aber auch. Eine ozeanische, bedingungslos liebende Gottheit steht über allen Geschöpfen, großen wie kleinen, und jede geheimnisvolle Synchronizität der Ereignisse vermittelt stets die Botschaft, daß die Tore des Gartens Eden ewig für alle offenstehen, die von den Dingen dieser Welt unberührt bleiben. Paradoxerweise kann diese Haltung mit Ehrgeiz und starken materiellen Motiven verbunden sein, doch dann bedeuten Leistungen und Geld an sich nicht viel; was zählt, ist der Beweis, daß man Glück hat und etwas Besonderes ist, und jedes erfolgreiche Glücksspiel veranschaulicht das immer wieder.

In religiösen Fragen hat Jupiter-Neptun einen Gott, der das Mitgefühl und die Liebe von Jesus Christus mit der Ausgelassenheit und Freigebigkeit des Weihnachtsmanns verbindet. Jupiter-Neptun ist eine ausgesprochen mystische Konstellation, obwohl sie ohne weiteres auch im Horoskop eines überzeugten Agnostikers oder Atheisten wirksam sein könnte, der seinen Mystizismus unbewußt auf eine Art magische Handlung in der Welt der Formen überträgt. Als Neptun Anfang der siebziger Jahre durch das Jupiterzeichen Schütze ging, kam in Amerika ein esoterischer Kult auf, bei dem einfach ein Mantra rezitiert und dabei bestimmte Ziele visualisiert werden sollten. Mit äußerster Einfalt wurde verkündet, wenn man rezitiere und sich dabei einen neuen BMW 525i (bitte gewünschte Farbe angeben) vorstelle, würde die Form dieses Gedankens Energie im Äther anziehen, und auf die eine oder andere Weise würde sich dieses Auto dann manifestieren. Die in Amerika so beliebte Schule des »positiven Denkens« verdankt Jupiter-Neptun vieles, denn Shakespeares Hamlet erklärt ja:

An sich ist nichts weder gut noch böse,
das Denken macht es erst dazu.[38]

Vorstellungsgabe und positives Denken sind wichtige Elemente der Weltanschauung und Begabung von Jupiter-Neptun. Instinktiv weiß man, daß das Vorstellungsvermögen das Leben auf vielen Ebenen beeinflussen und eine sanfte Magie bewirken kann, bei der Ideen und ihre Symbole materielle Lebenssubstanz an sich ziehen und das Leben in Gestalt der eigenen Träume neu erschaffen. Jupiter-Neptun reagiert oft sehr stark auf Symbolisches und kennt die seltsame Aneinanderreihung von Ereignissen, die der Zyniker Zufall nennt, von denen Jupiter-Neptun aber weiß, daß eine göttliche Absicht dahinter steht. Im schöpferischen Bereich spendet der Aspekt seine phantasiereichen Gaben in Form unterschiedlicher künstlerischer Ausdrucksmittel. Weil er oft durchaus wirksam ist, kann der Zauber von Jupiter-Neptuns auch jene sehr verärgern, die stärker materiell orientiert sind. Jupiter kennt das Geheimnis, wie man andere mit Optimismus und Großzügigkeit dazu bewegen kann, ebenso zu reagieren; und Neptun weiß, wie fließend und formbar die »Wirklichkeit« ist. Der Zauber kann aber auch mißlingen, wenn er mit der Wirklichkeit derer kollidiert, die nicht verführt werden möchten. Manchmal geraten Jupiter-Neptuns Visualisierungen auch mit jenen saturnischen Lebensgesetzen in Konflikt, die durch keinerlei individuelle Kraft positiven Denkens verändert werden können. Eines der besten Beispiele für Jupiter-Neptuns Zauber und Selbsttäuschung ist beispielsweise das Leben von Mary Baker Eddy, Gründerin der Christian Science-Sekte. Ihr Horoskop enthält ein Sonne-Jupiter-Quadrat mit Jupiter am IC im Trigon zu Neptun am Aszendenten.[39] Für alle, die sich nach den Prinzipien dieser Frau selbst heilen konnten, war sie eine echte Erlöserin. Angesichts der Toten (auch Kinder, denen die Eltern keine Wahl ließen), die jede medizinische Hilfe trotz schwerer Krankheit hartnäckig ablehnten, ist diese Betrachtungsweise aber nicht nur überheblich, sondern lebenszerstörend. Hinter Jupiters Kinderglauben an Gottes Freigebigkeit lauert manchmal grenzenloser neptunischer Primärnarzißmus, der übers Wasser laufen und den Tod besiegen kann.

Neptuns wehmütiger Melancholie kann durch den Kontakt mit Jupiter das Bedrückende genommen werden. Da lacht man sogar wider Willen. Die Wunsch nach Auflösung wird nicht zum Verlangen nach vorgeburtlicher Selbstvergessenheit, sondern zur Suche nach ewiger Freude. Jupiter kann das Beste aus Neptun herausholen und dessen ansteckende Traurigkeit durch den Glauben daran ausgleichen, daß man die Segnungen des Kosmos auch trotz der Bürde der eigenen Inkarnation genießen kann. Da Jupiter-Neptun zwar mystisch, aber nicht masochistisch ist, sieht er im Schmerz kein Mittel zur Erlösung. Die emotionalen Exzesse des Hysterikers gehen jedoch vielfach auf Jupiter-Neptuns Konto, denn in seiner Liebe zu Selbstvergessenheit und theatralischem Getue kann er ausgesprochen dionysisch sein. Die Liebe zu Reichtum und Ritual äußert sich in einer großen Wertschätzung für Farben, Klänge, Düfte, Stoffe und Geschmacksrichtungen, in denem man völlig aufgehen kann. Natürlich ist dieser Aspekt sehr wertvoll für jeden Künstler, solange er durch ein solide strukturiertes Ego aufgefangen wird. Wir sollten nicht vergessen, daß Kaiser Nero, der Sonne und Pluto in Schütze in exakter Konjunktion mit dem Aszendenten sowie Jupiter, Neptun und den Mond in einem genauen T-Kreuz hatte, einige der blühendsten emotionalen und künstlerischen Exzesse lieferte, die die Welt je gesehen hat.[40] Hier erkennt man keinen liebevollen, menschenfreundlichen Instinkt; statt dessen erleben wir, was geschieht, wenn sich ein mächtiger Sterblicher mit einem Gott identifiziert. Jupiter-Neptun muß, wie alle anderen Aspekte, im Kontext des gesamten Horoskops und der anderen, mit ihm verbundenen Planeten gesehen werden. Mit seiner universellen Sichtweise, seiner grenzenlose Sehnsucht nach Liebe, Schöpfertum, materiellen Leistungen, Dienst am Nächsten und spirituellen Bestrebungen kann er durchaus seinen Beitrag leisten. Doch ebenso mag er alledem auch seine bemerkenswerte Fähigkeit zu Selbsttäuschung und Selbsterhöhung hinzufügen und auf diese Weise herzzerreißende Verluste, Enttäuschungen und tragische Akte der Selbstzerstörung bewirken. Wie bei allen Neptunaspekten hängt es auch hier davon ab, ob man sich seine Arche bauen und damit über das Meer fahren kann.

Neptun-Saturn-Aspekte

Gott erscheint, und Gott ist Licht
den Armen, die im Dunkel wohnen;
doch jenen, die im Lichte wohnen,
zeigt er ein menschliches Gesicht.

William Blake, Auguries of Innocence

In der Paarung von Saturn und Neptun liegt einer der Grundkonflikte des Lebens. Form und Formlosigkeit stoßen zusammen und erzeugen entweder die Gabe zur Verwirklichung von Visionen oder die psychologische Weigerung, geboren zu werden. In Kapitel 10 wurde das Saturn-Neptun-Dilemma in bezug auf den Künstler ausführlich diskutiert, und die dort geäußerten Gedanken sind auch hier anwendbar, ob jemand nun nach herkömmlichem Verständnis künstlerische Arbeit leistet oder nicht. Saturn-Neptun wird gelegentlich mit ausgesprochen utopischen politischen Idealen gleichgesetzt, und so wird der Saturn-Neptun-Zyklus auch mit dem Aufstieg und Niedergang des Kommunismus in Zusammenhang gebracht. Politischen Parteien spiegeln schon von ihrem Wesen her Saturn-Neptun wider, da sie soziale Visionen in konkrete Formen umsetzen wollen. Daher überrascht es nicht, im Gründungshoroskop der britischen Labour Party ein Saturn-Neptun-Trigon, und im Gründungshoroskop der britischen konservativen Partei ein Sesquiquadrat zwischen Saturn und Neptun zu finden.[41] Dieselben Themen gelten für den einzelnen, der im Konflikt zwischen den Grenzen der Sterblichen und Neptuns grenzenloser Vision von Erlösung durch Leid ständig hin- und hergeworfen wird. Zwischen 1951 und 1953 wurde eine ganze Generation mit Saturn Konjunktion Neptun in Waage geboren, die den Astrologen jetzt, zur Jahrtausendwende und in ihrer Lebensmitte, auf breiter Ebene bemerkenswerte Erkenntnisse über die Bedeutung von Saturn-Neptun verschaffen kann. Was immer Saturn berührt, wird in die Welt der Form hinuntergezogen; was immer Neptun berührt, wird in die Auflösung im vorgeburtlichen Wasserreich hinabgezogen. Saturn-Neptun steht für eine lebenslange Ambivalenz, bei der man einerseits offen oder versteckt flüchten will, andererseits aber die eigenen Phantasien in dauerhaften und bedeutungsvollen Strukturen äußern möchte. Ebertin spricht von »Leid, Verzicht, Askese ... Opferbereitschaft, Fürsorge, Selbstbeschränkung, Vorsicht, Voraussicht«. Die »harten« Aspekte (einschließlich der Konjunktion) zeigen oft eine Tendenz zur Opferhaltung. Doch diese Planetenkombination fordert nicht unbedingt Leid und Verzicht; Selbstaufopferung ist vielleicht nur eine Möglichkeit, um mit einem Konflikt fertigzuwerden, bei dem man sich ständig und zutiefst sündig fühlt.

Gewöhnlich erleben wir Saturn vorrangig durch Projektion, bis wir erkennen, wo wir abwehrend, ängstlich und mißtrauisch sind. Saturn errichtet seine Abwehrmechanismen zuerst gegen die Hilflosigkeit, die ja größtenteils eine neptunische Erfahrung ist – gewöhnlich projizieren wir Neptun solange, bis wir bereit sind, das kleine Kind in uns zu zeigen. Neptuns Fluchttaktiken richten sich ursprünglich gegen das Getrenntsein als vorwiegend saturnische Erfahrung. Und je stärker das Ego ist, um so mehr Angst flößt uns Neptun ein. Je länger wir im Fruchtwasser bleiben wollen, um so furchterregender wird Saturn. Viele Menschen, die einen starken Aspekt zwischen diesen beiden Planeten haben, projizieren den einen und identifizieren sich mit dem anderen – manchmal ein ganzes Leben lang, wenn nicht das eigene Unglück dazu führt, daß sie sich selbst hinterfragen. Neptun identifiziert sich mit Liebesfähigkeit, Offenheit und Mitgefühl. Bedürftigkeit wird nicht als demütigend, sondern als Zeichen für eine edle und einfühlsame Seele empfunden. Saturn identifiziert sich mit der Selbstgenügsamkeit, dem von der Gemeinschaft akzeptierten Verhalten und der Kontrolle über chaotische Gemütsbewegungen und Stimmungen. Abgrenzungen werden nicht als Abwehrmechanismen oder Ausdruck von Kälte angesehen, sondern als notwendiges Rüstzeug für eine ehrliche und verantwortungsbewußte Haltung zum Leben. Natürlich ist beides richtig, obwohl es manchmal sehr schwer ist, dies einzusehen.

So hat Saturn-Neptun in der Politik mitunter ausgeprägte linke oder rechte Ansichten und sieht den Feind in globalen Begriffen. Gesetz, Ordnung und traditionelle Werte müssen um jeden Preis aufrechterhalten werden. Die am Rande der Gesellschaft Lebenden (gewöhnlich Jugendliche oder Angehörige rassischer Minderheiten) sind subversiv, faul, drogensüchtig, verantwortungslos und brauchen eine harte Faust. Als Alternative muß Gleichheit um jeden Preis her, und diejenigen, die Stabilität wollen und sich bewahren möchten, was sie sich erarbeitet haben (gewöhnlich die mittleren und die oberen Schichten oder die Angehörigen rassischer Mehrheiten) werden als habgierig, selbstsüchtig und unmenschlich empfunden und müßten gerechterweise vernichtet werden; zumindest aber sollte man ihr Eigentum, ihre Energie und ihre Zeit zwangsweise neu verteilen. Natürlich schafft eine derartige Polarisierung tiefen Haß. Tragisch ist nur, daß diese Polarisierung zunächst im Menschen selbst erfolgt und erst dann in der Außenwelt heraufbeschworen wird. Saturn verachtet das neptunische Anklammern und sein jammernes »Ich kann nicht anders, die anderen sind schuld«; Neptun dagegen erschrickt vor der eisigen Kontrolle Saturns und seinem knurrenden »Hör' auf mit dem Gejammere und sieh' zu, daß du vorankommst.« Saturn-Neptun bedient sich beider Sprechweisen. Selbst in der Astrologie und in der Psychologie sieht man die beiden Planeten zuweilen in Schlachtformation gegeneinander antreten und komplizierte philosophische Rechtfertigungen für etwas entwickeln, das im Grunde ein persönlicher Konflikt ist. Damit diese Kombination ihr großes Talent zur Verwirklichung von Visionen und Träumen entwickeln kann, muß erst einmal entdeckt werden, daß man beide Stimmen in sich selbst trägt.

Neptun-Chiron-Aspekte

> Wahrlich, mitten im Tempel der Freude
> steht verschleiert der Schrein der Melancholie,
> sichtbar nur dem, der mit starker Zunge
> der Freude Traube am Gaumen zerdrückt;
> seine Seele soll die Traurigkeit ihrer Allmacht kosten
> und eingereiht unter ihren düsteren Trophäen hängen.
>
> *John Keats, Ode to Melancholy*

Wir alle kennen das Gefühl, vom Leben verletzt worden zu sein. Es gibt viele Arten von Verletzungen, und in der Astrologie gibt es viele Signifikatoren für die Erfahrungen des Verletztseins, der Enttäuschung, der Frustration und der Einsamkeit. Am häufigsten im Leben verletzt Saturn, der für das Gefühl steht, daß einem etwas Grundsätzliches, zur Entwicklung von Vertrauen und Selbstwertgefühl Nötiges vorenthalten wird. Saturns Schmerz ist persönlich und kann gewöhnlich mit Erfahrungen im frühen Leben in Verbindung gebracht werden, wo man – manchmal durch die Umstände und manchmal durch das Unvermögen der Eltern, die Bedürfnisse und Eigenarten ihres Kindes zu erkennen – gelernt hat, die eigene Verletzbarkeit durch Abwehrmechanismen zu schützen, die ihererseits später im Leben zu weiteren Verletzungen führen können. Saturn ist zwar schwierig, er kann aber durch eigene Anstrengung gemildert werden. Während man Geschehenes nicht zu ändern vermag, kann man innere Festigkeit und Glaubwürdigkeit aufbauen, wodurch der Schmerz um Verlorenes geheilt wird. Chiron verletzt anders. Unglückliche Erfahrungen, obwohl vielleicht mit Einzelmenschen erlebt, deuten auf eine größere kollektive und innerhalb eines Lebens nicht zu heilende Verletzung hin. Chiron spiegelt Fehlerhaftes und Unfaires im Leben auf uns zurück, ohne daß das unseren Körpern und Seelen Angetane ungeschehen gemacht werden kann. Mit Chiron erleben wir unheilbare Dinge. Wir können nur versuchen, eine philosophische Haltung dazu einzunehmen, um aus dem Schmerz zu lernen; denn Chirons Wunden sind das Ergebnis von Generationen menschlicher Blindheit, durch die wir unwiderruflich gezeichnet zu sein scheinen. Verlorene Unschuld kann nicht gerettet werden. Ist sie einmal dahin, so ist sie für immer verloren. Gelassenheit ist ein lohnender Ersatz, aber nicht dasselbe. Wenn Chiron Neptun aspektiert, erlangt die Erlösungssehnsucht eine neue und leidenschaftliche Dringlichkeit und führt womöglich zu einer andauernden, verzweifelten Suche nach einer Fluchtmöglichkeit, wenn denn schon keine Heilung mehr möglich ist. Oder man überläßt sich einer märtyrerhaften Resignation, die am eigenen Glauben an das Leben nagt. Chiron-Neptun kann äußerste Verbitterung und Verzweiflung hervorbringen. Weniger häufig – wie etwa im Fall von Helen Keller (die Chiron-Neptun als Konjunktion in Stier im sechsten Haus hatte)[42] – kann Chiron-Neptun einen Mut und ein Akzeptieren des Leids vermitteln, das über Vernunft und Glauben hinausgeht, aber sehr heilsam auf alle wirkt, die in die Nähe eines solchen Menschen kommen.

Chirons Schmerz ist für viele Menschen problematisch, die als Heiler und Berater tätig sind, denn die Erkenntnis, daß etwas nicht zu ändern ist, könnte dem Eingeständnis einer Niederlage gleichkommen. Esoteriker reagieren ärgerlich auf so eine Vorstellung, weil sie die neptunische Phantasie von letztendlicher Errettung und magischer Umwandlung des Leids in Frage stellt. In dieser Hinsicht ist Chiron, genauso wie Saturn, Neptuns Feind. Er hat viel mit Saturn gemeinsam, wenn er verlangt, das Leben so zu nehmen, wie es ist. Zuweilen zeigt sich die chironische Herausforderung als körperliche Behinderung oder Verletzung. Obwohl wir physiologisch und psychologisch an vielen Krankheiten arbeiten können, gibt es auch körperliche Leiden, an denen keine noch so große Anstrengung etwas zu ändern vermag. Sie sind mitunter angeboren oder gehen auf Verletzungen zurück, an denen niemand »Schuld« hat. Sie gehören zur Tragik des menschlichen Daseins und sind enorme Herausforderungen für den Leidenden und seine Umgebung. Und Neptun reagiert sehr heftig auf solch unverdientes Leid: Die Identifizierung mit dem archetypischen Sünder kann ein zerstörendes Gefühl von Schuldigsein und »Schlechtigkeit« auslösen. Die Identifizierung mit dem göttlichen Ursprung schafft dagegen Phantasien vom »Erwähltsein«; und die Identifizierung mit dem archetypischen Opfer kann zu übertriebenem Selbstmitleid und zu der tiefverwurzelten Überzeugung führen, daß andere für unser Leid büßen sollten, oder – was häufiger vorkommt – zu dem fieberhaften Versucht, die Tore des Gartens Eden gewaltsam zu öffnen und das Leiden auf wundersame Weise zu heilen. Darum waren im Mittelalter die heiligen Stätten und »Quacksalberkliniken«

immer so voll von verzweifelten und enttäuschten Seelen. Ob und inwieweit Gott bereit ist, einzugreifen, stellt für Chiron-Neptun ein Dauerthema dar.

Der von Chiron personifizierte verletzte Heiler scheint auf den ersten Blick mit dem göttlichen leidenden Erlöser identisch zu sein. Aber der mythische Chiron ist ein Lehrer und kein Messias. In der griechisch-römischen Religion hat der Kentaur niemals den Erlöserstatus von Orpheus oder Asklepios erreicht – vielleicht, weil er als halbes Tier niemals der Prototyp des vollkommenen menschlichen Wesens sein konnte. Chiron ist trotz seines phantastischen Aussehens einfach zu *menschlich* für einen Erlöser. Wer sich mit Chiron-Neptun identifiziert, wird vielleicht tatsächlich ein Heiler. Doch wenn Neptun den Realismus Chirons untergräbt, werden Mitgefühl und echtes Heilen- und Erziehenwollen von der grenzenlosen Selbstüberschätzung des allmächtigen Kleinkindes angesteckt. Man wurde auserwählt. Es »sollte so sein« und war ein Zeichen göttlicher Gunst, daß man verletzt wurde. Man kann alles vollbringen und verfällt angesichts von Mißerfolgen in finstere Wut und Verzweiflung. Die düsterste Dimension von Chiron-Neptun ist seine Vorliebe für emotionale Vergiftungen, die in apokalyptische Phantasien münden können, weil die Wut so allumfassend ist – die anderen sollen auch leiden. Im Mythos wird der Kentaur an der Hüfte oder am Schenkel verwundet, d.h. an der tierischen, nicht an der göttlichen Hälfte. Die chironische Verletzung kann mit körperlicher Unvollkommenheit oder Häßlichkeit assoziiert werden. Neptun mit seiner grundsätzlichen Ablehnung der Welt des Körperlichen reagiert darauf vielleicht mit dem bedrückenden Gefühl, gesündigt zu haben, und mit dem Zwang, alles Sterbliche und Unvollkommene zu transzendieren. Chirons Erfahrung des Ausgeschlossenseins von der Gruppe wird oft mit Themen wie sozialer oder rassischer Diskriminierung oder mit dem Elend der Eltern oder Großeltern in Verbindung gebracht. Dies sind allgegenwärtige Probleme, die nur durch ein größeres kollektives Bewußtsein gelöst werden können – ein Vorgang, der, wenn er denn überhaupt stattfindet, sehr lange dauert. Wenn die Erfahrung des Ausgeschlossenseins nicht zu der Vorstellung führt, man sei etwas Besonderes, kann sie viel Mitgefühl erzeugen und auch ein Sprungbrett zu genau der inneren Selbstgenügsamkeit sein, an der es Neptun mangelt. In dieser Hinsicht kann Chiron-Neptun die Persönlichkeit sehr stärken, obwohl mancher vielleicht erst viele Extreme durchmachen muß, bevor er mit dem Menschsein und der Welt seinen Frieden schließt.

Chirons Welt – unwiderruflich verlorene Unschuld, Anderssein, Verletztheit und Einsamkeit – verlangt eine Erweiterung unserer Wirklichkeitsvorstellungen, damit wir ausreichenden Abstand zu unserer Opferhaltung bekommen und diese aus einer breiteren Perspektive sehen können. Neptun bringt ein aus Lebensmüdigkeit geborenes Verlangen nach Erlösung von irdischem Leid in diese grundlegenden menschlichen Erfahrungen ein; zuweilen überdeckt er Chirons fleißiges Bemühen um Sinngebung für dieses Leid, indem er phantastische Träume von Rettung und Rache heraufbeschwört. Neptun wird aber auch mitunter von Chirons abwehrendem Ärger überwältigt, und dann hat so mancher nur noch Mitleid mit sich selbst. Hält man jedoch die Mitte zwischen diesen beiden so eng mit dem Mysterium menschlichen Leidens verbundenen Planeten, so hält Chiron den so dringend benötigten Realismus und eine Duldsamkeit gegenüber dem Leben für Neptun bereit; Neptun dagegen kann Chiron die Vorstellung eines liebevollen Universums bieten, die zwar vielleicht keine Linderung des persönlichen Unglücks bewirkt, ihm aber Bedeutung und Würde verleiht. Chirun-Neptun kann dem einzelnen, der sich mit dem Problem des Leids auseinandersetzen will, indem er sich für die Schwierigkeiten anderer interessiert, viele Einsichten und Fähigkeiten vermitteln – sei dies nun in Form eines aktiven Engagements in Fürsorgeberufen oder in Form einer schöpferischen Arbeit, die sowohl die Verzweiflung der Menschheit ausdrückt als auch ihren sehnsüchtigen Traum von der Heimkehr.

Neptun und die äußeren Planeten

Die Zyklen von Neptuns Aspekten zu Uranus und Pluto deuten starke Veränderungen in der Kollektivseele an. Diese Aspekte wurden in Kapitel 9 und 10 in bezug auf politische und kulturelle Bewegungen kurz behandelt. Bei den Strömungen, für die Neptuns Konstellationen mit den äußeren Planeten stehen, handelt es sich um politische, religiöse, wissenschaftliche oder künstlerische. Sie sind Höhepunkte geschichtlicher Epochen, in denen sich die kollektive Erlösungssehnsucht mit gesellschaftlichen und wissenschaftlichen Veränderungen sowie starken Zwängen zur Vernichtung und Neugestaltung bestehender Lebensformen verbündet oder im heftigen Widerspruch zu ihnen steht. Diese Planetenaspekte äußern sich auf zwei Ebenen: Erstens darin, wie sie sich unmittelbar in der Welt auswirken, und zweitens in ihrer Bedeutung für das individuelle Geburtshoroskop; denn die Menschen, die unter diesen großen zyklischen Zusammenkünften der Planeten geboren sind, verkörpern letzten Endes deren Bedeutung auf bleibende Weise.

Neptun-Uranus-Aspekte

> Der Vernünftige paßt sich der Welt an; der Unvernüftige sucht sich die Welt anzupassen. Daher hängt aller Fortschritt vom Unvernünftigen ab.
>
> *George Bernhard Shaw, Maxims for Revolutionists*

Der Neptun-Uranus-Zyklus dauert von Konjunktion zu Konjunktion ungefähr 172 Jahre. Nehmen wir eine bestimmte Konjunktion als Beginn eines größeren Zyklus, so kehrt der gesamte Zyklus alle 21 Konjunktionen oder 3600 Jahre auf etwa sechs Grad genau an seinen Ausgangspunkt zurück.[43] Im zwanzigsten Jahrhundert gab es eine Uranus-Neptun-Konjunktion in Steinbock. Sie begann Ende 1987, wurde im Februar 1993 exakt und setzte sich innerhalb des

Konjunktionsorbis fort, wobei die beiden Planeten bis Anfang 1999 in die ersten Grade des Wassermanns vorrücken. Die Uranus-Neptun-Konjunktion davor war 1821, und vordem 1650 und 1478/79. Wie auch bei allen anderen Transiten entstehen die großen kollektiven Bewegungen, die einer Konstellation symbolisch enstprechen, nicht plötzlich gerade dann, wenn der Aspekt exakt ist. Sie haben eine lange Entwicklungszeit und kündigen sich gewöhnlich mit sehr bezeichnenden Vorboten an – geradeso wie im Leben des einzelnen Träume und bedeutsame »Zufälle« zuweilen Jahre vorher eine größere Lebenskrise ankündigen können, die ihren Höhepunkt dann zusammen mit dem Transit erreicht. Da Uranus-Neptun für einen sehr langen historischen Zyklus steht, wird jeder wichtige Aspekt zwischen diesen beiden Planeten die historischen Themen widerspiegeln, erweitern, in Frage stellen und verkörpern, die in den vorangegangenen Aspekten sichtbar geworden sind. Wie eines der stets wiederkehrenden Leitmotive im Gefüge von Wagners *Ring* steht Uranus-Neptun für eine sich ständig wiederholende Beziehung zwischen Genialität, Einfallsreichtum und Fortschrittswunsch auf der einen Seite und der menschlichen Sehnsucht nach einem Ende des Leids und einer jenseitigen Erlösung auf der anderen. Uranus-Neptun ist von Natur aus utopisch, wenn auch die Art der Utopie variieren kann – je nachdem, welcher der beiden Planeten gerade die Oberhand hat.

Die Konjunktion von 1478/79 fiel mit dem Beginn der Renaissance in Europa zusammen. Uranus' fortschrittliche Vision auf gesellschaftlichem und wissenschaftlichem Gebiet bewirkt in Verbindung mit Neptuns phantasiereicher Inspiration meist revolutionäre Veränderungen im politischen, religiösen und künstlerischen Denken, und das beste Beispiel dafür ist die große kulturelle Blüte, die wir die Renaissance nennen. Die unter der Konjunktion Geborenen wuchsen auf, um die Reformation herbeizuführen und sich an ihr zu beteiligen. Diese war mit ihrer höheren Gottesvorstellung ein unvermeidliches Ergebnis des Einflusses des platonischen, neoplatonischen und hermetischen religiösen, philosophischen, politischen und wissenschaftlichen Gedankengutes der Renaissance auf die katholische Welt des Mittelalters. Martin Luther wurde unter dieser Uranus-Neptun-Konjunktion geboren, die – kaum überraschend – in Schütze, der traditionellen Heimat religiösen und phiolosophischen Denkens, stattfand. Die Konjunktion von 1650, wieder einmal in Schütze, ist dagegen nicht so leicht vom Standpunkt einer so bedeutenden Einzelbewegung wie der Renaissance einzuordnen. In England fiel sie mit der Enthauptung Charles' I. und der Errichtung des Commonwealth unter Oliver Cromwell zusammen. Sie widerspiegelte auch das Aufkommen des Barocks in Kunst, Architektur, Musik und Literatur. Dort gab es ebenfalls eine intellektuelle und wissenschaftliche Revolution, welche die nachlassende Macht der Kirche auf die Probe stellte und schließlich zum Beginn der Aufklärung führte. Die Konjunktion von 1821 fiel mit dem Tod Napoleons und dem Aufkommen des romantischen Nationalismus und Sozialismus in Europa zusammen. Diese

Bewegungen führten zur Unabhängigkeit der früheren spanischen und portugiesischen Kolonien in Süd- und Mittelamerika sowie auch zum Entstehen eines Europas von Nationalstaaten, die ihre Unabhängigkeit anstrebten. Diese Konjunktion stand auch für die Blüte der Romantik in der Kunst. Unter ihr wurden Karl Marx und die großen Komponisten der Romantik, Chopin und Schumann, geboren. Die Konjunktion von 1993, deren allzu große Nähe uns noch an einer richtigen Einschätzung hindert, fiel mit der Aufhebung des eisernen Vorhangs und der Errichtung eines vereinten Europas zusammen; die Auswirkungen auf religiösem und kulturellem Gebiet müssen jedoch noch geklärt werden.[44] Unter den Auspizien dieser Konjunktion traten wir auch ins Zeitalter der Computertechnik ein, dessen wirtschaftliche und gesellschaftliche Folgen im Augenblick noch nicht zu überblicken sind.

Es bleibt abzuwarten, was die unter dieser Konjunktion geborenen Kinder im 21. Jahrhundert aus ihrem Geburtsrecht machen werden. Historische Schlüsselfiguren wie Luther, Marx und Schumann verkörpern das revolutionäre und utopische Wesen von Uranus und Neptun in einer Weise, der die meisten von uns glücklicher- oder unglücklicherweise in ihren kühnsten Träumen nicht gleichkommen können. Die anderen Aspekte zwischen Uranus und Neptun, die sich zwischen den zyklischen Konjunktionen bilden, decken sich auch mit Gruppen von Menschen, die auf das Grundthema ansprechen, es jedoch, je nach Aspekt, sehr viel leichter oder konfliktreicher erleben. Ende 1904 kam es zu einer Opposition von Uranus und Neptun in Steinbock bzw. Krebs, die bis 1912 dauerte. Anfang der fünfziger Jahre dieses Jahrhunderts bildeten Uranus und Neptun ein Quadrat von Krebs nach Waage. Zu einem Trigon, das sich von Stier und Jungfrau nach Zwillinge und Waage bewegte, kam es zwischen 1939 und 1945, den Jahren des zweiten Weltkrieges. Letzteres veranschaulicht, daß die Trigone der transitierenden Planeten nicht unbedingt für Frieden und Harmonie stehen – zumindest nicht während dieser Zeit.[45] All diese Gruppen sind auf kollektiver Ebene dazu aufgerufen, sich mit dem typischen Konflikt zwischen der Fähigkeit des menschlichen Intellekts, die Wirklichkeit zu verändern, und der Sehnsucht des menschlichen Herzens nach einer gänzlich anderen Wirklichkeit auseinanderzusetzen. In dem Maße, wie diese Aspekte im Geburtshoroskop mit inneren Planeten – besonders mit Sonne, Mond und vor allem mit Saturn – verbunden sind, spielt der einzelne diesen archetypischen Konflikt in seinem persönlichen Leben durch. Die Themen der inneren Planeten haben dann wohl eine Intensität und dramatische Wichtigkeit, die für Menschen ohne solche Aspekte vielleicht kaum verständlich ist.

Neptun-Pluto-Aspekte

Ein Wanderer kam aus einem alten Land,
Und sprach: Ein riesig Trümmerbild von Stein
Steht in der Wüste, rumpflos Bein an Bein,
Das Haupt daneben, halb verdeckt vom Sand.

Der Züge Trotz belehrt uns: wohl verstand
Der Bildner, jenes eitlen Hohnes Schein
Zu lesen, der in toten Stoff hinein
Geprägt den Stempel seiner ehrnen Hand.

Und auf dem Sockel steht die Schrift: »Mein Name
Ist Osymandias, aller Kön'ge König:
Seht meine Werke, Mächt'ge, und erbebt!«

Nichts weiter blieb. Ein Bild von düstrem Grame,
Dehnt um die Trümmer endlos, kahl, eintönig
Die Wüste sich, die den Koloß begräbt.

Percy Bysshe Shelley, Osymandias[46]

Zu Konjunktionen von Neptun und Pluto kommt es alle 492 Jahre. Die letzte war 1891-1892 im Zeichen der Zwillinge, und unter ihr wurde Hitler geboren. Die Konjunktion davor war 1399. Nach Ansicht der Verfasser von *Mundane Astrology* stehen diese großen Himmelsereignisse für Anfänge neuer Weltanschauungen, von denen die jüngste die » ...augenblickliche beschleunigte Bewegung in Richtung auf eine weltweite Kultur« ankündigt.[47] Das ist eine optimistische Betrachtungsweise und mag sich auf lange Sicht auch als richtig erweisen. Da ich keine direkten Erfahrungen mit den unter dieser Konjunktion Geborenen habe (sie leben nicht mehr), kann ich die Konjunktion nicht aufgrund unmittelbarer Erfahrung einschätzen. Hitlers Beispiel legt nahe, daß die Kombination von Erlösungssehnsucht und dem Zwang zur totalen Vernichtung einer alten Ordnung vielleicht zu einer großartigen chiliastischen Vision führt, für die erst die ganze Welt untergehen muß, bevor wir wieder in den Garten Eden kommen. Eine freundlichere Spielart von Neptun-Pluto ist in dem langdauernden Sextil zwischen den beiden Planeten zu sehen, das seit 1941 (als sich Neptun in Waage im Sextil zu Pluto in Löwe befand) immer wieder einmal exakt war, und das bis 2035 dauert. Als Neptun in den Skorpion eintrat, bestand das Sextil zu Pluto in der Jungfrau weiter; als er in den Schütze eintrat, bildete er das Sextil zu Pluto in Waage. Während ich dies niederschreibe, besteht dieses Sextil zwischen Neptun in Steinbock und Pluto in Skorpion. Zu dem Phänomen eines so lange Zeit anhaltenden Sextils kommt es, weil Pluto beim Durchgang durch die Herbstzeichen (Jungfrau, Waage, Skorpion und Schütze) der

Sonne näher und seine Winkelgeschwindigkeit größer ist als in den gegenüberliegenden Zeichen des Tierkreises – so läuft er einige Zeit sozusagen im Gleichschritt mit Neptun.

Wir sind noch nicht in der Lage, die Bedeutung dieses fast hundertjährigen Transits objektiv zu erkennen, obwohl man vielleicht sagen kann, daß er die Vision einer unter der Konjunktion gegen Ende des 19. Jahrhunderts enstandenen globalen Kultur fördert. Neptun-Pluto scheint sich in erster Linie auf religiöser Ebene zu äußern – Hitler verkündete eine als Politik verkleidete, aber im Grunde religiöse, eschatologische Vision –, und die Zeit des Sextils zwischen den beiden Planeten könnte sich als die historische Epoche herausstellen, in der unser Gottesverständnis und unsere Einstellung zum Göttlichen massive und unwiderrufliche Veränderungen erfahren, die unter der Konjunktion von 1891 eingeleitet wurden, sich aber erst unter dem Sextil gegen Ende des 20. und zu Beginn des 21. Jahrhunderts verbreiteten. Nach Meinung der Autoren von *Mundane Astrology* ging die Konjunktion von 1399 mit stark chilistischen Erwartungen einher und markierte das Ende der Feudalgesellschaft und der katholischen Weltanschauung des Mittelalters. Eine frühere Konjunktion zwischen 411 und 412 n.Chr. kündigte das Ende der heidnischen Welt an, während die Konjunktion von 579 bis 575 vor unserer Zeitrechnung mit dem Erscheinen von Pythagoras, Buddha und Laotse sowie dem Beginn des klassischen Griechenlands zusammenfiel. Eine Untersuchung dieser Themen ist zwar faszinierend, aber wissenschaftlich akzeptabel einzuordnen sind sie jedoch nicht. Religiöse Bewegungen fließen im Laufe der Geschichte wie Neptuns Wasser durch unsichtbare unterirdische Kanäle und treten zuweilen als heilende Quelle, manchmal aber auch als zerstörende Sintflut zutage. Jeder seit 1941 Geborene hat irgendwie mit dieser Planetenkombination zu tun, da sich das Sextil praktisch durch die gesamte zweite Hälfte des 20. Jahrhunderts hinzieht. Da wir gewöhnt sind, bestehende religiöse Gefüge in Frage zu stellen, nehmen wir religiöse Kontroversen als ganz selbstverständlich in Kauf. Die religiösen Konflikte gegen Ende des 20. Jahrhunderts, in die nicht nur das Christentum, sondern auch der Islam verwickelt ist, sind eine große Herausforderung, doch sie sind auch ein Teil unserer Weltordnung, denn keiner, der nach dem letzten Weltkrieg geboren wurde, kann sich erinnern, daß es sie einmal nicht gegeben hätte. Daher fällt es schwer, sich objektiv zu einem Aspekt zu äußern, der so tief in unsere seelische Wirklichkeit eingebettet ist.

13.

Neptun in der Synastrie und im Komposit

Unsere Seelen waren so geeint unterwegs, empfanden eine so starke Zuneigung zueinander und sahen einander mit dieser Zuneigung so tief in die Herzen, daß ich nicht nur das seine so gut kannte wie mein eigenes, sondern mich ihm sicherlich leichter anvertraut hätte als mir selbst.

Michel de Montaigne

Das Erlebnis, einer verwandten Seele zu begegnen, ist unzählige Male beschrieben worden. Die psychologischen Schriften des 20. Jahrhunderts haben dieses Phänomen vom Standpunkt der Ratio zu erklären versucht, konnten jedoch auch nur ganz spezifische Aspekte davon beleuchten. Unsere Erfahrungen mystischer Verschmelzung mit anderen Menschen haben etwas ungemein Schicksalhaftes an sich, das im nachhinein das Wirken eines ehrfurchtgebietenden, höheren Bewußtseins zu offenbaren scheint. In solchen Beziehungen ist Neptun meist zwischen den beiden entsprechenden Geburts- und Progressionshoroskopen sowie auch im Komposit fleißig am Werk. Das tiefe Verbundensein mit anderen ist für viele Menschen nicht nur das Schönste und Bewegendste im Leben, sondern auch das, was die größten Veränderungen herbeiführt, selbst wenn es Leiden verursacht. Welche Elternkomplexe auch immer am Werk sein mögen (und sie sind es stets), und wie enttäuschend auch etwas ausgehen mag (und das kommt häufig vor), so beweist doch das – wenn Neptun in der Synastrie wirksam ist – geradezu telepathische Element im gegenseitigen Umgang romantischer Menschen unwiderlegbar das Vorhandensein einer anderen und geheiligteren Dimension der Wirklichkeit. Diese andere Wirklichkeit ist ein Hinweis auf das ewige Leben der Seele, auf die Unzerstörbarkeit von Liebesbindungen und darauf, daß auf Qual und Verlust Weisheit und Gnade folgen. Auf unfertige Menschen kann das Scheitern eines Traumes ausgesprochen verheerend wirken, denn hier wird gewissermaßen etwas ausgelöscht. Bei vernünftiger Integration der Funktionen von Saturn und Sonne kommt man jedoch mit Selbstbeherrschung und Realismus über die sich daraus ergebenden Enttäuschungen oder Sorgen hinweg und kann die neptunische Erfahrung als dauerhafte und schöpferische Dimension ins Leben einbauen.

Für viele andere Menschen, die mehr im umgangssprachlichen als im philosophischen Sinn romantisch sind, ist die Gemeinschaft der Seelen eine wunderbare, aber kurzlebige Phase der Verzauberung, aus der sich zwar eine reife Liebe entwickeln kann, die aber weit häufiger mit Enttäuschung und Desinteresse endet. Sie soll genossen und ausgekostet, nicht aber ernstgenommen werden, damit man nicht hinterher der Genasführte ist; man gönnt sie sich, unterschreibt aber nichts. Diese scheinbar vernünftige und ausgewogene Art des Umgangs mit neptunischen Beziehungen könnte aber später sehr ins Auge gehen. Um Dionysos zu akzeptieren und nicht wie Pentheus zu enden, muß man töricht sein können, muß wie der Narr aus dem Tarot über den Rand des Abgrundes hinausschreiten und dabei nur der eigenen Vision und der Stimme des eigenen kindlichen Herzens folgen. Auch wenn er sich mit Rührseligkeit tarnt, hält der innere Saturn lieber seine tyrannische Herrschaft aufrecht als sich zum Gefäß innerer Erfahrungen zu machen. Dann bringen Neptuns Fluten keine läuternde Taufe und keine Lebenserneuerung, und hinter den Kulisen wartet vielleicht ein sehr zorniger Gott. Für viele in Helferberufen tätige Menschen ist Seelenverwandtschaft lediglich eine Projektion beziehungsweise die Übertragung idealisierter Elternphantasien. Wer in der Kindheit einen zu hohen Preis für neptunische Liebe gezahlt hat, definiert Seelenverwandtschaft möglicherweise als vorübergehenden und potentiell destruktiven Wahn, dem man bestenfalls aus dem Weg gehen kann und von dem man sich schlimmstenfalls so schnell wie möglich wieder erholen sollte. Saturn versucht mitunter, Neptun mit der Wurzel auszureißen, wobei er seine dunkelste mythische Seite als kastrierender und verschlingender Gott zeigt. Doch wenn Neptun aus einer Beziehung verschwindet, entstehen Langeweile und emotionale Vereinsamung, die oft zu Depressionen und Krankheiten führen, weil der Quell des Lebens versiegt ist.

Ein starker Neptun in der Synastrie steht häufig für die Erfahrung des »gemeinsamen Unterwegsseins«, das jedoch auch etwas Unbewußtes sein kann; denn zuweilen erkennt man bei dieser Erfahrung die typisch neptunische Idealisierung und seelische Identifizierung nicht. Da Neptuns Urflut vielen Menschen Angst einflößt, spürt man vielleicht nur unerklärlichen Zorn, Angst oder den Wunsch, zu kränken oder zu zerstören. Neptuns Verhalten in der Synastrie führt nicht unvermeidlich zu einer Liebesheirat oder zu einer sexuellen Vereinigung, es kann sich auch zwischen Lehrer und Schüler, Guru und Anhänger oder Elternteil und Kind zeigen. Es mag auch unter Freunden auftreten, zwischen einem Schauspieler und einem Menschen aus seinem Publikum, oder zwischen einem verstorbenen Schriftsteller und einem begeisterten Leser, der sein Werk hundert Jahre später einer sorgfältigen Prüfung unterzieht. Zuweilen verstärken Distanz oder die mangelnde Gelegenheit, aus der Beziehung ein Alltagserlebnis zu machen, das Gefühl der tiefen Seelenverwandtschaft noch – oder sind sogar dafür notwendig. Seelenverwandtschaft kann auch den sexuellen Kontakt ausschließen. Eine oder beide Seiten gestalten dann die Beziehung unbewußt so, daß der sexuelle Vollzug unvollständig oder enttäuschend ist oder durch unüberwindbare Umstände verhindert wird. Neptun in der Synastrie bringt oft eine gewisse anhaltende oder schlußendliche Frustration einer oder beider Seiten mit sich.

Die neptunische Liebe des hungrigen Kindes ist nicht weniger wichtig und gültig als jene, die der Seele entspringt. Aber bei der ersteren machen ungünstige Verhaltensmuster enge Bindungen leicht zunichte. In neptunischen Beziehungen entstehen durch die Lockerung der Ego-Begrenzungen Sehnsüchte nach der Verschmelzung mit einem allmächtigen und bedingungslos liebenden Menschen. Psychologische Einsicht ist besonders wertvoll, wenn einer oder beide Partner etwas unselbständig ist. Die Untersuchung von Themen unbewußten Märtyrertums und Manipulierens kann wiederkehrende Muster selbstzerstörerischer Passivität aufbrechen helfen, unabhängig davon, ob man den großen oder den kleinen Fisch spielt; sie kann auch Bereiche erhellen, in denen Idealisierungen die Entwicklung größerer Selbständigkeit stören. Bei Mißachtung dieser Möglichkeit entstehen oft Hilflosigkeit und Wut, so daß die Menschen – »Karma« hin oder her – schließlich verbittert und enttäuscht sind. Jeder neptunische Verkehr mit anderen macht uns oft in schmerzhafter Weise darauf aufmerksam, wo wir selbst noch ungeboren sind.

Wer also ist der Erlöser und wer der Erlöste, wer der Betrüger und wer der Betrogene? Bei starken Neptunbeziehungen zwischen zwei Horoskopen können es beide sein, weil – wie bei allen synastrischen Aspekten – die Gefühle und Handlungen des einen Menschen Reaktionen beim anderen auslösen, so daß sich beide schließlich in dem bekannten Spiegelsaal wiederfinden. Steht der Saturn eines Mannes in Opposition zur Venus einer Frau, so wird der eine oder der andere Partner irgendwann verletzend werden. Saturn fühlt sich durch die Willigkeit und Sinnlichkeit der Venus bedroht, und um sich zu schützen, lehnt der Mann die Frau ab; oder seine Unsicherheit macht ihn kritisch und anspruchsvoll, und dann sucht sich seine Venus-Partnerin die Zuneigung schließlich anderswo. Zuweilen wird Venus »vorgeworfen«, es fehle ihr an der nötigen Tiefe, um Saturns Kompliziertheit zu verstehen. Doch die eigentlichen Gründe für diese unglücklichen und doch so schrecklich weitverbreiteten Szenarien sind die unbewußte Angst, der Neid und der Wunsch nach Vereinnahmung und gleichzeitiger Unterdrückung beim Saturn-Partner. In ähnlicher Weise liegt der Grund für die Verzauberung und den Betrug beim Neptun-Partner, weil dieser einen Erlöser vor sich zu haben glaubt und eine Flut von Ursehnsüchten erlebt. Dann versucht Neptun, die verlangte Rolle – darunter auch die des Erlösers – zu spielen, um geliebt und geheilt zu werden. Gleichzeitig kommt sich der andere angesichts so intensiver Abhängigkeit überrannt und machtlos vor und wird chronisch übelnehmerisch. Oft ist er ja der von Neptuns spiegelnden, schimmernden Eigenschaften »Betrogene« oder »Geblendete« und schließlich Verletzte. In Wirklichkeit ist jedoch Neptun der mit Blindheit Geschlagene, der eine ursprünglich innere Vorstellung mit seinem tatsächlichen Gegenüber verschmilzt. Da Neptun im anderen die langersehnte Rettung aus irdischer Qual und Einsamkeit zu sehen glaubt, will er vielleicht nicht zulassen, daß auf einmal ein Mensch aus Fleisch und Blut vor ihm steht. Angesichts dessen betrügt oder weicht der Partner dann lieber aus, als sich dem Schmerz und der Wut Neptuns auszusetzen.

Neptun reagiert auf die Planeten anderer Menschen immer neptunisch – diesbezüglich gibt es keine Zweideutigkeiten. Doch wie sich die Neptunbeziehungen zweier Horoskope untereinander äußern, hängt weitgehend vom Bewußtsein der Partner sowie von den anderen beteiligten Planeten ab. Jemand mit Neptun Konjunktion Saturn, der die ihm verwandte Seele durch die Konjunktion dieses Planetenpaares mit Sonne oder Mond im Horoskop des anderen findet, verliebt sich zuweilen bis über beide Ohren. Doch durch die nagende Furcht, zu versagen und abgewiesen zu werden – wofür meist ein schwieriger Saturn steht –, verursacht er beim anderen ein starkes Bedürfnis nach Selbstbeherrschung, so daß jener sich mitunter ausgesprochen herzlos benimmt. Er oder sie mag sich, nachdem er dann gegangen ist, damit entschuldigen, infolge der verführerischen Manipulation durch den Neptun-Partner einem Rausch erlegen zu sein. So wird Neptun erst als überwältigende Gefühlsflut erfahren und dann als Projektion ausgespieen. Wer dagegen etwa Neptun Konjunktion Mond in Skorpion im Trigon zu Venus in Krebs im zwölften Haus hat und ebenfalls eine verwandte Seele im Geburtshoroskop des anderen trifft, erinnert sich später noch gern daran, wie schön und wichtig das Erlebnis war, nachdem derjenige, der ihn geliebt hat, längst gegangen ist. Dann spielt der andere den Betrüger, und Neptun ist das Opfer, weil die von einem Neptun-Partner als etwas Angenehmes und Natürliches empfundene Urflut des Gefühls bei einem Partner, der in die Falle geraten zu sein glaubt, Panik auslöst. Neptun steht für unsere Offenheit, das Verschmelzen mit dem Ursprung allen Seins erleben zu wollen, und für unsere Sehnsucht nach der Erlösung aus dem Gefängnis der Sterblichkeit. Wenn jemand kommt, dessen Geburtshoroskop diese verwundbarste Stelle in uns anspricht, kann alles passieren – vom Lächerlichen bis hin zum Erhabenen.

Neptun-Sonne-Aspekte in der Synastrie

Da die Sonne die große Lebenspenderin ist, weckt die schöpferische Kraft des Sonnen-Partners die Sehnsucht des Neptun-Partners. Der Vorgang ist derselbe, unabhängig davon, ob es sich um eine Radix- oder um eine progressive Sonne handelt. Im ersten Fall bleibt die Faszination vielleicht ein Leben lang bestehen, während sie im letztgenannten flüchtig sein kann. Neptun erfährt in der Sonne etwas Lebenspendendes und Einmaliges, das Hoffnung, Freude und Rettung zu verheißen scheint, auch wenn sich die Sonne dessen nicht bewußt ist. Der unfertige und verwirrte Neptun badet dann im Licht der Sonnenkraft. Selbst wenn man immer unabhängig und individualistisch gewirkt hat, bricht ein genauer Aspekt zwischen der Sonne eines anderen Menschen und dem eigenen Neptun die Verriegelungen der Ego-Abgrenzungen auf. Idealisierung des »Andersseins« und der

Selbstdarstellungsfähigkeit des Sonnen-Partners ist die häufige Folge. Bei harmonischen synastrischen Aspekten anderer Planeten kann aus Neptuns idealisierter Liebe die tiefe Überzeugung werden, daß der Sonnen-Partner zum eigenen inneren Sein und Kern gehört und grundlegende Bedeutung für das eigene Leben hat. Möglicherweise sucht der scheinheilige Neptun dann alle Bedürfnisse der Sonne zu erfüllen, wobei das wichtigste Bedürfnis das nach einem begeisterten Publikum ist, das die Individualität der Sonne zu schätzen weiß. Die Folge wäre ein besonderes Beziehungsmuster, in dem die Sonne den großzügigen, kreativen Liebhaber und Neptun den sich selbst auslöschenden und ergebenen Spiegel spielt. Diese Planetenkombination in der Synastrie erinnert an die Geschichte von Pygmalion, denn die Sonne hat gern Schutzbefohlene. Das gleiche ist sehr elegant im dreizehnten Hexagramm des *I Ging* dargestellt, das in der Übersetzung von Richard Wilhelm »Gemeinschaft mit Menschen« heißt:

> Gemeinschaft mit Menschen. Das Weiche findet seinen Platz, findet die Mitte, und es entspricht ihm das Schöpferische: das heißt Gemeinschaft mit Menschen ... Das Schöpferische ist wirksam. Ordnung und Klarheit verbunden mit Kraft ... Nur der Edle vermag die Willen aller unter dem Himmel zu vereinigen.[48]

Eine Sonne-Neptun-Verbindung kann für beide Menschen erhebend und anregend sein. Aber es kommt auf die Eigenart des Aspekts, die Stellung beider Planeten im jeweiligen Horoskop und auf den Bewußtseinsstand der Beteiligten an. Bei »weichen« Aspekten sind ohne weiteres anregende und ekstatische Gefühle möglich, weil diese Aspekte gewöhnlich unaufdringlich und nicht zwanghaft sind. Idealisierung wirkt nicht zerstörend, wenn sie auf tatsächlichen Eigenschaften des anderen fußt. Obwohl sie psychoanalytisch als Erinnerung an das ursprüngliche Verschmolzensein mit der Mutter erklärt werden kann, verstand Plato sie als eine durch den geliebten Menschen wachgerufene Erinnerung der Seele. Idealisierung kann den Wunsch in uns wecken, unser Bestes zu geben.

Die Konjunktion der Sonne eines Menschen mit dem Neptun eines anderen ist der stärkste Aspekt. Ist sie exakt, so kann man sich wohl schwerlich des Gefühls erwehren, daß die Beziehung schicksalhaft oder karmisch ist. Die Sonne fühlt sich verpflichtet, Neptun zu schützen und zu unterstützen, und Neptun erfährt die Sonne als Erlöserin. Der Sonne-Partner glaubt, voll und ganz für das Glück und Wohlergehen des Neptun-Partners verantwortlich zu sein. Auch bei genauen Quadraten und Oppositionen besteht eine intensive Anziehungskraft. Aber durch zu hohe Erwartungen und Mißverständnisse kommt es garantiert zu Enttäuschungen. Da bei »harten« Aspekten immer Konflikte zwischen Neptuns grenzenlosen Bedürfnissen und der individuellen Wirklichkeit der Sonne entstehen, fühlt sich der Sonne-Partner nach einiger Zeit oft ausgenommen und benutzt, und Neptuns Träume werden leicht zerstört, wenn die Sonne ihre Aufmerksamkeit dann auf etwas anderes richtet oder sich schließlich doch als menschlich und »selbstsüchtig« entpuppt.

Auch bei »weichen« Aspekten kommt es gelegentlich zu Enttäuschungen. Doch wenn die Desillusionierung eintritt, hören die Beziehung oder der zwischen Sonne und Neptun mögliche schöpferische Austausch nicht unbedingt auf. Möglicherweise erkennen beide, was vor sich geht, sprechen die Themen durch, schließen die nötigen Kompromisse und ändern, was zu ändern ist. Doch die Vertreibung aus dem Paradies mag Neptun als ein großer Verlust erscheinen, denn dann müßte er ja die Wirklichkeit des anderen akzeptieren und auch die Verantwortung für seine Erlösung selbst übernehmen. Zuweilen wendet er sich dann wütend ab und sucht sich einen anderen, zuverlässigeren Erlöser. Seine Wut kann, wie die von Tiamat, allumfassend sein. Oder er kommt zu dem Schluß, daß all diese Zustände eigentlich pubertärer Unsinn sind und wird zynisch. Vielleicht glaubt er auch mit der Zeit, die Liebe der Sonne mit noch größerer Bedürftigkeit und Abhängigkeit erringen zu können. So wird er unbewußt ein chronisches Opfer, krank, hilflos und aufdringlich, um die Sonne an ihre Erlöserpflichten zu erinnern. Die Sonne aber, die sich erst geschmeichelt gefühlt hatte und froh war, die Lebenspenderin sein zu können, kommt sich dann manipuliert und ausgenutzt vor. Vielleicht ist Neptun aber auch nicht enttäuscht genug, um die Beziehung abzubrechen, erlaubt sich jedoch einen kleinen Seitensprung. Schließlich kann er der Sonne ja vorwerfen, einen verletzbaren und bedürftigen Menschen im Augenblick der größten Schwäche vorsätzlich auszunutzen.

Zu diesen wenig attraktiven Manifestationen von Sonne-Neptun-Aspekten in der Synastrie kommt es wahrscheinlich dann, wenn der Neptun-Partner wenig Sinn für eine selbständige Individualität hat und wie eine Mistel auf Kosten der Wirtspflanze zu leben versucht. Schwierigkeiten entstehen auch, wenn sich der Sonnen-Partner seines Machtstrebens nicht bewußt ist und den Neptun-Partner als seine Schöpfung ansieht. Allen unseren Reaktionen auf andere liegt etwas Archetypisches zugrunde, das in starken synastrischen Aspekten – besonders mit den äußeren Planeten – symbolisiert wird. Bei Sonne-Neptun-Kontakten ist es der Archetyp vom göttlichen Schöpfer und dem abhängigen Kind. Unabhängig davon, ob der Sonnen-Partner männlichen oder weiblichen Geschlechts ist, Neptun sieht das Strahlen des Erlösers vor sich, der den Heiligen Gral bringt und ihn aus den menschlichen Augen des anderen heraus anblickt. Und auch unabhängig davon, ob der Neptun-Partner männlichen oder weiblichen Geschlechts ist, seine Sehnsucht ist das schmerliche, heftige Verlangen aller sterblichen Kreatur nach Erlösung aus dem Gefängnis der physischen Inkarnation. Wenn sich zwischen zwei Menschen archetypische Dramen abspielen – und bei starken Synastrieaspekten ist das immer so –, kommt es nur selten vor, daß wir uns einfach wieder abwenden und unserer Wege gehen. Möglicherweise laufen wir davon, weil uns erschreckt, was da vielleicht auf uns zukommt. Aber das Spiel wird dann nur mit anderen

Darstellern wiederholt, denn auf der einen oder anderen Ebene müssen wir unsere Mythen letztlich doch ausleben. Zur Herstellung eines funktionierenden Gleichgewichtes zwischen saturnischem Realismus und sonnenhafter Selbstbestimmung einerseits sowie idealisierter neptunischer Ergebenheit andererseits kann die Sonne bei einiger Anstrengung als Modell für Selbstvertrauen und Selbstdarstellung dienen, so daß sich auch Neptuns Phantasiebegabung leichter umsetzen läßt. Neptun seinerseits kann der Sonne helfen, sich nicht ganz so isoliert zu fühlen auf ihrer einsamen, heroischen Reise zum eigenen Selbst.

Neptun-Mond-Aspekte in der Synastrie

Die Aspekte zwischen Neptun und Mond haben mit vielen Dimensionen der archetypischen Muttererfahrung zu tun. Dazu gehört ein breites Spektrum von Gefühlszuständen, angefangen bei den Verschmelzungsbedürfnissen des Säuglings bis hin zu dem für uns alle so wesentlichen Gefühl des Geliebt- und Gebrauchtwerdens. Diese Aspekte stehen für viele gegenseitige Abhängigkeiten, und auch für ein tiefes gegenseitiges Einfühlungsvermögen. Oft haben beide Partner das starke Bedürfnis, einander zu umsorgen, zärtlich zu lieben und einander vor der Einsamkeit und Finsternis der Welt »da draußen« zu retten. Aber wenn man nichts anderes mehr als Mutter und Kind füreinander sein möchte, zeigen diese Aspekte manchmal auch sehr trübe verborgene Strömungen. Neptun erfährt den Mond als idealisierten Tröster und Beschützer, der auf alle unausgesprochenen Bedürfnisse und Sehnsüchte des inneren Kindes reagiert. Das neptunische Gefühl, in einer Art Mutterschoß beschützt und geborgen zu sein, transzendiert das Geschlecht der Betroffenen. Da der Mond auf den Körper und die Instinkte bezogen ist, hat er etwas Irdisches und Stabiles an sich, und da fühlt sich Neptun sicher. Neptun sieht im Mond-Partner (selbst wenn es ein Mann ist) die mütterliche Erlöserin seiner frühesten Träume und Phantasien. Diese Erlöserin begreift alles ohne Erklärungen und hat Mitgefühl, auch wenn noch so schwere Fehler gemacht werden; sie liebt, ohne zu richten und zu prüfen, und ist immer da, um zu wärmen, Zuflucht zu bieten, zu nähren und zu vergeben.

> Deine Lippen sind es, dein süßes Lächeln sehe ich,
> das gleiche, das mich in der Kindheit oft getröstet;
> es fehlte nur der Stimme Klang, und deutlich sprächen sie:
> »Keine Angst, mein Kind, vergiß all deine Sorgen«.
>
> *William Cowper, On the Receipt of My Mothers Picture out of Norfolk*

Der Mond reagiert auf diese Mutterrolle oft positiv – zumindest am Anfang –, da das Gebrauchtwerdenwollen ein Grundaspekt unserer mondhaften Seite ist. Oft wird er Neptuns Verletzbarkeit und Hilflosigkeit spüren, auch wenn der Neptun-Partner dies vor anderen und sogar vor sich selbst verbirgt. Neptun glaubt, endlich jemanden gefunden zu haben, dem er sein Herz ausschütten kann. Dieser

Synastrieaspekt kann sehr heilsam sein, besonders wenn dem Mond-Partner zu Beginn seines Lebens nicht genügend Gefühl entgegengebracht wurde. Im Erleben der Mutterrolle erlöst der Mond-Partner mitunter seine Kindheit und kann Neptuns Sehnsüchte auffangen. Durch diese Verbindung mit einem starken, heilsamen Archetyp können Neptun-Mond-Kontakte in der Synastrie feste und dauerhafte Bindungen mit Einfühlungsvermögen und Vertrauen schaffen, so daß bei beiden Partnern Verletzungen gelindert und Wunden aus der Vergangenheit geheilt werden können. Probleme entstehen, wenn eine der Seiten mit Trennung droht. Mitunter gerät Neptun in allzu große Abhängigkeit vom besonderen Einfühlungsvermögen des Mondes, kommt sich verloren vor und gerät ganz durcheinander, wenn Freunde, der Ehegatte oder sogar das eigene Kind ihn in Anspruch nehmen. Besteht der Kontakt zwischen einem Ehepaar mit Kind, so kann es auch zu Verletzungen und Unzufriedenheit kommen, weil das Kind Anspruch auf den Mond-Elternteil erhebt, der Neptun-Elternteil aber ebenfalls das über alles geliebte Kind sein möchte. Neptun ist nicht im üblichen Sinne eifersüchtig, denn Eifersucht ist eine zu individuelle und leidenschaftliche Gemütsbewegung. Der Mangel an offensichtlicher Eifersucht beim Neptun-Partner verärgert womöglich den anderen Partner, weil er sich dadurch abgewertet fühlt. Der Neptun-Partner kommt sich einfach ausgeplündert und leer vor und wird durch seine hoffnungslose Passsivität vielleicht sehr manipulativ, um den Mond auf sich aufmerksam zu machen. Das könnte sich in Fehlschlägen, Depressionen oder Krankheiten äußern, die sämtlich unbewußt in Gang gesetzt werden, um die ursprüngliche Verschmelzung zwischen Mutter und Kind wiederherzustellen.

Der Mond kann ziemlich besitzergreifend werden (und der Krebs genauso – in dieser Hinsicht sogar noch intensiver als der Skorpion). Der Mond-Partner hat mitunter exklusive Ansprüche, nimmt es Neptun übel, andere zu brauchen und will als einziger auf das besondere, bezaubernde Kind aufpassen. Der Mond zeigt sein Besitzenwollen sehr konkret, indem er verlangt, daß der Neptun-Partner ständig da ist. Neptun aber fühlt sich durch die Forderungen des Mondes und durch das vom Mond-Partner hervorgerufene Abhängigkeitsgefühl überrannt. Das ärgert und ängstigt den Neptun-Partner, so daß er vom Mond nichts mehr wissen will. Oder Neptun ist enttäuscht, weil der Mond selbst bedürftig ist (Erlöser dürfen ja keine Ansprüche stellen), fühlt sich gekränkt und betrogen und glaubt, ein Anrecht darauf zu haben, selbst betrügen oder mit den gleichen Waffen zurückschlagen zu dürfen. Dann kann das Klima in einer Beziehung mit synastrischen Mond-Neptun-Aspekten allzu feucht und sumpfig werden. Beide Partner manipulieren unbewußt, damit die enge Beziehung bestehenbleibt. Der Mond möchte insgeheim, daß Neptun ewig ein Kind bleibt, und nimmt ihm jegliches Unabhängkeitsstreben übel, weil dies das Ende der Symbiose oder eines nicht vom Mond-Partner geschaffenen Glückszustandes wäre. Der Mond-Partner sucht unbewußt das Vertrauen des Neptun-Partners zu untergraben, indem er dessen Schwächen hervorhebt und seine Stärken herunterspielt. In diesem synastrischen Aspekt können alle positiven und negativen Seiten der Mutter-Kind-Bindung wirksam werden. Das Geschlecht spielt dabei keine Rolle. Der Aspekt kann sich zwischen männlichen und weiblichen Partnern, homosexuellen Partnern, Freunden, oder auch zwischen einem Elternteil und einem Kind bilden. Häufig besteht ein starker synastrischer Aspekt zwischen dem Neptun des Elternteils und dem Mond des Kindes. Dann überträgt sich die Unfertigkeit des Elternteils auf das Kind, von dem man unbewußt »bemuttert« werden will.

Durch synastrische Mond-Neptun-Aspekte kann ein wunderbares »Zwillingsgefühl« entstehen, eine Art »Seelenfamilie«, die über biologische Bindungen weit hinausgeht. Mond-Neptun-Kontakte können eine sichere, warme und vertrauensvolle Atmosphäre schaffen, die beiden Partnern in den Schwierigkeiten des Lebens Rückhalt bietet. In dieser Beziehung sind sie eher »Seelenfreunde« als »liebende Seelen«, und das Vorstellungsvermögen und die Empfindsamkeit des anderen werden manchmal stark idealisiert. Hier klammern sich die Partner mit der Zeit aneinander und bekommen dann Platzangst, wenn einer von beiden außerhalb der Beziehung nicht mehr unabhängig sein kann. Bei »harten« Aspekten kommt es eher zu unbegreiflicher Idealisierung, wechselseitigem Mißverstehen von Bedürfnissen sowie großer Wut und Enttäuschung. Keiner der beiden Planeten kann sich besonderer Offenheit rühmen. Enttäuschungen und Verletztsein werden selten offen gezeigt, und daher kann dieser Kontakt auch destruktiv sein. Synastrische Mond-Neptun-Aspekte können geistige Nahrung, Frieden und die Heilung vieler früher Verletzungen bieten. Werden sie jedoch unbewußt ausagiert, so kann sich zwischen zwei Menschen auch der alles verschlingende Rachen der alten Meeresmutter auftun. Wie sich diese Aspekte äußern, hängt weitgehend davon ab, ob es die beiden Partner – zumindest in einem gewissen Ausmaß – schon geschafft haben, in ihrem eigenen Leben die Nabelschnur zu durchtrennen. Falls dem nicht so ist, wird die Schlange des Besitzenwollens, der Manipulation und des Betrugs früher oder später die paradiesische Glückseligkeit stören.

Neptun-Merkur-Aspekte in der Synastrie

In Neptuns entzückten Augen wird Merkur zu Mercurius, dem alchimistischen Zauberer, zum Psychopompos der Seelen, die auf ihre Wiedergeburt warten. Für Neptun sind Merkurs Klugheit, Geschick, Vielseitigkeit und geflügelte Leichtfüßigkeit ein Zaubertrank, der den finster dreinblickenden Engel mit dem flammenden Schwert vielleicht dieses eine Mal dazu bewegen könnte, nachzugeben. Selbst wenn der Merkur-Partner nicht intellektuell ausgerichtet ist, idealisiert Neptun die eine oder andere Merkur-Eigenschaft im körperlichen oder geistigen Bereich und sieht im Merkur-Partner nicht nur einen Freund und Gefährten, sondern auch einen Führer, der ihm seine unausgesprochenen Fragen beantworten kann. Im Gegenzug kann er Merkurs pragmatische Augen für die Mysterien des Herzens und der

Phantasie öffnen. Oft ist der Dialog zwischen beiden poetisch und inspiriert, denn Merkur vermag Neptuns unausgesprochener Gefühlswelt Stimme zu verleihen. Das Hauptproblem ist, daß beide Planeten unter Umständen schamlose Lügner sein können – Neptun aufgrund seiner spiegelnden Eigenschaften und weil er um jeden Preis gefallen will, und Merkur, weil für ihn, den Gott der Schelmen und Diebe, die Wahrheit eine relative Geschichte ist.

Ist der Aspekt genau (besonders bei der Konjunktion), so kann es zu einer geradezu telepathischen Verständigung zwischen zwei Partnern kommen. Neptun kann intuitiv erfassen, worauf Merkur mit seinen Gedanken hinauswill, und Merkur artikuliert spontan etwas, das der Neptun-Partner vielleicht schon länger mit sich herumträgt. Ein ungewöhnliches Beispiel für diesen Austausch ist die Beziehung zwischen dem Komponisten Delius und Eric Fenby, der selbst Komponist war und Delius' mehrere Jahre als »Schreiber« diente, als dieser im Endstadium der Syphilis blind und gelähmt darniederlag. Delius übermittelte seine letzten Kompositionen, indem er Melodien summte und Noten diktierte. Fenby zeichnete diese verkürzten Botschaften auf und setzte sie in Notationen um. Neben anderen starken Synastriekontakten bildeten Fenbys Merkur und Aszendent eine Konjunktion mit Delius' Neptun.[49] Manchmal wird Neptun auch von Merkurs logischer Denkfähigkeit und seinem Erinnerungsvermögen abhängig. Wie bei Delius und Fenby könnte Neptun der begabte, aber kindhafte Künstler sein, und Merkur sein Vertreter oder Sekretär. Menander schrieb einmal, daß der Intellekt in jedem Menschen das Göttliche ist. Bei Merkur-Neptun-Kontakten in der Synastrie kann der merkurische Intellekt in den Augen Neptuns göttlich inspiriert sein. Merkur seinerseits liebt ein Publikum, das seine Klugheit richtig zu schätzen weiß, und während Neptun ein Heuchler ist, ist Merkur ein durch nichts unterzukriegender Witzbold. Unglücklicherweise führt dies manchmal dazu, daß sich der Neptun-Partner angesichts von Merkurs Talenten dumm, hilflos und schwerfällig fühlt und schließlich Angst vor dem geistigen oder praktischen Scharfsinn bekommt, der solche Abhängigkeitsgefühle und Idealisierungen bewirkt. Merkurs jungfrauhafte Seite, die etwas von den Dingen des täglichen Lebens versteht und gut mit ihnen zurechtkommt, kann das Gewand des Erlösers ebenso gut tragen wie seine zwillingshafte Seite mit ihrer brillanten intellektuellen Behendigkeit.

Im Lauf der Zeit unterdrückt der gefallsüchtige Neptun-Partner die eigenen geistigen und praktischen Talente und übernimmt bereitwillig Merkurs Gedanken, Redeweisen, Gesten und Manieren, um die enge emotionale Beziehung aufrechtzuerhalten. Neptun kann sich immer wieder darauf verlassen, daß Merkur die Dinge des Lebens organisiert und alle Fragen beantwortet – seien sie nun kosmischer oder trivialer Art. Der Neptun-Partner sagt auch manchmal, was Merkur hören möchte, und da letzterer die Falschheit oder Heuchelei heraushört, entwickelt er ein instinktives Mißtrauen gegenüber Neptun, denn der Gott der Diebe und Lügner ist auch ein Meister im Erkennen von Unwahrheiten. Merkur wird zunehmend ärgerlich und ist es leid, eine Mischung aus Sekretär und Guru spielen zu sollen, und Neptuns scheinbare Zerstreutheit und geistige Faulheit frustrieren ihn. Vielleicht verwundet er Neptun versehentlich mit einer unüberlegten Kritik, worauf Neptun in dem verzweifelten Versuch, gefallen zu wollen und Merkurs spitzer Zunge nicht zu unterliegen, hemmungslos zu lügen beginnt. Hat der Neptun-Partner genügend Angst vor der Macht, die Merkur über seine Gedanken ausübt, wird er Merkur zu sabotieren versuchen, indem er Pläne umstößt, Unordnung in wichtige Diskussionen bringt und ein allgemeines Chaos schafft. Obwohl der Kontakt zwischen diesen Planeten nicht eindeutig mit Erotik assoziiert wird, ist Neptuns Sehnsucht nach Verschmelzung an sich schon erotisch, und der Neptun-Partner findet die Geisteskraft des anderen mitunter schön und verführerisch.

> So sanft, so süß, so silbrig ist deine Stimme,
> daß die Verdammten nicht lärmten, könnten sie sie hören,
> sondern dir lauschten, wie du, in deinem Zimmer auf und abgehend,
> melodiöse Worte zu Lauten aus Bernstein verschmilzst.
>
> *Thomas Herrick, Upon Julia's Voice*[50]

Besteht dieser Aspekt in einer Liebesbeziehung, so kann er eine große gegenseitige Faszination bedeuten. Mangelnde Direktheit, besonders in Fragen des Gefühls, kann jedoch zu vielen Problemen führen. Merkur hat Angst, seine Meinung eindeutig zu äußern, weil Neptun außerordentlich empfindlich auf alles reagiert, was nach Ablehnung klingt, und Neptun will keine Konfrontation, weil die Worte selbst schon trennend sein können.

Durch Worte teilen wir mit, wer wir sind, und wie wir die Welt sehen. Gesagtes kann nicht ungesagt gemacht werden, es kann zu Differenzen führen oder sogar Streit verursachen. Obwohl die beiden Tierkreiszeichen Merkurs zu kalkulierten Unwahrheiten fähig sind, weiß der unter Merkur Geborene doch darum und kann sein kritisches Urteilsvermögen einsetzen. Um gut lügen zu können, muß man in der Lage sein, die Wahrheit zu erkennen. Aber in Neptuns Wasserreich ist Wahrheit etwas Fließendes, weil sie die Gefühle des Augenblicks widerspiegelt. Sich ins Gedächtnis zu rufen, was letzte Woche gesagt wurde, ist eine Übung für Merkurs Erinnerungsvermögen. Neptun kann sich oft nicht daran erinnern, weil es nur Worte waren, und irgendwie hat sich ja die emotionale Situation inzwischen verändert. Vielleicht glaubt man auch etwas gesagt zu haben, obwohl dem nicht so ist, oder man meint sich zu erinnern, etwas ganz anderes gesagt zu haben. Neptun mit seiner scheinbar gleichgültigen Haltung zu verbaler Kommunikation kann Merkur wütend machen und frustrieren. Vielleicht kann der Merkur-Partner auch nicht begreifen, daß Worte in Neptuns Reich keine hohe Priorität genießen. Merkurs Sprache ist zwar subtil, aber präzise. Neptuns Sprache lebt von Andeutungen, gibt zu verstehen, unterstellt, appelliert und verbirgt weit mehr, als sie offenbart. Eine der schönsten Äußerungsmöglichkeiten für diesen Synastrieaspekt ist ein gemeinsames schöpferisches Projekt, bei dem Neptuns Einbildungskraft und Gefühle durch Merkurs Klarheit und kritisches Unterscheidungsvermögen Struktur und Substanz annehmen können. In schöpferischer Arbeit können die unterschiedlichen Empfindungs- und Darstellungsweisen eine gemeinsame Ausgangsbasis finden, bei der auf beide Seiten Wert gelegt wird. Wenn der Merkur-Partner Neptuns Intelligenz nicht unterschätzt und nicht ungeduldig wird, wenn Neptun im Kreis herum denkt, und wenn Neptun seinerseits bereit ist, für seine Worte und Gedanken auch die Verantwortung zu übernehmen, kann eine magische Kreativität ins Fließen kommen. Auch ein schwieriger Aspekt kann so für einen jener seltenen Fälle stehen, in denen zwei Menschen gemeinsam einen Roman, ein Drehbuch oder ein Musikwerk schreiben können. Und, was genauso wichtig ist, Merkur und Neptun können sich ihren Zauber auch im täglichen Umgang miteinander bewahren, und das mag letzten Endes länger halten als so mancher zwar romantische, aber nicht ganz so lebensfähige langfristige Traum.

Neptun-Venus-Aspekte in der Synastrie

Neptun-Venus-Kontakte sind in der Synastrie genauso romantisch wie im Geburtshoroskop. Venus ist sowohl sinnlich als auch auf Ästhetik bedacht und zeigt hierin ihre Doppelherrschaft über Stier und Waage. Diese Verbindung von körperlichem Charme und geistiger Anmut spricht die neptunische Sehnsucht auf sehr machtvolle Weise an, doch in einer Liebesbeziehung kann die sexuelle Seite dieses Synastrieaspektes mitunter Schwierigkeiten machen. Der Austausch zwischen Venus und Neptun inspiriert seit undenklichen Zeiten Poesie und Prosa, denn der uralte Konflikt zwischen Fleischlichem und Geistigem ist hier oft genauso mitinbegriffen wie die Qual des unerlaubten Begehrens. Neptun unterscheidet sich von Venus, denn er steht eher für die Ergebenheit gegenüber einem idealisierten Bild als für die Wertschätzung, die jemand einem anderen, von ihm unabhängigen Menschen entgegenbringt. In seinen Phantastereien sieht Neptun den körperlichen Vollzug von Liebe oft als mystische Vereinigung. Die gröberen Aspekte des Geschlechtsaktes mit seinen Geräuschen und Gerüchen und die Vergänglichkeit des dabei empfundenen Vergnügens empfindet er als Verletzung von etwas Heiligem. Wie Catull einmal schrieb, sind alle Tiere nach dem Koitus traurig. Venus weckt zwar Neptuns Phantasien, müßte aber lange warten, bis Neptun etwas daraus macht; und Neptun läuft manchmal im entscheidenden Augenblick davon oder kühlt während des Liebesaktes oder nachher unerklärlicherweise deutlich ab. Venus schätzt, auch wenn sie in einem Luftzeichen steht, gewöhnlich eher das Irdische und ist mehr auf die Qualitäten des anderen bezogen, darunter auch die seines Körpers. Sie läßt sich auch gern wegen ihres Körpers anbeten. Neptun liebt im anderen Menschen die Seele. Venus liebt einfach und möchte dies in jeder menschenmöglichen Art und Weise zeigen. Dadurch kann zwischen zwei Menschen eine wunderbare Zärtlichkeit, aber auch bittere Desillusionierung entstehen.

Zuweilen werden Venus-Neptun-Beziehungen nicht im körperlichen Sinne »vollzogen« oder enttäuschen auf dieser Ebene. Einer der Partner sucht sich seinen sexuellen Trost vielleicht von Anfang an woanders und läßt sich zu erhebliche Betrügereien herab; oder die sexuelle Beziehung wird durch bereits bestehende Verpflichtungen eingeschränkt oder verhindert. Manchmal findet man diesen Synastrieaspekt zwischen zwei Menschen, die durch rassische oder religiöse Konflikte voneinander getrennt sind, oder die in unterschiedlichen Ländern leben und ihrer gewohnten Umgebung nicht entfliehen können. Vielleicht ist auch der eine Partner bereit, doch der andere hat ein religiöses Gelübde abgelegt. Doch die Macht der Venus, Neptuns Träume zu wecken, entspringt einer stark im Körperlichen verwurzelten erotischen Faszination. Durch Neptuns Idealisierung fühlt sich der Venus-Partner schöner und begehrenswerter. Die Erfahrung einer starken Aspektierung der eigenen Venus durch den Neptun eines liebenden Menschen kann – zumindest anfänglich – wunderbar heilsam auf viele Kindheitswunden wirken und die von jedem Menschen erlebten Gefühle körperlicher Mangelhaftigkeit beschwichtigen. Venus-Neptun in der Synastrie kann zeigen, wie man im wahrsten Sinne des Wortes »verliebt« ist, und ein enger Aspekt zwischen diesen Planeten ist oft stark genug, um frühere Verpflichtungen zu lösen und sogar den Zynismus eines abgebrühten Saturns hinsichtlich Liebe und Leben zu überwinden. Die Gedichte von John Donne drücken das Venus-Neptun-Gefühl manchmal meisterhaft aus:

Wenn Liebe so zwei Wesen tauscht,
Zwei Menschen ineinanderseelt,
Wächst eine stärkere Seele draus,
Die heilt, was jeder einzeln fehlt.

Wir, die die neue Seele sind,
Wissen, was uns zusammenhält,
Denn unseres Wachstums Element
Sind Seelen, die kein Wandel quält. ...

Hat einer, liebend so wie wir
Dies Einer-Zweiergespräch vernommen,
Er soll nur bleiben: Wandel sieht
Er kaum, wenn wir zum Körper kommen.

John Donne, Alchemie der Liebe[51]

Ewigkeit und Seelenvereinigung könnten jedoch als so überwältigend empfunden werden, daß der Neptun-Partner den Geschlechtsakt unbewußt meidet – wenn auch nicht die Phantasien darüber. Neptuns Sehnsucht nach Auflösung schafft zuweilen eine starke Abneigung gegen das beim Liebesakt erforderliche Geben und Nehmen. Vielleicht fragt sich der Venus-Partner dann allmählich, was da schiefgelaufen sein könnte, wird direkter beim Anknüpfen des körperlichen Kontakts und gibt sich manchmal eindeutig verführerisch. Wenn Neptun sich zu sehr davor fürchtet, die Beherrschung zu verlieren, kann er der Venus sexuelle Manipuliation vorwerfen, sehr moralisierend werden und all seine als beschämend empfundenen körperlichen Sehnsüchte auf den verdutzten und verletzten Partner projizieren. Da Neptun mit unseren ersten Gefühlen für die Mutter zusammenhängt, kann seine erotische Faszination auch etwas Inzestuöses oder Unerlaubtes an sich haben, und angesichts der Schuldgefühle aufgrund solcher unbewußter Empfindungen sieht er Venus als archetypische Verführerin. Wenn es in der Mutterbeziehung des Neptun-Partners Störungen gegeben hat, ist so eine Reaktion auf die anfängliche gegenseitige Anziehungskraft nicht ungewöhnlich. Neptun reagiert auf seine panische Angst vor der sexuellen Macht der Venus, indem er Mängel an ihrer Körperlichkeit feststellt. Seine Phantasie ist ihm lieber als die Warze auf ihrer linker Schulter, die drei grauen Haare oder die zusätzlichen sieben Pfund auf Taille und Hüften nach einem genußreichen Urlaub. Vielleicht schwindet dann das sexuelles Interesse, oder man verlegt sich auf ein anderes Objekt der Erotik, das dem Ideal näher zu sein verspricht – bis sich herausstellt, daß es eine Warze auf der rechten Schulter oder Plattfüße hat. Eine der unerfreulichsten Seiten von Venus-Neptun-Aspekten ist die neptunische Flucht vor der körperlichen Realität der Venusliebe, denn diese kann große Qual mit sich bringen. Wenn sich beide ein wenig bewußt wären, was hinter diesen Abwehrmechanismen steckt, könnten sie besser mit dem Dilemma umgehen: Venus könnte mehr Mitgefühl und Einfühlungsvermögen entwickeln, und Neptun könnte die körperliche Seite der Liebe mehr zu schätzen lernen.

Genausogut könnte Neptun auf die Macht der venusischen Faszination mit dem Versuch antworten, Venus zu binden – erst durch den angestrengten Versuch, ihr zu gefallen, und dann durch Selbstaufopferung. Vielleicht versucht Neptun auch, der Venus tiefere Liebeserklärungen und Treuebekundungen abzupressen, indem er bedürftig ist und sich anklammert oder sogar krank wird. Im Mythos ist Venus keine besonders geduldige oder mitleidige Göttin. Sie ist eitel, launenhaft, und auf ihr eigenes Vergnügen bedacht. Die menschliche Venus reagiert dann zusehends unwillig auf die neptunischen Manipulationen und sieht sich vielleicht nach einem weniger pathetischen Gefährten um. Dieses unglückliche Szenarium kann man zuweilen auch in den eingefahrenen Beziehungen sehen, in denen sich ein Partner zurückweisen und erniedrigen läßt, obwohl er genau von der Untreue des anderen weiß, sich jedoch nicht von seiner Idealisierung zu lösen vermag und heimlich damit einverstanden ist, daß der andere die archetypische venusische Oberflächlichkeit und Treulosigkeit ausagiert. Dann spielt Venus die Rolle der Verführerin und Betrügerin. Oder die Venus-Partnerin geht einfach, wütend und verletzt, und läßt Neptun mit seinen unerfüllten Sehnsüchten allein – und dieser wird erneut zum Opfer der sexuellen Schlichen einer anderen Partnerin. Die Subtilität, Vielschichtigkeit und Intensität von Venus-Neptun-Kontakten in der Synastrie unterstreicht die Bedeutung von Ego-Abgrenzungen und emotionaler Direktheit, damit beide Partner ehrlich und einfühlsam mit mit ihren Reaktionen umgehen können. Venus bietet Neptun die Möglichkeit, sein körperliches Leben mit wunderbaren und inspirierenden Gefühlen zu bereichern; ihre irdische Liebe und Fähigkeit zur Zufriedenheit können Neptun helfen, über seine tiefe Einsamkeit und seinen Widerwillen gegen die eigene Inkarnation hinwegzukommen. Bei Venus-Neptun-Aspekten in der Synastrie können durch sexuelle Liebe ekstatische Gefühle des Einsseins mit allem Leben entstehen. Und Neptun kann mit seinem Mitgefühl, das nicht in den Verdiensten des einzelnen begründet ist, sondern in der Traurigkeit, Schönheit, Tragik und Würde aller menschlichen Liebe, der Venus das Herz aufschließen.

Neptun-Mars-Aspekte in der Synastrie

Da Mars und Neptun von Natur aus gegensätzlich sind, mag es zunächst so scheinen, als wären starke synastrische Aspekte zwischen ihnen unweigerlich problematisch. Manche Darstellungen dieser Planetenkombination klingen auch ausgesprochen finster und deuten an, daß der Neptun-Partner den Mars-Partner ins Unglück stürzen wird. Doch trotz ihrer schlechten Presse kann diese Verbindung bei kreativem Herangehen für beide Partner erfüllender sein als beispielsweise Mond-Neptun, durch dessen regressiven Sog in sexuellen Beziehungen oder in einer Beziehung zwischen Elternteil und Kind Platzangst entstehen kann – oder auch erfüllender als Venus-Neptun, wo der extreme Hang zum Romantischen keine Zeichen des Alters oder ganz gewöhnlicher menschliche Eigenheiten zulassen kann. Die Spannung und Antipathie zwischen Mars und Neptun kann destruktiv sein und in Beziehungen zu Grausamkeiten und Schikanen führen; sie kann aber auch anregend wirken, Energie und schöpferische Begeisterung auslösen – vorausgesetzt, daß ein gewisses Bewußtsein von der hierbei angesprochenen Dynamik vorhanden ist.

Neptun sieht in der Stärke und Leidenschaftlichkeit des Mars den Erlöser als Helden: widerstandsfähig, potent, entschlußfreudig und durchsetzungsfähig. Selbst wenn Mars in einem freundlichen oder nicht aggressiven Zeichen wie Krebs, Waage oder Fische steht und sich der Mars-Partner alles andere als heldisch vorkommt, idealisiert der Neptun-Partner den mutigen Geist des Mars dennoch, dann eben als feinfühlig und taktvoll geäußert. Für Neptun ist Mars jemand, der sich für ihn einsetzt, der die Schlachten für ihn schlägt, sich schützend vor seine Verletzbarkeit stellt, der die Welt und vielleicht auch ihn selbst »auf sich nimmt«. Neptun und Mars ziehen sich mitunter sexuell sehr stark an, doch sind die Phantasien hier ganz andere als zwischen Neptun und Venus. Neptun möchte zu gern von der größeren Stärke des Mars beherrscht werden, obwohl ihm das bewußte Eingeständnis solcher Gefühle oft peinlich ist, weil hier Verletzbarkeit mitspielt. Einen Mann, dessen Neptun in einer engen Konjunktion zum Mars einer Frau steht, und der im sexuellen Bereich die Initiative zu ergreifen gewöhnt ist, stört und verängstigt es, wenn er entdeckt, daß er vielleicht einen Rollentausch möchte, sich an der Seite der Frau manchmal abhängig und hilflos fühlt und dieses Gefühl auch genießt.

Mars wiederum blüht förmlich auf, wenn er sich für jemanden einsetzen und ihn beschützen kann. Das stärkt und erfüllt ihn noch mehr, denn nun lohnt sich der Kampf ja auch. Beglückt spielt er den Ritter, und Neptun die bedrängte Jungfrau – dies ist, unabhängig vom Geschlecht, die archetypische Dynamik hinter diesem Aspekt. Mars ist der heilige Georg, Perseus, oder die Jungfrau von Orleans, erfüllt von tolpatschigem, aber aufrichtigem Mitgefühl, bereit, den Drachen zu erschlagen und den Prinzen oder die Prinzessin vor Gefahr, Gefangenschaft oder der Verständnislosigkeit der Welt zu retten. Neptun kann das Machtgefühl bei Mars stärken, und Mars kann Neptun bewußtmachen, wie anfällig und weltfremd er ist. So weit, so gut – Neptun inspiriert Mars zu umfassenderen Betrachtungsweisen, und Mars bietet Neptun einen Schild gegen jegliches Mißgeschick. Aber da unser Ego mit seinem Bedürfnis nach Selbstbeherrschung Neptun oft als beängstigend und gefährlich empfindet, will der Neptun-Partner seine Abhängigkeit vielleicht nicht zugeben oder beneidet den Mars unbewußt sehr um seine Widerstandsfähigkeit und sexuelle Potenz. Heimliche Angst, Neid und Abhängigkeit provozieren Neptun dazu, die Initiative und das Selbstvertrauen des Mars zu manipulieren und zu untergraben, und das frustriert den Mars-Partner, führt zu Wut und vielleicht sogar zu Gewalt. Mars kann unter Wasser nicht kämpfen, und wenn er einmal angebissen hat, schlägt er lieber zu oder brüllt. Neptun kann aber auch davon abhängig sein, sich führen zu lassen, und dann wird es Mars vielleicht allmählich zuviel, immer unter Waffen stehen zu müssen, während Neptun sich wieder einmal in einem warmen Bad ausruht.

Das sexuelle Charisma von Mars, wie Neptun es empfindet, erscheint letzterem manchmal unzuverlässig und gefährlich, weil der Beschützer ja auch jederzeit ausbleiben könnte, um andere zu beschützen oder zu erobern. Dann versucht Neptun möglicherweise, den Mars-Partner an sich zu binden und sich unter seinen Schutz zu stellen, indem er versagt, krank wird oder sich sonstwie zum Opfer macht, oder indem er die marsische Potenz durch subtil geäußerte Ablehnung und ausweichendes Verhalten verunsichert und verwirrt. Neptun kann sich dem Bedürfnis des Mars nach klarem Handeln widersetzen, indem er ihn erst bittet, die Entscheidungen zu treffen, und diese dann unterläuft. Vielleicht versucht Neptun es auch mit sexueller Zurückhaltung und Betrug und macht den Mars, der ja in sexuellen Fragen derber, aber ehrlicher ist, damit ratlos. Neptun ist ein Meister im Verschieben auf morgen. Mars wird abgewiesen, aber nie direkt. Man läßt den eifrigen Ritter hoffen und warten, und der wird immer wütender und frustrierter, während Neptun die Jungfrau, den schadenfrohen Quäler oder eine seltsame Mischung aus beiden spielt. Dauernde Frustration führt bei Mars zu Grausamkeit und Gewalttätigkeit, so wie die Bärenhatz den Bären wild macht. Hinter diesen traurigen Spielereien steht Neptuns große Angst, den zu verlieren, der sich für ihn einsetzt, dessen Stärke und sexuelle Anziehungskraft er so sehr idealisiert, und ohne den er verloren wäre. Je weniger ein Neptun-Partner ehrlich zu äußern vermag, wie aggressiv und kreativ er sein kann, um so trüber könnte sein, was da im Verborgenen wirkt.

Der unter Hochspannung stehende synastrische Austausch zwischen diesen beiden Planeten kann nicht nur zu sexueller Erfüllung, sondern auch zu einer inspirierten schöpferischen Vision bei den beiden Partnern führen. Mars kann Neptuns Vorstellungsvermögen in der Liebe und in schöpferischen Projekten lenken und erden; wenn dieser Aspekt zwischen zwei Menschen besteht, die zusammen arbeiten, kann er sehr produktiv und einträglich sein. Am schwierigsten ist er zwischen Elternteil und Kind, besonders wenn das Kind Neptun und der Elternteil Mars ist, denn dann könnten in der ödipalen Dynamik dunklere Themen tonangebend sein. Der leicht sado-masochistische Anteil bei Mars-Neptun kann zwischen Erwachsenen harmlos oder sogar ausgesprochen angenehm, im Familiengefüge ausgelebt jedoch überaus destruktiv sein. Neptun hat ein Talent für jene subtilen Frustrationen, die bei einem gewalttätigen Mars die Gewalttätigkeit auslösen können. Schuld- und Schamgefühle verschlimmern das Ganze noch. Es ist ja an sich nicht pathologisch, wenn jemand einen Elternteil oder sein Kind – sei es erotisch oder auf andere Weise – idealisiert; pathologisch wird es erst, wenn Emotionen unbewußt und blind ausagiert werden. Mars-Neptun in der Synastrie kann für verdeckte sexuelle Manipulationen stehen, für hinterlistige Grausamkeit und verlorengegangenen Respekt gegenüber den eigenen Grenzen und den Grenzen anderer. Dennoch sind Mars-Neptun-Aspekte zwischen zwei Horoskopen nicht »gefährlich« oder »schlecht«. Um das Beste aus sich machen zu können, verlangt Mars-Neptun mehr Bewußtsein von sich selbst als viele andere Synastrieaspekte – aber das Ergebnis ist der Mühe wert.

Neptun-Jupiter-Aspekte in der Synastrie

Jupiter und Neptun erforschen Bereiche, die nicht von dieser Welt sind, und können bei einem Synastrie-Aspekt für ein intensives gemeinsames religiöses oder spirituelles Engagiertsein stehen. Jupiter will Sinngebung, und seine optimistische Vorstellung von einem gütigen Kosmos kann Neptuns vagen und unausgesprochenen Sehnsüchten Auftrieb und Stärke verleihen; andererseits kann Neptuns tiefempfundener Sinn für die Einheit des Lebens Jupiters spekulatives Herangehen an das Numinose vertiefen. Wenn der Aspekt in diese Richtung wirkt, veredelt und erhebt er beide Partner und leistet einen positiven Beitrag zu Zuversicht und Glauben ans Leben. Den Jupiter-Partner regt er an, Antworten auf Neptuns chronische moralische Verwirrung zu finden, auf dessen große Verwundbarkeit, Isoliertheit und Melancholie er vielleicht damit reagiert, daß er ihm eine freudvollere Sicht auf die Güte und Fülle des Lebens anbietet. Neptun seinerseits projiziert auf Jupiter den weisen, heilbringenden Lehrer, der die Mysterien des Lebens verständlich darlegt und bei dem man sich darauf verlassen kann, daß er beiden einen Platz im Paradies sichern kann.

Es überrascht nicht, daß sich dieser Kontakt auch als der schlimme Fall entpuppen kann, in dem ein Blinder einen Blinden führt. Beide Planeten haben an den Grenzen der gewöhnlichen Wirklichkeit etwas auszusetzen, wenn auch aus unterschiedlichen Gründen, und beide mißachten diese Grenzen gelegentlich in ihrem Streben nach dem Erhabenen. Jupiter beschwatzt Neptun zu Verrücktheiten, besonders finanzieller Art, indem er ihm glorreiche Zukunftspläne präsentiert, die nicht nur unrealisierbar sind, sondern sich über klare materielle oder sogar juristische Grenzen hinwegsetzen. Neptun spielt den Spiegel für Jupiters grandiose Projekte, nährt vielleicht noch dessen natürlichen Hang zum Schwulst, und bietet sich als gehorsamer Verehrer und Schüler an, nicht aber als realistischer Partner oder Kritiker, dessen Jupiter gelegentlich dringend bedarf. Ist keiner der beiden geneigt, die Fische-Welt künstlerisch oder spirituell zum Ausdruck zu bringen, so können diese beiden Planeten unbewußt zusammenarbeiten und sich gegenseitig in noch größere Schwierigkeiten bringen. In dem Reich, über das sie beide herrschen, sind sie zu Hause, und ihre Exzesse wirken nicht so destruktiv. Doch wenn sie das Göttliche in Form von weltlichen Ambitionen suchen, spielen sie zuweilen beide die Naiven, und das unterhöhlt oder gefährdet die materielle Stabilität und Eingepaßtheit in die Außenwelt bei beiden Partnern.

Jupiter-Neptun-Kontakte in der Synastrie können auf künstlerischem Gebiet ergiebig und fruchtbar sein. Jupiters großzügige Aufmunterung und sein Optimismus ermutigen Neptun dazu, seine inneren Visionen und Ideen zu äußern. Neptuns Anhänglichkeit und Idealisierung helfen Jupiter bei der Ausweitung seines Intellekts und seiner Vorstellungskraft, und womöglich versucht sich der Jupiter-Partner an neuen Projekten, vor deren Durchführung er sich ohne Neptuns Einfühlungsvermögen und Treue fürchten würde. Diese beiden Planeten regen sich gegenseitig zu einem tiefer empfundenen Gefühl eines umfassenden Ganzen an und stärken das Vorstellungsvermögen des jeweils anderen. Geschieht dies in schöpferischer Form, so kann es zu außergewöhnlichen Ergebnissen führen, auf der Gefühlsebene ist die gegenseitige Anregung allerdings fragwürdiger. Da Neptun im wohlwollenden Jupiter den Erlöser sieht, erwartet der Neptun-Partner beständige und zuverlässige Güte, Großzügigkeit und Weisheit, während andere, ebenso wichtige Eigenschaften des Jupiter-Partners ignoriert, unterbewertet oder abgelehnt werden, da Neptun nur auf dessen Rettungsverheißung aus ist. Dieser Aspekt hat eigentlich nichts mit persönlichen emotionalen Reaktionen zu tun, kompliziert aber möglicherweise andere, ausgesprochen emotionale Themen zwischen zwei Menschen. Wenn beispielsweise der Neptun eines Mannes im Trigon zum Jupiter einer Frau und in Opposition zu ihrem Saturn steht, fällt es ihm durch seine Idealisierung ihrer Klugheit und Freundlichkeit schwer, sich die durch den Saturn-Neptun-Kontakt bewirkten Gefühle von Frustration, Verletztheit und Ärger einzugestehen. Später dann, wenn sich die Beziehung weiterentwickelt, könnte seine Enttäuschung umso größer sein, weil es so lange gedauert hat, bis er sie zugeben konnte.

Das negative Gegenstück zum Glauben ist Fanatismus, und Jupiter und Neptun können einander zuweilen dazu ermutigen, sich den Schein absoluten Wissens zu geben. Keiner der beiden Planeten ist geneigt, intuitiv empfundene Überzeugungen einem kritischen Urteil zu unterziehen, und folglich stärken beide Partner zuweilen die Gewißheit des anderen, im Besitz der letzten spirituellen Wahrheiten zu sein. Das mag nicht unbedingt schlecht sein, denn so eine Überzeugung kann zu einem anständigen Leben und der Mithilfe an der Verbesserung des Lebens anderer beitragen. Dennoch will Jupiter von Natur aus andere bekehren, und mit Neptuns kritikloser Ermunterung versucht der Jupiter-Partner vielleicht, allen vom Pech Verfolgten seinen besonderen Gott einzutrichtern. Ist Neptun heuchlerisch, so ist Jupiter ein schamloser Heuchler. Ein interessantes Beispiel für diese Art zwischenmenschlicher Beziehungen ist die Synastrie zwischen dem amerikanischen Prediger Jim Bakker und seiner Frau Tammy Faye Bakker.[52] Bakkers Radix-Jupiter in 1° Widder steht in Konjunktion mit seinem Radix-Mars und in Opposition zu seinem Radix-Neptun in 25° Jungfrau – und in Opposition zum Radix-Neptun seiner Frau in 29° Jungfrau. Sein Mars in 29° Fische steht genau in Opposition zu ihrem Neptun. Infolge der geringen Bahngeschwindigkeit Neptuns kommt es bei Menschen, die nur mit einem oder zwei Jahren Abstand voneinander geboren sind, unweigerlich zu doppelten Radix- und Synastrie-Aspekten. Das ändert jedoch nichts an der Grundaussage. Man trifft in der Außenwelt auf das, was man innerlich ist. Jim Bakker baute ein TV-Imperium auf, das jährlich 129 Millionen Dollar erwirtschaftete, fiel jedoch im Mai 1987 in Ungnade, als sein elendes Privatleben vor der Öffentlichkeit bloßgestellt wurde. Bakker und seine Frau hatten bescheiden und mit ehrlichen religiösen Überzeugungen angefangen. Ende der siebziger Jahre lebten sie wie indische Fürsten. Die Geschichten über Bakkers persönlichen Affären, darunter auch homosexuelle Verbindungen, fanden ihren Höhepunkt in einem Prozeß, bei dem er in 24 Punkten des Betruges und der Mittäterschaft für schuldig befunden wurde. Also kam er ins Gefängnis. Tammy Faye Bakker wurde nicht ins Gefängnis geschickt, obwohl sie sich ebenfalls außereheliche Verhältnisse eingerichtet hatte und in dem Ruf stand, arzneimittelsüchtig zu sein. All dies kann nicht einfach nur den Jupiter-Neptun-Kontakten angelastet werden. Aber die Aspekte zwischen den beiden Planeten im Geburtshoroskop und in der Synastrie haben zweifellos dazu beigetragen, daß die Bakkers in arroganter Weise annahmen, sie würden mit ihrer Scheinheiligkeit und ihrem Betrug immer davonkommen. Genauso hätten diese Aspekte ihr gemeinsames religiöses Engagement unterstützen können, das sie zusammengebracht und die Grundlage ihrer Karriere gebildet hatte.

Jupiter und Neptun haben das Talent zu Visionen und den Hang zu Übertreibungen gemeinsam: Wenn sie gut sind, sind sie sehr gut; aber wenn sie schlecht sind, sind sie entsetzlich. Jupiter als Lehrer und Philosoph kann Freude und Vergnügen in Neptuns melancholische Träume einbringen; aber Jupiter als Spieler und Größenwahnsinniger kann Neptun auf einer spiralförmigen Bahn mit sich hinab in die Selbstzerstörung schleppen. In seiner Opferrolle kann Neptun die Großzügigkeit und das Vertrauen Jupiters manipulierem, in seiner Rolle als treu Ergebener treibt Neptun die Selbstmythologisierung Jupiters zu gefährlichen Extremen; doch in seiner Rolle als Künstler und Visionär führt Neptun den Jupiter sanft über alle intellektuellen Spekulationen und intuitiven Ahnungen hinaus mitten hinein in das Mysterium, das beide so dringend suchen.

Neptun-Saturn-Aspekte in der Synastrie

Trifft der eigene Saturn im Horoskop eines anderen Menschen auf Neptun, so kommen archetypische Gegensätze zusammen. Diese Kombination bringt das Dilemma einer psychologischen Trennung mit sich. In festen Beziehungen, die mit Saturn-Neptun-Kontakten zu tun haben, kann die dornenreiche Aufgabe, sowohl »ich« als auch »wir« sein zu lernen, allen anderen Themen gegenüber vordringlich sein. Kein anderer Synastrie-Aspekt Neptuns (außer vielleicht Chiron-Neptun) vermag soviel Angst, Verteidigungsbereitschaft und unbewußt rachsüchtiges Verhalten zwischen zwei Menschen auszulösen. Finden die Partner jedoch einen tragfähigen Kompromiß zwischen den ungleichen Bedürfnissen und Werten dieser Planeten, so erleichtert dieser Synastrie-Aspekt wie kein anderer die Entwicklung von Selbständigkeit – bei gleichzeitiger Wahrung des Gefühls für eine größere Einheit. Beziehungen, die mit Saturn-Neptun zu tun haben, sind in vieler Hinsicht ein Muster für die großen Themen dieses Buches, da Neptun nur im Gesamtzusammenhang mit Saturn (und umgekehrt) zu verstehen ist. Es paßt gut zum Thema dieses Kapitels, daß der traditionellerweise in Waage (dem Zeichen, das mit Partnerschaften in Zusammenhang gebracht wird) erhöhte transitierende Saturn zwischen 1951 und 1953 eine Konjunktion mit Neptun in Waage bildete; und die unter dieser Konjunktion Geborenen, die während der Niederschrift dieser Zeilen Anfang oder Mitte Vierzig sind, mußten in letzter Zeit (Anfang der neunziger Jahre) nicht nur eine weitere Saturn-Neptun-Konjunktion in Steinbock im Quadrat zum Saturn-Neptun ihres Geburtshoroskopes, sondern zuletzt auch die Transitkonjunktion von Uranus und Neptun, ebenfalls im Quadrat zum Saturn-Neptun ihres Geburtshoroskopes, ertragen. Durch diese Menschen habe ich viel über die Herausforderungen gelernt, vor die sie sich durch Saturn-Neptun-Kombinationen in ihrem Leben und in ihren Beziehungen gestellt sehen. Besonders diesen Klienten und Analysanden verdanke ich viele der nachstehenden Beobachtungen.

Neptun sieht seine Erlösung in Saturns Stärke, seiner Weltzugewandtheit und seinem väterliche Ruhen in sich selbst. Daran ändert sich auch nichts, wenn der Saturn-Partner weiblich ist oder sich ausgesprochen weltfremd und schutzlos fühlt. Auf einen weiseren und erdhafteren Menschen, der alle gewöhnlichen irdischen Pflichten auf seinen starken Schultern tragen kann, reagiert Neptun mitunter wie ein verletzbares Kind. Saturns Überlebensfähigkeit wird idealisiert, da sie Neptun vor der Finsternis und dem Chaos der inneren und äußeren Welt schützen kann. Selbst auf einer überindividuellen Ebene kann es zu so einer Reaktion kommen: im Geburtshoroskop der verletzbaren, ziellosen Weimarer Republik reagierte Neptun auf den Saturn in Hitlers Geburtshoroskop genau in dieser Weise – der Erlöser war gekommen. Saturn wiederum ist fasziniert von Neptuns flüchtigem Charme, der ihm den Gefühlsreichtum und die Phantasie verspricht, die er selbst nicht zu haben oder nicht äußern zu können glaubt. Saturn fühlt sich geschmeichelt von Neptuns Abhängigkeit und bietet ihm gern die Führung und den Schutz an, nach dem sich Neptun sehnt. In Saturns Haltung liegt zuweilen etwas sehr Gönnerhaftes, doch das empfindet Neptun, zumindest anfänglich, nicht als erniedrigend – wie auch Saturn es zu Beginn nicht als Bürde sieht. Wir alle glauben gern, daß wir stark genug sind, um die Verantwortung für unser Leben selbst zu übernehmen, und wir alle sind durch unseren Saturn anfällig für die Führungsbedürftigkeit anderer. Als Berater und Beschützer fühlt Saturn sich widerstandsfähig und selbstsicher, und diese Rolle ist – wenn auch nur zeitweilig – ein ausgezeichnetes Gegenmittel gegen sein Gefühl dauernder eigener Unzulänglichkeit. Doch die Beziehung zwischen Saturn und Neptun ist sehr ungleich: Neptun kommt dem Saturn verloren und schwach vor. Der Saturn-Partner gewährt ihm zwar großzügig Unterstützung, nimmt jedoch, wie der wohlhabende Förderer eines armen Künstlers, das Recht für sich in Anspruch, Entscheidungen für Neptun zu treffen und dessen Talente zu lenken. Und an diesem Punkt wird der Kontakt allmählich Konflikte auslösen.

Saturn als Symbol für das Bedürfnis nach Ausformung des Ungeformten reagiert auf die Energien anderer Planeten mit dem Versuch, ihnen Grundlagen und Strukturen zu verleihen. Dazu müssen Möglichkeiten eingeschränkt werden, und das ist eine der Bedeutungen des Mythos, in dem Saturn seinen Vater Uranus kastriert. Ein Kastrierter kann keine Nachkommen mehr zeugen. Der unendlichen Fruchtbarkeit wird eine Grenze gesetzt, und nur das augenblicklich Bestehende gilt als real. Wenn Saturn seine einschränkende und erdende Funktion auf Neptun richtet, ist dieser zur Frustration verurteilt. Eine Zeitlang ist der Neptun-Partner vielleicht noch fügsam. Doch obwohl Neptun gern die Gestalt dessen annimmt, was ihn aufnehmen kann, wird er zuviel Bestimmtheit nicht dulden. Er wittert die Gefahr, seine Freiheit zu verlieren, weicht immer mehr aus, wird chaotisch und widersetzt sich allen Bemühungen Saturns um Verbindlichkeit und Dauerhaftigkeit. Allmählich wird der Neptun-Partner immer mehr von seinen wirklichen Gefühlen, Gedanken und Phantasien vor Saturn verbergen und seinem Zugriff entziehen wollen. Dann wird der heuchlerische Neptun auch betrügerisch, wenngleich in der Regel eher indirekt als in Form bewußter Lügen. Der hysterische Neptun nutzt körperliches oder seelisches Kranksein, um unausgesprochen gegen seine Einkerkerung zu protestieren. Saturn wiederum spürt, daß ihm sein Lieblingsopfer davonlaufen will und beginnt unbewußt mit den typischen Manövern, die einen Feind außer Gefecht setzen sollen: destruktive Kritik, Desinteresse, emotionale oder sexuelle Zurückweisung, autoritäres Verhalten, Besitzstreben und eine allgemein gedrückte und negative Atmosphäre, so daß sich Neptun für unfähig hält, irgendwelche Freude oder Anregung zu bieten oder zu finden. Neptuns dionysische Exzesse werden mißbilligt oder verboten, seine mystischen Träume nur halbherzig ernstgenommen oder ganz ignoriert.

Der Neptun-Partner fühlt sich gedemütigt, beherrscht und sabotiert. Aber Neptun protestiert selten offen. Ein Neptun-Partner, der sich aus Schwäche und Verletzbarkeit zu Saturn hingezogen fühlt, fürchtet die Auseinandersetzung mit dem Saturn-Partner, weil ihm der Beschützer verlorengehen könnte. Neptuns Ärger könnten sich darin äußern, daß er Saturn durch Krankheit zur Last fällt oder Saturns Selbstvertrauen durch zweideutige emotionale Reaktionen oder durch sexuellen Rückzug untergräbt. Wenn diese Muster vermieden werden sollen, müssen beide Partner ehrlich zueinander sein. Der Neptun-Partner muß seine Hiflosigkeit hinterfragen und mehr Verantwortung für seine Entscheidungen und Handlungen übernehmen. Der Saturn-Partner muß sich seiner Angst vor Ablehnung und Verlust stellen und lernen, größeres Vertrauen zu haben und sich weniger abzugrenzen. Oft leidet Saturn, wenn auch gewöhnlich unbewußt, unter seinem eigenen Neid. Wenn wir uns unzulänglich vorkommen, beneiden wir gern diejenigen, die zu besitzen scheinen, was uns fehlt. Neid kann den Saturn-Partner zu dem Versuch verführen, den Neptun-Partner wie ein abhängiges Kind zu behandeln. Vielleicht muß sich der Neptun-Partner seinen infantilen Persönlichkeitsanteilen stellen, die trotz anderer, stärkerer Horoskopfaktoren darum gebeten haben, beherrscht zu werden. Neptuns Lieblingskritik an Saturn lautet: »Du versuchst mich zu kontrollieren.« Aufrichtiger wäre das Eingeständnis, daß Neptun – ungeachtet aller saturnischen Herrschsucht – von vorneherein nach einem dominanten Vater oder einer dominanten Mutter gesucht hat.

Läuft bei Saturn-Neptun-Beziehungen in der Synastrie etwas schief, so wirkt sich dies oft verheerend aus. Da diese Kombination Verletzungen, Sehnsüchte und Frustrationen aus der Kindheit anspricht, können diese in einer Beziehung zwischen zwei Erwachsenen mit erschreckender emotionaler Gewalt zum Ausbruch kommen. Da sie einander lieben, können beide Partner die Wut und das starke gegenseitige Verletzenwollen nur schwer ertragen. Doch obwohl Saturn-Neptun in Beziehungen häufig störend wirkt, kann er auch sehr heilsam sein. Neptun kann das balsamische Wasser des Gartens Eden in Saturns Wüste fließen lassen und ihm Erneuerung, Hoffnung und Zuversicht bringen. Saturn kann Neptun ausreichende Sicherheit und Stabilität für das Wagnis bieten, seine Visionen schöpferisch auszudrücken. Ein verletzter und inkarnationsunwilliger Neptun-Partner kann durch die Unterstützung eines starken Saturns Vertrauen in seine eigene Menschlichkeit fassen, so daß er zu gelegentlichen Vorstößen in die Welt außerhalb des Paradieses bereit ist. Und vielleicht entdeckt der verletzte, zynische und mißtrauische Saturn-Partner, daß man zumindest gelegentlich die Abwehr aufgeben und es den heilenden Fluten erlauben darf, die Wüste zum Blühen zu bringen.

Neptun-Chiron-Aspekte in der Synastrie

Neptun und Chiron zeigen sich gegenseitig ihre Verwundungen auf. Treffen zwei vom Leben schwer gebeutelte Menschen zusammen und entdecken, daß sie sich ineinander hineinversetzen können, so kann dies beide zutiefst verändern und verwandeln. Jede aufkeimende Liebe – sei sie nun sexuell oder nicht – wurzelt nicht in Phantasievorstellungen von Vollkommenheit, sondern in der Anerkennung der beiderseitigen Menschlichkeit. Beide Planeten stehen für eine ausgesprochene Empfindsamkeit gegenüber den Schwierigkeiten und Ungerechtigkeiten des Lebens, und beide schleppen gewöhnlich das gesamte Familienerbe an Leid und Enttäuschung mit sich herum. Ein mögliches Ergebnis dieses Synastrie-Aspekts ist das tiefe Mitgefühl, das die Partner füreinander empfinden. Doch es bedarf großer Anstrengungen, um dies nicht schon in seinen Anfängen zu ersticken. Vielleicht ist man auch allzu sehr in Schmerz und Leid verliebt, um sich selbst und andere halbwegs objektiv zu sehen. Neptun und Chiron treffen sich gern heimlich, um darüber tuscheln, wie unangenehm das Leben ist. Da beide mit Märtyrerposen bestens vertraut sind, empfinden sie mitunter nicht nur die Welt, sondern auch jeder den anderen als Verursacher allen Leids.

Auch wenn sich der Aspekt von seine besten Seite zeigt, kann Chiron-Neptun gegenseitige Verletzungen nach sich ziehen. Neptuns Neigung zur Opferhaltung erinnert Chiron an die eigene Wut und Frustration, und angesichts des tiefen Grolls von Chiron mag Neptun an seinen eigenen Widerwillen gegen das Leben denken. Neptun idealisiert Chiron vielleicht als strahlendes Beispiel für die Ungerechtigkeit des Lebens und erinnert ihn auf diese Weise ständig daran, wie schlecht er behandelt wurde; doch damit untergräbt er Chirons philosophische Haltung, die eine seiner kreativsten Eigenschaften ist. Eine derartige Idealisierung des Leids kann außerordentlich destruktiv sein. Es ist, als erinnere man einen Menschen mit einem körperlichen Gebrechen ständig an seine Schwäche, sein Mißgeschick, und seinen hilflosen Zustand. Das kann manchmal wichtig und notwendig sein; auf die Dauer aber tötet es die Seele. Finden sich Neptun-Chiron-Aspekte zwischen den Horoskopen von Therapeut und Klient, kommt es durchaus häufig zur Idealisierung von Leid. Dabei spielt es eigentlich keine Rolle, wer Chiron und wer Neptun ist. Dem Klienten mag unbewußt daran gelegen sein, krank oder unglücklich zu bleiben, weil der Therapeut dann weiterhin Einfühlungsvermögen und Anteilnahme zeigt; und dem Therapeuten mag unbewußt gleichermaßen daran gelegen sein, weil er dann weiterhin gebraucht wird und das verletzte Kind in sich auf den Patienten projizieren kann. In diesem Spiegelsaal darf es zu keiner Besserung kommen.

Beide Planeten bedienen sich mitunter drastischer Abwehrmmaßnahmen, um sich gegen Verletzungen zu schützen. Chiron kann Neptuns passiver Jammerei mit Sarkasmus, destruktiver Kritik und abrupten emotionalen Rückzügen begegnen und den Neptun-Partner auf diese Weise noch tiefer in sein Selbstmitleid und seine Opferhaltung drängen. Chiron kann bösartig und wild wie ein gequältes Tier werden. Im Mythos war er ein wilder Jäger, bevor ihn sein Leid zu dem archetypischen Heiler machte, den Astrologen und Therapeuten so gerne beschwören. Man darf annehmen, daß er auf seine Verwundung erst einmal nicht gerade höflich reagierte; jedes verwundete Tier reagiert instinktiv gewaltsam, falls es dazu fähig ist. Chirons Neigung, sich zurückzuziehen, paßt schlecht zu Neptuns manchmal aufdringlichem Einfühlungsvermögen. Obwohl Chiron zu Selbstmitleid neigt, pflegt er seine Wunden doch lieber allein. Neptun wiederum reagiert auf Chirons Unnahbarkeit mit Schuldzuweisungen als seiner Lieblingsswaffe. Vielleicht versucht er auch, an den Heiler in Chiron zu appellieren, indem er krank und hilflos wird. Wir neigen zu der Annahme, daß ein anderer Mensch auf unsere Anteilnahme dankbar und ebenfalls einfühlsam reagiert. Neptun läßt sich seine Opfergaben gern mit größerer emotionaler Nähe bezahlen; doch kein anderer Planet kann diese Nähe so schlecht zulassen wie Chiron. Viele Therapeuten und Berater kennen Klienten, die wütend und verletzt reagieren, wenn man ihnen Sympathie und Verständnis entgegenbringt. In engen persönlichen Beziehungen reagiert Chiron vielleicht sehr zornig auf das Mitgefühl des anderen.

Es bedarf großer persönlicher Integrität und Aufrichtigkeit, um das Beste aus dieser Verbindung zu machen. Chiron muß sich weit genug von seinem Schmerz lösen können, um einzusehen, daß alle Menschen auch ein Recht auf Freude haben. Der Chiron-Partner sollte sich auch selbst so gut kennen, daß er es bemerkt, wenn ihn das eigene Unglück unbewußt zu einem wilden Tier macht. Die neptunische Neigung, Grausamkeiten wortlos zu ertragen, verschlimmert Chirons Problem noch. Dieses Verhalten mag zwar selbstlos und mitleidsvoll wirken, dient aber nur dazu, daß Neptun sich noch narzißtischer mit dem Erlöser identifiziert, der von jenen zerstückelt wird, die er zu retten sucht. Selbst wenn beide Partner glauben, diese gegenseitigen Verletzungen seien gut für die Seele, sind doch ihre Kinder als unfreiwillige Zeugen dieses emotionalen Gemetzels vielleicht anderer Meinung. Der Versuch, eigene Probleme dadurch zu lösen, daß man anderen hilft, ist durchaus zulässig; er ist einer der Hauptgründe, warum jemand einen helfenden Beruf ergreift – sei es im herkömmlichen Bereich oder auf einem Grenzgebiet. Er ist auch die Grundlage für viele Liebesbeziehungen, die auf Mitgefühl und gegenseitiger Anziehung fußen. Für einige Tierkreiszeichen – insbesondere Krebs, Fische und Jungfrau – ist das Gebrauchtwerden ein Grundaspekt ihres Wesens, und sie fühlen sich bei einem mit Fehler behafteten Menschen, für den sie sorgen können, wohler als bei einer Art Halbgott, der bestens mit allem zurechtkommt. Ist man sich aber der zwischen Chiron und Neptun auftretenden Dynamik nicht bewußt, kann man damit die eigene Krankheit oder die des anderen im Namen der Heilung verewigen. Vielleicht reichen sich Neptun und Chiron die Hand zu einer gemeinsamen Philosophie des Leids. Das mag zwar eine intensive religiöse oder spirituelle Hingabe bewirken, doch kann es den anderen, freudvolleren Seiten des Lebens großen Schaden zufügen.

Beziehungen mit Chiron-Neptun-Kontakten können tief und dauerhaft sein, wenn keiner der beiden Partner vor den wichtigen Themen dieser Kostellation davonläuft. Wenn es auch meist zu einigen Verletzungen kommt, ist das doch auch bei jeder anderen Bindung der Fall, die Veränderungen in der Einstellung und im Bewußtsein der Beteiligten bewirkt. Chiron und Neptun fühlen sich aus komplizierten Gründen zueinander hingezogen, unter anderem auch aufgrund des Bedürfnisses beider Partner, einen alten Schmerz zu heilen, der sich unter scheinbar ganz »normalen« Anpassungen an das Leben verbirgt. Wenn Chirons Verbitterung oder Neptuns Neigung zur Manipulation unbewußt wirksam sind, entsteht bei beiden Partnern ein zunehmendes Gefühl des Gefangenseins, der Wut und des Strafenwollens. Jeder Scheidungsanwalt hat unzählige Akten über Paare, die sich offenbar nur unter schlimmen Gehässigkeiten und bittersten gegenseitigen Vorwürfen trennen konnten. Die primitiven Emotionen, für die diese beiden Planeten stehen können, verleiten Menschen, die sonst nett und anständig sind, zu krasser Verlogenheit und äußerster Rachsucht, weil ihre tiefsten Wunden und Sehnsüchte angesprochen wurden. Doch wenn die Herausforderung erkannt und angenommen wird, kann sich diese Planetenkombination als überaus heilsam erweisen.

Synastrie-Aspekte Neptuns zu Uranus und Pluto

In Geburtshoroskopen stehen Neptun-Aspekte zu Uranus und Pluto für die Bedürfnisse, Bestrebungen und Sehnsüchte ganzer Generationen und verbinden den einzelnen mit dem künstlerischen, religiösen, wissenschaftlichen und politischen Zeitgeist. Neptun im Aspekt zu Uranus oder Pluto zeigt in der Synastrie das Engagement zweier Partner für die Themen ihrer Generation, denn jeder Mensch, der beispielsweise Neptun im Quadrat zu Uranus hat, wird ihn auch im Quadrat zum Uranus seines Partners haben, sofern beide etwa gleichaltrig sind. Diese Art Synastrie wird nur relevant, wenn die inneren, persönlichen Planeten eines Menschen Aspekte zu den äußeren Planeten seines Geburtshoroskops und somit auch zu den äußeren Planeten im Horoskop des Partners bilden. Generationsthemen werden dann etwas Persönliches und gehen in die intellektuelle, emotionale oder sexuelle Dynamik der Beziehung ein. Doch auch von solchen individuellen Beziehungen abgesehen haben alle Menschen einer bestimmten Altersgruppe eine ähnliche Konstellation der äußeren Planeten, und das macht sich in der Synastrie bemerkbar. Andere haben dieselben Konflikte und Visionen, weil sie auf denselben kollektiven Trommelschlag hören. Haben wir es mit Menschen einer anderen Altersgruppe zu tun, deren äußere Planeten im Konflikt zu den unseren stehen, so erleben wir die Unterschiede und sogar Antipathien zwischen den Generationen.

Beispielsweise haben alle zwischen 1905 und 1911 in Europa oder Amerika Geborenen mit Uranus in Steinbock in Opposition zu Neptun in Krebs die beiden Weltkriege miterlebt; die einen als Kinder (als sie vielleicht einen Elternteil verloren), die anderen als Erwachsene (als sie vielleicht einen Ehegatten, ein Kind oder einen Verwandten verloren). Sie haben die Wirtschaftskrise zu Beginn der dreißiger Jahre und die Verwüstungen und den Hunger im Europa der Nachkriegszeit miterlebt. So könnten zwei in diesen Jahren geborene Menschen, die eine Beziehung eingehen, sich nicht nur instinktiv gut in die durchgemachten Entbehrungen und Verluste des anderen einfühlen, sondern auch in den Konflikt zwischen seiner Fortschrittsidee und seiner Enttäuschung in bezug auf das Leben, denn bei beiden wird Uranus in Opposition zum Neptun im Horoskop des jeweils anderen stehen. So ein Paar hat vielleicht Schwierigkeiten, sich in Menschen hineinzuversetzen, die Anfang der fünfziger Jahre geboren wurden und Neptun in Waage im Quadrat zu Uranus in Krebs haben. Ein Vater mit der erwähnten Neptun-Uranus-Konstellation, dessen Radix-Neptun im Quadrat zum Neptun und in Konjunktion mit dem Uranus seines Sohnes steht, empfindet die emotionale Unabhängigkeit und das Aufbegehren seines Sohnes gegen familiäre Bindungen (Uranus in Krebs), das auch bei vielen anderen Vertretern dieser Altersgruppe anzutreffen ist, als ziemliche Herausforderung an sein Ideal von Selbstaufopferung und Bindung an die Familie (Neptun in Krebs). Die Träume eines solchen Vaters und eines solchen Sohnes scheinen völlig gegensätzlich zu sein. Während der Vater den Weg zur Erlösung in einem Dasein für Heim, Familie und Nation sieht, will sein Sohn nichts von dem wissen, was seiner Meinung nach unnötiges Leid und emotionale Einengung bedeutet, und entscheidet sich lieber für eine Reihe idealisierter Beziehungen (Neptun in Waage), weil für ihn das Heil in einem vollkommenen Partner zu liegen scheint.

Die Beteiligung persönlicher Planeten an solchen Synastrie-Aspekten bringt die kollektiven Themen an die Schwelle unserer Tür. Dann haben wir es nicht mehr mit Unterschieden oder Ähnlichkeiten zwischen Generationsidealen und -bedürfnissen zu tun, sondern mit persönlichen Haltungen, die entweder mit denen der Gemeinschaft kollidieren oder sie unterstützen. Ein mit Sonne Konjunktion Neptun in Jungfrau Geborener, der gemäß seiner Generation das Arbeiten und

Dienen idealisiert und sich auch persönlich bemüht, ein nützliches Leben zu führen, empfindet die offensichtliche Verantwortungslosigkeit und Ichbezogenheit eines mit Mond Konjunktion Uranus in Schütze geborenen Menschen als äußerst ärgerlich und »falsch«, und zwar nicht nur emotional, sondern auch vom Standpunkt seiner grundsätzlichen Weltanschauung her. Ebenso könnte es einer Mutter mit Sonne in Skorpion Quadrat Pluto in Löwe schwerfallen, eine Beziehung zu ihrer mit Venus Konjunktion Neptun in Skorpion geborenen Tochter zu finden. Obwohl die Konjunktion der Sonne der Mutter mit der Venus der Tochter für tiefe Zuneigung und Bewunderung stehen kann, kollidiert das Bemühen der Mutter um Macht und Individualität mit der intensiven Idealisierung und emotionalen Bedürftigkeit ihrer Tochter. Die Generation der mit Pluto in Löwe Geborenen setzt Überleben mit Selbstdarstellung gleich, und die Generation der mit Neptun in Skorpion Geborenen idealisiert emotionale und sexuelle Verschmelzung. Dieser Konflikt ist zwar kein persönlicher, führt aber mitunter zu ernsten Mißverständnissen und Kränkungen, die sich nur teilweise aus dem Benehmen und den bewußten Haltungen des einzelnen erklären lassen. Ganze Generationen können sich vom Standpunkt ihrer Bedürfnisse und Träume her in einem unversöhnlichen Konflikt miteinander befinden.

Gewöhnlich findet man Synastrie-Aspekte von Neptun zu Uranus oder Pluto in den Horoskopen von Eltern und Kindern sowie auch in Horoskopen von Partnern, bei denen der Altersunterschied groß genug für eine jeweils verschiedene Konstellationen der äußeren Planeten ist. Beispielsweise hatten viele in den sechziger Jahren mit Neptun in Skorpion Geborene in den achtziger Jahren, als sie um die 20 waren, Kinder mit Pluto in Skorpion. Was für die Eltern ein romantischer Traum von Erlösung durch intensive emotionale und sexuelle Begegnungen ist, könnte für das im nächsten Jahrhundert aufwachsende Kind ein Thema des Überlebens ohne Romantik und Rührseligkeiten mit notgedrungen rücksichtslosem kollektivem Handeln sein. Bei diesen Kindern steht Neptun entweder in Schütze oder in Steinbock, und sie werden andere Träume haben. Solchen Synastrie-Aspekten haftet weder etwas von vorneherein Pathologisches noch etwas Vorherbestimmtes an. So wie es keine zwei Menschen mit identischen Bedürfnissen und Eigenschaften gibt, haben auch keine zwei Gruppen dieselben Bedürfnisse und Eigenschaften, wenn sie durch ihr Alter und das Vorrücken der äußeren Planeten in andere Zeichen voneinander getrennt sind. Mit etwas mehr Verständnis käme man über die allgemeine Annahme hinweg, bei Menschen, die älter oder jünger sind als wir, stimme etwas nicht, nur weil sie die Welt nicht so sehen wie wir. Neptuns Synastrie-Aspekte zu den anderen äußeren Planeten stehen für Generationsunterschiede, die die kollektiven Erlösungsphantasien des Neptun-Partners mit den Überlebensinstinkten und den sozialen und politischen Idealen des Pluto- oder Uranus-Partners verbinden, unabhängig davon, ob sie zusammenpassen oder nicht. Es ist weder angemessen noch möglich, von unseren Eltern und Kindern zu erwarten, daß sie dasselbe wollen wie wir. Die Welt hat sich in der Zwischenzeit verändert, und das menschliche Bewußtsein auch. Je offener der persönliche Dialog geführt wird, um so besser können sich zwei Menschen verständigen und ihren Horizont erweitern.

Neptun-Aspekte zu den Eckfeldern

Die Eckfelder des Horoskops sind ein Bild für das Kreuz der Materie, innerhalb dessen wir inkarnieren. Im Gegensatz zu den Planeten symbolisieren sie keine aktiven Energien oder Triebe in uns, sondern zeigen die mitgebrachte und ererbte körperliche, emotionale und intellektuelle Substanz, aus der wir gemacht sind und durch die die Planeten in der Welt zum Ausdruck gebracht werden. Die Eckfelder sind somit eine Art Schicksal, weil sie uns in Zeit und Raum definieren. Alle Horoskophäuser werden von ihnen bestimmt, und die Stellung der Planeten in den Häusern ebenfalls; so werden unsere Begegnungen mit dem Archetypischen in Vorkommnisse des täglichen Lebens umgesetzt. Für die äußere Erscheinung des Menschen stehen auch die Zeichen an den beiden Horoskopachsen, und die Planeten, die – von beiden Seiten her – Konjunktionen mit den Spitzen der Eckfelder bilden, drücken ihre Energien gewöhnlich in sehr konkreten Formen aus. Im Grunde zeigen die Eckfelder die Struktur der Inkarnation und symbolisieren (wenn auch nicht im buchstäblichen, chronologischen Sinne) die energische Ankunft des Lebens bei Tagesanbruch, den Höhepunkt der Kraft zu Mittag, die als wesentliche Schritte zur Reife getroffenen Anpassungen und Kompromisse bei Sonnenuntergang, und die Heimkehr um Mitternacht.

Aspektiert der Neptun eines Menschen ein Eckfeld im Horoskop eines anderen – besonders bei einer Konjunktion (die automatisch eine Opposition zum entgegengesetzten Eckfeld mit sich bringt) oder einem Quadrat –, so idealisiert er mitunter die physische Realität eines anderen Menschen und meint, dessen Körper, Persönlichkeit, Herkunft, gesellschaftliche Stellung und Verhältnis zur Welt könnten ihm die Erlösung bringen und ihn in seiner Einsamkeit trösten. Doch die Eckfelder antworten darauf nicht mit ihren eigenen Energien; für sie ist Neptuns Sehnsucht lediglich ein Blitzableiter. Ein Mensch, dessen Himmelsmitte bzw. MC für Neptuns Träume empfänglich ist, verkörpert diese Träume vielleicht durch seine Karriere, seine familiären Verhältnisse oder seine gesellschaftliche Stellung; mitunter schwächen und stören ihn aber Neptuns Idealisierungen, die an seine frühen Elternerfahrungen rühren könnten. Jemand, dessen Deszendent empfänglich für Neptuns Phantasien ist, gewinnt durch die emotionale Intensitiät der Beziehung vielleicht größeres Mitgefühl mit anderen, doch kann es ihm auch angesichts der neptunischen Abhängigkeit schwerfallen, seine Individualität zu äußern. Jeder Planet in einem Geburtshoroskop, der auf die Eckfelder eines anderen Menschen trifft, reagiert auf die physische Realität des anderen, indem er ihm seine eigene charakteristische Energie anbietet. Der Neptun eines Menschen, der Faszination und Auffassungsgabe miteinander ins Gleichgewicht bringen kann, wird den anderen aufbauen und inspirieren; doch der Neptun eines Menschen, der krampfhaft an der Phantasie vom Garten Eden festhält, wird den anderen überfahren, in Schwierigkeiten bringen und betrügen oder dafür sorgen, daß er sich infolge des neptunischen Mangels an Abgrenzungen überfallen fühlt. Neptun wiederum empfindet vielleicht Schönheit und Anmut, vermag jedoch nicht zu erkennen, daß der andere Mensch Bedürfnisse und Triebe hat, die die Illusion von der Vollkommenheit früher oder später zerstören.

Ein trauriges, aber aufschlußreiches Beispiel für Neptuns Wechselspiel mit den Eckfeldern des Horoskops eines anderen Menschen ist die Beziehung zwischen dem Fürsten und der Fürstin von Wales. Die Konjunktion von Neptun und Venus in Waage in Prinz Charles' Geburtshoroskop steht in Konjunktion zu Dianas MC in Waage und im Sextil zu ihrem Aszendenten in Schütze. Obwohl die synastrische Konjunktion mit Dianas MC recht weit ist, spielte sie bei der gegenseitigen Anziehung und der darauf folgenden bitteren Enttäuschung in dieser Ehe dennoch eine große Rolle. Prinz Charles' Venus-Neptun-Konjunktion paßt nicht gut zu manchen anderen Faktoren in seinem Horoskop. Seine anfängliche Idealisierung der Schönheit, offensichtlichen Freundlichkeit und Offenheit seiner Frau, die alle ihren Ausdruck in ihrem Waage-MC und Schütze-Aszendenten fanden, führte sehr schnell zu dem immer stärker werdenden Gefühl, betrogen und getäuscht worden zu sein. Diana fühlte sich ihrerseits durch die scheinbare Gefühllosigkeit ihres Gatten betrogen und getäuscht. Ihr Neptun steht in Konjunktion zu seinem Merkur und in Opposition zu seinem Mond. Viele andere Synastrie-Faktoren haben das ihrige zu den Schwierigkeiten in dieser Ehe beigetragen. Aber Kontakte zwischen Neptun und MC oder Aszendent sind nichts Ungewöhnliches bei Beziehungen, die ebenso stark auf dem öffentlichem Image und der gesellschaftlichen Stellung wie auf dem realem Wissen voneinander beruhen.

Ein Neptun, der die Horizont- oder Meridianachse im Horoskop eines anderen Menschen berührt, ist an sich weder gut noch schlecht. Er sagt etwas über Faszination und Idealisierung aus, nicht aber darüber, was sich daraus ergibt. Solche Aspekte sind an sich nicht so dynamisch wie die Synastrie-Aspekte zwischen zwei Planeten, und daher müssen wir sie im Kontext der Synastrie der Planeten betrachten, denn diese bestimmt letzten Endes, welche Energien wahrscheinlich zwischen zwei Partnern wirksam werden. Neptunaspekte zu Eckfeldern können bei günstiger Stellung der übrigen Planeten zu einer Beziehung beitragen, in der der Zauber romantischer Liebe und schöpferischer oder spiritueller Inspiration ewig anhalten kann. Bei hinreichender Unverträglichkeit der anderen Planeten können Neptuns Aspekte zu den Eckfeldern dazu beitragen, daß er das Paradies allmählich dahinschwinden sieht, zusehends enttäuscht und unzufrieden wird und sich ärgert. Dann kann ihn der Erlöser nicht erlösen, und Neptuns eigene Erlösungsangebote werden nicht angenommen. Da alle Synastriekombinationen eine

Mischung aus beidem sind, dürfen wir mehr oder weniger mit beiden Folgen rechnen; und da alle synastrischen Neptun-Aspekte, auch die zu den Eckfeldern, vom Bewußtsein und von der Rechtschaffenheit der beiden Beteiligten abhängen, wissen wir nie, auf welchen der beiden Fische wir stoßen werden, wenn der erste Anschein verblaßt und sich unter Neptuns wäßrigen Träumen die eigentlichen menschlichen Wesenszüge abzeichnen.

Neptun im Komposit

Die Erlösungssehnsucht kann in einer Beziehung genauso stark sein wie beim einzelnen. Selbst wenn zwei Menschen von ihrem Geburtshoroskop her nicht besonders neptunisch sind, kann das Komposit dennoch einen starken Neptun zum Vorschein bringen. Da das Komposit die Qualitäten einer Beziehung beschreibt, könnten die Partner in eine Bindung hineingezogen werden, die weit mehr neptunische Träume hervorbringt, als sie je zugelassen hätten, wenn sie einander nie begegnet wären. Am stärksten wirkt in dieser Hinsicht ein Komposit, in dem die Sonne einen starken Aspekt zu Neptun bildet, denn dann beeinflußt Neptuns Verschmelzungssehnsucht und Flucht vor den Qualen der irdischen Welt die wichtigsten Ziele und den Sinn der Beziehung. Solche Beziehungen fußen häufig auf einem gemeinsamen spirituellen oder künstlerischen Engagement. Falls ein derartiger Zusammenhalt besteht, stellen die dunkleren Seiten des Neptunischen vielleicht kein allzu großes Problem dar; falls aber nicht, so fordert die Beziehung möglicherweise eine Art des Verzichts, die ihr – sei es mit oder ohne Einwilligung der Partner – die Möglichkeit nimmt, in der Welt der Formen aufrechterhalten zu werden. Zuweilen entsteht die Beziehung durch gemeinsame Schuldgefühle oder eine Verpflichtung wie z.B. eine ungeplante Schwangerschaft. Es überrascht nicht, daß eine Verbindung, die auf beiderseitiger Unbewußtheit beruht, enttäuschend sein kann. Oft kommt es zu einer Enttäuschung auf sexuellem Gebiet, weil einer der Partner oder beide den körperlichen Vollzug nicht zulassen können oder wollen – oder die sexuelle Erfüllung ist nicht erreichbar, weil einer der Partner noch eine frühere Verpflichtung hat, aus der er sich nicht lösen kann. Ein starker Komposit-Neptun steht mitunter auch für eine Phantasiebeziehung zwischen einem Film- oder Popstar und einem anbetungsvollen Fan, der nie darauf hoffen kann, seinem Idol anderswo zu begegnen als in der Welt seiner Träume.

Nichtsexuelle Beziehungen neptunischer Art werden zuweilen als »platonisch« beschrieben. Eigentlich paßt dieser Begriff nicht, denn Plato postulierte zwar die aus der Affinität der Seelen entstandene Liebe als die höchste Form menschlicher Bindung, war aber andererseits nicht abgeneigt, mit seinen Liebhabern auch sexuelle Freuden zu teilen. Dieses Vergnügen gestattet eine von Neptun beherrschte Beziehung den Beteiligten manchmal nicht. Hinter dem scheinbar unvermeidlichen Opfer verbergen sich dann unweigerlich die neptunischen Themen der Idealisierung und Identifizierung mit dem Ursprung allen Lebens. Das bedeutet nicht, daß Komposite mit Sonne-Neptun-Kontakten stets für Enttäuschungen und Desillusionierungen stehen. Sie können auch Beziehungen voller Mitgefühl und Anregungen anzeigen, die die Herzen beider Partner öffnen. Am kreativsten ist Neptun jedoch, wenn er eine Möglichkeit findet, seine Träume in Form eines gemeinsamen Engagements zu äußern, bei dem beide Partner ihre Erlösungssehnsucht miteinander teilen können, ohne allzuviel davon auf den jeweils anderen zu projizieren. Ob es sich dabei um einen spirituellen Weg, ein künstlerisches Projekt oder eine humanitäre Leistung handelt – ein solcher Bezugspunkt ist wichtig, um das Beste aus einem solchen Komposit-Aspekt zu machen.

Venus-Neptun-, Mond-Neptun- und Mars-Neptun-Aspekte im Komposit können da schon schwieriger sein, weil die Loslösung der eigenen Träume und Idealisierungen vom Partner nicht so leicht gelingt. Bei solchen Beziehungen kommt es anfangs manchmal zu außerordentlich hohen emotionalen und sexuellen Erwartungen. Entpuppt sich die Beziehung dann aber als allzu menschlich, sind beide Partner sehr enttäuscht und verärgert. Die »harten« Aspekte sind gewöhnlich schwieriger, da man den Abgrund zwischen Phantasie und Wirklichkeit leicht für unüberbrückbar hält. Starke Neptunaspekte zu anderen Planeten im Komposit machen es schwer, in dem von dem anderen Planeten beherrschten Lebensbereich zufrieden zu werden. Die oft erlebte Begeisterung geht dann leider selten über das anfängliche Verliebtsein hinaus. Einer oder beide versuchen unbewußt, den Erlöser zu spielen, und auch die Beziehung selbst scheint für Menschen, denen früher in der Liebe wehgetan wurde, Erlösung zu bieten. Doch bei allzu großer gegenseitiger Abhängigkeit wollen beide Partner einander manipulieren und sind unehrlich zueinander. Hier bestehen ganz offensichtlich Fallen, die sehr schmerzhaft sein können. Wenn ein Komposit einen dominanten, aber schlecht aspektierten Neptun zeigt, überlegt man es sich möglicherweise zweimal, ehe man eine solche Beziehung eingeht. Doch Neptuns unwiderstehliche Verführungskraft ist nun einmal so, daß man dem Zauber wahrscheinlich trotz aller warnender Vorzeichen erliegt.

Vieles hängt davon ab, wie der Komposit-Neptun die Planeten in den Geburtshoroskopen der beiden Menschen aspektiert. Steht er beispielsweise in Waage, in Opposition zum Mond in Widder des einen Partners und in Konjunktion mit dem Mars in Waage des anderen, so können sich die Idealisierung und die emotionale Abhängigkeit in der Beziehung als aggressiv und beengend für den Mond-Partner erweisen und die Selbstbestimmungsmöglichkeiten des Mars-Partners beschneiden. Doch eine Zeitlang und, wenn die beiden Partner miteinander zurechtkommen, sogar immer wider einmal schafft dieser Komposit-Neptun Augenblicke intensiver und sehr bewegender Vertrautheit für den Mond, und köstlicher sexueller Rauschzustände für Mars. Da aber der Komposit-Neptun eine Opposition zum Mond des einen Partners und zum Mars des anderen bildet, führen Enttäuschungen oder gegenseitige Betrügereien infolge zerstörter neptunischer Träume wahrscheinlich bald zu Ärger und Streit.

Da die Planeten in einem Komposit nicht genauso »bearbeitet« werden können, wie man verschiedene Darstellungsebenen der Planeten im Geburtshoroskop entwickeln und mit ihnen arbeiten kann, werden Komposite als eigenartig schicksalhaft empfunden. Meiner Meinung nach bestimmen sie zwar nicht über die Zukunft einer Beziehung; doch beide Partner müssen lernen, mit einem gewissen Energiemuster zu leben, das bei allen Interaktionen wirksam wird. Da jedes Komposit einen Neptun aufweist, enthält auch jede Beziehung Elemente von Erlösungssehnsucht. Das heftige Verlangen nach Rettung und Heilung durch die Liebe eines anderen Menschen ist ein Grundaspekt zwischenmenschlicher Beziehungen und kann Begegnungen zwischen Menschen zu etwas Wunderbarem und Bedeutsamem machen. Die neptunische Sehnsucht ist in einigen Kompositen stärker als in anderen und kann, ebenso wie bei einem Einzelmenschen das Geburtshoroskop, das ganze Komposit beherrschen. Dann können wir durchaus von einer neptunischen Beziehung sprechen; und solange wir an diesen bestimmten Menschen gebunden sind, wird sie es auch bleiben.

Doch die Bewußtheit beider Menschen und ihre Kommunikationsfähigkeit auf intellektueller, emotionaler und sexueller Ebene kann sehr bedeutsam sein, was die letztendlichen Auswirkungen des Neptunischen betrifft. Genauso, wie wir für einen Komposit-Neptun einen Mittelpunkt in gemeinsamen Engagements finden können, die Neptuns Welt auf kreative Weise zum Leben erwecken, können wir auch einen Komposit-Saturn veredeln, indem wir in der Beziehung Bereiche festlegen, in denen wir uns selbst genügen. Dann kann jeder in den gemeinsam zu verantwortenden Bereichen die eigene Stärke und Glaubwürdigkeit beisteuern, um eine sichere materielle Struktur aufzubauen. Ebenso wie im Horoskop des einzelnen ist Saturn auch im Komposit die Ergänzung und der Auffangbehälter für Neptun; auf diese Weise kann man Neptun in einer Beziehung nicht nur in seiner enttäuschenden und betrügerischen Rolle erleben, sondern auch in seiner archetypische Gestalt als Trost für die Schmerzen der eigenen Sterblichkeit. In vieler Hinsicht sind wir, jeder für den anderen, der – wenn auch sehr menschliche – Erlöser; und Neptuns Botschaft im Komposit könnte lauten, daß wir früher oder später die Kontrolle nicht nur über uns selbst, sondern auch über den anderen aufgeben müssen, um jene von Mitleid getragene Läuterung und Erneuerung zu erleben, die Neptuns besondere Gabe ist.

Schluß

Es gibt viele philosophische Ansätze zur Astrologie, die sich zwar in Deutung und Technik zuweilen zu widersprechen scheinen, jedoch alle in einem einzigen Symbolsystem wurzeln, dessen Sprache sich in den Jahrhunderten seiner Entwicklung nicht verändert hat; und jeder dieser Ansätze hat den Menschen, die sich zu ihm hingezogen fühlen, etwas Wertvolles zu bieten. Seit ihrem Aufkommen in Babylonien und Griechenland hat die Astrologie immer unterschiedliche Reaktionen ausgelöst, bei den Astrologen nicht minder als bei der Öffentlichkeit. Wir finden das ewige Rätsel von Schicksal und freiem Willen in den Schriften griechisch-römischer Astrologen genauso erörtert und behandelt wie in den Schriften mittelalterlicher Kirchenväter und bei den Philosophen der Renaissance. Plato lehnte zwar die divinatorische Astrologie ab, verehrte jedoch die intelligente Ordnung des Kosmos, wie sie sich in den lebendigen Energien der Himmelskörper widerspiegelt. Zenon glaubte, alles sei von den Planeten vorherbestimmt, doch könne der Mensch sich für eine Haltung der Losgelöstheit von allem entscheiden, die zu innerer Gelassenheit führen werde. Nach Auffassung des Ptolemäus bewahrheiten sich astrologische Voraussagen manchmal nur deshalb nicht, weil menschliche Entscheidungen und Fehlinterpretationen die am Himmel angezeigten Ereignisse in eine andere Richtung lenken können. Cicero hatte zu dem Thema eine schwankende Haltung; er zeigte in zwei verschiedenen Abhandlungen eine unterschiedliche Einstellung und meinte schließlich, die Himmelskörper würden uns zwar beeinflussen, könnten uns aber zu nichts zwingen. Plotin erkannte wie Plato die absolute Wichtigkeit der Himmelsgeometrie an, doch waren Weissagungen seiner Meinung nach eine unpassende Beschäftigung für den echten Philosophen. Und Iamblichos hatte, wie Marsilio Ficino tausend Jahre später, durchaus nichts gegen ein bißchen astrologische Magie, um dem Schicksal nachzuhelfen. Alle heutigen Diskussionen über Funktion und Wesen der astrologischen Kunst sind schon unzählige Male geführt worden.

Es gibt daher keine »richtige« Astrologie in dem Sinne, daß ein Astrologe für absoluten Fatalismus, absoluten Glauben an den freien Willen, Neoplatonismus, Christentum, William Lilly, Alice Bailey, Jung, den Existentialismus oder irgendeine Mischung daraus eintreten müßte, um im astrologischen Symbolsystem für sich und andere Wertvolles und Wichtiges entdecken zu können. In letzter Zeit scheint die vor dem neuen Jahrtausend bestehende Anspannung alle Gesellschaftsbereiche durchdrungen und die Astrologie ebenso angesteckt zu haben wie andere Berufe. Genauso wie religiöser Fundamentalismus und die Aufspaltung einer einheitlichen Betrachtungsweise in politisches, wissenschaftliches und spirituelles Sektierertum als Abwehrmechanismus gegen die tiefe Verunsicherung auf der kollektiven Ebene entstanden sind, ist auch ein astrologisches Sektierertum entstanden, das die reine Lehre gegen das vermeintlich Abwegige, und das Traditionelle gegen den vermeintlichen Ersatz verteidigen will. Besonders bedauerlich ist es, wenn Astrologen sich zu dieser Art von Aufspaltung hinreißen lassen, obwohl sie doch selbst von einer Gemeinschaft bedroht sind, die immer mehr Sündenböcke braucht und wild entschlossen ist, der Ursache für die weitverbreitete Unzufriedenheit und den Verlust an Hoffnung und Sinn auf den Grund zu gehen. Astrologen können – heutzutage vielleicht mehr als andere Berater – vernünftige Einsichten dazu bieten, warum wir uns in unserem jetzigen Zustand befinden und was uns in den nächsten Jahrzehnten erwartet. Um diesen Beitrag leisten zu können, müßte man vielleicht mehr vorweisen können als nur eine einzige Herangehensweise an unseren Gegenstand, selbst wenn man in der Praxis nie alles heranzieht; auch müßte man vielleicht einsehen können, daß Methoden, die der eigenen Weltsicht und dem eigenen Verständnis fremd sind, für andere Menschen ebenso richtig, wenn nicht sogar noch richtiger sein können als die eigenen. Wir alle sind angesteckt von Neptuns Erlösungssehnsucht, die wir teils durch seine langdauernde Konjunktion mit Uranus zu spüren bekommen, und teils durch die unvermeidlichen psychologischen Spannungen eines zu Ende gehenden Jahrtausends und eines Wechsels der astrologischen Zeitalter. Bei alledem suchen wir nach absoluten Wahrheiten, in einer Zeit, da jede objektive Antwort unweigerlich von unseren verborgenen Ängsten und Träumen durchsetzt ist.

Für Menschen, die sich mit der Astrologie befassen oder sie praktizieren und die Neptun als unvermeidliche Manifestation oder »Karma« auffassen, könnte das vorliegende Buch nicht nur ungeeignet sein, sondern sogar anstößig. Doch es gibt auch viele Astrologen – von ihren Klienten ganz zu schweigen –, denen es nicht gefällt, wenn ihnen gesagt wird, daß sie leiden müssen, sondern die verständliche und begehbare Wege suchen, um sich aus ihren Verstrickungen zu befreien. Für solche Menschen ist ein psychologisches Herangehen an Neptun unumgänglich. Psychologische Betrachtungsweisen zu Neptun setzen keine Freudsche, Jungsche, Kleinsche, existentialistische, transpersonale oder sonstige psychologische Forschungsrichtung voraus; was sie voraussetzen ist die Achtung vor dem inneren und äußeren Wesen jedes Menschen. Keiner dieser psychologischen Ansätze kann uns eine vollständige Antwort auf eine so komplexe und auf so viele Ebenen bezogene Symbolik geben. Auch Psychologie allein genügt nicht, selbst wenn man in all ihren verschiedenen Standpunkten einen Wert zu sehen vermag; denn wie wir gesehen haben, können auch esoterische Wegbeschreibungen wertvoll sein. Vielleicht sollten wir letztlich unter »psychologisch« einfach nur noch als »zur Psyche – also zum menschlichen Wesen und seiner Erfahrung – gehörig« verstehen. Auch die undichte Waschmaschine während des Neptun-Transits ist etwas Psychologisches – sowohl bezüglich der Art und Weise, wie wir mit so einem Ereignis zurechtkommen, als auch bezüglich unserer Empfindungen beim Anblick des überschwemmten Küchenbodens. Der menschlichen Psyche, die ja die astrologischen

Symbole in sich selbst und in der Außenwelt erfährt, eine reine Astrologie entlokken zu wollen, ist ein höchst fragwürdiges Unterfangen, da wir es dann mit einer Astrologie zu tun hätten, die keinen Bezug zu unseren emotionalen, körperlichen, intellektuellen, bildlichen und spirituellen Erfahrungen aufweist. In solch einem Vakuum gedeiht nur noch Neptuns besondere Hausmarke, der von sich selbst überzeugte Erlöser.

Eigentlich ist Pluto der äußerste Planet, doch gegenwärtig ist Neptun weiter von der Erde entfernt.[1] Möglicherweise ist Pluto für uns zwar weniger attraktiv, aber zugänglicher, auch wenn wir ihn noch nicht so lange kennen; denn obwohl er mit der Unterwelt und allerlei Heimlichkeit in Verbindung gebracht wird, begünstigt er keine Illusionen. Wir mögen zwar Abscheu oder Furcht vor Plutos kompromißloser Rücksichtslosigkeit empfinden, die ja nichts anderes ist als das Überlebensgesetz im Dschungel der Existenz ist; wir schaudern vielleicht zurück vor den Zwängen in unserem Inneren, die uns wie Schicksal vorkommen und die unsere Abwehrmechanismen mit der Wucht ihrer absoluten Notwendigkeit über den Haufen werfen; doch bei Pluto sehen wir, was auf uns zukommt, selbst wenn wir es nicht verstehen oder meinen, es verstoße gegen die persönliche Moral oder gegen unsere religiösen Werte. Was Neptun betrifft, sehen und wissen wir nicht, was wir fühlen, denn was da in uns angerührt wird, gehört in die Zeit vor der Bewußtwerdung unseres »Ich«. Gewisse soziale und religiöse Zeitströmungen zeigen deutlich die neptunische Suche nach Erlösung – im Guten wie im Schlechten. Wir sind uns mehr denn je des Wertes allen Lebens bewußt und als Gemeinschaft stärker am Schicksal der Unglücklichen beteiligt – seien es Menschen oder Tiere. Wir haben auch die Grundlage unserer traditionellen moralischen und religiösen Strukturen verloren, und in dem sich daraus ergebenden Chaos suchen wir unsere Sicherheit auf eine Art und Weise, die Intoleranz, Borniertheit, Gewaltätigkeit und Haß erzeugt. Im 20. Jahrhundert hat der neptunische Geist die Genfer Konvention, die Vereinten Nationen, die Europäische Union, die Welthungerhilfe und den Wohlfahrtsstaat begünstigt; er begünstigte auch den Holocaust und all unsere heutigen Formen von Schuldzuweisungen, seien es die Äußerungen von Neonazismus oder die Urteilssprüche jener, die sich für *politically correct* halten. Offenbar ist in Vergessenheit geraten, daß wir ja auch noch einen freien Willen haben.

Neptun ist kein boshafter Übeltäter. Alle ihm zugeschriebene Boshaftigkeit ist diejenige menschlicher Wesen, die blindlings ihrem heftigen Wunsch nach einem Urtraum die Zügel schießen lassen. Wir möchten alle gern erlöst werden, und wir möchten alle, daß jemand anders das für uns bewirkt. Der Klient wünscht sich die Erlösung vom Astrologen, und der Astrologe sucht die Erlösung in der Ausübung seiner Kunst. Wir suchen Erlösung bei unseren Therapeuten, Beratern, Ärzten, Politikern, Familien, Liebhabern, Ehegatten, Kindern und dem, was wir als Gott definieren. Neptuns größte Herausforderung ist nicht, ob Erlösung möglich ist, sondern ob wir bereit sind, Verantwortung für unseren individuellen Anteil daran zu übernehmen, ohne gleichzeitig andere bestrafen zu wollen. Während Pluto gerade aus dem Skorpion in den Schützen geht, beginnt für unsere Gemeinschaft eine schwierige Phase der Neubewertung unserer religiösen und moralischen Vorstellungen. Wir dürfen daher mit Besessenheiten ebenso rechnen wie mit Gewissensprüfungen, mit Zerstörungsdrang ebenso wie mit dem Streben nach tiefgreifender Veränderung. Wenn wir in einem solchen Klima nicht wissen, was unser innerer Neptun mit uns anstellt, ist das die beste Gewähr für so manchen äußerst unschönen Aufruhr im religiösen, moralischen und juristischen Bereich – sei es auf gesellschaftlicher Ebene oder auf einer ganz persönlichen. Vielleicht ist die Erlösung wirklich nahe. Doch wenn sie es ist – auf welcher Ebene und in welcher teilweisen oder vollständigen Form auch immer –, sollten wir uns vielleicht fragen, was wir dafür zu tun bereit sind. Und welches von Neptuns vielen Gesichtern werden wir zu unserem Erlöser machen, wenn das Jahrtausend zu Ende geht?

Anhang

Das Lied von Aengus, dem Wanderer

Ich ging hinaus zum Haselwäldchen,
Denn in meinem Kopf brannte es.
Ich schnitt und schälte einen Haselstock
Und hängte eine Beere an einen Faden.
Und als weiße Motten umherflogen
Und mottengleich die Sterne flackerten,
Warf ich die Beere in einen Fluß
Und fing eine kleine silberne Forelle.

Als ich sie auf den Boden gelegt hatte,
Ging ich, das Feuer wieder anzufachen;
Doch etwas raschelte am Boden,
Und jemand rief mich beim Namen.
Da war sie ein schimmerndes Mädchen,
Mit Apfelblüten im Haar.
Sie rief mich beim Namen und lief
Und schwand dahin durch die dämmernde Luft.

Ich bin schon alt von weitem Wandern
Durch hohles Land und Hügelland,
Doch ich werde sie suchen und finden,
Und sie küssen und ihr die Hände reichen
Und gehen in tiefem, buntem Gras
Und pflücken, zeitlos, bis ans Ende der Zeit
die silbernen Äpfel des Mondes,
die goldenen Äpfel der Sonne.

Anmerkungen

Einführung

[1] W. B. Yeats, *The Song of Wandering Aengus,* aus: *The Wind among the Reeds*, 1899. Übersetzung s. vorhergehende Seite.
[2] T. S. Eliot, *Ash-Wednesday*, aus: *The Complete Poems and Plays of T. S. Eliot*, Faber and Faber, London 1969.
[3] Zwei der umfassendsten Neptun-Darstellungen sind *The Gods of Change* von Howard Sasportas, Penguin 1989, und *Astrology, Karma and Transformation* von Stephen Arroyo, CRCS Publications 1978.
[4] Shakespeare, *Die Tragödie des Macbeth*, a. d. Englischen v. Thomas Brasch, Insel Verlag, Frankfurt/Leipzig 1996.
[5] Die Konjunktion wird auch den Zeichenwechsel beider Planeten vom Steinbock in den Wassermann überdauern und darüber hinaus noch bis Anfang 1999 gültig sein.

Teil I

[1] S. H. Hooke, *Middle Eastern Mythology*, Penguin, London, 1985, p. 24.
[2] Nicholas Campion, *The Great Year*, Arkana, London, 1994, pp. 48-49.
[3] Alexander Heidel, *The Babylonian Genesis*, University of Chicago Press, Chicago, 1942, p 18.
[4] Hooke, *Middle Eastern Mythology*, op. cit., pp. 54-55.
[5] Anne Baring and Jules Cashford, *The Myth of the Goddess*, Penguin, London, 1991, p. 460.
[6] Raphael Patai, *The Hebrew Goddess*, Avon Books, New York, 1978, p. 214.
[7] op. cit., p. 222.
[8] op. cit., p. 215.
[9] Louis Ginzberg, *Legends of the Bible*, The Jewish Publication Society of America, Philadelphia PA 1956, p 14.
[10] Erich Neumann, *The Origins and History of Consciousness*, Princeton University Press, Princeton NJ, 1954, p. 71.
[11] Die Griechen brachten das Sternbild Fische mit Aphrodite (der syrischen Astarte und mesopotamischen Ischtar) in Zusammenhang, die sich und ihren Sohn Eros unter dem Angriff des Ungeheuers Typhon aus Furcht in den Euphrat stürzte; sie verwandelten sich in zwei Fische, die anschließend in den Tierkreis versetzt wurden. Klassische lateinische Autoren wie Manilius machten aus dem Sternbild jene Fische, die Venus und ihren Sohn außer Gefahr brachten. Der größere Fisch wurde auch als das Untier angesehen, das ausgesandt worden war, Andromeda zu verschlingen, und das von dem Helden Perseus, dem Sohn des Zeus, vernichtet wurde; hierbei handelt es sich offensichtlich um eine Abwandlung der Geschichte von Marduk und Tiamat (s. Richard Hinckley Allen, *Star Names, Their Lore and Meaning*, Dover NY 1963, pp 336-344).
[12] In Manilius' *Astronomica* untersteht das Tierkreiszeichen Fische der Herrschaft des Meeresgottes Neptun – die erste belegbare Verbindung zwischen beiden, obwohl der

Planet Neptun zu jener Zeit noch nicht bekannt war.
[13] Cyril Aldred, *The Egyptians*, Thames & Hudson, London, 1984, pp. 71-72.
[14] Robert A. Armour, *Gods and Myths of Ancient Egypt*, American University in Cairo Press, Cairo, 1986, p. 11.
[15] Baring and Cashford, *The Myth of the Goddess, op. cit.*, p. 257.
[16] Miranda Green, *The Gods of the Celts*, Alan Sutton, Gloucester, 1986, p. 1.
[17] Michael Senior, *Myths of Britain*, Guild Publishing, London, 1979.
[18] Anne Bancroft, *Origins of the Sacred*, Arkana, London, 1987, p. 92.
[19] Janet and Colin Bord, *Sacred Waters*, Paladin, London, 1986, p. 150.
[20] nach einer Geschichte aus: *Water Spirits* , in: The Enchanted World Series, Time-Life Books, Amsterdam, 1987.
[21] Mircea Eliade, *Patterns in Comparitive Religion*, New American Library, New York, 1974, p. 211.
[22] zit. n. Joseph Campbell, *Oriental Mythology*, Souvenir Press, London, 1973, p. 39.
[23] Heinrich Zimmer, *Myths and Symbols in Indian Art and Civilization*, Heinrich Zimmer, Princeton University Press, Princeton, N. J., 1972, p. 34.
[24] s. Robert Graves, *The Greek Myths*, Penguin, London, 1955.
[25] A. B. Cook, *Zeus: A Study in Ancient Religion,* Biblo and Tannen, New York, 1965, p. 582.
[26] s. dazu Cooks Untersuchung über die Herkunft des Dreizacks, *ibid.,* pp.786-798.
[27] Ein etruskischer Chalzedon-Skarabäus zeigt den jungen, bartlosen Gott, wie er gerade sein Gefährt besteigt. In der Rechten hält er einen Blitz, in der Linken einen Dreizack. Zu seinen Füßen kauert ein kleines, sehr eingeschüchtertes Seeungeheuer (s. Cook, *ibid.,* p. 795, fig. 760).
[28] *Larousse Encyclopedia of Mythology,* Hamlyn, London, 1975.
[29] Franz Cumont, *Astrology and Religion Among the Greeks and Romans,* Dover Publications, New York 1960, p. 105.
[30] Hooke, *Middle Eastern Mythology*, Penguin, London, 1985, p.114.
[31] Hooke, *Middle Eastern Mythology*, pp. 56-58.
[32] Erich Neumann, *Ursprungsgeschichte des Bewußtseins*, München, Kindler-Taschenbücher, 1974, S. 100.
[33] Eine eingehende historische Untersuchung der Vorstellungen vom Paradies nach dem Tode enthält Colleen McDannells und Bernhard Langs Buch *Heaven: A History,* Yale University Press, London 1988.
[34] *Heaven*, p. 12.
[35] op. cit., p. 35.
[36] Raphael Patai, *The Hebrew Goddess*, Aron Baker, New York 1987, p. 127.
[37] Arthur Machen, *The Collected Arthur Machen*, ed. Christopher Palme, Duckworth, London 1988, p. 3.
[38] Eine Untersuchung der Rolle Neptuns in den Horoskopen von Dichtern und Komponisten der Romantik, besonders der Aspekte zwischen Saturn und Neptun, findet sich in Kapitel 10.
[39] Machen, *The Collected Arthur Machen*, pp. 312-313.
[40] T. S. Eliot, *The Waste Land*, aus: The Complete Poems and Plays of T. S. Eliot, Faber and Faber, London 1969.
[41] McDannell and Lang, *Heaven*, p. 70.
[42] ibid., pp. 71-72.

[43] Girolamo Savonarola, *The Compendium of Revelations* zit. in Apocalyptic Spirituality, ed. Bernard McGinn, SPCK, London 1980, p. 241.
[44] *Apocalyptic Spirituality*, p. 73.
[45] McDannell and Lang, *Heaven*, p. 84.
[46] op. cit., pp. 62-63.
[47] Dante Alighieri, *Die Göttliche Komödie*, Dreißigster Gesang, S. 383, aus dem Italienischen von Karl Witte, Verlag Philipp Reclam jun. Leipzig, 1965.
[48] Erich Neumann, *Die Große Mutter*, Walter Verlag, Olten und Freiburg im Breisgau, 1974, S. 305.
[49] Philippe Ariès, *Geschichte des Todes*, dtv, München 1982, S. 39.
[50] *Apocalyptic Spirituality*, p. 66.
[51] Rudolph Bultmann, *Primitive Christianity*, London, Thames Hudson, 1983.
[52] zit. n. Rudolph Bultmann, *Primitive Christianity*, p. 164.
[53] Aus welcher Zeit die Beweise genau stammen, ist noch umstritten. Zu den Vulkanausbrüchen, die ein gewaltiges Stück der Insel Santurin (Thera) weggerissen haben, scheint es etwa 1500 vor unserer Zeitrechnung, d.h. fünfzig Jahre vor der Zerstörung des minoischen Kretas, gekommen zu sein. Ob durch einen einzelnen Vulkanausbruch eine riesige Flutwelle entstand, die mit dem Erdbeben zusammenfiel, das den kretischen Palast in Knossos zum Einsturz gebracht hat, oder ob es in dieser Region mehrere Vulkanausbrüche gab, konnte noch nicht festgestellt werden. (Nanno Marinatos, *Art and Religion in Thera*, Athens, 1984).
[54] Eine umfassende Übersicht über die Sintflutmythen in der ganzen Welt bietet *The Flood Myth*, Alan Dundes, University of California Press, Berkeley and Los Angeles, California and University of California Press, Ltd., London 1988.
[55] Daniel Hämmerly-Depuy geht in *The Flood Myth*, (p.59) davon aus, daß die unterschiedlichen Namen in diesen Versionen auf die in den verschiedenen Regionen üblichen Titel oder Beinamen zurückzuführen sind. Aber der Held der Sintflut ist derselbe.
[56] Hooke, *Middle Eastern Mythology*, p. 48.
[57] op. cit., p. 74.
[58] Graves, *The Greek Myths*, London, Penguin, 1955, p. XX.
[59] Daniel Hämmerly-Depuy, *The Flood Myth*, p. 127.
[60] Donald A. Mackenzie, *Indian Myth and Legend*, The Gresham Publishing Company, London, p. 140 und *The Flood Myth*, p. 128.
[61] In den sumerischen, babylonischen und assyrischen Versionen der Geschichte ist Enki bzw. Ea, der Wassergott, die rettende Gottheit. In Berossus' Version ist es der Gott Kronos (Saturn).
[62] Norman Cohn, *The Pursuit of the Millenium*, London, Granada Publishing, 1970.
[63] s. Campion, *The Great Year*, London, Arkana, 1994. Dieses Buch untersucht eingehend die Vorstellungen vom tausendjährigen Reich Gottes und ihre Verbindungen zur Astrologie im Lauf der Geschichte.
[64] Bis zum 20. Jahrhundert war es in Großbritannien allgemein anerkannte Überlieferung, daß der König bzw. die Königin Hautkrankheiten wie Skrofulose durch Handauflegen heilen konnte. Dies ist ein Überrest eines sehr alten Glaubens an die Erlöserkräfte des herrschenden Monarchen.
[65] Ernest Renan, *Marc-Aurèle et la fin du monde antique*, Calman-Lévy, Paris, 1923, p. 579. Franz Cumont stellt in *Die orientalischen Religionen* im römischen Heidentum (op. cit.) ähnliches fest.

[66] Robin Lane Fox, *Pagans and Christians*, Penguin, London 1988, p. 617.
[67] Franz Cumonts erschöpfende Untersuchungen zum Mithras-Kult Anfang des 20. Jahrhunderts wurden bis vor kurzem für bare Münze genommen. Cumont hat den Erlösergott vom Ursprung und vom Wesen her eindeutig den Persern zugeordnet, hegte jedoch trotz seiner Brillanz äußerst starke Vorurteile über »asiatische« Denkweise und Kultur im allgemeinen sowie über astrologisch-kosmische Themen im besonderen, die die Objektivität seiner Arbeit in Frage stellen. In den neuen Untersuchungen über Mithras von David Ulansey (*The Origins of the Mithraic Mysteries*, Oxford University Press, Oxford, 1989) und Roger Beck (*Planetary Gods and Plenatary Orders in the Mysteries of Mithras*, E. J. Brill, Leiden, 1988), um nur einige zu nennen, werden Cumonts Annahmen jetzt angefochten. Die Himmelfahrtslehre des römischen Mithraskults geht auf die hellenistische kosmisch-astrologische Tradition zurück und hat nicht nur viele Verbindungen zur Orphik und zum Christentum, sondern auch zur platonischen, neoplatonischen und stoischen Philosophie, obwohl sie den Namen eines persischen Gottes trägt.
[68] Saturn spielte in den Mithras-Mysterien eine äußerst wichtige Rolle. Der höchste Initiationsgrad, Pater (Vater) genannt, stand unter Saturns »Führung.« Siehe Beck, *Planetary Gods and Planetary Orders*, pp. 85-90.
[69] Nach Ansicht von Ulansey und Beck (s.o.) stehen Stier, Skorpion, Schlange, Hund, Rabe und Kelch, die für die Ikonographie der Stiertötung im Mithras-Kult charakteristisch sind, nicht für eine Schlacht zwischen den persischen Göttern des Lichts und der Finsternis, sondern für die Konstellationen entlang des Himmelsäquators zwischen den Zeichen Stier und Skorpion, die beim heliakalen Untergang des Stiers sichtbar sind. Dargestellt wird so ein Bild der kosmischen Gegensätze, das die Prinzipien der Schöpfungsgeschichte (die vom Stier symbolisierte Fruchtbarkeit der Erde) und der Apogenese (die durch den Skorpion symbolisierte Befreiung von der physischen Form) widerspiegelt. Beide Verfasser gehen jedoch davon aus, daß es bei den Mithras-Riten um die Erlösung der Seele und ihre Befreiung aus den Kräften des irdischen Schicksals ging.
[70] Franz Cumont, *Die orientalischen Religionen im römischen Heidentum*, nach der vierten französischen Auflage unter Zugrundelegung der Übersetzung Gehrichs bearbeitet von August Burckhardt-Brandenberg, B.G. Teubner, Stuttgart 1959, S. 145.
[71] s. James Frazer, *The Golden Bough*, New York, Macmillan, 1936. Das Buch analysiert eingehend die Gestalt des ständig wiederauferstehenden Vegetationsgottes.
[72] Franz Cumont, *Die orientalischen Religionen im römischen Heidentum*, S.146.
[73] Wesen und Funktionen des frühen griechischen Dionysos beschreibt K. Kerenyi ausführlich in *Dionysos*, Klett-Cotta, Stuttgart.
[74] Joscelyn Godwin, *Mystery Religions in the Ancient World*, London, Thames & Hudson, 1981, p. 144.
[75] Charles Segal, *Orpheus: The Myth of the Poet*, John Hopkins University Press, Baltimore 1989, p. 35.
[76] Rainer Maria Rilke, Werke in drei Bänden, Erster Band, *Sonette an Orpheus*, 1.XXVI, Insel-Verlag Anton Kippenberg, Leipzig 1978, S. 632.
[77] Walter Wili, *The Orphic Mysteries and the Greek Spirit*, zit. n. The Mysteries, Princeton University Press, Princeton NJ 1955, p. 76.
[78] Eine ausführlichere Untersuchung Neptuns in bezug auf die Künstler enthält Kapitel 10.
[79] Eine klare und umfassende Analyse der Orphik und ihres Einflusses auf die grie-

chisch-römische Philosophie und Religion enthält W.K.C. Guthries Buch *Orpheus and Greek Religion*, Princeton University Press, Princeton NJ 1993. Der orphische Reinkarnationsglaube ist besonders relevant für die neptunische Weltanschauung. Es liegt eine gewisse Ironie darin, daß viele jetzt zum »New Age« zählenden Glaubensvorstellungen in Wirklichkeit zum »Old Age« gehören, denn sie ähneln weitgehend der alten, erstmals sechs Jahrhunderte vor dem christlichen Zeitalter aufgekommenen Mysteriumsreligion.

[80] Maarten J. Vermaseren, *Cybele and Attis*, Thames & Hudson, London 1977, pp. 101-107.

[81] Bemerkenswerte Ausnahmen sind Achilles, dessen Mutter die Meeresgöttin Thetis war, und der römische Held Aeneas, der Venus zur Mutter hatte.

[82] C. G. Jung, Gesammelte Werke, Band 11, Psychologie und Religion, *Christus als Archetyp*, Walter Verlag, Olten/Freiburg 1992, S.402.

[83] C. G. Jung, op. cit., S. 171.

[84] op. cit., S. 177/178.

[85] op. cit., S. 220/221, und Band 9/2.

[86] op. cit., S. 222.

[87] Alte Quellen über die symbolische Bedeutung der Vier, des Kreuzes, des Quadrats und jeglicher Verbindung von vier Dingen sind Platos *Timaeus*, Proclus' *A Commentary on the First Book of Euclid's Elements* (trans. Glenn R. Morrow, Princeton University Press, 1970) und Campion, *The Great Year*.

[88] C. G. Jung, op. cit., S. 271/272.

[89] Die Angaben habe ich von Jungs Tochter Gret Bauman-Jung, die selber Astrologin ist. Astrologische Quellenwerke geben unterschiedliche Aszendenten an (Taegers *Internationales Horoskope-Lexikon* nennt 27° Steinbock, während Marc Edmund Jones' *Sabian Symbols* 20° Wassermann angeben). *Fowler's Compendium of Nativities* verweist auf dieselbe Quelle wie meine und gibt den oben genannten Wassermann-Aszendenten an.

[90] Guthrie, *Orpheus and Greek Religion*, p. 75.

[91] op. cit., p. 75.

Teil II

[1] übers. v. Oskar Werner, Stuttgart 1968, S. 9 f.

[2] C. G. Jung, Gesammelte Werke, *Bd. 1*, Olten 1971, S. 230.

[3] Cf. *Internationales Horoskope Lexikon*, op. cit., S. 1039.

[4] Zu den Neptun-Zyklen im Verhältnis zu den anderen beiden äußeren Planeten siehe Kap. 9 und 10.

[5] Siehe Mary R. Lefkowitz, *Heroines and Hysterics*, London 1981, eine ausgezeichnete Analyse des griechischen Zugangs zur Hysterie. Dort wird aus obigem und auch aus anderen griechischen medizinischen Werken zitiert.

[6] Bennett Simon, *Mind and Madness in Ancient Greece*, Cornell University Press, Ithaca NY 1978, p. 251.

[7] Euripides, *Die Bakchen*, übers. v. Oskar Werner, Stuttgart 1968, S. 13 f.

[8] Simon, *Mind and Madness in Ancient Greece*, op. cit., p. 147.

[9] A. R. G. Owen, *Hysteria, Hypnosis and Healing: The Work of J.-M. Charcot*, London,

1971, p. 112 f.
[10] ibid., p. 113.
[11] S. Freud, *Charcot*, in: *GW I*, S. 33 f.
[12] Owen, op. cit., p. 173.
[13] Leslie LeCron and Jean Bordeaux, *Hypnotism Today*, Wilshire Books, Los Angeles 1959, p. 76.
[14] op. cit., p. 167.
[15] op. cit., p. 168.
[16] Baigent, Lincoln and Leigh, *The Messianic Legacy*, op. cit., p. 136.
[17] zit.n. *The Messianic Legacy*, ibid., p. 138.
[18] Freud GW I, S. 86.
[19] Sigmund Freud und Joseph Breuer, *Studien über Hysterie*, Freud GW I, S. 83 f.
[20] op. cit., S. 88 u. 91.
[21] D. W. Winnicott, *Familie und individuelle Entwicklung*, München 1978, S. 31.
[22] D. W. Winnicott, *Home is where we start from*, London 1986, p. 62.
[23] Winnicott, *Familie...*, op. cit, S. 27 f.
[24] Frances Tustin, *Autistic Barriers in Neurotic Patients*, London 1986, pp. 61-62.
[25] Winnicott, *Familie...*, op. cit., S. 29 f.
[26] D. H. Winnicott, *Die menschliche Natur*, Stuttgart 1994, S. 189.
[27] Winnicott, *Home is...*, p. 72.
[28] Shakespeare, *Othello*, V.2, übers. v. W. H. Baudissin, Stuttgart 1971.
[29] Lyn Cowan, *Masochism: A Jungian View*, Dallas 1982, p. 19.
[30] Stuart S. Asch, *The Analytic Concepts of Masochism: A Reevaluation*, in: Masochism: Current Psychological Perspectives, Hillsdale 1988.
[31] Helen Meyers, *A Consideration of Treatment in Relation to the Functions of Masochism*, in: Masochism: Current Psychological Perspectives, Hillsdale 1988, p. 178.
[32] Meyers, *A Consideration...*, op. cit., p. 179.
[33] Stanley J. Coen, *Sadomasochistic Excitement*, in: Masochism: Current Psychological Perspectives, pp. 45-46.
[34] Asch, *The Analytic Concepts of Masochism*, in: Masochism: Current Psychological Perspectives, p. 113.
[35] Lyn Cowan, *Masochism: A Jungian View*, Dallas 1982, p. 22.
[36] Cowan, *Masochism...*, op. cit., p. 80 ff.
[37] Janine Chasseguet-Smirgel, *Das Ichideal*, Frankfurt 1981, S. 19.
[38] Chasseguet-Smirgel, *Das Ichideal*, op. cit., S. 16.
[39] In diesem Zusammenhang ist es sinnvoll, ein wenig über das Geburtsbild Franz Cumonts nachzudenken, des in Kapitel 3 zitierten Erforschers antiker Mysterienkulte. Die Historiker verdanken Cumont sehr viel. Seine Faszination an den Mysterien einschließlich ihrer astrologischen Seite war sein ganzes Leben lang ein zwanghafter Antrieb. Doch er verunglimpfte diese Weltanschauung, nannte sie »monströs« und schrieb ihr vage einen »orientalischen« oder »asiatischen« Einfluß zu, der letztendlich das Gefüge der griechisch-römischen Gesellschaft zerstört habe. Cumont konnte die Vorstellung nicht ertragen, daß seine geliebten griechisch-römischen Intellektuellen keine in Togen gewandeten viktorianischen Engländer (oder Belgier) waren, und daß sie einer Vision der Realität anhingen, die im Wesentlichen mystisch und intuitiv war. Ein kurzer Blick auf sein Horoskop zeigt die Sonne im Quadrat und Mond in Konjunktion Neptun. (Quelle: *Internationales Horoskope Lexikon*, S. 355.

[40] C. G. Jung, *Psychologie und Alchemie*, in: Gesammelte Werke Bd. 12, Olten/Freiburg 1984, S. 259.

[41] C. G. Jung, *Psychologie und Religion*, in: Gesammelte Werke Bd. 11, Olten/Freiburg 1983, 116 f.

[42] Diese Hautkrankheit, benannt nach dem griechischen Wort *psora* oder »jucken«, ist eines der Leiden, mit denen die Schulmedizin nie zurechtgekommen ist. Es ist nicht außergewöhnlich, doch eine organische Ursache konnte nie gefunden werden. Es ähnelt einem Ekzem, ist aber virulenter, und wird meist mit extremem Streß oder nicht ausgelebten aggressiven Gefühlen in Verbindung gebracht. Manchmal führt man es auf eine »allergische« Reaktion zurück, wobei nicht klar ist, wogegen der Leidende allergisch ist – es könnte Ausdruck einer neptunischen Allergie gegen das Leben sein.

[43] Als Pluto durch die Waage lief, aktivierte er zwischen 1977 und 1982 das große Kreuz. Das geschah im Alter von 24 bis 29 Jahren, wobei sich Saturn am Ende der Waage zu Pluto gesellte und Julies Saturnzyklus vollendete. Ich habe keinerlei Informationen darüber, was sich damals in ihrem Leben abspielte. Es muß eine schwierige Zeit für sie gewesen sein, denn es stellten sich ihr die Themen der Trennung von den Eltern und die Herausbildung einer abgegrenzten Persönlichkeit. Doch Pluto gehört nicht zum großen Kreuz wie Uranus und Neptun. Wenn transitierende Planeten die ursprüngliche Konstellation wiederherstellen – wie hier, als die Transit-Konjunktion das ursprüngliche Quadrat wiederholte –, kann den zugrundeliegenden Fragen nicht länger ausgewichen werden.

[44] aus: H. G. Tuchel (Hg.), *Die Trobadors. Leben und Lieder*, 3. Aufl., S. 38 f., Dieterichsche Verlagsbuchhandlung, Leipzig 1985

[45] Robert A. Johnson, *Traumvorstellung Liebe. Der Irrtum des Abendlandes*, Olten/Freiburg 1985, S. 11 f.

[46] Vielleicht ist auch bedeutsam, daß die Blütezeit der Troubadoure und Sekten wie der Katharer von zwei Uranus-Neptun-Konjunktionen eingerahmt wurde, die einen ganzen Uranuszyklus umfassen. Die erste Konjunktion ereignete sich 1126, als sich diese Weltsicht herausbildete, die zweite 1308, als sich mit der »babylonischen Gefangenschaft« des Papstes in Avignon eine Zeit der Massenverfolgungen ankündigte, darunter die Auslöschung der Katharer (der »Albigenser«-Kreuzzug) und die Zerschlagung des Templer-Ordens.

[47] Paul Zweig, *The Heresy of Self-Love*, Princeton 1980, p. 94.

[48] Zweig, *Heresy*, op. cit., p. 96.

[49] *Platons Phaidros*, ins Deutsche übertragen von Rudolf Kassner, Jena 1920, S. 51 f.

[50] Ethel Spector Person, *Love and Fateful Encounters*, London 1989, p. 68.

[51] Zur frühen narzißtischen Verletzung beim Heiler, Berater und Therapeuten siehe Alice Miller, *Das Drama des begabten Kindes*, Frankfurt 1979.

[52] Zweig: *Heresy*, op. cit., p. 98

[53] Hermes Trismegistos, *Poimandres*. in: Novalis, Zeitschrift für spirituelles Denken, 4/96. Nachdruck aus: Hermetika, Zeitschrift für christliche Hermetik, Nr. 1, 1983. Übers. v. H. Hofer

[54] Ethel Spector Person, *Love and Fateful Encounters,* Bloomsbury, 1989, pp. 190.

[55] C. G. Jung, *Über den Archetypus mit besonderer Berücksichtigung des Animabegriffes*, in: Gesammelte Werke Bd. 9/1, Olten/Freiburg 1983, S. 103 f.

[56] Jung, op. cit., S. 109.

[57] Person, op. cit., p. 195.

[58] Alexander Walker, *Vivien*, London 1994, S. 43.
[59] Walker, *Vivien*, op. cit., pp. 178 f.
[60] Walker, *Vivien*, op. cit., p. 184.
[61] David Jenkins, *Richard Burton: A Brother Remenbered*, London 1994, pp. 113.
[62] Jenkins, *Richard Burton*, op. cit., p. 208.
[63] Jenkins, *Richard Burton*, op. cit., pp. 186.

Teil III

[1] Thomas Morus, *Utopia: eine Konstruktion des humanen Staates*, Goldmann, München 1960.
[2] Eine alarmierende Darstellung der modernen Polarisierung, die sich in den eskalierenden gegenseitigen Projektionen zeigt, die bis zur Vernichtung der »Davidianer-Sekte« im texanischen Waco am 28. Februar 1993 führten, bietet William Shaws *Spying in Guru Land* (London, Fourth Estate 1994). Shaw zitiert die Schlagzeilen der britischen Presse nach der Schießerei und dem Brand und schreibt: »Sie alle inszenierten das gleiche Märchen: Junge, unschuldige, verwundbare Opfer werden verführt, ihr Vermögen, ihr Zuhause, ihre Lebensweise und Familie aufzugeben, um die Gier eines herrschsüchtigen Teufels, eines bösen Sex-Raubtiers zu befriedigen, der sie am Ende ins Verderben führt« (p. XIII).
[3] George Feuerstein, *Holy Madness*, Arkana, London 1992, p. XIX.
[4] Johannes vom Kreuz, *Kleinere Schriften*, Kösel, München 1956.
[5] Shaw, *Spying in Guru Land*, pp. XVII and 58.
[6] Norman Cohn, *Das neue irdische Paradies: Revolutionärer Millenarismus und mystischer Anarchismus im mittelalterlichen Europa*, Rowohlt, Reinbek 1988.
[7] s. Cohn, *Das neue irdische Paradies*, und Bernard Levin, *A World Elsewhere*, Jonathan Cape, London, 1994, und Bernhard Lang/Colleen McDannell, *Der Himmel: eine Kulturgeschichte des ewigen Lebens*, Suhrkamp, Frankfurt a. M. 1990 – eine glänzende Darstellung des Strebens nach dem Paradies in der Religionsgeschichte.
[8] Siehe: C. G. Jung, Gesammelte Werke, Band 9/2, *Aion*, insbesondere die Kapitel »Das Zeichen der Fische« und »Die geschichtliche Bedeutung des Fisches«, in denen der Verfasser die Symbolik des Fischs und der Opfer/Erlöser-Gestalt im Hinblick auf das frühe Christentum behandelt.
[9] Die jüngste vatikanische Enzyklika gibt zu verstehen, daß Besuche bei Astrologen oder Psychoanalytikern besonders schwere Verstöße gegen die Lehre der Kirche sind.
[10] s. Susan Howatch, *Blendende Bilder*, Knaus, München 1988, *Gefährliche Visionen*, Knaus, München 1989, *Die Versuchung*, Knaus, München 1991, *Verborgene Träume*, Knaus, München 1995, *Mystical Paths* und *Absolute Truths*, Harper Collins, London 1992/1995.
[11] Die erste literarische Erwähnung des Grals findet sich in Wolfram von Eschenbachs *Parzival*, doch in diesem Epos ist von einem alchimistischen »Stein«, nicht von einem Kelch die Rede. Das Bild des Kelchs scheint von Chrétien de Troyes zu stammen.
[12] Es sei angemerkt, daß trotz der anscheinend »jugendlichen« Natur solcher Filme wie *Indiana Jones, Jäger nach dem verlorenen Schatz* ihre Anziehungskraft auf Menschen aller Alters- und Bildungsgruppen von der neptunischen Macht zeugt, Widerhall auf zutiefst kollektiven Ebenen hervorzurufen.

[13] Isabel Cooper-Oakley, *Masonry and Medieval Mysticism*, Theosophical Publishing House, London 1900, p. 145.
[14] Shaw, *Spying in Guru Land*, p. 24 and 52.
[15] op. cit., p. XII.
[16] op. cit., p. XIX.
[17] op. cit., p. 163.
[18] op. cit., pp. 191, 204.
[19] op. cit., p. 191.
[20] op. cit., p. 185.
[21] Jess Stearn, *Der schlafende Prophet*, München, Droemer 1985 – Cayce, der Sonne, Merkur, Venus und Saturn im Zeichen Fische sowie eine Neptun-Mond-Konjunktion im 9. Haus hatte, ist uns ein gutes astrologisches Beispiel für ein neptunisches Individuum, das neptunische Arbeit leistete.
[22] Shaw, *Spying in Guru Land*, p. 50.
[23] op. cit., p. 95.
[24] Alice A. Bailey, *Die unvollendete Autobiographie*, Lucis, Genf 1975, S. 167.
[25] op. cit., S. 168.
[26] Interessenten sei folgende Literatur empfohlen: R. Assagioli, *Psychosynthese*, Rowohlt, Reinbek 1993; ders., *Die Schulung des Willens*, Junfermann, Paderborn 1987; A. Maslow, *Psychologie des Seins*, Fischer, Frankfurt a. M. 1994; ders., *The Farther Reaches of Human Nature*, New York 1971; C. Tart, *Scientific foundations for the study of altered states of consciousness*, in: Journal of Transpersonal Psychology, 3/1972; V. Frankl, *Der Wille zum Sinn*, Piper, München/Zürich 1994; ders., *Der unbewußte Gott*, München, Kösel 1991; I. Progoff, *The Symbolic and the Real*, New York 1963. Eine umfassende Bibliographie der frühen Arbeiten auf diesem Gebiet ist zu finden in *Transpersonal Psychology* (s.u.).
[27] Joseph Fabry, *Use of the Transpersonal in Logotherapy,* in: Transpersonal Psychology, hrsg. von Seymour Boorstein, Science & Behaviour Books, Palo Alto 1980, pp. 85-86.
[28] insbesondere in den Werken *Phaedrus* und *Timaios* mit ihren Gesprächen über die duale Natur der Seele.
[29] s. Frances A. Yates, *Giordano Bruno*, Wagenbach, Berlin 1989.
[30] Harold H. Bloomfield, Transcendental Meditation as an Adjunct to Therapy, in: *Transpersonal Psychology*, op. cit., p. 132-133.
[31] op. cit., p. 133.
[32] Dies ist anhand der Bedeutung des Sonnengottes als Beherrscher des Kosmos in den frühesten religiösen Mythen der mesopotamischen, ägyptischen, griechisch-römischen, teutonischen und keltischen Kulturen festzustellen. Selbst die Gestalt des Christus ist zwar in den meisten Aspekten ein echter neptunischer Opfer/Erlöser, doch deutlich solar in ihren Assoziationen mit Licht und dem himmlischen Bereich, in ihrer Macht, die Legionen der Hölle zu besiegen, und in der Individualität jeder Seele, die seiner Obhut unterstellt ist.
[33] Rajneesh, *Dimensions Beyond the Known*, Wisdom Garden, Los Angeles 1975, p.156.
[34] George Feuerstein, *Holy Madness*, p. 65.
[35] op. cit., p. 66.
[36] zit. n. George Feuerstein, *Holy Madness*, p. 67.
[37] Shaw, *Spying in Guru Land*, p. 38.
[38] George Feuerstein, *Holy Madness*, p. 69.

[39] Rajneesh, *Tantra, die höchste Einsicht*, Sannyas Verlag 1975.
[40] Sammelbegriff für Antoninus Pius [138-161] und dessen Neffen und Adoptivsohn Mark Aurel, der gemeinsam mit seinem Vetter und Adoptiv-Bruder Verus von 161-180 regierte (Anm.d.Ü.).
[41] Zur Zeit der Niederschrift sind kluge Bauherren, die beobachten, wie potentielle Käufer modernen Wohngebäuden mit allem modernen Komfort den Rücken kehren, überall in Großbritannien dazu übergegangen, neue Häuser im traditionellen Stil anzubieten, zu deren Bau sie »traditionelle« Materialien verwenden wie Cotswold-Steine und wiederverwendete Mauerziegel aus der viktorianischen Zeit.
[42] Shakespeare, *Antonius und Cleopatra*, II/2, Reclam, Stuttgart 1964.
[43] op. cit., II/2.
[44] Quelle: *Fowler's Compendium of Nativities*, p. 237.
[45] Gestalt aus Shakespeares *Sturm* (Anm.d.Ü.).
[46] Jane Mulvagh, *Vogue History of 20th Century Fashion*, Viking, London 1988, p. 52.
[47] op. cit., p. 88.
[48] Barry Norman, *100 Best Films of the Century*, Chapmans, London 1992, p. 16.
[49] op. cit., p. 18.
[50] op. cit., p. 31.
[51] op. cit., p. 32.
[52] op. cit., p. 34.
[53] op. cit., p. 45.
[54] op. cit., p. 50.
[55] Alice Bailey, *Verblendung: ein Weltproblem*, Lucis, Genf 1964
[56] op. cit., S. 157-158.
[57] op. cit., S. 163.
[58] Andrew Morton, *Diana: Her True Story*, London, Michael O'Mara 1993, p. 84.
[59] Alice Bailey, *Verblendung: ein Weltproblem*, S. 138-143.
[60] Es ist äußerst lehrreich zu beobachten, wie sich die Definition von Schönheit, verkörpert durch Filmstars, je nach Neptun-Transit wandelt. Vergleichen Sie zum Beispiel die schwülen Wonnen von Brigitte Bardot und Sophia Loren auf dem Höhepunkt ihrer Karrieren – als Neptun durch Skorpion zog – mit dem bei weitem gesünderen und geradezu »lieben« Image von Doris Day (Neptun in Waage) oder mit dem knabenhaften Charme von Julie Christie (Neptun in Schütze). Nun, nachdem Neptun ins Zeichen Steinbock weitergerückt ist, hat sich eine Aura des Geheimnisvollen um die »reifere« Frau gebildet, die – wie Joan Collins – mit der Zeit besser werden soll, gleich einem Wein guten Jahrgangs.
[61] Alice Miller, *Das Drama des begabten Kindes und die Suche nach dem wahren Selbst*, Frankfurt, Suhrkamp 1994.
[62] Betrachten Sie zum Beispiel das Horoskop von Franz Cumont, op.cit., Kapitel 3. Seine Faszination für heidnische astrologische Symbole war auf die archäologischen Objekte beschränkt, auf denen diese Symbole erscheinen; die tiefere Bedeutung und die damit einhergehende Weltanschauung verwirrten und verärgerten ihn.
[63] Morton, *Diana: Her True Story*, p. 45.
[64] Der Fall der anonymen »Belästigungs«-Anrufe bei Oliver Hoare, die zum privaten Telefonanschluß der Princess of Wales zurückverfolgt wurden, traf die britische Presse im Spätsommer 1994 und bewirkte, daß eine Reihe von Journalisten – und Angehörige der Öffentlichkeit – die bunte Ikone der Heiligen in Frage stellten, die sie bis dahin

idealisiert hatten.
[65] Morton, *Diana: Her True Story*, p. 123-124.
[66] op. cit., S. 69.
[67] Nicholas Campion, *Born to Reign: The Astrology of Europe's Royal Families*, Chapmans, London 1993, p. 149.
[68] Morton, *Diana: Her True Story*, p. 65.
[69] op. cit., p. 133.
[70] op. cit., p. 94.
[71] Nicholas Campion, *Born to Reign*, p. 148.
[72] Morton, *Diana: Her True Story*, p. 9.
[73] Es hat den Anschein, als habe Prinz Charles sowohl durch seinen Auftritt in einer enthüllenden Fernsehdokumentation als auch durch die kürzlich veröffentlichte Biographie von Jonathan Dimbleby die Öffentlichkeit ebenso intensiv umworben wie seine Frau. Doch an beiden Produktionen fällt auf, daß Vorwürfe in bezug auf den Zusammenbruch der Ehe gänzlich fehlen. Würde und Selbstbeherrschung bleiben durchweg gewahrt.
[74] Morton zitiert zwei Beispiel ihrer Medialität: Sie erfuhr und berichtete eine intensive Vorahnung des ernsten Schlaganfalls ihres Vaters im Dezember 1978, einen Tag, bevor er diesen erlitt; und sie »wußte« plötzlich – und sprach es ebenfalls aus –, daß Allibar, Prinz Charles' Pferd, einen Herzschlag erleiden und sterben würde. Wenige Augenblicke später erlitt das Tier einen schweren Herzinfarkt.
[75] Thomas Morus, *Utopia: eine Konstruktion des humanen Staates*, Goldmann, München 1960.
[76] Athen kam unter Perikles im 5. Jahrhundert dem demokratischen Ideal vermutlich am nächsten. Bernard Levin schreibt in *A World Elsewhere* (London, Jonathan Cape 1994), daß »... Solon, Kleisthenes, Perikles ... nicht nur eine arme und zurückgebliebene Stadt in eines der wichtigsten Zentren der Ägäis verwandelten und dabei nicht nur einen Kanon von Gesetzen und zivilen Regelungen einführten, der als Vorbild für die damals bekannte Welt diente, sondern daß sie auch die Bühne errichteten, auf der die Herrlichkeit Griechenlands dargestellt würde...«.
[77] Horoskop aus: Nicholas Campion, *The Book of World Horoscopes*, Aquarian Press, Wellingborough, Northamptonshire 1988.
[78] In Kapitel 10 folgt eine umfassendere Besprechung der Beziehung Neptuns zur Romantik.
[79] Jean-Baptiste Durocelle, *Europe: A History of its Peoples*, Oxford University Press/Thames & Hudson, London 1990, p. 324.
[80] Quelle: *Fowler's Compendium of Nativities*, p. 148.
[81] Durocelle, *Europe: A History of its Peoples*, p. 324.
[82] Saturn war auf 25°08' Wassermann, Neptun auf 25°53' Wassermann (Quelle: *Internationales Horoskope-Lexikon*, S. 1126).
[83] A. J. P. Taylor, *The Struggle for Mastery in Europe, 1848-1915*, Oxford University Press 1954, p. XXII.
[84] zitiert in: David Nicholls, *Deity and Domination*, Routledge, London 1989, p. 2.
[85] Arnold Toynbee, *A Study of History*, London, Oxford University Press/Thames & Hudson 1972, p. 245.
[86] op. cit., p. 245.
[87] op. cit., p. 245.

[88] Siehe das Horoskop der Weimarer Republik, das an einem späteren Punkt in diesem Kapitel besprochen wird, mit seiner Sonne-Venus-Konjunktion in Skorpion im Quadrat zu Neptun in Löwe.
[89] Michael Baigent, Nicholas Campion und Charles Harvey, *Mundane Astrology*, Aquarian Press, Wellingborough, Northamptonshire, 1984, p. 178.
[90] Arnold Toynbee, *A Study of History*, p. 246-247.
[91] Erst in der Jugendbewegung der KP, später Labour Party; erfolgreicher Streikführer 1972, seit 1982 Präsident der Bergarbeiter-Gewerkschaft; spektakuläre Streiks 1984 (Anm.d.Ü.).
[92] Anthony Wedgewood-Benn, Mitglied des Oberhauses, gab seinen Adelstitel ab, um den linken Labour-Flügel im Unterhaus zu vertreten (Anm.d.Ü.).
[93] Doyne Dawson, *Cities of the Gods*, Oxford, Oxford University Press 1992, p. 3.
[94] op. cit., p. 5.
[95] Hesiod, *Werke und Tage*, Z. 109-19, (Übers. Albert von Schirnding), Hanser, München 1966.
[96] Epiphanius, *Vermischte Schriften*, 3.2.6-7, zit. n. Cities of the Gods, op. cit., p. 265-266.
[97] Julia Annas, *An Introduction to Plato's Republic*, Oxford University Press, Oxford 1981, p. 172/173.
[98] Quelle: *Fowler's Compendium of Nativities*, p. 211.
[99] Durocelle, *Europe: A History of its Peoples*, p. 302.
[100] op. cit., p. 303-304.
[101] Quelle: *Fowler's Compendium of Nativities*, p. 201.
[102] Bichael Baigent, Nicholas Campion und Charles Harvey, *Mundane Astrology*, p. 182.
[103] Quelle: *Internationales Horoskope-Lexikon*, S. 1344.
[104] Quelle: op. cit., S. XX.
[105] Quelle: op. cit., S. 858.
[106] Quelle: *The Book of World Horoscopes*, p. 335-336.
[107] Quelle: *Internationales Horoskope-Lexikon*, S. 855.
[108] op. cit., S. 748.
[109] Ich zähle Chiron mit, der seine eigene, eigenständige Weltanschauung oder archetypische Wahrnehmungsweise hat.
[110] Die Demokratische Partei, die von vielen Amerikanern für »links« gehalten wird, entspricht in ihrer Betrachtungsweise und Politik etwa den gemäßigteren Elementen der britischen konservativen Partei. Die konservativeren Elemente der Republikanischen Partei (USA) würden viele Briten als geradezu faschistisch bezeichnen.
[111] Eine hervorragende Einführung in diesen Bericht der astrologischen Arbeit bietet Baigent/Campion/Harvey, *Mundane Astrology*, op.cit.
[112] op. cit., S. 98.
[113] Hitlers Geburts-Sonne bildet eine Konjunktion mit dem Neptun im Horoskop der Weimarer Republik, die ihn zum Kanzler erwählte. Zwischen dem Horoskop einer Nation und dem Horoskop eines Individuums, das die Führung dieser Nation übernimmt, sind stets wichtige Verbindungen zu finden. Ein Vergleich der Geburtshoroskope amerikanischer Präsidenten mit dem Horoskop Amerikas vermittelt in dieser Hinsicht faszinierende Einblicke: warum jeder einzelne gewählt wurde, was das Kollektiv auf ihn projizierte, und warum er fähig oder nicht imstande war, diese Erwartungen zu erfüllen. Ein gutes Beispiel ist Bill Clinton, dessen aufgehende Mars-

Neptun-Konjunktion in der Waage auf den Geburts-Saturn Amerikas fällt. In Hitlers Fall suchte das Kollektiv die Erlösung durch ihn und wurde irregeführt, in Clintons Fall könnte man annehmen, daß er unbewußt seine eigene Erlösung suchte, indem er das Präsidentenamt erreichte, und dabei irregeführt wurde.

114 Baigent, Campion und Harvey, *Mundane Astrology*, p. 103.

115 op. cit., p. 224.

116 Quelle: *The Book of World Horoscopes*, p. 299.

117 Quelle: op. cit., p. 95.

118 Quelle: op. cit., p. 139-141.

119 siehe meine Bemerkungen über Neptun-Saturn-Kontakte im Horoskopvergleich auf S. 461.

120 aus: William Blake, *Werke* (Übers. Walter Wilhelm), Aufbau, Berlin 1958

121 Ernst Kris und Otto Kurz, *Legend, Myth and Magic in the Image of the Artist*, Yale University Press, p. 84.

122 C. G. Jung, *Analytische Psychologie und dichterisches Kunstwerk*, in: Gesammelte Werke, Bd. 15, *Über das Phänomen des Geistes in Kunst und Wissenschaft*, Olten/Freiburg, Walter 51990.

123 Thomas Mann, *Wagner und unsere Zeit*, S. Fischer, Frankfurt a. M. 1963, S. 46.

124 siehe Werke von D. W. Winnicott, besonders *Vom Spiel zur Kreativität*, Klett, Stuttgart 1973.

125 *Vom Spiel zur Kreativität*, op. cit., S. 40-41.

126 Siehe zum Beispiel Robert Pelletier, *Das Buch der Aspekte*, Hugendubel, München 1985: »In Ihren persönlichen Beziehungen werden Sie extreme Qualen auszustehen haben, da es Ihnen zunehmend schwerfällt, Ehrlichkeit von Unaufrichtigkeit zu unterscheiden ... Das kann zu ernsten finanziellen und emotionalen Verlusten führen ... Hüten sie sich vor depressiven Stimmungen, denn sie machen Sie anfällig für psychosomatische Erkrankungen.« Siehe auch Reinhold Ebertin, *Die Kombination der Gestirneinflüsse*. Freiburg (Ebertin): »Leiden, Entsagung, Askese ... schmerzliche oder quälende emotionelle Hemmnisse, untergrabende Umstände die auch leicht zu einem Krankheitszustand führen, Neurosen oder Krankheiten mit schwer festzustellenden Ursachen.«

127 Erich Neumann, *Kunst und schöpferisches Unbewußtes*, Rascher, Zürich 1954.

128 op. cit., S. 74-75.

129 op. cit., S. 75.

130 Quelle: *Internationales Horoskope-Lexikon*.

131 alle Horoskope aus: *Fowler's Compendium of Nativities*.

132 Erich Neumann, *Kunst und schöpferisches Unbewußtes*, op.cit., S. 89.

133 Quelle: *Fowler's Compendium of Nativities*, p. 122.

134 Quelle: *Internationales Horoskope-Lexikon*, op.cit.

135 ziti. n. Maurice Cranston, *The Romantic Movement*, Blackwell Publishers, Oxford 1994, p. 53.

136 op. cit., p. 138.

137 Richard Tarnas, *The Passion of the Western Mind*, Harmony Books, New York 1991, p. 373.

138 Cranston, *The Romantic Movement*, op.cit., p. 7.

139 op. cit., p. 7-8.

140 op. cit., p. 16.

[141] op. cit., p. 12.
[142] Quelle: *Internationales Horoskope-Lexikon*, op.cit.
[143] Cranston, *The Romantic Movement*, p. 35.
[144] Quelle: *Internationales Horoskope-Lexikon*, op.cit.
[145] Cranston, *The Romantic Movement*, p. 37.
[146] op. cit., p. 37.
[147] Harold C. Schonberg, *The Lives of the Great Composers*, Abacus, London 1992, p. 218.
[148] Die Eröffnung fand am 29. September 1994 statt.
[149] *The Times*, 24. September 1994.
[150] Cranston, *The Romantic Movement*, p. 145.
[151] Ihre Idealisierung von Prinz Albert und die außerordentliche Ausführlichkeit, mit der sie nach seinem Tode »Kontakt« mit seinem Geist pflegte, spiegeln ihre neptunischen Neigungen wieder. Ihre Besessenheit in bezug auf Alberts posthumen Aufenthaltsort war so notorisch, daß die Geschichte kursiert, der im Sterben liegende Premierminister Disraeli habe – als er erfuhr, daß die Queen draußen wartete, um ihm die letzte Ehre zu erweisen – gesagt: »Laßt sie nicht herein; sie wird mich nur bitten, eine Botschaft für Albert mitzunehmen.«
[152] Ian Parrott, *Elgar*, J. M. Dent & Sons, London 1971, p. 2.
[153] Quelle: *Internationales Horoskope-Lexikon*, S. 459.
[154] Quelle: op. cit., S. 387.
[155] Schonberg, *The Lives of the Great Composers*, p. 451.
[156] op. cit., p. 452.
[157] Sir Thomas Beecham, *Frederick Delius*, Hutchinson, London 1959, p. 221.
[158] Arthur Hutchings, *Delius*, Macmillan & Co, London 1948, p. 125-127.
[159] Schonberg, *The Lives of the Great Composers*, p. 455.
[160] op. cit., p. 454.
[161] frz. Künstlername (am. warlock = Zauberer, Hexenmeister) – Anm.d.Ü.
[162] Alle Geburtstage und -jahre aus: *Elgar*, op.cit. Vollständige Geburtsdaten einiger dieser Komponisten sind zu finden in *Internationales Horoskope-Lexikon*, und *Fowler's Compendium of Nativities*. Ich habe die folgenden Orbes verwendet: Für Konjunktionen, Quadrate, Trigone und Oppositionen 10°, für Sextile 6°, für Quinkunx und Anderthalbquadrate 2°. Diese Orbes berücksichtige ich normalerweise bei Horoskop-Deutungen.
[163] Quelle: *Fowler's Compendium of Nativities*, p. 146.
[164] Die Werke »großer« Komponisten wurden zum Gebrauch in Filmen oft geplündert, z.B. Elgars Musik für *Greystoke*. Sobald ihre Schöpfer gestorben waren, konnten sie keine Einwände mehr erheben, wenn der Film trivial war, doch wird ihre Größe durch solche posthume Aneignung ihres Schaffens nicht besudelt. Leider kennt das musikalisch ungebildete Kinopublikum überall auf der Welt Mahler nur als den Burschen, der die Musik für *Tod in Venedig* gemacht hat. William Walton, ein Komponisten der englischen Romantik, schrieb die Filmmusik für Lord Oliviers *Henry V.* Doch er wurde schon vor diesem Unternehmen als ernster Komponist bewundert und geachtet, und Olivier entschied sich für Walton, weil er den Komponisten für ein Genie hielt. Der Film wurde gegen Ende des 2. Weltkrieges gedreht und war ein Teil der nationalen Kriegsanstrengungen, das Skript stammte schließlich von William Shakespeare. Komponisten, die ihre Karriere mit dem Schreiben von Filmmusik beginnen,

kennt man gewöhnlich nur durch die kurze Erwähnung, die im Vor- oder Nachspann des Streifens aufflackert. Ihre Kompositionen, wie hervorragend sie auch seien, werden nur selten von Kritikern ernst genommen oder gar in Konzertsälen aufgeführt.
165 Jamie James, *The Musik of the Spheres*, London, Little Brown & Co. 1994, p. 17-18.
[166] Schonberg, *The Lives of the Great Composers*, p. 461.
[167] op. cit., p. 463.
[168] Quellen: *Internationales Horoskope-Lexikon, Fowler's Compendium of Nativities* und Lois Rodden, *Astro-Data IV* (AFA 1990).Von wenigen Personen auf der Liste sind nur Geburtstag und -jahr bekannt, was uns jedoch nicht daran hindert, Sonne-Neptun- und Saturn-Neptun-Kontakte zu nennen. Komponisten, die bereits behandelt wurden – wie Mozart, Schubert, Skrjabin und die englischen Romantiker – habe ich nicht aufgeführt. Orbes sind so berücksichtigt, wie in Fußnote 126 angegeben.
[169] Quelle: *Fowler's Compendium of Nativities*, p. 259.
[170] Schonberg, *The Lives of the Great Composers*, p. 138-139.
[171] Quelle: *Internationales Horoskope-Lexikon*, op.cit.
[172] Schonberg, *The Lives of the Great Composers*, p. 139.
[173] op. cit., p. 142.
[174] op. cit., p. 143.
[175] op. cit., p. 146.
[176] Elisabeth Henry, *Orpheus With His Lute: Poetry and the Reneval of Life*, Bristol Classical Press 1992, pp. 152 and 164.

Teil IV

[1] *Anton Mosimann's Fish Cuisine*, Macmillan, London, 1988, p. 9.
[2] Arthur Machen, The Great God Pan, in: *Tales of Horror and the Supernatural*, John Baker, London, 1964, p 62.
[3] Manilius, *Astronomica II*, 856-967.
[4] Howard Sasportas, *Astrologische Häuser und Aszendenten*, Droemersche Verlagsanstalt, Th. Knaur Nachf., München, 1987, S.48.
[5] Ob sich die Monroe selber das Leben genommen hat oder ob ihr dabei »geholfen« wurde, bleibt ein Geheimnis. Im letzteren Falle waren jedoch ihre Verstrickungen mit den Kennedys und ihre unbekümmerten Drohungen, Einzelheiten dieser Verstrickungen publik zu machen, eine subtilere Form von Selbstzerstörung. In einer Welt politischer Intrigen, von denen sie am Ende ihres Lebens umgeben war, hat sie buchstäblich den Boden unter den Füßen verloren.
[6] Siehe Fallbeispiel in Kapitel 5. Es braucht wohl kaum gesagt zu werden, daß Neptun im ersten Haus an sich noch kein Hinweis auf körperliche Leiden ist. Bestehen aber solche Krankheiten, gehört die neptunische Sehnsucht zu den dafür verantwortlichen Faktoren.
[7] H. Sasportas, *Astrologische Häuser und Aszendenten*, S. 56.
[8] H. Sasportas, op. cit., S. 64-65.
[9] Elisabeth Henry, *Orpheus With His Lute*, Bristol Classical Press, Bristol 1992, p. 26.
[10] H. Sasportas, op. cit., S.72.
[11] H. Sasportas, op. cit., S. 92.
[12] Aus: Hans Hinrich Taeger, *Internationales Horoskope-Lexikon*, Verlag Hermann Bauer,

Freiburg, 1992, S. 760.
[13] Bei der augenblicklich hohen Scheidungsrate erleben sehr viele Menschen diese Art Umwälzung schon früh. Ich kenne zahllose Beispiele, die keinen Planeten im achten Haus hatten.
[14] Aus: *Internationales Horoskope-Lexikon*, S. 817.
[15] op. cit., S. 814.
[16] H. Sasportas, op. cit., S. 444.
[17] Man denke beispielsweise an die Morde, die ein radikaler Christ im Dezember 1994 am Personal zweier amerikanischen Abtreibungskliniken begangen hat.
[18] Horoskop und biographische Information: Louis M. Rodden, *Astrodata IV*, American Federation of Astrologers, 1990, p. 17.
[19] H. Sasportas, op. cit., S. 124.
[20] Aus: *Internationales Horoskope-Lexikon*, S. 65.
[21] Aus: *Internationales Horoskope-Lexikon*, S. 649.
[22] Aus: *Internationales Horoskope-Lexikon*, S. 808.
[23] Papst Johannes Paul II., *Die Schwelle der Hoffnung überschreiten*, Hoffmann und Campe, Hamburg 1994.
[24] H. Sasportas, op. cit., S. 134.
[25] Für Leser, die nicht mit den Eigentümlichkeiten der britischen Politik vertraut sind: Adlige dürfen zwar nicht ins Unterhaus, wohl aber ins Oberhaus gewählt werden. Obwohl sich Mitglieder des Oberhauses der politischen Linken anschließen könnten, hätte sich Tony Benn im Oberhaus nicht so für seine sozialistischen Ideale einsetzen können, wie er sich dazu berufen fühlte, und so opferte er sein Erbe.
[26] H. Sasportas, op. cit., S. 454.
[27] Euripides, *Die Bacchantinnen/Die Bakchen*, Tragödien, Band 6, deutsch von Dietrich Ebener, 2. Auflage, Akademie-Verlag, Berlin 1980, S. 143.
[28] Euripides, *Die Bacchantinnen*, op. cit., S. 161.
[29] Ein gutes Beispiel für Neptun in der Wissenschaft ist Thomas Alva Edison, der eine enge Sonne-Neptun-Konjunktion im Wassermann hatte, wobei beide auch noch in Konjunktion mit Saturn im benachbarten Zeichen Fische standen. Aus: *Fowler's Compendium of Nativities*,, L. M. Fowler & Co., London 1980, T. M. Harrtison, ed.
[30] Beispielsweise sollte Theseus, der Sohn des Stier-Gottes Poseidon, den Minotaurus töten. Dieses stierköpfige Ungeheuer symbolisierte den Konflikt von Theseus' Vater mit dem König Minos. Romulus, Sohn des Kriegsgottes Mars, sollte seinen gewalttätigeren Bruder Remus töten, der versucht hatte, ihn zu ermorden. Diese Helden müssen sich in Wirklichkeit der Schattenseite der Gottheit stellen, die sie gezeugt hatte, und auf diese Weise etwas in dem Gott selbst erlösen.
[31] Alfred Lord Tennyson, *The Lady of Shalott*, Teil II.
[32] William Wordsworth, Crossing the Alps, aus: *The Rattle Bag*, Faber and Faber, London 1982.
[33] Ebertin, *Kombination der Gestirneinflüsse*, S. 127.
[34] Iamblichos, *Über die Geheimlehren*, aus dem Griechischen übersetzt, eingeleitet und erklärt von Theodor Hopfner, Georg Holms Verlag, Hildesheim (Nachdruck der Ausgabe Leipzig 1922), S. 159/160, Kapitel VI/6.
[35] Ebertin, op. cit., S. 161.
[36] Napoleon beispielsweise hatte Mars und Neptun in Konjunktion in der Jungfrau; Lord Nelson hatte sie im Quadrat (Mars in Skorpion, Neptun in Löwe), Kaiser Augu-

stus, einer der größten politischen Manipulierer der Geschichte, hatte sie im Sextil zueinander (Mars in Stier, Neptun in Krebs). Diese Männer erlangten ihre Macht nicht mit brutaler Gewalt, sondern weil sie geliebt und idealisiert wurden.

[37] Ebertin, op. cit., S. 175.

[38] W. Shakespeare, *Hamlet*, 2. Akt, 2. Szene, übersetzt von A. Schlegel und L. Tieck, Deutsche Verlags-Anstalt Stuttgart, Leipzig, Berlin, Wien, 1891, S. 427.

[39] Aus: *Internationales Horoskope-Lexikon*, S. 451.

[40] Aus: *Internationales Horoskope-Lexikon*, S. 1126. Neros letzte Worte an die Geschichte während seiner Ermordung sind ein beredter Ausdruck für diese Konstellation: »Was für ein großer Künstler stirbt mit mir!«

[41] Aus: Campion, *The Book of World Horoscopes*, Aquarian Press, London 1988, pp. 334-336.

[42] Aus: *Internationales Horoskope-Lexikon*, S. 844. Blind und taub von Geburt an, war Helen Keller eines der bemerkenswertesten Beispiele für einen Menschen des zwanzigsten Jahrhunderts, der trotz scheinbar unüberwindlicher körperlicher Behinderungen ein dynamisches und inhaltsreiches Leben führte.

[43] Siehe Baigent et al., *Mundane Astrology*, Aquarian Press, London 1984, pp. 178-180.

[44] Das letzte Mal, als diese Konjunktion im gleichen Grad Steinbock (19°33') stattfand, war im Jahre 1707 vor unserer Zeitrechnung. Damals ging die alte minoische Kultur unter, und die »barbarischen« Hellenen brachten der Welt am Mittelmeer neue Götter und neue geopolitische Strukturen.

[45] Paradoxerweise wurden viele Musiker wie Bob Dylan und John Lennon, die die Bewegung der »Blumenkinder« in den sechziger Jahren einleiteten, unter diesem Trigon geboren. Die Ideale dieser Generation – Liebe, Frieden, östliche Philosophie sowie eine erneuerte und spirituell erleuchtetere Gesellschaft – traten erstmalig während dieses Trigons inmitten der Kriegswirren auf.

[46] Percy Bysshe Shelley, *Osymandias*, in: Shelley's ausgewählte Dichtungen, aus dem Englischen von Adolf Strodtmann, Verlag des Bibliographischen Instituts, Leipzig, S. 315.

[47] Baigent et al., *Mundane Astrology*, p. 178.

[48] *I Ging, das Buch der Wandlungen*, aus dem Chinesischen übertragen und herausgegeben von Richard Wilhelm, Eugen Diederichs Verlag, München 1995, S. 411.

[49] Delius' Horoskop wurde in Kapitel 10 besprochen, Fenbys Horoskop findet man im *Internationalen Horoskope-Lexikon* auf Seite 539. Ken Russell hat diese Beziehung in dem Film *Song of Summer* dargestellt.

[50] Thomas Herrick, *Upon Julia's Voice*, aus: The Penguin Book of English Verse, London, 1956.

[51] John Donne, *Alchemie der Liebe*, Diogenes, Zürich 1996.

[52] Horoskope und biographische Informationen aus: Lois M. Rodden, *Astrodata V*, Data News Press, Los Angeles 1991, pp.7-8.

Verzeichnis der Horoskopabbildungen

Quellenangaben zu den Geburtsdaten

Für die Geburtsdaten der Horoskope in diesem Buch werden im Folgenden verschiedene Quellen angeführt. Unter Astrologen ist bekannt, daß Geburtsdaten mitunter auf Spekulation beruhen oder, selbst wenn sie relativ zuverlässig sind, Abweichungen von bis zu einer halben Stunde aufweisen können. Auch die Zeitangabe des Krankenhauses oder einer Geburtsurkunde kann keine absolute Genauigkeit garantieren. Die Horoskope in diesem Buch sollen weder ein statistischer Beweis für die Astrologie sein, noch werden sie dazu benutzt, ganz bestimmte Ereignisse zeitlich festzulegen, wozu eine hohe Genauigkeit bezüglich der Positionen von Aszendent, MC und Häuserspitzen nötig wäre. Sie sollen die verschiedenen psychologischen Muster illustrieren, die bei einzelnen Menschen und in der Welt wirksam sind und in denen das typisch Neptunische und die ensprechende Weltanschauung sichtbar werden. Weder die in vielen Fällen voneinander abweichenden Zeitangaben noch die Tatsache, daß manche Daten spekulativ sind, ändern etwas an den Konstellationen der mit Neptun verbundenen Hauptaspekte; auch die Transite und Progressionen fallen nicht so unterschiedlich aus, als daß dadurch eine andere Deutung erforderlich würde. Die Verwendung solcher Geburtsdaten ist durchaus zulässig und hilfreich, solange es nicht um die genaue zeitliche Festlegung bestimmter Ereignisse, sondern um die Darstellung psychologischer Prinzipien geht. Es darf auch nicht vergessen werden, daß die mit berühmten Personen und Ereignissen verbundenen Datums- und Zeitangaben sich aufgrund neuer Forschungsergebnisse wieder ändern können. Die folgenden Quellenangaben sind zwar nicht erschöpfend, doch bieten sie interessierten Lesern einen Ausgangspunkt für eigene Nachforschungen.

1. Meher Baba (25. Februar 1894, 4:35 LMT, 23:54:00 GMT am 24. 2., Poona, Indien). Meine Quelle ist *Fowler's Compendium of Nativities*, herausgegeben von J. M. Harrison (L. M. Fowler, London 1980). Harrison gibt als Quelle eine Biographie an, *The Last Days of Merwan S. Irani*. Hans-Hinrich Taegers umfassendes Werk, das *Internationale Horoskope-Lexikon* (Hermann Bauer Verlag, Freiburg 1992) stuft Meher Babas Horoskop in Gruppe 3 ein, d.h. daß andere Horoskopsammlungen keine Quellenangaben machen und die Zuverlässigkeit der Angaben nicht eingeschätzt werden kann; sie können unzuverlässig sein, sie können aber auch relativ genau sein. Taeger gibt als Geburtszeit 4:35 LMT an, als Geburtsort jedoch Bombay. Auch Lois Rodden gibt in *Astro-Data II* den 25. 2. 1894, 4:35 LMT an. Rodden schreibt, daß Kraum in *Best of National Astrological Journal* (1979) eine private Quelle anführt, die 5:00 LMT als Geburtszeit angibt. Auch Rudhyar gibt (in *American Astrology*, März 1938) 4:35 LMT als geringfügig rektifizierte offizielle Geburtszeit an. Auch Marc Edmund Jones nennt in *The Sabian Symbols in Astrology* (Aurora Press, 1993) 4:35 LMT. Ich würde dieses Horoskop nicht als spekulativ einstufen, doch mag es bei der Geburtszeit Abweichungen von bis zu 25 Minuten geben.

2. Billy Graham (7. November 1918, 15:30 EST, 20:30:00 GMT, Charlotte, NC). Meine Quelle ist Taegers *Internationales Horoskope-Lexikon*. Taeger stuft dieses Horoskop in Gruppe 1 ein, d.h. daß die Angaben relativ zuverlässig sind, da sie offiziell registriert oder aufgezeichnet wurden. Lois Rodden macht die gleichen Angaben in *Astro-Data II* und zitiert Gauquelins *Book of American Charts*.

3. C. G. Jung (26. Juli 1875, 19:32 LMT, 19:02:00 GMT, Kesswil, Schweiz). Taeger nennt 19:20 LMT und stuft sie in Gruppe 3 ein (keine Quellenangaben in den Horoskopsammlungen). Er bemerkt auch, daß die verschiedenen Horoskopsammlungen hier unterschiedliche Angaben von 19:20 bis 19:41 LMT machen. Weitere Angaben und Quellen finden sich in *Astro-Data II*, p. 321. Auch dort gibt es Abweichungen von etwa 20 Minuten. Ich denke, daß Jungs Tochter, die selbst Astrologin ist, die ihr vorliegenden Angaben bestimmt überprüft hat.

4. Franz Anton Mesmer (23. Mai 1734, 8:00 LMT, 7:24:00 GMT, Iznang am Bodensee). Die Angaben stammen aus Taegers *Internationales Horoskope-Lexikon*, wo sie in Gruppe 3 eingestuft werden (keine Quellenangaben in den Horoskopsammlungen). Taeger gibt als Quellen an: The Penfield Collection, Los Angeles 1979, zit. n. Maurice Wemyss, *Notable Nativities*, London 1938; Lois Rodden, *Astro-Data II* (Rodden nennt 8:00 LMT, bezeichnet die Angabe jedoch als spekulativ); *NCGR Journal*, zit. n. McEnvoy; Preuss, *Glückssterne – Welche Gestirnskonstellation haben Erfolgreiche* (Baumgartner Verlag, Hannover), wo als Uhrzeit 5:00 LMT angegeben ist, so daß der Aszendent bei 14° Zwillinge liegt; und schließlich noch die *Österreichische Astrologische Gesellschaft*, die ebenfalls 5:00 nennt. Angesichts eines Unterschiedes von drei Stunden sollte man bei diesen Angaben vorsichtig sein; die Deutung der Radixaspekte und der Transite ändert sich dadurch jedoch nicht.

5. Julie. Die Angaben werden hier aus Gründen der Vertraulichkeit nicht veröffentlicht, sie stammen jedoch aus der Geburtsurkunde des Krankenhauses und dürfen daher als relativ zuverlässig angesehen werden.

6. Laurence Olivier (22. Mai 1907, 5:00 GMT, Dorling, England). Taeger stuft diese Angaben in Gruppe 2b ein, d.h. daß sie Biographien entnommen wurden. Er sieht sie als recht zuverlässig an, wenngleich manche Fragen offenbleiben. In seiner Quellenliste sind keine abweichenden Angaben erwähnt. Seine Quellen sind: *The Penfield Collection*, Los Angeles 1979; Jacques Lescaut, *Encyclopedia of Birth Data*, Vol. 6, 600 Personalities, 21 May/June, Brüssel 1988; Lois Rodden, *The American Book of Charts (Astro-Data II)*, ACS Publications, San Diego CA 1980; Grazia Bordoni, *Date di Nascita Interessanti*, Vol. 1, CIDA, Turin.

7. Vivien Leigh (5. November 1913, 17:30 LMT, 11:37:00 GMT, Darjeeling, Indien). Taeger stuft dieses Horoskop in Gruppe 2b ein, Biographien entnommen; diese geben als Geburtszeit »bei Sonnenuntergang« an. Wie schon bei Olivier, hält Taeger diese Angabe für recht zuverlässig, wenn auch mit Einschränkungen. Er verzeichnet einen Unterschied zu Marc Edmund Jones, der im Index von *The Sabian Symbols in Astrology* (Aurora Press, Santa Fe 1993) keine Geburtszeit nachweist, den Aszendenten jedoch mit 27°30' Waage angibt. Weiter besteht ein Unterschied von 14 Minuten gegenüber der Angabe von Lois Rodden in *Profiles of Women (Astro-Data I)*, American Federation of Astrologers, Tempe AZ 1979; auch Rodden entnimmt die Geburtszeit der biographischen Angabe »bei Sonnenuntergang«, gibt aber als Geburtszeit 17:16 LMT an. Offenbar bestehen unterschiedliche Auffassungen darüber, wann am Tag der Geburt in Darjeeling die Sonne unterging. Siehe auch Grazia Bordoni w.o., *The Penfield Collection* w.o., *The Astrological Association Data Section* und *Deutscher Astrologenverband Datenbank*.

9. Elizabeth Taylor (27. Februar 1932, 2:00 GMT, London, England). Taeger reiht dieses Horoskop in die Gruppe 2b ein, aus der Autobiographie oder aus autobiographischen Quellen, daher also recht zuverlässig. Taegers Quellen: Lois Rodden, Data News, 1989, aus einer Biographie, in der 2:00 als persönliche Aussage wiedergegeben ist; Edith Custer (Hg.), *Mercury Hour*, Lynchburg VA, mit der gleichen Angabe; Rodden, Data News, 1988, auch hier als Selbstaussage angeführt. Es verdient Beachtung, daß Rodden die Geburtszeit ursprünglich, in *Astro-Data I,* als 19:48 angegeben hatte, dies aber in zwei Ausgaben der Data-News richtigstellte. Penfield nennt 20:00, bei Jan Kampherbeek, *Cirkels*, Schors, Amsterdam 1980, ist es 1:30. Die Angabe 2:00, die Taylor selbst macht, ist vermutlich recht zuverlässig.

10. Richard Burton (10. November 1925, 11:00 GMT, Pontrhydyfen, Wales). Ich habe Taegers Angabe benutzt. Er führt dieses Horoskop unter Gruppe 4 auf, eine bunte Mischung voneinander abweichender Geburtszeiten, weshalb es nur unter entsprechenden Vorbehalten gesehen werden sollte. Taeger nennt als Quelle Marc Penfield, *The Penfield Collection*, in der 23:00 als »aus persönlicher Quelle stammend« angegeben wird. Lois Rodden, *Astro-Data II*, ASC Publishing, San Diego 1980, zitiert das *Astrological Quarterly*, Sommer 1967, wo Beryl Sidney 20:26 angibt, wogegen G. Kissinger in *Dell Magazine*, Dezeber 1975, als Geburtszeit 5:55 nennt. Grazia Bordoni, *Date di Nascita Interessanti*, Vol. 1, gibt als Quelle Rodden an und als Uhrzeit 19:58. Mit Hinblick auf die fragwürdigen Angaben kann Neptun genau am Aszendenten sein oder auch nicht, wie gut es auch immer zu »passen« scheint. In jedem Fall bleibt das Aspektbild das gleiche, einschließlich der besonders wichtigen Sonne-Saturn-Konjunktion im Quadrat zu Neptun. Auch die wesentlichen Aspekte des Komposits mit Taylor bleiben bestehen, und auch die Transite und Progressionen bleiben wirksam und relevant.

12. Bhagwan Shree Rajneesh (11. Dezember 1931, 17:13 IST, 11:43:00 GMT, Kuchwada, Indien). Meine Daten stammen von einem persönlichen Bekannten, der mit der Rajneesh-Bewegung zu tun hat. Taeger gibt 18:00 IST bzw. 12:30:00 GMT, und führt das Horoskop unter Gruppe 2b, eine offizielle Mitteilung, die er vom Rajneesh Centre in Poona erhalten hat. Auch dann ergibt sich noch ein Zwillinge-Aszendent, doch die Mond-Saturn-Konjunktion fällt ins siebte Haus. Taeger hält diese Angabe für recht zuverlässig. Lois Rodden gibt in *Astro-Data V* 17:13 IST an und bezieht sich dabei auf eine Mitteilung des Ashrams in Edwin Steinbrecher, *Private Data Collection*, New York. Heinz Specht nennt in *Astro Digest*, Ebertin Verlag, ebenfalls 17:13 IST. Der Unterschied zwischen den Angaben Taegers und der anderen, einschließlich meiner Quelle, beträgt 47 Minuten. Es ist möglich, daß der Ashram zwei unterschiedliche Zeiten verlautbaren ließ, sei es infolge von Mißverständnissen oder aus Gründen, die man dort selbst am besten kennt.

13. Diana, Fürstin von Wales (1. Juli 1961, 19:45 BST, Sandringham, UK). Bei Taeger in Gruppe 2m, Aussage eines Familienmitgliedes. Seine Quellen sind: *Astrological Association Journal*, London (wo es heißt, daß die Uhrzeit von Dianas Stiefmutter stammt); John & Peter Filby, *Astronomy for Astrologers* (p. 233, mit dem Hinweis, die Angabe stamme von Dianas Mutter); Lois Rodden, *Astro-Data III* (Zeit von der Mutter). Über diese Angabe scheinen sich alle einig zu sein, einschließlich offizieller Quellen im Buckingham Palast. Sie darf als recht zuverlässig gelten.

14. Vereinigte Staaten von Amerika (4. Juli 1776, 17:10 LMT, 22:10:00 GMT, Philadelphia PA). Nick Campion behandelt die verschiedenen Horoskope für die Geburt der USA sehr ausführlich in *The Book of World Horoscopes*. Diese Angabe wurde erstmalig 1887 veröffentlicht, elf

Jahre nach der Unterzeichnung der Unabhängigkeitserklärung. Unglücklicherweise sind zwei »frühe« Angaben in Umlauf, die eine für 16:50 LMT, die andere für 17:10. Ich habe die letztere verwendet. Es sei hier auf den entsprechenden Text in *The Book of World Horoscopes*, Cinnabar Books, Bristol 1995, verwiesen. Obwohl diese Angabe mit Vorsicht zu genießen ist, dürfte sie weniger zweifelhaft sein als manche Astrologen glauben.

15. Volksrepublik China (1. Oktober 1949, 12:00 CCT, 4:00:00 GMT, Peking, China). Dies ist ein für mittags berechnetes Horoskop, das ich *The Book of World Horoscopes* entnommen habe. Laut Nick Campion erfolgte die offizielle Proklamation der Volksrepublik China an diesem Tag, doch die Zeit ist nicht gesichert, so daß Campion zwölf Uhr mittags verwendete. Doch in der neuen Auflage von *The Book of World Horoscopes* verwendet Campion die Angabe 15:15 aus Charles Carters *An Introduction to Political Astrology*; Carter versichert, daß die Proklamation um diese Zeit über Radio ausgestrahlt wurde. Daraus ergibt sich ein Aszendent von 5°57' Wassermann und ein MC von 27°09' Skorpion. Die Konjunktion von Sonne, Merkur und Neptun fällt dann ins achte Haus. Allerdings sagt Campion, daß er diese Angabe noch nicht überprüfen konnte, und so bleibt die Uhrzeit von 15:15 unsicher. Ich habe das für mittags berechnete Horoskop bevorzugt, denn wesentlich ist nicht der Grad des Aszendenten, sondern die Konjunktion von Sonne und Merkur mit Neptun. Taeger gibt ganz andere Daten, nämlich 21. September 1949, 9:30 CCT. Dies bezieht sich auf die Eröffnungssitzung des Politischen Rates des Chinesischen Volkes, bei der Mao Tse-tung die Republik ausrief. Doch gemäß mundanastrologischer Prinzipien beschreibt dieses Horoskop nicht den Zeitpunkt, zu dem die Republik eine offizielle Körperschaft wurde – dies war erst bei der formellen öffentlichen Proklamation der Fall. S. Campions Anmerkungen zu diesem Horoskop auf p. 117 in *The Book of World Horoscopes*.

16. Deutschland, Weimarer Republik (9. November 1918, 12:00 CET, 11:00:00 GMT, Berlin). Quelle: Campions *The Book of World Horoscopes*. Die Angaben der früheren Auflage dieses Buches bezogen sich auf die Abdankung Kaiser Wilhelms II., während gleichzeitig Scheidemann, der Führer der Sozialisten, vor dem Reichstag die Weimarer Republik ausrief. Obwohl manche Quellen 13:30 CET angeben, verwendete Campion ein Mittagshoroskop, da diese Quellen nicht zuverlässig sind. In der neuen Ausgabe von *The Book of World Horoscopes* verwendet auch er 13:30, trotz der ungesicherten Quellen. Taeger nennt 14:00 CET, als Quellen Bruno Huber (Hg.), *Astrolog*, und *Astrologischer Auskunftsbogen*, die mit dieser Angabe übereinstimmen. Er vermerkt den Unterschied zu Campion, Herbert von Klöcklers *Astrologie als Erfahrungswissenschaft*, E. H. Troinskis *Private Data Collection* und *Meridian*, die alle 13:30 nennen. Da die Quellen nicht überprüft werden können, habe ich das Mittagshoroskop verwendet, denn das Wesentliche ist hier die Konjunktion des Neptuns der Weimarer Republik mit dem Saturn Hitlers.

17. Deutschland, Drittes Reich (30. Januar 1933, 11:15 CET, 10:15:00 GMT, Berlin). Beide Ausgaben von *The Book of World Horoscopes* verwenden diese Angaben die sich teilweise auf Hermann Görings schriftliche Aussage beziehen: »Am Montag, den 30. Januar um 11 Uhr wurde Adolf Hitler zum Reichskanzler ernannt, sieben Minuten später wurde das Kabinett gebildet und die Minister vereidigt.« In einer anderen Quelle heißt es jedoch, daß Hitler auf Neuwahlen bestand und so den Vorgang verzögerte, bis er schließlich um 11 Uhr 15 vereidigt wurde. Obwohl hier ein

Unterschied von 15 Minuten besteht, wird das Horoskop m.E. dadurch nicht unzuverlässig oder spekulativ. Göring ist zweifellos eine hinreichend genaue, wenn auch unangenehme Quelle. Vielleicht zog er es vor, den Wunsch nach Neuwahlen auszuklammern, weil Hitler dadurch einen zögerlichen Eindruck erweckt hätte.

18. Deutsche Demokratische Republik (7. Oktober 1949, 13:17 LMT, 12:17 GMT, Berlin). Laut *The Book of World Horoscopes* schloß die Proklamation der DDR an diesem Tag die seit Mai 1945 unter sowjetischer Verwaltung stehenden Gebiete mit ein. In Ermangelung einer zuverlässigen Uhrzeitangabe bringt Campion ein Mittagshoroskop. Taeger nennt 13:17 CET, die Angabe, die auch ich verwendet habe. Seine vollständigen Quellenangaben dazu sind: *Kosmobiologische Jahrbücher*, Ebertin Verlag; E. H. Troinski, *Private Data Collection*; *Astrolog* (dort: 13:45 CET); und Glenn Malec, *International Horoscopes* mit 11:00 CET. Die Uhrzeit 13:17 sollte mit Vorbehalt betrachtet werden, doch die wesentliche Sonne-Neptun-Konjunktion in Opposition zu Mond und im Quadrat zu Uranus bestand an diesem Tag über 2 Stunden und 45 Minuten hinweg.

19. Leonardo da Vinci (15. April 1452, 22:30 LMT, 21:46:00 GMT, Vinci, Italien). Bei Taeger in Gruppe 3, Quellen, die in anderen Horoskopsammlungen nich erwähnt sind, und so kann die Angabe zuverlässig sein oder auch nicht, denn die Quellen können nicht überprüft werden. Taegers Quellen sind: Thomas Ring, *Astrologische Menschenkunde*, Freiburg 1956; Reinhold Ebertin, *Pluto-Entsprechungen*, Aalen 1965; und Kampherbeeks *Cirkels – 8000 Horoskopen van Bekende Mensen*, Schors, Amsterdam 1980. Alle diese Quellen geben 22:30 LMT an. Penfield nennt 22:00 und beruft sich auf Leonardo, der das Tagebuch seines Vaters zitiert; dort heißt es »drei Stunden nach Sonnenuntergang«. Lois Rodden gibt in *Astro-Data II* 21:40 an. Mit Blick auf die ursprüngliche Angabe des Vaters ist dieses Horoskop vermutlich relativ zuverlässig; die Abweichungen bewegen sich zwischen 30 und 50 Minuten, wodurch sich die wesentlichen Aspektfiguren nicht ändern.

20. Jean-Jacques Rousseau (28. Juni, 2:00 LMT, 1:35:00 GMT, Genf, Schweiz). Da hierzu sehr unterschiedliche Angaben vorliegen, führt Taeger dieses Horoskop unter Gruppe 4 auf, d.h. es ist nicht zuverlässig. Man sollte es daher nur unter Vorbehalt betrachten. Taeger nennt folgende Quellen: *The Penfield Collection*, wo 2:00 genannt und der Zwillinge-Aszendent nach Barbault zitiert wird; Thomas Ring, *Astrologische Menschenkunde*, Freiburg 1956, dort heißt es: »Uhrzeit nicht bekannt«; und Jacques de Lescaut, *Encyclopedia of Birth Data*, Vol. 7, Brüssel 1989, mit 18:30 LMT unter Berufung auf J. P. Nicola. Unabhängig von der unsicheren Geburtszeit ändert aber der überaus stark gestellte Neptun seine Aspekte nicht.

21. Robert Schumann (8. Juni 1810, 21:10 LMT, 20:20:00 GMT, Zwickau). Fowlers Compendium of Nativities nennt als Quelle Thomas Ring, *Astrologische Menschenkunde*, Freiburg 1956. Taeger stuft diese Angabe unter Gruppe 1 ein, d.h. sie stammt aus einem Geburtenregister oder einer Geburtsurkunde und ist daher relativ zuverlässig. Taeger gibt als Uhrzeit 21:20 LMT an und zitiert Lesley Russell, *Brief Biographies for Astrological Studies*, Astrological Association, Newcastle als Quelle. Er zitiert auch Lois Rodden, *Astro-Data III*, mit 21:30; weiter führt er Penfield, Leo und Jones an, die ebenfalls 21:30 angeben. Zwischen den verschiedenen Angaben besteht ein Unterschied von zwanzig Minuten, der den Aszendenten um etwa drei Grad verschieben würde; solange es jedoch um die Betrachtung der Neptunposition und -aspektierung geht, ist dieses Horoskop m.E. völlig ausreichend.

Bibliographie

Soweit ermittelbar, wurden die jeweiligen deutschen Übersetzungen angegeben. Diese waren jedoch nicht immer zugänglich. Aus den Anmerkungen geht hervor, wo aus dem Englischen übersetzt (Seitenangaben p., pp.) und wo aus der deutschen Übersetzung zitiert wurde (Seitenangaben S. und ff.).

Aldred, Cyril, *The Egyptians,* Thames & Hudson, London 1984

Allen, Richard Hinckley, *Star Names: Their Lore and Meaning,* Dover, 1963

Annas, Julia, *An Introduction to Plato's Republic,* Oxford University Press, 1981

Ariès, Philippe, *Geschichte des Todes,* dtv, München, 4. Aufl. 1989

Armour, Robert A., *Gods and Myths of Ancient Egypt,* American University in Cairo Press, Kairo 1986

Arroyo, Stephen, *Astrology, Karma und Transformation,* Hugendubel, München 1980

Asch, Stuart S., 'The Analytic Concepts of Masochism: A Reevaluation' in *Masochism: Current Psychological Perspectives,* ed. Robert A. Glick and Donald I. Meyers, The Analytic Press, 1988

Assagioli, Roberto, *Psychosynthese,* Junfermann, Paderborn 1992

ders., *Die Schulung des Willens,* Junfermann, Paderborn 1987

Baigent, M., Campion, N., und Harvey, Ch., *Mundan-Astrologie. Handbuch der Astrologie des Weltgeschehens,* Edition Astrodata, Wettswil 1989

Baigent, M., Lincoln, H. und Leigh, R., *The Messianic Legacy,* Jonathan Cape, 1986

Bailey, Alice A., *Verblendung: ein Weltproblem,* Lucis, Genf 1964

dies., *Die unvollendete Autobiographie,* Lucis, Genf 1975

Bancroft, Anne, *Ursprünge des Heiligen: die Faszination früher Kultstätten,* Walter, Solothurn 1993

Baring, Anne and Jules Cashford, *The Myth of the Goddess*, Penguin, London 1991

Beck, Roger, *Planetary Gods and Planetary Orders in the Mysteries of Mithras,* E. J. Brill, 1988

Beecham, Sir Thomas, *Frederick Delius,* Hutchinson, 1959

Bennett, Simon, *Mind and Madness in Ancient Greece,* Cornell University Press, 1978

Blake, William, *Complete Writings*, ed. Geoffrey Keynes, Oxford University Press, London 1979

ders., *Werke* (übers. v. Walter Wilhelm), Aufbau, Berlin 1958

Boorstein, Seymour (Hg.), *Transpersonale Psychotherapie*, Scherz, Bern 1988

Bord, Janet and Colin, *Sacred Waters,* Paladin, 1986

Bultmann, Rudolph, *Das Urchristentum im Rahmen der antiken Religionen,* Artemis-Verlag, Zürich 1963

Burke, Edmund, *A Philosophical Inquiry into the Origins of our Ideas on the Sublime and the Beautiful,* Oxford University Press, London 1990

Campbell, Joseph, *Die Masken Gottes,* Sphinx, Basel 1991/92

Campion, Nicholas, *Born to Reign: The Astrology of Europe's Royal Families,* Chapmans, London 1993

ders., *The Book of World Horoscopes,* Aquarian Press, 1988

ders., *The Great Year,* Arkana, London, 1994

Chasseguet-Smirgel, Janine, *Das Ichideal*, Frankfurt 1981

Cicero, *De divinatione,* Harvard University Press, London 1992

Coen, Stanley J., *Sadomasochistic Excitement*, in: Masochism: Current Psychological Perspectives, ed. Robert A. Glick and Donald I. Meyers, The Analytic Press 1988
Cohn, Norman, *Das neue irdische Paradies: revolutionärer Millenarismus und mystischer Anarchismus im mittelalterlichen Europa,* Rowohlt, Reinbek 1988
Cook, A. B., *Zeus: A Study in Ancient Religion,* Biblo and Tannen, 1965
Cooper-Oakley, Isabel, *Masonry and Medieval Mysticism,* Theosphical Publishing House, 1900
Cowan, Lyn, *Masochism: A Jungian View,* Spring Publications, 1982
Cranston, Maurice, *The Romantic Movement,* Blackwell, 1994
Cumont, Franz, *Die orientalischen Religionen im römischen Heidentum*, nach der vierten französischen Auflage unter Zugrundelegung der Übersetzung Gehrichs bearbeitet von August Burckhardt-Brandenberg, B.G. Teubner, Stuttgart, 1959
ders., *The Mysteries of Mithra,* Dover, 1956
Dante Alighieri, *Die Göttliche Komödie*, a. d. Ital. v. K. Witte, Reclam, Leipzig, 1965
Dawson, Doyne, *Cities of the Gods,* Oxford University Press, 1992
Donne, John, *Alchemie der Liebe*, Diogenes, Zürich 1996
Dundes, Alan, editor, *The Flood Myth,* University of California Press, 1988
Durocelle, Jean-Baptiste, *Europe: A History of Its Peoples,* trans. Richard Mayne, Oxford University Press, 1990
Ebertin, Reinhold, *Kombination der Gestirneinflüsse*, Ebertin-Verlag, Aalen 1974
Eliade, Mircea, *Patterns in Comparitive Religion,* New American Library, 1974
Eliot, T. S., *The Complete Poems and Plays of T. S. Eliot,* Faber & Faber, London 1969
Ellenberger, Henri, *The Discovery of the Unconscious,* Basic Books, 1970
Enchanted World Series, Time-Life Books, Alexandria VA 1987
Euripides, *Die Bacchantinnen/Die Bakchen*, Tragödien, Band 6, deutsch von Dietrich Ebener, 2. Aufl., Akademie-Verlag, Berlin 1980
Feuerstein, George, *Holy Madness,* Arkana, 1992
Fox, Robin Lane, *Pagans and Christians,* Penguin, 1988
Frankl, Victor E., *Der unbewußte Gott: Psychotherapie und Religion*, Koesel, München 1991
ders., *Der Wille zum Sinn: ausgewählte Beiträge über Logotherapie*, Piper, München/ Zürich 1994
Frazer, James George, *Der goldene Zweig: das Geheimnis von Glauben und Sitten der Völker*, Rowohlt, Reinbek 1991
Freud, Sigmund, *Charcot*, in: GW I
Freud, Sigmund und Breuer, Joseph, *Studien über Hysterie*, in: GW I
Gauquelin, Michel, *Cosmic Influences on Human Behavior*, Aurora, Santa Fe NM, 1985
ders., *Dreams & Illusions of Astrology,* Prometheus Books, Buffalo NY 1979
ders., *Planetary Heredity*, ACS, San Diego CA 1988
Ginzberg, Louis, *Legends of the Bible,* The Jewish Publication Society of America, 1956
Glick, Robert A. and Donald I. Meyers, eds., *Masochism: Current Psychological Perspectives*, Analytic Press, Hillside NJ 1987
Godwin, Joscelyn, *Mystery Religions in the Ancient World,* Thames & Hudson, 1981
Green, Miranda, *The Gods of the Celts,* Alan Sutton, 1986
Greene, Liz, *Saturn,* Hugendubel, München 1993
dies., *Schicksal und Astrologie,* Heyne, München 1994
Guthrie, W. K. C., *Orpheus and Greek Religion,* Princeton University Press, 1993
Harrison, J. M., editor, *Fowler's Compendium of Nativities,* L. M. Fowler & Co., 1980

Heidl, Alexander, *The Babylonian Genesis,* University of Chicago Press, 1942
Henry, Elisabeth, *Orpheus With His Lute: Poetry and the Renewal of Life,* Bristol Classical Press, 1992
Hermes Trismegistos, *Poimandres,* in: Novalis, Zeitschr. f. spirituelles Denken, 4/96. Nachdruck aus: Hermetika, Zeitschrift für christliche Hermetik, Nr. 1, 1983. Übers. v. H. Hofer
Hesiod, *Werke und Tage*, Z. 109-19, übers. A. v. Schirnding, Hanser, München 1966
Hooke, S. H., *Middle Eastern Mythology,* Penguin, 1985
Howatch, Susan, *Gefährliche Visionen*, Knaus, München 1989
dies., *Blendende Bilder*, Knaus, München 1988
dies., *Die Versuchung*, Knaus, München 1991
dies., *Verborgene Träume*, Knaus, München 1995
dies., *Mystical Paths* und *Absolute Truth*, Harper Collins, London 1992/1995
Hutchings, Arthur, *Delius,* Macmillan & Co., 1948
Iamblichos, *Über die Geheimlehren*, a. d. Gr. v. Theodor Hopfner, Nachdruck der Ausgabe Leipzig 1922, Georg Holms Verlag, Hildesheim
James, Jamie, *The Music of the Spheres,* Little Brown & Co., 1994
Jenkins, David, *Richard Burton: A Brother Remembered,* Arrow Books, 1994
Johannes vom Kreuz, *Kleinere Schriften*, Kösel, München 1956
Johnson, Robert A., *Traumvorstellung Liebe. Der Irrtum des Abendlandes*, Walter Verlag, Olten/Freiburg 1985
Jones, Marc Edmund, *Die sabischen Symbole in der Astrologie*, Edition Astrodata, Wettswil 1994
Jung, C. G., *Über den Archetypus mit besonderer Berücksichtigung des Animabegriffes*, in: Gesammelte Werke Bd. 9/1, Walter Verlag, Olten/Freiburg, 1985
ders., *Aion*, Gesammelte Werke Bd. 9/2, Walter Verlag, Olten/Freiburg 1985
ders., *Psychologie und Religion, Christus als Archetyp*, in: Gesammelte Werke Bd. 11, Walter Verlag, Olten/Freiburg, 1992
ders., *Psychologie und Alchemie*, in: Gesammelte Werke Bd. 12, Walter Verlag, Olten/Freiburg 1984
ders., *Analytische Psychologie und dichterisches Kunstwerk*, in: Gesammelte Werke, Bd. 15, Über das Phänomen des Geistes in Kunst und Wissenschaft, Walter Verlag, Olten/Freiburg 1990
Kerenyi, K., Werke in Einzelausgaben, *Dionysos. Urbild des unzerstörbaren Lebens,* Klett-Cotta, Stuttgart
Kris, Ernst and Kurz, Otto, *Legend, Myth and Magic in the Image of the Artist,* Yale University Press, Stamford CT 1979
Lang, Bernhard u. Colleen McDannell, *Der Himmel: eine Kulturgeschichte des ewigen Lebens*, Suhrkamp, Frankfurt a. M. 1990
Larousse Encyclopedia of Mythology, Hamlyn, 1975
LeCron, Leslie and Bordeaux, Jean, *Hypnotism Today,* Wilshire Books, 1959
Lefkowitz, Mary R., *Heroines and Hysterics,* Duckworth, 1981
Levin, Bernard, *A World Elsewhere,* Jonathan Cape, 1994
Machen, Arthur, *Tales of Horror and the Supernatural,* John Baker, 1964
ders., *The Collected Arthur Machen,* ed. Christopher Palmer, Duckworth, 1988
MacKenzie, Donald A., *Indian Myth and Legend*, Gresham Publishing, London 1910
Manilius, *Astronomica,* tr. G.P. Goold, Loeb Classical Library, Harvard University

Press, Cambridge MA und William Heinemann Ltd.. London 1977
Mann, Thomas, *Wagner und unsere Zeit*, S. Fischer, Frankfurt 1963
Marinatos, Nanno, *Art and Religion in Thera,* Athen 1984
Maslow, Abraham, *The Farther Reaches of Human Nature,* New York 1971
ders., *Toward a Psychology of Being,* New York 1968
ders., *Psychologie des Seins*, Fischer, Frankfurt 1994
McGinn, Bernard, editor, *Apocalyptic Spirituality,* SPCK, 1980
Menasce, Jean de, *The Mysteries and the Religion of Iran*, in: The Mysteries, Princeton University Press, 1955
Meyers, Helen, *A Consideration of Treatment Techniques in Relation to the Functions of Masochism*, in: Masochism: Current Psychological Perspectives, ed. Robert A. Glick and Donald I. Meyers, The Analytic Press, 1988
Milarepa, *The Hundred Thousand Songs of Milarepa,* trans. Garma C. C. Chang, University Books, 1962
Miller, Alice, *Das Drama des begabten Kindes,* Suhrkamp, Frankfurt a. M. 1979
Morton, Andrew, *Diana. Ihr neues Leben,* Hestia, 1994
Morus, Thomas, *Utopia: eine Konstruktion des humanen Staates*, Goldmann, München, 1960
Mulvagh, Jane, *Vogue History of 20th Century Fashion,* Viking Press, 1988
Neumann, Erich, *Kunst und schöpferisches Unbewußtes*, Rascher, Zürich 1954
ders., *Die Große Mutter: Der Archetyp des Großen Weiblichen,* Rhein-Verlag, Zürich 1956; Walter Verlag, Olten/Freiburg 1974
ders., *Ursprungsgeschichte des Bewußtseins*, Kindler, München 1974
Nicholls, David, *Deity and Domination,* Routledge, 1989
Norman, Barry, *100 Best Films of the Century,* Chapmans, 1992
Owen, A. R. G., *Hysteria, Hypnosis and Healing: The Work of J-M Charcot,* Dennis Dobson, 1971
Papst Johannes Paul II., *Die Schwelle der Hoffnung überschreiten*, Hoffmann und Campe, Hamburg 1994
Parrott, Ian, *Elgar,* J. M. Dent & Sons, 1971
Patai, Raphael, *The Hebrew Goddess,* Avon Books, 1978
Pelletier, Robert, *Das Buch der Aspekte,* Hugendubel, München 1985
Person, Ethel Spector, *Lust auf Liebe: die Wiederentdeckung des romantischen Gefühls,* Rowohlt, Reinbek 1990
Platon, *Phaidros*, ins Deutsche übertragen von Rudolf Kassner, Jena 1920
Proclus, *A Commentary on the First Book of Euclid's Elements,* trans. Glenn R. Morrow, Princeton University Press, 1970
Progoff, Ira, *The Symbolic and the Real,* New York 1963
Rajneesh, (Osho), *Dimensions Beyond the Known,* Wisdom Garden, 1975
ders., *Tantra: Die höchste Einsicht,* Sannyas Verlag, 1975
Ranke-Graves, Robert von, *Griechische Mythologie: Quelle und Deutung*, Rowohlt, Reinbek 1993
Renan, Ernest, *Marc-Aurèle et la fin du monde antique*, Calmann-Lévy, Paris 1923
Renault, Mary, *The Mask of Apollo,* Random, New York 1988
Rilke, Rainer Maria, *Werke in drei Bänden*, Insel-Verlag A. Kippenberg, Leipzig 1978
Roberts, Jane, *The God of Jane: A psychic Manifesto*, Prentice Hall, Englewood Cliffs NJ 1984
dies., *Seth Speaks*, Prentice Hall, Englewood Cliffs NJ 1974

Rodden, Lois M., *Astrodata V,* Data News Press, 1991
dies., *Astro-Data IV,* American Federation of Astrologers, 1990
Sasportas, Howard, *Astrologische Häuser und Aszendenten*, Droemersche Verlagsanstalt Th. Knaur Nachf., München 1987
ders., *Götter des Wandels*, Th. Knaur Nachf. München, 1987
Schonberg, Harold C., *The Lives of the Great Composers,* Abacus, London, 1992
Segal, Charles, *Orpheus: The Myth of the Poet,* John Hopkins University Press, 1989
Senior, Michael, *Myths of Britain,* Guild Publishing, 1979
Shakespeare, *Die Tragödie des Macbeth*, a. d. Englischen v. Thomas Brasch, Insel Verlag, Frankfurt/Leipzig 1996
ders., *Antonius und Cleopatra*, II/2, Reclam, Stuttgart 1964
ders., *Hamlet*, übers. v. A. Schlegel u. L. Tieck, DVA Stuttgart, Leipzig, Berlin, Wien 1891
Shaw, William, *Spying in Guru Land,* Fourth Estate, 1994
Shelley, Percy Bysshe, *Osymandias*, in: Shelley's ausgewählte Dichtungen, a. d. Englischen v. Adolf Strodtmann, Verlag des Bibliographischen Instituts, Leipzig
Sollberger, Edmond, *The Babylonian Legend of the Flood,* British Museum Publications, 1984
Stearn, Jess, *Der schlafende Prophet*, Droemer, München 1985
Taeger, Hans-Hinrich, *Internationales Horoskope Lexikon,* Verlag Hermann Bauer, Freiburg, 1992
Tarnas, Richard, *The Passion of the Western Mind,* Harmony Books, 1991
Tart, Charles, *Scientific foundations for the study of altered states of consciousness,* in: Journal of Transpersonal Psychology, 1972
Taylor, A. J. P., *The Struggle for Mastery in Europe, 1848-1915,* Oxford University Press, 1954
The Penguin Book of English Verse, London, 1956
Toynbee, Arnold, *A Study of History*, Oxford University Press/Thames & Hudson, London 1972
ders., *Der Gang der Weltgeschichte,* Europa-Verlag, Zürich 1958-61
Tuchel, H. G. (Hg.), *Die Trobadors. Leben und Lieder*, 3. Aufl., S. 38 f., Dieterichsche Verlagsbuchhandlung, Leipzig 1985
Tustin, Frances, *Autistische Barrieren bei Neurotikern,* Nexus-Verlag, Frankfurt a. M. 1988
Ulansey, David, *The Origins of the Mithraic Mysteries,* Oxford University Press, 1989
Vermaseren, Maarten J., *Cybele and Attis,* Thames & Hudson, 1977
Walker, Alexander, *Vivian,* Orion Books, 1994
Wilhelm, Richard, *I Ging, das Buch der Wandlungen*, Diederichs, München 1995
Wili, Walter, The Orphic Mysteries and the Greek Spirit, *The Mysteries,* Princeton University Press, 1955
Winnicott, D. W., *Der Anfang ist unsere Heimat: Essays zur gesellschaftlichen Entwicklung des Individuums,* Klett-Cotta, Stuttgart 1990
ders., *Die menschliche Natur*, Klett-Cotta, Stuttgart
ders., *Vom Spiel zur Kreativität*, Klett-Cotta, Stuttgart
ders., *Familie und individuelle Entwicklung*, Fischer, 1984
Wordsworth, William, *The Rattle Bag*, Faber & Faber, London 1982
Yates, Frances A., *Giordano Bruno*, Wagenbach, Berlin 1989
Zimmer, Heinrich, *Indische Mythen und Symbole,* Diederichs, München
Zweig, Paul, *The Heresy of Self-Love,* Princeton University Press, 1980

Index

Bisher im Astrodienst Verlag erschienen:

Harald Mayen

Astro-Landkarten

Orte der Kraft im globalen Geburtsbild
Astro-Landkarten verstehen,deuten und anwenden.
184. S., 12. Abb., geb.
ISBN 3-905255-00-6

Thomas Ring

Frühe astrologische Schriften

Das Frühwerk in einem Band:
Die Überwindung des Schicksals
durch Astrologie, Planeten-Signaturen,
Menschentypen in Bildern
des Tierkreises gespiegelt.
236 S., 1 Abb., geb.
ISBN 3-905255-01-4